MARCA DO DISTRIBUIDOR
E
RESPONSABILIDADE
POR PRODUTOS

FERNANDO DIAS SIMÕES
DOUTOR EM DIREITO

MARCA DO DISTRIBUIDOR E RESPONSABILIDADE POR PRODUTOS

ALMEDINA

MARCA DO DISTRIBUIDOR
E RESPONSABILIDADE POR PRODUTOS

AUTOR
FERNANDO DIAS SIMÕES

EDITOR
EDIÇÕES ALMEDINA, SA
Av. Fernão Magalhães, n.º 584, 5.º Andar
3000-174 Coimbra
Tel.: 239 851 904
Fax: 239 851 901
www.almedina.net
editora@almedina.net

PRÉ-IMPRESSÃO | IMPRESSÃO | ACABAMENTO
G.C. – GRÁFICA DE COIMBRA, LDA.
Palheira – Assafarge
3001-453 Coimbra
producao@graficadecoimbra.pt

Outubro, 2009

DEPÓSITO LEGAL
300300/09

Os dados e as opiniões inseridos na presente publicação
são da exclusiva responsabilidade do(s) seu(s) autor(es).

Toda a reprodução desta obra, por fotocópia ou outro qualquer
processo, sem prévia autorização escrita do Editor, é ilícita
e passível de procedimento judicial contra o infractor.

Biblioteca Nacional de Portugal – Catalogação na Publicação

SIMÕES, Fernando Dias

Marca do distribuidor e responsabilidade por
produtos.
ISBN 978-972-40-3998-5

CDU   658
      347

Aos meus maiores Mestres: os meus pais.

Aos meus queridos e saudosos tios.

NOTA PRÉVIA

O texto que agora se dá à estampa corresponde, no essencial, à tese de doutoramento em Direito apresentada a provas públicas na Faculdade de Direito da Universidade de Santiago de Compostela no dia 21 de Julho de 2008, perante um júri constituído pelos Professores Doutores Miquel Martín Casals, Josep Solé Feliu, Maria Paz García Rubio, João Calvão da Silva e Maria Pilar Gutiérrez Santiago. A todos agradeço por me terem honrado com a arguição desta tese.

Na revisão do texto foram tidas em conta as críticas, correcções e suges-tões apresentadas durante a defesa pública, as quais permitiram enriquecer sobremaneira o presente trabalho. Apesar de este continuar a ser um "produto" que tem os seus "defeitos", a luz que os membros do júri, reconhecidos espe-cialistas na matéria, fizeram incidir sobre ele diminui em grande medida as imperfeições de que padece, e que são exclusivamente imputáveis ao seu "pro-dutor", não podendo nem pretendendo este socorrer-se de qualquer "cláusula de exclusão de responsabilidade".

Chegados ao final deste caminho, cumpre agradecer a todos aqueles que contribuíram, cada um à sua maneira, para o sucesso da jornada. Desejo agra-decer, antes de mais, aos meus pais, por terem possibilitado a realização dos meus projectos, fazendo deles os seus. Depois, quero agradecer à Crisália, sempre presente com o seu apoio mesmo quando o trabalho roubava esse tão precioso e sempre infungível bem que é o tempo. Uma palavra é devida à Professora Doutora Maria Paz García Rubio, pela sua atenção, ânimo e dispo-nibilidade. Não poderia igualmente deixar, por imperativo de justiça, de agra-decer penhoradamente a dedicação e o incentivo da Professora Doutora Belén Trigo Garcia, que foi muito mais além do que seria exigível e cujo empenho na orientação deste trabalho chegou a ser comovente.

Na formação de um jurista, mais que os Professores, marcam os Mestres. Para além de um sincero agradecimento à casa coimbrã, de quem serei sempre confesso devedor, devo agradecer à Universidade de Santiago de Compostela, que tão bem me recebeu. Por fim, uma palavra de sentido agradecimento aos meus amigos e aos meus colegas da Escola Superior de Gestão de Barcelos.

Porto, Setembro de 2009

PREFÁCIO

"O importante é fazer as coisas com gosto. E se tiverem escolhido um tema que vos interessa..., verificarão então que a tese pode ser vivida como um jogo, como uma aposta, como uma caça ao tesouro... Devem viver a tese como um desafio. O sujeito do desafio são vocês: inicialmente fizeram uma pergunta a que não sabiam ainda responder... Se jogarem a partida com prazer agonístico, farão uma boa tese... Se tiverem feito a tese com gosto, terão vontade de continuar".

Umberto Eco, Como se faz uma tese em ciências humanas, Ed. Presença, 1977, Lisboa, pp. 224-225.

O caminho que leva à obtenção do título de doutor constitui um longo processo de aprendizagem que, sendo importante, não termina com a defesa da tese e com a atribuição da correspondente nota. Acreditada a capacidade científica do doutorando, o fim último de tal processo é apresentar à comunidade científica os resultados da investigação, submetendo-os ao escrutínio e debate públicos. Neste sentido, a publicação da presente obra constitui o primeiro momento da actividade investigadora do autor.

Esta monografia foi elaborada a partir da tese de doutoramento Marca do distribuidor e responsabilidade por produtos, defendida na Faculdade de Direito de Santiago de Compostela em 2008 perante um tribunal constituído pelos Professores Miquel Martín Casals, Catedrático de Direito Civil da Universidade de Girona, João Calvão da Silva, Professor Catedrático de Direito Civil da Faculdade de Direito da Universidade de Coimbra, Maria Paz García Rubio, Catedrática de Direito Civil da Universidade de Santiago de Compostela, Josep Solé Feliu, Professor Titular de Direito Civil da Universidade de Girona e Maria Pilar Gutiérrez Santiago, Professora Titular de Direito Civil da Universidade de León; tribunal que lhe outorgou a qualificação de Sobresaliente cum laude.

A referência aos membros do tribunal obedece não apenas à cortesia académica; expressa para além disso o agradecimento pelas observações,

10 *Marca do Distribuidor e Responsabilidade por Produtos*

sugestões e críticas vertidas durante o acto de defesa da tese e que, tidas em conta para a sua publicação, enriqueceram e melhoraram o trabalho de investigação realizado. Todas e cada uma das contribuições foram valiosas e testemunham o profundo conhecimento dos membros do tribunal na matéria da responsabilidade e, em particular, do regime de responsabilidade pelos danos causados por produtos defeituosos, bem como o seu bom desempenho profissional e académico. Permito-me, não obstante, destacar a intervenção da Professora Maria Paz García Rubio, pelo seu labor desinteressado de estímulo e de orientação prévia, prova do seu rigor científico, da sua generosidade pessoal e da sua inquebrantável vocação universitária.

A respeito do objecto da investigação, já foi afirmado – Prof. S. Whittaker – que o diploma sobre responsabilidade pelos danos causados por produtos defeituosos constitui um excelente "laboratório" para a discussão de questões técnicas que afectam a responsabilidade civil. Por outro lado, este diploma torna patente a influência do direito comparado na evolução do moderno Direito de danos, bem como a influência da visão económica no regime jurídico. Ambas as considerações são plenamente aplicáveis à obra de Fernando Dias Simões.

Em primeiro lugar, gostaria de destacar que a investigação aborda um campo de estudo já consolidado desde uma perspectiva inovadora. Daí resulta o interesse e a dificuldade da tarefa, na medida em que não existem estudos específicos anteriores sobre a responsabilidade do distribuidor com marca própria.

Com efeito, parte-se das relações entre os sujeitos que ocupam as distintas posições na cadeia de produção, distribuição e comercialização. Ora bem: como demonstra o autor, estas relações têm vindo a mudar nos últimos anos, até superar a rígida distinção entre as posições de produtor e distribuidor. Nesta mudança desempenhou um papel decisivo a marca do distribuidor, com distintas modalidades; desde a simplicidade das chamadas marcas brancas em produtos básicos, até à sofisticação das marcas próprias, não coincidentes com a denominação comercial do distribuidor e que abarcam um amplo leque de produtos.

O dinamismo deste sector é evidente, associado às tendências sociais e aos câmbios económicos. Um exemplo significativo encontra-se na reacção dos fabricantes de produtos que, nestes tempos de crise, optaram por associar-se para defender as suas marcas, através de campanhas de comunicação com o objectivo de informar os consumidores sobre o valor dos produtos de marca.

Esta evolução atraiu a atenção dos economistas, em particular, desde a perspectiva da mercadotecnia. Faltava, não obstante, um tratamento jurídico das repercussões deste fenómeno, estudo esse que é levado a cabo nos capítulos II e III.

Prefácio 11

Entre as principais repercussões jurídicas do novo status do distribuidor com marca própria, encontra-se – não há dúvida – a responsabilidade civil pelos produtos distribuídos sob a sua marca. Em concreto, uma vez que se torna nebulosa a fronteira entre produtor e distribuidor: deve aplicar-se a este último o regime de responsabilidade pelos danos causados por produtos defeituosos?

Sem prejuízo de se considerar a aplicação de outros regimes relativos à responsabilidade civil e à segurança dos produtos, esta pergunta constitui o núcleo da presente obra. A ela procuram dar resposta os capítulos IV e V.

Como pode intuir-se, tal resposta é complexa. Deve destacar-se, a propósito, a rica casuística que se encontra na prática, bem como a própria ambivalência da posição do distribuidor com marca própria: deve responder como produtor real? Como importador? Como produtor aparente? Como fornecedor?

No âmbito da busca pela resposta mais adequada a estas perguntas, surge uma das principais contribuições da investigação: a crítica da regulamentação actual da responsabilidade pelos danos causados por produtos defeituosos e uma proposta de modificação, de forma a que a figura do distribuidor com marca própria tenha melhor encaixe neste regime jurídico.

Trata-se, no fundo, de continuar com o labor de actualização constante do Direito de danos, sem perder de vista o evidente interesse prático de uma obra com estas características, muito apegada à realidade do tráfico.

Esta realidade é cada vez mais global, deparando-nos cada vez mais frequentemente com empresas transnacionais e intercâmbios transfronteiriços. Esta situação não pode ser ignorada pelo Direito; de facto, talvez seja o regime da responsabilidade por produtos um dos campos que melhor exemplifica a influência entre ordenamentos jurídicos. Tudo isto justifica a atenção prestada ao Direito comparado, a partir da experiência do Direito português no contexto comunitário.

As palavras dedicadas ao presente trabalho constituem, na minha opinião, o principal elogio que o seu autor pode receber. Porque, como também sublinha U. Eco, "uma tese bem feita é um produto de que se aproveita tudo". Em todo o caso, permita-se-me acrescentar que acompanhar o Fernando ao longo do processo que culmina com a publicação desta obra significou, para mim, uma experiência muito satisfatória e uma valiosa aprendizagem pessoal. Deste modo, confio que, sendo uma tese feita com gosto, o autor tenha vontade de continuar.

BELÉN TRIGO GARCÍA
Professora contratada doutora de Direito Civil
Universidade de Santiago de Compostela

LISTA DE ABREVIATURAS E SIGLAS

AA. VV.	Vários Autores
AAFDL	Revista Jurídica da Associação Académica da Faculdade de Direito de Lisboa
ABLJ	American Business Law Journal
ABR	American Business Review
AC	Actualidad Civil
ADC	Anuario de Derecho Civil
ADI	Actas de Derecho Industrial
ADPCP	Anuario de Derecho Penal y Ciencias Penales
AER	American Economic Review
AFDL	Annales de la Faculté de Droit de Liége
AFIO	Journal of Agricultural & Food Industrial Organization
AJCL	American Journal of Comparative Law
al.	Alínea
art.	Artigo (s)
AULR	American University Law Review
AzC	Aranzadi Civil
BFD	Boletim da Faculdade de Direito da Universidade de Coimbra
BMJ	Boletim do Ministério da Justiça
BOA	Boletim da Ordem dos Advogados
CaLR	California Law Review
CC	Código Civil
CCJC	Cuadernos Civitas de Jurisprudencia Civil
CDE	Cahiers de Droit Européen
CEA	Comunidad Europea Aranzadi
CeI	Contratto e Impresa
CJ	Colectânea de Jurisprudência
CJFE	Cahiers Juridiques et Fiscaux de l'Exportation
CJ/STJ	Colectânea de Jurisprudência/Supremo Tribunal de Justiça
CJTCE	Colectânea de Jurisprudência do Tribunal das Comunidades Europeias
CLJ	Consumer Law Journal
CLYIB	Comparative Law Yearbook of International Business

CMLR	Common Market Law Review
Coord.	Coordenador (es)
CPC	Código de Processo Civil
CPI	Código da Propriedade Industrial
CWRLR	Case Western Reserve Law Review
DACEE	Droit et Affaires CEE
DannoR	Danno e Responsabilità
DC	Distribución y Consumo
DCInt	Diritto del Commercio Internazionale
DCO	Derecho Comercial y de las Obligaciones: revista de doctrina, jurisprudencia, legislación y práctica
DCSI	Diritto Comunitario e degli Scambi Internazionali
Deusto	Estudios de Deusto
Dir.	Director (es)
DL	Decreto-Lei
DN	Derecho de los Negocios
Duke	Duke Law Journal
EBLR	European Business Law Review
EC	Estudios sobre Consumo
Ed.	Editor (es)
EDC	Estudos de Direito do Consumidor
EFLR	European Food Law Review
EFTA	European Free Trade Association
EIDC	Estudos do Instituto de Direito do Consumo
EJLE	European Journal of Law and Economics
EJM	European Journal of Marketing
ELR	European Law Review
ERPL	European Review of Private Law
EuroDP	Europa e Diritto Privato
ForoIt	Il Foro Italiano
ForoPa	Il Foro Padano
Giur. Com.	Giurisprudenza Commerciale
GJUEC	Gaceta Jurídica de la Unión Europea y de la Competencia
GP	Gazette du Palais
ICE	Información Comercial Española
ICLQ	International and Comparative Law Quarterly
InDret	Revista para el Análisis del Derecho – www.indret.com
IUSletter	IUSletter Bulletin
JALC	Journal of Air Law and Commerce
JCA	Journal of Consumer Affairs
JCM	Journal of Consumer Marketing

JCP	Journal of Consumer Policy
JEP	Journal of Economic Perspectives
JIBS	Journal of International Business Studies
JLS	Journal of Law and Society
JM	Journal of Marketing
JOCE	Jornal Oficial das Comunidades Europeias
JPBM	Journal of Product & Brand Management
JPPM	Journal of Public Policy and Marketing
JR	Journal of Retailing
JT	Journal des Tribunaux
JWTL	Journal of World Trade Law
LDC	Lei de Defesa do Consumidor
LIEI	Legal Issues of European Integration
LNLeggi	Le Nuove Leggi Civili Commentate
loc. cit.	Local citado
LPIB	Law and Policy in International Business
MLR	Modern Law Review
MSULR	Memphis State University Law Review
n.º	Número
NILQ	Northern Ireland Legal Quarterly
NILR	Netherlands Internacional Law Review
NUE	Noticias de la Unión Europea
Observateur	L'Observateur de Bruxelles
OCDE	Organisation for Economic Co-operation and Development
op. cit.	Obra citada
p.	Página (s)
PA	Petites Affiches
para.	Parágrafo
RCDI	Revista Crítica de Derecho Inmobiliário
RCPre	Responsabilità Civile e Previdenza
RD	Real Decreto
RDA	Revista de Derecho Alimentario
RDC	Rivista di Diritto Civile
RDCom	Rivista del Diritto Commerciale
RDCR	International Review of Retail, Distribution and Consumer Research
RDE	Revista de Direito e Economia
RDES	Revista de Direito e de Estudos Sociais
RDIDC	Revue de Droit International et de Droit Comparé
RDIPP	Rivista di Diritto Internazionale Privato e Processuale
RDM	Revista de Derecho Mercantil
RDP	Revista de Derecho Privado

tradicionalmente reservadas aos retalhistas; cada vez mais grossistas iriam apoderar-se de estabelecimentos de retalho, e cada vez mais retalhistas iriam entrar no sector da produção[3].

Não podemos concordar com a primeira afirmação. De facto, o nosso mercado tem evoluído justamente no sentido inverso, ou seja, nos nossos dias são os retalhistas que cada vez mais exercem tarefas situadas a montante na cadeia de distribuição. Se produção e distribuição não constituem hoje sectores estanques, estando as suas fronteiras e funções características francamente diluídas, também não deixa de ser verdade que na grande parte das situações são os distribuidores quem lidera o canal produtivo, mitigando o poder outrora concedido aos produtores.

Quanto à segunda previsão, ela afigura-se em boa medida correcta. Com efeito, a distribuição encontra-se hoje muito mais concentrada do que há uns anos. Vivemos na era da *grande distribuição*[4]. O advento das grandes superfícies (supermercados, hipermercados, *retail-parks*) quase ditou o desaparecimento do comércio tradicional, sujeito a um lento definhar. A própria expressão "tradicional", com que se tornou vulgar designar o comércio de pequeno retalho ou de rua, parece indiciar o seu carácter ultrapassado e "fora de moda", pesem embora as recentes tentativas de reabilitação deste sector comercial, quer através de campanhas de promoção e divulgação, quer por via legislativa, limitando a abertura de grandes superfícies.

Na maioria dos países a distribuição encontra-se hoje concentrada num pequeno número de grandes cadeias de hipermercados que dominam a maior parte do mercado[5]. O sector retalhista actual caracteriza-se pelo aumento exponencial do espaço físico, impondo a fuga do centro das cidades para os arredores e criando novas centralidades urbanas. Estes mega-centros comerciais recorrem cada vez mais ao conceito de *one stop*

---

[3] Management and the marketing revolution: merchandising strategies for the new era, Nova Iorque, 1964, p. 22.

[4] ANDRÉ, Les contrats de la grande distribution, Paris, 1991, pp. 4 *ss*.

[5] Este fenómeno é mais acentuado na Europa ocidental. Na Suíça a concentração atinge um nível de 86%. Na Espanha a concentração retalhista ascende aos 60% (é o quarto mercado mais concentrado do mundo). Os Estados Unidos, por outro lado, têm um mercado mais fragmentado, em que os cinco maiores retalhistas detêm uma quota de 36% do volume de vendas. Vide AC NIELSEN, The power of private label 2005 – a review of growth trends around the world, Setembro de 2005, p. 10.

shopping, incluindo a prestação de serviços como correios, limpeza a seco, cinemas, restauração, *etc.*[6].

Por outro lado, a distribuição é hoje um negócio global, assistindo-se à internacionalização das cadeias retalhistas. Actualmente os distribuidores nem sequer conhecem fronteiras físicas, graças ao surgimento de novas plataformas comerciais propiciadas pelo surgimento do ciberespaço, dando origem ao novo mercado do comércio electrónico.

Relativamente à última previsão feita por WEISS, de que cada vez mais retalhistas iriam aceder à fase da produção, ela relaciona-se com a primeira (que previa justamente o movimento contrário). De facto, se é verdade que tem existido uma espécie de osmose entre os sectores da produção e da distribuição, a realidade é que são os distribuidores os novos *dominus* do canal, impondo as suas regras e o seu ritmo e actuando, em boa medida, como líderes da produção. Depois de o pequeno retalho quase ter sido dizimado pela concorrência intersectorial, a competição horizontal tornou-se feroz. As novas batalhas já não são travadas entre os grossistas e os pequenos retalhistas mas sim entre os vencedores desta, poderia dizer-se, "evolução das espécies" – as grandes superfícies, os supermercados, hipermercados e *retail-parks*.

É neste âmbito que se inserem novas estratégias de mercado que procuram romper com os tradicionais sistemas de circulação do produto desde o fabricante até ao consumidor final. De entre essas novidades avulta a surpreendente transfiguração do intermediário em produtor através de um novo conceito: a "marca do distribuidor"[7].

Tradicionalmente os produtos eram fabricados por empresas especializadas que lhes apunham a sua marca e eram distribuídos ou por pequenas lojas ou nos mercados ou, nos últimos anos, por hipermercados. Estávamos perante dois sectores económicos estanques, vinculados por uma dependência mútua: os produtores necessitavam de lançar os seus produtos no mercado, pois não dispunham de canais de escoamento

---

[6] Vide o interessante estudo de ÁLVAREZ CANTALAPIEDRA e VILLAREJO GALENDE, *La regulación de los grandes centros comerciales: una aproximación sociológica y jurídica*, *in* "Revista de Derecho (Valdivia)", Dezembro de 2003, vol. XV, pp. 131-155.

[7] Uma excelente introdução à figura pode ser encontrada nas obras de BROSSELIN, La marque de distributeur, Paris, 1979 e de KUMAR e STEENKAMP, Private label strategy – how to meet the store brand challenge, Harvard, 2007. Para uma resenha bibliográfica vide BERGÈS-SENNOU, BONTEMPS e RÉQUILLART, *Economics of private labels: a survey of literature*, *in* "AFIO", 2004, vol. 2, artigo 3.

20 Marca do Distribuidor e Responsabilidade por Produtos

próprios; os distribuidores careciam de produtos para colocar no mercado, uma vez que não produziam os seus próprios bens.

Os distribuidores eram meros intermediários que se limitavam a distribuir bens produzidos por outrem, sem poderem alguma vez aspirar a assumir a autoria desses produtos. Adquiriam os bens ao seu fabricante ou produtor para depois os venderem ao consumidor final, realizando o seu lucro através da diferença de preços. A cadeia de circulação dos bens assentava nestes pilares básicos, entre os dois grandes sectores da produção e da distribuição, com filosofias e competências perfeitamente distintas. Os fabricantes produziam, os distribuidores vendiam – tão simples quanto isto. Assim, e até há alguns anos, as prateleiras dos hipermercados estavam repletas de produtos de marcas tradicionais largamente publicitadas.

Com a marca do distribuidor os retalhistas apresentam no mercado produtos identificados com um sinal que é sua propriedade exclusiva. A produção e a distribuição, tradicionalmente sectores perfeitamente distintos, com estratégias e objectivos diferentes, vêem as suas fronteiras esvanecerem-se a um ritmo imparável.

Desde esta nova perspectiva, a marca do distribuidor é uma ferramenta de comunicação: por um lado, o distribuidor amplia a sua imagem no mercado; por outro, procura aumentar a lealdade aos seus estabelecimentos (aquilo que a doutrina anglo-saxónica apelida de *store loyalty*). Através deste instrumento os distribuidores tentam influenciar e controlar os preços e as prateleiras de que dispõem, aumentando o seu poder de negociação face aos produtores. Os retalhistas procuram reforçar a sua competitividade, quer em termos horizontais (em relação aos outros distribuidores) quer em termos verticais (face aos próprios fornecedores). A marca do distribuidor assume-se deste modo como uma poderosa ferramenta de marketing[8].

Como teremos oportunidade de ver no terceiro Capítulo do nosso estudo, esta nova estratégia comercial revolucionou completamente a relação entre distribuidores e produtores.

Os distribuidores passam a comportar-se como fabricantes, desempenhando tarefas que tradicionalmente cabiam apenas a estes últimos:

---

[8] Harris e Strang, *Marketing strategies in the age of generics*, in "JM", Outono de 1985, vol. 49, pp. 70-81; Nandan e Dickinson, *Private brands – major brand perspective*, in "JCM", 1994, vol. 11, n.º 4, p. 18; Bonfrer e Chintagunta, *Store brands: who buys them and what happens to retail prices when they are introduced?*, in "RIO", 2004, vol. 24, assunto 2, p. 195.

Aproximação ao Problema 21

dominam a cadeia de produção, fiscalizam a rastreabilidade e segurança dos produtos, gerem o marketing e a publicidade. Os distribuidores assumem hoje um papel decisivo na gestão da qualidade dos produtos, na logística e na gestão do inventário. Deste modo, adquirem um poder de negociação cada vez maior que se reflecte nos contratos de fornecimento, alterando profundamente a distribuição de valor e o equilíbrio de forças entre as partes. A relação entre produtores e distribuidores, que sempre foi encarada como uma relação intersectorial, avança quase inexoravelmente para novos mecanismos de integração vertical ascendente (*upstream integration*).

Dando nota do fenómeno da conquista da supremacia económica pelos distribuidores, GALGANO defendia, já no início da década de oitenta, que estávamos perante o regresso do capitalismo comercial, que foi o capitalismo originário, sobrepondo-se ao capitalismo industrial. A grande distribuição agro-alimentar recupera a antiga dependência do produtor face ao comerciante, relançando este sujeito como grande propulsor do sistema económico[9].

Devido à sua própria natureza a estratégia da marca do distribuidor só é possível com um alto volume de vendas, já que só a partir dessa posição é viável encarregar o fabricante de produzir séries de produtos de tamanho razoável. Deste modo, tanto o aparecimento como o desenvolvimento destas marcas estão directamente relacionados com a concentração na distribuição e o surgimento das grandes superfícies[10].

Como a própria Comissão Europeia reconheceu no "Livro Verde sobre as restrições verticais no âmbito da política comunitária da concorrência", é cada vez maior o número de cadeias retalhistas que oferecem uma vasta gama de produtos sob as suas próprias marcas. Segundo se refere neste documento, a concentração ao nível da distribuição está intimamente ligada ao desenvolvimento das marcas próprias dos retalhistas[11].

---

[9] Storia del diritto commerciale, Bolonha, 1980, p. 182.

[10] AA. VV., Estrategias de distribución comercial, VÁZQUEZ CASIELLES e TRESPALACIOS GUTIÉRREZ (Coords.), Madrid, 2006, p. 255; BOYD e FRANK, *The importance of private labelling in food retailing, in* "Business Horizons", Verão de 1966, p. 81. Nas impressivas palavras destes Autores, "the growing concentration could well trigger a dramatic surge toward the use of private food labels in the years ahead". Parece que tinham razão.

[11] COM (96) 721, Janeiro de 1997, pp. 10 *s.*

nos desta relação para detectar quais os traços característicos do contrato estabelecido entre as partes.

Mas não podemos ficar por aqui. As novidades suscitadas por este fenómeno não se limitam à relação entre produtor e distribuidor, afectando também a relação deste com eventuais prejudicados pela defeituosidade dos produtos. Os produtos da marca do distribuidor causam ressonância, deste modo, no território da responsabilidade civil, *maxime*, da responsabilidade civil por produtos defeituosos, colocando novas dúvidas e questões. Não basta analisar a relação económica que se estabelece entre produtor e distribuidor – é necessário saber quais as consequências que este tipo de estratégia pode acarretar no que respeita ao ressarcimento dos lesados pelos defeitos dos produtos.

Os produtores são frequentemente caricaturados como empresas ricas e poderosas, enquanto os retalhistas são apresentados como comerciantes com poucos recursos. Estes estereótipos estão a tornar-se desadequados à realidade dos nossos dias. A chamada ao círculo dos responsáveis de comerciantes que, não se limitando a (re) vender produtos, encomendam o seu fabrico de acordo com instruções específicas, impondo a sua rotulagem com um nome, marca ou sinal distintivo de que são titulares é o reconhecimento de uma alteração fundamental no arquétipo tradicional da relação entre produtores e distribuidores a que o regime da responsabilidade por produtos não poderia (nem pode) ficar indiferente.

O presente estudo centra-se na análise das implicações jurídicas dos produtos de marca do distribuidor na óptica do regime da responsabilidade pelos danos causados por produtos defeituosos. As considerações que tecermos acerca da marca do distribuidor enquanto sinal distintivo ou atinentes à classificação do contrato existente entre as partes serão por isso sempre instrumentais, pois visam a recolha de elementos que nos permitam concluir, a final, se o titular da marca de distribuição deve ser responsabilizado e em que casos. Consideramos que boa parte das respostas para as dúvidas que nos foram suscitadas vai justamente depender das conclusões que retirarmos daqueles dois primeiros problemas.

Na doutrina são comummente utilizadas, para fazer referência a este instituto, as expressões "responsabilidade por produtos defeituosos", "responsabilidade do fabricante" e "responsabilidade do produtor".

Estes dois últimos conceitos apresentam o inconveniente de sugerir que apenas o fabricante ou produtor dos bens poderá ser responsabilizado, o que não é verdade uma vez que existem outros sujeitos, para além destes, a quem pode ser imputada a obrigação de ressarcir os danos causados pelo defeito do produto[17]. De entre as duas expressões há quem prefira o conceito mais lato de fabricante, que engloba não apenas o fabricante de produtos acabados ou de partes componentes mas também o produtor de produtos naturais ou de matérias-primas[18].

Poderá também ser útil lançar mão do conceito lato de "empresa", enquanto organização produtiva, como fazem recorrentemente a jurisprudência e doutrina italianas[19], salientando porém que este conceito deve abranger quer as empresas do escalão de produção (fabricantes e produtores) quer as empresas do sector da distribuição.

Pode utilizar-se, portanto, uma expressão subjectivada (responsabilidade do produtor ou responsabilidade do fabricante) ou objectivada (responsabilidade por produtos).

Consideramos preferível a utilização de uma expressão relativa ao objecto (o produto) em detrimento de uma expressão que vá referida ao sujeito, tendo em atenção a pluralidade de agentes em causa. A designação "responsabilidade por produtos" compromete-se menos com o círculo de responsáveis, por descrever o fenómeno atendendo ao produto e não ao sujeito. Por outro lado, trata-se de um conceito que deixa transparecer que o facto gerador da responsabilidade é a defeituosidade de um produto (e mais que isso, os danos que esse defeito provoca) independentemente da conduta do sujeito e da qualidade em que este actua.

As questões de nomenclatura têm, em grande medida, um valor meramente descritivo dos fenómenos. No que a este trabalho diz respeito, a importância desta questão não se reduz, porém, a uma dúvida terminológica. Com efeito, o nosso estudo centra-se na análise do círculo de

---

[17] Neste sentido, entre outros, PARRA LUCÁN, *La responsabilidad civil por productos defectuosos al amparo de las reglas generales de responsabilidad. Estudio jurisprudencial, in* "AzC", 1995, tomo I, vol. I, p. 19; GARCÍA AMIGO, *La responsabilidad civil por productos en la Europa Comunitária, in* AA. VV., Estudios jurídicos en homenaje al Professor Aurélio Menéndez, vol. III, Madrid, 1996, pp. 2801 *s*; JIMÉNEZ LIÉBANA, Responsabilidad civil: daños causados por productos defectuosos, Madrid, 1998, p. 115; RODRÍGUEZ CARRIÓN, La responsabilidad civil por los daños causados por productos defectuosos, Valência, 2000, p. 14. Defendendo o entendimento oposto, CALVÃO DA SILVA, Responsabilidade civil do produtor, Coimbra, 1999, pp. 572 *s*.

[18] Assim, MALINVAUD, *La responsabilité du fabricant, in* "BFD", 1979, vol. LV, p. 1.

[19] BESSONE, *Prodotti dannosi e responsabilità dell'impresa, in* "RTDPC", 1971, p. 100; FRANZOSI, *Si giustifica ancora la teoria della responsabilità del produttore?, in* "ForoPa", 1986, pp. 13 e 15; ALPA, *L'attuazione della direttiva comunitaria sulla responsabilità del produttore. Tecniche e modelli a confronto, in* "CeI", 1988, p. 578; ÁNGEL YÁGÜEZ, Tratado de responsabilidad civil, Madrid, 1993, p. 633.

sujeitos que podem ser responsabilizados pelos danos causados por produtos, muito especialmente, do caso da marca do distribuidor. Deste modo, vamos adoptar uma perspectiva subjectiva, dispensando especial enfoque a um sujeito que pode ser incluído no conceito jurídico de produtor, respondendo pelos defeitos do produto nos mesmos termos: o titular de uma marca de distribuição.

É verdade que a expressão "responsabilidade do produtor" é a mais comum na prática[20]. Para quem entenda que esta é a terminologia mais adequada, a sua utilização deve sempre ir acompanhada de uma especial advertência: a de que a responsabilidade por produtos não se limita a um instituto que responsabiliza o produtor material dos bens mas que, muito para além disso, considera como "produtor", para tal efeito, um conjunto muito vasto de sujeitos que não se limita nem confunde com a noção económica ou factual de "produtor".

Deste modo, a eventual incorrecção terminológica de expressões como "responsabilidade do produtor" será facilmente ultrapassada desde que não se perca de vista que este conceito de "produtor" é utilizado num sentido lato, numa acepção abrangente moldada pela definição legal fornecida pelo legislador comunitário e respectivas normas de Direito nacional, de entre as quais avulta, para o caso que nos interessa, a consideração como tal de qualquer pessoa que se apresente como produtor pela aposição sobre o produto do seu nome, marca ou qualquer outro sinal distintivo.

A definição do círculo de responsáveis pelos danos causados pelos produtos não é assunto resolvido de forma definitiva, evoluindo de acordo com as mutações ocorridas nos sistemas de produção e distribuição. Não fazia sentido, no início do século XX, quando a *products liability* dava os seus primeiros e tímidos passos, suscitar a questão da eventual responsabilidade do franqueador, do concessionário, do licenciante ou do titular de uma marca de distribuição – pura e simplesmente porque estas figuras ainda não existiam. A teoria da responsabilidade por produtos é por isso, como não poderia deixar de ser, decisivamente influenciada pelo contexto socioeconómico em que se dá a circulação dos bens no mercado.

---

[20] O conceito mais frequente no Direito anglo-saxónico é "products liability", enquanto no Direito francês se fala, com significados semelhantes, de "responsabilité du fabricant" e de "responsabilité du fait des produits" (responsabilidade por causa dos produtos). Em Espanha são utilizadas as expressões "responsabilidad del fabricante" ou "responsabilidad del productor" bem como "responsabilidad por productos".

Aproximação ao Problema 27

O figurino clássico da responsabilidade por produtos foi desenhado num contexto em que os produtores lançavam no mercado produtos que ostentavam a sua marca, sobre os quais exerciam exclusivo controlo e em que o distribuidor era um mero intermediário no lançamento dos produtos no mercado.

A alteração destes pressupostos, com a modificação dos papéis desempenhados pelos diferentes sujeitos e a aproximação entre os sectores da produção e distribuição veio implicar reajustamentos na teoria da responsabilidade por produtos, colocando desde logo a questão de saber quem deve efectivamente ser considerado produtor. Como refere o Relatório da Comissão encarregada da reforma da Lei em Hong Kong, a necessidade de rever o regime da responsabilidade por produtos resulta de novos métodos de negócio e da mudança de comportamentos sociais. Não só os produtos se tornaram mais complexos mas também os métodos de distribuição sofreram alterações substanciais[21].

Do triângulo formado pelo produto, lesado e produtor, este último é o conceito mais complexo. Esta não é uma entidade que possa ser caracterizada de forma unitária. A teoria da *products liability* reflecte, deste modo, diferentes identidades. Uma parte substancial da discussão doutrinal existente sobre a responsabilidade por produtos centra-se, em consequência, na definição do círculo de responsáveis[22].

Saber quem pode ser responsabilizado pelos danos causados pelos produtos implica sempre, deste modo, perscrutar na realidade económica quem no fabrico e distribuição de bens assume poderes de controlo e fiscalização tais que seja razoável exigir-lhe o risco de responder pela sua eventual defeituosidade. Dito de outro modo: o instituto da responsabilidade por produtos deve possuir sempre mecanismos adequados e correspondentes à realidade da produção e distribuição de bens no mercado. O seu regime deve, por isso, ser o resultado da análise dos sistemas económicos através dos quais se processa o eterno e indispensável processo de lançamento de produtos no mercado.

Este instituto é (ou pelo menos deve ser), como qualquer outro segmento da Ordem Jurídica, permeável à evolução económica e social,

---

[21] *The Law Reform Commission of Hong Kong Report on civil liability for unsafe products*, Fevereiro de 1998, p. 5.

[22] BERNSTEIN, *How can a product be liable?*, *in* "Duke", Outubro de 1995, n.º 1, pp. 50 *s.*

devendo estar atento às novas realidades que lhe cabe disciplinar. O normativo legal existente deve, como é óbvio, atender ao contexto socioeconómico em que se dá a circulação dos bens no mercado. É fundamental que as regras existentes se adeqúem à modificação dos papéis desempenhados pelos diferentes sujeitos e reflictam a aproximação entre os sectores da produção e distribuição.

Neste sentido, podemos dizer que a responsabilidade por produtos é também e sempre *produto* da realidade socioeconómica em que se insere. E podemos também afirmar, sem receio de vir a ser contrariados pela realidade futura, que a vitalidade do instituto da responsabilidade por produtos se encontra garantida, pois a satisfação das necessidades da sociedade de consumo é sujeita a constantes novidades e mutações.

O legislador deverá atender, por outro lado, à crescente complexidade do regime legal existente, *bosque normativo* que dificulta cada vez mais o adequado conhecimento por parte dos lesados de quais os direitos que lhe assistem e faz perigar o efectivo ressarcimento dos danos causados[23]. A crescente inflação de Leis de que se queixam os práticos ou hipertrofia "parkinsónica" de que falam os sociólogos torna cada vez mais difícil aos juristas a solução justa e equitativa de cada caso *sub judice*[24]. Qualquer proposta de reforma do edifício da responsabilidade por produtos deverá ter em conta que um regime claro e rigoroso, com formulações legais compreensíveis e inequívocas, sortirá melhor resultado que a mais sonante das campanhas informativas.

Estes novos problemas colocados à teoria da responsabilidade por produtos constituem demonstração cabal da grande vitalidade do instituto e da sua constante necessidade de actualização e rejuvenescimento. Tal como a marca do distribuidor, o licenciamento de marca e a franquia suscitam a necessidade de rever o conceito de "produtor" e de o reajustar de acordo com a noção económica fornecida pela realidade dos nossos dias, que não se reconduz necessariamente ao conceito tradicional de "fautor" ou autor material dos bens.

---

[23] MARTÍNEZ DE AGUIRRE, *Perspectivas y problemas de una política jurídica de protección a los consumidores*, in "Anuario Jurídico de La Rioja", 1998, n.º 4, pp. 13 *ss*; MARTÍN RODRÍGUEZ e VIDAL GIMÉNEZ, *La protección del consumidor en el sector agroalimentario*, in "Estudios Agrosociales y Pesqueros", 2000, n.º 186, p. 250.

[24] CERDÁ GIMENO, *Una aproximación a los fenómenos internormativos*, in AA. VV., Homenaje al profesor Lluis Puig i Ferriol, vol. I, ABRIL CAMPOY e AMAT LLARI (Coords.), Valência, 2006, p. 843.

Aproximação ao Problema

O nosso estudo irá dirigir-se exclusivamente para a responsabilidade do distribuidor pelos produtos que ostentam o seu nome, marca ou outro sinal distintivo. Não nos iremos debruçar, desta forma, sobre a responsabilidade pelos danos causados pela prestação de serviços.

Na verdade, a responsabilidade pelos danos causados pela prestação de serviços encontra-se excluída do âmbito de aplicação da Directiva 85/374//CEE do Conselho, de 25 de Julho de 1985, relativa à aproximação das disposições legislativas, regulamentares e administrativas dos Estados--membros em matéria de responsabilidade decorrente dos produtos defei-tuosos[25]. Este tipo de responsabilidade também queda excluído do âmbito de aplicação da Directiva 2001/95/CE do Parlamento Europeu e do Conselho, de 3 de Dezembro de 2001, sobre segurança geral dos produtos[26]. Com efeito, este diploma visa garantir a segurança dos produtos colocados em circulação e não a segurança dos serviços prestados no mercado[27].

Fora da nossa análise irá ficar também o problema das prestações de serviços associadas à distribuição do produto, como por exemplo a instalação do bem ou a formação sobre o seu uso.

Como teremos oportunidade de constatar, os pressupostos de facto que estão na origem da responsabilidade por produtos podem implicar a concorrência de vários regimes de responsabilidade. O fornecimento de produtos e a prestação de serviços encontram-se associados e interligados de forma cada vez mais frequente. O próprio TJCE já esclareceu que a Directiva 85/374 é aplicável aos casos de responsabilidade civil por prestação de serviços utilizando um produto defeituoso[28]. O segundo relatório relativo à aplicação da Directiva 85/374 reconheceu que uma das questões que merece um estudo mais profundo é precisamente a do uso de um produto defeituoso na prestação de um serviço[29].

---

[25] *In* "JOCE" L 210, de 7 de Agosto de 1985, pp. 29-33.

[26] *In* "JOCE" L 11, de 15 de Janeiro de 2002, pp. 4-17.

[27] Neste sentido, o Tribunal da Relação do Porto esclareceu, em acórdão de 27 de Novembro de 1997, que a relação estabelecida entre o utente da auto-estrada e o prestador do serviço não é enquadrável no regime da responsabilidade por produtos.

[28] Acórdão do Tribunal (Quinta Secção) de 10 de Maio de 2001, *Henning Veedfald* contra *Århus Amtskommune*, processo C-203/99, *in* "CJTCE", 2001, p. I-3569. Vide GON-ZÁLEZ VAQUÉ, *El Tribunal de Justicia de las Comunidades Europeas clarifica algunos conceptos relativos a la responsabilidad por los daños causados por productos defec-tuosos en el ámbito hospitalario (Directiva 85/374/CEE): la sentencia "Veedfald"*, *in* "GJUEC", Setembro-Outubro de 2001, n.º 215, pp. 105-117.

[29] COM (2000) 893 final, de 31 de Janeiro de 2001, p. 29.

30 *Marca do Distribuidor e Responsabilidade por Produtos*

Decidimos excluir o estudo da responsabilidade pelos danos causados pela prestação de serviços na distribuição de um produto por três motivos.

Primeiro, porque entendemos dedicar a nossa atenção exclusivamente ao caso da responsabilidade pelos danos causados por produtos identificados com um sinal distintivo que é propriedade do distribuidor. A nossa investigação tem como ponto de partida aquela dúvida que formulámos de início, a qual delimita a área sobre a qual iremos fazer incidir a nossa atenção.

Em segundo lugar, porque a temática da responsabilidade por produtos defeituosos já gera, só por si, suficientes problemas de "internormatividade", isto é, convoca a aplicação de normas próprias de diferentes regimes de responsabilidade, com âmbitos de aplicação objectiva e subjectiva distintos. Estender ainda mais o nosso campo de visão, abrangendo o regime da responsabilidade pela prestação de serviços, poderia dispersar a nossa atenção, tornar o discurso menos claro e complicar a análise do problema.

Em último lugar, por uma questão de natureza dogmática e legal. De facto, o sector da prestação de serviços apresenta peculiaridades próprias que resultam desde logo da dificuldade de delimitação do conceito económico de "prestação de serviços". Para além disso, não existe ainda uma disciplina suficientemente densa e consolidada sobre a responsabilidade do prestador de serviços.

Actualmente a responsabilidade do prestador de serviços é regulada pelo Direito interno de cada um dos Estados-membros. Após o fracasso da proposta de Directiva da Comissão sobre a responsabilidade do prestador de serviços têm surgido diversos esforços no sentido da recolocação do problema na agenda comunitária[30]. A Comissão pronunciou-se sobre

---

[30] Proposta apresentada em 9 de Novembro de 1990, COM (90) 482 final, *in* "JOCE" C 12, de 8 de Janeiro de 1991. Vide GHESTIN e MARKOVITS, *L'adaptation à la responsabilité des prestataires de services de la directive de la Communauté économique européenne du 25 juillet 1985 sur la responsabilité du fait des produits défectueux, in* "REDC", 1989, pp. 147-191; SINDE MONTEIRO, *Responsabilidade do prestador de serviços – a proposta de Directiva comunitária e o direito positivo português, in* "RDE", 1990 a 1993, n.º 16 a 19, pp. 767-785; AA. VV., La responsabilité du prestataire de services et du prestataire de soins de santé, FRASELLE (Dir.), Lovaine-la-Neuve, 1992; AA. VV., Project de directive sur la responsabilité en matière de prestations de services, Colónia, 1992; GEDDES, Product and Service Liability in the EEC – the new strict liability regime,

o assunto na "Comunicação relativa a novas orientações em matéria de responsabilidade do prestador de serviços"[31] e na comunicação "Plano de acção sobre política dos consumidores 1999-2001", comprometendo-se a propor iniciativas sobre a responsabilidade dos prestadores de serviços[32].

A distinção entre a responsabilidade por danos causados por produtos e por serviços é, deste modo, não apenas de ordem doutrinal mas também legal. Pesem embora a proximidade e identidade de alguns dos problemas colocados pelos dois regimes, a verdade é que têm lógicas e pressupostos perfeitamente distintos.

Como já referimos, o nosso estudo gravita em torno da responsabilidade por danos causados por produtos assinalados com a marca do distribuidor. Este conceito de marca própria ou *private label* já foi também, em boa medida, transposto para outros sectores da actividade económica que não se limitam à simples comercialização de produtos, como seja no caso dos cartões de crédito *private label*.

Estes cartões são muito frequentes ao nível da distribuição. O próprio retalhista atribui cartões de débito e de crédito aos seus clientes. Neste caso estamos perante a celebração, ao lado da compra e venda, de um contrato de mútuo concedido pelo vendedor[33]. Trata-se de cartões emitidos por bancos mas dos quais consta o nome da loja ou estabelecimento onde são feitos os pagamentos. Deste modo, podemos classificar estes cartões como "cartões de insígnia".

O distribuidor comporta-se, mais do que como um vendedor, como concedente de crédito. A utilização deste tipo de cartões continua a crescer, tendo passado para outros sectores de actividade para além da distribuição. Estes cartões apresentam várias vantagens, como sejam a oferta ao cliente de uma linha especial de crédito, prémios, isenção de encargos, bonificações pela utilização, pagamento alargado, *etc*.

Londres, 1992, pp. 47 *ss*; EUROPEAN CONSUMER LAW GROUP, *European Consumer Law Group response to the EC proposed Directive on liability for services, in* "JCP", 1992, vol. 14, pp. 431-448.

[31] COM (1994) 260 final, de 23 de Junho de 1994.

[32] COM (1998) 696 final, de 1 de Dezembro de 1998.

[33] GRAVATO MORAIS, Contratos de crédito ao consumo, Coimbra, 2007, p. 51. Vide também CHULIÁ VICÉNT e BELTRÁN ALANDETE, Aspectos jurídicos de los contratos atípicos, vol. I, Barcelona, 1999, pp. 137 *ss* e FERGUSON e Fitzgerald, *Private benjamins: the most powerful retail loyalty tool in your arsenal may be right under your nose, in* "European Retail Digest", Primavera de 2005, issue 45, pp. 21-26.

própria que lhe está subjacente, delineando os seus traços e características fundamentais. Procuraremos fixar uma terminologia coerente face à pluralidade de conceitos associados a este fenómeno. Por outro lado, e porque estamos perante um tipo de marca com caracteres próprios, iremos olhá-la enquanto sinal distintivo, indagando até que ponto esta figura relança o debate sobre a *vexata quaestio* da função distintiva da marca. A resposta para a questão que nos ocupa não pode prescindir, como é evidente, da análise da marca, uma vez que a responsabilidade do titular da marca de distribuição assenta num critério de imputação bem definido – a aposição do nome, marca ou sinal distintivo do sujeito. Importa, por isso, analisar em que condições o distribuidor se apresenta no mercado, analisando este fenómeno em termos económicos e de marketing.

No terceiro Capítulo analisaremos o contrato que se estabelece entre o fabricante e o titular da marca de distribuição. Iremos examinar os elementos factuais que a prática nos fornece em ordem ao enquadramento dogmático da relação contratual existente entre as partes, o qual irá ditar o seu regime legal. Tal como acontece em relação ao segundo Capítulo, a análise do fenómeno *ad intra*, entre as partes envolvidas no círculo de produção, visa retirar conclusões que servirão para fundamentar a responsabilidade do titular da marca de distribuição *ad extra*, ou seja, face a terceiros – os lesados. A relevância do segundo e terceiro Capítulos é, deste modo, instrumental, permitindo (esperamos nós) a cabal compreensão dos motivos que devem estar subjacentes à chamada do titular da marca de distribuição ao rol dos responsáveis.

No quarto Capítulo iremos debruçar-nos sobre a responsabilização do titular da marca de distribuição, a qual pode ocorrer enquadrada em quatro categorias distintas: como produtor real, como importador, como fornecedor e como produtor aparente. Procuraremos dilucidar os diferentes pressupostos de inserção deste sujeito no círculo de responsáveis, dando especial atenção à sua imputação na qualidade de produtor aparente. Daremos notícia da dificuldade que rodeia este último conceito, recolhendo os diferentes argumentos e pontos de vista. Atenderemos à configuração do problema *de lege lata*, expendendo algumas reflexões que, na nossa maneira de ver, justificam, *de lege ferenda*, uma revisão do paradigma vigente. Para tanto, apresentaremos os argumentos que nos parecem mais justos, ponderados e razoáveis, para o que será importante não perder de vista a análise do fenómeno em termos económicos e sociais operada nos Capítulos precedentes.

Chegados ao Capítulo quinto, analisaremos o regime legal aplicável ao titular da marca de distribuição quando este haja de ser qualificado como produtor, tendo em atenção as particulares obrigações que lhe são impostas e os mecanismos de que dispõe para se eximir à responsabilidade. Embora nos centremos na análise do regime especial de responsabilidade pelos danos causados por produtos, não deixaremos de ter em conta a sua responsabilidade, quer contratual, enquanto vendedor final de bens de consumo, quer extracontratual. Deste modo, iremos perspectivar o titular da marca de distribuição enquanto destinatário de vários regimes de responsabilidade, sujeitos a regras e lógicas diferentes, de que importa ter uma compreensão global e não compartimentada.

A final teremos em conta algumas das consequências que podem resultar para o titular de marcas de distribuição do regime legal vigente, nomeadamente a possibilidade (que ainda não obrigatoriedade legal) de celebração de um contrato de seguro de responsabilidade civil.

METODOLOGIA

O nosso estudo parte, como é óbvio, da análise da legislação vigente, quer em Portugal, quer a nível comunitário. A nossa tarefa parece facilitada, uma vez que o regime legal existente tem a sua origem num diploma de Direito Comunitário. Não sucede porém assim, uma vez que os diferentes diplomas de transposição da Directiva comunitária apresentam peculiaridades que importa sublinhar. Convém deste modo não confundir harmonização com uniformização, pois os Direitos nacionais apresentam redacções diversas, que enriquecem o debate, estimulam a discussão e valorizam o regime existente. Cremos que a análise do Direito comparado no contexto europeu (e mundial) é justamente um dos factores que contribui para a vivacidade do tema, de perene actualidade e incessante evolução.

A jurisprudência existente sobre o assunto, quer de tribunais nacionais, quer do Tribunal das Comunidades, é bastante extensa. Como resulta das conclusões do Advogado-Geral GEELHOED no processo *Skov Æg* contra *Bilka*, a transposição da Directiva deve ser feita não apenas pela legislação nacional mas também através de uma jurisprudência conforme e adequada aos propósitos do diploma comunitário[34]. Iremos dedicar particular atenção ao pronunciamento jurisprudencial sobre esta matéria, especialmente em Espanha, onde a responsabilidade por produtos tem suscitado a intervenção dos tribunais com maior frequência do que em Portugal. Teremos também em conta, pelo interesse que revestem em termos comparatísticos, as soluções legais e jurisprudenciais de alguns ordenamentos jurídicos de outros quadrantes, como por exemplo dos Estados Unidos.

---

[34] Conclusões apresentadas em 20 de Janeiro de 2005, pedido de decisão prejudicial do *Vestre Landsret: Skov Æg* vs. *Bilka Lavprisvarehus A/S* e *Bilka Lavprisvarehus A/S* vs. *Jette Mikkelsen, Michael Due Nielsen*, Processo C-402/03, *in* "JOCE" C 48, de 25 de Fevereiro de 2006, p. 4.

Teremos presente, por outro lado, o contacto existente entre as regras específicas da responsabilidade por produtos e outros normativos próximos. Sem nos pretendermos afastar do nosso tema – a responsabilidade do titular de marcas de distribuição pelos danos causados pelos produtos que lança no mercado – estaremos atentos às conexões existentes com outras normas relevantes, como sejam as relativas à segurança dos produtos, ao Direito da Propriedade Industrial e ao Direito do Consumidor. O regime especial de responsabilidade por produtos convive, para além disso, com o regime geral de responsabilidade contratual e extracontratual. Esta pluralidade de normas suscita interessantes e complexos problemas de internormatividade. Pese embora a articulação de tais regimes nem sempre seja fácil, cremos que é justamente aí que reside, em boa parte, o interesse do tema a que nos dedicámos.

Para além do Direito positivo foi também tida em conta, como não poderia deixar de ser, a copiosa doutrina existente sobre o assunto. Embora em Portugal seja escassa a bibliografia existente sobre a matéria, quer em termos económicos e de marketing quer em termos jurídicos (excepção feita a alguns artigos e à obra do Professor CALVÃO DA SILVA), iremos analisar o trabalho de juristas de outros países como a Espanha, a França, a Itália, a Bélgica e os países de expressão anglo-saxónica.

CAPÍTULO I

A MARCA DO DISTRIBUIDOR FACE AO INSTITUTO DA RESPONSABILIDADE POR PRODUTOS

1 – Responsabilidade civil e processo produtivo

1.1 A responsabilidade por produtos como resposta aos riscos da produção em massa

A responsabilidade civil é tradicionalmente definida como a obrigação imposta a uma pessoa de reparar um prejuízo causado a outrem resultante da violação de um dever geral de conduta que a Ordem Jurídica impõe aos indivíduos para protecção de todas as pessoas. Desde o surgimento do CC napoleónico que a culpa foi erigida como pressuposto essencial da responsabilidade civil. De facto, não era admissível a imputação de um dano sem a existência de culpa do autor da lesão[35].

Com o surgimento da responsabilidade dita objectiva (sem culpa) admitiu-se a hipótese de responsabilizar em determinados casos algumas pessoas pelos prejuízos que causem a terceiros, ainda que não lhes possa ser assacado qualquer juízo de censura moral ou ético-jurídica. A responsabilidade objectiva é geralmente definida de forma negativa, por ser aquela que prescinde da culpa, gravitando em torno de outro critério de imputação, normalmente o risco[36].

---

[35] SOUSA RIBEIRO, SINDE MONTEIRO, SÁ *et al.*, Direito das Obrigações. Apontamentos das lições do Prof. Dr. Rui de Alarcão ao 3.º ano jurídico, Coimbra, 1983, p. 216.

[36] DI MAJO, *I problemi della recezione della Direttiva comunitaria sulla responsabilità da prodotti difettosi*, *in* AA. VV., Il danno da prodotti, PATTI (Coord.),

Os primeiros casos de consagração legal do regime da responsabilidade objectiva deram-se ainda no domínio da regulação codificada, como seja, por exemplo, na responsabilidade por coisas ou por animais. Este tipo de responsabilidade expandiu-se depois para a área dos acidentes de trabalho e dos acidentes causados por veículos, abrangendo hoje um vasto leque de situações consideradas perigosas[37]. Ainda assim, a responsabilidade objectiva tem carácter excepcional, conforme estabelece o n.º 2 do art. 483.º do CC português: "só existe obrigação de indemnizar independentemente de culpa nos casos especificados na lei".

O princípio da culpa foi rapidamente erodido pela necessidade de ressarcir os danos dos lesados, sendo a responsabilidade imputada aos beneficiários de determinadas actividades que são em si mesmas perigosas, ainda que não tenham agido culposamente: a responsabilidade civil socializou-se. A responsabilidade objectiva surge como consequência natural da revolução industrial e da profunda alteração sofrida pela sociedade no final do século XIX[38]. Acabou por triunfar a ideia de que a solidariedade social exige que um regime de particular vantagem seja acompanhado de um regime de mais rigorosa responsabilidade.

Como se referiu, a responsabilidade objectiva assenta muitas vezes no risco como critério de imputação. Existem essencialmente duas concepções distintas (e não necessariamente excludentes) de responsabilidade pelo risco.

Segundo a teoria do risco criado, cada pessoa que cria uma situação de perigo deve responder pelos riscos que resultem dessa situação. De acordo com a concepção do risco-proveito, a pessoa deve responder pelos danos resultantes das actividades de que tira proveito (já consagrada na célebre máxima latina *ubi commoda ibi incommoda*). A responsabilidade pelo risco tem o seu fundamento, deste modo, na atribuição da responsabilidade pela criação ou controlo de um risco, baseando-se numa ideia de justiça distributiva segundo a qual quem tira proveito de uma coisa ou actividade perigosa para terceiros deve suportar os encargos inerentes – trata-se da necessidade ou conveniência social de reparar o dano[39].

Pádova, 1990, p. 9; Reglero Campos, *Los sistemas de responsabilidad*, in AA. VV., Lecciones de responsabilidad civil, Navarra, 2002, p. 67.

[37] Sinde Monteiro, *Responsabilidade civil*, in "RDE", Separata do n.º 2, Julho/ /Dezembro 1978, p. 326.

[38] Ribeiro de Faria, Direito das Obrigações, vol. II, Coimbra, 2001, pp. 2 *ss*.

[39] Antunes Varela, Das Obrigações em geral, vol. I, Coimbra, 1986, p. 475.

O instituto da responsabilidade objectiva tem na sua base, de igual modo, motivos de ordem prática. Muitas vezes, fruto da utilização de mecanismos complexos ou de formas de organização partilhada, a responsabilidade pelos danos encontra-se diluída, sendo difícil ao lesado determinar exactamente quem, de entre esse grupo de pessoas, é o responsável pela produção dos danos: são os chamados "danos anónimos"[40]. Quanto mais complexa e numerosa for a composição dessas equipas, mais difícil será determinar o verdadeiro responsável.

A responsabilidade por produtos é justamente um dos exemplos mais relevantes da responsabilidade objectiva, constituindo, nas últimas décadas, objecto de vivo e atento laboratório cultural[41]. Trata-se, indiscutivelmente, de um dos problemas mais discutidos e delicados deste âmbito do ordenamento jurídico[42]. A responsabilidade por produtos apresenta-se como uma das zonas de mais fértil e célere desenvolvimento no domínio da responsabilidade civil[43]. Na assertiva expressão de ALPA, "la responsabilità del produttore è *topos* divenuto classico nel settore della responsabilità civile"[44].

No entanto, se é verdade que a importância e impacto mediático dos casos sobre danos causados por produtos tem aumentado de forma dramática nos últimos anos[45], também se deve dizer que não tem existido,

---

[40] ALMEIDA COSTA, Direito das Obrigações, Coimbra, 2000, p. 476; MOTA PINTO, Teoria Geral do Direito Civil, PINTO MONTEIRO e MOTA PINTO (Eds.), Coimbra, 2005, p. 134.

[41] PONZANELLI, *Responsabilità del produttore*, in "RDC", Março-Abril de 1995, p. 215. Em 1979 SCHWARTZ afirmava peremptoriamente: "unquestionably, products liability ranks as one of the most conspicuous phenomena of the last twenty years" – *Understanding products liability*, in "CaLR", Maio de 1979, vol. 67, n.º 3, p. 435. ROSCIONI fala de um "copioso debate doutrinal" – *Corte di Giustizia delle comunità Europee*, in "ForoIt", 1993, p. 302, enquanto WHITTAKER refere que este tema constitui um "fashionable topic" – *The EEC Directive on product liability*, in AA. VV., Yearbook of european law, n.º 5, 1985, Oxford, 1986, p. 233. FAGNART conclui: "la responsabilité du fait des produits est à la mode" – *La Directive du 25 Juillet 1985 sur la responsabilité du fait des produits*, in "CDE", 1987, p. 3.

[42] GORASSINI, Contributo per un sistema della responsabilità del produttore, Milão, 1990, p. 1.

[43] O'BRIEN, *The history of products liability*, in "Tulane", 1988, vol. 62, p. 313.

[44] *La nuova disciplina della responsabilità del produttore*, in "Il Corriere Giuridico", 1988, p. 781.

[45] PINTO MONTEIRO descreve o aumento do número de eventos danosos como "assustador" – *Responsabilidade civil em debate*, in "BOA", Novembro/Dezembro de 2002, n.º 23, p. 27. Refere MARÍN LÓPEZ: "la responsabilidad derivada de los productos defectuosos

42 Marca do Distribuidor e Responsabilidade por Produtos

pelo menos na Europa, um número tão grande de processos judiciais em que tenha sido aplicado este regime específico de responsabilidade objectiva. A reduzida litigância pode explicar-se, em boa medida, pelo carácter preventivo da responsabilidade civil por produtos defeituosos, que propicia a realização de acordos extra-judiciais. Com efeito, na maior parte das vezes os responsáveis preferem evitar a má imagem pública que poderia resultar da divulgação de uma sentença desfavorável.

A consolidação do regime da responsabilidade por produtos resulta do reconhecimento do relevo que a distribuição e o consumo de massas assumem na configuração da sociedade moderna. O mercado actual é caracterizado pela abundância de bens, muitos deles de grande complexidade técnica, pela automatização, pela produção em série e pela distribuição em cadeia dos produtos, com a cisão entre a produção e o comércio. Estes são geralmente apontados como os pressupostos económicos clássicos da responsabilidade por produtos[46].

Existem fundamentalmente três modelos de responsabilização do produtor[47].

O primeiro corresponde à solução tradicional, baseando-se na culpa. O segundo modelo é um sistema *no-fault* ou de compensação, em que o ressarcimento dos danos é suportado pela colectividade através de um fundo suportado por impostos ou por taxas, como sucede na Nova Zelândia[48]. A terceira hipótese é justamente a da responsabilidade inde-

---

sigue estando de moda. Preocupa no solo a los juristas, sino también a los industriales, los aseguradores, los consumidores y quizás a los políticos" – *La Directiva Comunitaria 1999/34/CE relativa a la aproximación de las disposiciones legales, reglamentarias y administrativas de los Estados miembros en cuestión de responsabilidad por los daños causados por productos defectuosos*, in "NUE", Março de 2001, n.º 194, p. 9.

[46] Carnevali, La responsabilità del produttore, Milão, 1979, pp. 1-20; Mullerat, *La responsabilidad civil del fabricante. La directiva CEE de 25 de Julio de 1985 y el derecho español*, in "RJC", 1988, vol. 87, n.º 1, pp. 97 s; Calvão da Silva, *op. cit.*, pp. 11-25. Para uma análise do problema em termos económicos vide Priest, *The modern expansion of tort liability: its sources, its effects, and its reform*, in "JEP", 1991, vol. 5, pp. 31-50.

[47] Taschner, *Harmonization of products liability law in the european community*, in "TILJ", 1999, vol. 34, n.º 21, p. 28. Vejam-se ainda os comentários do Autor sobre a opção da Directiva Comunitária pela solução da responsabilidade objectiva, no mesmo texto, pp. 28 *s.*

[48] Alpa, *Appunti sull'assicurazione della responsabilità del produttore e i sistemi no-fault*, in AA. VV., Danno da prodotti e responsabilità dell'impresa. Diritto italiano ed esperienze straniere, Alpa e Bessone (Coords.), Milão, 1980, pp. 39-61; Sinde Monteiro,

A Marca do Distribuidor Face ao Instituto da Responsabilidade por Produtos   43

pendente de culpa, em que se repercute sobre o produtor o risco de produção de danos a terceiros, obrigando-o a contratar um seguro para se proteger – é a chamada *insurance solution*.

Embora a Directiva 85/374 não tenha por escopo a protecção do consumidor mas sim a protecção de todo e qualquer lesado, ainda que não tenha a qualidade de consumidor, é inegável que a institucionalização da responsabilidade por produtos foi decisivamente impulsionada pelo ímpeto da defesa do consumidor (o chamado *movimento consumerista*) que acabou por ter consagração legal e doutrinal no Direito do Consumidor[49]. Os consumidores pagam, mais do que os produtos, as suas (eventuais) consequências nefastas[50]. A responsabilização do produtor pelos danos causados pelos seus produtos e a protecção do consumidor constituem, em boa medida, dois aspectos do mesmo fenómeno, verso e reverso da mesma medalha[51], paradigma hodierno de uma colisão de interesses que alguns classificam mesmo de "conflito de classes"[52].

Desde que em 15 de Março de 1962 JOHN KENNEDY, em comunicação dirigida ao Congresso norte-americano, defendeu que os consumidores constituíam o mais importante grupo económico e o único não efectiva-

---

Responsabilidade por culpa, responsabilidade objectiva, seguro de acidentes, Coimbra, 1983, pp. 14 *ss* e Estudos sobre a responsabilidade civil, Coimbra, 1983, pp. 87 *ss*; GRESSON e HINTON, *New Zealand*, in AA. VV., Product liability in the Asia-Pacific, KELLAM (Dir.), Londres, 2000, pp. 131-152.

[49] Expressão que no entender de PINTO MONTEIRO é preferível à de "Direito do Consumo" e se refere ao conjunto de princípios e regras destinadas a disciplinar a produção e a distribuição de bens, assim como a prestação de serviços, tendo em vista a protecção do consumidor. Veja-se, do Autor, *Sobre o direito do consumidor em Portugal*, in "Sub Judice", Janeiro/Março de 2003, n.º 24, p. 7 e *Sobre o direito do consumidor em Portugal e o Anteprojecto do Código do Consumidor*, in "EDC", 2005, n.º 7, p. 246 (texto também disponível *in* "EIDC", vol. III, Outubro de 2006, pp. 37-55). Retenha-se a expressiva advertência de HIPPEL, feita já em 1978: "quem em direito reflectir sobre a defesa dos mais fracos, depara imediatamente com o tema da Defesa do Consumidor" – *Defesa do consumidor*, in "BMJ", 1978, n.º 273, p. 5.

[50] RICO PÉREZ, *La responsabilidad civil del productor en derecho español*, in "RDP", Abril de 1978, p. 269.

[51] MOTA PINTO e CALVÃO DA SILVA, *Responsabilidade civil do produtor*, in "O Direito", Abril-Junho de 1989, n.º 2, p. 274; SIERRA PÉREZ, Responsabilidad del empresario y relación de dependencia, Madrid, 1997, pp. 250 s.

[52] FRANZONI, *Prevenzione e risarcimento del danno da prodotti industriali*, in "RTDPC", 1982, pp. 80 *ss*. De forma menos incisiva, falando apenas de "struggle of consumer versus industry", vide FAIRGRIEVE e GONZÁLEZ VAQUÉ, *Introduction*, in AA. VV., Product liability in comparative perspective, FAIRGRIEVE (Ed.), Cambridge, 2005, p. 2.

44   *Marca do Distribuidor e Responsabilidade por Produtos*

mente organizado, um longo caminho tem sido percorrido na defesa dos direitos do consumidor[53]. Como pilares essenciais dessa *magna charta* constavam os direitos à segurança, à informação, à escolha e à reclamação.

Os direitos dos consumidores integram-se nos chamados "direitos de terceira geração" – direitos económicos e sociais que, sendo impensáveis enquanto direitos fundamentais na época liberal, se revelaram como atributos necessários do estatuto da dignidade da pessoa na sociedade técnica de massas[54]. A consagração deste tipo de direitos está relacionada com a necessidade de proteger os cidadãos enquanto consumidores tendo em conta as condições de produção, distribuição e consumo em massa típicas dos nossos dias, fazendo parte do chamado fenómeno de "constitucionalização do Direito privado".

O Estado Social de Direito ou Estado de Bem-estar (*Welfare State*) é chamado a formular esquemas de equilíbrio entre o desenvolvimento económico e os direitos dos consumidores, procurando atingir uma combinação óptima sob o ponto de vista da eficiência económica[55]. Numa sociedade que não possui qualquer sistema universal de segurança social que compreenda todos os tipos de danos, o regime da responsabilidade por produtos deve equilibrar dois propósitos distintos: permitir a compensação dos danos sofridos mas também que as empresas forneçam os seus bens à comunidade[56]. Para assegurar a realização dos direitos dos consumidores o legislador tem de limitar ou restringir direitos, liberdades e garantias dos cidadãos, designadamente a liberdade de iniciativa económica e a liberdade contratual.

A Constituição investe os consumidores, bem como as suas organizações específicas, em titulares de direitos constitucionais[57].

---

[53] "Consumers, by definition, include us all" foram as expressivas palavras com que o ex-presidente norte-americano iniciou a célebre *Consumer Bill of Rights Message*.

[54] Vieira de Andrade, *Os direitos dos consumidores como direitos fundamentais na Constituição portuguesa de 1976*, in "BFD", 2002, n.º 78, p. 46.

[55] Trimarchi, *La responsabilità del fabbricante nella direttiva comunitaria*, in "RSoc", 1986, p. 595; Fuentes Gásso, Hidalgo Moya, Moles Plaza, La seguridad de los productos. Tres perspectivas de análisis, Barcelona, 2001, p. 37; Marco Molina, *La protección de la persona como sujeto expuesto al desarrollo tecnológico: la responsabilidad del fabricante de productos defectuosos en el Derecho norteamericano*, in "ADC", 2005, vol. 58, n.º 1, pp. 77 e 79-81.

[56] Wilson, *Products liability part II – the protection of the producing enterprise*, in "CaLR", 1955, vol. 43, p. 809.

[57] Gomes Canotilho e Vital Moreira, Constituição da República Portuguesa anotada, vol. I, Coimbra, 2007, p. 780.

O n.º 1 do art. 60.º da Constituição da República Portuguesa refere a existência de um direito à reparação dos danos. Desta forma, a defesa dos direitos dos consumidores, que inclui a indemnização dos prejuízos causados por produtos defeituosos, assumiu dignidade constitucional. Ao nível da legislação ordinária o art. 12.º da LDC estabelece o direito do consumidor à reparação dos danos patrimoniais e não patrimoniais resultantes do fornecimento de bens ou prestações de serviços defeituosos, esclarecendo que o produtor é responsável, independentemente de culpa, pelos danos causados por defeitos de produtos que coloque no mercado.

Não existe, porém, uma perfeita uniformidade do conceito de consumidor, quer na doutrina quer na legislação existente, tanto a nível nacional como comunitário[58]. Em Portugal o n.º 1 do art. 2.º da LDC considera consumidor "todo aquele a quem sejam fornecidos bens, prestados serviços ou transmitidos quaisquer direitos, destinados a uso não profissional, por pessoa que exerça com carácter profissional uma actividade económica que vise a obtenção de benefícios".

A nossa sociedade é a sociedade do consumo e os seus cidadãos *necessariamente* consumidores. Resumida desta forma a forçosa e perene importância do Direito do Consumidor, salta à vista a profunda ligação deste ramo do Direito com o instituto da responsabilidade por produtos, o qual visa, mais do que proteger os *consumidores*, ressarcir os danos causados aos *lesados*, os chamados "custos do progresso"[59]. A "revolução tecnológica" que se seguiu à "revolução industrial" fez sentir de forma ainda mais premente a necessidade de proteger o Homem contra os abusos de fabricantes e distribuidores de produtos, bens ou serviços.

O ressarcimento dos danos causados às pessoas constitui, deste modo, apenas mais um dos inúmeros problemas apresentados ao Direito pela "sociedade da abundância"[60]. Como refere GONZÁLEZ PORRAS, de forma perfeitamente lapidar, "la felicidad se llama consumir y millones de

---

[58] Vide os arestos do Tribunal da Relação do Porto de 7 de Março de 2005 e do Tribunal da Relação de Lisboa de 19 de Abril de 2007 e a abundante legislação aí referida.

[59] MARCO MOLINA, La responsabilidad civil del fabricante por productos defectuosos. Fundamentos y aplicación, Barcelona, 2007, p. 180. Sobre os custos dos acidentes vide o monumental estudo de CALABRESI, El coste de los accidentes: análisis económico y jurídico de la responsabilidad civil, Barcelona, 1984.

[60] CUNHA RODRIGUES, *As novas fronteiras dos problemas de consumo*, in "EDC", 1999, n.º 1, pp. 48 *ss.*

consumidores y usuarios nos lanzamos diariamente a los grandes almacenes para adquirir, desde las cosas mínimas hasta los grandes productos (...)"[61].

O advento da "civilização do consumo", que é também a sociedade do risco, fez tremer os velhos alicerces da responsabilidade civil subjectiva, cujos mecanismos se tornaram obsoletos face à vertigem da evolução técnica[62]. A conjugação do princípio da relatividade dos contratos e do postulado da culpa como fundamento da responsabilidade civil tornava praticamente impossível obter o ressarcimento dos danos causados pelos defeitos dos produtos.

As características técnico-jurídicas dos dois tipos tradicionais de responsabilidade (contratual e aquiliana) mostravam-se totalmente desadequadas face ao objectivo de uma protecção eficaz das pretensões indemnizatórias que podiam resultar de uma produção em massa, complexa e técnica, totalmente despersonalizada. O lesado, perfeito desconhecedor do processo de fabrico dos bens, via incidir sobre si o ónus do preenchimento de uma série de requisitos que, admita-se, constituía uma verdadeira *probatio diabólica* que muito dificilmente superaria com sucesso[63].

Na verdade, tradicionalmente a acção de indemnização estava dependente de uma relação contratual prévia (*privity rule, privity of contract*).

O n.º 2 do art. 406.º do CC refere: "em relação a terceiros, o contrato só produz efeitos nos casos e termos especialmente previstos na lei".

---

[61] *La obligación de información y protección al consumidor a través de la publicidad registral*, in AA. VV., Estudios de derecho de obligaciones, homenaje al Profesor Mariano Alonso Pérez, tomo II, LLAMAS POMBO (Coord.), Madrid, 2006, p. 6.

[62] PONZANELLI, *Premessa generale*, in AA. VV., *La responsabilità per danno da prodotti difettosi*, in "LNLeggi", 1989, p. 497; ANTUNES VARELA, *Direito do consumo*, in "EDC", 1999, n.º 1, p. 393.

[63] FERREIRA DE ALMEIDA, *Negócio jurídico de consumo: caracterização, fundamentação e regime jurídico*, in "BMJ", Junho de 1985, n.º 347, p. 32; LOPEZ RENDO, *La responsabilidad civil del fabricante en la ley general de los consumidores y usuarios de 19 de Julio de 1984. Algunos problemas que plantea y perspectivas de una reforma*, in "La Ley", 1990, n.º 4, pp. 946 *s*; PONZANELLI, La responsabilità civile – profili di diritto comparato, Bolonha, 1992, pp. 107 *s*; MENEZES LEITÃO, Direito das Obrigações, vol. I, Coimbra, 2002, p. 368. PARGA CABRERA descreve a "fortaleza imbatível" que constituía o requisito da prova da culpa do responsável – *La Ley reguladora de la responsabilidad civil por daños causados por productos defectuosos, en el marco del moderno derecho de la responsabilidad, de acuerdo con normas comunitarias europeas y de derecho comparado*, in AA. VV., Estudios jurídicos en homenaje al Professor Aurélio Menéndez, vol. III, Madrid, 1996, p. 2872.

A Marca do Distribuidor Face ao Instituto da Responsabilidade por Produtos 47

Deste modo, o lesado via-se encurralado entre dois muros de irresponsabilidade: do distribuidor, porque, mesmo que tivesse vendido a coisa ao lesado, quase sempre estaria isento de responsabilidade por ignorar o vício causador do dano; do fabricante, porque estava protegido pela relatividade dos contratos e pela dificuldade de prova da culpa, requisito geralmente exigido no âmbito da responsabilidade civil delitual[64].

A dificuldade que representava o recurso aos mecanismos tradicionais ficou bem patente em alguns processos judiciais pioneiros nos Estados Unidos, que já foi considerado o "país clássico da responsabilidade por produtos"[65]. Pese embora a Revolução Industrial tenha tido o seu início na Inglaterra, o consumo em massa surgiu primeiramente nos Estados Unidos, no começo do século XX, tendo sido neste país que os primeiros processos por produtos defeituosos tiveram lugar. O caminho traçado pelos tribunais americanos na busca de pontos de equilíbrio entre os interesses dos lesados e das empresas constitui um admirável esforço de engenharia social que despertou o interesse de outros sistemas jurídicos. A *products liability* pode ser considerada, deste modo, como o primeiro verdadeiro caso de recepção jurídica do mundo novo[66].

A disciplina da responsabilidade por produtos nos Estados Unidos foi durante muitos anos totalmente *judge-made*. A partir do célebre caso *Macpherson* vs. *Buick Motor Co.*, em 1916, começou a tomar forma um movimento que veio a ser conhecido como o "assalto à cidadela da relatividade"[67]. Em 1931 o juiz Cardozo proclamava categoricamente: "the assault upon the citadel of privity is proceeding in these days

---

[64] Ferreira de Almeida, Direito do Consumo, Coimbra, 2005, p. 169.

[65] A expressão é de Larenz, *apud* Marco Molina, *últ. op. cit.*, p. 19. Hondius sublinha: "whoever wants to go to the roots of European Product Liability law is certain to come to American law sooner or later" – *Product liability: the first ten years*, in "CLJ", 1997, vol. 5, issue 2, p. 33. Sobre a evolução da doutrina e jurisprudência norte-americanas vide Vetri, *Profili della responsabilità del produttore negli Stati Uniti*, in AA. VV., Danno da prodotti e responsabilitá dell'impresa. Diritto italiano ed esperienze straniere, Alpa e Bessone (Coords.), Milão, 1980, pp. 63-87; Alpa, *Una postilla sui modelli di «lettura» della circolazione di prodotti difettosi nell'esperienza nord-americana, idem*, pp. 89-112 e Marco Molina, *La evolución y el sustrato teórico de la jurisprudencia de los Estados Unidos en materia de responsabilidad por productos defectuosos, in* AA. VV., Homenaje al profesor Manuel Albaladejo Garcia, González Porras e Méndez González (Coords.), Murcia, 2004, pp. 3005-3033.

[66] Castronovo, Problema e sistema nel danno da prodotti, Milão, 1979, p. 760; Wiegand, *The reception of American law in Europe, in* "AJCL", 1991, vol. 39, p. 241.

[67] *Court of Appeals of New York*, 217 N.Y. 382, 389, 111 N. E. 1050, 1053 (1916).

48 Marca do Distribuidor e Responsabilidade por Produtos

apace"[68]. Daí que em 1963 tenha sido admitida pela primeira vez a responsabilidade do produtor independentemente de culpa (*strict liability in tort*) no caso *Greenman* vs. *Yuma Power Products*[69]. Pode dizer-se que no dia desta sentença (24 de Janeiro de 1963) teve lugar em São Francisco o epicentro do regime moderno de responsabilidade por produtos.

A evolução da responsabilidade por produtos durante o século XX foi, deste modo, marcada pela erosão da doutrina da *privity* (relatividade dos contratos) que havia dominado o século anterior. Só superando o princípio da relatividade dos contratos, muro de betão que separava produtor e lesado, se tornou possível que este obtenha verdadeiro ressarcimento dos danos sofridos sem ser vítima dos subterfúgios da cadeia de distribuição.

A sentença de 1963 constituiu o início de um largo e pujante movimento que já foi designado de *trend objectivista* ou *pan-objectivismo*[70], em que a culpa foi definitivamente substituída pelo risco enquanto critério de imputação da responsabilidade. A sociedade hodierna não se poderia conformar com a ideia de que a vítima de um dano se visse privada de uma indemnização apenas com base no princípio clássico segundo o qual não há responsabilidade sem culpa. A responsabilidade pelos produtos passa a fundar-se, deste modo, na mera existência de um defeito e da sua conexão com o dano, afastando-se de qualquer valoração subjectiva.

A criação da responsabilidade objectiva por produtos e a sua imposição por via legal resultam, deste modo, do reconhecimento da patente inadequação do tradicional princípio *caveat emptor* (previna-se o comprador) que pressupunha a igualdade entre as partes contratantes, impondo-se a protecção da parte mais fraca face à nova realidade do nosso mercado. É apodíctico que, face à consumada alteração do ciclo económico da produção e distribuição, os velhos mecanismos de responsabilidade já não são aptos a permitir um verdadeiro ressarcimento dos danos. Trata-se, afinal, do reconhecimento da situação de fragilidade em que se encontram os consumidores, a um mesmo tempo reis e escravos da sociedade do consumo[71].

---

[68] Caso *Ultramares Corp.* vs. *Touche, Court of Appeals of New York*, 255, N.Y. 170, 180, 174 N.E. 441, 445 (1931). Vide PROSSER, *The assault upon the citadel (strict liability to the consumer)*, in "YaleLJ", 1960, vol. 69, n.º 7, pp. 1099-1148.

[69] *California Supreme Court*, 59 Cal.2d 57, 27 Cal. Rptr. 697, 377 P.2d 897 (1963).

[70] GHIDINI, *Prevenzione e risarcimento nella responsabilità del produttore*, in "RSoc", 1975, p. 534.

[71] CALAIS-AULOY e STEINMETZ, Droit de la consommation, Paris, 2000, p. 2.

A responsabilização do produtor surgiu como corolário lógico da evolução do fenómeno da industrialização em que o fabricante se assumia como protagonista indiscutível do sistema económico, director do processo produtivo e principal fonte dos danos.

São duas as razões que tradicionalmente se apresentam para imputar a responsabilidade ao produtor.

Primeiro, a consideração de que é este quem se encontra em melhores condições para controlar o processo produtivo e, deste modo, prevenir ou evitar a introdução no mercado de produtos defeituosos. O produtor é a fonte real do dano, sendo quem possui condições para controlar a fonte de perigo, prevenir a ocorrência de danos e, caso ocorram, suportar as consequências danosas do defeito[72]. Ao influir sobre a fase produtiva, que está na base do dano, a responsabilidade funcionará como incentivo à sua redução e eliminação, estimulando um melhor controlo do risco e a adopção de medidas preventivas[73].

Em segundo lugar, este tipo de responsabilidade desempenha uma função ressarcidora, uma vez que é o produtor quem melhor poderá socorrer-se de seguros a um preço competitivo, de molde a dispersar o risco através do preço dos produtos, evitando a multiplicação de seguros por entre os diferentes sujeitos intervenientes na cadeia de produção e distribuição[74]. De facto, o produtor é considerado o *cheapest cost avoider* ou *cheapest cost insurer*[75]. A estas considerações não são alheias, por outro lado, as novas doutrinas resultantes da chamada análise económica do Direito (*Law & Economics*)[76].

---

[72] BESSONE, *Profili della responsabilità del produttore nell'esperienza italiana, in* AA. VV., Danno da prodotti e responsabilitá dell'impresa. Diritto italiano ed esperienze straniere, ALPA e BESSONE (Coords.), Milão, 1980, pp. 22-30; FERREIRA DA ROCHA, Responsabilidade civil do fornecedor pelo fato do produto no direito civil brasileiro, São Paulo, 1993, p. 73; GUTIÉRREZ SANTIAGO, Responsabilidad civil por productos defectuosos: cuestiones prácticas, Granada, 2006, p. 351.

[73] CALVÃO DA SILVA, *op. cit.*, pp. 530 *ss*; RUIZ MUÑOZ, Derecho europeo de responsabilidad civil del fabricante, Valência, 2004, pp. 39 *s*.

[74] FLEMING, The law of torts, Sydney, 1998, p. 551.

[75] SCHÄFER e OTT, Manual de análisis económico del derecho civil, Madrid, 1991, pp. 137 e 266-275; SCHÄFER e SCHÖNENBERGER, *Strict liability versus negligence: an economic analysis, in* AA. VV., The boundaries of strict liability in european tort law, WERRO e PALMER (Eds.) Bruxelas, 2004, p. 58.

[76] EISMAN, *Product liability: who should bear the burden?, in* "American Economist", Primavera de 1983, vol. 27, issue 1, pp. 54 *ss*; SHAPIRO, *Symposium on the*

50 *Marca do Distribuidor e Responsabilidade por Produtos*

Entendeu-se que a responsabilidade objectiva do produtor era a única solução capaz de conciliar os interesses em causa sem deixar nas mãos de legisladores e juízes a difícil tarefa de determinar o nível óptimo de actividade produtiva. É certo que a responsabilização do produtor independentemente de culpa pode constituir, para este, duro e pesado fardo, o qual é justificado pela vulnerabilidade do lesado na relação com as entidades que exercem actividades profissionais de produção ou fornecimento de bens com fins lucrativos.

A responsabilidade do produtor é justificada, afinal, pela necessidade de reequilibrar uma situação que o consumo em massa desequilibrou, outorgando ao lesado, indefeso e frágil, armas jurídicas que lhe permitam uma defesa eficaz. Não constitui por isso surpresa que se prenuncie que o Direito do século XXI será o "Direito da vítima", uma vez que enfrentamos a revolução da qualidade e da segurança do produto, posterior à Revolução Industrial.

A responsabilidade por produtos é um fenómeno global. Com efeito, a sua importância estende-se pelos quatro cantos do mundo. Onde existam produtos de consumo, surgirá inevitavelmente o problema da responsabilidade pelos danos causados por eles. Não existe hoje no mundo uma sociedade tão primitiva que não enfrente esta problemática. No entanto, há que ter em linha de conta que o regime da responsabilidade por produtos não é alheio ao ambiente socioeconómico vigente. Deste modo, nos períodos de recessão económica existe uma tendência para abrandar a responsabilização da indústria, enquanto nos ciclos de prosperidade se dá prioridade a uma tutela mais intensa dos lesados.

1.2 Alterações introduzidas pela marca do distribuidor

Dissemos que a responsabilidade por produtos tem como pressuposto económico tradicional a estrutura da sociedade de consumo, caracterizada pela *complexidade e diversidade dos bens*, pela *produção automatizada e em série*, pela *distribuição em cadeia dos produtos* e pela *cisão entre a produção e o comércio*.

---

economics of liability, in "JEP", Verão de 1991, vol. 5, n.º 3, pp. 3-10; Viscusi, *Product and occupational liability*, na mesma publicação, pp. 71-91 e *Economic aspects of product liability, in* "AER", Maio de 1988, vol. 78, n.º 2, pp. 300-304; Posner, Análisis económico del derecho, Cidade do México, 1998, pp. 173-175 e *Strict liability: a comment, in* AA. VV., The economics of private law, vol. II, Northampton, 2001, pp. 236-252.

Pois bem. Com o fenómeno da marca do distribuidor alguns destes fundamentos sofrem alterações relevantes que implicam a necessidade de repensar o instituto da responsabilidade por produtos. É pois necessário verificar quais as mutações verificadas no paradigma tradicional, em ordem à correcta reconfiguração dos pressupostos em que assenta (ou deve assentar) a responsabilidade por produtos.

Os dois primeiros fundamentos (*complexidade e diversidade dos bens* e *produção automatizada e em série*) mantêm-se inalterados. Vivemos ainda na era da chamada *Revolução Tecnológica* (ou *Segunda Revolução Industrial*) caracterizada por uma produção em série e cada vez mais técnica, com lançamento de produtos que adquirem maior complexidade e sofisticação. Se é verdade que desde sempre os produtos tiveram o potencial de causar danos aos seus utilizadores, o certo é que vivemos cada vez mais na *sociedade do risco*[77], em que os produtos são inacabáveis, estão em toda a parte e se substituem com a mesma celeridade com que se produzem.

Em nosso entender os dois últimos pressupostos foram objecto de profundas alterações por força do surgimento da marca do distribuidor. Na verdade, neste caso não se pode dizer que haja ainda uma *distribuição em cadeia dos produtos* e muito menos uma *separação entre a produção e o comércio*. Vejamos porquê.

A distribuição em cadeia dos produtos é um dos dados económicos em que tradicionalmente se escorava a responsabilidade por produtos. De facto, e pese embora a existência de fenómenos paralelos (como a venda directa ao consumidor, a venda por correspondência e a venda ao domicílio) a alienação dos produtos não é hoje, em regra, feita directamente pelo produtor ao consumidor final. Os produtos passam geralmente por uma cadeia mais ou menos extensa de alienações que vai desde o produtor originário até ao consumidor e em que o vendedor final raramente coincide com o produtor[78].

---

[77] Assim a apelidou BECK, La sociedad del riesgo. Hacia una nueva modernidad, Barcelona, 1998, pp. 25 e 28.

[78] CASTRONOVO, La nuova responsabilità civile, regola e metafora, Milão, 1991, pp. 171 *ss*; REYES LÓPEZ, *Algunas reflexiones sobre el Derecho del Consumo y la Directiva 374/85 sobre responsabilidad por productos defectuosos*, in "RGD", Janeiro/Fevereiro de 1991, pp. 39 *ss*; RAPOSO, *Sobre a responsabilidade civil do produtor e a garantia do seguro*, in "BMJ", Fevereiro de 1992, n.º 413, p. 9.

52   *Marca do Distribuidor e Responsabilidade por Produtos*

Assim, o último alienante do produto corresponde geralmente a um mero revendedor, comerciante que se dedica à compra para revenda de bens que adquiriu directamente ao produtor ou a um grossista ou armazenista. Se em termos económicos o lançamento dos produtos no mercado é um acto unitário, em termos jurídicos esta unidade não existe uma vez que a cadeia de distribuição dos produtos desde o seu fabricante até ao vendedor final se estrutura numa complexa sucessão de contratos.

Na maior parte dos casos existe um "emaranhado" de intervenientes no circuito de colocação do produto no mercado que dificulta sobremaneira a identificação do responsável, quer devido a fenómenos de integração vertical quer de integração horizontal. O mercado moderno caracteriza-se, deste modo, pela separação entre a produção e a distribuição.

Este fenómeno é ditado por diferentes motivos.

Primeiro, porque os produtores têm vantagem em dedicar-se exclusivamente à produção, entregando a terceiros a distribuição e lançamento dos seus produtos no mercado. Por outro lado, porque o vendedor não dispõe de meios ou de vocação para o processo produtivo, preferindo, de igual modo, dedicar-se exclusivamente a um único ofício – interessar o consumidor nos produtos expostos e vendê-los. Por fim, porque a constante exigência de modernização e actualização a que os produtos estão sujeitos, num mercado onde a concorrência é feroz, impõe o fraccionamento e divisão de tarefas, separando o mundo da produção, fabrico e execução, do da distribuição, promoção e venda, sujeito a lógicas, mecanismos e ritmos diferentes.

Pois bem: hoje em dia a tendência é cada vez mais para a substituição do "circuito longo", em que intervinham produtores, grossistas e retalhistas, pelo "circuito curto", em que o grossista é suprimido. O fenómeno da marca do distribuidor implica uma redução dos actores da cadeia de comercialização. Ao invés de um emaranhado de relações contratuais, de uma cadeia de transmissões, estamos, na grande parte dos casos, perante relações contratuais directas e imediatas entre o primeiro e o último escalão do sector da produção e distribuição.

Quanto ao segundo pressuposto, também ele deve ser revisto e repensado pois, pelo menos no caso das marcas do distribuidor, não se pode dizer que exista ainda uma *separação entre a produção e o comércio*.

O paradigma tradicional da responsabilidade por produtos (que se podia, nestes termos, verdadeiramente classificar como "responsabilidade *do produtor*") assentava na consideração de que o perigo e os danos

A *Marca do Distribuidor Face ao Instituto da Responsabilidade por Produtos* 53

resultantes dos produtos tinham como única fonte e causa a fase produtiva. A função desempenhada pelos comerciantes era considerada marginal, mero elo de ligação entre a fase produtiva e o público. O produtor era a verdadeira *contraparte* do consumidor em sentido material e económico. O distribuidor estava limitado a um papel economicamente apagado e irresponsável de mero "peão" da actividade comercial, simples correia de transmissão ou anel da cadeia de circulação[79].

Ao canalizar-se a responsabilidade directamente para o produtor estava a reconhecer-se o papel apagado e causalmente irresponsável do revendedor, cujo comportamento não possuía qualquer relevância jurídica[80]. O legislador acompanhava, deste modo, a tendência doutrinal para desvalorizar o papel das cadeias de distribuição na produção moderna. Grossistas e retalhistas não deveriam ser considerados responsáveis nos mesmos termos do produtor uma vez que apenas este era a real e decisiva fonte do dano, assumindo o intermediário-distribuidor um papel desfuncionalizado no canal de escoamento da produção, sem oportunidade ou capacidade para inspeccionar e controlar o produto[81].

A este propósito escreveu-se no acórdão do Tribunal da Relação de Lisboa de 14 de Outubro de 2008: "é uma asserção/determinação que (...) constitui um lógico e coerente desenvolvimento do (...) sábio princípio, velho de milénios, *ubi commoda ibi incommoda*, e cuja justificação ética e sociológica se afigura ser mais do que evidente: são os produtores e, em menor grau, os demais envolvidos na cadeia de distribuição, aqueles que se encontram em melhor posição para controlar e neutralizar/eliminar os perigos inerentes (*naturais e tendencialmente inevitáveis*) a uma qualquer actividade industrial ou comercial, seja ela qual for; são eles quem detém, no essencial do percurso até ao consumidor final, o *domínio do facto*. E, para além disso – o que não é um *menos* para o que aqui se discute –, são eles quem retira lucros de toda essa actividade (...)".

---

[79] MARTORANO, *Sulla responsabilità del fabbricante per la messa in commercio di prodotti dannosi (a proposito de una sentenza della Cassazione)*, in "ForoIt", 1966, p. 14; ALPA, *La responsabilité du fabricant dans les projects de droit uniforme*, in "RIDC", 1977, vol. 29, n.º 3, p. 566.

[80] MOTA PINTO, *Garantia de bom funcionamento e vícios do produto (Responsabilidade do produtor e do distribuidor)*, in "CJ", 1985, III, p. 21; CALVÃO DA SILVA, *op. cit.*, p. 93.

[81] Vide os acórdãos do STJ de 26 de Outubro de 1995 (*in* "CJ/STJ", 1995, ano III, tomo III, p. 85) e de 29 de Março de 2001 (*in* "CJ/STJ", 2001, ano IX, tomo I, p. 193).

54 Marca do Distribuidor e Responsabilidade por Produtos

Pois bem: na actualidade falar em responsabilidade por produtos implica ter em devida conta um vasto conjunto de profissionais que de um modo ou de outro se encontram relacionados com o lançamento de produtos no mercado. Delimitar a actividade produtiva ao fabricante é adoptar uma visão redutora, ignorando a complexidade do fenómeno produtivo.

Uma visão ampla da realidade implica considerar como responsáveis um conjunto de sujeitos que, envolvendo-se na actividade produtiva, não podem, pelo menos em termos económicos ou factuais, ser qualificados como produtores ou fabricantes[82]. O elemento comum a todos estes sujeitos consiste na intervenção no processo de produção, comercialização e distribuição, enquadrada no âmbito do exercício da sua própria actividade profissional, estabelecendo vínculos de natureza muito diversa e não actuando de forma isolada.

Na doutrina italiana esta necessidade de reposicionar o problema foi sublinhada por VIANELLO. Na realidade, não é suficiente atribuir o cumprimento das expectativas de segurança dos produtos apenas ao âmbito da produção, limitando o cumprimento destes deveres a alguns dos operadores do mercado e não a todos. O processo de produção encontra-se cada vez mais estruturado em diversas fases de trabalho especializado, em que participa cada vez mais uma pluralidade de sujeitos nem sempre pertencentes à própria esfera organizativa do fabricante. Assiste-se deste modo a uma deslocação do risco do lesado para um conjunto de pessoas ligadas ao círculo da produção[83].

Os produtos da marca do distribuidor representam precisamente um movimento de inflexão relativamente à referida cisão entre as duas etapas do processo de comercialização (a produção e a distribuição) uma vez que o distribuidor procura impor a sua influência a montante. Não pode hoje dizer-se, em relação ao titular de uma marca de distribuição, que o seu papel na cadeia de distribuição tenha uma relevância marginal.

---

[82] BARRÓN DE BENITO, *Responsabilidad de productos: sujetos responsables y causas de exoneración, in* "Revista de Derecho de los Seguros privados", Janeiro-Fevereiro de 1995, p. 13.

[83] *La tutela del consumatore: osservazione a margine di un caso di responsabilità civile del venditore per danno da prodotto difettoso, in* "Diritto e Prattica nell'assicurazione", 1987, p. 869. JENTZ e ISAACS falam, a este propósito, de um "continuous shift of risk of liability and responsability from the buyer to the seller, middleman, manufacturer or processor" – *The increasing legal responsibility of the seller in products liability, in* "ABLJ", Primavera de 1966, vol. 4, issue 1, p. 1.

O distribuidor passa a assumir um papel de primeira linha, impulsionando toda a actividade produtiva. Estamos perante um comportamento anómalo ou pelo menos estranho face ao tradicional relacionamento entre a produção e a distribuição, implicando uma reconfiguração das soluções que viam o produtor real como único responsável por eventuais danos causados pelo produto.

É necessário ter bem presente o papel decisivo que o distribuidor desempenha no esboço, criação e fabrico dos produtos – pois será ele a justificar, em boa medida, a sua responsabilização por eventuais danos causados a terceiros. É esta aproximação entre dois mundos que pareciam tão remotos (o fabrico e a comercialização) que impõe e justifica a revisão do conceito de "produtor".

Lamentavelmente, tem sido dedicada pouca atenção por parte da doutrina às diferentes figuras, distintas do fabricante, que intervêm na distribuição e que, sendo alheias à produção, podem ser responsabilizadas. É redutor ver o distribuidor como um simples intermediário que se limita a conservar e distribuir os produtos pois hoje em dia a posição que ocupa e as funções que desempenha sofreram uma alteração substancial.

O titular de marcas de distribuição não é um simples distribuidor, não se reduz a um mero intermediário ou "colocador" de produtos no mercado. Com este fenómeno o distribuidor assume funções que tradicionalmente estavam reservadas ao sector da produção. Uma tal evolução coloca a necessidade de rever seriamente alguns dos pressupostos em que radicou a responsabilidade do produtor, relançando também a discussão sobre a tradicional irresponsabilidade do vendedor final[84].

Não pode dizer-se, em relação às marcas do distribuidor, que o vendedor seja totalmente estranho ao processo de produção e um leigo em relação aos produtos que comercializa. Ele deixou de ser um mero intermediário sem capacidade de interferência nas características do produto. A defeituosidade dos produtos deixou de se poder imputar apenas ao produtor, já que os defeitos dos produtos, tipicamente originados na

---

[84] CILLERO DE CABO, La responsabilidad civil del suministrador final por daños ocasionados por productos defectuosos, Madrid, 2000, pp. 47 s. Vide também o interessante comentário de MAZZIA (na mesma obra e local agora citados, nota 41): "ha faltado, hasta ahora, sin embargo, una reflexión orgánica plenamente consciente, tanto por parte de la doctrina como de la jurisprudencia, del papel del sector de la distribución en la gestión de la responsabilidad civil por daños de productos...".

esfera de produção e fabrico, podem também provir, ainda que indirectamente, do seu controlo e ingerência sobre essa fase.

O distribuidor não se limita hoje a encomendar a produção e entrega de um determinado tipo de bens. Ele procura influenciar a actividade de produção, a própria concepção do produto, determinando as suas características de forma e qualidade, conduzindo de forma exclusiva a política de marketing. A responsabilização do titular de marcas de distribuição deve resultar do facto de não ser um mero endossante dos bens, não se limitando a entregá-los ao utilizador final. Mais que isso, a extensão da responsabilidade a este sujeito deve resultar do seu envolvimento na actividade de produção e distribuição de bens. O reconhecimento do especial estatuto que o distribuidor assume, enquanto titular de marcas de distribuição, deve diferenciá-lo face ao "mero distribuidor", permitindo-nos compreender porque motivo o mero vendedor final não é, em regra, responsável pelos danos causados pelos defeitos dos produtos.

Constituindo o resultado de uma longa e frutuosa evolução em matéria de responsabilidade civil, a responsabilidade do produtor resulta do facto de este ser a pessoa que se encontra em melhor situação para evitar a produção do dano, devendo figurar, em princípio, como seu único e exclusivo responsável. A responsabilidade civil por produtos defeituosos está ligada indissociavelmente à ideia do risco empresarial ou, dito de forma mais exacta, à questão dos riscos derivados da comercialização dos bens.

O princípio basilar do qual se deve partir é o de que todo aquele que participa no lançamento no mercado de bens de consumo deve responder no caso de estes causarem danos aos seus destinatários. O pressuposto de facto em que assenta a responsabilidade não é a produção ou fabrico de um produto defeituoso mas sim a sua comercialização. O sujeito obrigado ao ressarcimento dos danos não é apenas ou tão-somente o produtor real mas sim a pessoa que põe em circulação o produto com defeito, que potencia o espoletar da sua potencialidade danosa – seja ou não o seu real fabricante.

O risco que está na base da responsabilização pelos danos causados por produtos tem como facto detonador a colocação em circulação do produto. É nesta actividade, e não em qualquer outra, que reside a perigosidade, que se centra o risco. O que provoca danos não é a produção dos bens – mas sim o seu lançamento no mercado. Nesta óptica, enquanto os produtos se encontram na fase de produção, a sua perigosidade é limitada (pelo menos em relação a terceiros) pois apenas são passíveis de causar danos a adquirentes ou *bystanders* depois de terem sido colocados no mercado. Neste sentido, o legislador comunitário estabelece, na al. a) do art. 7.º da Directiva, que o produtor apenas é responsável por produtos que tenha colocado em circulação.

Ora bem: esta actividade perigosa – o lançamento de produtos em circulação – não pode hoje ser imputada a um único agente económico: o produtor real. Dito de outra forma: atribuir a responsabilidade pelos danos causados por produtos ao "produtor" implica uma noção renovada e redimensionada de "produtor", a qual abrange não só o tradicional "fabricante", fautor material dos bens, mas também quem apõe sobre o produto o seu nome, marca ou outro sinal distintivo, exercendo poderes de fiscalização e controlo que nos permitem dizer que a clássica e típica cisão entre produção e distribuição já não corresponde necessariamente à realidade económica nos nossos dias e é mesmo contrária à lógica subjacente aos produtos da "marca do distribuidor".

Os fundamentos clássicos que justificaram a canalização para o produtor da responsabilidade pelos danos causados por produtos devem, deste modo, ser repensados. Um dos mais importantes propulsores desta renovação vem a ser, justamente, o fenómeno da "marca do distribuidor".

Podemos concluir que a evolução do regime da responsabilidade por produtos foi motivada por mutações a dois níveis. Primeiro, e muito especialmente, por modificações ocorridas em termos económicos, com a aproximação entre a produção e a distribuição. Depois, por uma alteração ao nível das orientações de política legislativa, que se passaram a inspirar mais na protecção do lesado, implicando um leque abrangente de sujeitos que possam ser considerados responsáveis pelos danos causados pelos defeitos dos produtos.

1.3 A experiência norte-americana

Os Estados Unidos da América foram o berço da responsabilidade por produtos, tendo marcado decisivamente a evolução do fenómeno em termos doutrinais, jurisprudenciais e legais. A sua experiência constitui um riquíssimo exemplo das mutações que a teoria da responsabilidade por produtos tem sofrido e que, como é evidente, produziram ressonância no regime legal comunitário. Algumas dessas alterações foram provocadas pela figura da marca do distribuidor, implicando forte discussão doutrinal e jurisprudencial. A compreensão dos pressupostos clássicos da

58 Marca do Distribuidor e Responsabilidade por Produtos

responsabilidade e dos abalos, reconfigurações e renovações a que estes têm estado sujeitos justifica, por isso, uma análise do fenómeno da *products liability* norte-americana.

Um dos principais pontos de discussão em torno do qual se deu o longo processo de maturação da responsabilidade por produtos nos Estados Unidos foi o círculo de sujeitos que haveriam de ser considerados responsáveis. Mais do que a definição do que se considera um produto defeituoso ou de qual o tipo de causalidade exigível entre o defeito e o dano causado, a questão de saber a quem este pode ser imputado ocupa um papel central na temática da responsabilidade por produtos. De facto, mais controverso e discutido do que este problema só mesmo o de saber se tal imputação apenas pode ocorrer a título de culpa ou se se pode (ou deve) prescindir de qualquer género de censura ético-moral.

Uma das figuras mais interessantes e controversas que surgiram no âmbito da definição do círculo de responsáveis é a teoria do *apparent manufacturer* (produtor aparente)[85]. Esta doutrina pode ser resumida do seguinte modo: quando uma entidade se apresenta implicitamente junto do público como fabricante de um produto será tratada como se fosse o seu real produtor e responsabilizada, em consonância, pelos danos que ele provoque.

Esta figura teve justamente a sua raiz histórica no fenómeno da marca do distribuidor (*house-branding*), procurando estender a responsabilidade do produtor ao distribuidor que ao apor a sua marca ou nome no produto fabricado por terceiros se comporta como um autêntico fabricante. Esta doutrina tem também sido defendida com vista à responsabilização do licenciante no contrato de licenciamento de marca pelos danos causados por produtos fabricados pelo licenciado[86]. Nos últimos

---

[85] Alguns apontamentos sobre a evolução histórica desta figura podem ser consultados em ALPA, Responsabilità dell'impresa e tutela del consumatore, Milão, 1975, p. 445, nota 350.

[86] Vide os estudos de TROIANO, *Produttore*, in AA. VV., *La responsabilità per danno da prodotti difettosi*, in "LNLeggi", 1989, pp. 526 *ss*; LEEBRON, *An introduction to United States products liability law: origins, theory, issues and trends*, in AA. VV., US and EEC product liability. Issues and trends, ZÄCH (Ed.), Berna, 1989, pp. 39 *s*; FRANKLYN, *Toward a coherent theory of strict tort liability for trademark licensors*, in "SCLR", Novembro de 1998, vol. 72, n.º 1, pp. 1-66 e *The apparent manufacturer doctrine, trademark licensors and the Third Restatement of Torts*, in "CWRLR", Verão de 1999, vol. 49, Issue 4; MARTÍNEZ MEDRANO, *op. cit.*; CALBOLI, *The sunset of «quality control» in modern trademark licensing*, in "AULR", 2007, vol. 57, pp. 341-407.

A Marca do Distribuidor Face ao Instituto da Responsabilidade por Produtos 59

tempos tem sido igualmente discutida a aplicabilidade da *apparent manufacturer doctrine* à franquia, fruto da grande vulgarização que este contrato de distribuição comercial tem conhecido[87].

No início do século XX os tribunais norte-americanos começaram a aplicar a doutrina do *apparent manufacturer* aos grossistas e retalhistas que apunham a sua própria marca em produtos fabricados por terceiros. Começava a surgir no mercado o fenómeno da marca do distribuidor, sendo estes comerciantes conhecidos como *house-branders* ou *house-labelers*. Em alguns casos os produtos marcados eram produzidos especialmente para o titular da marca. Noutras situações o distribuidor adquiria produtos que não eram feitos deliberadamente para si mas marcava-os com o seu sinal distintivo. Nuns casos a marca do distribuidor aparecia lado a lado com a marca do fabricante real enquanto noutros a marca do distribuidor era a única marca que surgia aposta no produto.

Em 1912, no caso *Ibbetson* vs. *Montgomery Ward & Company*, o tribunal considerou que se o vendedor anuncia que fabricou o produto ou, pelo simples facto de não dizer o contrário, se apresenta como tendo-o feito, deverá ser considerado como produtor e responsabilizado em consonância[88].

Vinte e três anos depois, no caso *Slavin* vs. *Francis H. Leggett & Co.*, o Supreme Court de Nova Jérsia considerou que o distribuidor de uma lata de ervilhas produzidas e embaladas por terceiro mas que as vendia sob o seu próprio nome se apresentava como produtor e dessa forma induzia o lesado a confiar que se envolvera na sua produção. Ao apor a sua marca, o distribuidor levava o público a acreditar que ele se apresentava como *patrocinador* da qualidade do produto[89].

---

[87] A responsabilidade do franqueador foi discutida, por exemplo, no caso *Sam Bogle and Others* vs. *McDonald's Restaurants Limited* – High Court of Justice, Queens Bench Division, EWHC 490 (2002). Vide BROWN, DADY, HAFF *et al.*, Franchising: realities and remedies, Nova Iorque, 1981, § 12.05[2]; MORGAN, *Product liability and the non-manufacturing franchisor or trademark licensor, in* "JPPM", 1987, vol. 6, pp. 129-141; EMERSON, *Franchisor's liability when franchisees are apparent agents: an empirical and policy analysis of "common knowledge" about franchising, in* "Hofstra Law Review", 1992, vol. 20, pp. 609-685.

[88] Illinois Appelation Court, 171 355, (1912).

[89] New Jersey, 121 A. 120 (1935). Vide NOEL e PHILLIPS, Products liability. Cases and materials, St. Paul, 1982, pp. 134 *s* e PHILLIPS, Products liability in a nutshell, St. Paul, 1988, pp. 78 *s*.

O tribunal apresentou o seguinte fundamento: a empresa *Leggett Company* seleccionou um fornecedor para os seus produtos, que publicitava com a expressão "Premier". Apunha a sua marca, com as palavras "a garantia de qualidade" na lata de ervilhas, adicionando o seu nome e a expressão "distribuidor". Em lado algum da lata era indicado outro nome que não o do distribuidor, nem havia qualquer referência ao facto de não ser o produtor. O tribunal considerou que ao comportar-se desta forma o distribuidor adoptava o produto como seu, responsabilizando-se pelos actos e omissões do fabricante que havia seleccionado, cuja identidade era ignorada.

Esta decisão seguiu-se a algumas sentenças anteriores no mesmo sentido, como por exemplo *Thornhill* vs. *Carpenter-Morton Co.* e *Burkhardt* vs. *Armour & Co.*[90].

No primeiro aresto o tribunal defendeu que no caso de um sujeito que junta as partes componentes ou as aceita como próprias depois de serem reunidas, se deve presumir que este tem conhecimento da natureza e qualidade do produto final que oferece ao público.

O segundo processo tratava-se de um caso de carne enlatada sob o nome *Armour & Co.* com a expressão "foreign distributor" afixada no rótulo. O produto era fabricado na América do Sul, vendido a uma outra empresa que o vendia à *Armour & Co.*, a qual apunha o seu nome, sendo vendido posteriormente ao retalhista. O tribunal defendeu que era de considerar que uma pessoa de normal diligência ao ler o rótulo concluiria que a *Armour & Co.* era o embalador do produto e que era de aplicar o *Restatement of the Law of Torts* § 270, *Tentative Draft* n.º 5, que estabelecia: "one who puts out as his own a chattel manufactured by another is subject to the same liability as thought he were its manufacturer".

O Supreme Court of Errors do Connecticut defendeu o seguinte entendimento: ao lançar no mercado um produto como se fosse próprio, o distribuidor induz a confiança no cuidado que teve ao elaborá-lo, devendo ser responsável no caso de, devido a negligência no processo de fabrico, o produto padecer de um defeito que não poderia ter conhecido depois de lhe ser entregue. Esta regra apenas seria aplicável no caso de o utilizador do bem ter acreditado que o distribuidor era o seu produtor, mas o facto de ser vendido sobre a sua marca ou nome poderia ser suficiente para fundar tal convicção. Este entendimento fundava-se também no facto de o lesado não possuir meios de determinar a identidade do produtor real.

---

[90] *Thornhill* vs. *Carpenter-Morton Co.*, Massachusetts, 220 593, 108 N.E. 474 (1915); *Burkhardt* vs. *Armour & Co.*, Connecticut, 161 A. 385 (1932).

A responsabilização do *apparent manufacturer* baseava-se, deste modo, na confiança (*reliance*) suscitada no lesado, actuando o titular da marca como um garante da qualidade do produto. Também neste sentido se haviam pronunciado os tribunais americanos nos casos *Willson* vs. *Faxon* e *Tiedje* vs. *Haney*[91]. A jurisprudência não seguia, porém, um rumo unânime, uma vez que contra este entendimento foram proferidas decisões nos casos *Fleetwood* vs. *Swift & Co.* e *Miller* vs. *Steinfeld*[92].

A responsabilização do *apparent manufacturer* surgiu ainda no domínio das teorias da *negligence*, por exemplo, nos casos *Swift & Co.* vs. *Blackwell, Penn* vs. *Inferno Mfg. Corp.* e *Sears, Roebuck & Co.* vs. *Morris*[93]. Com efeito, no início a responsabilidade do distribuidor estava limitada àquelas situações em que este procedesse a alguma alteração dos bens ou existisse incumprimento do contrato. Assim, a sua responsabilidade estava limitada a condutas culposas.

Mais tarde, já com base na *strict liability*, surgiu, entre muitos outros, o caso *Schwartz* vs. *Macrose Lumber & Trim Co.*[94].

A teoria do *apparent manufacturer* surgiu como um meio de imputar a responsabilidade a alguns distribuidores, *maxime*, àqueles que apunham a sua marca nos produtos fabricados por outrem ou que de algum modo actuavam de forma a criar no lesado a ideia de que os produtos tinham sido produzidos por eles ou por outrem sob a sua encomenda e controlo.

Esta doutrina tem sido sustentada pelos tribunais e pela doutrina com base em dois entendimentos distintos.

Segundo uma primeira concepção, a responsabilização do *apparent manufacturer* prende-se com a impossibilidade de identificar o produtor real[95].

---

[91] *Willson* vs. *Faxon*, New York, 208, 108, 101, N. E. 799 (1913); *Tiedje* vs. *Haney*, Minnesota, 184, 569, 239 N. W. 611 (1931).

[92] *Fleetwood* vs. *Swift & Co.*, Georgia Court of Appeal, 502, 108 S. E. 909 (1921); *Miller* vs. *Steinfeld*, Appelation Division 174, 337, 160 N. Y. Supp. 800 (1916).

[93] *Swift & Co.* vs. *Blackwell*, 4th Circuit, 84 F.2d 130 (1936); *Sears, Roebuck & Co.* vs. *Morris*, Alabama, 273 218, 136 So.2d 883 (1961); *Penn* vs. *Inferno Mfg. Corp.*, Los Angeles Court of Appeals, 199 So.2d 210 (1967). Outros precedentes jurisprudenciais: *Wagner* vs. *Larson*, Iowa 136 N.W.2d 312 (1965); *Forry* vs. *Gulf Oil Corp.*, Pennsylvania 428 334, 344 (1968).

[94] Supreme Court Queens County, 50 Misc.2d 547, 270 N.Y.S.2d 875 (1966).

[95] Assim, no caso *Hebel* vs. *Sherman Equip.*, Illinois Supreme Court, 442, N.E.2d 199, 201 (1982).

Deste modo, o distribuidor apenas será responsabilizado se o produtor real não for identificável. Pelo contrário, se informar o lesado da identidade do produtor real, antes ou depois de ser proposta contra si qualquer acção, será exonerado de qualquer responsabilidade[96]. As decisões que propendem neste sentido argumentam que o prejudicado já dispõe de um mecanismo de ressarcimento contra o produtor ou que não pode, de qualquer modo, acreditar razoavelmente que o distribuidor é o produtor real.

Alguns tribunais vão, porém, mais longe. Para além de considerarem que é necessária a identificação do produtor real, entendem também que é preciso, para excluir a responsabilidade do distribuidor, que o produto faça referência a que o distribuidor não tem nada a ver com ele a não ser marcá-lo e vendê-lo.

Na base deste entendimento está a ideia de que a teoria do produtor aparente não se baseia apenas na protecção do lesado face a produtores anónimos ou inidentificáveis mas também na protecção da expectativa de que os produtos marcados pelo distribuidor são, *ipso facto*, melhores do que os outros, especialmente quando o utilizador os associa com uma marca do distribuidor com forte prestígio. Assim, para se exonerar da responsabilidade o distribuidor tem de se assegurar de que os bens deixam bem claro que nada tem a ver com a sua produção e que apenas se limita a vendê-los (trata-se de um *disclaimer* ou cláusula de exclusão de responsabilidade).

Em 1977 um tribunal considerou, no caso *Chappius* vs. *Sears Roebuck & Co.*, que a empresa que distribuiu o produto sob a sua própria marca, uma vez que era de grande dimensão, tinha meios para controlar a qualidade dos produtos que vendia, tendo a obrigação de conhecer os seus potenciais defeitos. Para além disso, uma vez que o distribuidor marcava os produtos com a sua própria marca, induzia o público a confiar na sua qualidade[97].

Existe uma outra concepção que configura esta doutrina como um *estoppel* (*estoppel by representation*) face ao *nonmanufacturer*, isto é, como um modo de impedir o sujeito de se exonerar da responsabilidade

---

[96] Vide o caso *Better Beverages, Inc.* vs. *Mary Meschwitz*, Texas Appeal Court, 643 S.W.2d 502 (1932).

[97] *Chappius* vs. *Sears Roebuck & Co.*, Los Angeles Appeal Court 1st Circuit, 349 So. 2d 963 (1977).

A Marca do Distribuidor Face ao Instituto da Responsabilidade por Produtos 63

quando através da aposição da sua marca ou da promoção do produto causou no mercado a ideia de que é o seu produtor ou beneficiou da reputação e confiança que gera junto do público[98]. Com base nesta doutrina uma pessoa que faz uma declaração (*representation*) de facto precisa e não ambígua (por palavras ou através de uma conduta) pode ser impedida (*estopped*) de negar a verdade dessa afirmação, se aquele a quem foi feita pretender agir com base nela, o que vem a acontecer com prejuízo para esta[99].

PROSSER defendia em 1960 que se o produtor pode ser objectivamente responsável face a alguém que nunca ouviu o seu nome, o distribuidor ainda menos fundamento terá para se eximir à responsabilidade. Este argumento seria ainda mais reforçado quando o vendedor, como começava a suceder com frequência, era o verdadeiro propulsor do marketing do produto que o fabricante se limitava a fornecer[100].

Aqui a *ratio* da doutrina funda-se no controlo, ou seja, o proprietário da marca adopta uma conduta que leva a que o público adquira o produto pensando que aquele é o seu verdadeiro fabricante. Não releva se o lesado vier a descobrir a identidade do verdadeiro produtor, uma vez que utilizou o produto tendo em atenção a reputação e confiança suscitadas pelo proprietário da marca.

Assim, alguns tribunais entenderam que o *house-brander* seria responsável ainda que a identidade do produtor real fosse revelada e o distribuidor descartasse qualquer envolvimento na produção. No caso *Root* vs. *JH Industries Inc.* considerou-se que o principal fundamento da imposição da responsabilidade ao *apparent manufacturer* reside no facto de este ter induzido o público a acreditar que é o verdadeiro fabricante, actuando de acordo com essa convicção, isto é, confiando na reputação e aptidão do distribuidor[101].

---

[98] Assim se entendeu no já citado processo *Hebel* vs. *Sherman Equip.*: o principal fundamento da imposição da responsabilidade ao *apparent manufacturer* é a convicção criada no público adquirente de que se trata do verdadeiro produtor e o facto de este actuar de acordo com essa convicção, ou seja, adquirir o produto confiando na reputação do sujeito e na sua capacidade para o fabrico. Vide PROSSER, The law of torts, St. Paul, 1971, p. 664.

[99] SINDE MONTEIRO, Responsabilidade por conselhos, recomendações ou informações, Coimbra, 1989, pp. 162 s. Vide ainda BAPTISTA MACHADO, *Tutela da confiança e venire contra factum proprium*, in Obra dispersa, vol. I, Braga, 1991, pp. 396 s.

[100] *The assault upon the citadel (strict liability to the consumer)*, pp. 1141-1148.

[101] Illinois Appeal Court 3d Section, 277 502, 506, 660 N.E.2d 195 (1995).

64 *Marca do Distribuidor e Responsabilidade por Produtos*

A doutrina e a jurisprudência norte-americanas não têm seguido, como é patente, uma visão homogénea dos fundamentos da responsabilização do titular da marca. Não existe consenso quanto aos pressupostos de tal responsabilidade nem sobre a admissibilidade ou validade de cláusulas excluindo qualquer responsabilidade do distribuidor na produção do bem. Fruto destes diferentes entendimentos têm surgido decisões distintas.

Alguns tribunais têm considerado que é necessário ficar demonstrado que o lesado apenas adquiriu o produto porque confiou que o produto foi fabricado pelo titular da marca[102]. Outras sentenças, por outro lado, têm ido no sentido de que basta ficar demonstrado que um utilizador razoável teria confiado (*reliance*) que o distribuidor fabricou o bem. Neste sentido, em 1973, no processo *Carter* vs. *Joseph Bancroft & Sons Co.*, o tribunal considerou que o vendedor que apenas colocou a sua marca no produto e o redistribuiu a retalhistas assumiu deste modo o lugar do fabricante para efeitos de responsabilidade[103].

No ano seguinte, no caso *Spillers* vs. *Montgomery Ward & Co.*, o tribunal considerou (como já havia sucedido nos casos *Carney* vs. *Sears, Roebuck and Co.*, *Smith* vs. *Regina manufacturing Corporation* e *Moody* vs. *Sears Roebuck and Co.*) que quando o retalhista não é um mero endossante mas se comporta como produtor, apresentando o produto como sendo seu, deve ser tratado como fabricante e sujeito à mesma responsabilidade[104].

Em 1987, no caso *Morrison* vs. *Sears, Roebuck & Co.*, o Supreme Court da Carolina do Norte considerou que a impressão da marca do retalhista num sapato era insuficiente para o incluir na definição de produtor estabelecida no Capítulo 99 B do *North Carolina General Statutes*[105]. Porém, em 1991, no caso *Warzynski* vs. *Empire Comfort Sys.*, o

---

[102] Neste sentido, a propósito da responsabilidade do licenciante, *Nelson* vs. *International Paint Co.*, 5th Circuit, 734 F.2d 1084 (1984); *Brandimarti* vs. *Caterpillar Tractor Co.*, Pennsylvania Supreme Court, 527 A.2d 134, 139-40 (1987).

[103] 360 F Supp., 1107 E.D. Pa (1973). No mesmo sentido, *Connelly* vs. *Uniroyal, Inc.*, Illinois 2d Circuit, 389 N.E.2d 155 (1979).

[104] *Carney* vs. *Sears, Roebuck and Co.*, Virginia Court of Appeals, 309 F.2d 300 (1962); *Smith* vs. *Regina manufacturing Corporation*, South Carolina Court of Appeals, 396 F.2d 826 (1968); *Moody* vs. *Sears, Roebuck and Co.*, 324 F. Supp. 844 D.C. Ga. (1971); *Spillers* vs. *Montgomery Ward & Co.*, Los Angeles, 294 So.2d 803 (1974).

[105] North Carolina Supreme Court, 298, 354 S.E.2d 495 (1987). North Carolina General Statutes § 99B-1 (2): "Manufacturer means a person or entity who designs, assembles, fabricates, produces, constructs or otherwise prepares a product or component

A Marca do Distribuidor Face ao Instituto da Responsabilidade por Produtos 65

Court of Appeals do mesmo Estado considerou que um vendedor que se apresenta ao público como produtor não pode recorrer ao Capítulo 99 B-2(a) dos *Statutes* (que prevê algumas situações de exclusão da responsabilidade do vendedor) sendo antes tratado como um verdadeiro produtor[106]. Três anos depois, no caso *Haymore* vs. *Thew Shovel, Co.*, o mesmo tribunal considerou que a legislação estadual seguia a secção 400 do *Restatement (Second) of Torts* e o respectivo comentário, acolhendo deste modo a teoria do *apparent manufacturer*[107].

No caso *Long* vs. *United States Brass Corporation* o District Court do Colorado responsabilizou o vendedor de um conector de gás defeituoso embalado e vendido pela *United States Brass Corporation* mas fabricado pela *Dormont Manufacturing Company*[108]. O tribunal considerou que a *ratio* da responsabilização do distribuidor se situa no facto de este ter induzido o público a adquirir o produto por considerar que se trata do verdadeiro produtor, confiando na sua reputação e habilidade para o fabrico. De acordo com o § 13-21-401 (1) do *Colorado Revised Statutes* os vendedores não serão considerados fabricantes pelo simples facto de aporem a sua marca no produto, quando não disponham de qualquer controlo sobre o processo de fabrico e quando informem da identidade do verdadeiro fabricante.

Tal como o Tenth Circuit Court of Appeals havia afirmado no caso *Yoder* vs. *Honeywell*, os *Statutes* permitiam que um vendedor que aplica a sua marca num produto sem identificar o verdadeiro produtor fosse considerado responsável como se fosse produtor. Com base neste precedente, o District Court acabou por presumir que mais cedo ou mais tarde o Supreme Court do Colorado iria adoptar a teoria do *apparent manufacturer*[109]. O tribunal considerou ainda que o vendedor dispõe de dois

---

part of a product prior to its sale to a user or consumer, including a seller owned in whole or significant part by the manufacturer or a seller owning the manufacturer in whole or significant part".

[106] 401 S.E.2d 801 (1991).

[107] North Carolina Court of Appeals, 446 S.E.2d 865 (1994).

[108] 333 F. Supp. 2d 999 (2004).

[109] Caso *Yoder* vs. *Honeywell*, 10th Circuit of Appeals, 104 F.3d 1215, 1223 (1997). Como se refere na decisão, "an 'apparent manufacturer' should be held liable for defects in a product put forth under its name where the company expects its own name to carry some weight with the customer and hopes to capitalize upon, and preserve, its goodwill. This representation, which the seller makes for its own benefit, leaves the customer ignorant of who actually manufactured the product".

66   *Marca do Distribuidor e Responsabilidade por Produtos*

mecanismos para evitar a sua responsabilização sob esta doutrina. O primeiro será informar o lesado de qual o real produtor do bem. O segundo será estabelecer, nos seus contratos com os fabricantes, que estes serão os únicos responsáveis por eventuais danos causados.

A doutrina do *apparent manufacturer* acabou por obter acolhimento positivo no *Restatement of the Law of Torts*. De facto, um dos impulsos mais importantes para a consagração desta figura foi a sua consagração nos *Restatements*, uma espécie de Lei-modelo ou código oficioso elaborado por juristas de grande prestígio pertencentes ao American Law Institute e geralmente aceites pelos tribunais[110]. Alguns Estados, porém, não reconhecem esta doutrina, como são os casos do Arizona, Califórnia, Wisconsin e Michigan.

A consagração desta teoria teve o seu início no *Restatement of the Law of Torts*, de 1934, *section* 400: "one who puts out as his own product a chattel manufactured by another is subject to the same liability as though he were its manufacturer"[111].

No comentário a) podia ler-se: "the words 'one who puts out a chattel', include any one who supplies it to others for their own use or for the use of third persons, either by sale or lease or by gift or loan". Esta responsabilidade era ainda de carácter subjectivo, sendo regulada pelos § 394 a § 398 (comentário b)). O comentário c) referia: "one who puts out as his own product chattels made by another is under a duty to exercise care, proportionate to the danger involved in the use of the chattels if improperly made, to secure the adoption of a proper formula or plan and the use of safe materials and to inspect the chattel when made. By putting a chattel out as his own, he causes it to be used in reliance upon his care in making it. Therefore, he is liable if, because of some negligence in its fabrication or through lack of proper inspection during the process of manufacture, the article is in a dangerously defective condition which the vendor could not discover after it was delivered to him".

O comentário d) estabelecia que a regra fixada nesta secção apenas seria aplicável se o distribuidor levasse o lesado a confiar que se tratava do seu real produtor: "the rule stated in this Section applies only where

---

[110] Sobre a origem e funcionamento do American Law Institute e dos seus *Restatements of the Law of Torts* vide LUNDMARK, *Defective products under the American Restatement of Torts in european context*, in "TFLR", 1997, vol. 6, n.º 2, pp. 142-162.

[111] Restatement of the law of torts – vol. II, negligence, St. Paul, 1934, pp. 1086 *ss.*

A *Marca do Distribuidor Face ao Instituto da Responsabilidade por Produtos* 67

the chattel is so put as to lead those who use it to believe that it is the product of him who puts it out. The fact that the chattel is sold under the name of the person selling it may be sufficient to induce such a belief, but this is not always so, as where the goods are marked as made for the seller, without stating the name of the maker, or where the seller is known to carry only a retail business".

A secção 400 do *Restatement (Second) of Torts*, sob a epígrafe "selling as own product chattel made by another", manteve a mesma redacção de 1934[112]. De acordo com o comentário d), a regra estabelecida nesta secção apenas se aplica quando o sujeito apresenta o produto como sendo próprio. Por outro lado, os comentadores salientam que o sujeito não será responsabilizado quando resulte claro que a sua única ligação com o produto é o facto de ser o seu distribuidor. Segundo os redactores o sujeito apresenta-se como produtor quando afixa o seu nome, marca ou sinal distintivo: "when such identification is referred to on the label as an indication of the quality or wholesomeness of the chattel, there is an added emphasis that the user can rely upon the reputation of the person so identified".

Mas será que o distribuidor se exime à responsabilidade apondo expressões do género "fabricado para" ou "distribuído por"? De acordo com os comentadores, não: "the mere fact that the goods are marked with such additional words as "made for" the seller, or describe him as a distributor, particularly in the absence of a clear and distinctive designation of the real manufacturer or packer, is not sufficient to make inapplicable the rule stated in this Section". Isto porque se considera que o *casual reader* de uma marca ou rótulo poderá confiar no nome, marca ou sinal distintivo, menosprezando a origem do produto.

Deste modo, o facto de o vendedor ser conhecido como desempenhando apenas uma actividade de comercialização dos produtos não afasta a sua responsabilidade. Para o fazer, terá de indicar de forma expressa e adequada o nome do produtor real, afirmando ainda clara e inequivocamente que nada tem a ver com os bens excepto o facto de os distribuir ou vender. Segundo os comentadores, o facto de a produção dos bens ser alheia pode ser indicado de forma clara através de outros meios.

Os comentadores ilustram o regime estabelecido com dois casos. No primeiro, A coloca no mercado, sob o seu próprio nome, um líquido

---

[112] Restatement of the law second – torts 2d, St. Paul, Minnesota, 1965.

68   *Marca do Distribuidor e Responsabilidade por Produtos*

de limpeza produzido por B através de uma fórmula secreta, a quem aquele entrega a produção. O líquido, altamente inflamável, vem a provocar danos a D e a E. O vendedor é responsabilizado. No segundo caso A, um vendedor grossista, vende carne enlatada rotulada com a sua conhecida marca e em que surge a indicação "embalado para A" e "A, distribuidor". C adquire a lata a D, um retalhista, e serve-a à sua visita E, que adoece. A é considerado responsável.

No entanto, há que ter em conta que até este momento (anos sessenta) a responsabilização do *apparent manufacturer* não se fazia por via da responsabilidade objectiva mas através da negligência, uma vez que, como o comentário b) do § 400 frisava, as regras aplicáveis eram as estabelecidas nos § 394 a § 398.

Após um processo que se iniciou em 1992, o *Restatement of the Law, Third, Torts: Products Liability*, fruto de trinta anos de experiência, foi aprovado pelo American Law Institute em Maio de 1997[113]. O Capítulo terceiro refere-se à responsabilidade de entidades que sucedam ao produtor e ao *apparent manufacturer*. A secção 14 do *Restatement (Third)* veio sublinhar: "one engaged in the business of selling or otherwise distributing products who sells or distributes as its own a product manufactured by another is subject to the same liability as though the seller or distributor were the product's manufacturer"[114].

Os comentadores do *Restatement (Third)* sublinham que o § 14 deriva directamente do § 400 do *Restatement (Second) of Torts* (comentário a))

---

[113] Restatement of the law third – torts, St. Paul, Minnesota, 1998. Vide RUTHERFORD, *Changes in the landscape of products liability law: an analysis of the Restatement (Third) of torts*, in "JALC", Agosto-Setembro de 1997, vol. 63, pp. 209-247; HENDERSON e TWERSKI, *What Europe, Japan and other countries can learn from the new american Restatement of products liability, in* "TILJ", 1999, vol. 34, n.º 1, pp. 1-20 e CONK, *Is there a design defect in the Restatement (Third) of torts: products liability?, in* "YaleLJ", 2000, vol. 109, pp. 1087-1133.

[114] A redacção do *Restatement Third* veio pôr termo à discussão sobre a aplicabilidade desta doutrina ao caso do licenciamento de marcas, referindo-se no comentário d) à secção 14: "the rule stated in this Section does not, by any terms, apply to the owner of a trademark who licenses a manufacturer to place the licensor´s trademark or logo on the manufacturer´s product and distribute it as though manufactured by the licensor. In such a case, even if purchasers of the product might assume that the trademark owner was the manufacturer, the licensor does not 'sell or distribute as its own a product manufactured by another. Thus, the manufacturer may be liable under §§ 1-4, but the licensor, who does not sell or otherwise distribute products, is not liable under this Section of this Restatement".

de 1977, lembrando que o § 400 foi originalmente fixado em 1965, quando a responsabilidade do produtor ainda se baseava na culpa. No entanto, com a inclusão do § 402 A no *Restatement (Second) of Torts*, impondo a *strict liability* a todos os vendedores por danos causados por produtos defeituosos, a relevância do § 400 tornou-se duvidosa. Por outras palavras, uma vez que o § 402 A impôs a responsabilidade a todos os vendedores, o facto de se apresentarem ou não como produtores tem pouco ou nenhum interesse. O próprio *Restatement Third*, no comentário a), acaba por reconhecer que para o sujeito ser responsável sob o § 400 do *Second Restatement* tem apenas de ter colocado em circulação o produto. Neste sentido, alguns tribunais reconhecem que o § 402 A deixou pouco espaço ao § 400, recusando-se a adoptar a *apparent manufacturer doctrine*, mesmo antes da promulgação do terceiro *Restatement*[115].

A renovação do *Restatement* permitiu também pôr fim à discussão sobre a relevância das cláusulas de exclusão de responsabilidade. No comentário c) à secção 14 refere-se: "when a commercial seller sells a product manufactured by another under its own trademark or logo, the seller is liable as though it was the manufacturer. The rule applies even if the seller discloses that an identified manufacturer produced the product especially for the seller. In this circumstance, the seller is presumed to cause the product to be used or consumed, at part, in reliance on the seller. The seller's reputation is an implied assurance of the quality of the product, and the seller should be estopped from denying that it stands behind that assurance".

Trata-se da rejeição da relevância dos *disclaimers* ou cláusulas de exclusão de responsabilidade. Foi deste modo contrariada a doutrina que defendia que, uma vez identificado expressamente o produtor real, o distribuidor saía exonerado de qualquer responsabilidade pelo dano causado[116].

FRANKLYN considera que o terceiro *Restatement* não se encontra em consonância com a história e lógica subjacentes à *apparent manufacturer doctrine*. Segundo o Autor esta doutrina não foi construída para abarcar todos os casos de *house-branding*, assentando antes num pressuposto muito mais estreito: o de que os lesados fossem induzidos a utilizar o bem confiando na impressão de que o vendedor ou tinha produzido ou

---

[115] Veja-se, por exemplo, *Hebel* vs. *Sherman Equipment* (já citado) e *Seasword* vs. *Hilti, Inc.* – Michigan, 537 N.W.2d 221 (1995).

[116] Tese defendida, por exemplo, no caso *Holman Motor Co.* vs. *Evans*, Georgia Court of Appeals, 314 S.E.2d 453, 454-55 (1984).

70 *Marca do Distribuidor e Responsabilidade por Produtos*

tinha encomendado esses bens especialmente ao produtor. No seu entender esta teoria nunca assentou numa ideia (mais vasta) de que o distribuidor assegura necessariamente a qualidade dos bens ou promete responder por eles. Nem se apoiava, por outro lado, na convicção de que os lesados utilizam sempre os bens confiando na reputação do vendedor, mesmo quando a identidade do produtor real é revelada[117].

O Autor argumenta *a contrario*: se a doutrina do *apparent manufacturer* tivesse sido construída de forma tão lata, seria aplicável a todos os vendedores, mesmo que estes não aponham os seus nomes ou marcas nos produtos. De facto, muitas vezes os lesados usam os produtos na convicção de que um determinado vendedor oferece produtos de qualidade, independentemente da marca que ostentam.

Tanto o segundo como o terceiro *Restatement* reconhecem o vendedor como responsável, ao lado do fabricante, mesmo que o defeito seja apenas imputável ao produtor e resulte exclusivamente do processo de fabrico. Neste sentido, o comentário e) ao § 1 do *Restatement Third* refere: "liability attaches even when such nonmanufacturing sellers or distributors do not themselves render the products defective and regardless of whether they are in a position to prevent defects from occurring...".

Segundo o comentário oficial ao *Restatement Third* (comentário a)) são várias as razões que justificam a responsabilização do vendedor.

Primeiro, a possibilidade que este tem de se proteger, contratando um seguro, ficando em melhor posição do que os lesados para suportar os encargos resultantes do dano.

Em segundo lugar, a faculdade que lhe assiste de exercer o direito de regresso contra o fabricante, ressarcindo-se do dispendido com a indemnização. De facto, importa não esquecer que entre o distribuidor e o produtor real existe um vínculo contratual que pode incluir estipulações sobre a distribuição da responsabilidade entre os sujeitos.

Por fim, a consideração de que a responsabilidade objectiva estimula os distribuidores a seleccionar melhor os seus fornecedores e produtores, o que redunda em benefício para todos os consumidores.

Pese embora o *Restatement* configure a responsabilidade do vendedor como solidária[118], da leitura do comentário oficial resulta a conclusão

---

[117] *Últ. op. cit., passim.*
[118] § 1 do *Restatement Third*, comentário c), p. 8, comentário a) ao § 2, p. 15.

de que geralmente tal solidariedade não existirá. Por um lado, porque caso o defeito seja imputável apenas à fase de fabrico, a responsabilidade do vendedor será meramente subsidiária, estando apenas pensada para os casos em que o fabricante não consiga proporcionar o ressarcimento do dano causado ao lesado[119]. Por outro lado, porque a responsabilidade objectiva do vendedor está pensada para os casos em que o defeito seja imputável à relação entre o vendedor e o produto[120].

Existem diversos Estados norte-americanos que possuem disposições especiais que aligeiram a responsabilidade do vendedor não fabricante. Deste modo, se existir uma disposição especial num determinado Estado, o § 14.º do *Restatement* (que responsabiliza o *apparent manufacturer*) não será aplicável. Caso contrário, esta norma constitui o Direito aplicável. Na verdade, nos Estados Unidos não existe legislação federal uniforme, pelo que cada Estado dispõe de normativos legais distintos que concedem um tratamento diferente à figura do *apparent manufacturer*. Vejamos, ainda que de relance, algumas dessas normas.

O *Texas Civil Practice & Remedies Code* refere que um vendedor que não tenha produzido o bem não será responsável pelos danos causados pelo produto defeituoso. Uma das excepções admitidas é o caso da participação do vendedor no *projecto* do produto[121].

Ao referir-se ao *design* do produto, ao esboço ou projecto que esteve na sua origem, a Lei texana suscita interessantes questões quanto à determinação do grau de participação e de influência do distribuidor

---

[119] Veja-se o comentário e) ao § 1 a), p. 9, do *Restatement Third*: "to assure plaintiffs acess to a responsible and solvent product seller or distributor, the statutes generally provide that the nonmanufacturing seller or distributor is immunized from strict liability only if: (1) the manufacturer is subject to the jurisdiction of the court of plaintiff's domicile; and (2) the manufacturer is not, nor is likely to become insolvent". Veja--se, de igual modo, o comentário o) ao § 2, p. 38.

[120] Comentário e) ao § 1 do *Restatement Third*, p. 9: "a nonmanufacturing seller or distributor occasionally will be responsible for the introduction of a defect in a product even though it exercised reasonable care in handling or supervising the product in its control. In such instances, liability for a § 2 a) defect should be imposed on the non manufacturing seller or distributor".

[121] A redacção original do Capítulo 82 (*Products Liability*), secção A82.003 é a seguinte: "A seller that did not manufacture a product is not liable for harm caused to the claimant by that product unless the claimant proves that the seller participated in the design of the product". A opção pela tradução do termo *design* por "projecto" é da nossa responsabilidade.

72 *Marca do Distribuidor e Responsabilidade por Produtos*

na elaboração do produto. Dependendo a sua responsabilização da efectiva co-autoria ou pelo menos comparticipação na definição dos critérios que presidiram à produção do bem defeituoso, esta redacção parece atender, ainda que de forma simples, a um dos fenómenos que, em nossa opinião, pode justificar a responsabilidade do titular da marca de distribuição: o exercício de poderes de sugestão, de direcção ou mesmo de fiscalização durante a fase produtiva.

O *Indiana State Code* acolhe uma redacção que também tem em linha de conta estas considerações, entendendo como produtor o vendedor que cria e fornece ao fabricante especificações relevantes para a produção do dano ou que de outro modo exerce algum tipo de controlo significativo sobre o processo produtivo ou parte dele. No entanto, e para além disso, o mesmo diploma sublinha que um vendedor que aponha a sua própria marca no produto não é considerado responsável se revelar o nome do verdadeiro produtor[122]. Segundo a *Indiana Pattern Jury Instruction* 7.36, "a seller who claims to be the manufacturer of a product and so labels the product is held to the same standard of care as the manufacturer". As *Pattern Jury Instructions* são consideradas como linhas orientadoras para o julgamento de júri.

O *Ohio Revised Code* segue uma formulação bastante próxima, considerando que o vendedor será responsabilizado pelos danos quando criou ou forneceu projectos ou formulações ao fabricante que foram utilizados na criação, construção, montagem ou reconstrução do produto ou de uma parte componente. Para além disso, será ainda responsabilizado se marcou o produto com a sua própria marca ou nome[123].

Muito próxima desta solução legal encontra-se a definição adoptada no *New Jersey Statutes*, segundo a qual "manufacturer" inclui também "a

---

[122] § 34-6-2-77: "manufacturer includes a seller who: (2) creates and furnishes a manufacturer with specifications relevant to the alleged defect for producing the product or who otherwise exercises some significant control over all or a portion of the manufacturing process. A seller who discloses the name of the actual manufacturer of a product is not a manufacturer under this section merely because the seller places or has placed a private label on a product".

[123] § 2307.78. O *Washington Revised Code* segue um regime muito idêntico, no seu § 7.72.040 (2), als. d) e e): "a product seller, other than a manufacturer, shall have the liability of a manufacturer to the claimant if: (d) the product seller provided the plans or specifications for the manufacture or preparation of the product and such plans or specifications were a proximate cause of the defect in the product; or (e) the product was marketed under a trade name or brand name of the product seller".

A Marca do Distribuidor Face ao Instituto da Responsabilidade por Produtos 73

product seller with respect to a given product to the extent the product seller designs, formulates, produces, creates, makes, packages, labels or constructs the product before its sale; any product seller not described in paragraph (2) which holds itself out as a manufacturer to the user of the product"[124].

Estamos, deste modo, perante dois mecanismos diferentes de responsabilização do *apparent manufacturer*.

De acordo com a primeira parte, o vendedor será responsabilizado se tiver exercido influência sobre a fase produtiva, actividade que é descrita de forma muito vasta (projectar, formular, produzir, criar, fabricar, embalar, marcar, construir). Estamos perante uma redacção que segue, deste modo, o entendimento de que o sujeito deve ser responsabilizado em virtude do seu envolvimento na criação do bem defeituoso e independentemente de se apresentar ou não como real produtor. Neste sentido, o vendedor será sempre responsabilizado no caso de ter exercido algum controlo significativo sobre o projecto, fabrico, embalagem ou rotulagem do produto que esteja relacionado com o defeito que provocou o dano. Caberá ao tribunal determinar o grau de influência exercido pelo distribuidor na fase produtiva, nomeadamente através da análise da relação contratual existente entre este e o produtor real.

Já na segunda parte da norma, perfeitamente independente da primeira, é responsabilizado o sujeito que se apresente como produtor do bem, ainda que não tenha desempenhado qualquer uma das tarefas enunciadas na primeira parte. Este segundo mecanismo de responsabilização prende-se, portanto, com a protecção da confiança suscitada pela aparência de produção, a qual pode ser afastada identificando o produtor real.

É bastante comum o recurso a este tipo de formulação legal, considerando como produtor quem se apresente como tal e ainda que verdadeiramente não o seja.

O *Code of Civil Procedure* do Illinois, por exemplo, equipara ao produtor o vendedor que se apresenta face ao utilizador do produto como tal[125]. Os *Idaho Statutes* consideram que o conceito de produtor também inclui o vendedor ou outra entidade que se apresente como produtor[126].

---

[124] 2A:58C-8.

[125] Parte 21 (*Product Liability*), secção 2-2101: "'manufacturer' means (iii) any product seller not described in (ii) that holds itself out as a manufacturer to the user of the product".

[126] Título 6, Capítulo 14, 6-1402, (2). Vejam-se, de igual modo, as *Idaho Jury Instructions (Civil Jury Instructions Committee 2002-2003)* n.º 10.05.2: "a 'manufacturer'

O *Delaware Insurance Code* considera, de modo muito próximo: "'manufacturer' includes an entity not otherwise a manufacturer that imports a product or otherwise holds itself out as a manufacturer"[127]. No mesmo sentido, o *Kansas Statutes* considera como produtor o vendedor que se apresenta como fabricante[128].

Trata-se de uma opção legislativa que, fazendo da apresentação como produtor o pressuposto decisivo da responsabilidade, levanta dois problemas de difícil resolução.

O primeiro vem a ser o de determinar quando é que verdadeiramente se pode dizer que o distribuidor se apresentou na qualidade de produtor. O segundo, intimamente ligado com aquele, é o de saber se uma mera declaração revelando o nome do produtor real, ou afirmando que o bem foi produzido por terceiro, é suficiente para afastar qualquer responsabilidade.

O Novo México adoptou uma formulação legal completamente diferente destas últimas, estabelecendo: "a supplier who permits a product to be sold as [his] [her] [its] own is subject to the duties of a manufacturer, even. though the product was, in fact, made by someone else. A supplier permits a product to be sold as [his] [her] [its] own if [he] [she] [it] labels or markets it in such a way that the purchaser is reasonably led to believe that the supplier made the product or had the product made to [his] [her] [its] specifications"[129].

Assim, o *New Mexico Statutes*, mais do que referir sinteticamente que se considera produtor quem se apresente como tal, fornece pistas importantes para determinar o que se considera ao certo "apresentar-se como produtor". Neste sentido, a fórmula legal seguida por este Estado apresenta importantes subsídios para responder à primeira questão por nós colocada.

(…) includes a product seller or entity not otherwise a manufacturer that holds itself out as a manufacturer. A product seller acting primarily as a wholesaler, distributor, or retailer of a product may also be a 'manufacturer' but only to the extent that it designs, produces, makes, fabricates, constructs, or remanufactures the product before its sale".

[127] § 7001, (1) b).

[128] Capítulo 60 (*Civil Procedure*), artigo 33 (*actions relating to commercial activity*), secção 3302: "'manufacturer' (…) includes a product seller or entity not otherwise a manufacturer that holds itself out as a manufacturer, or that is owned in whole or in part by the manufacturer".

[129] *New Mexico Statutes*, 13-1411.

Segundo o seu enunciado, um distribuidor que apresenta um bem como sendo próprio está sujeito aos mesmos deveres do produtor, ainda que não o seja. Ora, quando é que o distribuidor apresenta um produto como sendo seu? Segundo o texto legal, quando o rotula ou marca de uma tal forma que o adquirente é levado a acreditar que o produto foi fabricado pelo distribuidor ou, pelo menos, que foi produzido por terceiro de acordo com as suas instruções. Ou seja, aqui a agulha da responsabilização orienta-se não para o desempenho de tarefas materiais de direcção ou controlo sobre a fase produtiva mas sim para a aposição de uma marca ou rótulo que inspira uma falsa convicção no lesado.

Essa convicção vai, no entanto, sempre referida à fase produtiva, pois o legislador considera que não basta a simples colocação de uma marca, é necessário que através dessa aposição o prejudicado tenha tido razões para acreditar que o distribuidor produziu o bem ou, por outro lado, deu indicações específicas sobre o modo como deveria ser produzido. A participação do distribuidor na fase produtiva continua, desta forma, a ser um critério decisivo só que, de acordo com este preceito legal, a sua importância é indirecta, uma vez que vai referida à convicção que a marca ou rótulo gerou aos olhos do adquirente.

Assim, ao invés das redacções a que nos referimos anteriormente, em que cabia ao juiz averiguar da efectiva participação do distribuidor na produção do bem (actividade que deveria ser determinada de forma objectiva), aqui essa colaboração vai referida à crença subjectiva suscitada no concreto adquirente. A fragilidade desta posição prende-se, no entanto, com a coincidência entre lesado e adquirente, que não se verifica no caso do lesado não adquirente (o chamado *bystander*).

Os diferentes Estados americanos seguem, como demos nota, formulações e soluções legais muito diversas. Uns limitam-se a equiparar ao produtor o distribuidor que se apresente como tal, sem esclarecer o que constitui apresentar-se na qualidade de produtor. Outros Estados esclarecem em que situações o distribuidor se comporta como fabricante. Outros ainda consideram que, independentemente da forma como o distribuidor se apresenta no mercado ou da marca que visualmente surge aposta no produto, o elemento decisivo vem a ser a sua participação na fase produtiva. Por fim, alguns Estados combinam aquelas duas visões, considerando que o distribuidor deve ser responsabilizado quando, pela aposição da sua marca, tenha induzido o lesado a crer que se trata do real produtor ou, pelo menos, que o produto foi fabricado de acordo com as suas directrizes e instruções específicas.

Face à diversidade de regimes jurídicos aplicáveis, desde os anos setenta do século passado que se sucedem as tentativas de criação de uma Lei federal uniforme. Uma matéria tão sensível quanto esta não pode, de facto, estar sujeita a regimes tão díspares que ameaçam fazer do direito ao ressarcimento dos danos causados por produtos assinalados com a marca do distribuidor um mero acaso da sorte dependente da álea das regras de conflito e da Lei que estas determinarem como competente. No entanto, o resultado é sempre o mesmo: a proposta é apresentada no Senado, defendida por produtores e seguradoras, com a oposição dos consumidores, acabando por ser rejeitada.

Em 1975 foi criada a *Interagency Task Force of Product Liability*, constituída por representantes de diversos departamentos do Governo norte-americano com o propósito de criar regras que pudessem ser adoptadas com alguma uniformidade face à chamada *litigation explosion* e à propalada "crise da responsabilidade"[130]. Em consequência foi publicada, em 31 de Outubro de 1979, uma espécie de Lei modelo sobre a responsabilidade por produtos – a *Model Uniform Product Liability Act*.

Este diploma, seguindo a tradição iniciada por algumas das Leis de origem estadual, estabelece a aparência como critério decisivo de imputação da responsabilidade. Assim, parte-se do princípio de que se o distribuidor apõe somente o seu nome ou marca no produto, o público é induzido objectivamente a acreditar que foi ele o produtor. Este normativo refere que o termo fabricante inclui "a product seller or entity not otherwise a manufacturer that holds itself as a manufacturer" (secção 102 (5)). Como já tivemos oportunidade de referir, esta é uma opção legislativa que apresenta como inconveniente não determinar ao certo o que constitui a apresentação como produtor e que ademais não esclarece se, informando-se no produto qual o fabricante real, o distribuidor afasta a sua "apresentação" ou "representação" como produtor.

Esta doutrina foi retomada pelo *Product Liability Reform Act* de Julho de 1989, que incluía na definição de produtor "any product seller which holds itself out as a manufacturer to the user of a product" (secção 102 (9))[131].

---

[130] HERZOG, *Recent developments in products liability in the United States, in* "AJCL", 1990, vol. 38, pp. 544 *ss.*

[131] Senate Bill 1400, 101st Congress, 1st Session.

A Marca do Distribuidor Face ao Instituto da Responsabilidade por Produtos   77

No relatório que acompanhava a proposta de Lei referia-se que um vendedor é considerado produtor quando se apresenta como tal junto do utilizador. Quando é aposto o nome do distribuidor, este nome e a reputação que lhe está associada funcionam como uma garantia da sua qualidade. O Relatório relembrava ainda que a responsabilização do *apparent manufacturer* pelos danos causados era seguida de forma uniforme pelos Estados[132]. Pretendia-se responsabilizar o distribuidor que apunha a sua própria marca no produto porque, ao fazê-lo, este actuava como garante da sua qualidade. Deste modo, a aposição da sua marca no produto, ainda que não implicasse necessariamente a conclusão de que o distribuidor era o seu real produtor, legitimava a confiança no prestígio e reputação que aquela granjeia junto do público, devendo o seu titular ser responsabilizado em consonância.

Em Maio de 1996 o Presidente Clinton bloqueou um projecto de Lei federal aprovado pelo Congresso – o *Common Sense Product Liability and Legal Reform Act of 1995*, também conhecido como *Product Liability Fairness Act of 1995*, em que o conceito de produtor incluía igualmente o vendedor que se apresentasse como fabricante face ao público ("any product seller (...) which holds itself out as a manufacturer to the user of the product")[133].

Em 1997 foi apresentado um novo projecto que ficaria conhecido como *Product Liability Reform Act of 1997*, que adoptava uma redacção idêntica[134]. Foi abandonado no ano seguinte.

---

[132] *Committee on Commerce, Science and Transportation*, Report n.º 99-433, 99th Congress, 2d Session, 1986, p. 25.

[133] Bill n.º 565, 104th Congress, 1st Session, Section 2, n.º 9, subparágrafo c). Pronunciando-se sobre este projecto, o *Committee on Commerce, Science, and Transportation* teceu as seguintes considerações: "(...) a product seller is deemed to be the 'manufacturer' of a product where the product seller holds itself out as the manufacturer to the user of the product. Where a product seller attaches the product seller's own private label to a product made by another, the product seller's name and reputation become a representation of the product's quality in design and manufacture. The rule holding a product seller responsible for harms caused by products that the product seller 'endorses' with the product seller's private label is uniformly by the states" (Report n.º 104–69, pp. 23 *s*).

[134] Senate Bill 648, 105th Congress, 1st Session, secção 101, n.º 8, subparágrafo c). O *Committee on Commerce, Science, and Transportation* reproduziu os comentários que havia feito ao projecto anterior – Report n.º 105–32, p. 27.

78 *Marca do Distribuidor e Responsabilidade por Produtos*

Por fim, em 1998 foi apresentado o projecto *Product Liability Reform Act of 1998*, adoptando uma vez mais as redacções anteriores, tendo sido abandonado por falta de acordo no Senado[135].

Tem existido nos Estados Unidos uma preocupação crescente com a responsabilização do vendedor não-produtor nos casos em que o fabricante também seja considerado responsável. A responsabilidade de ambos os agentes económicos é vista como redundante e economicamente dispendiosa. Assim, a maior parte das propostas de reforma, bem como das Leis estaduais, exonera o vendedor de qualquer responsabilidade, a não ser que se tenha apresentado como produtor, garantido os bens de forma expressa ou ainda nos casos em que o produtor seja insolvente ou não possa ser judicialmente accionado.

Não é de crer que num futuro próximo a situação venha a ser objecto de grandes alterações. Há quem defenda que a expansão dos sistemas de responsabilidade por produtos não pode continuar para sempre[136]. Os produtores já se organizaram, formando um forte *lobby* político, procurando afrouxar a imposição de mecanismos mais severos de responsabilização e alegando que regras demasiado severas inibem a investigação e o desenvolvimento dos produtos[137].

Podemos concluir que existe uma grande semelhança entre as condições gerais da responsabilidade na Europa e nos Estados Unidos. Não poderia ser de outra forma, uma vez que o velho continente soube colher as melhores lições da experiência americana. Apesar disso, existem divergências específicas notórias, uma vez que as regras americanas visam a responsabilidade do vendedor profissional enquanto a Directiva comunitária só se aplica ao produtor (real ou aparente) e ao importador. Já quanto ao mero distribuidor, apenas será responsabilizado de forma subsidiária, nos casos em que o produtor não seja identificado.

---

[135] Senate Bill 2236, 105th Congress, 2nd Session, secção 101, n.º 12, subparágrafo c). Sobre os obstáculos que têm impedido a adopção de legislação federal uniforme vide SCHWARTZ e BEHRENS, *Federal product liability reform in 1997: history and public policy support its enactment now*, in "TenneLR", Primavera de 1997, vol. 64, n.º 3, pp. 595-626 e *A proposal for federal product liability reform in the new millennium*, in "TRLP", 2000, vol. 4, n.º 2, pp. 261-300.

[136] MAGGS, *Recent developments in products liability law in the USA*, in "JCP", 1991, n.º 14, p. 32.

[137] HERBIG e GOLDEN, *Inhibitor of innovation: the case against strict product liability*, in "ABR", Junho de 1993, pp. 13-20.

2 – A Directiva 85/374

2.1 A criação de um regime especial de responsabilidade

Depois de nos termos debruçado sobre os pressupostos essenciais da responsabilidade por produtos, os quais sofreram algumas alterações propiciadas pela alteração do circuito económico em que se procede à circulação dos bens, e após termos atendido à experiência norte-americana sobre a matéria, é tempo de nos centrarmos no âmbito comunitário.

A Directiva 85/374/CEE do Conselho de 25 de Julho de 1985 veio criar um regime especial de responsabilidade por produtos que revolucionou completamente este domínio da responsabilidade civil. Tratou-se do primeiro diploma a tocar fundo no coração do Direito privado dos Estados-membros[138], tendo sido também o ponto de partida para o ciclo de *europeização* do Direito privado. A Directiva alterou profundamente a disciplina interna desta matéria constituindo, em certa medida, uma "cessão" de soberania dos Estados. Adoptando a célebre expressão cunhada por Cardozo, podemos dizer que a "cidadela" europeia caiu no dia 25 de Julho de 1985.

Considerado por alguns como o troféu mais brilhante na vitrina das conquistas do Direito comunitário[139], criticada e mal amada por outros[140], é incontestável que este diploma procedeu a uma revolução histórica no paradigma continental da responsabilidade por produtos, motivando uma frenética actividade académica e doutrinal. Apesar das muitas críticas que

---

[138] Taschner, *La directive communautaire du 25 juillet 1985 sur la responsabilité du fait des produits défectueux*, in AA. VV., Sécurité des consommateurs et responsabilité du fait des produits défectueux, Colloque des 6 et 7 Novembre 1986, Exposé Introductif, Paris, 1987, pp. 109 *s*; Whittaker, Liability for products – english law, french law and european harmonization, Oxford, 2005, p. 1. Elucidativas as palavras de Hurd e Zollers: "regardless of one´s political views about the European Community, the process presents a fascinating study of international coordination of laws and standards" – *Product liability in the European community: implications for United States business*, in "ABLJ", 1993, vol. 31, pp. 245 *s*. Uma retrospectiva histórica da Directiva pode ser encontrada em Greer, *Product liability in the European Community: the legislative history*, in "JCA", 1992, vol. 26, n.º 1, pp. 159-176.

[139] Palmieri e Pardolesi, *Corti di Giustizia delle Comunità Europee, sentenza 25 Aprile 2002*, in "ForoIt", 2002, p. 295.

[140] Ferreira de Almeida, *últ. op. cit.*, p. 173.

80 *Marca do Distribuidor e Responsabilidade por Produtos*

lhe são dirigidas, a Directiva apresenta bastantes pontos positivos, constituindo um passo na direcção certa. Convém não esquecer que a Directiva se inspira fortemente na *products liability* norte-americana, cujos efeitos perversos conduziram a uma crise profunda que se deve procurar evitar.

Antes do surgimento da Directiva 85/374 apenas existia legislação específica sobre responsabilidade por produtos em dois países.

Na Alemanha existia a Lei de reforma do Direito farmacêutico de 24 de Agosto de 1976, apenas aplicável ao campo dos produtos farmacêuticos.

Na Espanha existia a LGDCU (Ley 26/1984, de 19 de Julho) que surgiu como resposta jurídica ao tristemente célebre "escândalo da colza". Este diploma foi revogado pela disposição revogatória única do Real Decreto Legislativo 1/2007, de 16 de Novembro, que aprovou o texto refundido da Ley General para la Defensa de los Consumidores y Usuarios y otras leyes complementarias. Doravante, e para evitar confusões, referir-nos-emos à redacção actual como LGDCU II, reservando a designação clássica (LGDCU) para a redacção anterior.

É curioso notar que no sector da responsabilidade por produtos as primeiras iniciativas legislativas partiram de organizações com carácter supranacional e, ademais, privilegiando a sua regulação a nível conflitual e não substantivo.

Em Outubro de 1973 foi aprovada a Convenção da Haia sobre a Lei aplicável à responsabilidade por produtos[141]. A UNCITRAL debruçou-se em Abril de 1975 sobre um Relatório denominado "liability for damages caused by products intended for or involved in international trade" mas os trabalhos da Comissão foram abandonados em 1977[142]. Nesse mesmo ano foi aprovada a Convenção do Conselho da Europa de 27 de Janeiro sobre responsabilidade por produtos em caso de lesões corporais ou morte, a qual viria a exercer forte influência sobre a Directiva de 1985[143].

---

[141] Vide Nova, *La convenzione dell'Aja sulla legge applicabile alla responsabilità per danni derivanti da prodotti, in* "RDIPP", 1973, n.º 2, pp. 297-336 e Ortiz de la Torre, Conferencia de la Haya de derecho internacional privado – Evolución histórica y Convenciones adoptadas, Madrid, 1993, pp. 209 *ss.*

[142] *Report of the Secretary-General: liability for damage caused by products intended for or involved in international trade (A/CN.9/133)*, Yearbook of the UNCITRAL, 1977, vol. VIII.

[143] Convention Européenne sur la responsabilité du fait des produits en cas de lésions corporelles ou de décès, Série de Traités Européens, n.º 91, Publications Section,

A Marca do Distribuidor Face ao Instituto da Responsabilidade por Produtos   81

Antes do surgimento da Directiva os diferentes ordenamentos jurídicos europeus admitiam soluções que podiam ser reunidas em dois grandes grupos[144].

O primeiro, designado por JOLOWICZ por "product liability as liability for producing"[145], vigorava em países como a Itália, a Inglaterra e a Alemanha, em que o lesado não podia reclamar directamente do produtor o ressarcimento dos danos a não ser que tivesse contratado directamente com ele, com base no princípio da relatividade dos contratos (*privity of contract*). O lesado tinha como único meio de reacção o recurso aos mecanismos de responsabilidade extracontratual que faziam pesar sobre si, porém, o ónus da prova da negligência do produtor. A Alemanha e a Itália evoluíram, entretanto, para a criação, por via jurisprudencial, de presunções de culpa a cargo do produtor, invertendo deste modo o ónus da prova.

O segundo grupo, que JOLOWICZ apelida de "product liability as liability for selling", correspondia a países como a França, a Bélgica e o Luxemburgo, em que o lesado se podia dirigir directamente contra o produtor, ainda que não tivesse qualquer relação contratual com ele, com base no entendimento jurisprudencial de que o lesado podia recorrer à acção por vícios ocultos contra qualquer interveniente na cadeia de distribuição, exonerando o lesado de qualquer ónus probatório. Antes da imposição por via legislativa da responsabilidade directa e objectiva do produtor era frequente a invocação de "declarações tácitas", referindo-se que existia uma cessão tácita da garantia do comprador por vícios ocultos

---

Conseil de l'Europe, Dezembro de 1986. Os únicos países que subscreveram a Convenção foram a Áustria, a Bélgica, a França e o Luxemburgo. Vide FLEMING, *Draft convention on products liability (Council of Europe)*, in "AJCL", Outono de 1975, n.º 4, pp. 729-741; BONOMI, *I fondamenti della responsabilità del produttore nel progetto di Direttiva della Commissione CEE e nella Convenzione promossa dal Consiglio d'Europa*, in "DCSI", Janeiro-Março de 1977, n.º 1, pp. 193-208; NASCIMBENE, *Projets et initiatives en vue d'une reglementation uniforme de la responsabilité du producteur*, in "CDE", 1977, vol. 13, n.º 4, pp. 371-381; DAHL, *An introduction to the product liability debate*, in "JCP", 1979, vol. 3, n.º 1, pp. 14-28 e MADDOX, *Products liability in Europe: towards a regime of strict liability*, in "JWTL", 1985, vol. 19, pp. 508-521.

[144] Sobre algumas das respostas que historicamente se foram erigindo, em especial na Alemanha, França, Itália, Inglaterra e Espanha vide a monumental obra de CANNARSA, La responsabilité du fait des produits défectueux – étude comparative, Milão, 2005, pp. 19-177.

[145] Product liability in the EEC, Berlim, 1990, p. 371.

aos compradores subsequentes, um contrato tácito a favor de terceiro celebrado entre o produtor e o distribuidor, um contrato com eficácia de protecção para terceiros ou mesmo um contrato tácito de responsabilidade ou de garantia, justificações de carácter contratualista para a responsabilidade do produtor[146].

Os grandes objectivos enunciados pela Directiva eram a prossecução de um nível elevado de protecção dos consumidores contra os danos causados à saúde e aos seus bens por um produto defeituoso e, simultaneamente, a redução das disparidades legislativas nacionais em matéria de responsabilidade. Como se refere no preâmbulo do diploma, a existência de diferentes regimes legais neste âmbito era susceptível de falsear a concorrência, prejudicar a livre circulação das mercadorias no mercado comum e originar diferenças relativamente ao grau de protecção do consumidor contra os danos causados à sua saúde e aos seus bens por um produto defeituoso.

Para além de se uniformizar a protecção concedida aos lesados, procurava-se evitar a criação de desigualdades competitivas entre produtores. Na verdade, nos países que já dispunham de mecanismos de responsabilização objectiva os produtores suportavam maiores encargos técnicos destinados a garantir a segurança dos produtos bem como maiores despesas com contratos de seguro, o que implicava maiores custos, repercutindo-se, como é natural, no preço final dos produtos e distorcendo a concorrência.

O legislador comunitário considerou que a responsabilidade objectiva era o único meio de resolver de modo adequado o problema, característico dos nossos tempos, de uma justa atribuição dos riscos inerentes à produção técnica, optando por chamar a solução do problema para a área excepcional da responsabilidade objectiva. Deve sublinhar-se, porém, que não se trata de uma responsabilidade objectiva pura ou absoluta, uma vez que se admitem algumas causas de exclusão da responsabilidade (art. 7.º da Directiva). Desta forma, o legislador procurou aumentar a tutela dos lesados sem penalizar excessivamente os produtores.

A Directiva procura incitar os produtores a maximizar os seus esforços para produzir sem riscos desnecessários para a saúde e integridade humanas e, uma vez fracassados tais esforços (e ocorrido um acidente),

---

[146] Mota Pinto, Declaração tácita e comportamento concludente no negócio jurídico, Coimbra, 1995, pp. 107 s.

A Marca do Distribuidor Face ao Instituto da Responsabilidade por Produtos 83

permitir às vítimas dispor de um direito de reparação frente a esses sujeitos. Pode dizer-se, deste modo, que a Directiva tem um *carácter bifronte*, uma vez que se refere a dois aspectos diferentes: primeiro, a prevenção da saúde, de carácter predominantemente público; depois, o ressarcimento dos danos, de cariz fundamentalmente privado. Os dois níveis de protecção são, porém, incindíveis[147].

A Directiva 85/374 limita-se a referir, de forma muito simples, directa e *lapidar*[148] que o produtor é responsável pelos danos causados pelos defeitos dos seus produtos.

Deste modo, o art. 1.º da Directiva não refere que o produtor é responsável pelo dano causado por um defeito do produto que lhe seja imputável com culpa ou negligência mas sim que é responsável, *sem mais*, pelo dano causado pelo defeito do produto. Esta redacção inclui, desta forma, tanto os defeitos devidos a actuações culposas ou negligentes como os que não derivem de qualquer comportamento censurável. Podemos falar, decididamente, de uma responsabilidade objectiva ou sem culpa, a qual não é, porém, nem pura nem absoluta.

O legislador comunitário evitou propositadamente qualquer referência à culpa enquanto elemento constitutivo da responsabilidade[149]. A Directiva superou, com uma simples frase, o clássico princípio da civilização jurídica ocidental que fazia depender a responsabilidade civil da culpa ou negligência do sujeito[150]. Trata-se de uma reviravolta digna de Copérnico, quando confrontada com o paradigma legal e jurisprudencial existente na maioria dos países comunitários[151]. A Directiva adoptou,

---

[147] Díaz Jiménez, *La Directiva del Consejo 85/374/CEE, de 25 de Julio y el proyecto de ley de responsabilidad civil por los daños causados por productos defectuosos, in* "AC", 1994, tomo 1, n.º 12, p. 221.

[148] Assim a classifica Fusaro, *Note sulla direttiva comunitária in tema di responsabilità del produttore, in* "Giur. Com.", 1987, n.º 14, Parte I, p. 139.

[149] Castronovo, *La legge europea sul danno da prodotti una interpretazione alternativa del D.P.R. n. 224/1998, in* "DCInt", Janeiro-Junho de 1990, p. 7.

[150] Mottur, *The european product liability Directive: a comparison with U. S. law, an analysis of its impact on trade, and a recommendation for reform so as to accomplish harmonization and consumer protection, in* "LPIB", Primavera de 1994, vol. 25, n.º 3, p. 984.

[151] Tirado Suárez, *La Directiva comunitaria de responsabilidad civil, productos y ordenamiento español, in* "RGD", ano XLIII, n.º 516, p. 4971. Alpa fala de uma "tendenze che coprono l'entero arco delle posizioni di responsabilità" – *La vendita e la produzione di beni di consumo, in* AA. VV., La Responsabilità civile: una rassegna di dottrina e giurisprudenza, Alpa e Bessone (Dirs.), vol. IV, Turim, 1987, p. 57.

84 Marca do Distribuidor e Responsabilidade por Produtos

deste modo, um critério de imputação que já não se dirige a censurar o comportamento do produtor mas sim a controlar o estado (a segurança) do produto[152].

O diploma comunitário prescindiu de toda e qualquer preocupação dogmática, não optando pela tradicional divisão entre responsabilidade contratual e extracontratual. Esta dicotomia é superada cristalizando uma opção deliberada pela tendência objectivista[153]. Em boa verdade, são inúmeras as vozes a reclamar, desde há muito, a abolição desta distinção clássica, qual *summa divisio* que durante séculos demarcou o território da responsabilidade[154].

Se adoptarmos a distinção tradicional entre os dois domínios da responsabilidade, pode dizer-se que a responsabilidade por produtos, de cariz extracontratual, visa tutelar a segurança dos produtos; enquanto a responsabilidade do vendedor, de natureza contratual, tem como objectivo assegurar a sua qualidade. Às garantias associadas à venda de bens de consumo, que suscitam interessantes problemas de internormatividade com o regime da responsabilidade por produtos, haveremos de nos referir no último Capítulo do nosso trabalho.

De acordo com a redacção original do art. 2.º, o produto era definido como "qualquer bem móvel, excluindo as matérias-primas agrícolas e os produtos da caça, mesmo se estiver incorporado noutro bem móvel ou imóvel. Por «matérias-primas agrícolas» entende-se os produtos do solo, da pecuária e da pesca, excluindo os produtos que tenham sido objecto de uma primeira transformação. A palavra «produto» designa igualmente a electricidade".

---

[152] ALPA, *La actuación de la directiva comunitaria sobre la responsabilidad del productor, in* "RJC", 1991, p. 324; SOLÉ FELIU, *El concepte de defecte en la Llei de responsabilitat per productes defectuosos, in* "RJC", 1995, vol. 94, n.º 4, p. 949. De forma muito próxima, DE BERARDINIS considera que o art. 8.º do diploma de transposição italiano, que apenas exige ao lesado a prova da defeituosidade do produto, da produção do dano e do nexo de causalidade entre ambos, estabelece de forma definitiva que a responsabilidade do produtor se dirige ao produto defeituoso e não à actividade produtiva – *La responsabilità extracontrattuale per danno da prodotti difettosi, in* "RCPre", Maio-Agosto de 1996, p. 682.

[153] TORRALBA MENDIOLA, La responsabilidad del fabricante. Aplicación de la ley extranjera y normativa comunitaria, Madrid, 1997, p. 23.

[154] Assim, por exemplo, CALVÃO DA SILVA, *op. cit.*, pp. 475 *ss*; ÁNGEL YÁGÜEZ, Algunas previsiones sobre el futuro de la responsabilidad civil (con especial atención a la reparación del daño), Madrid, 1995, pp. 25 *ss*.

O primeiro Relatório sobre a aplicação da Directiva veio sublinhar que a exclusão das matérias-primas agrícolas era um dos aspectos que mais podiam afectar de maneira negativa a protecção dos lesados e o funcionamento do mercado interno[155]. Este documento considerava que a Directiva contribuiu para uma maior sensibilização e uma maior ênfase relativamente à segurança dos produtos. A Comissão concluía que a experiência ainda era limitada e que se desenvolveria lentamente. Em 1995 os Estados-Membros ainda dispunham de uma jurisprudência muito limitada nesta matéria. Com base nas informações disponíveis, a Comissão considerou não ser adequado apresentar propostas de alteração. Contudo, a exclusão dos produtos agrícolas não transformados pela maioria dos Estados-membros exigia maior atenção.

A Comissão apresentou posteriormente uma proposta de extensão do princípio da responsabilidade não culposa decorrente dos produtos defeituosos às matérias-primas agrícolas e aos produtos da caça. O texto de 1985 foi alterado pela Directiva 1999/34 CE do Parlamento Europeu e do Conselho de 10 de Maio de 1999[156], devido ao novo impulso dado à política de protecção da saúde e segurança dos consumidores em consequência do alarme provocado na Primavera de 1996 pela doença de *Creutzfeld-Jacob* e pela encefalopatia espongiforme bovina (doença das vacas loucas), acentuado pela crise das dioxinas na Bélgica.

Trata-se de uma reforma de envergadura uma vez que passaram a incluir-se no conceito de produto todos os produtos agrícolas e equiparados, tanto os que tenham sido transformados industrialmente como os que se apresentem no seu estado natural. Foi deste modo eliminado um dos mais criticados privilégios de que beneficiavam, até à data, os produtores agrícolas e de gado[157].

---

[155] COM (95) 617 final, de 3 de Dezembro de 1995.

[156] *In* "JOCE" L 141, de 4 de Junho de 1999, pp. 20 *s.*

[157] Vide Capizzano e Petrelli, *L'attuazione in Italia della Direttiva 85/374 com riferimento alla responsabilità del produttore agricolo e nella prospettiva dell'agricoltora c.d. biológica, in* AA. VV., Il danno da prodotti, PATTI (Coord.), Pádova, 1990, pp. 161-192; Palazzo, *Tutela del consumatore e responsabilità civile del produttore e del distributore di alimenti in Europa e negli Stati Uniti, in* "EuroDP", 2001, n.º 3, pp. 685-702; Vattier Fuenzalida, *La responsabilidad civil por alimentos defectuosos, in* "AC", 2002, n.º 8, pp. 281-291 e *Los daños por alimentos inseguros, in* "RRCS", Fevereiro de 2003, n.º 2, pp. 5-16; Germanò, *La responsabilità per prodotti difettosi in agricoltura, in* AA. VV., Prodotti agricoli e sicurezza alimentare. Atti del VII Congresso mondiale di Diritto agrário dell'UMAU in memoria di Louis Lorvellec, Milão, 2003, pp. 529-544.

Ainda que a alteração introduzida pela Directiva 1999/34 possa parecer de somenos importância, dado que apenas afecta os arts. 2.º e 15.º, n.º 1, al. a), suprimindo a faculdade concedida aos Estados-membros de excluir do âmbito de aplicação objectivo da Directiva as matérias-primas agrícolas e os produtos da caça, trata-se de uma modificação substancial em termos qualitativos, uma vez que a maioria dos países tinha feito uso dessa faculdade.

No que concerne à marca do distribuidor esta alteração também assume bastante relevância já que a maioria dos produtos lançados no mercado sob esta estratégia de marketing são bens alimentares. Deste modo, não são apenas os produtores agrícolas e de gado que devem estar cientes da importância do alargamento da noção de produto, mas também os outros sujeitos que podem ser considerados responsáveis.

O legislador comunitário considerou que a inclusão dos produtos agrícolas no âmbito de aplicação da Directiva 85/374 contribuía para restabelecer a confiança dos consumidores na segurança da produção agrícola e respondia às exigências de um elevado nível de protecção dos lesados, facilitando a reparação dos prejuízos causados por produtos agrícolas defeituosos. Para além disso, tal alteração teria uma grande incidência no funcionamento do mercado interno na medida em que o comércio de produtos agrícolas deixaria de ser afectado pela disparidade dos regimes em matéria de responsabilidade por produtos.

Assim, de acordo com o renovado art. 2.º da Directiva, "entende-se por «produto» qualquer bem móvel, mesmo se incorporado noutro bem móvel ou imóvel. A palavra «produto» designa igualmente a electricidade".

2.2 A transposição da Directiva. Desenvolvimentos posteriores

A transposição do diploma comunitário para os ordenamentos jurídicos nacionais não constituiu tarefa fácil. Foram várias as acções que deram entrada no TJCE por incorrecta transposição da Directiva, o que evidencia desde logo as dificuldades sentidas pelos legisladores nacionais para articular o novo regime com os normativos nacionais. A maior parte dos acórdãos proferidos pelo tribunal comunitário pronunciam-se sobre problemas de harmonização entre as normas da Directiva, de cariz imperativo, e o regime tradicional interno de responsabilidade contratual e extracontratual, que a Directiva não pretendeu de modo algum afastar.

A Marca do Distribuidor Face ao Instituto da Responsabilidade por Produtos 87

Para além disso, foram vários os Estados a sentir dúvidas em relação ao regime de responsabilidade do vendedor, questionando se a Directiva pretende apenas regular a responsabilidade do produtor ou se também pretende fixar de forma imperativa a responsabilidade do mero vendedor.

O DL n.º 383/89, de 6 de Novembro, transpôs para a ordem jurídica portuguesa a Directiva 85/374[158].

O art. 1.º do diploma prevê: "o produtor é responsável, independentemente de culpa, pelos danos causados por defeitos dos produtos que põe em circulação". Trata-se, como refere expressivamente CALVÃO DA SILVA, da "afirmação solene e lapidar do princípio cardeal da responsabilidade sem culpa do produtor, preconizado e tão ardentemente desejado pela doutrina e não raro já direito vivente, a coberto de eufemismos usados pela acção jurisprudencial mais ousada e criativa"[159].

O legislador português esclareceu, ao contrário do que sucede na Directiva, que o produtor responde independentemente de culpa, afirmando *expressis verbis* o princípio da responsabilidade objectiva. Recorde-se que tal constatação não resulta expressamente do art. 1.º da Directiva mas sim, *a contrario*, dos seus arts. 4.º e 7.º, que não fazem qualquer referência à culpa enquanto pressuposto da responsabilidade. Assim, desde que prove o defeito, o dano e o nexo de causalidade entre aquele e este, o lesado tem direito a ser ressarcido dos danos causados, de nada valendo ao produtor demonstrar que agiu sem culpa ou de que os danos se teriam igualmente produzido ainda que não houvesse actuação culposa da sua parte. Como é evidente, a responsabilidade objectiva não exclui a necessidade de demonstrar a existência de nexo de causalidade, a qual não se presume[160].

Como lembrou o acórdão do Tribunal da Relação de Coimbra de 2 de Outubro de 2001, o regime consagrado no DL n.º 383/89 não corresponde a uma simples presunção de culpa do produtor, não incumbindo a este a prova da diligência da sua conduta para se eximir à obrigação de indemnizar, mas antes a uma verdadeira responsabilidade objectiva, em que a existência ou ausência da culpa não figura como seu elemento constitutivo ou extintivo.

---

[158] Alterado pelo DL n.º 131/2001, de 24 de Abril, que transpôs a Directiva 1999//34/CE.

[159] *Op. cit.*, p. 480.

[160] ÁNGEL YÁGÜEZ, *Responsabilidad por productos defectuosos. Reflexiones en torno a la carga de la prueba, in* "Deusto", Janeiro-Junho de 1996, vol. 44, n.º 1, pp. 44-53.

88 Marca do Distribuidor e Responsabilidade por Produtos

Todos os actuais vinte e sete Estados-membros da Comunidade Europeia dispõem, neste momento, de normas legais de transposição da Directiva[161]. O âmbito de transposição do diploma vai, no entanto, para além das fronteiras comunitárias. Assim, transpuseram a Directiva os Estados-membros da EFTA: a Noruega, a Islândia, o Liechtenstein e a Suíça.

A Directiva comunitária provocou repercussões em ordenamentos jurídicos tão remotos e distintos como a Austrália, Brasil, Rússia, Israel ou Japão, tendo alguns dos diplomas criados por estes países seguido de perto soluções (e mesmo redacções) muito próximas do texto comunitário[162]. Nos últimos anos a Directiva expandiu a sua importância sobre os Estados do Centro e Leste da Europa, constituindo fonte de inspiração para a maioria dos países que solicitaram a adesão à Comunidade Europeia. O modelo europeu tornou-se num sucesso a nível mundial, eclipsando a influência do paradigma americano[163].

Depois da entrada em vigor da Directiva 85/374 foram aprovados outros diplomas directamente relacionados com a segurança dos produtos.

Em primeiro lugar, a Directiva 87/357/CEE do Conselho, de 25 de Junho de 1987, relativa à aproximação das legislações dos Estados-membros respeitantes aos produtos que, não possuindo a aparência do que são, comprometem a saúde ou a segurança dos consumidores[164].

Depois, a Directiva 88/378/CEE do Conselho, de 3 de Maio de 1988, relativa à aproximação das legislações dos Estados-membros respeitantes

---

[161] Sobre o processo de transposição da Directiva vide GOYENS, *La directive R.C. produits: où en est la transposition?*, in "REDC", 1990, pp. 3-13; HURD e ZOLLERS, *Desperatly seeking harmony: the european community´s search for uniformity in product liability law*, in "ABLJ", 1992, vol. 30, pp. 35-68; JIMÉNEZ LIÉBANA, *A proposito del «Primer informe sobre la aplicacion de la directiva en matéria de responsabilidade por los daños causados por productos defectuosos»*, in "AC", 1996, tomo 2, pp. 557-595.

[162] HARLAND, *The liability to consumers of manufacturers of defective goods – an Australian perspective*, in "JCP", 1981, vol. 5, n.º 3, pp. 212-227; REICH, *Consumer protection in countries of emerging markets: the example of Russia*, in "JCP", 1996, n.º 19, pp. 1-43; MARTÍN CASALS e SOLÉ FELIU, *La responsabilidad por productos defectuosos: un intento de armonización a través de Directivas*, in AA. VV., Derecho privado europeo, CÁMARA LAPUENTE (Coord.), Madrid, 2003, pp. 932 s.

[163] REIMMAN, *Products liability in a global context: the hollow victory of the european model*, in "ERPL", 2003, vol. 2, pp. 134 s.

[164] *In* "JOCE" L 192, de 11 de Julho de 1987, pp. 49-50, rectificada *in* "JOCE" L 275, de 29 de Setembro de 1987, p. 43. Transposta para Portugal através do DL n.º 150/90, de 10 de Maio.

A Marca do Distribuidor Face ao Instituto da Responsabilidade por Produtos 89

à segurança dos brinquedos[165]. Este diploma foi revogado pela Directiva 2009/48/CE do Parlamento Europeu e do Conselho, de 18 de Junho de 2009, relativa à segurança dos brinquedos[166].

Outra alteração legislativa importante prendeu-se com a adopção de uma Directiva relativa à segurança geral dos produtos – a Directiva 92/59/CEE do Conselho, de 29 de Junho de 1992[167].

Na base da adopção desta Directiva estava a consideração pelo legislador comunitário de que se tornava necessário estabelecer a nível europeu uma norma geral de segurança para todos os produtos colocados no mercado, destinados aos consumidores ou susceptíveis de serem utilizados por estes. Com este diploma entrou no léxico comunitário o chamado "princípio da precaução", impondo aos produtores a obrigação de apenas colocarem no mercado produtos seguros. Esta Directiva foi transposta para o ordenamento jurídico português através do DL n.º 311/95, de 20 de Novembro.

A Directiva de 1992 veio a ser revogada pela Directiva 2001/95/CE do Parlamento Europeu e do Conselho, de 3 de Dezembro de 2001, que procurava corrigir alguns pontos fracos do diploma anterior. O Parlamento e o Conselho consideraram que era conveniente juntar à obrigação geral de segurança outros deveres dos agentes económicos no sentido de prevenir os riscos para os consumidores. Esta Directiva foi transposta para Portugal através do DL n.º 69/2005, de 17 de Março.

Após ter legislado acerca da responsabilidade pelos danos efectivamente causados por produtos defeituosos (Directiva 85/374) o legislador comunitário entendeu ser necessário disciplinar a mera segurança dos produtos, independentemente da existência de um dano efectivo. Deste modo, os pressupostos de aplicação dos dois normativos comunitários são distintos. Enquanto o primeiro se situa no campo do Direito privado, visando o ressarcimento dos danos causados por um produto defeituoso e adoptando o sistema da responsabilidade objectiva; o segundo tem uma natureza publicista, visando a prevenção e garantindo a colocação no mercado de produtos seguros. Utilizando uma terminologia anglo-saxónica,

---

[165] *In* "JOCE" L 187, de 16 de Julho de 1988, pp. 1-13, rectificada *in* "JOCE" n.º 37, de 9 de Fevereiro de 1991. Transposta para Portugal pelo DL n.º 140/90, de 30 de Abril.

[166] *In* "JOCE" L 170, de 30 de Junho de 2009, pp. 1-37.

[167] *In* "JOCE" L 228, de 11 de Agosto de 1992, pp. 24-32.

90 *Marca do Distribuidor e Responsabilidade por Produtos*

enquanto a Directiva de 1985 é *compensation-based*, a Directiva sobre segurança dos produtos é *prevention-based*[168].

Como está bom de ver, as funções visadas pelas duas Directivas são complementares e interligadas: de um lado a prevenção, do outro (num momento posterior) a compensação ou reparação[169]. De um lado, uma função *ex ante*, do outro, a tutela *ex post*. As duas Directivas gravitam em torno da mesma exigência: a obrigação de segurança dos produtos, de modo a tutelar a saúde e o património dos consumidores[170].

Para além disso, deve sublinhar-se que se por um lado a norma sobre segurança geral dos produtos exige que só sejam fornecidos ao público produtos seguros, reduzindo ao mínimo a possibilidade de eventuais reclamações resultantes de produtos defeituosos, risco este que depende do grau de segurança que os produtos ofereçam; por outro o regime de responsabilidade por produtos também desempenha uma importante função preventiva e dissuasora, impelindo, sob a cominação de eventuais indemnizações a pagar, os produtores a aumentar o grau de segurança dos produtos. Os domínios da responsabilidade por produtos e da segurança geral dos produtos encontram-se, deste modo, intimamente ligados.

Por fim, foi aprovada em 1999 a Directiva do Parlamento Europeu e do Conselho 1999/44/CE, de 25 de Maio, relativa a certos aspectos da venda de bens de consumo e das garantias a ela relativas[171].

Trata-se de um normativo de grande relevo, desde logo porque constituiu a primeira *intromissão* normativa da União Europeia no contrato de compra e venda, núcleo duro do Direito das Obrigações, tradicionalmente

---

[168] FALKE, *Elements of a horizontal product safety policy for the European Community*, in "JCP", 1989, vol. 12, p. 221.

[169] HOWELLS, *The relationship between product liability and product safety – understanding a necessary element in european product liability through a comparison with the U. S. position*, in "WLJ", 2000, vol. 39, pp. 305-346; GINEBRA MOLINS, *La seguridad general de los productos y la responsabilidad por productos defectuosos*, in AA. VV., La armonización del derecho de obligaciones en Europa, BADOSA COLL e ARROYO I AMAYUELAS (Coords.), València, 2006, pp. 489 s.

[170] CALAIS-AULOY, *Les rapports entre la directive de 1985 sur la responsabilité du fait des produits et celle de 1992 concernant la sécurité des produits*, in "REDC", 1994, pp. 159 s; CALVÃO DA SILVA, Compra e venda de coisas defeituosas: conformidade e segurança, Coimbra, 2008, p. 184.

[171] *In* "JOCE" L 171, de 7 de Julho de 1999, pp. 12-16.

A Marca do Distribuidor Face ao Instituto da Responsabilidade por Produtos 91

regulado pelos Códigos Civis de cada país[172]. Com efeito, a Directiva dirigiu-se ao mais genuíno coração do Direito das Obrigações: o contrato de compra e venda[173]. Tratou-se do culminar de um largo processo de harmonização do Direito privado europeu e de aproximação entre o Direito civil continental e anglo-saxónico, não apenas em relação à compra e venda mas também ao regime do incumprimento contratual e das suas consequências.

Na base da adopção desta Directiva estava a necessidade de aproximar as legislações nacionais relativas à venda de bens de consumo, consagrando uma presunção ilidível de conformidade dos bens com o contrato e estabelecendo a responsabilidade directa do vendedor perante o consumidor. Não obstante, foi ressalvada a existência de um direito de regresso perante o produtor, um vendedor anterior da mesma cadeia contratual ou qualquer outro intermediário.

3 – O círculo de sujeitos responsáveis

Para compreendermos qual o enquadramento da marca do distribuidor face ao instituto da responsabilidade por produtos é mister analisar o conjunto de sujeitos que este regime especial considera como responsáveis. Assim, e sem prejuízo de analisarmos a questão à luz da experiência do Direito comparado, começaremos por estudar o círculo de responsáveis, tal como é definido pela Directiva 85/374.

O diploma comunitário tem como traço distintivo essencial a identificação de um responsável principal e primário: o produtor. A responsabilidade é, em primeira linha, dirigida e *canalizada* para o produtor[174].

---

[172] Ortí Vallejo, Los defectos de la cosa en la compraventa civil y mercantil. El nuevo régimen jurídico de las faltas de conformidad según la Directiva 1999/44/CE, Granada, 2000, p. 2; Lete del Río, *Introducción, in* AA. VV., Garantías en la venta de bienes de consumo, Santiago de Compostela, 2004, pp. 16 s.

[173] García Rubio, *La transposición de la Directiva 1999/44/CE al Derecho español. Análisis del Proyecto de Ley de garantías en la venta de bienes de consumo, in* "La Ley", n.º 5747, 26 de Março de 2003, p. 1530.

[174] É clássica a utilização pela doutrina da expressão "canalização da responsabilidade". Fleming referia já em 1975: "«channelling» (canalisation de la responsabilité) as a device for preventing the pyramiding of insurance has become a laudable and now familiar technique in cost planning on the legislative as well as private-contractual plane", *últ. op. cit.*, p. 734. Vide ainda Frignani, *Riflessioni sulla responsabilità del produtore e*

Sucede porém que o legislador comunitário não utilizou a expressão "produtor" num sentido vulgar, factual ou sequer económico. De facto, a Directiva erige uma noção jurídica de produtor, a qual é formulada em termos latos[175]. O seu alcance é tão largo que pode mesmo dizer-se que a definição comunitária de produtor é a mais vasta possível[176]. Este conceito alarga de forma notável a esfera de potenciais responsáveis, cujo raio de alcance vai muito para além dos limites da noção vulgar[177].

A Directiva considera como produtores um conjunto de sujeitos que, ainda que não correspondam à definição económica de produtor, são *assimilados* a este numa noção jurídica ampla[178]. Trata-se, sem dúvida, de um dos conceitos mais conflituosos suscitados pela legislação comunitária, o qual é passível de aumentar o número de queixas apresentadas, devendo ser examinado com toda a minúcia.

De acordo com o n.º 1 do art. 3.º da Directiva, "o termo «produtor» designa o fabricante de um produto acabado, o produtor de uma matéria-prima ou o fabricante de uma parte componente, e qualquer pessoa que se apresente como produtor pela aposição sobre o produto do seu nome, marca ou qualquer outro sinal distintivo".

Nos termos do n.º 2 do mesmo art., "sem prejuízo da responsabilidade do produtor, qualquer pessoa que importe um produto na Comuni-

---

sulla futura legislazione in materia, in "RSoc", 1978, p. 1607 e Bourgoignie, *La protection du consommateur en matière de produits et de services défectueux ou dangereux*, Centre de Droit de la Consommation, Université Catholique de Louvain, 1/1984, p. 37.

[175] Ghestin, *La directive communautaire du 25 juillet 1985 sur la responsabilité du fait des produits défectueux*, in "Recueil", 1986, 18.º Cahier, Chronique XXIII, p. 136. Gerard afirma: "la notion de producteur est toutefois précisée – et notablement élargie – par le texte de la directive" – *Le système communautaire de responsabilité du producteur de produits alimentaires défectueux*, in "EFLR", Outubro de 1993, vol. 4, p. 301.

[176] Duprey, *La responsabilité du fabricant du fait des produits et les risques industriels*, in "CJFE", 1988, n.º 6, p. 2149.

[177] Assiste por isso razão a Von Bar quando refere que é difícil falar de genuína canalização da responsabilidade, dado o largo espectro de possíveis responsáveis – The common european law of torts, vol. II, Oxford, 1998, p. 419.

[178] Esta expressão é muito frequente na doutrina francófona. Vide, por exemplo, Fagnart, *La responsabilité du fait des produits*, Conferência proferida na chambre de Commerce de Bruxelas em 8 de Outubro de 1977, p. 17 e Responsabilité du fait des produits, Bruxelas, 1981, p. 196; Temple, *Projet d'application de la Directive sur la responsabilité du fait des produits en France*, in AA. VV., EUI Working paper n.º 89/404, Joerges (Dir.), European University Institute, Florença, 1989, p. 44 e Outin-adam, *Les responsables*, in "PA", 28 de Dezembro de 1998, n.º 155-30 F, p. 9.

dade tendo em vista uma venda, locação, locação financeira ou qualquer outra forma de distribuição no âmbito da sua actividade comercial, será considerada como produtor do mesmo, na acepção da presente directiva, e responsável nos mesmos termos que o produtor".

Por fim, o n.º 3 estabelece: "quando não puder ser identificado o produtor do produto, cada fornecedor será considerado como produtor, salvo se indicar ao lesado, num prazo razoável, a identidade do produtor ou daquele que lhe forneceu o produto. O mesmo se aplica no caso de um produto importado, se este produto não indicar o nome do importador referido no n.º 2, mesmo se for indicado o nome do produtor".

É sobre os produtores *stricto sensu* fixados no n.º 1 do art. 3.º que incide, em primeiro lugar, a responsabilidade pelos danos causados por produtos. Deste modo, podemos deparar não com um mas com vários "produtores". É evidente que dentro deste conceito são agrupados agentes económicos de natureza diversa: o fabricante de um produto terminado, ou seja, concluído, pronto; o fabricante de uma matéria-prima; o fabricante de uma parte integrante do produto (de uma componente); e ainda qualquer outra pessoa que se apresente como produtor, pela aposição sobre o produto do seu nome, marca ou outro sinal distintivo.

Deve sublinhar-se que a Directiva não se dirige, pelo menos precipuamente, ao importador e ao fornecedor, não os incluindo no conceito jurídico de produtor. Não obstante, para facilitar o exercício da acção ressarcitória por parte da vítima, estes sujeitos podem vir a ocupar a posição do produtor. Dito de outra forma: o importador e o fornecedor não são produtores, estando sujeitos a um regime de responsabilidade distinto. Neste sentido, enquanto os sujeitos referidos no n.º 1 do art. 1.º são verdadeiros produtores, os segundos (importador e fornecedor) podem ser "apelidados" de produtores (são, na expressão italiana, "cosiddetti produttori")[179].

Adoptando uma outra perspectiva, podemos distinguir entre sujeitos legitimados passivamente que pertencem à *fase da produção* (fabricantes de produtos acabados, produtores de matérias-primas e fabricantes de partes componentes) e à *fase de distribuição* (agentes económicos que apõem o seu nome, marca ou outro sinal distintivo, importadores e fornecedores). Dentro deste último grupo, é necessário estabelecer a distinção

---

[179] BARBARINO, FRANCHINA e MACI, La responsabilità del produttore nella nuova disciplina giuridica, Milão, 1989, p. 31.

94   *Marca do Distribuidor e Responsabilidade por Produtos*

entre os que respondem de forma directa ou principal, dos que o fazem de forma supletiva. Salta à evidência que o "produtor aparente" (o titular do nome, marca ou sinal distintivo que surge aposto no produto) faz parte do conceito comunitário de produtor, ao contrário do fornecedor, que se mantém como mero distribuidor. O importador, mesmo não sendo incluído no conceito de "produtor", é assimilado a este, através da extensão da responsabilidade própria do produtor.

A Directiva comunitária afasta-se do regime norte-americano, que impõe uma responsabilização de todos os vendedores de produtos, sejam eles produtores, intermediários ou vendedores finais. Esta opção tem a sua origem nas garantias associadas à compra e venda e no pressuposto de que o prejudicado deve ter a possibilidade de escolher contra quem reagir, deixando aos potenciais responsáveis a resolução, entre si, de eventuais direitos de regresso.

O legislador comunitário, diferentemente, considerou que responsabilizar os distribuidores nos mesmos termos dos produtores obrigaria aqueles a contratar seguros de responsabilidade civil, o que iria implicar um aumento dos preços. Por outro lado, um tal mecanismo não traria melhorias ao nível da segurança e qualidade dos produtos, uma vez que os distribuidores não influenciam a fase produtiva[180].

A responsabilidade pelos danos causados por produtos apenas será imposta a outros sujeitos que não os produtores, no preciso sentido jurídico assinalado pela Directiva, quando não seja possível identificar o produtor num prazo de tempo razoável, de modo a facilitar o exercício da acção ressarcitória por parte do lesado. Convém não esquecer que o regime de responsabilidade por produtos tem como escopo fundamental a tutela da segurança dos produtos, a qual é imputada ao produtor, enquanto o vendedor responde apenas pela qualidade do produto.

É importante que se tenham bem presentes os diferentes fundamentos e pressupostos de responsabilidade que derivam do n.º 1, do n.º 2 e do n.º 3 do art. 3.º da Directiva, pois só assim poderemos determinar qual o enquadramento legal dos responsáveis pelos danos causados por

---

[180] Taylor, L'harmonisation communautaire de la responsabilité du fait des produits défectueux – étude comparative du droit anglais et du droit français, Paris, 1999, p. 129; Gutiérrez Santiago, *Responsables y beneficiarios en el régimen de responsabilidad civil derivada de productos defectuosos*, in "Boletín de la Facultad de Derecho", UNED, 2002, n.º 20, p. 162 e *Vehículos defectuosos y responsabilidad civil, in* "RDP", 2003, ano 87, mês 1-2, pp. 50 *ss.*

produtos que ostentem uma "marca do distribuidor". Deste modo, começaremos por analisar as quatro categorias de responsáveis previstas na Directiva – o produtor real, o importador, o fornecedor e o produtor aparente – determinando o alcance e significado de cada um destes conceitos.

Por outro lado, como teremos oportunidade de ver, existem diversas categorias de produtos da marca do distribuidor que resultam de diferentes relacionamentos entre o nome, marca ou sinal do distribuidor e o produto em si mesmo[181]. Aos diferentes tipos de produtos que fazem parte deste fenómeno poderão corresponder, em consonância, regimes de responsabilidade distintos. Só traçando as linhas divisórias que distinguem as diferentes figuras estaremos em condições de determinar se e em que casos o titular deste tipo de marcas será responsável, quer seja na qualidade de produtor real, de importador, de fornecedor ou de produtor aparente.

3.1 O produtor real

Começamos pela análise da primeira parte do n.º 1 do art. 3.º da Directiva, que se refere ao fabricante de um produto acabado, ao produtor de uma matéria-prima e ao fabricante de uma parte componente. Em Portugal, dispõe o n.º 1 do art. 2.º do DL n.º 383/89: "produtor é o fabricante do produto acabado, de uma parte componente ou de matéria-prima, e ainda quem se apresente como tal pela aposição no produto do seu nome, marca ou outro sinal distintivo".

Estamos perante o produtor em sentido económico, ou seja, o realizador do produto, qualquer pessoa humana ou jurídica que sob a sua própria responsabilidade participa na criação do mesmo[182]. Este sujeito é geralmente conhecido como "produtor efectivo" ou "produtor real". Na doutrina italiana é comum a designação "vero produttore" (produtor verdadeiro).

Quedam excluídos do círculo de responsáveis os trabalhadores ou colaboradores da empresa que trabalham na dependência do produtor, na medida em que não participam no processo de fabrico sob a sua própria responsabilidade[183].

---

[181] Vide o ponto 6.2.

[182] Calvão da Silva, Responsabilidade civil do produtor, p. 546.

[183] Taschner, *Product liability – actual legislation and law reform in Europe*, *in* AA. VV., Consumer law in the EEC, Woodroffe (Dir.), Londres, 1984, p. 121; Calvão da Silva, *últ. loc. cit.*; nota 1; Rodríguez Carrión, *op. cit.*, p. 121;

96 Marca do Distribuidor e Responsabilidade por Produtos

Não são responsáveis, de igual modo, as entidades que realizam controlos de qualidade ou de segurança dos produtos, porque não criam ou fabricam produtos, apenas inspeccionando os bens, sendo deste modo prestadores de serviços alheios ao processo produtivo[184].

3.2 O importador

O importador surge num segundo patamar de responsabilidade, perfeitamente distinto do primeiro. Este sujeito não é considerado produtor no sentido estrito que a Directiva estabelece.

O importador é definido pelo n.º 2 do art. 3.º como "qualquer pessoa que importe um produto na Comunidade tendo em vista uma venda, locação, locação financeira ou qualquer outra forma de distribuição no âmbito da sua actividade comercial".

Entre nós, o n.º 2 do art. 2.º do DL n.º 383/89 refere: "considera- -se também produtor: a) aquele que, na Comunidade Económica Europeia e no exercício da sua actividade comercial, importe do exterior da mesma produtos para venda, aluguer, locação financeira ou outra qualquer forma de distribuição".

Estamos perante um agente económico que, não sendo incluído na noção de produtor, é assimilado a este. Repare-se que enquanto os sujeitos incluídos na definição legal de produtor estão elencados no n.º 1 do art. 3.º da Directiva, o importador é mencionado no n.º 2: "sem prejuízo da responsabilidade do produtor, qualquer pessoa que importe um produto na Comunidade tendo em vista uma venda, locação, locação financeira ou qualquer outra forma de distribuição no âmbito da sua actividade comercial, será considerada como produtor do mesmo, na acepção da presente directiva, e responsável nos mesmos termos que o produtor".

A responsabilidade do importador é primária ou principal, respondendo sem prejuízo da responsabilidade do produtor e nos mesmos termos que este. Porém, neste caso o pressuposto de facto é completamente diverso. Estamos perante uma situação em que, para além do produtor e sem prejuízo da sua responsabilidade, o importador do produto pode ser considerado produtor.

---

[184] Calvão da Silva, *últ. loc. cit.*

A responsabilidade de quem importa produtos do exterior da Comunidade é originária, primária ou principal e não derivada ou subsidiária como a do fornecedor. Ou seja, o importador é responsável ainda que o produtor (real ou aparente) seja identificado. Deste modo, a sua responsabilidade existe sem prejuízo da responsabilidade de outros sujeitos considerados como produtores, respondendo nos mesmos termos destes. Não é um responsável subsidiário mas sim solidário.

Por outro lado, o importador não é incluído no conceito de produtor mas sim *considerado como* produtor e responsabilizado nos mesmos termos daquele. Trata-se de um *responsável por extensão*, visando facilitar o exercício do ressarcimento do lesado pois muitas vezes o produtor real pode residir num país longínquo[185].

3.3 O fornecedor

O fornecedor apenas é referido expressamente pelo legislador comunitário numa situação: o n.º 3 do art. 3.º. Este sujeito só será considerado responsável quando não puder ser identificado o produtor do produto, salvo se indicar ao lesado, num prazo razoável, a identidade do produtor ou daquele que lhe forneceu o produto. O mesmo se aplica no caso de um produto importado, se este produto não indicar o nome do importador e mesmo que seja indicado o nome do produtor.

O fornecedor desempenha um papel muito relevante no círculo de responsáveis pelos defeitos do produto. Na verdade, e embora a Directiva não se dirija principalmente ou directamente ao fornecedor, esta é uma das figuras que tem suscitado maior interesse por parte da doutrina e maior dificuldade por parte da jurisprudência. Convém, deste modo, ter bem presentes os contornos da figura e os pressupostos da sua responsabilização, pois ainda que desempenhe na Directiva um papel de "actor secundário", o fornecedor acaba por ser muitas vezes chamado à barra dos tribunais como "actor principal" da acção ressarcitória.

---

[185] Não concordamos, deste modo, com ENGRÁCIA ANTUNES, que reúne importador e fornecedor sob o conceito único de *produtor presumido*, olvidando a diferença fundamental de regime que separa os dois agentes económicos – Contratos comerciais. Noções fundamentais, *in* "Direito e Justiça ", 2007, vol. especial, Lisboa, 2007, pp. 204 s e nota 424. Em nosso entender a expressão *produtor presumido* deve reservar-se apenas para o fornecedor de produtos anónimos, por contraposição com o importador, que corresponde a um *produtor por extensão*.

98   *Marca do Distribuidor e Responsabilidade por Produtos*

Em Portugal o n.º 2 do art. 2.º do DL n.º 383/89 dispõe: "considera--se também produtor: (...) b) qualquer fornecedor de produto cujo produtor comunitário ou importador não esteja identificado, salvo se, notificado por escrito, comunicar ao lesado no prazo de três meses, igualmente por escrito, a identidade de um ou outro, ou a de algum fornecedor precedente".

O regime de responsabilidade do fornecedor é, deste modo, perfeitamente distinto do dos outros sujeitos.

A responsabilidade do fornecedor é, ao contrário da dos produtores (em sentido estrito) e do importador, meramente subsidiária, servindo como meio de pressionar o fornecedor de um produto que não identifique o seu produtor ou importador a indicar ao lesado a identidade de algum desses sujeitos. Trata-se, desta forma, de um *produtor subsidiário*. O legislador pretende que o lesado disponha sempre de um sujeito facilmente identificável contra quem possa dirigir a pretensão indemnizatória.

Está bom de ver, pois, que enquanto a responsabilidade do produtor real, do produtor aparente e do importador é directa e solidária, a responsabilidade do mero fornecedor é subsidiária, dependendo da não indicação da identidade do produtor ou do importador. Na verdade, o vendedor que se limite a colocar os produtos no mercado apenas será responsabilizado caso não identifique o produtor ou o importador, nos termos do n.º 3 do art. 3.º. Em regra o distribuidor é um mero revendedor, incapaz de controlar ou sequer influenciar a fase produtiva, daí que a sua responsabilização seja uma hipótese excepcional e residual.

Repare-se no rigor terminológico com que a Directiva diferencia as duas situações, que constituem pressupostos de facto completamente distintos: enquanto o n.º 1 do art. 3.º refere que "o termo produtor *designa* (...) qualquer pessoa que se apresente como produtor pela aposição sobre o produto do seu nome, marca ou qualquer outro sinal distintivo", o n.º 3 do mesmo art. acrescenta que "quando não puder ser identificado o produtor do produto, cada fornecedor *será considerado como produtor* (...).

Ou seja: o produtor aparente é um *produtor em termos jurídicos*, respondendo. directa e imediatamente pelos danos causados pelos produtos. Já o mero distribuidor é um responsável subsidiário, respondendo apenas em segunda linha. Convém não confundir, deste modo, o produtor aparente com o chamado *produtor presumido*[186]. Esta última expressão é

---

[186] Incorre neste erro Silva Campos, A responsabilidade do produtor pelos danos causados por produtos defeituosos, Lisboa, 1988, p. 7.

geralmente utilizada para designar o distribuidor quando o produtor não for identificado, nos termos do n.º 3 do art. 3.º da Directiva[187].

3.4 O produtor aparente

O conceito legal de produtor abrange ainda qualquer outra pessoa que se apresente como produtor, pela aposição sobre o produto do seu nome, marca ou outro sinal distintivo (n.º 1 do art. 3.º, *in fine*). Em Portugal, dispõe o n.º 1 do art. 2.º do DL n.º 383/89: "produtor é o fabricante do produto acabado, de uma parte componente ou de matéria-prima, e ainda quem se apresente como tal pela aposição no produto do seu nome, marca ou outro sinal distintivo".

Como está bom de ver, interessa-nos especialmente esta parte da noção legal. Pela análise do texto legal constata-se que neste conceito pode eventualmente ser incluída a figura da marca do distribuidor, que já vislumbrámos fugazmente e de que iremos procurar fixar os contornos no Capítulo seguinte. Será que o titular da marca de distribuição cabe no conceito de "produtor aparente" fixado pela Directiva? Se sim, em que condições?

Para poder responder a estas questões teremos de debruçar a nossa atenção sobre a definição legal fornecida pelo legislador comunitário.

Desde logo, há que sublinhar que o legislador não explica o que entende por "aposição do nome", "marca" ou "outro sinal distintivo". Não sendo esclarecido qual o alcance jurídico destas noções, ficamos sem saber se se refere a estes conceitos enquanto sinais distintivos objecto de protecção pelo Direito da Propriedade Industrial (numa interpretação restritiva) ou se, pelo contrário, possuem um alcance mais vasto, independentemente de merecerem ou não a protecção das respectivas Leis de protecção da propriedade industrial (interpretação extensiva).

Em anotação à Lei espanhola anterior, RODRÍGUEZ CARRIÓN e JIMÉNEZ LIÉBANA consideravam que com a expressão *signo o distintivo* se fazia referência ao rótulo do estabelecimento, que significa e identifica, neste caso, o local onde os bens são disponibilizados ao público, independente-

---

[187] Assim, por exemplo, CERVETTI, *La nuova legge spagnola sulla responsabilità del produttore*, in "RDC", 1996, p. 322; COSTA MAURÍCIO, *A responsabilidade do produtor pelos danos causados por produtos defeituosos – regime legal e implemento na prática forense*, in "RPDC", Março de 2001, n.º 25, p. 21.

100 *Marca do Distribuidor e Responsabilidade por Produtos*

mente de esta noção coincidir ou não com os conceitos próprios das diversas formas de propriedade industrial[188]. Atentos os objectivos do diploma comunitário, também nós consideramos que o legislador não está a empregar estes termos no sentido de sinais tutelados pelo Direito da Propriedade Industrial mas sim numa acepção comum e bem mais vasta.

O sujeito previsto nesta norma é designado pela doutrina essencialmente de duas formas: "produtor aparente" (*producteur apparent, produttore apparente, anscheinsproduzent*) e "quase-produtor" (*quasi-producer, quasi-manufacturer, quasi-fabricant, quasi-hersteller*)[189]. Este agente é também apelidado de *would-be producer*, que poderíamos traduzir como "pseudo-produtor"[190].

A expressão "produtor aparente" é a mais comum na doutrina, embora não seja isenta de críticas. Na verdade, trata-se de uma noção algo redutora, transparecendo a ideia de que com a qualificação deste sujeito como produtor se pretende apenas proteger a aparência jurídica. Em nosso entender, nem a aparência criada pelo titular do nome, marca ou sinal distintivo tem a amplitude que por vezes lhe é atribuída, nem essa aparência deve constituir, no caso da marca do distribuidor, fundamento único da responsabilidade deste sujeito[191].

Para além disso, a expressão "produtor aparente" não pode nem deve ser utilizada para significar uma única situação ou pressuposto de facto, uma vez que faz referência a uma realidade complexa, composta por uma pluralidade de hipóteses bem distintas. Ainda que limitemos a nossa atenção ao caso da marca do distribuidor, esta expressão deve ser utilizada num sentido amplo e que não se esgota numa única situação de facto.

Como teremos oportunidade de ver, existe uma grande variedade de hipóteses que se podem verificar na prática. A riqueza casuística deste

---

[188] RODRÍGUEZ CARRIÓN, *op. cit.*, p. 124, nota 41; JIMÉNEZ LIÉBANA, Responsabilidade civil: daños causados por productos defectuosos, p. 268.

[189] SCHWENZER, *L'adaptation de la Directive communautaire du 25 Juillet 1985 sur la responsabilité du fait des produits défectueux en Allemagne Fédérale, in "RIDC",* Janeiro-Março de 1991, pp. 59 e 66; TROIANO, *La nuova legge tedesca sulla responsabilità per prodotti difettosi, in "RDC",* 1991, Parte II, p. 277; WANDT, *German approaches to products liability, in "TILJ",* 1999, vol. 34, p. 85.

[190] POSCH, *Comparative aspects of products liability in Europe and the United States, in* AA. VV., Product liability: prevention, practice and process in Europe and the United Status, HULSENBEK e CAMPBELL (Eds.), Daventer, 1989, p. 130.

[191] Vide o ponto 16 *ss.*

fenómeno impede que a expressão "produtor aparente" seja sempre a mais adequada ou ajustada. De facto, para além deste conceito, intimamente ligado à ideia de que se pretende proteger a aparência, também poderia ser utilizada a noção de "quase-produtor", ilustrativa de um outro fundamento que pode estar subjacente à inclusão deste sujeito na acepção lata de produtor: o reconhecimento do especial estatuto que assume e que o diferencia face ao "mero fornecedor".

O problema reduz-se, em boa medida, a uma questão de preferência terminológica. Os dois conceitos pretendem referir-se à mesma realidade, tendo sido cunhados pelos numerosíssimos Autores que se pronunciaram sobre esta matéria.

Para efeitos deste trabalho vamos adoptar a noção de "produtor aparente", mesmo reconhecendo que, na pureza dos conceitos, não se trata da expressão mais rigorosa. Seria talvez preferível a utilização de uma noção que fosse imune a estas pré-concepções e designasse de forma inócua aqueles sujeitos que são considerados responsáveis por força da aposição do seu nome, marca ou outro sinal distintivo nos produtos. Nada impede, porém, a utilização do conceito de "produtor aparente", desde que se tenha presente a advertência feita quanto à amplitude das hipóteses abrangidas pela figura. Será dele que lançaremos mão ao longo do nosso trabalho, até porque que se trata da nomenclatura mais corrente na doutrina e na jurisprudência.

Os traços fundamentais desta figura foram delineados há algumas décadas pela doutrina alemã, especialmente em relação às vendas por correspondência[192]. A jurisprudência do *Bundesgerichtshof* também já demonstrava, mesmo antes do surgimento da Directiva, a preocupação de ampliar a responsabilidade do produtor ao *quasi-hersteller*[193]. Tratava-se de uma posição de algum arrojo, uma vez que os velhos esquemas da responsabilidade delitual não implicavam a responsabilização do produtor aparente[194].

---

[192] BIEBERSTEIN, *La responsabilità da prodotti nel diritto tedesco*, in AA. VV., Danno da prodotti e responsabilitá dell'impresa. Diritto italiano ed esperienze straniere, ALPA e BESSONE (Coords.), Milão, 1980, p. 179.

[193] HOHLOCH, *Prospettive di evoluzione della responsabilità del produttore nel diritto tedesco*, in AA. VV., Il danno da prodotti, PATTI (Coord.), Pádova, 1990, p. 270.

[194] ENDRÖS, *RFA: la responsabilité du fait des produits défectueux*, in "DACEE", Março de 1990, n.º 493, pp. 44 s.

102 *Marca do Distribuidor e Responsabilidade por Produtos*

Na Bélgica o distribuidor que apunha a sua marca sobre os produtos já era equiparado ao produtor em algumas normas de regulamentação económica mesmo antes da entrada em vigor da Directiva[195].

Não foi apenas o legislador belga a estabelecer normas que assimilam ao produtor os sujeitos que apõem o seu nome, marca ou outro sinal distintivo. O *Code Civil* francês dispõe, desde 1978, do art. 1792-4, relativo ao contrato de empreitada, em que é adoptada a figura do produtor (ou empreiteiro) aparente. Aí se estabelece: "le fabricant d'un ouvrage, d'une partie d'ouvrage ou d'un élément d'équipement conçu et produit pour satisfaire, en état de service, à des exigences précises et déterminées à l'avance, est solidairement responsable des obligations mises par les articles 1792, 1792-2 et 1792-3 à la charge du locateur d'ouvrage qui a mis en oeuvre, sans modification et conformément aux règles édictées par le fabricant, l'ouvrage, la partie d'ouvrage ou élément d'équipement considéré. Sont assimilés à des fabricants pour l'application du présent article: celui qui a importé un ouvrage, une partie d'ouvrage ou un élément d'équipement fabriqué à l'étranger; celui qui l'a présenté comme son oeuvre en faisant figurer sur lui son nom, sa marque de fabrique ou tout autre signe distinctif".

Em 1977 a *Law Commission Liability for Defective Products* britânica pronunciou-se a favor da responsabilização do produtor aparente, reconhecendo que muitas organizações empresariais vendiam produtos sob a sua própria marca como se os tivessem produzido, pese embora fossem de facto fabricados por fornecedores. A *Law Commission* sublinhava que este fenómeno era muito frequente no caso dos grandes retalhistas e que em princípio nada havia a obstar a esta prática comercial. No entanto, como refere este Relatório, se o produto se revela defeituoso e causa um acidente, então a organização que apresentou o produto como próprio, através de uma marca, nome ou outro sinal identificativo, deveria ser responsável nos mesmos termos que o fabricante. Isto não excluía a responsabilidade do produtor real, ficando o exercício de um direito de

---

[195] BOURGOIGNIE, *La sécurité des consommateurs et l'introduction de la directive communautaire du 25 juillet 1985 sur la responsabilité du fait des produits défectueux en droit belge*, in AA. VV., Sécurité des consommateurs et responsabilité du fait des produits défectueux – colloque des 6 et 7 Novembre 1986, Paris, 1987, p. 177 (igualmente disponível *in* "JT", 30 de Maio de 1987, n.º 5424, pp. 357-363) e Éléments pour une théorie du droit de la consommation, Louvain-la-Neuve, 1988, pp. 311 *s.*

A Marca do Distribuidor Face ao Instituto da Responsabilidade por Produtos 103

regresso por parte do produtor aparente dependente dos termos do contrato celebrado entre ambos[196].

No mesmo sentido se pronunciou o Relatório da *Royal Commission on Civil Liability and Compensation for personal injury*, também conhecido como *Pearson Report*[197]. O *Select Committee on the European Communities* britânico acabaria por fazer eco das conclusões apresentadas pelas duas comissões[198].

Na Itália, em 1978, CARNEVALI colocava o problema com especial acuidade, afirmando que grandes empresas de distribuição, que gozavam de grande prestígio no mercado, punham em circulação produtos assinalados com a sua marca mas na realidade fabricados por outrem, questionando se o produtor real deveria ser o único responsável ou se a empresa de distribuição que havia aposto a sua marca também deveria responder em conjunto[199].

Em Espanha, antes da aprovação da LGDCU, foi apresentado pelo Governo da Unión de Centro Democrático um "Proyecto de Ley del Consumidor", em 15 de Setembro de 1981, que no n.º 3 do seu art. 47.º incluía no conceito legal de fabricante "el que hubiere hecho constar en el producto su nombre, marca o cualquier otro signo distintivo". Este projecto foi abandonado com a dissolução do parlamento[200].

A redacção do n.º 1 do art. 3.º da Directiva 85/374 resulta do segundo Anteprojecto de Directiva[201], uma vez que no primeiro Anteprojecto não

---

[196] The Law Commission and the Scottish Law Commission (Law Com. n.º 82, Scot. Law Com. n.º 45), Junho de 1977, para. 99, p. 29.

[197] Vide JOLOWICZ, *II. Compensation for personal injury and fault*, in AA. VV., Accident compensation after Pearson, ALLEN, BOURN e HOLYOAK (Eds.), Londres, 1979, pp. 35-82 e WHINCUP, Product liability law – a guide for managers, Aldershot, 1985, pp. 155-160.

[198] *Liability for defective products*, House of Lords, session 1979-80, 50th report, 1980, paras. 23 e 24.

[199] *La responsabilità del produttore. Problemi generali*, in AA. VV., La responsabilità dell'impresa per i danni all'ambiente e ai consumatori, Milão, 1978, p. 153.

[200] ROJO FERNÁNDEZ-RÍO, *La responsabilidad del fabricante en la Ley General para la Defensa de Consumidores y Usuarios*, in "EC", Novembro de 1987, n.º extraordinário, pp. 31-47.

[201] COMISSION DES COMMUNAUTES EUROPÉENNES, Direction Genérale du Marché Interieur, Deuxième avant-project de directive sur le rapprochement des législations des États membres en matiére de responsabilité du fait des produits, Document de Travail no. 6 pour le Groupe de Travail «Responsabilité du fait des produits», Document XI/335/75-F, Julho de 1975. Dando nota de algumas das diferenças de redacção entre o Anteprojecto

104 *Marca do Distribuidor e Responsabilidade por Produtos*

se fazia qualquer referência ao produtor aparente. Foi adoptado, deste modo, um conceito lato de produtor que tem a sua raiz histórica no texto da Convenção do Conselho da Europa sobre responsabilidade do produtor por produtos defeituosos, assinada em Estrasburgo em 27 de Janeiro de 1977. Segundo o n.º 2 do art. 3.º da Convenção, "any person who has imported a product for putting it into circulation in the course of a business and any person who has presented a product as his product by causing his name, trademark or other distinguishing feature to appear on the product, shall be deemed to be producers for the purpose of this Convention and shall be liable as such"[202].

Segundo o parágrafo 29.º do *Explanatory Report* anexo à Convenção, a extensão da responsabilidade a outras pessoas para além do produtor resultava do facto de o Comité pretender apertar o sistema de responsabilidade de forma a não deixar espaços vazios, na hipótese de o nome que surge no produto não corresponder ao produtor real, que muitas vezes não tem capacidade financeira para ressarcir o dano causado, sendo antes propriedade de uma grande cadeia de distribuição[203].

O Relatório da UNCITRAL "Liability for damages caused by products intended for or involved in international trade", contemporâneo dos Anteprojectos de Directiva, também se pronunciava sobre esta questão, tecendo várias considerações de relevo.

Aí se dizia que existem sujeitos que não os produtores que podem estar envolvidos na produção dos bens, como por exemplo profissionais de design, locadores, entidades que realizam testes, vendedores e licenciadores de marca. Este conjunto de profissionais poderia ser deixado de fora do círculo de responsáveis atento o facto de o seu envolvimento ser

---

e o texto definitivo, vide SPOLIDORO, *Responsabilità per danno da prodotti difettosi: la Direttiva CEE, in* "RSoc", 1985, pp. 1471-1474. Sobre a terceira Proposta, que surgiria em Setembro de 1976, vide ALPA e BESSONE, Il consumatore e l'Europa, Pádova, 1979, pp. 26-35.

[202] ALPA e BESSONE, em anotação ao projecto de Convenção, consideravam que se tratava de uma extensão de responsabilidade "feliz" e "oportuna" – La responsabilità del produttore, Milão, 1987, p. 330.

[203] Rapport explicatif concernant la Convention européenne sur la responsabilité du fait des produits en cas de lésions corporelles ou de déces, Conselho da Europa, Estrasburgo, 1977. O mesmo intuito resultava já do *Draft explanatory report* anexo à Proposta de Directiva, que pode ser consultado *in* AA. VV., Product liability in Europe, a collection of reports prepared for the conference on product liability in Europe held in Amsterdam on 25th and 26th September 1975, Daventer, 1975, p. 138, ponto 29.

A Marca do Distribuidor Face ao Instituto da Responsabilidade por Produtos 105

geralmente esporádico, marginal e difícil de delinear. No entanto, o Relatório abria uma excepção para os casos em que tais profissionais, ao aporem o seu nome ou marca nos produtos, suscitam a confiança do público, quer seja através de rótulos ou de publicidade[204]. O Relatório fazia referência ao facto de tanto o (então) projecto de Directiva comunitária como a Convenção Europeia proporem a responsabilização de tais sujeitos.

A noção de produtor aparente engloba uma série de agentes económicos de natureza diversa: grandes distribuidores, grossistas, licenciantes de marca, franqueadores e empresas de venda por correspondência que sob o seu próprio nome, firma ou marca oferecem e lançam no mercado produtos, principalmente artigos de grandes séries, fabricados as mais das vezes segundo as suas instruções por terceiros que permanecem anónimos perante o público[205].

A responsabilização do produtor aparente é um relevante desvio à tradicional regra de *canalização* da responsabilidade (*channelling of liability*) para o produtor real. A inclusão deste sujeito no conceito de produtor constituiu uma inovação que alterou o figurino tradicional da *products liability* e cujas consequências, como está bom de ver, não podem ser minimizadas ou menosprezadas. Ao apor o seu nome, marca ou outro sinal distintivo sobre os produtos o sujeito chama a si o risco que deveria ser apenas dos produtores. Ao fazê-lo está, em certa medida, a imputar a si próprio a responsabilidade por eventuais danos causados, podendo falar-se, pois, de um *produtor imputado*[206].

A equiparação à qualidade de produtor de outros sujeitos que não o são verdadeiramente mas que apenas aparentam ser, através da aposição da sua marca, nome ou outro sinal distintivo (reconhecendo, deste modo, a figura do produtor aparente) não é novidade na legislação comunitária. Na verdade, tal assimilação verifica-se noutros diplomas comunitários, de natureza diversa.

Primeiro, a Directiva 92/59, sobre segurança geral dos produtos, cuja al. d) do art. 2.º qualificava como produtor, entre outras, "qualquer pessoa que se apresente como tal ao apor ao produto o seu nome, marca

---

[204] *Op. cit.*, pp. 246 s.

[205] FAWCETT, Recueil des cours: selected courses of the Hague Academy of international Law, Haia, 1985, p. 32.

[206] Adoptamos a expressão de MORGAN, "imputed manufacturer" – *Marketing and product liability: a review and update, in* "JM", Verão de 1982, vol. 46, p. 72.

ou outro sinal distintivo". Com a Directiva 2001/95 este texto manteve-
-se, passando para a al. e) i) do art. 2.º. A redacção é, deste modo,
praticamente idêntica à da Directiva de 1985, com as únicas diferenças
a serem as seguintes: em vez de se referir "qualquer pessoa que se apresente como produtor" diz-se "que se apresente como tal" e em vez de se
dizer "pela aposição sobre o produto" diz-se "ao apor ao produto".

Depois, a Directiva 93/42/CEE do Conselho, de 14 de Junho de
1993, relativa aos dispositivos médicos, que considera como fabricante "a
pessoa singular ou colectiva responsável pela concepção, fabrico, acondicionamento e rotulagem de um dispositivo médico com vista à sua
colocação no mercado sob o seu próprio nome, independentemente de as
referidas operações serem efectuadas por essa pessoa ou por terceiros por
sua conta" (al. f) do n.º 2 do art. 1.º)[207]. Segundo a mesma norma, "as
obrigações decorrentes da presente directiva impostas aos fabricantes
aplicam-se igualmente à pessoa singular ou colectiva que monta, acon-
diciona, executa, renova e/ou rotula um ou vários produtos prefabricados
e/ou destina a um dispositivo com vista à sua colocação no mercado em
seu próprio nome". A Directiva 98/79/CE do Parlamento Europeu e do
Conselho, de 27 de Outubro de 1998, relativa aos dispositivos médicos
de diagnóstico *in vitro*, adoptou a mesmíssima redacção (art. 1.º, n.º 2,
al. f))[208].

Por fim, a Directiva do Parlamento Europeu e do Conselho 1999/44,
de 25 de Maio, sobre certos aspectos da venda de bens de consumo e das
garantias a ela relativas. Este diploma também utiliza um conceito amplo
de produtor, ao considerar como tal o fabricante de um bem de consumo,
o importador do bem de consumo no território da Comunidade ou qualquer outra pessoa que se apresente como produtor através da indicação
do seu nome, marca ou outro sinal identificador no produto (al. d) do
n.º 2 do art. 1.º).

O legislador comunitário afastou-se um pouco da redacção de 1985,
pois em vez de falar em "aposição sobre o produto" refere-se à "indicação do seu nome, marca ou outro sinal", sinal este que deixa de ser
"qualquer outro sinal distintivo" para passar a ser simplesmente "outro
sinal identificador". É criticável que, pretendendo o legislador referir-se
à mesma realidade, não tenha sido adoptada uma redacção uniforme.

---

[207] *In* "JOCE" L 169, de 12 de Julho de 1993, pp. 1-43.
[208] *In* "JOCE" L 331, de 7 de Dezembro de 1998, p. 1.

3.4.1 *O produtor aparente e a transposição da Directiva*

Na transposição para o ordenamento jurídico interno o legislador português seguiu um caminho fácil, adoptando uma formulação muito próxima da Directiva. No preâmbulo do diploma pode ler-se que "a tutela eficaz do lesado justifica a noção ampla de produtor", pese embora "o intuito de não agravar demasiado a posição do produtor leve a que a responsabilidade objectiva não seja absoluta".

Dispõe o n.º 1 do art. 2.º do DL n.º 383/89: "produtor é o fabricante do produto acabado, de uma parte componente ou de matéria-prima, e ainda quem se apresente como tal pela aposição no produto do seu nome, marca ou outro sinal distintivo". As únicas diferenças de redacção são, deste modo, a omissão da expressão "qualquer pessoa", a substituição da frase "apresente como produtor" por "apresente como tal" e a utilização da expressão "no produto" ao invés de "sobre o produto".

Cremos que a terminologia adoptada pelo legislador comunitário "aposição *sobre o* produto" acaba por ser mais redutora do que a utilizada pelo DL português ("*no* produto"), uma vez que pode levar a crer que a inserção do produtor aparente no círculo de responsáveis apenas se dá quando o nome, marca ou outro sinal distintivo é aposto directamente sobre o produto e não quando é aposto sobre outro elemento que é distribuído conjuntamente com o produto, mas não sobre ele (por exemplo, num invólucro ou etiqueta anexa).

A transposição da Directiva 1999/44 para o ordenamento jurídico português deu-se através do DL n.º 67/2003, de 8 de Abril, entretanto alterado pelo DL n.º 84/2008, de 21 de Maio.

O n.º 4 do art. 6.º do DL n.º 67/2003, na sua redacção original, acolheu de igual forma um conceito amplo de produtor, ao prescrever: "considera-se produtor, para efeitos do presente diploma, o fabricante de um bem de consumo, o importador do bem de consumo no território da Comunidade ou qualquer outra pessoa que se apresente como produtor através da indicação do seu nome, marca ou outro sinal identificador no produto".

Não se compreende porque motivo o legislador português não decalcou a definição que já constava do art. 2.º do DL n.º 383/89. Deste modo, a redacção de 2003 adicionou a expressão "qualquer outra pessoa", substituindo as palavras "quem se apresente como tal" por "que se presente como produtor" e substituindo o substantivo "aposição" por "indicação".

108 *Marca do Distribuidor e Responsabilidade por Produtos*

Para além disso, deixou de se referir a "sinal distintivo", passando a usar a expressão "sinal identificador", sem qualquer tradição no nosso sistema jurídico. Não se compreende que o legislador não tenha optado por uma redacção homogénea e coerente. Apesar da diferença das formulações literais trata-se do mesmo conceito[209].

Com a redacção dada pelo DL n.º 84/2008, o conceito de produtor passou para a al. d) do art. 1.º-B (que foi aditado ao diploma, apresentando uma extensa lista de definições), mantendo a mesma redacção (foi apenas adicionada a expressão "Europeia" a seguir a "Comunidade").

O panorama legislativo da responsabilidade por produtos em Portugal pode vir a sofrer alterações a breve trecho, uma vez que no dia 15 de Março de 2006, Dia Mundial dos Direitos do Consumidor, foi apresentado pela Comissão do Código do Consumidor o Anteprojecto do Código do Consumidor[210]. O Anteprojecto esteve em consulta pública até 15 de Julho de 2006. Pese embora a sua entrada em vigor estivesse prevista para Janeiro de 2007, o diploma ainda nem sequer foi publicado no Diário da República.

A primeira alteração que resulta do novo diploma é, desde logo, a revisão do conceito de consumidor, de modo a coincidir com a noção dominante no Direito comunitário[211]. No entanto, e como se refere no preâmbulo, trata-se de um "Código do Consumidor" que não tem como destinatário único o consumidor pois em alguns casos o seu âmbito de aplicação abrange outras pessoas e relações jurídicas. É justamente o

---

[209] MOTA PINTO, *O direito de regresso do vendedor final de bens de consumo, in* "ROA", 2002, vol. 62, n.º 1, 2002, p. 163, nota 49 (texto também disponível *in* AA. VV., Estudos dedicados ao Prof. Doutor Mário Júlio de Almeida Costa, Lisboa, 2002, pp. 1177-1225).

[210] Disponível online em www.portugal.gov.pt. Vide PINTO MONTEIRO, *últ. op. cit.* e *O Anteprojecto do Código do Consumidor, in* "RLJ", Março-Abril de 2006, ano 135.º, n.º 3937, pp. 190-196; ROMANO MARTINEZ, *Anteprojecto do Código do Consumidor. Contratos em especial, in* "EIDC", vol. III, Outubro de 2006, pp. 57-64; MENEZES LEITÃO, *A reparação de danos causados ao consumidor no Anteprojecto do Código do Consumidor, idem,* pp. 65-73; CENTRO DE ARBITRAGEM DE CONFLITOS DE CONSUMO DE LISBOA, *Comentários do Centro de Arbitragem de Conflitos de consumo de Lisboa ao Anteprojecto do Código do Consumidor, idem,* pp. 175-186; PEGADO LIZ, *Um código do consumidor, para os consumidores ou nem uma coisa nem outra?, in* "BOA", Novembro-Dezembro de 2006, pp. 31-34; MENEZES CORDEIRO, *O anteprojecto de Código do Consumidor, in* "O Direito", 2006, ano 138.º, vol. IV, pp. 685-715.

[211] PINTO MONTEIRO, *últ. op. cit.,* pp. 191 *s.*

caso da responsabilidade por produtos, cujo sujeito tutelado não é apenas o consumidor mas sim todo e qualquer lesado[212].

Do novo articulado resulta que a prevenção e a reparação dos danos são direitos cuja promoção compete ao Estado (art. 16.º, al. f)). O art. 80.º estabelece um princípio geral segundo o qual "o consumidor tem direito a que sejam respeitados os seus interesses económicos, devendo o profissional agir com lealdade, de boa fé e em conformidade com os usos honestos do comércio e as regras prescritas nas secções seguintes, sob pena de responder, nos termos gerais, pelos danos causados".

O Capítulo V é dedicado à reparação de danos, sendo constituído por duas secções. A primeira secção, relativa à responsabilidade civil do produtor, vem substituir o DL n.º 383/89. A segunda secção é relativa à responsabilidade civil do prestador de serviços (arts. 401.º a 407.º).

O art. 2.º do DL n.º 383/89 é substituído pelo art. 388.º, que mantém a mesma redacção, acrescentando apenas a expressão "para efeitos da presente secção".

O DL n.º 67/2003, que estabelece o regime das garantias na venda de bens de consumo, também é revogado, passando a constar dos arts. 254.º a 281.º. O n.º 1 do art. 257.º do Anteprojecto do Código do Consumidor, à semelhança da actual al. d) do art. 1.º-B, considera produtor o "fabricante de um bem de consumo, o importador do bem de consumo no território da Comunidade Europeia ou qualquer outra pessoa que se apresente como produtor através da indicação do seu nome, marca ou outro sinal identificador no produto".

Existe, deste modo, uma pequena divergência entre o n.º 1 do art. 388.º e o n.º 1 do art. 257.º. De facto, enquanto no primeiro se refere que se considera produtor *quem se apresente como tal* pela aposição no produto do seu nome, marca ou outro sinal distintivo", no segundo é considerado produtor "qualquer outra pessoa *que se apresente como produtor* através da indicação do seu nome, marca ou outro sinal identificador no produto". Seria desejável a utilização de um conceito uniforme.

A Directiva comunitária foi transposta para o ordenamento jurídico espanhol através da Ley 22/1994, de 6 de Julho, de responsabilidad civil por daños causados por productos defectuosos. Este diploma foi entretanto

---

[212] Incorre por isso em lapso o Acórdão do Tribunal da Relação de Lisboa de 9 de Dezembro de 1997, quando refere que o DL n.º 383/89 se destina a "proteger o consumidor final do produto".

110 *Marca do Distribuidor e Responsabilidade por Produtos*

revogado pelo Real Decreto Legislativo 1/2007, de 16 de Novembro, que aprovou o texto refundido da Ley General para la Defensa de los Consumidores y Usuarios y otras leyes complementarias (LGDCU II).

Não se pode considerar que o atraso do legislador espanhol na transposição da Directiva se tenha ficado a dever ao facto de já existir a LGDCU, uma vez que esta apresentava diferenças substanciais em relação ao regime estabelecido pela norma comunitária.

Na "Memoria" do Ministério da Justiça espanhol que acompanhava o Projecto de Lei de transposição da Directiva comunitária reconhecia-se que "a necesidad de fijar la persona responsable de forma precisa e inequívoca, aparece en la medida en que la relación productor-víctima no es, al contrario de lo que ocurre en otros ámbitos de la responsabilidad civil, casi nunca una relación simple. Así (...) deve tenerse en cuenta que en el proceso de fabricación y distribución intervienen varios empresarios, ligados entre sí de forma muy diversa y no uno aislado"[213].

De acordo com o art. 1.º da Ley 22/1994, "los fabricantes y los importadores serán responsables, conforme a lo dispuesto en esta Ley, de los daños causados por los defectos de los productos que, respectivamente, fabriquen o importen". Na al. d) do art. 4.º (sob a epígrafe "concepto legal de fabricante e importador") estabelecia-se: "a los efectos de esta Ley, se entiende por fabricante: cualquier persona que se presente al público como fabricante, poniendo su nombre, denominación social, su marca o cualquier otro signo o distintivo en el producto o en el envase, el envoltorio o cualquier otro elemento de protección o de presentación".

O legislador espanhol afastou-se, deste modo, da redacção comunitária, desde logo porque utilizou o conceito de "fabricante" em vez de "produtor". Esta opção terminológica chegou a ser justificada com o argumento de que "produtor" é um conceito indefinido e que é preferível a utilização de "fabricante"[214]. Outros defendiam que a utilização do termo "fabricante" era mais conforme com a terminologia dos ordenamentos jurídicos latinos[215]. MARÍN LOPEZ, por seu turno, considerava que

---

[213] Memoria que acompaña al Proyecto de Ley sobre responsabilidad civil por los daños causados por productos defectuosos, Secretaría General Técnica del Congreso de los Diputados, Documentación preparada por el Congreso de los Diputados para la tramitación del Projeyecto de Ley, Documentación no. 112, Janeiro de 1994, pp. 195-212.

[214] FERNÁNDEZ LÓPEZ, *Responsabilidad civil por productos defectuosos*, in "CEA", Abril de 1995, p. 40.

[215] MULLERAT, *La responsabilidad civil de productos en Derecho español (la Ley 22/1994, de 6 de Julio)*, in "RJC", 1995, vol. 94, n.º 1, p. 22.

A Marca do Distribuidor Face ao Instituto da Responsabilidade por Produtos 111

a definição alargada de fabricante era mais vantajosa para os interesses da vítima do que a adoptada pela Directiva[216].

A diferença de terminologia deixou de fazer sentido após a transposição da Directiva 1999/34, que alargou o âmbito de aplicação da Directiva 85/374 às matérias-primas agrícolas e aos produtos da caça. De facto, ficou claro que o pressuposto de aplicação do regime da responsabilidade por produtos não é que o bem provenha de um processo industrial ou de transformação mas sim de uma actividade económica que lança no mercado produtos inadequados que provocam danos às pessoas ou aos seus bens. A responsabilidade por produtos tem como fundamento, deste modo, a comercialização ou colocação em circulação do produto, sem atender à natureza agrária ou industrial da actividade que lhe dá origem nem às técnicas utilizadas para a sua obtenção[217].

O art. 4.º foi alvo de forte discussão por parte da doutrina, que o considerava fruto de uma defeituosa técnica legal.

Era criticado, desde logo, o facto de não ser fornecido qualquer conceito de fabricante. Esta crítica é, em nosso entender, desprovida de sentido, pois se o legislador espanhol não forneceu qualquer conceito de "fabricante", a Directiva tão pouco facultou qualquer noção de "produtor". Nem a Directiva nem nenhum dos diplomas nacionais de transposição se aventurou na fixação de um conceito legal de produtor ou de fabricante, antes se limitando a estabelecer o círculo de pessoas (físicas ou jurídicas) responsáveis pelo dano causado, incluindo no mesmo sujeitos que tenham participado, de qualquer modo, no processo produtivo.

Outros Autores defendiam que a norma procedia a um conjunto de extensões e equiparações tão extenso que chegava mesmo a abranger sujeitos que em rigor não eram verdadeiros fabricantes[218]. REYES LÓPEZ considerava que o art. 4.º procedia a uma consideração que, para além de ampla, era imprecisa e incorrecta, uma vez que vinculava também sujeitos que, sem estarem directamente relacionados com o processo de fabrico,

---

[216] *La responsabilité du fait des produits défectueux en droit espagnol, in* "REDC", 1994, p. 232.

[217] VELA SÁNCHEZ, Criterios de aplicación del régimen de responsabilidad civil por productos defectuosos, Granada, 2004, p. 19.

[218] REYES LÓPEZ, *La responsabilidad civil del fabricante por productos defectuosos. Estudios de la Ley de 6 de Julio de 1994, in* AA. VV., Contratación y consumo, ORDUÑA MORENO (Dir.), CAMPUZANO LAGUILLO (Coord.), Valência, 1998, p. 108; YZQUIERDO TOLSADA, Sistema de responsabilidad civil, contratual y extracontratual, Madrid, 2001, p. 334.

112   *Marca do Distribuidor e Responsabilidade por Produtos*

contribuem na difusão e entrega do produto ao consumidor, com a única finalidade de aproximar o responsável do dano ao prejudicado. A Autora achava criticável que se considerasse responsável, para atingir tal desiderato, quem fornece, comercializa ou vende um produto, mesmo sem ter participado directamente no seu fabrico[219].

Em boa verdade, o legislador espanhol limitou-se a adoptar uma "concepção omnicompreensiva" de fabricante (ou produtor, na acepção comunitária) que já resultava da Directiva.

As diferenças entre o articulado comunitário e o diploma espanhol não se ficavam pela substituição do termo "produtor" pelo conceito de "fabricante". Na verdade, avultavam ainda outras três diferenças entre a Directiva e a Ley 22/1994.

Primeiro, a norma espanhola usava (à semelhança do que sucede com a redacção portuguesa) a preposição *en,* enquanto a Directiva utiliza a expressão *sobre o produto,* o que parece restringir o âmbito da norma comunitária em relação à formulação espanhola. Embora a Directiva apenas exigisse que o sinal distintivo figurasse "sobre o produto", o legislador espanhol adoptou uma redacção mais vasta, esclarecendo que também podia figurar "en" e não apenas "sobre".

Em segundo lugar, o legislador espanhol foi mais longe do que a norma comunitária, incluindo uma referência à denominação social e ao "envase, envoltório o cualquier outro elemento de protección o de presentación".

O n.º 1 do art. 3.º da Directiva não faz qualquer referência a estes elementos. A extensão aos casos em que o sinal distintivo surge não apenas no produto mas também no envase, envoltório ou em qualquer outro elemento de protecção ou apresentação é muito positiva[220]. Trata-se, com efeito, de adequar o âmbito de previsão da norma ao vasto conjunto de possibilidades de embalagem do produto existentes no mercado. Não faria sentido defender que apenas caem no âmbito de aplicação do dispositivo legal as situações em que o nome, marca ou outro sinal

---

[219] Seguridad de productos y responsabilidad del fabricante. Otro supuesto de responsabilidad civil especial – la del fabricante por productos defectuosos. (Analisis de la Ley 22/1994, de 6 de Julio). Cuestiones materiales e procesales. Analisys doctrinal y jurisprudencial, Valência, 1998, p. 50.

[220] Urbistondo Tamayo, *La ley 22/1994, de 6 de Julio, de responsabilidad civil por los daños causados por productos defectuosos y su armonización al derecho comunitario, in* "EC", 1994, n.º 30, p. 51.

A Marca do Distribuidor Face ao Instituto da Responsabilidade por Produtos 113

distintivo surge estampado ou impresso "no produto" e excluir os casos em que tais indicações surgem apostas em elementos anexos, seja numa etiqueta, num invólucro ou talão apenso.

Não podemos por isso concordar com ACEDO PENCO quando refere que é considerado produtor quem se apresente como tal no "etiquetado do produto", uma vez que, como sublinha expressamente a Lei espanhola, a referência ao nome pode surgir não só no produto mas também na sua embalagem, vasilhame ou qualquer outro elemento de apresentação ou protecção[221]. REYES LÓPEZ considerava que a matiz introduzida pela Lei espanhola parecia indicar que a norma se pretendia referir unicamente aos produtos que se apresentassem embalados, etiquetados e fechados, uma vez que eram aqueles a que fazia referência o art. 27.º da LGDCU[222].

A Ley 22/1994 dispunha ainda de uma norma que extravasava o regime ditado pela Directiva comunitária. De facto, na Disposição Adicional Única estabelecia-se a responsabilidade do fornecedor: "el suministrador del producto defectuoso responderá, como si fuera el fabricante o el importador, cuando haya suministrado el producto a sabiendas de la existencia del defecto. En este caso, el suministrador podrá ejercitar la acción de repetición contra el fabricante o importador".

Tratava-se, como é evidente, de uma norma que pressupunha um juízo de culpa sobre o comportamento do vendedor, afastando-se do regime de responsabilidade do produtor, de natureza objectiva[223]. Este preceito acabava por se revelar desnecessário em face da possibilidade, sempre presente, de recurso às regras gerais da responsabilidade culposa, quer por via contratual quer extracontratual.

Não existia qualquer incompatibilidade entre esta norma e a Directiva de 1985, uma vez que o art. 13.º do diploma refere que a sua aplicação não prejudica os direitos que o lesado possa invocar nos termos do Direito da responsabilidade contratual ou extracontratual. Por outro lado, o TJCE já considerou, por exemplo no aresto de 10 de Janeiro de 2006, que a aplicação da Directiva não exclui a aplicação de outros

---

[221] *El derecho a la protección de la salud, la seguridad, la calidad de vida y el medio ambiente: perspectiva comunitaria, constitucional y autonómica. Su proyección en la Ley 6/2001, de 24 de Maio, del Estatuto de los Consumidores de Extremadura, in* "Anuario de la Facultad de Derecho", 2003, vol. XXI, p. 361.

[222] *Últ. loc. cit.*

[223] Vide JIMÉNEZ LIÉBANA, *Los «defectos» de la Ley 22/1994, en materia de responsabilidad civil por daños por productos defectuosos, in* "La Ley", 1996, n.º 4, pp. 1362 *ss.*

114 Marca do Distribuidor e Responsabilidade por Produtos

regimes de responsabilidade contratual ou extracontratual sempre que estes se baseiem em fundamentos diferentes, como seja por vícios ocultos ou por culpa (como é o caso)[224].

Deixa muitas dúvidas, por outro lado, a instituição de um direito de regresso face ao produtor ou importador, quando a responsabilidade do fornecedor se baseie num comportamento doloso[225].

O legislador espanhol não se limitou, como resulta patente, a copiar os preceitos comunitários sob a forma de Lei de transposição. As especificidades do seu diploma resultam da existência à data da entrada em vigor da Directiva de um diploma próprio que continha algumas disposições sobre a responsabilidade por produtos (a LGDCU). A articulação entre os dois regimes é um problema que apenas se verificou em Espanha uma vez que os restantes Estados pura e simplesmente não dispunham de qualquer diploma sobre o assunto. É mais fácil, reconheça-se, partir do zero. Mais simples ainda é aderir em bloco à formulação e redacção da Directiva. No entanto e como vimos, o diploma espanhol também apresentava algumas vantagens, nomeadamente o alargamento do âmbito de aplicação da norma previsto no apartado 1 d) do art. 4.º, o qual não encontrava paralelo em qualquer outro diploma nacional.

Eram três os arts. de que a LGDCU (Ley 26/1984, de 19 de Julho) dispunha sobre danos causados por produtos: os arts. 26.º, 27.º e 28.º.

O art. 26.º rezava deste modo: "las acciones u omisiones de quienes producen, importan, suministran o facilitan productos o servicios a los consumidores o usuarios, determinantes de daños o perjuicios a los mismos, darán lugar a la responsabilidad de aquellos, a menos que conste o se acredite que se han cumplido debidamente las exigencias y requisitos reglamentariamente establecidos y los demás cuidados y diligencias que exige la naturaleza del producto, servicio o actividad".

Por outro lado, o art. 27.º referia no seu n.º 1: "con carácter general, y sin perjuicio de lo que resulte más favorable al consumidor o usuario, en virtud de otras disposiciones o acuerdos convencionales, regirán los

---

[224] Processo C-402/03, já citado, p. 4.

[225] REGLERO CAMPOS, *Una aproximación a la Ley 22/1994 de 6 de julio, de responsabilidad civil por los daños causados por productos defectuosos*, in "Iniuria", Julho-Setembro de 1994, n.º 3, p. 48; ATAZ LÓPEZ, *La legitimación pasiva en la LRCP, sobre responsabilidad civil por daños causados por productos defectuosos*, in "Iniuria", Janeiro-Março 1995, n.º 5, pp. 76 *s*. Vide ainda, contra estas críticas, CILLERO DE CABO, *op. cit.*, pp. 238 *s*.

siguientes criterios en materia de responsabilidad: a) el fabricante, importador, vendedor o suministrador de productos o servicios a los consumidores o usuarios, responde del origen identidad e idoneidad de los mismos, de acuerdo con su naturaleza y finalidad y con las normas que los regulan; b) en el caso de productos a granel responde el tenedor de los mismos, sin perjuicio de que se pueda identificar y probar la responsabilidad del anterior tenedor o proveedor; c) en el supuesto de productos envasados, etiquetados y cerrados con cierre íntegro, responde la firma o razón social que figure en su etiqueta, presentación o publicidad. Podrá eximirse de esa responsabilidad probando su falsificación o incorrecta manipulación por terceros, que serán los responsables".

O n.º 2, por outro lado, ditava: "si a la producción de daños concurrieren varias personas, responderán solidariamente ante los perjudicados. El que pagare al perjudicado tendrá derecho a repetir de los otros responsables, según su participación en la causación de los daños".

Por fim, o art. 28.º estabelecia: "no obstante lo dispuesto en los artículos anteriores, se responderá de los daños originados en el correcto uso y consumo de bienes y servicios, cuando por su propia naturaleza o estar así reglamentariamente establecido, incluyan necesariamente la garantía de niveles determinados de pureza, eficacia o seguridad, en condiciones objetivas de determinación y supongan controles técnicos, profesionales o sistemáticos de calidad, hasta llegar en debidas condiciones al consumidor o usuario".

O n.º 2 rezava deste modo: "en todo caso, se consideran sometidos a este régimen de responsabilidad los productos alimenticios, los de higiene y limpieza, cosméticos, especialidades y productos farmacéuticos, servicios sanitarios, de gas y electricidad, electrodomésticos y ascensores, medios de transporte, vehículos a motor y juguetes y productos dirigidos a los niños".

Os arts. que vimos de referir nunca constituíram normas de interpretação fácil. A técnica legislativa utilizada é enfastiante e confusa, obrigando a um trabalho de *dissecação* sobre as circunstâncias do caso concreto[226]. Os arts. em causa só podiam mesmo ser classificados de

---

[226] Botana Agra, *La ley 26/1984 General para la defensa de los consumidores y usuarios a la luz de la Directiva 85/374/CEE en materia de responsabilidad civil por daños derivados de defectos en los productos*, in AA. VV., Problemas de la ciencia jurídica – estudios en homenaje al profesor Francisco Puy Muñoz, tomo I, Otero Parga, Flórez de Quiñones, Segura Ortega (Coords.), Santiago de Compostela, 1991, p. 45.

116 *Marca do Distribuidor e Responsabilidade por Produtos*

ininteligíveis, levantando dificuldades que nem os mais bem intencionados esforços hermenêuticos destinados a favorecer o lesado conseguiam superar[227]. "Caóticas", "incompletas", "desordenadas" foram alguns dos adjectivos com que estas normas foram brindadas.

A doutrina espanhola, a muito custo, acabou por concluir que os arts. 26.º e seguintes continham dois regimes de responsabilidade distintos. Assim, enquanto o art. 26.º, de cariz geral, estabelecia um sistema de responsabilidade subjectiva com presunção de culpa; o art. 28.º estabelecia um severo regime de responsabilidade objectiva, em que o produtor apenas poderia exonerar-se demonstrando a culpa exclusiva do lesado[228].

Estávamos perante dois regimes, é bom de ver, nada fáceis de articular. Na verdade, mal se compreendia onde terminava um regime e começava o outro, sendo difícil imaginar um produto que não encaixasse na previsão do art. 28.º[229]. Embora não existisse nenhum dado que permitisse afirmar de forma inquestionável que o art. 28.º estabelecia um sistema de responsabilidade objectiva (a não ser a utilização da locução "no obstante… se responderá"), a doutrina acabou por concordar no cariz objectivo desta norma.

Por outro lado, e em relação à al. c) do art. 27.º, questionava-se se seria necessário o preenchimento cumulativo dos três requisitos – *envase*, *etiquetado* e *cierre íntegro* – ou se bastava a verificação de um destes pressupostos para desencadear a aplicação da norma[230].

A articulação da LGDCU com a Ley 22/1994 não era, para além disso, tarefa fácil de empreender. Este último diploma não pretendia derrogar o regime de responsabilidade desenhado pela LGDCU. De acordo com a

---

Vide ainda Bercovitz Rodríguez-Cano, *La Responsabilidad por los daños y perjuicios derivados del consumo de bienes y servicios*, in AA. VV., Estudios jurídicos sobre protección de los consumidores, Bercovitz Rodríguez-Cano, Bercovitz Rodríguez-Cano (Coords.), Madrid, 1987, pp. 234 *ss*.

[227] Cavanillas Múgica, *Práctica de la responsabilidad civil en la defensa de consumidores y usuarios*, in "RGD", Julho-Agosto de 1989, p. 4464.

[228] Vide o excelente apontamento de Frígola Riera, *El tratamiento de la responsabilidad objetiva en el artículo 28 de la Ley general para la defensa de los consumidores y usuarios*, in "La Ley", 1998, n.º 3, pp. 1591-1601.

[229] Lete Del Río e Lete Achirica, Derecho de obligaciones, vol. I, Cizur Menor, 2005, p. 719; Yzquierdo Tolsada, *Productos defectuosos, leyes defectuosas y sentencias defectuosas*, in AA. VV., Homenaje al profesor Lluis Puig i Ferriol, vol. II, Abril Campoy e Amat Llari (Coords.), Valência, 2006, p. 2544.

[230] Rojo Fernández-Río, *op. cit.*, p. 40.

Disposição Final Primeira da Lei de 1994, "los artículos 25 a 28 de la Ley 26/1984, de 19 de Julio, General para la Defensa de los Consumidores y Usuarios, no serán de aplicación a la responsabilidad civil por daños causados por productos defectuosos incluidos en el artículo 2 de la presente Ley".

A técnica legislativa utilizada para estabelecer a relação entre os dois diplomas não era a mais correcta uma vez que a Disposição Final Primeira não era uma cláusula derrogatória mas sim uma norma que se limitava a declarar a exclusão da LGDCU do âmbito de aplicação da Lei.

Por outro lado, a LGDCU tinha um campo de incidência distinto da Ley 22/1994. Assim, o primeiro diploma apenas se aplicava aos consumidores, enquanto destinatários finais dos bens, mas não a empresários, profissionais, empregados, nem ao *bystander*; enquanto o segundo considerava como legitimado qualquer "prejudicado". De facto, era o próprio preâmbulo da Ley 22/1994 que sublinhava que o seu âmbito de tutela subjectivo não coincidia com o da LGDCU e que os sujeitos protegidos eram, em geral, todos os prejudicados por um produto defeituoso, independentemente de serem ou não consumidores em sentido estrito.

Uma parte da doutrina acabou por concluir que a responsabilidade por danos causados por produtos previstos na Ley 22/1994 era regida apenas por este diploma e não pela LGDCU, invocando o acórdão do Tribunal das Comunidades de 25 de Abril de 2002, que não deixou margem para dúvidas no sentido do carácter imperativo (e não de mínimos) da Directiva comunitária[231].

A Directiva 1999/44 foi transposta para Espanha pela Ley 23/2003, de 10 de Julho, de garantías en la venta de bienes de consumo. De acordo com o terceiro parágrafo do art. 10.º, entendia-se como produtor "al fabricante de un bien de consumo o al importador del mismo en el territorio de la Unión Europea o a cualquier persona que se presente como tal al indicar en el bien de consumo su nombre, marca u otro signo distintivo".

---

[231] Comissão/França (processo C-52/00, *in* "CJTCE", p. I-3827, n.º 16), Comissão/Grécia (processo C-154/00, *in* "CJTCE", p. I-3879, n.º 12) e González Sánchez (processo C-183/00, *in* "CJTCE", p. I-3901, n.º 25). Vide Martín Casals e Solé Feliu, *Sentencia de 21 de Febrero de 2003 (RJ 2003, 2133), in* "CCJC", Maio/Setembro de 2003, pp. 784 ss e *Veinte problemas en la aplicación de la Ley de responsabilidad por productos defectuosos y algunas propuestas de solución (I), in* "RRCS", Outubro de 2003, n.º 9, pp. 10-13.

118 *Marca do Distribuidor e Responsabilidade por Produtos*

Assim, e tal como sucedeu em Portugal, o legislador espanhol não seguiu uma noção unitária, desde logo ao referir-se ao "produtor" quando na Ley 22/1994 se dirigia ao "fabricante". Por outro lado, mencionava--se apenas o nome, marca ou outro sinal distintivo, quando na Ley de responsabilidade por produtos se referia a denominação social. Por fim, era omitida a referência ao envase, envoltório ou qualquer outro elemento de protecção ou apresentação, referindo-se laconicamente ao "bem de consumo".

Como já referimos, a Ley 22/1994 foi revogada pelo Real Decreto Legislativo 1/2007, de 16 de Novembro (LGDCU II). Este normativo fundiu o texto de três importantes diplomas: a Ley 26/1984 (a *clássica* LGDCU), a Ley 22/1994, de responsabilidad civil por los daños causados por productos defectuosos, e a Ley 23/2003, de garantías en la venta de bienes de consumo. Deste modo, em Espanha a disciplina da responsabilidade civil por produtos defeituosos consta actualmente do mesmo diploma em que se regulam em termos gerais os restantes direitos dos consumidores, bem como as garantias na venda de bens de consumo[232].

A matéria da responsabilidade por produtos defeituosos encontra-se regulada no livro terceiro (responsabilidad civil por bienes o servicios defectuosos, arts. 128.º a 149.º). A noção de produtor consta do art. 5.º (que pertence ao primeiro Capítulo do livro primeiro, que se ocupa de algumas definições gerais) e do art. 138.º.

O art. 5.º refere: "sin perjuicio de lo dispuesto en el artículo 138.º, a efectos de lo dispuesto en esta norma se considera productor al fabricante del bien o al prestador del servicio o su intermediario, o al importador del bien o servicio en el territorio de la Unión Europea, así como a cualquier persona que se presente como tal al indicar en el bien, ya sea en el envase, el envoltorio o cualquier otro elemento de protección o presentación, o servicio su nombre, marca u otro signo distintivo".

Por seu turno, o art. 138.º reza deste modo: "a los efectos de este capítulo es productor, además del definido en el artículo 5, el fabricante o importador en la Unión Europea de: a) un producto terminado, b) cualquier elemento integrado en un producto terminado, c) una materia prima".

---

[232] Sobre os problemas resultantes desta refundição vide MARTÍN CASALS e SOLÉ FELIU, *Refundir o legislar? Algunos problemas de la regulación de la responsabilidad por productos y servicios defectuosos en el texto refundido de la LGDCU, in* "RDP", Setembro-Outubro de 2008, pp. 81-113.

O n.º 2 estabelece: "si el productor no puede ser identificado, será considerado como tal el proveedor del producto, a menos que, dentro del plazo de tres meses, indique al dañado o perjudicado la identidad del productor o de quien le hubiera suministrado o facilitado a él dicho producto. La misma regla será de aplicación en el caso de un producto importado, si el producto no indica el nombre del importador, aun cuando se indique el nombre del fabricante".

Do confronto do texto anterior com a redacção actual resulta, desde logo, uma substituição do conceito de fabricante pelo de produtor. O anterior art. 4.º tinha a epígrafe "concepto legal de fabricante e importador" enquanto o actual art. 5.º se intitula "concepto de produtor". No entanto, do corpo do texto continua a resultar a remissão para o conceito de fabricante (antes dizia-se "se entiende por fabricante: el de un producto (...)" enquanto agora se diz "se considera productor al fabricante del bien"). De acordo com o art. 138.º ("concepto legal de productor"), "a los efectos de este capítulo es productor, además del definido en el artículo 5, el *fabricante* (...)".

Por outro lado, o novo texto legal deixa de se referir a produtos para se referir a bens.

De facto, onde antes se dizia "un *producto* terminado, el de cualquier elemento integrado en un *producto* terminado, (...) signo o distintivo en el *producto* (...)" diz-se agora "fabricante del *bien* (...), importador del *bien* (...), indicar en el *bien* (...)". Cremos que esta alteração terminológica se prende com o facto de com a LGDCU II se passar a tratar de forma unitária a responsabilidade por produtos mas também por serviços defeituosos. De facto, no art. 138.º, que se integra no Capítulo I do Título II e se refere apenas aos danos causados por produtos, fala-se apenas em produtos, enquanto o Capítulo II do mesmo Título se refere a "bens ou serviços".

Em relação ao produtor aparente, resultava da al. d) do art. 4.º da Ley 22/1994 que era tido como tal "cualquier persona que se presente al público como fabricante, poniendo su nombre, denominación social, su marca o cualquier otro signo o distintivo en el producto o en el envase, el envoltorio o cualquier otro elemento de protección o de presentación".

Do novo diploma resulta a seguinte formulação: "se considera productor (...) cualquier persona que se presente como tal al indicar en el bien, ya sea en el envase, el envoltorio o cualquier otro elemento de protección o presentación, o servicio su nombre, marca u otro signo distintivo".

120 *Marca do Distribuidor e Responsabilidade por Produtos*

Temos, deste modo, algumas diferenças entre os dois normativos.

A Lei anterior referia-se à apresentação ao público, enquanto a nova omite que a apresentação, como é óbvio, ocorre perante o público. O desaparecimento desta referência não tem qualquer relevo. Como é evidente, está implícito que a apresentação se faz perante o público.

A segunda modificação é também apenas de linguagem, não implicando qualquer câmbio de sentido. Onde antes se dizia "apresentar-se como fabricante" passa agora a dizer-se "apresentar-se como tal", o que tem o mesmo significado: considera-se produtor quem se apresentar como tal, ou seja, quem se apresentar como produtor. A única diferença é que, como já referimos, o legislador passa a falar em produtor em vez de fabricante, e por isso onde se lia "apresentar-se como fabricante" passa a ler-se "considera-se produtor quem se apresente como tal".

A terceira diferença é que antes o legislador referia que a apresentação como produtor resultava da aposição (*poniendo su nombre...*) passando agora a dizer-se "al indicar".

Não se trata de alteração com grande impacto. Na verdade, trata-se apenas de esclarecer um ponto que já nos parecia óbvio, mesmo à luz do normativo anterior: o produtor aparente, para o ser, não tem de assumir a tarefa material de aposição do signo distintivo – pode ser o produtor a fazê-lo. Como é evidente, estes produtos são fabricados, rotulados e embalados pelo produtor. A aposição da marca, enquanto tarefa material, é realizada pelo fabricante, pelo autor material do produto. Neste sentido, tanto se apresenta como produtor quem *apõe*, como quem *faz apor* a marca ou outro sinal distintivo[233]. A substituição da "aposição" pela "indicação" esclarece que não tem de ser o sujeito a proceder à aposição do seu nome, bastando que no produto venha indicado o seu nome, marca ou outro sinal distintivo.

Outra alteração prende-se com a subtracção da expressão "denominación social".

A Lei deixa de fazer referência à denominação social do sujeito, referindo-se apenas ao nome, marca ou outro sinal distintivo. Da nova redacção não resulta necessariamente que a denominação social caia fora do conjunto dos sinais distintivos aptos a qualificar o sujeito como produtor uma vez que, mesmo não correspondendo ao conceito de marca ou

---

[233] Também assim, CARNEVALI, *Comentário ao artigo 3.º*, in ALPA, CARNEVALI, DI GIOVANNI *et al.*, La responsabilità per danno da prodotti diffetosi (DPR 24 maggio 1988, n.º 224), Milão, 1990, p. 18.

A Marca do Distribuidor Face ao Instituto da Responsabilidade por Produtos 121

de nome, sempre se consideraria incluída na expressão "outro sinal distintivo". Foi também retirada a expressão "qualquer", passando apenas a falar-se de "outro sinal distintivo".

Por fim, o novo texto legal acaba por dizer basicamente o mesmo que já resultava da Ley 22/1994 e da LGDCU quanto ao espaço onde surge a indicação: onde antes se dizia "en el producto o en el envase, el envoltorio o cualquier otro elemento de protección o de presentación" diz-se agora "en el bien, ya sea en el envase, el envoltorio o cualquier otro elemento de protección o presentación, o servicio su nombre, marca u otro signo distintivo".

O diploma espanhol continua a ter uma disposição específica sobre a responsabilidade do vendedor, a qual sofreu algumas alterações. A anterior Disposição Adicional Única referia-se ao "suministrador" enquanto o novo art. 146.º fala em "proveedor"; onde antes se dizia "responderá, como si fuera el fabricante o el importador", diz-se agora apenas "responderá, como si fuera el productor". O direito de regresso, que antes podia ser exercido contra fabricante ou importador, pode agora apenas ser dirigido ao produtor. Mantêm-se no essencial as dúvidas que esta norma já suscitava na sua redacção original: trata-se de uma regra redundante, desnecessária e que suscita muitas dúvidas relativamente ao direito de regresso.

Alguns diplomas de transposição da Directiva apresentam divergências acentuadas em relação ao conceito de produtor fixado no diploma comunitário. Parece-nos que da disposição comunitária não resulta especial dificuldade interpretativa, desde que se tenha bem presente o perfil de cada um dos sujeitos chamados à responsabilidade e os diversos pressupostos dessa responsabilização.

Vejamos então, e ainda que de relance, as formulações legais adoptadas por alguns Estados na transposição da Directiva de 1985.

Desde logo, a Suécia não se refere a produtores, definindo as pessoas responsáveis como "seja quem for que fabricou, produziu ou juntou o produto".

O Capítulo 43 do *Consumer Protection Act* britânico de 1987 responsabiliza três tipos de sujeitos: os produtores, os importadores e os *own-branders*[234]. Reza deste modo a secção 2 (2) b): "any person who, by putting his name on the product or using a trademark or other distinguishing mark in relation to the product, has held himself out to be the

---

[234] Expressão que LEE classifica de conveniente mas "inelegante" – Statutory liability for defective products, Dezembro de 2002, p. 5.

producer of the product". Pode defender-se que a redacção britânica é preferível à comunitária, pois reserva para estes sujeitos uma categoria distinta dos produtores, uma vez que produtor real e produtor aparente são apresentados em alíneas diferentes[235].

A formulação adoptada pelo legislador britânico apresenta ainda outras diferenças face à Directiva[236].

Enquanto a Directiva menciona uma "distinguishing feature", o *Consumer Protection Act* fala de "distinguishing mark". Deste modo, a Directiva pode incluir uma fórmula própria de *design* que não seja qualificável como "marca".

Por outro lado, enquanto a Directiva se refere a "name, trademark or other distinguishing feature put *on* the product", o *Consumer Protection Act* utiliza a expressão "*in* relation to the product". Assim, o diploma pode cobrir situações em que o nome, sinal distintivo ou marca surge fisicamente separado do produto e que aparentemente são excluídas através de uma análise literal da Directiva. Trata-se de uma formulação que, tal como a adoptada pelo legislador espanhol, apresenta a vantagem de adequar o âmbito de previsão da norma às diferentes possibilidades de embalagem do produto, esclarecendo que basta que tais sinais identificativos se apresentem em relação com o produto para desencadear a aplicação da norma.

Existe ainda uma outra diferença entre a redacção britânica e a comunitária. De facto, parece existir uma diversidade de tratamento entre os nomes (que deverão ser postos *no* produto, ou seja, na sua embalagem – "by putting his name *on* the product") e as marcas ou outros sinais distintivos (que a norma legal refere deverem ser utilizados em relação com o produto – "using a trademark or other distinguishing mark *in relation to* the product").

Pelo contrário, a Directiva comunitária concede um tratamento igual aos nomes, marcas ou outros sinais distintivos: "*aposição sobre o produto do seu nome, marca ou qualquer outro sinal distintivo*" ou, na versão em inglês, "any person who, by putting his name, trade mark or other distin-

---

[235] MILLER e GOLDBERG, Product liability, Oxford, 2004, p. 238. HOWELLS defende que a definição da Directiva expande a definição normal da palavra "produtor" – AA. VV., The law of product liability, HOWELLS (Ed.), Londres, 2000, para. 4.75.

[236] Vide MILDRED, *The impact of the Directive in the United Kingdom*, in AA. VV., Directive 85/374/EEC on product liability: ten years after, GOYENS (Dir.), Louvain-la--Neuve, 1996, p. 44.

guishing feature *on the product*". Recorde-se que uma redacção semelhante era já seguida pela Convenção do Conselho da Europa ("causing his name, trademark or other distinguishing feature to appear *on the product*").

Cremos que apesar desta aparente diferenciação deve ser dado um tratamento unitário ao nome, marca ou a qualquer outro sinal distintivo. De facto, não se pode acolher uma interpretação literal segundo a qual, por exemplo, o sujeito seja exonerado da responsabilidade com base no facto de o seu nome constar num rótulo apenso ao produto ou, por outro lado, por a sua marca constar do produto e não "em relação" com ele – até porque esta última alegação constituiria um paradoxo.

Sejamos claros: se de uma exegese literal resulta que as marcas ou outros sinais distintivos estão sempre em relação com o produto (sejam apostos nele ou não, pois gravitam sempre em torno dele, sendo apresentados fisicamente de uma forma conjunta) também é verdade que o nome, esteja ou não aposto no produto, deve ser considerado suficiente para desencadear a aplicação da norma.

Não nos parece defensável, deste modo, uma interpretação literal, que estabeleça uma diferença de tratamento onde ela apenas existe *gramaticalmente* mas não resulta do espírito da norma. Em nossa opinião, verifica-se o pressuposto de aplicação da norma sempre que algum dos sinais identificativos do sujeito (seja o seu nome, marca ou outro sinal distintivo) surja em relação com o produto, sendo que este relacionamento pode ser feito directamente no produto ou noutro elemento material que dele dependa e faça parte integrante.

Viremos agora a nossa atenção para o diploma de transposição da Directiva para o ordenamento jurídico italiano.

O n.º 3 do art. 3.º do Decreto do Presidente da República n.º 224, de 24 de Maio de 1988, referia: "considera-se produtor quem se apresenta como tal apondo o seu nome, marca ou outro sinal distintivo sobre o produto ou sobre a sua confecção".

Deste modo, existia uma ligeira diferença de redacção, pois o legislador italiano ampliava o âmbito de aplicação da norma incluindo a aposição da marca ou sinal distintivo "sobre a confecção" do produto. O diploma italiano possuía ainda a singularidade de introduzir a figura do importador aparente, que seria responsabilizado nos mesmos termos[237].

---

[237] N.º 4 do art. 3.º: "tem a mesma responsabilidade que o produtor quem quer que, no exercício da sua actividade comercial, importe na Comunidade Europeia um produto

124   *Marca do Distribuidor e Responsabilidade por Produtos*

Em 8 de Outubro de 2005 foi publicado na *Gazetta Ufficiale* o Decreto Legislativo n.º 206, de 6 de Setembro, que aprova o *Codice del Consumo* e revoga o Decreto n.º 224.

De acordo com o art. 3.º, n.º 1, al. d) é considerado produtor, salvo quanto ao estabelecido no art. 103.º, comma a, al. d) e no art. 115.º, "il fabbricante del bene o il fornitore del servizio, o un suo intermediario, nonché l'importatore del bene o del servizio nel territorio dell'Unione europea o qualsiasi altra persona fisica o giuridica che si presenta come produttore identificando il bene o il servizio con il proprio nome, marchio o altro segno distintivo".

O art. 103.º, n.º 1, al. d), que se insere na Parte IV, relativa à segurança e qualidade do produto, considera como produtor "il fabbricante del prodotto stabilito nella Comunità e qualsiasi altra persona che si presenti come fabbricante apponendo sul prodotto il proprio nome, il proprio marchio o un altro segno distintivo".

A Lei alemã de 15 de Dezembro de 1989 refere no seu art. 4.º: "para efeitos desta Lei considera-se fabricante quem haja fabricado o produto acabado, uma matéria-prima ou componente. Também será considerado fabricante qualquer pessoa que se apresente como tal, mediante a colocação do seu nome, da sua marca ou de outro sinal distintivo[238].

A Grécia, no art. 3.º da sua Lei de transposição (Lei 2251/1994) considera como produtor "o fabricante de um produto final, o produtor de qualquer matéria-prima ou o fabricante de um ingrediente, assim como qualquer pessoa que se apresente como produtor de um produto, que lhe aponha o seu nome, marca ou qualquer outro sinal distintivo"[239].

---

para venda, locação financeira ou qualquer outra forma de distribuição, e quem se apresente como importador na Comunidade Europeia, pondo o seu nome, marca ou qualquer outro sinal sobre o produto ou sobre a sua confecção" (a tradução é da nossa responsabilidade). Vide VERARDI, *L'introduction de la Directive communautaire du 25 juillet 1985 sur la responsabilité du fait des produits defectueux en droit italien, in* "ERPL", 1994, vol. 2, pp. 237-244.

[238] A redacção deste preceito veio terminar com as dúvidas existentes anteriormente sobre o círculo de sujeitos responsáveis, como informam Zekoll, *The german products liability act, in* "AJCL", 1989, vol. 37, pp. 812 *ss* e MARKESINIS, The german law of obligations – vol. II, The law of torts: a comparative introduction, Oxford, 1997, p. 555.

[239] Apoiamo-nos na tradução para o espanhol fornecida por HIDALGO MOYA e OLAYA ADÁN, Derecho del producto industrial, Barcelona, 1997, p. 62. Vide Argiros, *Consumer safety in Greece: an analysis of the Consumer Protection Act 1991, in* "JCP", 1994, vol. 17, pp. 221-243.

A Marca do Distribuidor Face ao Instituto da Responsabilidade por Produtos 125

Da norma helénica resultam apenas duas diferenças de redacção, que se prendem com a introdução de uma vírgula entre a expressão "apresentar como produtor" e o "nome, marca ou outro sinal" e com a subtracção da expressão "pela aposição de". Ou seja: literalmente o legislador grego refere que se considera como produtor quem se apresenta como produtor mas também quem põe no produto o seu nome, marca ou qualquer outro sinal distintivo. Ora, através de uma exegese literal poderia dizer-se que se tratam de duas realidades diferentes: a apresentação como produtor, de um lado; e a aposição do seu nome, marca ou outro sinal distintivo, por outro – o que não corresponde à verdade.

Com efeito, da redacção comunitária resulta o relacionamento de uma actividade (a aposição do nome, marca ou outro sinal distintivo) com a aplicação de um resultado (a apresentação como produtor). Esta consequência (esta apresentação como produtor) resulta, justamente, daquela aposição. Ao separar as duas expressões com uma vírgula, o legislador grego parece estar a criar dois motivos diferentes de responsabilização do produtor aparente que na verdade constituem apenas um, não devendo pois estabelecer-se qualquer distinção entre eles.

Sejamos claros: quem se apresenta como produtor (primeira parte do enunciado grego)? Quem apuser o seu nome, marca ou outro sinal distintivo no produto (segunda parte da norma). Estes são justamente os meios através dos quais o sujeito se pode apresentar como produtor, não se conseguindo divisar outros. A insignificante vírgula que divide as duas actividades (apresentar-se como produtor e apor o seu nome, marca ou outro sinal distintivo) deve pois entender-se apenas como uma mera pausa no discurso, um simples detalhe de gramática que não impede a consideração unitária do fundamento legal de equiparação do produtor aparente: a sua apresentação como produtor, a qual é operada, não por telepatia ou de viva voz mas sim pela aposição gráfica, no produto, do seu nome, marca ou outro sinal distintivo.

O art. 1386-6 do *Code Civil* francês adopta o seguinte conceito de produtor: "é produtor, quando actue a título profissional, o fabricante de um produto acabado, o produtor de uma matéria-prima e o fabricante de um componente. É assimilado ao produtor por aplicação do presente capítulo toda a pessoa que actuando a título profissional: 1.º se apresente como produtor estampando sobre o produto o seu nome, marca ou qualquer outro sinal distintivo".

Da redacção francesa resultam duas peculiaridades: primeiro, a referência ao carácter profissional da actuação do agente, a qual não se verifica

126 *Marca do Distribuidor e Responsabilidade por Produtos*

em nenhum outro diploma nacional. Depois, e ao contrário do disposto pela Directiva, que insere o produtor aparente no conceito de produtor, o legislador francês prefere definir primeiro o que considera como produtor, para depois *assimilar* a essa noção o *quasi-fabricant*. No demais, o legislador francês limitou-se a traduzir o enunciado comunitário, realçando que a apresentação como produtor se opera pela "estampagem sobre o produto" do nome, marca ou sinal distintivo.

Todos os países da Europa Central que aderiram à Comunidade Europeia implementaram o art. 3.º da Directiva, reconhecendo deste modo a responsabilidade do produtor aparente[240]. Não poderia ser de outra forma, uma vez que a responsabilização deste sujeito não estava na livre disponibilidade dos Estados, não lhes sendo concedida a faculdade de derrogar o n.º 1 do art. 3.º. A responsabilização do produtor aparente reveste carácter imperativo, constituindo matéria sobre a qual, não havendo uma uniformização completa (por força das divergências de redacção e de técnica legislativa existentes entre os diversos diplomas) existe pelo menos uma aproximação das disposições legislativas, o que constituía justamente o escopo da Directiva.

3.4.2 *O produtor aparente noutros quadrantes jurídicos*

A Directiva tem vindo a expandir a sua influência mesmo para além das fronteiras comunitárias. A consagração da responsabilidade do produtor aparente não constitui, por isso, grande surpresa em alguns ordenamentos jurídicos que se inspiraram no diploma de 1985. Num breve relance sobre o Direito positivo de outros países podemos constatar que são vários os diplomas a impor a responsabilização deste sujeito.

A Argentina adoptou no art. 40.º da sua Ley de Defensa del Consumidor (Ley 24.240, de 1993) a seguinte fórmula legal: "si el daño al consumidor resulta del vicio o riesgo de la cosa o de la prestación del servicio, responderán el productor, el fabricante, el importador, el distribuidor, el proveedor, el vendedor y quien haya puesto su marca en la cosa o servicio (...)"[241].

---

[240] SENGAYEN, *Product liability law in Central Europe and the true impact of the Product Liability Directive*, *in* AA. VV., Product liability in comparative perspective, FAIRGRIEVE (Ed.), Cambridge, 2005, p. 272.

[241] O art. 40.º foi incorporado pelo art. 4.º da Ley 24.1999, de 1998. Já dois anos antes LORENZETTI propunha a responsabilização do produtor aparente em termos

Desta definição, muito simples e directa, resultam uma vantagem e um inconveniente.

Primeiro, não se levanta a questão da "apresentação como produtor", uma vez que tal apresentação não é critério de responsabilização. Na verdade, o legislador apenas refere que será considerado responsável quem apuser a sua marca no produto ou serviço. Desta forma se evita a acesa controvérsia, de que nos haveremos de ocupar, sobre se é necessário, para responsabilizar o produtor aparente, que este se apresente como produtor.

Por outro lado, há que lamentar a não referência ao nome ou outro sinal distintivo, a qual pode provocar algumas dificuldades. Ao referir-se apenas à marca, podem suscitar-se dúvidas sobre o conceito de marca em causa. Será que o legislador se refere à marca enquanto sinal distintivo, regulado pelo Direito da Propriedade Industrial, ou em sentido lato, enquanto meio de identificação dos empresários, quer seja relativo a um nome, a um estabelecimento ou a uma denominação de origem? O problema acaba por ser solucionado de outra forma (pelo menos no que concerne ao produtor aparente) uma vez que o legislador também considera como responsáveis o vendedor e o fornecedor, independentemente de aporem a sua marca.

No Equador o art. 28.º da Ley Orgânica de Defensa del Consumidor (Ley 21, de 10 de Dezembro de 2000) estabelece: "serán solidariamente responsables por las indemnizaciones civiles derivadas de los daños ocasionados por vicio o defecto de los bienes o servicios prestados, los productores, fabricantes, importadores, distribuidores, comerciantes, quien haya puesto su marca en la cosa o servicio y, en general, todos aquellos cuya participación haya influido en dicho daño".

Desta redacção resulta o mesmo problema que apontámos à norma argentina, ao referir-se apenas à marca, sendo omissa relativamente ao nome ou outro sinal distintivo. Por outro lado, esta redacção também prescinde de qualquer "apresentação como produtor", bastando a mera aposição da marca, independentemente da intenção que lhe esteve subjacente, para fundar a responsabilidade. Como o Equador também prevê a responsabilização do distribuidor ou comerciante, encontra-se igualmente solucionado o problema da responsabilização do produtor aparente.

---

semelhantes: *Responsabilidad del industrial por los productos elaborados*, in AA. VV., Derecho del Consumidor, STIGLITZ (Dir.), Rosario, 1996, p. 21.

O Código de Defesa do Consumidor brasileiro, aprovado pela Lei n.º 8.078, de 11 de Setembro de 1990, dedica uma secção (mais precisamente a segunda) à responsabilidade por danos causados por produtos ou serviços.

Nos termos do art. 12.º "o fabricante, o produtor, o construtor, nacional ou estrangeiro, e o importador respondem, independentemente da existência de culpa, pela reparação dos danos causados aos consumidores por defeitos decorrentes de projecto, fabricação, construção, montagem, fórmulas, manipulação, apresentação ou acondicionamento de seus produtos, bem como por informações insuficientes ou inadequadas sobre sua utilização e riscos".

De acordo com o art. 13.º o comerciante é igualmente responsável, não só nos casos em que o fabricante, o construtor, o produtor ou o importador não puderem ser identificados, mas também quando "o produto for fornecido sem identificação clara do seu fabricante, produtor, construtor ou importador".

Trata-se de uma aproximação, ainda que remota, à figura do produtor aparente. Na verdade, enquanto a primeira parte se refere aos produtos anónimos (casos em que o produtor não pode ser identificado) o segundo caso faz referência às situações em que a sua identificação não é clara[242].

Na Venezuela a Ley de Protección al Consumidor y al Usuario, de 4 de Maio de 2004, estabelece no seu art. 93.º: "serán solidariamente responsables por las indemnizaciones civiles derivadas de los daños ocasionados en los bienes y servicios prestados, los productores, los fabricantes, ensambladores, importadores, comerciantes con marca propia, distribuidores y expendedores y aquellos que hayan participado en la cadena de distribución. Serán responsables en la distribución de bienes, los fabricantes, ensambladores los productores e importadores, comerciantes con marca propia a menos que se compruebe un manejo inadecuado o negligente por parte de otro eslabón de la cadena de distribución y comercialización que afecte el bien o servicio en términos tales que ocasione daños al consumidor o usuario en los términos establecidos por la presente Ley. La responsabilidad concreta de un agente particular de la cadena de distribución o comercialización será determinada por

---

[242] PINHEIRO MARÇAL e CASTILHO BARBOSA, *Product liability in Brazil*, *in* Liability for products in a global Economy, *in* "CLYIB", CAMPBELL e Wooddely (Eds.), Haia, 2005, p. 265.

investigaciones específicas realizadas o encargadas por el Instituto Para la Defensa y Educación del Consumidor y del Usuario (INDECU), cuando sea el caso".

Desta redacção, tão extensa quanto confusa, resulta a peculiar referência aos "comerciantes com marca própria", a qual pode ser entendida como reconhecimento legal do fenómeno da marca do distribuidor, pese embora a expressão "marca própria" não seja em nosso entender a mais correcta, por motivos que exporemos a seu tempo[243]. O legislador venezuelano também prescinde da necessidade de qualquer "apresentação como produtor", ficando apenas por resolver a questão de determinar o real alcance da expressão "comerciante com marca própria".

Sublinhe-se, por outro lado, que, decerto por influência da legislação norte-americana e tal como os demais ordenamentos sul-americanos já referidos, também o mero distribuidor é responsabilizado pelos danos causados pelo defeito do produto.

Numa outra longitude e família jurídica, o *Consumer Protection Act* da Índia (*Act* 68/1986, de 24 de Dezembro) considera, no art. 2.º, n.º 1, al j), iii) que o conceito de fabricante inclui alguém que "puts or causes to be put his own mark on any goods made or manufactured by any other manufacturer and claims such goods to be goods made or manufactured by himself".

A interpretação desta norma adivinha-se bastante exigente. A redacção legal parece querer justamente descrever o fenómeno característico do produtor aparente, referindo inclusivamente o fabrico por outrem, característica a que nem a Directiva nem qualquer outro diploma de que tenhamos conhecimento faz, sequer remotamente, qualquer referência. No entanto, a expressão "claims such goods to be goods made or manufactured by himself" parece exigir que o produtor aparente tenha a intenção deliberada de se apresentar como produtor, o que pode abrir a porta, facilmente, para uma causa de exclusão de responsabilidade, bastando demonstrar a inexistência de tal propósito.

Na Austrália o Trade Practices Act de 1974, na sua Secção 74.º, n.º 3, estabelece: "if: a) a corporation holds itself out to the public as the manufacturer of goods; b) a corporation causes or permits the name of the corporation, a name by which the corporation carries on business or a brand or mark of the corporation to be applied to goods supplied by the

---

[243] Mais precisamente no ponto 6.2.

130 Marca do Distribuidor e Responsabilidade por Produtos

corporation; or c) a corporation causes or permits another person, in connexion with the supply or possible supply of goods by that other person, or in connexion with the promotion by that other person by any means of the supply or use of goods, to hold out the corporation to the public as the manufacturer of the goods; the corporation shall be deemed, for the purposes of this Division, to have the goods".

Como reconhece o Relatório de 1989 da Law Reform Commission, esta disposição inclui os *own-branders*[244]. A redacção australiana diferencia a apresentação como produtor (na al. a)) da aposição material do nome ou marca (nas als. b) e c)), sendo que em ambos os casos o sujeito será responsabilizado. Assim, é possível chamar à responsabilidade um sujeito que se apresenta publicamente como produtor dos bens, ainda que não tenha aposto o seu nome ou marca no produto, mas também é possível responsabilizar quem apõe ou permite que outrem aponha a sua marca em produtos, ainda que não tenha a intenção de se apresentar como produtor.

No Japão o *Product Liability Act* de 1994 estabelece, no art. 2.º, n.º 3, n.º 2: "the term "manufacturer" means "any person who, by putting his name, trade name, trade mark or other feature (hereinafter called "representation of name, etc.") on the product presents himself as its manufacturer, or any person who puts the representation of name, etc. on the product in a manner mistakable for the manufacturer". O mesmo art. estabelece: "apart from any person mentioned in the preceding subsections, any person who, by putting the representation of name, etc. on the product, may be recognized as its manufacturer-in-fact, in the light of a manner concerning manufacturing, processing, importation or sales, and other circumstances".

A redacção nipónica recebeu, de modo evidente, a influência da Directiva comunitária, especialmente patente na primeira parte do inciso legal. Mas não foi caso único. Israel, por exemplo, também seguiu uma formulação muito próxima da Directiva comunitária[245].

---

[244] LAW REFORM COMMISSION OF AUSTRALIA AND VICTORIA, Product liability, Camberra, 1989, p. 67.

[245] GILEAD, *Israel, in* AA. VV., Unification of tort law: strict liability, KOCH e KOZIOL (Eds.), Dordrecht, 2002, p. 198.

4 – A jurisprudência do Tribunal de Justiça das Comunidades Europeias

Para cabal compreensão do perfil de cada um dos sujeitos considerados responsáveis pelo diploma de 1985 é mister ter em conta o pronunciamento do tribunal comunitário sobre a matéria. O TJCE desempenha não só uma função criadora do Direito Comunitário (*law making*) mas também propulsora da integração europeia, falando-se, a este propósito, de uma "jurisprudência de integração". O TJCE já proferiu vários acórdãos relativos ao círculo de responsáveis fixado pela Directiva e sobre os quais, pela sua importância, passamos a lançar a nossa atenção[246].

O primeiro acórdão relevante nesta matéria data de 25 de Abril de 2002, caso Comissão/França (C-52/00), já referido anteriormente[247]. O TJCE decidiu que ao considerar, no art. 1386-7, primeiro parágrafo, do *Code Civil*, que o distribuidor de um produto defeituoso é responsável em todos os casos e nos mesmos termos que o produtor, a República Francesa não cumpriu as obrigações que lhe incumbiam por força da Directiva.

A Lei n.º 98-389, de 19 de Maio, havia inserido no *Code Civil* um novo art. 1386-7, cuja redacção era a seguinte: "o vendedor, o locador, com excepção do cedente de exploração ou do locador equiparável ao

---

[246] Um resumo dos principais arestos comunitários sobre esta matéria pode ser encontrado em BONNAMOUR, *Bilan jurisprudentiel de l'application du régime communautaire de la responsabilitè du fait des produits défectueux*, in "REDC", 2001, pp. 101-112 e GONZÁLEZ VAQUÉ, *La Directiva 85/374/CEE relativa a la responsabilidad por productos defectuosos en la jurisprudencia del TJCE: de los riesgos del desarollo a la franquicia de 500 euros*, in "UEA", Janeiro de 2003, pp. 5-17.

[247] Vide LARROUMET, *Les transpositions française et espagnole de la directive sur la responsabilité du fait des produits défectueux devant la CJCE*, in "Recueil", 2002, n.º 31, pp. 2462-2466; PELET, *Responsabilité du fait des produits défectueux: une nouvelle étape pour le droit français*, in "REDC", 2002, pp. 27-42; BOURGES, *La interpretación de la Directiva 85/374/CEE relativa a la responsabilidad por productos defectuosos según la jurisprudencia del Tribunal de Justicia de las Comunidades Europeas*, in "GJUEC", Novembro/Dezembro de 2002, n.º 222, pp. 32-44; MARTIN DEL PESO, *Algunas cuestiones jurisprudenciales sobre la ley de responsabilidad por productos defectuosos y la responsabilidad del prestador de servicios desde el punto de vista del consumidor*, in AA. VV., Hacia un código del consumidor, ASPARREN LUCAS (Dir.), Madrid, 2006, pp. 671-678; REYES LÓPEZ, *Aproximación de legislaciones en materia de responsabilidad civil por productos defectuosos (Sentencia TJCE de 25 de Abril de 2002, Asuntos C-152/00, C-154/00 y C-183-00)*, in "RFDUG", 2006, n.º 9, pp. 495-504.

132 *Marca do Distribuidor e Responsabilidade por Produtos*

cedente de exploração, ou qualquer outro fornecedor profissional é responsável pela falta de segurança do produto nas mesmas condições que o produtor". O parágrafo primeiro do art. 1386-7 do *Code Civile* equiparava o vendedor ao produtor, ao contrário do que sucede no art. 3.º, n.º 3 da Directiva, que apenas prevê a responsabilidade do vendedor com carácter subsidiário, nomeadamente, quando não seja possível identificar o produtor.

Considerando que a Directiva não tinha sido transposta de modo correcto para Direito francês, a Comissão deu início ao processo por incumprimento. O Tribunal considerou que a margem de apreciação de que dispõem os Estados-membros para regulamentar a responsabilidade decorrente de produtos defeituosos é inteiramente determinada pela própria Directiva e deve ser deduzida do teor, do objectivo e da sistemática da mesma. Diferentemente, por exemplo, da Directiva 93/13/CEE do Conselho, de 5 de Abril de 1993, relativa às cláusulas abusivas nos contratos celebrados com os consumidores[248], a Directiva não contém nenhuma disposição que autorize expressamente os Estados-membros a adoptar ou a manter, em sede das questões nela reguladas, disposições mais estritas para assegurar um grau de protecção mais elevado.

Por outro lado, o Tribunal sublinhou que a Directiva prevê certas derrogações ou remete quanto a certos pontos para o Direito nacional, não significando, porém, que nos aspectos por ela regulados a harmonização não seja exaustiva. A Comissão sustentava que, diferentemente do art. 3.º, n.º 3, da Directiva, que só consagrava a responsabilidade do fornecedor a título subsidiário quando o produtor é desconhecido, o art. 1386-7 do *Code Civil* equiparava o fornecedor ao produtor.

O Governo francês não contestou esta divergência. Alegou que a mesma resultava de uma regra processual nacional que, enquanto tal, não era da competência comunitária na data em que a Directiva foi adoptada e que a legislação comunitária não podia, portanto, alterar. Além disso, o art. 1386-7 conduziria ao resultado previsto pela Directiva, já que o fornecedor demandado pela vítima podia demandar o produtor que deveria suportar a indemnização de acordo com a sistemática da Directiva.

O Tribunal considerou que a possibilidade dada ao fornecedor, por esta Lei, de demandar o produtor resultava numa multiplicação de causas que a acção directa de que a vítima dispunha contra o produtor, nas

---

[248] *In* "JOCE" L 95, de 21 de Abril de 1993, pp. 29-24.

A Marca do Distribuidor Face ao Instituto da Responsabilidade por Produtos 133

condições previstas pelo art. 3.º da Directiva, tem precisamente como objectivo evitar. Assim, o Tribunal decidiu que ao considerar, no art. 1386-7, primeiro parágrafo, que o distribuidor de um produto defeituoso era responsável em todos os casos e nos mesmos termos que o produtor, a França não cumpriu a obrigação de transposição da Directiva.

O parlamento francês adoptou, entretanto, a Lei n.º 2004-1343, de 9 de Dezembro de 2004, através da qual o primeiro parágrafo do art. 1386-7 passou a ter a seguinte redacção: "o vendedor, o locador, com excepção do cedente de exploração ou do locador equiparável ao cedente de exploração, ou qualquer outro fornecedor profissional só são responsáveis pela falta de segurança do produto nas mesmas condições que o produtor, se este último continuar a não ser conhecido".

Em acórdão da Grande Secção de 14 de Março de 2006, o juiz comunitário considerou que a República Francesa, ao continuar a considerar que o fornecedor do produto defeituoso é responsável nos mesmos termos que o produtor, quando este último não possa ser identificado, apesar de o fornecedor ter indicado ao lesado, num prazo razoável, a identidade de quem lhe forneceu o produto, não adoptou as medidas necessárias à execução integral do acórdão de 25 de Abril de 2002[249].

O Tribunal considerou que a nova versão do art. 1386-7 não assegurava a execução integral do acórdão de 25 de Abril de 2002, que comportava, designadamente, a obrigação de excluir o fornecedor da responsabilidade que normalmente incumbe ao produtor em todas as situações em que o art. 3.º, n.º 3 da Directiva 85/374 prevê essa exclusão.

O Tribunal entendeu que "resulta da redacção clara e precisa do art. 3°, n.º 3, da Directiva 85/374 que esta disposição visa conferir aos lesados determinados direitos que estes podem invocar contra os fornecedores nas circunstâncias precisas que a Directiva determina. Correlativamente, da mesma disposição nascem obrigações recíprocas, também estas claras e precisas, para os referidos fornecedores" e que "esta disposição prevê, em especial, que o fornecedor não pode incorrer na responsabilidade imputada ao produtor pela Directiva 85/374, quando tenha indicado ao lesado, num prazo razoável, a identidade do seu próprio fornecedor". O juiz comunitário considerou que essa exclusão de responsabilidade não decorria da redacção da nova versão do art. 1387-6 do *Code Civil*.

---

[249] Processo C-177/04, *in* "JOCE" C 131, de 3 de Junho de 2006, pp. 10 *s.*

134 *Marca do Distribuidor e Responsabilidade por Produtos*

A República Francesa alegou que uma inexistência de exclusão da responsabilidade do fornecedor, no caso em que este tenha indicado ao lesado a identidade do seu próprio fornecedor, não teria consequências práticas graves e, consequentemente, não constituiria uma violação da Directiva.

O Tribunal retorquiu que, ainda que esta circunstância fosse provada, o desrespeito de uma obrigação imposta por uma norma de Direito comunitário é, em si mesmo, constitutivo de um incumprimento, sendo irrelevante a consideração de que esse desrespeito não tem consequências negativas. Além disso, como resulta do n.º 40 do acórdão de 25 de Abril de 2002, o TJCE já decidiu no sentido de que a possibilidade de o fornecedor chamar o produtor à intervenção passiva, sob a égide da antiga versão do art. 1386-7, resulta numa multiplicação de demandas que a acção directa de que o lesado dispõe contra o produtor, nas condições previstas no art. 3.º da Directiva, tem precisamente por objectivo evitar. Aplica-se o mesmo raciocínio relativamente à possibilidade de o fornecedor chamar o seu próprio fornecedor à intervenção passiva, nos termos do regime instituído pela nova versão do referido art. 1386-7.

Em conclusão, o Tribunal considerou que a República Francesa, ao continuar a considerar que o fornecedor do produto defeituoso é responsável nos mesmos termos que o produtor, quando este último não possa ser identificado, apesar de o fornecedor ter indicado ao lesado, num prazo razoável, a identidade de quem lhe forneceu o produto, não adoptou as medidas necessárias à execução integral do acórdão de 25 de Abril de 2002.

Entretanto a França adoptou uma nova redacção do art. 1386-7, através do art. 2.º, n.º 1 da Lei n.º 2006-406, de 5 de Abril de 2005: "si le producteur ne peut être identifié, le vendeur, le loueur, à l'exception du crédit-bailleur ou du loueur assimilable au crédit-bailleur, ou tout autre fournisseur professionnel, est responsable du défaut de sécurité du produit, dans les mêmes conditions que le producteur, à moins qu'il ne désigne son propre fournisseur ou le producteur, dans un délai de trois mois à compter de la date à laquelle la demande de la victime lui a été notifiée".

Do acórdão de 14 de Março de 2006 resultam essencialmente três conclusões.

Primeiro, sublinha-se de que a Directiva de 1985 não é uma Directiva de mínimos, não sendo pois admitidas disposições de Direito nacional que assegurem um grau de protecção mais elevado.

A Marca do Distribuidor Face ao Instituto da Responsabilidade por Produtos 135

Por outro lado, a consideração de que o fornecedor é um responsável subsidiário, e que apenas deverá responder pelos danos causados pelo defeito do produto quando não informe da identidade do produtor ou de quem lhe forneceu o produto. Ou seja, o fornecedor não se exime apenas indicando quem é o produtor mas também se indicar um fornecedor que o preceda na cadeia contratual.

Por fim, a ideia de que o regime da Directiva pretende evitar a multiplicação de demandas, concedendo ao lesado uma acção directa contra o produtor.

FERREIRA DE ALMEIDA defende que os três acórdãos de 25 de Abril de 2002 (Comissão contra República Francesa, Comissão contra República Helénica e González Sánchez contra Medicina Asturiana SA) são sinais preocupantes de que no regime da responsabilidade por produtos o objectivo principal não é a protecção dos lesados mas sim a defesa da concorrência.

O ilustre Autor apoia esta convicção no facto de o TJCE ter entendido que a França e a Grécia não cumpriram a Directiva no que diz respeito à franquia de 500 euros mas também porque entendeu que o art. 13.º deve ser interpretado no sentido de que os direitos conferidos pelas legislações nacionais às vítimas podem ser restringidos pela Directiva. Para além disso, o Autor também se baseia na decisão que condenou a França por ter estabelecido a plena equiparação do fornecedor ao produtor.

FERREIRA DE ALMEIDA critica que a decisão tenha entendido que a Directiva procede a uma harmonização de máximos, que não admite níveis de protecção interna superior. No seu entender, está deste modo "consumada a profecia do «sacrifício no altar da concorrência»" e "poucas vezes se terá sido tão transparente na instrumentalização dos consumidores aos desígnios da concorrência e do crescimento económico. Mas esta articulação de objectivos não é específica da responsabilidade civil por produtos defeituosos. Com variantes, marca presença em toda a política subjacente ao direito do consumo"[250].

A Directiva sobre responsabilidade por produtos constitui, com efeito, uma excepção ao "princípio da harmonização mínima" seguido pela maior parte das Directivas comunitárias existentes no âmbito da política de protecção do consumidor. Segundo este princípio, o legislador comunitário inclui uma cláusula por virtude da qual a norma comunitária fixa

---

[250] *Direito do consumo*, pp. 175 *s.*

136   *Marca do Distribuidor e Responsabilidade por Produtos*

um mínimo denominador comum que deve ser integrado na legislação nacional, sem impedir os Estados-membros de manter ou introduzir disposições que permitam um maior nível de protecção.

O TJCE pronunciou-se em 10 de Janeiro de 2006 sobre um pedido de decisão prejudicial apresentado pelo *Vestre Landsret* (Dinamarca) para interpretação da Directiva 85/374[251].

A Directiva foi transposta para a Dinamarca pela Lei n.º 371, de 7 de Junho de 1989, alterada pela Lei n.º 1041, de 28 de Novembro de 2000. O Governo dinamarquês precisou que essa Lei, por um lado, colocou a cargo do produtor o regime de responsabilidade decorrente de produtos defeituosos previsto pela Directiva e, por outro, consagrou a regra jurisprudencial existente segundo a qual o fornecedor responde pela responsabilidade dos operadores económicos sucessivamente intervenientes a montante.

O § 4 da Lei n.º 371 define os conceitos de "produtor" e de "fornecedor" do seguinte modo: "1. É considerado produtor quem fabrica um produto acabado, um produto intermédio ou produz uma matéria-prima, quem produz ou colhe um produto natural, e ainda quem se apresente como produtor pela aposição sobre o produto do seu nome, marca ou qualquer outro sinal distintivo. 2. Também é considerado produtor quem importa um produto na Comunidade tendo em vista a venda, a locação, a locação financeira ou qualquer outra forma de negócio no âmbito da sua actividade comercial. 3. É considerado fornecedor quem coloca um produto em circulação no âmbito das suas actividades comerciais sem ser considerado o produtor".

O § 6 da mesma Lei estabelecia o princípio da responsabilidade do produtor decorrente de produtos defeituosos. O § 10 dessa Lei previa: "Um fornecedor é directamente responsável pelo produto defeituoso face ao lesado e aos fornecedores subsequentes do circuito comercial". Nos termos do § 11, n.º 3, o fornecedor que tenha indemnizado o lesado por

---

[251] Caso *Skov* vs. *Bilka*, já citado. Vide TRIGO GARCÍA, *La responsabilidad del suministrador del producto*, *in* "Anuario Euro-Peruano de Derecho del Comercio", 2005/2006, n.ºs 2/3, pp. 582-591; GONZÁLEZ VAQUÉ, *Directiva 85/374/CEE relativa a los daños causados por productos defectuosos: responsabilidad del proveedor y noción de puesta en circulación*, *in* "UEA", Julho de 2006, n.º 7, pp. 15-26; PARDO LEAL, *¿Es necesario modificar la Directiva 85/374/CEE relativa a la responsabilidad por los daños causados por productos defectuosos?* (versão anotada e actualizada do artigo publicado *in* "RDA", 2006, vol. 1, n.º 11).

A Marca do Distribuidor Face ao Instituto da Responsabilidade por Produtos

um dano causado por um produto defeituoso fica subrogado no direito do lesado em relação a operadores a montante na cadeia de produção e de comercialização.

O processo dizia respeito a alguns consumidores que, depois de terem consumido os ovos que tinham comprado numa loja pertencente à *Bilka*, que, por sua vez, os tinha obtido junto do produtor *Skov*, adoeceram com salmonelose. Os lesados accionaram judicialmente a fornecedora *Bilka*, que requereu a intervenção do produtor *Skov*. Por decisão de 22 de Janeiro de 2002 a *Bilka* foi condenada a pagar uma indemnização aos lesados e a *Skov* foi condenada a reembolsar a *Bilka* dessa indemnização. Foi nestas condições que, em sede de recurso interposto pela *Bilka* e pela *Skov*, o *Vestre Landsret* decidiu suspender a instância e colocar ao TJCE algumas questões prejudiciais.

O órgão jurisdicional de reenvio perguntava se a Directiva se opunha, por um lado, a uma regra nacional que transfere para o fornecedor a responsabilidade objectiva que a Directiva estabelece e atribui ao produtor e, por outro, a uma regra nacional que transfere a responsabilidade baseada em culpa do produtor para o fornecedor.

Para responder a estas questões o Tribunal recordou os acórdãos de 25 de Abril de 2002 em que decidiu que a margem de apreciação de que os Estados-membros dispõem para regular a responsabilidade decorrente de produtos defeituosos é inteiramente determinada pela própria Directiva e deve ser deduzida da letra, do objectivo e da sistemática da mesma. Depois de ter examinado estes critérios, o TJCE concluiu que a Directiva prossegue, quanto aos aspectos que regula, uma harmonização total das disposições legislativas, regulamentares e administrativas dos Estados--membros.

Os lesados e o Governo dinamarquês alegavam no processo que a Directiva não opera uma harmonização total da responsabilidade decorrente de produtos defeituosos mas unicamente da responsabilidade do produtor por produtos defeituosos. Fundamentando-se na redacção dos arts. 1º e 3º da Directiva, sustentavam que esta última não regula a responsabilidade do fornecedor e deixa aos Estados-membros uma margem de apreciação quanto à definição do círculo dos responsáveis.

O Tribunal afirmou que o legislador comunitário, considerando que a possibilidade de responsabilizar o fornecedor de um produto defeituoso de acordo com as modalidades previstas pela Directiva facilitaria os procedimentos judiciais instaurados pelo lesado, entendeu que essa facilidade acabaria por se tornar cara, na medida em que, ao obrigar os fornecedores

138   *Marca do Distribuidor e Responsabilidade por Produtos*

a assegurarem-se contra o risco decorrente de tal responsabilidade, conduziria a um encarecimento considerável dos produtos. Além disso, essa facilidade conduziria a uma multiplicação de acções, uma vez que o fornecedor demandaria o seu próprio fornecedor, chegando até ao produtor. Dado que, na grande maioria dos casos, o fornecedor se limita a revender o produto tal como o comprou e que apenas o produtor tem a possibilidade de influenciar a qualidade deste, considerou-se oportuno concentrar a responsabilidade decorrente de produtos defeituosos no produtor.

Após estas considerações sobre os papéis dos diferentes operadores económicos que intervêm nos circuitos de produção e comercialização, optou-se por atribuir, em princípio, ao produtor, e unicamente em certos casos delimitados ao importador e ao fornecedor, a responsabilidade pelos danos causados pelos produtos defeituosos. O Tribunal entendeu, contrariamente aos lesados e ao Governo dinamarquês, que os arts. 1° e 3° não se limitam a regular a responsabilidade do produtor por um produto defeituoso mas determinam, entre os profissionais que participaram no processo de fabrico e de comercialização, aquele que deverá assumir a responsabilidade instituída pela Directiva.

O órgão jurisdicional de reenvio perguntava, com o primeiro grupo de questões, se a Directiva deve ser interpretada no sentido de que se opõe a uma regra nacional segundo a qual é imputada ao fornecedor, sem limitações, a responsabilidade objectiva que a Directiva institui e imputa ao produtor.

A este respeito, o Tribunal defendeu que o círculo dos responsáveis contra os quais o lesado tem o direito de intentar uma acção ao abrigo do regime de responsabilidade previsto pela Directiva é definido nos arts. 1° e 3° da mesma. Uma vez que a Directiva prossegue uma harmonização total dos aspectos que regula, a identificação do círculo de responsáveis feita pelos arts. 1° e 3° da mesma deve ser considerada exaustiva. O Tribunal comunitário lembrou que o n.° 3 do art. 3° da Directiva prevê a responsabilidade do fornecedor apenas na hipótese de o produtor não poder ser identificado. Pelo contrário, a Lei dinamarquesa, ao prever, no § 10, que o fornecedor responde directamente perante o lesado pelo produto defeituoso, alargou, para além dos limites fixados pela Directiva, o círculo dos responsáveis contra os quais o lesado tem direito de intentar uma acção.

O Governo dinamarquês alegou em sua defesa que a legislação nacional não responsabiliza individualmente o fornecedor, uma vez que este último só responde face aos lesados na medida em que o produtor, contra o qual dispõe de direito de regresso, possa ser responsável. A situação do fornecedor seria, portanto, semelhante à de um fiador solidário.

O Tribunal considerou que este elemento não era determinante, defendendo que o sistema instituído pela referida legislação nacional não só faz pesar sobre o fornecedor um encargo que o legislador comunitário considerou injustificado como implica uma multiplicação de intervenções que a acção directa de que o lesado dispõe contra o produtor, nas condições previstas pelo art. 3.º da Directiva, tem precisamente como objectivo evitar. Em conclusão, o Tribunal defendeu que a Directiva deve ser interpretada no sentido de que se opõe a uma regra nacional segundo a qual é imputada ao fornecedor, sem limitações, a responsabilidade do produtor.

O Governo dinamarquês defendeu, todavia, que o art. 13.º da Directiva, segundo o qual esta não prejudica os direitos que o lesado pode invocar nos termos do Direito da responsabilidade contratual ou extra-contratual, podia servir de base legal à extensão ao fornecedor da responsabilidade imputável ao produtor no sistema da Directiva.

O Tribunal citou, a este propósito, os acórdãos Comissão/França, Comissão/Grécia e González Sánchez, em que se considerou que o art. 13.º da mesma não pode ser interpretado no sentido de que permite a possibilidade de os Estados-membros manterem um regime geral de responsabilidade decorrente dos produtos defeituosos diferente do regime previsto pela referida Directiva.

O Governo dinamarquês pretendia que essa jurisprudência fosse reexaminada à luz da declaração que figura no n.º 2 do protocolo da reunião do Conselho de Ministros de 25 de Julho de 1985, segundo a qual os arts. 1.º e 3.º não se opõem a que cada Estado-membro introduza na sua legislação nacional regras relativas à responsabilidade dos fornecedores. A fim de defender a manutenção da regra nacional, segundo a qual o fornecedor responde pela responsabilidade do produtor, que tinha sido desenvolvida pela jurisprudência antes da entrada em vigor da Directiva e que a Lei que transpôs esta última mais não fez do que confirmar, o Governo dinamarquês invocou igualmente a declaração que figura no n.º 16 do referido protocolo, na qual o Conselho exprimiu "a intenção dos Estados-membros, que actualmente aplicam disposições mais favoráveis no que respeita à protecção dos consumidores que aquelas que decorrem da directiva, de não recorrerem às possibilidades oferecidas pela Directiva para reduzir esse nível de protecção".

O Tribunal recordou, em primeiro lugar, que no caso de uma declaração inscrita num protocolo do Conselho não encontrar expressão no texto de uma disposição de Direito derivado, não pode ser considerada para a interpretação dessa disposição; e, em segundo lugar, que as duas declarações a que o Governo dinamarquês fez referência não podem justificar, em contradição com a redacção e a sistemática do texto, uma alteração do círculo de responsáveis definido pela Directiva. Em particular, não podem ser invocadas para permitir aos Estados-membros transferirem para o fornecedor, para além dos casos especificamente visados no art. 3°, n.º 3, a responsabilidade instituída e imputada pela Directiva ao produtor.

No que diz respeito ao argumento do Governo dinamarquês segundo o qual esta interpretação da Directiva leva a que na Dinamarca haja uma diminuição do nível de protecção do prejudicado, o Tribunal defendeu que uma eventual extensão da responsabilidade instituída pela Directiva aos fornecedores cabe no âmbito da competência do legislador comunitário, ao qual incumbe proceder, se necessário, a uma alteração das disposições em causa.

Assim, entendeu o Tribunal que a Directiva deve ser interpretada no sentido de que se opõe a uma regra nacional segundo a qual é imputada ao fornecedor, para além dos casos taxativamente enumerados no seu art. 3°, n.º 3, a responsabilidade objectiva que essa Directiva institui e imputa ao produtor.

O órgão jurisdicional de reenvio perguntava ainda se a Directiva se opunha a uma regra nacional segundo a qual é imputada ao fornecedor, sem limitações, a responsabilidade baseada em culpa do produtor, no caso de um dano causado por um produto defeituoso. A este respeito o Tribunal recordou que, nos acórdãos já referidos, o TJCE declarou que o art. 13.º da Directiva deve ser interpretado no sentido de que o regime instituído por esta última não afasta a aplicação de outros regimes de responsabilidade contratual ou extracontratual, desde que assentem em fundamentos diferentes, como a garantia dos vícios ocultos ou a culpa. Assim, defendeu que a Directiva deve ser interpretada no sentido de que não se opõe a uma regra nacional segundo a qual é imputada ao fornecedor, sem limitações, a responsabilidade baseada em culpa do produtor. Ao reconhecer que o fornecedor poderia ser responsabilizado, independentemente de culpa, em caso de actuação culposa do produtor, o tribunal comunitário está a admitir uma espécie de *responsabilidade objectiva por facto alheio*.

A Marca do Distribuidor Face ao Instituto da Responsabilidade por Produtos 141

Na esteira deste caso surgiu o processo C-327/05, uma acção intentada em 30 de Agosto de 2005 pela Comissão contra a Dinamarca, em que aquela pediu ao Tribunal que declarasse que, ao adoptar e manter em vigor disposições que tornam os intermediários na cadeia de distribuição responsáveis nas mesmas condições que os produtores, ao contrário do disposto no art. 3.º, n.º 3, da Directiva 85/374, a Dinamarca não cumpriu a sua obrigação de assegurar a plena aplicação desta Directiva. Considerava a Comissão que a responsabilidade por actos de terceiros imputada ao intermediário é contrária à Directiva, defendendo que esta dispõe que a responsabilidade objectiva decorrente de produtos defeituosos pode ser imputada ao produtor, e apenas a este, nas circunstâncias indicadas pelo n.º 3 do art. 3.º.

O TJCE pronunciou-se através de acórdão da Primeira Secção de 5 de Julho de 2007, considerando que ao adoptar e manter em vigor disposições que determinam a responsabilidade, nas mesmas condições que o produtor, dos fornecedores intermédios que intervêm na cadeia de distribuição, a Dinamarca não cumpriu as obrigações que lhe incumbem por força da Directiva 85/374[252].

Deste processo importa reter algumas conclusões.

Primeiro, o reconhecimento de que na maior parte dos casos o fornecedor se limita a revender o produto tal como o comprou e que apenas o produtor tem a possibilidade de influenciar a qualidade deste. Assim, a responsabilidade decorrente de defeitos dos produtos é concentrada no produtor, pois apenas este tem possibilidade de garantir e controlar a segurança do produto.

Depois, a afirmação clara e inequívoca de que só em casos delimitados se pode impor tal responsabilidade ao importador e ao fornecedor. Os arts. 1º e 3º não se limitam a regular a responsabilidade do produtor mas fixam, de entre os profissionais que participaram no processo de produção e distribuição, aqueles que devem assumir a responsabilidade, ou seja, quem vem a ser, em termos concretos, considerado como produtor.

Ao lembrar que a responsabilidade do fornecedor, nos termos do n.º 3 do art. 3º da Directiva, apenas existe no caso de o produtor (seja real ou aparente) não poder ser identificado, o tribunal salientou bem a diferença entre o simples vendedor final e o vendedor final que actue na qualidade de produtor aparente. É que o primeiro é incluído, no n.º 1 do

---

[252] In "JOCE" C 199, de 25 de Agosto de 2007, p. 7.

142 *Marca do Distribuidor e Responsabilidade por Produtos*

art. 3.º, como produtor, respondendo imediata e directamente, enquanto o segundo só responde subsidiariamente, num segundo momento. A possibilidade de agir directamente contra o vendedor existirá, como é evidente, no caso de se pretender agir com base na culpa – pois a Directiva não impede a aplicação de outros regimes paralelos, desde que não se baseiem na responsabilidade objectiva do produtor, como será o caso do recurso ao regime geral da responsabilidade subjectiva.

Outro aresto recente nesta matéria é o acórdão do TJCE (Primeira Secção) de 9 de Fevereiro de 2006[253]. Tratava-se de um pedido de decisão prejudicial apresentado pela *High Court of Justice*. Este pedido foi apresentado no âmbito de um litígio que opunha *D. O'Byrne* à *Sanofi Pasteur MSD Ltd* e à *Sanofi Pasteur SA*, devido à colocação em circulação por estas últimas de uma vacina alegadamente defeituosa, cuja administração terá causado lesões graves a *D. O'Byrne*.

A *High Court of Justice* decidiu suspender a instância e submeter ao TJCE (entre outras) a seguinte questão prejudicial: se for proposta uma acção na qual se reivindicam os direitos conferidos ao lesado pela Directiva, em relação a um produto alegadamente defeituoso, contra uma sociedade (A), no pressuposto erróneo de que A é o seu produtor, quando na realidade o produtor não foi A mas sim a sociedade B, é lícito aos Estados-membros conferirem aos seus tribunais, através das suas disposições nacionais, o poder discricionário de considerarem que a referida acção equivale a uma acção judicial intentada contra o produtor, na acepção do art. 11° da Directiva?

O Tribunal considerou que a Directiva não se pronuncia sobre os mecanismos processuais a pôr em prática quando uma vítima intenta uma acção de responsabilidade civil decorrente de produtos defeituosos e comete um erro relativo à pessoa do produtor. Assim, compete ao Direito processual nacional fixar as condições em que se pode proceder a uma substituição de uma parte por outra no âmbito de uma acção desta natureza.

O Tribunal sublinhou, contudo, que o círculo dos responsáveis contra os quais o lesado tem o direito de intentar uma acção ao abrigo do regime de responsabilidade previsto pela Directiva é definido nos arts. 1.º e 3.º da mesma, citando o já referido acórdão *Skov* e *Bilka*. Uma vez que a Directiva prossegue uma harmonização total dos aspectos que regula,

---

[253] Processo C-127/04 – pedido de decisão prejudicial apresentado pela *High Court of Justice* (*England & Wales*, Queen's Bench Division): *Declan O'Byrne* contra *Sanofi Pasteur MSD Ltd, Sanofi Pasteur SA, in* "JOCE" C 86, de 8 de Abril de 2006, pp. 5 *s*.

A Marca do Distribuidor Face ao Instituto da Responsabilidade por Produtos 143

a identificação do círculo de responsáveis feita por estas disposições deve ser considerada exaustiva.

O juiz comunitário relembrou que os arts. 1° e 3°, n.° 1 da Directiva imputam a responsabilidade ao produtor, sublinhando que apenas nos casos taxativamente enumerados outras pessoas podem ser consideradas produtores. O Tribunal considerou que "quando é intentada uma acção contra uma sociedade erradamente considerada produtora de um produto, quando, na realidade, este foi fabricado por outra sociedade, compete, em princípio, ao direito nacional fixar as condições em que é possível proceder à substituição de uma parte por outra no âmbito de uma acção desta natureza. Um órgão jurisdicional nacional que examina as condições a que essa substituição está subordinada deve, porém, velar pelo respeito do âmbito de aplicação *ratione personae* da directiva, conforme determinado pelos arts. 1° e 3° da mesma".

Deste aresto resulta que a Directiva tem apenas carácter substantivo, não pretendendo regular aspectos adjectivos, nomeadamente, a legitimidade processual do sujeito contra quem é proposta a acção. Ou seja, o diploma define contra quem pode ser dirigido o pedido ressarcitório, nos termos estritamente definidos pela Directiva, e não quem é parte legítima, em termos processuais. As duas questões estão, porém, intimamente ligadas.

5 – A jurisprudência dos tribunais nacionais

Lançando a nossa atenção sobre a jurisprudência nacional, deparamos com uma escassez de decisões judiciais que já foi mesmo apelidada de *underlitigation*[254]. Os Tribunais europeus têm sido confrontados com

---

[254] PONZANELLI, *Corte di giustizia delle Comunità Europee, sentenza 29 maggio 1997*, in "ForoIt", 1997, p. 391 e *Responsabilità del produttore (1995-2000)*, in "RDC", Novembro-Dezembro de 2000, n.° 6, p. 913. O resumo de algumas decisões dos tribunais nacionais pode ser colhido em PONZANELLI, *La responsabilità oggettiva. La responsabilità del produttore. La responsabilità assoluta*, in AA. VV., Casi e questioni di diritto privato, BESSONE (Dir.), Milão, 1998, pp. 451-457; IZQUIERDO PERIS, *Liability for defective products in the European Union: developments since 1995 – the European Commission's Green paper*, in "CLJ", 1999, vol. 7, n.° 3, pp. 331-351; ROGEL VIDE, *Aspectos de la responsabilidad civil extracontractual resultante de daños causados por productos defectuosos sin y con la jurisprudencia a la mano*, in AA. VV., Perfiles de la Responsabilidad civil en el nuevo milenio, MORENO MARTÍNEZ (Coord.), Madrid, 2000, pp. 565-583;

144 *Marca do Distribuidor e Responsabilidade por Produtos*

um número ínfimo de processos sobre responsabilidade por produtos quando comparados com os Estados Unidos, sociedade altamente litigiosa, podendo falar-se, a este propósito, de duas realidades perfeitamente distintas: os Estados Unidos e "o resto do mundo"[255]. O mais inquietante, no entanto, é que a ausência de casos jurisprudenciais não corresponde certamente a uma ausência de pessoas lesadas por produtos defeituosos[256]. Pode dizer-se que as disposições da Directiva têm sido objecto de maior discussão no meio académico e doutrinal que nos tribunais[257].

Tanto quanto temos conhecimento, os tribunais portugueses não se pronunciaram ainda sobre qualquer caso de responsabilidade por produtos em que se verificasse a existência de um produtor aparente.

No acórdão do Tribunal da Relação de Lisboa de 9 de Dezembro de 1997 pode ler-se que o DL 383/89 destina-se a "proteger o consumidor final do produto e daí que esse diploma tenha dado uma noção ampla de «produtor», que abrange não só o produtor propriamente dito do pro-

---

VAN GERVEN, LEVER e LAROUCHE, Tort law, Oxford, 2000, pp. 598-683; ALPA e BESSONE, La responsabilità civile, Milão, 2001, pp. 476-497; GUTIÉRREZ SANTIAGO, *La prueba del daño, del defecto en el producto y de la relación de causalidad entre ambos: experiencias en la aplicación judicial de la Ley 22/1994, de responsabilidad civil por los daños causados por productos defectuosos*, in AA. VV., Derecho penal de la empresa, CORCOY BIDASOLO e LARA GONZÁLEZ (Coords.), Pamplona, 2002, pp. 433-491; JIMÉNEZ LIÉBANA, *La práctica de los tribunales en materia de responsabilidad civil por daños causados por alimentos defectuosos*, in AA. VV., Régimen jurídico de la seguridad y calidad de la producción agraria. IX Congreso nacional de Derecho Agrario, Logroño, 2002, pp. 203-213; MARTÍN-CASALS, *Spanish product liability today – adapting to the 'new' rules*, in AA. VV., Product liability in comparative perspective, FAIRGRIEVE (Ed.), Cambridge, 2005, pp. 42-66; TORRES MINGOT, *Civil liability for defective products in Spain*, in AA. VV., Liability for products in a global Economy, in "CLYIB", special issue 2004, CAMPBELL e WOODDELY (Eds.), Haia, 2005, pp. 279-310; AA. VV., *Guía InDret de jurisprudencia sobre responsabilidad de producto (I): alimentos y botellas*, in "InDret", Abril de 2007, n.º 2/2007, pp. 1-26 e *Guía InDret de jurisprudencia sobre responsabilidad de producto (II): electrodomésticos, juguetes y objectos de uso doméstico*, in "InDret", Julho de 2007, n.º 3/2007, pp. 1-20; RAMOS GONZÁLEZ, FERNÁNDEZ CRENDE, FARNÓS AMORÓS *et al.*, *30 casos de Derecho de daños (2004-2006)*, in "InDret", Julho de 2007, n.º 3/2007, pp. 1-47.

[255] SCHMIT, *Factors likely to influence tort litigation in the European Union*, in "The Geneva Papers", 2006, vol. 31, p. 305.

[256] PINTO MONTEIRO, *La responsabilité du fait des produits défectueux au Portugal*, in AA. VV., Directive 85/374/EEC on product liability: ten years after, GOYENS (Dir.), Louvain-la-Neuve, 1996, p. 191.

[257] HOWELLS e MILDRED, *Infected blood: defect and discoverability. A first exposition of the EC product Liability Directive*, in "MLR", Janeiro de 2002, vol. 65, p. 95.

A *Marca do Distribuidor Face ao Instituto da Responsabilidade por Produtos* 145

duto". Apesar da referência acertada à noção ampla de "produtor", este aresto incorre em alguma imprecisão em relação ao sujeito tutelado, que não é apenas o consumidor final mas sim todo e qualquer lesado, ainda que não possa ser qualificado como consumidor.

No acórdão do STJ de 3 de Abril de 2003, em que votou de vencido o Conselheiro Neves Ribeiro, este refere *en passant* que "a responsabilidade do fornecedor é objectiva («o produtor real ou aparente é responsável, independentemente de culpa pelos danos causados pelos produtos que põe em circulação»)". Em aresto de 9 de Outubro de 2007 o mesmo tribunal voltou a sublinhar que na noção de produtor cabem os conceitos de produtor real, aparente e presumido. Trata-se da demonstração de que a expressão "produtor aparente" já é conhecida e acolhida pela jurisprudência portuguesa, pese embora ainda não tenha sido confrontada com nenhum caso concreto subsumível a este conceito.

Em Espanha a aplicação da Directiva comunitária nunca foi tarefa fácil. Não só pelas dificuldades inerentes ao próprio diploma de 1985 e da sua norma de transposição (Ley 22/1994) mas também – e muito especialmente – por causa da difícil convivência deste diploma com a LGDCU.

O primeiro acórdão do Tribunal Supremo espanhol proferido ao abrigo da Ley 22/1994 data apenas de 2003, constituindo o princípio do fim do processo de substituição da LGDCU pela Ley de responsabilidad por daños causados por productos defectuosos.

Pode questionar-se até que ponto a insistência que os tribunais espanhóis demonstraram, durante muito tempo, em aplicar conjuntamente o regime da Ley 22/1994 e da LGDCU aos casos de responsabilidade por produtos não constitui uma transposição incorrecta da Directiva[258]. Será que, obrigando-se cada Estado a transpor a Directiva de forma correcta, uma determinada corrente jurisprudencial pode ser tida como incorrecta transposição dos objectivos da Directiva, que esse Estado se obrigou a atingir? Neste sentido, pode ler-se nas conclusões do Advogado-Geral GEELHOED no processo C-402/03 (*Skov Æg* contra *Bilka*) que "a Directiva 85/374/CEE (…) opõe-se a um regime legal segundo o qual um fornecedor responde sem limitação pela responsabilidade do produtor nos termos da directiva, *quer este regime resulte de uma legislação quer da jurisprudência*"[259].

---

[258] TRIGO GARCÍA, *op. cit.*, pp. 608 *ss.*

[259] Ponto um das conclusões apresentadas em 20 de Janeiro de 2005. Itálico nosso.

146 *Marca do Distribuidor e Responsabilidade por Produtos*

No acórdão do Supremo Tribunal de 23 de Maio de 1991 (e por isso anterior à Ley 22/1994) referia-se que embora a Directiva comunitária ainda não tivesse sido transposta, o ordenamento jurídico espanhol já dispunha, na LGDCU, de um regime de responsabilidade por produtos, o qual se dividia em duas áreas diferenciadas: uma de natureza objectiva (e excepcional), o art. 28.º; e outra de natureza subjectiva, com carácter geral, baseada na culpa do sujeito responsável, a qual se presumia (arts. 25.º, 26.º e 27.º)[260]. A articulação entre estes dois regimes, sujeitos a fundamentos e pressupostos distintos, mostrava-se bastante confusa, como se pode constatar pela análise do acórdão de 10 de Junho de 2002[261].

O acórdão do Supremo Tribunal de 4 de Outubro de 1996 é um bom exemplo da difícil compatibilização entre a Ley 22/1994 e a LGDCU[262].

Este aresto começa por lembrar, e bem, que enquanto a LGDCU se baseava num regime de responsabilidade quase-objectiva, com inversão do ónus da prova, a Ley 22/1994 estabelecia um sistema de responsabilidade civil especial e fechado. Nesta decisão considerou-se que o art. 26.º e a al. a) do n.º 1 do art. 27.º da LGDCU, em conjugação com a Lei de 1994, estabeleciam a regra geral da responsabilidade do fabricante, importador, vendedor ou fornecedor de produtos. Até aqui tudo bem. Só que, no entender do Tribunal, uma interpretação lógica desta "pluri--responsabilidade" supunha que o lesado ou prejudicado pudesse escolher entre exercer a acção de reclamação contra os referidos sujeitos, mas que não pudesse demandar conjunta e simultaneamente os responsáveis *ope legis*, a não ser que conseguisse demonstrar a concorrência directa de todos eles na produção do dano. O acórdão ressalvava, como é evidente, a existência do direito de regresso do sujeito que tenha pago a indemnização em relação aos demais responsáveis, de acordo com a sua participação na produção do dano, citando o n.º 2 do art. 27.º da LGDCU.

Este acórdão é criticável por diversos motivos.

Primeiro, porque, pese embora reconheça a existência de um regime legal duplo, constituído pela LGDCU (regime geral) e pela Ley 22/1994 (regime especial), ficam por aí as suas referências à Ley de responsabilidad civil por los daños causados por productos defectuosos. Depois,

---

[260] Processo n.º 2639/1991, Sala de lo Civil. Acessível online em http://www.poderjudicial.es.

[261] Processo n.º 4222/2002, Sala de lo Civil. Acessível online em http://www.poderjudicial.es.

[262] Processo n.º 778/1996, Sala de lo Civil (RJ 1996/7034).

porque olvida as diferenças entre os dois regimes (um é baseado na inversão do ónus da prova da culpa, o outro prescinde de qualquer culpa). Por fim, parece confundir pluralidade de responsáveis com solidariedade. Do art. 7.º da Ley 22/1994 resultava expressamente a solidariedade dos sujeitos responsáveis pela produção do dano. Por outro lado, do n.º 2 do art. 4.º do mesmo diploma resultava que o vendedor apenas poderia ser demandado subsidiariamente, ou seja, se não indicasse a identidade do produtor, do importador ou de quem lhe havia fornecido o produto. Sendo o regime estabelecido por este diploma de carácter objectivo, o lesado não necessitava de demonstrar culpa dos sujeitos demandados que, ademais, podia demandar solidariamente, ou seja, optando por demandar apenas um, vários ou mesmo todos.

Poderia dizer-se que este aresto estava apenas a aplicar a LGDCU, uma vez que a Ley 22/1994 ainda era recente e suscitava vivas dúvidas. Pois bem, ainda que assim fosse, do art. 26.º resultava que o regime de responsabilidade por produtos tinha natureza quase-objectiva, com inversão do ónus da prova. Da al. a) do n.º 1 do art. 27.º resultava que o fabricante, o importador, o vendedor e o fornecedor do produto eram considerados responsáveis. Ora, se o lesado estava dispensado de demonstrar a culpa dos sujeitos, nada impedia que os demandasse conjuntamente e que estes, uma vez chamados, se tentassem exonerar preenchendo o ónus que sobre si incidia (afastando a culpa).

Por outro lado, e uma vez que neste caso o produto defeituoso era uma garrafa de cerveja, seria aplicável o art. 28.º, o qual estabelecia uma responsabilidade objectiva, ao contrário do n.º 1 do art. 27.º, que se baseava numa responsabilidade quase-objectiva com inversão do ónus da prova.

Podia interpretar-se a referência do acórdão à "concorrência directa de todos os responsáveis na produção do dano" como remissão para o nexo de causalidade. De facto, este elemento está a cargo do lesado, não se presumindo. Ou seja, o lesado tem de provar o facto (defeituosidade do produto), o dano sofrido e o nexo de causalidade entre o primeiro e o segundo. Ora, a prova do nexo de causalidade depende apenas da demonstração de que os danos sofridos nunca se teriam verificado se não fosse a defeituosidade do produto, e não da responsabilidade de um sujeito pela existência desse defeito. Ou seja: o lesado não tinha de demonstrar de onde provém o defeito que foi a íntima e directa causa do seu dano, nem de provar quem provocou esse defeito. O ónus da prova da inexistência de culpa, de responsabilidade, não pelo dano, mas pela

148   *Marca do Distribuidor e Responsabilidade por Produtos*

defeituosidade – esse compete aos demandados, que são os fixados na Lei, podendo ser chamados à acção solidariamente.

O aresto do Tribunal Supremo de 14 de Julho de 2003 vincou a diferença entre os dois regimes vigentes[263]. Primeiro, a histórica LGDCU, constituída pelo art. 25.º, qualificado pela doutrina de relativamente objectivo, e pelo art. 28.º, relativo a certos produtos, que fixava uma responsabilidade objectiva pura. Depois, a Ley 22/1994, que estabelecia um regime de responsabilidade objectiva, ainda que não absoluta, uma vez que admitia determinados casos de exoneração do responsável. Para além disso, o acórdão lembrava que tanto a Directiva como a Lei espanhola prescindiam da distinção entre responsabilidade contratual e extracontratual, impondo a responsabilidade de acordo com os pressupostos fixados, independentemente da existência ou não de um contrato entre as partes.

O aresto recordava que a responsabilidade que a LGDCU estabelecia era uma obrigação solidária de reparar o dano imposta aos vários intervenientes no processo produtivo, desde o fabricante ao vendedor, pluralidade de responsáveis que era justificada pela protecção ao lesado, evitando que se tenha de dirigir a um fabricante desconhecido ou estrangeiro, princípio que foi mantido pela Directiva. As considerações tecidas pelo Tribunal Supremo são correctas, excepto as relativas ao fornecedor que, como resulta da Directiva, não é um responsável directo e solidário mas sim secundário e subsidiário.

Analisemos, por fim, o acórdão de 20 de Setembro de 2006[264].

Este aresto recordava que a LGDCU estabelecia, no seu art. 25.º, o direito dos lesados a serem indemnizados pelos danos causados pelos produtos, a não ser que os prejuízos fossem motivados por sua culpa exclusiva. Esta Lei, de pronunciada função social, estabelecia, antes de mais, um sistema de responsabilidade qualificado pela jurisprudência como "quase-objectivo", com inversão da carga da prova, culminando no art. 28.º, considerado pelos tribunais como de uma responsabilidade objectiva pura. Segundo se pode ler neste aresto, este sistema de responsabilidade, estabelecido nuns casos a título de imputação quase-objectiva, e noutros de objectiva pura, fundava-se na transferência para o fabricante, importador, vendedor ou fornecedor de bens e serviços do ónus de demonstrar a culpa exclusiva do prejudicado.

---

[263] Processo n.º 753/2003, Sala de lo Civil, Sección Unica (RJ 2003\5837).
[264] Processo n.º 876/2006, Sala de lo Civil, Sección 1 (RJ 2006\8591).

A Marca do Distribuidor Face ao Instituto da Responsabilidade por Produtos 149

O tribunal recusou a tese alegada pela recorrente de falta de litisconsórcio passivo necessário, invocando o acórdão de 4 de Outubro de 1996 (a que já nos referimos) e defendendo que uma interpretação lógica da pluri-responsabilidade supõe que o lesado possa escolher entre dirigir a acção contra algum, contra vários ou contra todos os sujeitos. Ou seja, a responsabilidade solidária dos sujeitos enumerados nos arts. 26.º e 27.º da LGDCU nascia da própria norma, segundo o entendimento jurisprudencial comum.

Ora bem: pese embora tenha sido citado, cremos que o aresto de 4 de Outubro não se pronunciava exactamente neste sentido, uma vez que dava a entender que a solidariedade, podendo existir, pressupunha a demonstração da concorrência directa de todos os responsáveis na produção do dano, o que nos parece ser contrário ao sistema de responsabilidade "quase-objectiva" que se pretendia implementar.

Se existem poucas sentenças sobre casos de responsabilidade por produtos, são ainda menos os casos em que o sujeito passivo seja qualificado como produtor aparente. De facto, a responsabilidade deste sujeito não tem ocupado de forma muito relevante os tribunais nacionais. Ao contrário do que sucede em Portugal, em Espanha já existem algumas decisões sobre a responsabilidade do produtor aparente. É sobre esses arestos que passamos a debruçar a nossa atenção.

Em Junho de 2001 a Audiência Provincial de Almería indeferiu o recurso interposto contra o distribuidor demandado, considerando que este não teria em caso algum de responder pelos prejuízos resultantes dos defeitos do produto, uma vez que a responsabilidade estabelecida pela Ley 22/1994 atingia o fabricante e o importador, de acordo com o estabelecido no art. 4.º, sendo equiparável neste caso ao fabricante a entidade que comercializa o produto, mas não o vendedor do mesmo[265].

Três meses depois a Audiência Provincial de Múrcia proferiu um acórdão em que entendeu que não deve ser considerada alterada a causa de pedir pelo simples facto de a ré ter sido demandada enquanto fabricante, quando era mera distribuidora, uma vez que a assimilação de ambas as figuras para efeitos de responsabilidade resultava da Ley 22/1994[266].

---

[265] SAP de Almería de 15 de Junho de 2001, processo n.º 187/2001 (Secção 1ª), (JUR 2001/248258), fundamento de Direito Primeiro.

[266] SAP de Múrcia de 1 de Setembro de 2001, processo n.º 283/2001 (Secção 4ª), (JUR 2001/312050), fundamento de Direito Primeiro B).

150 *Marca do Distribuidor e Responsabilidade por Produtos*

Em Dezembro do mesmo ano a Audiência Provincial de Barcelona considerou provado que a Autora havia sofrido danos causados por um spray comercializado pela demandada sob o seu próprio nome, pelo que, de acordo com a al. d) do art. 4.º, tinha a condição de fabricante para efeitos da Ley 22/1994[267].

A mesma Audiência Provincial debruçou-se em 2002 sobre um caso em que uma das entidades demandadas invocava a excepção de falta de litisconsórcio passivo necessário, pelo facto de não ter sido chamado ao processo o fabricante do produto que, segundo defendia, se limitava a distribuir. O tribunal considerou que a legitimação passiva do distribuidor era indiscutível sob qualquer ponto de vista (arts. 1902.º e 1903.º do CC, art. 27.º, n.º 1, al. c) da Ley 26/1984 e art. 4.º, n.º 1, al. d) da Ley 22/1994) e que, em qualquer caso, estaríamos perante responsáveis solidários. Entendeu o tribunal que seria deste modo tanto em aplicação do disposto no art. 7.º da Ley 22/1994 e no art. 27.º, n.º 2 da Ley 26/1984, como desde o ponto de vista da responsabilidade extracontratual regulada com carácter geral nos arts. 1902.º e 1903.º do CC espanhol. O aresto lembrava que a jurisprudência era uniforme na afirmação de que este regime de solidariedade, sem prejuízo do direito de regresso a que pudesse haver lugar, excluía o litisconsórcio[268].

Também em 2002 a Audiência Provincial de Valência pronunciou--se sobre um caso em que ao comprador tinha sido entregue um certificado de garantia, encabeçado pelo nome "Boiler" e pela respectiva morada, em que se referia que o fabricante garantia o produto contra qualquer defeito de fabrico. O Tribunal considerou que seria ilógico pensar que, se existe algum defeito que possa ser reparado, o vendedor diga ao comprador para se dirigir ao fabricante em vez de ser o seu serviço técnico a realizar a reparação. Isto, é claro, sem prejuízo de que posteriormente fizesse repercutir o valor pago sobre a entidade fabricante.

Citamos, com a devida vénia, o entendimento dos desembargadores: "el comprador al leer la garantía identifica al fabricante con Boiler, más aún cuando en el propio calderin consta con letras grandes, para que puedan ser leídas a distancia, la misma palabra (sin mención alguna de INNER), y esta identificación razonable que se hace en el momento de

---

[267] SAP de Barcelona de 17 de Dezembro de 2001, processo n.º 766/2001 (Secção 17ª) (JUR 2002/84388), fundamento de Direito Terceiro.

[268] SAP de Barcelona de 30 de Maio de 2002, Recurso de Apelação n.º 724/2001 (Secção 17ª), AC 2002/1211, fundamento de Direito Segundo.

A Marca do Distribuidor Face ao Instituto da Responsabilidade por Produtos 151

la compra es la determinante de la responsabilidad posterior; sin que pueda perjudicar a las actoras la circunstancia de que, después de reproducido el siniestro, se le diga que la fabricante es otra entidad, que tiene una aseguradora que cubre los daños, y que para evitar el pleito la abogada haya hecho gestiones para una solución amistosa, haciendo derivar consecuencias negativas de este recto proceder, al que no venía obligada legalmente. Estas razones son suficientes para estimar la demanda pero conviene recordar en relación a la palabra Boiler que consta en el calderin la Ley 22/1994 de 6 de Julio de Responsabilidad Civil por daños causados por Productos Defectuosos, que en su artículo 4 dice que se entiende por fabricante cualquier persona que se presente al público, «poniendo su nombre, denominación social, su marca o cualquier otro signo distintivo en el producto o en el envase, el envoltorio o cualquier otro elemento de protección o presentación»"[269].

A mesma Audiência Provincial pronunciou-se, em Novembro de 2004, sobre um caso em que a recorrente invocava a sua falta de legitimidade passiva, de acordo com o art. 4.º, apartado 3 da Ley 22/1994, por ter identificado o vendedor do produto defeituoso. O distribuidor invocava que havia dado conhecimento ao lesado do verdadeiro fabricante do produto, alegando que a acção deveria ser dirigida contra aquele.

A sentença de primeira instância não deu provimento a este argumento, considerando que se deveria aplicar o art. 4.º, n.º1, al. d), pelo que, para todos os efeitos, se deveria considerar o distribuidor como fabricante, uma vez que o produto defeituoso tinha o seu nome inscrito e havia sido vendido pela sua filial em Espanha. A Audiência manifestou o mesmo entendimento, mantendo a decisão recorrida[270].

Em Abril de 2004 a Audiência Provincial de Las Palmas proferiu um acórdão que também se pronuncia sobre a legitimidade passiva. A recorrente invocava que a sua empresa não era a fabricante do produto defeituoso e que, deste modo, não poderia ser responsabilizada. Tratava-se de um caso de danos causados por uma falha no sistema de segurança que motivou danos num motor fabricado pela recorrente. O tribunal considerou provado que a recorrente fabricou o motor e que foi a mesma que instalou neste o sistema de segurança (fabricado por terceiros, mas

---

[269] SAP de Valência de 17 de Setembro de 2002, processo n.º 537/2002 (Secção 9ª) (AC 2002/1658).

[270] SAP de Valência de 2 de Novembro de 2004, processo n.º 591/2004 (Secção 7ª) (JUR 2005/31112).

152 *Marca do Distribuidor e Responsabilidade por Produtos*

comercializado com a marca da recorrente). Deste modo, o aresto considerou que a empresa assumia a responsabilidade pelo produto, com base na al. d) do n.º 1 do art. 4.º[271].

Passamos agora a analisar o acórdão proferido pela Audiência Provincial de Saragoça em 11 de Outubro de 2004[272].

Este aresto começou por recordar que a al. d) do n.º 1 do art. 4.º contemplava um conceito amplo de fabricante, entendendo como tal "al que sin haber participado en el proceso productivo del producto, aparenta frente a los destinatarios ser su elaborador, ubicando en el mismo su marca, denominación social o cualquier signo distintivo propio". Uma vez que o produto defeituoso era um pneu que levava impresso um anagrama da marca da demandada, estava preenchido o pressuposto da norma referida, não tendo sido considerado provado, por outro lado, que a recorrente tenha utilizado a marca com fins meramente publicitários ou sem o seu conhecimento ou consentimento.

A recorrente invocava ainda a falta de litisconsórcio, uma vez que não havia sido demandada a empresa que manipulou e reparou o pneu antes do acidente. O Tribunal recordou que nos encontramos perante um regime de responsabilidade solidária, em que o prejudicado pode accionar qualquer um dos possíveis responsáveis ou todos eles, sem prejuízo das acções que estes possam exercitar ente si, em reclamação da sua quota respectiva.

Mais recentemente, em 11 de Junho de 2007, o Juzgado de 1.º Instância n.º treze de Barcelona ocupou-se do relacionamento entre a LGDCU, na sua redacção anterior, e a Ley 22/1994, de 6 de Julho[273].

O tribunal recordou que os arts. 25.º a 28.º da LGDCU padeciam de graves imperfeições técnicas e de um alto grau de obscuridade, que deu lugar a uma polémica doutrinal sobre o carácter subjectivo da responsabilidade regulada em alguns dos seus preceitos. A sentença lembra que a maior parte da doutrina entendia que existiam dois regimes de responsabilidade: um geral, de carácter subjectivo, com inversão do ónus da prova a favor do prejudicado (arts. 26.º e 27.º); e outro particular, de carácter objectivo (art. 28.º). O tribunal considerou que a alínea c) do art.

---

[271] SAP de Las Palmas de 12 de Abril de 2004, processo n.º 229/2004 (Secção 4ª) (JUR 2004/153039).

[272] SAP de Saragoça de 11 de Outubro de 2004, processo n.º 542/2004 (Secção 2ª) (JUR 2004/298313).

[273] Juicio Ordinario número 467/06-5ª.

A *Marca do Distribuidor Face ao Instituto da Responsabilidade por Produtos* 153

27.º tinha apenas por finalidade desfazer qualquer dúvida que pudesse existir sobre quem era o produtor, delimitando o conceito de "produtor aparente" e sendo uma confirmação de uma interpretação ampla do conceito de produtor ou fabricante estabelecido para um caso concreto (produtos envasados, etiquetados e fechados) mas que não excluía a possível responsabilidade do resto dos produtores reais do produto defeituoso nem das demais pessoas enumeradas na al. a) da mesma norma.

Na Irlanda surgiu um caso em que, por ironia, o lesado acabou por não poder acudir ao normativo da Directiva comunitária pois esta ainda não havia sido transposta. No processo *Duffy* vs. *Rooney and Dunnes Stores*[274], uma criança de dois anos sofreu queimaduras substanciais quando o seu casaco entrou em contacto com um foco de calor. O tribunal considerou o avô da criança responsável por negligência pois não havia removido o perigo existente, substituindo a protecção existente junto da lareira. O High Court também entendeu que o distribuidor do casaco seria responsável ao não ter afixado no produto um aviso alertando para não aproximar a peça de roupa de fontes de calor. No entanto, a mãe da criança não conseguiu demonstrar que um tal aviso teria sido suficiente para evitar a produção do dano. Falhou, deste modo, a demonstração da existência de um nexo de causalidade entre a omissão de informação por parte do retalhista e a produção do dano.

Sucede que o acidente se produziu no dia 9 de Fevereiro de 1992 e o produto havia sido adquirido antes da entrada em vigor do *Liability for Defective Products Act, 1991*, em 16 de Dezembro de 1991. A Directiva deveria ter sido transposta para a Irlanda até ao prazo limite por si fixado, ou seja, até ao dia 30 de Julho de 1988. Tendo em conta que o casaco continha a marca do distribuidor *Dunnes Stores* ("St. Bernard") e que a Directiva tardiamente transposta para a Irlanda responsabiliza o produtor aparente como se fosse produtor, o representante do lesado poderia ter lançado mão do princípio *Francovich*.

Segundo este princípio, fixado no caso *Francovich* vs. *Itália* (acórdão de 19 de Novembro de 1991)[275], os interessados não podem invocar perante os órgãos jurisdicionais nacionais os direitos resultantes das Directivas, na falta de medidas de execução tomadas dentro dos prazos

---

[274] *High Court*, 23 de Junho de 1997, não publicado. Um resumo deste caso pode ser encontrado em SCHUSTER, *Review of case-law under Directive 85/374/EEC on liability for defective products, in* "CLJ", 1998, vol. 6, n.º 2, 208 *s.*

[275] Processos apensos C-6/90 e C-9/90, *in* "CJTCE" 1991, p. I-5357.

154 *Marca do Distribuidor e Responsabilidade por Produtos*

mas, por outro lado, os Estados-membros são obrigados a reparar os prejuízos causados aos particulares pela não transposição das Directivas.

Na Bélgica, em acórdão de 24 de Março de 1994, o *Court d'Appel* de Anvers considerou que uma empresa de distribuição de bilhas de gás não podia escapar à responsabilidade pelos danos causados por uma explosão do produto invocando que não era o seu fabricante real, dado que não indicava a identidade do verdadeiro produtor[276]. Cremos que este acórdão incorre em lapso, ao confundir o produtor aparente com o vendedor. É que neste caso as botijas de gás estavam assinaladas com a marca do distribuidor (*Shell*), tratando-se pois de um produtor aparente. Ora, neste caso não é dada ao sujeito a possibilidade de se eximir indicando o nome do produto real. Essa possibilidade só é concedida ao mero fornecedor.

A *Corte di Cassazioni* italiana proferiu em 21 de Novembro de 1995 um aresto sobre esta matéria[277]. Um produtor foi chamado a responder pelos danos causados por uma bateria de automóvel que explodiu na garagem de um mecânico. Este último estava ligado ao produtor através de um contrato de fornecimento exclusivo e apunha a sua própria marca sobre as baterias. O produtor real da bateria afastou a sua responsabilidade com base na incerteza quanto à origem da bateria. Os juízes de primeira instância fixaram a sua responsabilidade e exoneraram o produtor aparente, decisão que foi mantida pela *Corte di Cassazione*.

A *Corte* não fez qualquer referência ao Decreto de transposição da Directiva comunitária. A vítima havia agido contra o sujeito que tinha aposto a sua marca sobre o produto defeituoso, que não passava de um produtor aparente. O revendedor (que apenas havia aposto a sua marca) foi chamado a reparar os danos causados à vítima e exigiu o direito de regresso contra o produtor real. O processo desenrolou-se de acordo com o esquema fixado na Directiva. Trata-se de uma solução lógica uma vez que o lesado ignora o papel desempenhado por cada um dos sujeitos no fabrico do produto. Deste modo, evita-se que o prejudicado se depare com um produto anónimo e não saiba a quem exigir a reparação dos danos.

Em Abril de 2006 o English Court of Appeal revogou uma decisão proferida em primeira instância pelo Brighton Country Court, em que

---

[276] Processo JB30772-1, disponível *in* "RGAR", 1997, p. 12717.
[277] *Cassazione*, 21 de Novembro de 1995, n.º 12023, *in* "DannoR", 1996, p. 363.

A *Marca do Distribuidor Face ao Instituto da Responsabilidade por Produtos* 155

este considerara responsáveis, conjuntamente, o fabricante (*Robert McBride Limited*) e o distribuidor sob marca própria (*Tesco Stores Ltd*) de um detergente de máquina de lavar loiça pelos danos causados a uma criança – *Pollard* vs. *Tesco Stores Ltd and Others*[278]. Os réus aceitaram a sua qualificação como produtores nos termos do *Consumer Protection Act*. Assim, a relevância deste caso não se prende tanto com a responsabilidade do produtor aparente mas sim com o cumprimento de *standards* de segurança e o afinamento do conceito de "segurança que se pode legitimamente esperar" fixado na Directiva e no diploma de transposição britânico.

Os tribunais nacionais têm muitas vezes ignorado a Directiva comunitária e os seus diplomas de transposição, continuando a aplicar os normativos de fonte nacional, o que pode ser visto como sintoma de dificuldades na harmonização legislativa que o diploma comunitário procurava atingir, enquanto instrumento de integração[279]. Alguns Autores chegaram mesmo a alertar para a *balcanização* desta matéria, devido à difícil coordenação entre o regime codicista tradicional e as disposições legais extravagantes de inspiração comunitária[280].

---

[278] EWCA Civ 393 (2006).

[279] MÖLLERS, *The role of law in European integration*, *in* "AJCL", 2000, vol. 48, pp. 683 *s*.

[280] PONZANELLI, *Difetto del manico portabottiglie e responsabilità del produttore*, *in* "DannoR", 2006, n.º 12, p. 1256.

CAPÍTULO II
A MARCA DO DISTRIBUIDOR

6 – Delimitação do conceito e distinção face a figuras afins

6.1 Origem e evolução da marca do distribuidor

Deve dizer-se, desde logo, que a marca do distribuidor não é, em rigor, uma figura assim tão recente. De facto, ela precedeu a própria marca do produtor, em especial antes da Revolução Industrial.

Até ao surgimento das marcas do fabricante, no século XIX, a única garantia de que o público dispunha sobre a qualidade dos produtos era dada pelos vendedores, uma vez que os produtos não eram marcados. Os produtos de mercearia eram produzidos por pequenos fabricantes que forneciam os mercados locais, variando a sua qualidade de comerciante para comerciante, que muitas vezes combinava produtos de diferentes produtores. Com o advento da industrialização a distância entre produtor e adquirente aumentou, crescendo a importância do distribuidor. Os fabricantes passaram a produzir de acordo com as instruções de grandes armazéns e grossistas que controlavam os comerciantes e pequenos retalhistas.

Na segunda metade do século XIX alguns produtores, preocupados com a importância e controlo que os grossistas assumiam, passaram a marcar os seus produtos, a publicitá-los e a negociar directamente com os retalhistas. Os produtores aumentaram a qualidade das embalagens, que já não serviam apenas para proteger o produto mas também deveriam ser atractivas. Desta forma, o século XX assistiu ao domínio das marcas do produtor, apoiadas num marketing e publicidade muito fortes.

158 *Marca do Distribuidor e Responsabilidade por Produtos*

Segundo alguns Autores a primeira marca do distribuidor a surgir nos Estados Unidos da América foi a *Brooks Brothers*, fundada em 1818[281]. No Reino Unido a cadeia de estabelecimentos *Sainsbury* lançou em 1869 uma gama de produtos com a sua própria marca.

O sinal mais impressivo desta figura foi dado pela cadeia de hipermercados *Carrefour* quando, em 1976, lançou cinquenta produtos apelidados de "produtos livres" ou de "marca branca". O objectivo era diferenciar o produto, apresentando apenas a insígnia do distribuidor, oferecendo um preço competitivo. Estávamos perante uma nova fase na vida destes produtos, propiciada pela crise gerada pelo choque petrolífero. Tratava-se de uma verdadeira ofensiva contra as marcas de tradição, afirmando que os produtos sem marca eram "tão bons como as marcas nacionais e mais baratos". Estes produtos ficaram conhecidos como produtos de "marca bandeira", "produtos bandeira" ou "marca *umbrella*", apresentando-se com uma embalagem depurada, unicolor, sem desenhos nem floreados. Não existia uma insígnia ou marca mas apenas um símbolo visual que fazia lembrar uma marca.

Em 1984 foi lançada em Portugal a primeira geração de produtos genéricos, tendo sido retirada em 1990. A cadeia de distribuição *Continente* lançou a sua marca do distribuidor em 1986.

Podemos divisar quatro períodos históricos distintos na evolução das marcas do distribuidor. O primeiro, anterior a 1940, quando estas começaram lentamente a surgir; o segundo, de 1970 ao início dos anos oitenta, quando se verificou a sua expansão; o terceiro, de meados até finais dos anos oitenta, quando ocorreu uma explosão indiscriminada; e dos anos noventa em diante, quando estas marcas atingiram a maturidade e sofisticação qualitativa.

Em termos de estratégia de marketing, a evolução deste fenómeno pode ser dividida em várias fases a que correspondem características e estratégias próprias. Em nosso entender a evolução das marcas do distribuidor pode resumir-se essencialmente a três estádios: a fase da simples rotulagem, a fase da *quase-marca* e a fase do *branding*. Em cada uma destas etapas produtores e distribuidores repartem o poder sobre o mercado de forma distinta.

---

[281] Uma síntese da evolução histórica do fenómeno pode ser encontrada em CAPLLIURE GINER, *Las marcas del distribuidor*, *in* "Quaderns de treball", n.º 131, Facultat d'Economia, Universitat de Valência, 2002, pp. 21 *ss*.

No início os produtos de marca do distribuidor surgem como produtos genéricos, vendidos sem marca, com base no baixo preço. A sua qualidade é bastante inferior à das marcas tradicionais. O surgimento destes produtos tem na sua base o conceito de "contra-segmentação", que se traduz na tentativa de oferecer os produtos ao menor preço possível. A inexistência de fortes campanhas de publicidade e o recurso a ingredientes e embalagens de menor qualidade permitem baixar substancialmente o preço destes produtos.

Numa segunda fase os produtos melhoram de qualidade, procurando assemelhar-se aos da marca líder, sendo muitas vezes designados na literatura anglo-saxónica como *me-too products* (produtos "eu também"). Estes produtos são cópias de marcas reputadas (por exemplo, com uma embalagem muito parecida) com um preço cerca de 20% inferior. Os produtos tornam-se progressivamente mais sofisticados, com melhor apresentação e qualidade, subindo o preço mas mantendo-se, ainda assim, abaixo do custo da marca líder. A estratégia do retalhista inverte-se, passando da simples rotulagem do produto para a tentativa de acrescentar valor, de aumentar a qualidade do produto – aquilo que é geralmente designado de *quasi-branding*.

Na última etapa o distribuidor aposta decididamente na qualidade, impondo apertadas regras de controlo de produção e de certificação. É a passagem da simples rotulagem (*labeling*) para uma verdadeira estratégia de marca (*branding*). O retalhista controla o desenho dos produtos, o processo produtivo e domina todo o seu marketing. Por vezes o retalhista apoia-se num certificado público de qualidade como, por exemplo, um certificado de origem controlada, para garantir a qualidade dos seus bens. Em muitos casos estes produtos atingem elevados níveis de qualidade, chegando a ultrapassar as marcas tradicionais – fala-se, a este propósito, de produtos *premium*. Em algumas situações estes produtos apresentam mesmo preços superiores aos dos líderes, apoiados numa forte qualidade e certificação. O distribuidor passa a diminuir o espaço dedicado nas suas prateleiras às marcas de prestígio para apostar nas suas próprias marcas.

Associada a esta escala evolutiva encontra-se igualmente a natureza da empresa fornecedora.

No início os produtos de marca do distribuidor eram produzidos pelos próprios. A produção pelo retalhista estava limitada pela complexidade do produto e pelos custos de produção. Por isso, tornou-se comum os retalhistas encarregarem produtores de fabricarem os seus produtos, que eram embalados de acordo com as especificações do distribuidor.

160 *Marca do Distribuidor e Responsabilidade por Produtos*

Os produtores começaram a produzir quer os seus próprios produtos quer marcas de distribuição – é a chamada *mixed brand policy* ou *dual branding*. Isto sucede porque os distribuidores procuram fabricantes com provas dadas e experiência no desenvolvimento de produtos sofisticados.

Consoante o grau de envolvimento do distribuidor nas tarefas de criação, gestão e marketing da marca podemos falar de *labeling* ou de *branding*[282]. Estes dois termos anglo-saxónicos, que podem ser traduzidos por "rotulagem" e "aposição de uma marca", têm significados diferentes. No primeiro existe um esforço diminuto do distribuidor na criação de uma verdadeira identidade da marca. No segundo existe um empenho constante de criação de valor e imagem da marca.

Um dos temas mais abordados pelos especialistas em marketing é a razão de ser deste tipo de produtos.

Segundo alguns Autores este tipo de estratégia visou, no início, melhorar a imagem dos distribuidores e aumentar a sua margem de lucro após a destruição do pequeno comércio. Alegava-se que as marcas do fabricante se tinham "transformado num instrumento de servidão, num engodo, tendo chegado o tempo de restituir a liberdade aos compradores/consumidores"[283]. Criticava-se o *hipermarketing*, culpando os fabricantes pelo aumento dos preços devido ao investimento em publicidade, ao excesso de merchandising e, como se dizia na época, de *cartonning*.

Os distribuidores lançavam a ideia de que a marca era algo de supérfluo, um produto adverso da publicidade que permitia aos fabricantes cobrar um valor acrescentado pelos seus produtos. Galvanizados pelo clima social adverso propiciado pelas crises económicas, os distribuidores procuravam passar a imagem de que eram defensores dos consumidores, oferecendo-lhes produtos de qualidade a um preço justo e libertando-os da tirania dos produtores e do marketing, tornando-os insensíveis perante a marca[284].

---

[282] FERNIE e PIERREL, *Own branding in UK and french grocery markets, in* "JPBM", 1996, vol. 5, n.º 3, pp. 48 *ss*; MARTÍNEZ LÓPEZ e MARAVER TARIFA, *Estrategias de surtido y de marcas del distribuidor en la empresa detallista, in* AA. VV., Distribución Comercial, MARAVER TARIFA (Coord.), Barcelona, 2005, p. 244.

[283] CRESPO DE CARVALHO e MARQUES DA CUNHA, Marcas do distribuidor em Portugal, Lisboa, 1998, p. 129.

[284] KAPFERER e LAURENT, *La sensibilidad a las marcas, in* AA. VV., La marca. Motor de la competitividad de las empresas y del crecimiento de la economia, Madrid, 1991, p. 60.

A marca foi considerada durante muitos anos um activo característico dos produtores. Os fabricantes pensavam que a marca era um património exclusivamente seu e que o distribuidor não podia lançar mão deste recurso ou, quando muito, poderia apenas fazer um uso marginal[285]. Foram os próprios distribuidores a fomentar esta ideia, quando começaram a introduzir no mercado produtos apelidados de "sem marca" ou "anti-marca".

A marca do distribuidor acaba por evidenciar o reconhecimento, por parte do sector da distribuição, do papel fundamental que a marca desempenha na economia moderna e que faz deste sinal distintivo um dos bens mais preciosos das empresas[286].

As marcas do distribuidor podem ser vistas como um caso extremo de extensão da marca. Embora por vezes os retalhistas recorram a diferentes nomes para marcar os seus produtos, o nome mais comummente utilizado é o da própria loja – e a frequência com que aparece não é comparável com qualquer outra marca. De facto, nenhuma outra marca tem presença em tantas categorias. As marcas do distribuidor incluem hoje linhas completas de alimentos frescos, enlatados, têxtil, congelados, aperitivos, especialidades exóticas, comida para animais, produtos de beleza e saúde, cosméticos, produtos para a casa, bricolage, produtos de jardim, produtos para máquinas e carros, *etc.*

É o próprio "Livro Verde sobre as restrições verticais no âmbito da política comunitária da concorrência" que reconhece: "o papel da marca própria dos retalhistas mudou, nomeadamente no sector dos produtos alimentares. O posicionamento inicial no mercado destas marcas de produtos alimentares consistia numa alternativa de baixo preço/menor qualidade às marcas dos fabricantes. Contudo, uma vez que estas marcas comportam a designação do retalhista e são apenas vendidas nos seus estabelecimentos de venda, estas foram reposicionadas, a sua qualidade melhorou e encontram-se cada vez mais associadas ao lançamento de novos produtos. Nalgumas cadeias de venda a retalho de produtos alimentares, as marcas próprias representam já 30 % da gama de produtos de grande mobilidade"[287].

---

[285] Recio Menéndez e Román González, *Posibilidades de gestión estratégica de las marcas de distribuidor, in* "DC", Abril/Maio de 1999, pp. 13 *ss.*

[286] Casado Cerviño, Derecho de marcas y protección de los consumidores. El tratamiento del error del consumidor, Madrid, 2000, p. 15.

[287] *Op. cit.*, p. 12.

162 *Marca do Distribuidor e Responsabilidade por Produtos*

Com o advento das marcas de distribuição é o próprio conceito e papel da marca, de *per si*, que é alterado. Existe um tráfico crescente na transferência da lealdade da marca do produtor para a marca do distribuidor. A lealdade às marcas não morreu: a diferença é que as pessoas já não sabem quem é proprietário e criador dos produtos a que são leais[288]. O público vê-se confrontado com produtos anónimos quanto à sua origem mas que gozam do patrocínio da marca do distribuidor[289].

Depois de nos debruçarmos sobre o contexto de surgimento dos produtos de marca do distribuidor e a sua evolução histórica, torna-se necessário apreender os seus traços e características fundamentais. O Direito deve partir sempre da apreciação da realidade que pretende regular, pois só assim poderá buscar os mecanismos mais oportunos para intervir. Só uma análise adequada deste fenómeno atendendo aos seus contornos económicos e sociais permitirá compreender as razões do regime legal vigente, demandando a sua razão de ser e formulando eventuais propostas de alteração.

As vantagens associadas à adopção desta estratégia de marketing foram já longamente discutidas pela doutrina económica, sendo extensa a bibliografia sobre o assunto. Estão disponíveis imensos estudos acerca da receptividade demonstrada pelos consumidores, da influência destes produtos sobre os preços e do seu impacto nas relações no canal de distribuição[290].

Uma vez que o escopo deste trabalho não é a análise do fenómeno na sua dimensão económica ou social mas sim em termos jurídicos e sempre perspectivada na óptica da responsabilidade por danos causados por defeitos dos produtos, daremos apenas uma breve nota dos motivos que, de acordo com a maioria da doutrina, estão na origem do surgimento deste tipo de produtos.

---

[288] BOYLE, *Brand killers*, in "Fortune", 8 de Novembro de 2003, vol. 148, issue 3, pp. 89 *ss*.

[289] DUPUY e THOENIG, *La marca y el intercambio*, in AA. VV., La marca. Motor de la competitividad de las empresas y del crecimiento de la economia, Madrid, 1991, p. 114.

[290] Vide, por exemplo, VIGNY, La distribution. Structures et pratiques, Paris, 1994, pp. 157 *ss*; PUELLES PÉREZ, *Analisis del fenómeno de las marcas de distribuidor en españa y de su tratamiento estratégico*, in "ICE", Março de 1995, n.º 739, pp. 117-129; BERGÈS--SENNOU, BONTEMPS, RÉQUILLART, *A survey on the economic impact of the development of private labels*, 2003, pp. 7 *ss*; RUBIO BENITO e YAGÜE GUILLÉN, *Resultados económicos y relacionales del fabricante con la marca de distribuidor*, in "DC", Julho-Agosto de 2006, pp. 72-85.

Num inquérito realizado em 1995 as vantagens mais apontadas pelos retalhistas na escolha de marcas de distribuição foram, por ordem de importância, as seguintes: a obtenção de lucros, a criação de lealdade à loja, o reforço da quota de mercado, o aumento da escolha do consumidor e a maior adequação dos produtos aos clientes. Outros motivos citados foram um melhor controlo da cadeira de produção e da qualidade dos produtos[291].

O baixo preço destes bens em relação aos produtos de marca do fabricante constitui, como é óbvio, um elemento fundamental. Os retalhistas aumentam as suas margens de lucro uma vez que têm um controlo directo sobre o preço do produto. Ao venderem produtos sob a sua própria marca, os distribuidores aumentam também o seu poder de negociação (*bargaining power*) face aos produtores. Os retalhistas tornam-se rivais dos seus próprios fornecedores, aumentando a competitividade vertical[292].

Como objectivo fundamental destas novas marcas surge, de igual modo, o reforço da imagem do distribuidor e a fidelização de clientes. Os retalhistas almejam o fortalecimento da lealdade do público às suas lojas (*store loyalty*). Se o retalhista dispuser de uma imagem forte os consumidores poderão passar a sua confiança em relação à loja para os seus produtos.

Este tipo de marcas permite também ao distribuidor diferenciar-se face aos outros distribuidores, aumentando a competição horizontal. O facto de as marcas tradicionais serem vendidas por todos os retalhistas, tornando o preço no único factor de diferenciação, força promoções constantes como elemento de fidelização. Os produtos de marca do produtor são iguais independentemente da loja, por isso apenas podem ser distinguidos através do serviço, da localização ou do preço. Pelo contrário, os produtos de marca do distribuidor não são comparáveis com outros produtos de marca do distribuidor.

Depois de terem sido adiantadas algumas notas sobre o surgimento das marcas do distribuidor e delineados os seus contornos, é já possível descrever as suas características fundamentais, das quais resultam essencialmente duas conclusões.

---

[291] KPMG, Customer loyalty & private label products, Londres, 2004, p. 8.

[292] Veja-se, de muito interesse, o relatório da OCDE de Junho de 1999, *Buying power of multiproduct retailers directorate for financial, fiscal and enterprise affairs committee on competition law and policy*.

A primeira conclusão a sublinhar e da qual, pela sua importância, retiramos a própria designação utilizada (marca do distribuidor) é que a marca é propriedade do distribuidor. Contraposta à tradicional concepção de "marca de fábrica" ou "marca do produtor", que é criada por este e publicitada de forma massiva, surge uma nova *nuance* no conceito de marca. Neste caso o titular da marca ocupa um lugar diferente na cadeia de produção e distribuição: deixa de ser o produtor para passar a ser o distribuidor.

Esta é a principal revolução operada por este tipo de produtos. Geralmente associávamos produção e distribuição, produtores e vendedores, a dois ramos distintos de actividade. Com este novo fenómeno os distribuidores apropriaram-se de uma figura tradicional dos fabricantes: a marca com que assinalam os seus produtos. Como é óbvio, a mudança da titularidade da marca poderá produzir importantes reflexos jurídicos, nomeadamente em sede de responsabilidade, *maxime*, de responsabilidade pelos eventuais danos causados pelos produtos, uma vez que o titular da marca de distribuição pode ser incluído no círculo de sujeitos responsáveis.

A segunda conclusão a retirar, igualmente de extrema importância, é a seguinte: os produtos da marca do distribuidor são os únicos pelos quais o retalhista assume todo o controlo – desde o desenvolvimento, fornecimento, armazenamento, ao marketing, comercialização e distribuição. O distribuidor passa a ser responsável pelo controlo do produto, papel que tradicionalmente era reservado ao produtor.

Nas marcas do fabricante os distribuidores não têm nenhuma possibilidade de influenciar aspectos como a qualidade, a publicidade, a imagem, a embalagem ou os custos. As marcas do distribuidor são as únicas em que o retalhista é responsável não apenas pela promoção, espaço nas prateleiras e fixação do preço mas também pela definição da própria natureza do produto. Os retalhistas decidem o posicionamento exacto dos seus produtos. Isto inclui o tamanho, forma, cor, *lettering*, embalagem, bem como indicações específicas quanto à qualidade e gosto. No fabrico do bem o produtor segue as especificações requeridas pelo distribuidor quanto à composição, qualidade, desenho, embalagem, *etc*. Desta forma, o retalhista detém o domínio completo sobre o produto, com todas as vantagens e riscos que isso acarreta. O sucesso deste tipo de produtos está nas mãos do distribuidor, ao contrário dos produtos de marca do fabricante, em que a acção deste era determinante.

6.2 Conceito jurídico de marca do distribuidor

Nas páginas que antecedem procedemos à análise da fisionomia da marca do distribuidor enquanto fenómeno económico e de marketing, procurando compreender o contexto histórico em que surgiu e os motivos que determinam a sua importância no mercado actual. Lançámos mão de definições e conceitos próprios do marketing com o propósito de fixar o território dentro do qual iremos situar a nossa análise.

De facto, o tema de que nos ocupamos é a responsabilidade do titular da marca de distribuição pelos danos causados pelos seus produtos. O nosso trabalho centra-se nestes dois pólos que se entrecruzam: a marca do distribuidor e a responsabilidade que advém da sua titularidade, *maxime*, por defeitos causados pelos produtos assim identificados. Para tanto será mister, como é óbvio, determinar o que vem a ser, em concreto, uma "marca do distribuidor".

Os conceitos têm um valor de uso, meramente descritivo, mas é importante fixar uma terminologia coerente e compreensível. É certo, como diz o velho brocardo latino, que "a definição é o início de toda a disputa". Talvez esta preocupação com o rigor terminológico seja uma nota característica dos juristas e não apoquente os especialistas em marketing, mas é importante fixar um conceito jurídico rigoroso, não comprometido com a análise económica do fenómeno mas antes com as suas implicações legais[293].

Como já advertimos, a importância da fixação dos precisos contornos da marca do distribuidor e das suas diversas categorias reside no facto de a cada uma delas corresponder, consoante as suas características, um regime de responsabilidade distinto. Ou seja: precisamos de adoptar um conceito jurídico de "marca do distribuidor" que denote as suas características essenciais de modo a compreender que regime de responsabilidade é aplicável ao seu titular, de acordo com o art. 3.º da Directiva 85/374. Só deste modo poderemos distinguir quais os casos em que este sujeito será considerado produtor aparente daqueles em que é tido como mero fornecedor, como importador ou mesmo como produtor real.

---

[293] Algumas obras, mesmo de índole jurídica, têm negligenciado o rigor terminológico confundindo, por exemplo, "marca branca" e "marca do distribuidor", como sucede no trabalho de MARTÍNEZ MEDRANO e SOUCASSE, *Daños a la reputación de la Marca en el proceso de transacción economica. (La marca blanca y la venta a pérdida)*, in "Cuadernos de Propiedad Industrial", 2004, n.º 1.

166   *Marca do Distribuidor e Responsabilidade por Produtos*

Teremos de começar por advertir que as expressões que até aqui vimos adoptando (marca do distribuidor ou marca de distribuição) não são as únicas utilizadas para definir este tipo de marca. Aliás, serão provavelmente poucos os domínios da economia ou do marketing em que o mesmo fenómeno tenha sido descrito com recurso a tantos conceitos diferentes, não necessariamente coincidentes quanto ao seu significado[294].

Em Portugal são comuns as expressões "marca branca", "marca própria", "marca de distribuidor" e "marca de loja". Na literatura brasileira são recorrentes as expressões "marca de varejista", "marca de supermercado" e "marca de varejo"[295]. Na doutrina espanhola são utilizadas as expressões "marca de distribuidor", "marca blanca", "marca propia de detallista" ou "marca del intermediario". A expressão mais conhecida é "marca blanca", por ter sido a primeira a ter relevância, sendo muitas vezes utilizada para designar as distintas variedades do fenómeno. Na língua francesa a expressão mais comum é "marque de distributeur", sendo também usada "marque privée".

As diversas expressões descritivas deste fenómeno atendem a diferentes formas de relacionamento entre a marca, o produto e o distribuidor. No entanto, todas são caracterizadas pela exclusividade que oferecem ao distribuidor. Assim, e desde logo, este tipo de marca surgiu por oposição à marca do fabricante ou do produtor. Este último tipo de marcas, as marcas tradicionais, é geralmente designado, nas literaturas americana e inglesa, como *national brands*, uma vez que estes produtos são massivamente publicitados a nível nacional pelos seus proprietários[296].

---

[294] Alertando para a confusão terminológica reinante neste domínio do marketing, que eloquentemente apelidou de "plethora of terms", SCHUTTE reuniu em 1969 uma impressionante lista de dezassete termos usados na língua inglesa para designar este fenómeno: *private label, store brand, dealer brand, house brand, minor brand, ghost brand, regional brand, unadvertised brand, plated brand, independent brand, reseller's brand, distributor brand, price brand, middleman's brand, unknown brand, supermarket brand* e *our own brand* – op. cit., pp. 5-11. Neste estudo o Autor procurava fixar uma terminologia correcta, de acordo com critérios transversais que aqui seguimos de perto.

[295] Em Portugal o substantivo "varejo" significa "acção de revistar um estabelecimento comercial ou industrial para averiguar se existem determinadas ilegalidades". No Brasil o adjectivo "varejista" assumiu o significado de comércio, em especial, comércio retalhista – Dicionário da Língua Portuguesa Contemporânea, Academia das Ciências de Lisboa, vol. II, Lisboa, 2001.

[296] Outras expressões utilizadas: *pre-sold brand, controlled brand, well-known brand, advertised brand, manufacturer brand, packer's label, regional brand* e *processor brand*. Vide SCHUTTE, op. cit., p. 6.

Na literatura americana é pouco comum a utilização de expressões subjectivadas como "marca do distribuidor". O conceito mais próximo é o de *distributor's brand*. A *American Marketing Association* define este tipo de produtos do seguinte modo: "marca que é detida e controlada por um distribuidor, seja ele retalhista ou grossista, por oposição às marcas que são propriedade do fabricante. O conceito aplica-se apenas à marca em si mesma e não ao produto ou ao seu conteúdo"[297]. Outras expressões sinónimas são as de *house brand* e de *store brand*, que inculcam a ideia de que a marca é propriedade do dono da loja ou estabelecimento comercial.

Os conceitos utilizados mais frequentemente para descrever este fenómeno são os de *private label* e de *private brand*. A KPMG, num estudo realizado em 2004, utilizou uma expressão simples e directa, considerando como *private label* "any product with a retailer-owned name on it"[298].

O conceito de *private label* é muitas vezes associado à distinção entre marcas publicitadas e marcas não publicitadas (*advertised brands* vs. *unadvertised brands*) uma vez que as marcas privadas ou próprias são objecto de muito menos publicidade; ou àquela outra distinção entre marca nacional e marca regional ou local (*national brand* vs. *regional brand* ou *local brand*) uma vez que geralmente este tipo de marcas não tem uma dimensão nacional. No entanto, estas últimas distinções têm perdido a sua razão de ser dado que é cada vez mais comum os retalhistas operarem largas campanhas de publicidade às suas marcas a nível nacional e mesmo internacional.

A Private Label Manufacturers Association define *private label* da seguinte forma: "private label products encompass all merchandise sold under a retailer's brand. That brand can be the retailer's own name or a name created exclusively by that retailer. In some cases, the retailer may belong to a wholesale group that owns the brands that are available only to the members of the group"[299].

Em Inglaterra, por outro lado, as expressões mais correntes são *own brand* e *own label*. Estes produtos são definidos pela *Economist Intelligence Unit* como "produtos de consumo produzidos por ou por conta de um distribuidor e vendidos sob o próprio nome ou marca do distribuidor nas suas próprias lojas"[300]. No entanto, o local de venda já não é critério

---

[297] Vide o sítio da Associação em http://www.marketingpower.com.

[298] *Op. cit.*, p. 4.

[299] O sítio da Associação na internet pode ser acedido em www.plmainternational.com.

[300] *Apud* Morris, *Strategy of own brands, in* "EJM", 1979, vol. 13, issue 2, p. 59.

definidor das marcas de distribuição uma vez que em alguns casos o proprietário cede a outras cadeias de distribuição o direito de vender os seus produtos.

A expressão "marca do distribuidor" é a mais útil do ponto de vista descritivo pois denota a característica fundamental deste tipo de estratégia: a propriedade da marca cabe ao distribuidor. Segundo uma noção muito simples, a marca do distribuidor é o conjunto de produtos comercializados sob a responsabilidade de um distribuidor. Estamos perante marcas que, desvinculadas da marca do fabricante que as produz, são comercializadas por um distribuidor concreto que lhes dá o seu nome ou outro distinto.

Diferente do conceito de "marca do distribuidor" é o de "marca própria". Os produtos de marca própria são produtos marcados com um sinal distintivo que pertence ao distribuidor mas que não coincide com o nome do estabelecimento. Trata-se de produtos que são comercializados com um nome distinto do distribuidor e que, por este motivo, não são associados pelo público com o nome do estabelecimento comercial.

Ou seja: a marca pode corresponder ao próprio nome do retalhista ou ser constituída por um nome criado exclusivamente por ele. Em alguns casos o retalhista pode pertencer a um grupo de distribuição que é o proprietário da marca, disponível apenas para os membros do grupo.

Por outro lado, "produtos de marca branca" são aqueles produtos que são embalados numa só cor, pouco sofisticados e que correspondem historicamente ao primeiro tipo de produtos do fenómeno da marca do distribuidor. Estes produtos, também conhecidos como "genéricos", caracterizam-se por embalagens austeras e pela ausência de uma marca reconhecida no produto, indicando apenas a categoria a que pertencem. As embalagens são de uma só cor e na etiqueta aparece, de forma relevante, apenas a denominação genérica do produto.

Na literatura americana estes produtos são também chamados de *brand-free* ou *no names* e na inglesa de *no frills* (sem detalhes) ou *plain labels* (pacotes lisos). A expressão produto "genérico" ou *generics* foi, porém, a que mais vingou.

Dentro do fenómeno global das marcas de distribuição podemos ainda encontrar os chamados "produtos de primeiro preço" (*lowprice products*) que pretendem afirmar-se como os produtos mais baixos do linear. Trata-se de produtos muito próximos do conceito dos genéricos mas que fazem gala de corresponderem ao preço mais baixo do seu segmento. Geralmente o distribuidor publicita o seu preço com grande ênfase, reservando as prateleiras com maior visibilidade para este tipo de produtos. Como é óbvio, trata-se de produtos em que o distribuidor não emprega muito esforço de desenvolvimento ou de marketing e que valem apenas pelo seu preço, bastante abaixo do normal para a categoria de produto em causa.

Foram vários os Autores a procurar sistematizar de forma racional os diferentes conceitos existentes seguindo critérios e enquadramentos distintos. Damos agora breve nota dos diferentes critérios que nos permitem destrinçar as diversas figuras e as variadas nomenclaturas que as designam.

As expressões marca do fabricante (ou do produtor) e marca do distribuidor expressam a ideia de que a diferença fundamental reside na titularidade do direito sobre a marca, que se encontra a níveis distintos na cadeia de distribuição. A distinção fundamental a realizar é, portanto, entre marcas orientadas pelo fabricante e marcas orientadas pelo distribuidor.

Marcas do distribuidor são as marcas em que a propriedade ou pelo menos o controlo pertence a uma organização que realiza principalmente tarefas de distribuição, enquanto marcas do fabricante são aquelas em que a propriedade ou o controlo cabem a uma organização que executa principalmente funções de produção. Assim, o critério de distinção deve ser a tarefa económica que os diferentes agentes desenvolvem.

Contudo, com a crescente diversificação das tarefas desempenhadas pelos grupos económicos, com fusões e aquisições a montante e a jusante, poderá tornar-se cada vez mais difícil proceder a uma correcta identificação da função económica fundamental. A propriedade e controlo sobre a marca estiveram na origem de uma miríade de designações como por exemplo *store brand, house brand, dealer brand, middleman´s brand, reseller´s brand, retailer brand* e *wholesaler brand*. Em Portugal resultam deste critério de distinção os conceitos "marca do distribuidor", "marca do retalhista" e "marca da loja".

Em termos geográficos e que apelam a uma noção meramente logística surgiram expressões como *regional brand*, por oposição ao conceito tradicional de *national brand*. No entanto, este critério já não possui grande validade uma vez que este tipo de produtos é cada vez mais objecto de grandes campanhas de publicidade, de nível nacional e mesmo internacional, associados à expansão territorial das cadeias de distribuição.

Utilizando como critério de distinção o controlo sobre a produção surgiram termos como *controlled brand* (produto produzido pelo fabricante, disponível apenas em determinados distribuidores e que se aproxima do nosso conceito de marca exclusiva). *Packer´s brand*, por outro lado, é um conceito que se refere àqueles produtos fabricados por produtores independentes, vendidos sob a marca do retalhista específico que os disponibiliza e que geralmente correspondem a produtos alimentares.

Outra classificação bastante próxima desta tem a ver com a utilização do poder dentro do canal como critério de distinção. Assim, surgem expressões como *independent brand* ou *our own make brand*, por oposição às *major brands* (marcas dominantes).

Todas estas definições sublinham um ponto fundamental que é o facto de ser o distribuidor o responsável por todas as tarefas de comercialização. Ou seja, será ele a tomar decisões quanto à embalagem, à etiqueta, à promoção, à publicidade ou qualquer outra questão que afecte a marca, tendo de assumir a responsabilidade por todas estas tarefas bem como o risco por eventuais más decisões.

O preço foi durante muito tempo a característica distintiva fundamental entre os produtos de marca do fabricante e do distribuidor. Por isso, utilizavam-se expressões como *price brand* ou, entre nós, "marcas de primeiro preço". No entanto, a evolução deste tipo de produtos, desde o *labeling* até ao *branding*, é geralmente associada a um aumento do preço. Desta forma, o valor de venda ao público não pode ser considerado como um elemento característico ou pelo menos definidor deste tipo de produtos.

A qualidade do produto também assumiu carácter distintivo durante bastante tempo. Daí resultou o recurso a expressões como *unknown brand*, *minor brand* e *ghost brand*, que se referiam à pouca publicitação e prestígio destes produtos. Porém, em muitos casos as marcas de distribuição emanciparam-se, apostando definitivamente na qualidade e deixando de ser o parente pobre das prateleiras dos hipermercados. Por outro lado, é muito frequente a produção deste tipo de produtos por fabricantes de marcas líderes (o chamado *dual branding*) pelo que a qualidade (objectiva) do produto não tem, só de *per si*, capacidade descritiva deste tipo de produtos.

Não faz sentido, hoje em dia, falar em *brands* e *own labels*, uma vez que as marcas deixaram de ser um domínio exclusivo dos produtores. Continuar a referir-se às marcas do distribuidor como meros rótulos (*labels*) é ignorar a realidade do mercado. A expressão *own label* não descreve a actividade de marketing realizada pelo distribuidor, uma vez que este passou a adoptar uma estratégia que é de verdadeira marca e não de mera rotulagem. Assim, e antes de mais, a marca do distribuidor é uma verdadeira marca. Deste modo, é necessário clarificar a terminologia para a tornar aplicável aos nossos tempos, uma vez que a maior parte dos conceitos estão historicamente datados e podem tornar-se confusos.

Os conceitos a que temos vindo a fazer referência correspondem a diferentes estratégias de marketing, sendo adoptados por economistas e especialistas na matéria. Algumas expressões são mais correntes na vida quotidiana (nomeadamente "marca branca" ou "produto genérico") enquanto outras correspondem a diferentes interpretações ou prismas de análise do problema. Qual será, porém, a terminologia mais correcta para uma análise económico-jurídica desta matéria?

Consideramos que o conceito de marca de distribuidor permite englobar todas estas diferentes realidades. Tendo em conta os objectivos deste trabalho, propomos um conceito global de "marcas do distribuidor" dentro do qual têm lugar as seguintes categorias: "produtos genéricos" (também conhecidos como "marca branca"), "produtos de marca da loja" (ou marca do distribuidor *stricto sensu*) e "produtos de marca privada" (também designada como "marca própria"). Passamos a explicar porquê.

De acordo com uma definição mais ou menos consensual, produto da marca do distribuidor vem a ser um produto de consumo produzido ou fabricado para ser comercializado por determinada organização grossista ou retalhista, sob uma marca que é propriedade exclusiva dessa organização e que pode corresponder ao próprio nome do estabelecimento ou a um qualquer outro nome. Ou seja, em termos latos marcas de distribuição são todas aquelas marcas que são geridas e comercializadas pelo retalhista através de alguma das modalidades disponíveis e que se identificam em maior ou menor medida com a insígnia da distribuição.

É necessário fazer duas precisões ao conceito fornecido. A primeira, para dizer que nem sempre as empresas que na verdade fabricam os produtos são totalmente alheias ao grupo distribuidor, uma vez que cada vez mais aquelas são participadas, no seu capital, por empresas que detêm capital social quer em empresas do sector da produção, quer da distribuição e em que o fenómeno da integração é cada vez mais forte.

A segunda, para dizer que estes produtos são vendidos geralmente nos próprios estabelecimentos do distribuidor mas que cada vez mais surgem grupos europeus de distribuição, o que leva a que muitas empresas partilhem marcas de distribuição.

As expressões "produto genérico" e "marca branca" não são sinónimas. Assim, o conceito de "marca branca" inculca a ideia de um produto que é lançado sem recurso a grandes mecanismos de marketing, apostando

172 *Marca do Distribuidor e Responsabilidade por Produtos*

forte no seu reduzido preço. São, em rigor, "produtos desmarcados" (*unbranded products*). Estes produtos, muito comuns na área alimentar, surgem despidos de qualquer insígnia, logótipo ou marca, fazendo a sua embalagem unicamente referência à categoria do produto, caracterizando-se por uma austeridade deliberada.

Os produtos genéricos limitam-se a cumprir as exigências legais, não sendo objecto de qualquer lógica de marketing. Por isso, preferimos a expressão "produto genérico", como um produto base, um produto *qua tale*, ao invés da expressão "marca branca", paradoxal em si mesma, por não existir referência a qualquer símbolo distintivo. Um verdadeiro genérico é um produto em que a embalagem procura apenas assegurar a protecção do produto e as únicas informações apresentadas são as mínimas legalmente exigidas.

O produto genérico pode ser incluído na família da marca do distribuidor embora não inclua qualquer marca ou nome no seu rótulo. Os genéricos apresentam-se normalmente rotulados de forma simples e directa, com o nome do produto (por exemplo, "cola, arroz, baterias"). Estes produtos contradizem a tradicional importância da marca e do marketing associado à distribuição retalhista. À primeira vista pode ser praticamente impossível distinguir os produtos de diferentes distribuidores. De facto, sem uma atenção diligente será difícil diferenciar os genéricos de cada um dos retalhistas.

Convém não confundir os "produtos genéricos" com os chamados "medicamentos genéricos", que têm obtido especial relevo em Portugal nos últimos anos. De acordo com a al. uu) do n.º 1 do art. 3.º do DL n.º 176/2006, de 30 de Agosto (Regime jurídico dos medicamentos de uso humano), um medicamento genérico é um "medicamento com a mesma composição qualitativa e quantitativa em substâncias activas, a mesma forma farmacêutica e cuja bioequivalência com o medicamento de referência haja sido demonstrada por estudos de biodisponibilidade apropriados".

É necessário ter em conta, deste modo, que o conceito de "produto genérico" que adoptamos não corresponde a um produto com a mesma "composição qualitativa e quantitativa" dos produtos de marca, ou seja, não estamos perante um mero equivalente (ou cópia) do produto líder, mas sim perante um produto rotulado de forma simples, directa e frugal, que faz referência apenas ao seu género – daí a designação de genérico.

Actualmente, como já foi dito, é muito comum o recurso a marcas identificadas com o preço mais baixo do linear ("marcas de primeiro preço"). Este tipo de produtos normalmente não apresenta uma identificação clara com a insígnia do estabelecimento, estando sinalizados como as marcas mais baratas da prateleira. Porém, podem nem sequer pertencer ao distribuidor, caso em que caem fora do conceito lato de marca do distribuidor. Quando sejam propriedade do distribuidor, aí sim, podem ser englobados neste fenómeno. É muito comum a utilização destes produtos por distribuidores, como uma segunda marca de distribuição, não identificada claramente com a insígnia, o que lhes permite elevar o nível de qualidade e de imagem das marcas do distribuidor e competir por dois caminhos com as marcas do fabricante.

Por outro lado, iremos adoptar o conceito de "produto de marca da loja" em detrimento de "marca do distribuidor". Por diversas razões.

Primeiro, porque permite distinguir esta categoria da figura geral (marca do distribuidor *lato sensu*). De facto, marcas do distribuidor são todas as três categorias, embora de formas diferentes, pois todas correspondem a uma nova estratégia e a uma diferente abordagem do conceito de marca – aquela que é propriedade do distribuidor. Todas as três subcategorias têm como denominador comum o facto de o produto ser comercializado sob uma marca (excepto no caso dos genéricos ou produtos de primeiro preço, que não ostentam qualquer sinal distintivo) que é propriedade do comerciante, revendedor ou retalhista. Ou seja, em termos económicos, todas estas figuras podem ser incluídas na família dos produtos de "marca do distribuidor".

O conceito de "marca de loja" (ou de marca do distribuidor, entendido *stricto sensu*) realça, na nossa opinião, o elemento fulcral desta subcategoria: os produtos ostentam o nome do retalhista, do distribuidor ou do estabelecimento. Estes bens procuram transferir a lealdade do público do estabelecimento para os produtos, uma vez que a marca adopta o mesmo nome.

Preferimos adoptar o conceito de "marca privada" ao invés de "marca própria" uma vez que, como é óbvio, todas as marcas são próprias – pertencem aos seus titulares, aos seus proprietários, sejam eles retalhistas ou fabricantes. O conceito de marca privada (ou privativa) inculca a ideia de que o produto é apresentado com uma marca que pertence ao distribuidor (e por isso lhe é própria, é privativa dos seus estabelecimentos) e não uma marca alheia (nomeadamente, do produtor ou fabricante). Uma vez que a marca é distinta do nome do estabelecimento, é possível realizar um controlo menos exaustivo da qualidade dos produtos, já que caso suceda algum erro ou o produto não tenha êxito não será associado à cadeia. No entanto, esta estratégia não permite que se produzam sinergias pois não existe relação entre o produto e o estabelecimento.

Fora do grupo da "marca do distribuidor" situam-se os produtos exclusivos, também conhecidos como "marcas de exclusividade". O que torna estes produtos exclusivos é o facto de, embora se tratem de produtos com marca tradicional, o distribuidor fazer referência ao facto de serem produzidos, em exclusivo, para a sua superfície comercial. A marca exclusiva pode estar apoiada por um ou por ambos os nomes do fabricante e do distribuidor ou levar um nome alheio a ambos. Trata-se de marcas do fabricante mas que o distribuidor controla de forma mais ou menos exclusiva.

Para efeitos do nosso estudo, que se centra na responsabilidade do titular da marca de distribuição, iremos pois partir de um conceito lato de marca do distribuidor, o qual engloba três figuras distintas: os "produtos genéricos", os "produtos de marca da loja" (marca do distribuidor *stricto sensu*) e os "produtos de marca privada". Embora não caibam no conceito jurídico de marca do distribuidor (pois não são propriedade de um retalhista) haveremos também de nos debruçar sobre o caso dos "produtos exclusivos", até porque se situa muito próximo do conceito e funções das "marcas de distribuição".

É importante ter presentes os precisos contornos e limites de cada uma destas figuras pois, como veremos, o regime de responsabilidade é distinto consoante a modalidade específica em causa. O fenómeno da marca do distribuidor não pode ser visto de forma simplista e unitária, olvidando as diferentes subcategorias em que se divide a figura. A modalidade de marca em causa terá, deste modo, decisiva importância no regime de responsabilidade por danos causados por produtos.

As definições que adoptamos procuram demarcar-se dos *pré-conceitos* próprios do marketing. São, na medida do possível, a configuração jurídica do fenómeno, sempre atendendo ao propósito que nos ocupa: delinear os concretos pressupostos de responsabilidade do distribuidor pelos danos causados por produtos que ostentem o seu nome, marca ou outro sinal distintivo. A nossa tarefa seria facilitada se existisse um conceito legal de "marca do distribuidor" que desse "molde" jurídico ao fenómeno económico.

Pois bem. Apenas temos conhecimento de três casos em que o conceito de marca do distribuidor ganhou a forma de definição legal. O primeiro data de 1972, nos Estados Unidos, com a aprovação do *Consumer Product Safety Act*, cuja secção 3 refere na sua al. (7) (A): "the term 'private labeler' means an owner of a brand or trademark on the label of a consumer product which bears a private label"[301]. De acordo com a al. (B) "a consumer product bears a private label if (i) the product (or its container) is labeled with the brand or trademark of a person other than a manufacturer of the product, (ii) the person with whose brand or trademark the product (or container) is labeled has authorized or caused the product to be so labeled, and (iii) the brand or trademark of a manufacturer of such product does not appear on such label".

Em 1992 as Filipinas adoptaram uma formulação muito próxima no art. 4.º do *Consumer Act*, cuja al. bf) considera como "'private labeller' an owner of a brand or trademark on the label of consumer product other than a manufacturer of the product". De acordo com o mesmo inciso legal, "a consumer product bears a private label if (1) the product or its container is labeled with a brand or trademark of a person other than its manufacturer; or (2) the brand or trademark of the manufacturer of such product does not appear on such label"[302].

O terceiro caso de consagração legal deste conceito está patente no *Code de la Consommation* francês. O art. L112-6 deste diploma considera como produtos de marca do distribuidor "aqueles produtos cujas características são especificadas pela empresa ou grupo de empresas dedicado à venda retalhista e que é proprietário da marca com que se vende o produto"[303].

6.2.1 *Marca do distribuidor e licença de marca*

A marca do distribuidor apresenta características e especificidades próprias que devem ser salientadas em ordem a permitir o seu correcto enquadramento jurídico. Trata-se de uma estratégia de marketing própria

---

[301] Este diploma encontra-se codificado no título 15 (*Commerce and Trade*) do *United States Code*, § 2051 a § 2084. Uma redacção semelhante é adoptada no título 42 (*Public Health and Wealfare*), Capítulo 77, Subcapítulo III, Parte A, § 6291 do mesmo Código.

[302] *The Consumer Act of the Philippines*, Republic Act n.º 7394, de 13 de Abril de 1992.

[303] A tradução é da nossa responsabilidade. O original é o seguinte: "est considéré comme produit vendu sous marque de distributeur le produit dont les caractéristiques ont été définies par l'entreprise ou le groupe d'entreprises qui en assure la vente au détail et qui est le propriétaire de la marque sous laquelle il est vendu".

176 *Marca do Distribuidor e Responsabilidade por Produtos*

da moderna distribuição comercial que não deve ser confundida com outros fenómenos a que se vem assistindo nos últimos tempos. Importa por isso demarcar o terreno próprio da marca do distribuidor em relação a outras figuras próprias do mercado dos nossos dias.

A licença de marca insere-se dentro da figura mais ampla da licença e pode ser definida como o contrato por virtude do qual um sujeito titular de um direito de propriedade industrial (licenciante) autoriza a outrem (licenciado) a utilização ou exploração de um bem imaterial protegido pelo Direito da Propriedade Industrial[304]. Assim, o contrato de licença é um contrato pelo qual o titular da marca proporciona a um terceiro o uso temporário da marca registada.

Para haver contrato de licença de marca é necessário que o licenciante autorize o licenciado a apor a marca nos produtos e que os comercialize. Deste modo, é evidente que no caso das marcas do distribuidor não estamos perante um contrato de licença. De facto, aqui o titular da marca contrata com um terceiro para que este aponha a marca nos produtos que fabrica mas veda-lhe a subsequente comercialização[305]. O produtor fabrica para entregar ao titular da marca, que irá lançar os produtos no mercado.

Na base da relação jurídica entre produtor e distribuidor (titular da marca) está um contrato de produção de bens e não a transferência ou cedência da titularidade ou uso da marca. A marca continua a ser propriedade do distribuidor, com a especificidade de ser aposta pelo fabricante ou produtor. A aposição da marca corresponde, deste modo, a uma das cláusulas do contrato, mas não deixa de ser este um contrato de fabrico.

6.2.2 *Marca do distribuidor e merchandising de marca*

O contrato de merchandising de marca é o acordo pelo qual o titular de uma marca de prestígio autoriza outra pessoa a utilizar aquele sinal para distinguir os seus produtos ou serviços, sendo estes de género diferente daqueles em relação aos quais a marca adquiriu prestígio[306]. Assim, o titular de uma marca que adquiriu especial valor publicitário ou

---

[304] RONCERO SANCHÉZ, El contrato de licencia de marca, Madrid, 1999, p. 64.

[305] OLAVO, *Contrato de licença de exploração de marca, in* "ROA", Janeiro de 1999, p. 114 e Propriedade Industrial, vol. I, Coimbra, 2005, p. 148.

[306] Assim, MORAIS DE CARVALHO, Merchandising de marcas, Coimbra, 2003, p. 253 e FERREIRA DE ALMEIDA, Contratos II, Coimbra, 2007, p. 236.

A Marca do Distribuidor 177

atractivo na sua utilização primária concede que esta seja utilizada como sinal distintivo de produtos ou serviços distintos dos originários, com um objectivo promocional[307].

A marca do distribuidor não se confunde, é evidente, com o merchandising de marca. De facto, o distribuidor não cede ao produtor o direito de utilizar o sinal distintivo. As considerações tecidas acerca da distinção face à licença de marca são, deste modo, plenamente aplicáveis nesta sede.

No entanto, existe um ponto em comum com o merchandising de marca. De facto, enquanto estratégia de marca, ambas implicam a utilização de um sinal para um fim distinto do original. Assim, muitas vezes o titular do sinal utiliza este para identificar não só o estabelecimento mas também os seus produtos. Porém, esta transposição do sinal para um fim distinto não se processa com recurso a um sujeito externo. Ou seja, o titular da marca continua a ser o mesmo. Este é que utiliza o mesmo sinal distintivo para fins distintos: identificar o estabelecimento e, do mesmo passo, alguns dos produtos que comercializa. A "marca do distribuidor", quando corresponda ao nome do estabelecimento, é um fenómeno em que curiosamente o mesmo sinal é chamado a identificar realidades distintas que pertencem ao mesmo titular: um estabelecimento comercial e alguns dos produtos do seu comércio.

6.2.3 *Marca do distribuidor e franquia*

O contrato de franquia (*franchising*) é o contrato pelo qual um sujeito (o franqueador ou *franchisor*) concede a outro (franqueado ou *franchisee*), mediante retribuição, a exploração de um conjunto de direitos de propriedade industrial ou intelectual, para efeitos de comercialização de determinado tipo de produtos ou serviços[308]. Este contrato possui quatro elementos característicos: o uso da mesma "imagem de marca", a cedência de um "know-how" pelo franqueador ao franqueado, a prestação de assistência técnica ou comercial pelo primeiro ao segundo e o pagamento pelo franqueado de uma retribuição (*royalties*).

---

[307] Couto Gonçalves, Manual de Direito Industrial, Coimbra, 2005, p. 302.

[308] Vide Romano Martinez, Contratos em especial, Lisboa, 1996, pp. 315-321; Ribeiro, O contrato de franquia. Franchising. Noção, natureza jurídica e aspectos fundamentais de regime, Coimbra, 2001; Menezes Cordeiro, Manual de Direito Comercial, 1.º vol., Coimbra, 2001, pp. 515-523.

178 *Marca do Distribuidor e Responsabilidade por Produtos*

É comum na jurisprudência e na doutrina a distinção entre três tipos de franquia: industrial, de distribuição e de serviços.

No primeiro o franqueado fabrica, segundo as instruções do franqueador, os produtos que vende sob o sinal distintivo deste. Neste caso é pressuposta a existência de uma licença de marca através da qual o seu titular atribui o direito de a apor nos seus próprios produtos e de a usar no seu comércio.

Na franquia de distribuição, os produtos que o franqueado vende são fabricados ou seleccionados pelo franqueador.

Na franquia de serviços o franqueado oferece um serviço sob o sinal distintivo do franqueador e seguindo as suas directrizes[309].

É necessário não confundir a franquia industrial com a marca do distribuidor.

Na franquia industrial o franqueado fabrica bens segundo as instruções do outro sujeito e apondo o seu sinal distintivo. Deste modo, o produtor dos bens surge simultaneamente como vendedor – o que não sucede na marca de distribuição. Com efeito, na marca do distribuidor este sujeito é titular da marca, é também o último elemento na cadeia de distribuição comercial do produto, mas não corresponde ao verdadeiro produtor do bem. O titular do sinal distintivo surge diante do público como vendedor, mas não assumiu a tarefa de produção do bem.

Assim, enquanto o franqueado industrial é vendedor, produz mas não é titular da marca; na marca de distribuição o distribuidor é vendedor, não produz mas é titular da marca.

Em relação à franquia de distribuição, verifica-se que o franqueado vende os bens que são produzidos ou seleccionados pelo franqueador. Neste sentido, existe uma proximidade entre a franquia de distribuição e a marca de distribuição, atendendo à fase de produção dos bens – em ambos os casos os bens são produzidos por outrem. A diferença reside na titularidade da marca. Na marca do distribuidor este sujeito atribui ao produtor o encargo de produzir os bens, mas estes serão assinalados com um sinal distintivo que pertence ao distribuidor, e não ao produtor. Pelo contrário, na franquia de distribuição a produção é da responsabilidade do franqueador, bem como a titularidade da marca.

---

[309] Pestana de Vasconcelos, O contrato de franquia (franchising), Coimbra, 2000, p. 22; Romano Martinez, Contratos comerciais – apontamentos, S. João do Estoril, 2003, pp. 23 *s.*

Deste modo, enquanto o franqueado de distribuição é vendedor, não produz nem é titular da marca; na marca de distribuição o distribuidor é vendedor, não produz mas é titular da marca.

O contrato de franquia surge numa linha de evolução em que sobressai a crescente ingerência do produtor na distribuição. Trata-se de um contrato de cooperação estreita, tão estreita que chega a um ponto em que gera no público a convicção de que é o próprio fabricante, ou uma filial sua, a encarregar-se da distribuição[310].

É necessário sublinhar que a franquia é um contrato de distribuição comercial, enquanto o contrato de que nos ocupamos é um contrato de produção. Por isso, não se confunde também com a concessão, que como se sabe é o contrato pelo qual o concedente atribui a outrem o "«privilégio» de comercializar bens «pré-vendidos», seja pela notoriedade da marca, seja pela integração numa rede de distribuição, seja pela publicidade de que beneficiam esses produtos, seja, enfim, pela vantagem concorrencial e as oportunidades de ganho em face dos demais comerciantes"[311].

O contrato que liga produtor e distribuidor de produtos de marca de distribuição é um negócio que se centra na produção e não no lançamento dos produtos no mercado: a lógica que lhe está inerente é a colaboração na produção dos bens e não para a distribuição dos mesmos.

A franquia e a concessão são instrumentos de integração vertical do produtor. Ora bem, a integração vertical a que se assiste na marca do distribuidor é uma integração por parte do distribuidor, uma vez que é este quem passa a ter o domínio do canal. Ou seja, a marca do distribuidor é um exemplo de estreita colaboração entre produtores e distribuidores mas em que estes assumem a preponderância: estamos perante um fenómeno de integração vertical ascendente.

As marcas do distribuidor não se confundem com aquelas situações em que o fabricante de uma marca conhecida decide abrir as suas próprias lojas ou recorrer à franquia ou a outros contratos de distribuição comercial para vender os seus produtos. Nesta situação assistimos a uma deslocação do produtor para a fase a jusante no circuito da distribuição de bens. Ou seja, o caminho realizado é precisamente o inverso: são os produtores que tentam aceder ao circuito da distribuição. Trata-se de um

---

[310] PINTO MONTEIRO, Contratos de distribuição comercial, Coimbra, 2004, p. 117.
[311] Idem, p. 107.

180   *Marca do Distribuidor e Responsabilidade por Produtos*

fenómeno que não apresenta particulares dificuldades de enquadramento e que não representa qualquer novidade. Digamos que aqui continuamos a ter verdadeiras marcas do fabricante mas que são distribuídas pelo próprio ou por terceiros mediante contrato.

A marca do distribuidor constitui, deste modo, um fenómeno com características e contornos próprios e que é necessário dilucidar de forma clara de modo a evitar a sua confusão com outros contratos relativos à utilização da marca. As figuras da licença de marca, do merchandising e da franquia são já espécies contratuais socialmente típicas. A doutrina e a jurisprudência já procederam à fixação das suas características essenciais, existindo um acervo considerável sobre a matéria.

Sobre a marca do distribuidor enquanto contrato que incide sobre um direito de propriedade industrial, pouco ou nada tem sido dito. Trata--se de um fenómeno que, pese embora o seu impacto económico, não tem merecido muita atenção por parte dos estudiosos do Direito da Propriedade Industrial. Este silêncio pode ser justificado se entendermos que a marca do distribuidor não implica consequências de monta ao nível do Direito de Marcas. No entanto, consideramos que a correcta configuração do contrato, demarcando o modo como se procede à utilização de um sinal distintivo tão relevante como a marca constitui elemento fundamental no correcto enquadramento do problema da responsabilidade por produtos marcados com um sinal distintivo que é propriedade do distribuidor.

7 – A marca do distribuidor enquanto sinal distintivo

O fenómeno da marca do distribuidor provoca alterações, como vimos, ao nível da própria definição económica de marca. De facto, este tipo de marca apresenta um cunho próprio relativamente ao conceito tradicional.

É necessário distinguir entre as funções económicas da marca e as funções juridicamente tuteladas. Com efeito, uma coisa é apreciar as utilidades ou vantagens decorrentes do uso ou da existência das marcas, outra bem diferente é determinar quais são, de entre os diversos efeitos imputáveis às marcas, aqueles que a Lei tutela e protege[312]. A função

---

[312] Sousa e Silva, *O princípio da especialidade das marcas. A regra e a excepção: as marcas de grande prestígio*, in "ROA", Janeiro de 1998, p. 381.

juridicamente reconhecida à marca será a função económico-social típica que lhe é atribuída pelas normas de um determinado ordenamento jurídico.

Ora bem: a análise e descrição das funções que a marca do distribuidor desempenha (ou procura desempenhar) em termos económicos, enquanto instrumento de marketing, ocupou a nossa atenção até ao momento e foi nessa acepção que a considerámos nas páginas que precedem. Cabe agora fazer algumas considerações quanto à marca do distribuidor enquanto sinal distintivo, enquanto direito de propriedade industrial.

Importa averiguar se este novo fenómeno implica repercussões ao nível do conceito jurídico de marca e da tutela que lhe é dispensada pelo ordenamento jurídico. Como vimos, a eventual chamada do sujeito ao círculo de responsáveis, na qualidade de produtor aparente, resulta da aposição, no produto, da sua marca, nome ou sinal distintivo. Vamos dedicar alguma atenção à marca do distribuidor enquanto sinal distintivo objecto de tutela jurídica para podermos compreender se deste novo fenómeno resultam alterações significativas.

7.1 A discussão sobre a função da marca

A primeira observação que devemos tecer a este propósito é a seguinte: a marca do distribuidor é um fenómeno que recupera, com fulgor, a velha discussão acerca da função da marca e que pode auxiliar, em boa medida, na sua redefinição. Com efeito, o problema de saber qual a verdadeira função que o ordenamento jurídico reserva à marca e qual o fundamento da sua tutela é, pesem embora as eternas discussões, assunto por resolver ou, pelo menos, questão que se encontra longe de resposta definitiva.

O legislador português adoptou, na senda da maior parte da legislação internacional, um conceito amplo e exemplificativo de marca: "a marca pode ser constituída por um sinal ou conjunto de sinais susceptíveis de representação gráfica, nomeadamente palavras, incluindo nomes de pessoas, desenhos, letras, números, sons, a forma do produto ou da respectiva embalagem, desde que sejam adequados a distinguir os produtos ou serviços de uma empresa dos de outras empresas. A marca pode, igualmente, ser constituída por frases publicitárias para os produtos ou serviços a que respeitem, desde que possuam carácter distintivo, indepen-

182 Marca do Distribuidor e Responsabilidade por Produtos

dentemente da protecção que lhe seja reconhecida pelos direitos de autor" – n.º 1 e n.º 2 do art. 222.º do CPI, aprovado pelo DL n.º 36/2003, de 5 de Março.

Esta definição transpõe o disposto no art. 2.º da Primeira Directiva do Conselho que harmoniza as legislações dos Estados-membros em matéria de marcas, de 21 de Dezembro de 1988 (Directiva 89/104/CEE)[313] e o art. 4.º do Regulamento (CE) n.º 40/94 do Conselho, de 20 de Dezembro de 1993, sobre a marca comunitária[314]. O Regulamento (CE) n.º 207/2009 do Conselho, de 26 de Fevereiro de 2009, sobre a marca comunitária, que revogou o Regulamento de 1993, estabelece no seu art. 4.º que "podem constituir marcas comunitárias todos os sinais susceptíveis de representação gráfica, nomeadamente palavras, incluindo nomes de pessoas, desenhos, letras, algarismos, e a forma do produto ou do seu acondicionamento, desde que esses sinais sejam adequados para distinguir os produtos ou serviços de uma empresa dos de outras empresas" [315].

A marca é um sinal distintivo do comércio, um sinal individualizador do empresário, do estabelecimento e dos respectivos produtos ou mercadoria, que conferem notoriedade à empresa e lhe permitem conquistar ou potenciar a sua clientela[316]. A capacidade distintiva da marca faz parte da sua essência – ou não fossem as marcas "meios de distinção". Por isso, para serem marcas, os sinais hão-de ter capacidade distintiva[317].

A função e papel da marca têm sido objecto de uma longa discussão[318]. As funções e objectivos que a marca desempenha (ou deve desempenhar) constituem a fundamentação última do seu regime legal e das funções que juridicamente se pretendem regular. A eleição de uma função primordial da marca é, deste modo, uma opção de política legislativa que varia com o tempo e consoante os ordenamentos jurídicos.

---

[313] *In* "JOCE" L 40, de 11 de Fevereiro de 1989, pp. 1-7.

[314] *In* "JOCE" L 11, de 14 de Janeiro de 1994, pp. 1-36.

[315] *In* "JOCE" L 78, de 24 de Março de 2009, pp. 1-42.

[316] Assim, FERRER CORREIA, Lições de Direito Comercial, Lisboa, 1994, p. 147.

[317] NOGUEIRA SERENS, A «vulgarização» da marca na Directiva 89/104/CEE, de 21 de Dezembro de 1988 (id est, no nosso direito futuro), Coimbra, 1995, p. 1.

[318] Segundo FERNANDÉZ-NÓVOA, "el examen de las funciones de la marca es uno de los grandes temas a los que tradicionalmente ha dedicado su atención la doctrina industrialista europea" – Tratado sobre Derecho de Marcas, Madrid, 2004, p. 66. Um estudo profundo acerca desta matéria pode ser encontrado em COUTO GONÇALVES, Função distintiva da marca, Coimbra, 1999. Sobre a íntima ligação entre este problema e os requisitos da marca enganosa vide MARTÍNEZ GUTIÉRREZ, La marca engañosa, Madrid, 2002, pp. 30 *ss.*

A discussão acerca das funções da marca não se limita, porém, a justificar o direito conferido ao seu titular. Mais que isso, e no contexto em que nos inserimos (o do Direito comunitário), o TJCE tem recorrido a este critério como instrumento de compatibilização entre os direitos conferidos ao titular da marca e o princípio fundamental da livre circulação de produtos. Nesta óptica, o consumidor erige-se como um referente normativo imprescindível para determinar se o uso que os operadores económicos fazem dos diferentes instrumentos de concorrência – nomeadamente, a marca e a publicidade – é adequado e coerente com os fins do sistema competitivo[319]. Deste modo, a função da marca é e continuará a ser tema decisivo na configuração e compreensão do regime legal deste sinal distintivo, ocupando papel central na economia de mercado em que vivemos.

São geralmente atribuídas à marca o desempenho de três funções essenciais: indicação da origem de produtos ou de serviços (função distintiva), garantia de qualidade dos bens marcados (função de qualidade) e função publicitária ou sugestiva (função publicitária). Para o caso que nos ocupa (a responsabilidade pelos danos causados por produtos da marca do distribuidor) importa centrar a discussão naqueles dois primeiros pontos.

A questão coloca-se, de forma sintética, nos seguintes termos: será que a marca se limita a individualizar e distinguir os produtos ou mercadorias uns dos outros, ou seja, de *per si*; ou será que a marca relaciona aqueles produtos ou serviços com um determinado sujeito ou empresa? E ao fazê-lo, será que a marca do distribuidor implica alguma garantia acerca da qualidade desses produtos, isto é, desempenha a marca uma função de indicação da qualidade? E – antecipamos já a questão seguinte – será que as marcas de distribuição são compatíveis com as duas funções assinaladas à marca?

No início do século XIX, quando surgiram as primeiras Leis sobre marcas, estas visavam claramente duas coisas: distinguir a origem dos produtos e garantir a continuidade dessa origem[320].

---

[319] MARTÍN ARESTI, *Consumidor, marcas y publicidad*, in AA. VV., Marca y publicidad comercial. Un enfoque interdisciplinar, MARTÍNEZ GUTIÉRREZ (Dir.), Madrid, 2009, pp. 147 s.

[320] COUTO GONÇALVES, *últ. op. cit.*, p. 26; Direito de Marcas, Coimbra, 2000, pp. 17-23 e *Função da marca*, in AA. VV., Direito Industrial, vol. II, Coimbra, 2002, pp. 99 ss.

184 *Marca do Distribuidor e Responsabilidade por Produtos*

O grande defensor desta tese foi o italiano Vanzetti, que considerava que a marca implicava uma indicação de proveniência do produto ligando-o a uma fonte ou origem constante. A marca ligava incidivelmente o produto com uma determinada "fonte produtiva"[321]. Em defesa da sua posição invocava a legislação italiana da época, que apenas permitia a transmissão da marca quando acompanhada da transmissão do estabelecimento e em que a marca se extinguia por força da extinção da empresa, argumentando que se a marca se destinasse a diferenciar os produtos pela sua qualidade, produtos de igual qualidade poderiam ter a mesma marca. Como é óbvio, essa função identificadora do produtor não ia ao extremo de indicar a sua firma ou denominação mas antes consistia numa referência ao "núcleo produtivo, à entidade caracterizante cuja consistência podia amplamente variar (de um estabelecimento a uma simples receita) segundo o tipo de marca e o tipo de produto em concreto"[322].

Com a abertura legislativa generalizada a novas figuras como a transmissão autónoma da marca, a licença de marca e a marca de grupo, a perspectiva tradicional entrou em crise. De facto, já não era possível compaginar aquela concepção de origem ou proveniência com a utilização da marca por outros sujeitos que não os seus titulares ou proprietários originais. Com estas figuras perdia-se o vínculo entre a origem do produto e o titular da marca, que era designado como princípio da acessoriedade.

O surgimento dos chamados "sistemas de produção integrada" produziu também profundas alterações na concepção tradicional de marca[323]. Tornava-se necessário redefinir a função da marca de forma a fornecer uma explicação satisfatória do moderno fenómeno de produção, adoptando um conceito lato de indicação de proveniência[324].

Vanzetti veio reformular a sua tese, defendendo que a função de indicação de proveniência, em última análise, é a de garantir que o produto marcado emane sempre da mesma empresa ou de uma empresa que tenha elementos consideráveis de continuidade com a empresa de origem

---

[321] *Cessione del marchio, in* "RDCom", 1959, I, pp. 385 *ss* e *Funzione e natura giuridica del marchio,* na mesma revista, 1961, p. 17.

[322] *Últ. op. cit.,* p. 52.

[323] Vide o excelente apontamento de Galgano, *Il marchio nei sistemi produttivi integrati: sub-forniture, gruppi di società, licenze, «merchandising», in* "CeI", 1987, pp. 173 *ss.*

[324] Braun, Précis des marques, Bruxelas, 1995, p. 14.

ou ainda que com esta tenha ligações actuais de natureza contratual ou económica[325]. Se a marca indica uma origem, certamente que essa origem não tem de ser necessariamente uma empresa única e idêntica, podendo ser ou um grupo de empresas ou empresas sucessivas que dispõem de meios análogos e sejam capazes de fornecer os objectos de forma a apresentar as mesmas vantagens[326].

Pesem embora as fortes alterações resultantes dos novos fenómenos propiciados pelo desenvolvimento do Direito Comercial, a função de indicação de origem continuou a ser configurada como a única função jurídica reconhecida à marca, embora redimensionada e ampliada. A função principal da marca é a de informar acerca da origem empresarial do produto ou serviço, o que não implica necessariamente a identificação da firma ou denominação da empresa que o fornece ou produz.

A doutrina maioritária continua a defender que a marca desempenha uma função distintiva da origem empresarial mesmo reconhecendo que desde há várias décadas o público e o fabricante se vêem afastando. O titular da marca não tem necessariamente de ser o proprietário da empresa em que os produtos são fabricados. Os novos sistemas comerciais e de distribuição vieram tornar a origem ou procedência dos produtos frequentemente desconhecida para o mercado. No entanto, desconhecido não é sinónimo de indiferente. O adquirente pode desconhecer em absoluto quem é o empresário que produziu o bem mas confia que, seja quem for, o empresário será sempre o mesmo[327]. O facto de o público desconhecer o nome do titular da marca em nada exerce influência sobre a protecção jurídica da marca[328].

Aliás, a indicação da empresa concreta de onde procede o produto será, a maior parte das vezes, indiferente. Mais do que a atribuição de um produto ou serviço a uma dada pessoa nominalmente designada, a marca visa estabelecer uma relação entre um produto e um determinado agente económico, independentemente de este ser individualizado.

---

[325] *Apud* Couto Gonçalves, Manual de Direito Industrial, p. 131.

[326] Mathély, Le nouveau droit français des marques, Vélizy, 1994, p. 11.

[327] Fernandéz-Nóvoa, *Las funciones de la marca, in* "ADI", V, 1978 e Fundamentos de derecho de marcas, Madrid, 1984, p. 48; Roncero Sanchéz, *op. cit.*, pp. 34 *ss.*

[328] Beier, *Marque et Droit Économique – les fonctions de la Marque, in* AA. VV., Union des Fabricants pour la Protection Internationale de la Propriété Industrielle et Artistique, 6-7/11/75, Paris, 1975, p. 99.

186 *Marca do Distribuidor e Responsabilidade por Produtos*

A marca constitui, deste modo, um referencial orientador para as escolhas dos consumidores, garantindo que todos os produtos que ostentam o mesmo sinal provêm de uma mesma empresa, ainda que se não saiba qual é. No entanto, de uma coisa o público pode estar certo: essa empresa só pode ser uma – aquela que tem direito ao uso exclusivo da marca. A teoria da função distintiva da origem não pressupõe, deste modo, que esta distinga, directa e explicitamente, a empresa que produz e comercializa os produtos em que é aposta[329]. Desta forma, a marca visa proteger contra riscos de confusão não apenas de produtos e serviços mas também (e assim se procede ao alargamento da tutela da marca) sobre a origem desses produtos ou serviços (fontes produtivas).

O risco de confusão é hoje entendido em sentido amplo. Ou seja: para se conceder protecção à marca deixou de se exigir que o consumidor médio pudesse razoavelmente supor que os produtos que ostentam uma marca igual ou confundível provêm da mesma empresa – essa protecção também se afirma nos casos em que o consumidor médio, não confundindo as empresas, é dizer, imputando a origem dos produtos a empresas diferentes, é levado a supor, por causa da similitude das marcas, que entre essas empresas existem especiais relações *económicas* ou estreitas *conexões organizatórias*[330].

Esta distinção entre risco de confusão em sentido estrito (supondo a identidade das empresas) e risco de confusão em sentido amplo (supondo a identidade das fontes produtivas) é clássica na jurisprudência alemã. A este propósito, na jurisprudência norte-americana, são utilizadas as expressões *confusion as to source* e *confusion as to sponsorship*.

A marca certifica perante o público que todos os produtos assinalados com o mesmo sinal provêm de uma mesma fonte produtiva. Neste sentido, a marca cumpre uma missão informativa, identificando os produtos e serviços atendendo à sua procedência empresarial[331]. Deste modo, a tutela jurídica dos sinais distintivos não visa apenas proteger os interesses particulares dos seus titulares mas também o interesse geral dos consumidores.

O processo de reconfiguração da função distintiva da marca foi impulsionado pela doutrina e pela jurisprudência, acabando por implicar a própria alteração do Direito positivo.

---

[329] VANZETTI, *últ. op. cit.*, pp. 37 *ss*; LEONINI, Marchi famosi e marchi evocativi, Milão, 1991, p. 31.

[330] NOGUEIRA SERENS, *op. cit.*, pp. 14 *ss*.

[331] FERNANDÉZ-NÓVOA, *últ. op. cit.*, p. 47 e *Las funciones de la marca*, p. 35.

Como sublinhava a Comissão Europeia num *Memorandum* publicado em 1976 sobre a criação da marca comunitária, a marca desempenha um papel informativo de carácter decisivo na construção do Mercado Comum. Como aí se refere, o consumidor vê-se confrontado com um elevado número de produtos dentro da mesma categoria que não são passíveis de distinção quanto às suas características naturais ou técnicas mas apenas através de pequenas diferenças qualitativas ou quanto ao seu aspecto externo. Assim, a Comissão considerava que para que possa escolher adequadamente os produtos o consumidor deve poder identificar a sua origem. Deste modo, a marca deveria desempenhar justamente esta função, sendo aliás o único instrumento que permite que a escolha dos produtos da mesma classe seja transparente para o consumidor[332].

Esta perspectiva veio a ser reconhecida a nível comunitário, transparecendo desde logo do décimo considerando do preâmbulo da Primeira Directiva do Conselho sobre Marcas[333], bem como do seu art. 2.º[334]. O mesmo sucedeu com o sétimo considerando do preâmbulo do Regulamento (CE) n.º 40/94[335] e com o seu art. 4.º[336]. Por fim, o considerando oitavo do Regulamento (CE) n.º 207/2009 refere: "a protecção conferida pela marca comunitária, cujo objectivo consiste nomeadamente em garantir a função de origem da marca, deverá ser absoluta em caso de identidade entre a marca e o sinal e entre os produtos ou serviços. A protecção deverá também poder ser invocada em caso de semelhança entre a marca e o sinal e entre os produtos ou serviços. Há que interpretar a noção de semelhança em função do risco de confusão. O risco de confusão, cuja avaliação depende de numerosos factores e nomeadamente do conhecimento da marca no mercado, da associação que pode ser estabelecida com o sinal utilizado ou registado, do grau de semelhança entre a marca

---

[332] Memorandum sobre a criação da marca comunitária, Supplément, 8/76, n.º 12.

[333] "Considerando que a protecção conferida pela marca registada, cujo objectivo consiste nomeadamente em garantir a função de origem da marca ...".

[334] "Podem constituir marcas todos os sinais (...), na condição de que tais sinais sejam adequados a distinguir os produtos ou serviços de uma empresa dos de outras empresas".

[335] "Considerando que a protecção conferida pela marca comunitária, cujo objectivo consiste nomeadamente em garantir a função de origem da marca..."

[336] "Podem constituir marcas comunitárias todos os sinais (...), desde que esses sinais sejam adequados para distinguir os produtos ou serviços de uma empresa dos de outras empresas".

188   *Marca do Distribuidor e Responsabilidade por Produtos*

e o sinal e entre os produtos e os serviços designados, deverá constituir uma condição específica da protecção".

O Tribunal comunitário tem participado nesta discussão de forma viva e acesa, não apenas como um órgão judicial mas antes como verdadeira *fonte criadora de Direito*[337].

O acórdão do TJCE de 23 de Maio de 1978 deu início a uma linha jurisprudencial que se mantém até aos nossos dias e que configura a indicação da origem empresarial dos produtos ou serviços como função fundamental da marca[338]. Mais tarde, em acórdão de 17 de Outubro de 1990, o Tribunal defendeu que a marca deve garantir que todos os produtos designados com a mesma marca foram fabricados sob o controlo de uma única empresa, que possa ser responsabilizada pela sua qualidade[339].

Em acórdão de 29 de Setembro de 1998 o TJCE sublinhou, como tem sido sua jurisprudência constante, que "a função essencial da marca é garantir ao consumidor ou ao utilizador final a identidade de origem do produto que exibe a marca, permitindo-lhe distinguir, sem confusão possível, aquele produto de outros que tenham proveniência diversa e que, para que a marca possa desempenhar o seu papel de elemento essencial do sistema de concorrência leal que o Tratado pretende criar e manter, deve constituir a garantia de que todos os produtos que a ostentam foram fabricados sob o controlo de uma única empresa à qual possa ser atribuída a responsabilidade pela qualidade daqueles"[340].

Assim, entendeu o juiz comunitário que "pode existir um risco de confusão na acepção do art. 4.º, n.º 1, al. b), da Directiva 89/104 mesmo quando, para o público, os produtos ou os serviços em causa têm locais de produção diferentes. Em contrapartida, a existência de tal risco está excluída se não se concluir que o público pode ser levado a supor que os produtos ou serviços em causa provêm da mesma empresa ou, eventualmente, de empresas economicamente ligadas".

A função primacial da marca não é, porém, assunto pacífico.

---

[337] Couto Gonçalves, *A «marca» do Tribunal de Justiça no Direito de Marcas*, in AA. VV., Estudos em homenagem à Professora Doutora Isabel de Magalhães Collaço, vol. II, Coimbra, 2002, p. 79.

[338] *Caso "Hoffmann-La Roche/Centrafarm"*, processo 102/77, *in* "CJTCE" 1978, pp. 1139 *ss*.

[339] *Caso "HAG-II"*, Processo C-10/89, *in* "CJTCE" 1990, p. 3758.

[340] Caso *"Canon"*, Processo C-39/97, *in* "CJTCE", p. I-5507, ponto 28.

A Marca do Distribuidor 189

De facto, existe uma outra corrente que relaciona a marca com o objecto e não com o sujeito que está na sua origem. Ou seja, uma parte da doutrina defende que a marca é um sinal distintivo do produto ou serviço em si mesmo. Esta perspectiva é conhecida, na doutrina italiana, por tese da distinção dos produtos *in se e per se*[341]. Estes Autores, liderados historicamente por FRANCESCHELLI, defendem que a marca pretende apenas distinguir os produtos entre si, sem qualquer informação, indicação ou especificação acerca da sua proveniência. Para este Autor a marca identificava produtos, mercadorias ou serviços e não estabelecimentos, empresas ou fontes de origem[342].

Segundo esta tese, a marca pode designar a empresa de onde provêm os produtos ou serviços naqueles casos em que na sua composição estejam patentes elementos que se refiram ao empresário ou à empresa. No entanto, no caso dos sinais anónimos ou designações ou figuras de fantasia, as marcas não fornecem qualquer indicação sobre a procedência dos bens. Assim, a marca seria um sinal distintivo de mercadorias ou produtos[343].

COUTINHO DE ABREU define marca como "signos (ou sinais) susceptíveis de representação gráfica destinados sobretudo a distinguir certos produtos de outros produtos idênticos ou afins"[344]. Esta noção, como reconhece o próprio Autor, afasta-se da constante do art. 222.º do CPI.

Existe um ponto comum entre as duas teses: ambas concedem que a marca se destina a diferenciar produtos ou serviços. Porém, a tradicional (e hoje redimensionada) defende que a marca vai para além desse papel, assegurando a continuidade da origem ou proveniência desse produto ou serviço. Por outro lado, não é admissível uma tese que reduza a marca a um mero sinal distintivo de um género de produtos ou serviços. A marca não se pode limitar a dizer: "sou o nome deste produto ou serviço"[345].

---

[341] Vide SOUSA E SILVA, *op. cit.*, p. 384 e bibliografia aí citada. Em defesa desta posição veja-se, em Portugal, OLIVEIRA ASCENSÃO, Direito Comercial, vol. II, Lisboa, 1988, p. 141.

[342] *Marchi di impresa, in* "Novíssimo Digesto Italiano", 1975, pp. 215 *ss* e Sui Marchi di Impresa, Milão, 1988, p. 248.

[343] FERRER CORREIA, Lições de Direito Comercial, vol. I, Coimbra, 1973, pp. 179 *s*.

[344] Curso de Direito Comercial, vol. I, Coimbra, 2006, p. 354 e *Marcas (noção, espécies, funções, princípios constituintes), in* "BFD", 1997, vol. 73, p. 121.

[345] COUTO GONÇALVES, Função distintiva da marca, p. 32.

190 *Marca do Distribuidor e Responsabilidade por Produtos*

Ou seja: sempre se há-de reconhecer que a função distintiva da marca vai mais além de uma simples e mera denominação genérica e crua do serviço ou produto. A função distintiva implica a referência dos produtos ou serviços marcados a uma determinada origem. Assim, a função distintiva divide-se em duas sub-funções: uma função-meio (distinguindo, no plano formal, os produtos ou serviços entre si) e uma função-fim (distinguindo, no sentido substancial, a proveniência desses produtos ou serviços)[346].

Existe uma outra corrente doutrinal que sustenta que a principal função da marca é uma função indicadora de qualidade. Assim, a marca seria um signo que transmite ao público informações acerca da qualidade de um produto, diferenciando-o dos outros existentes dentro do mesmo segmento. A identidade do concreto fornecedor seria perfeitamente irrelevante para o adquirente, que apenas estaria interessado na marca por ser através dela que referencia as qualidades do produto[347].

Esta tese encontra-se fortemente arreigada na tradição jurisprudencial e doutrinal norte-americana. Alguns Autores, por exemplo, consideram que a origem significa que os produtos são produzidos sob a égide do proprietário da marca, o qual assume responsabilidade pelos mesmos[348]. Ao funcionar como um indicativo de origem ou proveniência, o comprador guia-se pela marca, vendo nela, de certa maneira, uma garantia de qualidade[349].

Outro segmento da doutrina considera que nada impede o reconhecimento de que a marca desempenha também uma função de garantia de qualidade, derivada daqueloutra função distintiva. Assim, a única (ou principal) função da marca seria a de indicar a origem dos produtos, e a função de qualidade seria tão-somente protegida ou tutelada de forma indirecta ou reflexa[350]. Garantindo a constância da proveniência dos produtos, a marca garantiria, em consequência, a constância da qualidade dos mesmos.

---

[346] *Idem.*

[347] Assim, por exemplo, PUPO CORREIA, Direito Comercial, Lisboa, 2002, p. 333.

[348] LADAS, *Trademark licensing and the antitrust law, in* "The Trademark Reporter", 1973, n.º 267, p. 248.

[349] PINTO COELHO, *O problema da admissibilidade da "licença" em matéria de marcas, in* "RLJ", ano 94, n.º 3208, p. 290.

[350] RONCERO SÁNCHEZ, *op. cit.*, pp. 37 e 48. Vide também CARBAJO CASCÓN, *La marca de garantia como instrumento publicitário, in* AA. VV., Marca y publicidad comercial. Un enfoque interdisciplinar, MARTÍNEZ GUTIÉRREZ (Dir.), Madrid, 2009, pp. 539 *ss.*

A Marca do Distribuidor   191

Nesta perspectiva, a função de garantia de qualidade é tutelada pelo Direito de forma directa e autónoma, sendo uma *função do sistema*[351]. Em regra o adquirente confia que todos os produtos ou serviços assinalados com a mesma marca possuem a mesma qualidade. A aceitação do relevo jurídico desta função resulta, em boa medida, do surgimento crescente de normas que visam impedir a indução em erro do consumidor.

O reconhecimento jurídico da chamada função de garantia de qualidade da marca tem sido negado, com base fundamentalmente em dois argumentos.

Primeiro, se aquela tese fosse verdadeira, o titular da marca estaria impedido de alterar a qualidade dos produtos. Em segundo lugar, se aquela tese fosse aceitável, qualquer empresário que estivesse em condições de apresentar produtos com a mesma qualidade poderia legitimamente utilizar aquela marca. A tese da garantia de qualidade é difícil de defender uma vez que, referindo-se aos produtos em si mesmos, traduz a tutela das suas características intrínsecas, ou seja, da sua qualidade, o que é inadmissível uma vez que a qualidade dos produtos não é objecto de tutela jurídica[352].

Pese embora o referido, o TJCE afirmou, em aresto de 22 de Junho de 1994, que em algumas situações a marca desempenha um papel indicador de qualidade que é digno de tutela jurídica: "para que a marca possa desempenhar (o seu) papel, terá que constituir a garantia de que todos os produtos que a ostentam foram fabricados sob o controlo de uma única empresa à qual possa ser atribuída a responsabilidade pela qualidade daqueles (…). Em todos os casos que aqui foram referidos[353] existe um controlo por uma mesma entidade: o grupo de sociedades no caso de produtos lançados em circulação por uma filial; o fabricante no caso de produtos comercializados pelo concessionário; o licenciante se se tratar de produtos distribuídos por um licenciado. Na hipótese da licença, o licenciante tem a possibilidade de controlar a qualidade dos produtos do licenciado inserindo no contrato cláusulas que obriguem este a respeitar as suas instruções e que lhe dêem a faculdade de se assegurar do respeito das mesmas".

---

[351] COUTO GONÇALVES, *últ. op. cit.*, p. 217.

[352] MORAIS DE CARVALHO, *op. cit.*, p. 211.

[353] Caso *"IHT Internationale Heiztechnik v Ideal Standard"*, Processo n.º C-9/93, *in* "CJTCE", 1994, p. I-2789.

192 *Marca do Distribuidor e Responsabilidade por Produtos*

O juiz comunitário sublinhou ainda que "o elemento determinante é a possibilidade de um controlo sobre a qualidade dos produtos e não o exercício efectivo deste controlo". Deste modo, incumbe ao titular da marca regular o controlo da qualidade dos produtos ou serviços distribuídos sob esse signo distintivo.

O TJCE retirou algum do protagonismo que tradicionalmente era atribuído à função distintiva da marca. Actualmente assumem maior relevo as funções de garantia e a função publicitária, com muito mais interesse para o público e para o titular da marca. A proveniência de um produto passou a significar a procedência empresarial, num sentido mais amplo, implicando para o titular da marca o dever de sancionar, perante o mercado, a qualidade desse artigo, assumindo o risco decorrente da sua eventual insatisfação[354].

O novo Direito das Marcas tem atenuado a divisão entre funções de facto e funções juridicamente tuteladas, configurando a marca como um canal de informação entre oferta e procura no mercado. A marca é um sinal e, enquanto tal, um meio de comunicação entre o seu titular e o público, transmitindo as diferentes funções económicas da marca (a origem empresarial, a qualidade dos produtos, *etc*)[355]. Não se deve, pois, esquecer que a marca desempenha também uma função comunicativa que pode ser perspectivada como uma posição de responsabilidade que o titular da marca assume em relação aos produtos ou serviços que põe em circulação com a sua marca[356].

Uma proposta diferente é apresentada por FERREIRA DE ALMEIDA, que situa o problema não ao nível do Direito das Marcas mas sim do Direito Civil, admitindo que em determinadas situações a marca pode funcionar como uma promessa pública de qualidade, nomeadamente quando esta vá implícita na mensagem publicitária que a envolve[357].

A marca é apenas o nome do produto, aproximando-se dos nomes próprios uma vez que identifica o referente sem o descrever. Se fosse admitida a função de qualidade da marca, seria necessário esclarecer

---

[354] SILVA CARVALHO, *Concepção jurídica de uma marca nova?*, in AA. VV., Estudos em homenagem ao Prof. Doutor Raul Ventura, vol. II, Lisboa, 2003, pp. 320 *s* e Direito de Marcas, Coimbra, 2004, pp. 152 *ss*.

[355] RONCERO SÁNCHEZ, *op. cit.*, p. 34.

[356] GALLI, Funzione del marchio e ampiezza della tutela, Milão, 1996, p. 151.

[357] Texto e Enunciado na Teoria do Negócio Jurídico, vol. II, Coimbra, 1992, p. 1065.

quais as consequências que resultariam para o seu titular, em termos de responsabilidade, da desconformidade entre o produto e as qualidades sugeridas pela marca[358]. De facto, têm recebido pouco acolhimento as teses que fundam a responsabilidade por produtos na frustração da qualidade dos bens.

Deve concluir-se que a marca apenas acessoriamente desempenha uma função de garantia de qualidade uma vez que, garantindo a constância da proveniência empresarial dos produtos, garante a manutenção da sua qualidade. A marca funciona como elemento de conexão entre a mensagem publicitária e o produto marcado. A promoção comercial centra-se hoje praticamente toda na marca, principal meio de ligação pelo qual a publicidade e outras declarações públicas assumem relevância na qualidade dos objectos contratuais.

7.2 A marca do distribuidor e a função distintiva

Que dizer de tudo isto? Ou melhor: como posicionar a marca do distribuidor no âmbito da discussão sobre as funções da marca?

A marca do distribuidor, tal como a configurámos, pode ser entendida, *lato sensu*, como um produto (ou conjunto de produtos) produzido ou fabricado para ser comercializado por determinada organização grossista ou retalhista sob uma determinada marca que é propriedade exclusiva dessa organização. Dentro deste fenómeno, como vimos, têm cabimento três figuras: os produtos genéricos, os produtos da marca da loja (produtos de marca do distribuidor *stricto sensu*) e os produtos de marca privada.

Os produtos genéricos não constituem verdadeiras marcas, não fazendo por isso sentido procurar a verdadeira função da marca num produto que não ostenta este sinal. Em termos jurídicos os produtos sem marca não passam de nomes comerciais que não chegam a ser nomes de marca. De facto, o Instituto Nacional da Propriedade Industrial recusou o registo de nomes de marca como "produtos sem marca" uma vez que uma marca só existe se for registada[359].

---

[358] FERREIRA DE ALMEIDA, *Qualidade do objecto contratual*, in "EDC", 2005, n.º 7, p. 45.

[359] SILVA CARVALHO, *últ. op. cit.*, p. 127.

194   *Marca do Distribuidor e Responsabilidade por Produtos*

Quanto aos produtos de marca privada, vimos que são aqueles em que o produto é apresentado com uma marca que pertence ao distribuidor (e por isso lhe é própria, é privativa dos seus estabelecimentos) e não uma marca alheia (nomeadamente, do produtor ou fabricante).

A marca destes produtos não corresponde à designação da empresa ou estabelecimento titular do sinal, sendo, neste sentido, perfeitamente estranha, anónima. Pode dizer-se que neste caso não existe grande diferença entre estes produtos e quaisquer outros que não contenham qualquer referência à empresa que é sua titular. Ou seja: se estamos perante produtos cuja marca é *anónima*, isto é, corresponde a meras designações ou figuras de fantasia, não fornecendo qualquer indicação sobre a procedência dos bens, não haverá considerações adicionais a tecer acerca da marca privada do distribuidor.

Na verdade, o público encontra nas prateleiras do estabelecimento um produto marcado com um sinal que é tão alheio à loja como qualquer outro – ou seja, não fornece qualquer indicação sobre a sua proveniência. E se o desempenho da função distintiva da origem não implica qualquer indicação, alusão ou sequer uma "pista" sobre o estabelecimento ou a pessoa do seu proprietário ou criador, a verdade é que também não existe essa obrigação quando a marca é propriedade do distribuidor. Como já se referiu, a função principal da marca é a de informar acerca da origem empresarial do produto ou serviço, o que não implica necessariamente a identificação da firma ou denominação da empresa que o fornece ou produz.

Por fim, cabe analisar o caso dos "produtos de marca da loja". Como vimos, neste caso os produtos ostentam o nome do retalhista, do distribuidor ou do estabelecimento.

Todas as figuras a que fizemos referência alteraram profundamente o entendimento acerca da função da marca. Porém, a verdade é que a marca do distribuidor *stricto sensu*, pese embora a sua importância enquanto fenómeno de marketing, não foi ainda perspectivada sobre este prisma. Ou seja, a função da marca foi repensada em função de novas figuras, como a licença de marca e a marca colectiva, mas acerca da marca do distribuidor não se pronunciaram, tanto quanto sabemos, nem a jurisprudência nem a doutrina.

Aquela questão que formulámos no início pode agora ser colocada de forma mais incisiva: é possível compatibilizar, sem perda de coerência, a função distintiva da marca com o facto de o titular desta não ser o produtor ou fabricante dos bens? É que no caso da marca da loja (ou marca do distribuidor *stricto sensu*) os produtos são marcados com um sinal que corresponde à firma do estabelecimento, à cadeia retalhista.

Como vimos, existe hoje uma "nova concepção de origem" da qual emerge um novo conceito de marca. Assim, a função da marca vem a ser, para além de indicar que os produtos ou serviços provêm sempre de uma empresa ou de uma empresa sucessiva que tenha elementos consideráveis de continuidade com a primeira ou ainda que mantenha com ela relações actuais de natureza contratual e económica, garantir também que os produtos ou serviços se reportam a um sujeito que assume em relação aos mesmos o ónus pelo seu uso não enganoso.

Desta redefinição da função da marca apenas há a retirar uma nota: a renovação do conceito leva em linha de conta novas formas de utilização da marca a que já nos referimos − nomeadamente, o licenciamento de marca, a marca de grupo e a transmissão independente da marca. Poderá, porém, falar-se em continuidade empresarial no caso da marca do distribuidor?

Consideramos que uma renovada concepção de origem deve também ter em conta esta peculiar forma de utilização da marca − a marca do distribuidor − que até constitui um dos seus mais vibrantes exemplos. De acordo com esta nova concepção, o titular da marca pode não ser o titular da empresa ligada directamente à actividade de produção dos bens marcados. A função distintiva da marca já não significa necessariamente "a garantia de origem empresarial (empresa única, sucessiva ou controlada à qual se ligam os produtos ou serviços marcados) mas significa sempre a garantia de uma origem *pessoal* (pessoa à qual se atribui o *ónus* pelo uso não enganoso dos produtos ou serviços marcados)"[360].

A indicação de proveniência significa apenas que o produto provém de maneira directa ou indirecta do titular da marca, ao qual deverá ser atribuída a paternidade do produto e consequentemente os resultados, positivos ou negativos, da escolha feita pelo público com base na aposição do sinal[361]. O conceito de proveniência é hoje muito mais amplo e elástico que no passado: não indica apenas que os produtos são postos no comércio pela empresa ou sob controlo da empresa que os tenha concebido e seleccionado mas também que os produtos que possuem a mesma marca são colocados no comércio com o consentimento de um

---

[360] COUTO GONÇALVES, Manual de Direito Industrial, p. 134. O itálico é do original.
[361] MASSA, Funzione attrattiva e autonomia del marchio, Nápoles, 1994, p. 146.

196   *Marca do Distribuidor e Responsabilidade por Produtos*

mesmo sujeito que tem o poder de determinar as suas características[362]. Assim, nada impede que o titular da marca (o distribuidor) desempenhe algumas funções mas delegue outras, nomeadamente a produção dos bens, em empresas com as quais possui uma relação contratual.

No caso da marca do distribuidor existe entre o titular da marca e o produtor dos bens uma relação de natureza contratual. Ao contrário do que sucede na licença de marca, esta relação não se apoia na cedência do direito a utilizar uma marca alheia mas sim na contratação para a produção de bens que serão comercializados sob marca alheia ao produtor. Que tipo de contrato se estabelece entre as partes, é o que procuraremos descortinar no próximo Capítulo.

Podemos concluir que a marca do distribuidor não contraria a perspectiva redimensionada que se tem adoptado acerca da função distintiva da proveniência empresarial e antes constitui um dos seus exemplos mais expressivos no sector da distribuição hodierna. Estamos perante uma marca de comércio, porque é aposta pelo comerciante (neste caso o distribuidor), classificação esta que se opõe à de marca do fabricante. Assim, como titular do direito ao registo temos um comerciante que utiliza a marca para assinalar os produtos do seu comércio. Em regra trata-se de uma marca nominativa, uma vez que é constituída por nomes ou palavras, que podem ou não coincidir com a marca ou nome do estabelecimento ou do distribuidor.

A composição das marcas obedece a determinados princípios, como sejam o da eficácia distintiva e da novidade. No entanto, o ponto que mais nos interessa concretamente será um outro princípio fundamental relativamente à criação da marca – o princípio da verdade. A al. l) do n.º 1 do art. 239.º do CPI refere que o registo da marca será recusado se esta contiver "sinais que sejam susceptíveis de induzir em erro o público, nomeadamente sobre a natureza, qualidades, utilidade ou proveniência geográfica do produto ou serviço a que a marca se destina".

A questão que se coloca é a seguinte: será que a marca de distribuidor coloca em xeque o princípio de verdade? Nomeadamente, será que existe uma indicação errónea de proveniência do produto? De facto, a marca do distribuidor, as mais das vezes, é constituída pela própria firma do comerciante. Ou seja, o distribuidor ou retalhista tem uma marca de

---

[362] AUTERI, *Cessione e licenza di marchio*, in AA. VV., La riforma della legge marchi, Pádova, 1995, p. 88.

produtos "da casa". Noutros casos, cria uma marca própria que faz questão de associar à firma do distribuidor.

Tendo em conta a redefinição do conceito de marca que tem vindo a ser operada na doutrina, parece-nos não haver qualquer violação do princípio da verdade. De facto, este princípio não impõe a correspondência entre o sinal e o fabricante do produto marcado. Exige-se apenas que a marca não faça uso de referências erróneas sobre a proveniência do produto.

Dizendo de outra forma: o Direito das Marcas não exige que quem apõe a sua marca nos produtos seja o seu verdadeiro criador ou fabricante. Na verdade, o recurso a um novo entendimento de *proveniência* permite-nos dizer que a marca de distribuidor é uma marca que responsabiliza (também) quem distribui e não apenas quem produziu. Muitas vezes será difícil o público acreditar que foi o distribuidor quem produziu aquele bem. A ser assim, o distribuidor ou retalhista seria uma espécie de "faz-tudo", já que a gama de produtos que distribui sob a sua marca é muitas vezes infindável...

De acordo com a eloquente expressão de Nogueira Serens, a marca deve poder "responder às perguntas que são próprias das marcas no sentido rigoroso técnico jurídico: donde vens? Quem és? Quem responde por ti?"[363]

Os objectivos e propósitos desta estratégia de marketing foram discutidos neste Capítulo. De que modo o distribuidor – titular do sinal – irá responder àquelas questões colocadas pelo público ("donde vens? Quem és? Quem responde por ti?") é o que iremos ver nos dois últimos Capítulos do nosso trabalho.

---

[363] *Op. cit.*, p. 27.

CAPÍTULO III
O CONTRATO DE FORNECIMENTO
DE PRODUTOS DA MARCA DO DISTRIBUIDOR

8 – Função económico-social do contrato

Nas páginas que antecedem procedemos à fixação do conceito de "marca do distribuidor". Analisámos a figura enquanto ferramenta de marketing própria da grande distribuição retalhista dos nossos dias. Procurámos apresentar uma breve cronologia da sua evolução que nos permita compreender os fundamentos da sua existência e os propósitos que visa servir.

Por outro lado, porque os produtos da marca do distribuidor não são apenas *produtos* mas são também *produtos sinalizados com um sinal distintivo tutelado pelo Direito*, enquadrámos esta figura no âmbito da discussão sobre a função distintiva da marca. Vimos os produtos da marca do distribuidor em si mesmos: produtos que são assinalados com uma marca que é propriedade do distribuidor.

Importa agora analisar o processo que está na origem deste tipo de produtos e esboçar os traços fundamentais da relação que se estabelece entre o autor material dos bens (o produtor real) e o titular da marca sob a qual serão comercializados. A nossa atenção irá centrar-se, nas páginas que se seguem, sobre o relacionamento estabelecido entre estes dois velhos "rivais" (produtores e distribuidores) que, longe de ser uma relação hostil, caminha cada vez mais para esquemas de integração e colaboração.

Só depois de compreender a natureza da relação que se estabelece entre o fautor material dos bens e o responsável pela sua colocação no mercado estaremos em condições de determinar em que situações este último sujeito (o titular de uma marca de distribuição) poderá ser demandado por terceiros (os lesados pelos danos causados por esses bens).

Devemos sublinhar, desde logo, que o contrato de fornecimento de produtos que são sinalizados com a marca do distribuidor é um acordo de cooperação empresarial entre dois actores que ocupam distintos patamares do sector económico: a produção e a distribuição.

As palavras da Comissão Europeia no "Livro Verde sobre as restrições verticais no âmbito da política comunitária da concorrência" são bem elucidativas do actual estado da nossa economia: "enquanto as modalidades e as condições de compra são ainda objecto de negociações entre os fornecedores e os retalhistas, a natureza destas discussões tem vindo a assumir cada vez mais um carácter de cooperação. A coordenação a nível da cadeia de abastecimento tem vindo a incrementar, melhorada pela informação acrescida sobre o fluxo dos produtos e pelo crescente poder dos retalhistas que velam pela imagem de qualidade dos estabelecimentos de venda"[364].

O sistema convencional dos "canais de distribuição", em que o produtor e o vendedor eram entidades independentes e com interesses contrapostos, procurando cada um maximizar os seus lucros, é pois um modelo em crise.

A cooperação entre estes dois sujeitos pode desenvolver-se essencialmente a dois níveis: integração empresarial e integração contratual[365].

No primeiro as empresas produtoras e distribuidoras associam-se, trocando informações e experiências, desenvolvendo estratégias comuns que passam pela criação de centrais de compras ou de cadeias de retalhistas.

Na segunda modalidade as partes colaborantes mantêm uma maior independência, visto que a sua relação não é institucional mas sim contratual. Embora a primeira figura também tenha na sua base um contrato, trata-se de um esquema de associação entre empresas de sectores distintos que unem esforços e sinergias, de modo a criar uma rede própria de produção e escoamento dos produtos. Na segunda figura o contrato não visa a associação de empresas de modo a reunir os seus esforços mas antes a circulação de bens entre empresas distintas e formalmente estanques.

O Livro Verde também se debruçou sobre este fenómeno, falando numa "integração a montante" já que um volume cada vez maior de produtos de grande mobilidade é entregue directamente pelos fornecedores aos estabelecimentos de venda a retalho. No entender dos Autores

---

[364] *Op. cit.*, p. 12.

O Contrato de Fornecimento de Produtos da Marca do Distribuidor   201

do relatório, "de todos os participantes na cadeia de distribuição, o retalhista é o que se encontra mais próximo do consumidor tendo vindo a utilizar cada vez mais os conhecimentos decorrentes desta posição para desenvolver actividades em maior sintonia com as exigências do consumidor"[366].

Alguns dos interlocutores ouvidos na elaboração do Livro Verde consideraram que entre as empresas que sobreviveriam a longo prazo estavam os "produtores de marcas próprias" e que por isso os fabricantes de marcas menos prestigiadas se encontram cada vez mais "enclausurados" entre os líderes de mercado e as marcas próprias dos grandes retalhistas, não dispondo frequentemente de outra opção senão a de transformarem-se em subcontratantes, produzindo sob a marca do retalhista[367].

Há mesmo quem antecipe o choque entre os dois modelos fundamentais de distribuição: o modelo dos Estados Unidos (em que as marcas dos produtores lideram o mercado) e do Reino Unido (em que as marcas dos retalhistas têm prevalência) que acabará por se traduzir na prevalência de um deles[368]. O modelo inglês é aliás indicado como um dos mais bem sucedidos nesta matéria. Nas ilhas britânicas os produtores associam-se aos retalhistas através da celebração de contratos, não laborando sob qualquer marca e tendo como única preocupação cumprir os requisitos contratados com o retalhista. Mesmo as marcas líderes aceitam bem a *private labeling*, ao contrário do que sucede nos países continentais.

A estratégia da marca do distribuidor revolucionou completamente a relação entre retalhistas e produtores[369].

---

[365] Vide LARGO GIL, BUESO GUILLÉN e HERNANDÉZ SAINZ, *La moderna instrumentación contractual de la externalización de actividades empresariales*, in AA. VV., Descentralización productiva y responsabilidades empresariales. El Outsourcing, Cizur Menor, 2003, pp. 332-341.

[366] Mais precisamente no ponto 31.

[367] *Op. cit.*, ponto 234.

[368] Veja-se, por exemplo, COTTERILL, *The food distribution system of the future: convergence towards the US or UK model?*, in "Agribusiness", 1997, vol. 13, n.º 2, pp. 123-135.

[369] HUGHES, *The changing organization of new product development for retailers´ private labels: a UK-US comparison*, in "Agribusiness", 1997, vol. 13, n.º 2, p. 169. Vide, a propósito do impacto económico da figura, BERGÈS-SENNOU, Les Marques de Distributeurs – État des lieux en France et réflexions économiques, Institut National de la Recherche Agronomique, Março de 2002.

202 Marca do Distribuidor e Responsabilidade por Produtos

Esta figura leva a uma crescente verticalização *para trás* no processo produtivo. Os distribuidores passam a dirigir o processo de fabrico, controlando o posicionamento do produto, o que lhes permite negociar os termos de fornecimento com os produtores. Os grandes hipermercados (que são os distribuidores que geralmente recorrem a esta figura), mercê do seu grande poder de regateio, estabelecem regras de negociação muito duras, impondo condições de pagamento a largo prazo, exigindo grandes quantidades de produto, promoções e descontos constantes.

Por outro lado, os fabricantes precisam de espaço nas prateleiras para os seus próprios produtos, espaço este que é disponibilizado pelo distribuidor, que desta forma se torna árbitro da distribuição de espaço. Os produtores perdem independência mas ganham acesso às prateleiras mais importantes dos hipermercados, actuando a coberto do verdadeiro "chapéu-de-chuva" que é o marketing do distribuidor. Não carecem de se preocupar com a promoção dos seus produtos pois embora o mercado não os reconheça acabará por os adquirir.

Com o crescimento exponencial das médias e grandes superfícies, dos hipermercados e *retail-parks*, sujeitos a uma competência feroz, os distribuidores procuram parcerias privilegiadas com os produtores. Os produtos da marca do distribuidor permitem a este ganhar independência face ao produtor, aumentando o seu poder de negociação. Deste modo, uma das principais consequências deste fenómeno é a transferência do poder dos fabricantes para os distribuidores[370].

Um interessante relatório dos Serviços de Defesa da Concorrência espanhóis procede à distinção, em termos bem claros, entre estas duas formas de distribuição, que formam dois mercados distintos: a produção e venda para distribuição sob marca própria; e o mercado de produção e venda a distribuidores, para comercialização através de uma marca de distribuidor (o chamado "nivel mayorista")[371].

Este relatório refere-se em especial ao sector da fruta, em que geralmente os poderes do retalhista se limitam à indicação da embalagem, à etiquetagem e ao marketing. Noutros casos, o distribuidor influi sobre a própria composição do produto, chegando a determinar ao fabricante a produção de uma determinada receita, que será posteriormente comer-

---

[370] OUBIÑA, RUBIO e YAGÜE, *Relationships of retail brand manufacturers with retailers*, *in* "RDCR", 2006, vol. 16, n.º 2, pp. 257–275.

[371] *Informe del Servicio de Defensa de la Competencia n.º 03029, Iberfruta/Iande*, Ministério de Economia y Hacienda, 20 de Junho de 2003.

O *Contrato de Fornecimento de Produtos da Marca do Distribuidor*   203

cializada como "receita do grupo de distribuição". O poder do distribuidor fica patente, desde logo, no momento da escolha do produtor (geralmente através de uma oferta pública) e da indicação das características do produto, unilateralmente fixadas. Depois de escolhida a empresa fornecedora é celebrado o contrato de fornecimento, geralmente de duração anual, com possibilidade de renovação por igual período. Quanto ao conteúdo do contrato, é o distribuidor quem fixa os preços e as condições de pagamento.

Alguns distribuidores vão mesmo mais longe.

Em França, o *Carrefour* criou os *Carrefour Quality Chains*, que visam a rastreabilidade e a identificação da origem dos produtos e se aplicam ao sector da carne, fruta, vegetais, peixe e marisco. Estes certificados baseiam-se nos contratos de fornecimento com os produtores. Em 2003 o *Carrefour* implementou este tipo de acordo (*partnership agreement*) com mais de 35000 produtores. Este tipo de iniciativas baseia-se em exigências de produção que são mais severas e apertadas que as impostas pelas autoridades públicas[372].

No caso da carne do *Carrefour*, por exemplo, as especificações de produção não servem apenas para cumprir as regras nacionais mas também para permitir a completa rastreabilidade, segurança e qualidade sanitária do produto. Para além das exigências das autoridades públicas, o distribuidor certifica-se de que os animais pertencem a uma certa raça (ninhada), exigem a sua criação com forragem das quintas e alimentos aprovados, sem hormonas ou antibióticos. Por fim, exige a severa selecção das carcaças após o abate de acordo com determinados critérios como a engorda, idade, peso e período mínimo de maturação. O cumprimento destas regras é regularmente controlado por grupos de certificação independentes.

---

[372] Sobre este impressivo exemplo de influência do distribuidor sobre a fase da produção vide BAZOCHE, GIRAUD-HÉRAUD e SOLER, *Premium private labels, supply contracts, market segmentation, and spot prices, in* "AFIO", 2005, vol. 3, artigo 7, pp. 2 *ss*; HASSAN e MONIER-DILHAN, *National brands and store brands: competition through public quality labels, in* "Agribusiness", 2006, vol. 22, issue 1, p. 21; GIRAUD-HÉRAUD, ROUACHED e SOLER, *Private labels and public quality standards: how can consumer trust be restored after the mad cow crisis?, in* "Quantitative Marketing and Economics", 2006, vol. 4, n.º 1, pp. 31–55. Sobre as "filiéres qualité carrefour" consulte-se o sítio do grupo na internet, na versão francesa (www.carrefour.fr). Ainda no mercado francês veja-se o exemplo do grupo de produtores Upranormande, em www.upranormande.org.

204 Marca do Distribuidor e Responsabilidade por Produtos

Os produtores associados ao *Carrefour* são pagos com base no preço médio semanal, ao qual são adicionados alguns prémios em função do cumprimento das regras. Com este tipo de iniciativas, os retalhistas tornam-se líderes da reorganização da cadeia agrícola, favorecendo a criação de grupos de produtores e exigindo o cumprimento de regras mais exigentes do que as que são impostas pelas autoridades públicas.

Outro exemplo nesta matéria é o *British Retail Consortium Standard*, adoptado por gigantes da distribuição retalhista como a *Tesco* e a *Sainsbury*, que fixa apertados requisitos de controlo da qualidade dos produtos alimentares que incluem inspecções surpresa aos locais de produção.

A regulação e controlo da qualidade dos produtos, que tradicionalmente eram tarefas reservadas ao Estado, evoluem cada vez mais para novas formas de auto-regulação e co-regulação desencadeadas por privados[373].

Uma vez que os processos produtivos não podem ser observados directamente pelo grande público, são necessárias garantias de qualidade, não só dos retalhistas mas também dos produtores. Para poderem oferecer estas garantias, os retalhistas precisam de se envolver na definição das especificações do produto e montar novas práticas de comércio com os fornecedores. As marcas do distribuidor supõem a existência de "indústrias sem fábricas" e para que os retalhistas as mantenham é necessário que disponham de especialistas na selecção de fabricantes e no controlo da qualidade dos produtos[374].

Geralmente os distribuidores asseguram a qualidade dos produtos através de controlos de qualidade próprios e trabalhando com fabricantes líderes que têm experiência e reputação no mercado. Os distribuidores devem estar conscientes de que nas marcas de distribuição passam a desempenhar muitas das tarefas e funções dos fabricantes, precisando para isso de ter pessoal próprio e especializado para analisar preços, estudar o mercado, identificar as necessidades dos consumidores, gerir as tarefas de marketing, localizar e contratar os fornecedores adequados, controlar a qualidade dos produtos, *etc.*

---

[373] Vide Henson e Northen, *Economic determinants of food safety controls in the supply of retailer own-branded products in the UK*, in "Agribusiness", 1998, vol. 14, n.º 2, pp. 113-126 e Havinga, *Private regulation of food safety by supermarkets*, in "Law & Policy", Outubro de 2006, vol. 28, n.º 4, pp. 515-533.

[374] Puelles Pérez, *El estado actual de las Marcas de Distribuidor*, in "ARAL", Novembro de 1991, n.º 124, p. 66.

O *Contrato de Fornecimento de Produtos da Marca do Distribuidor*   205

A marca do distribuidor abre toda uma nova relação com os fornecedores.

Ao invés de se limitar a escolher entre os produtos dos diferentes fornecedores, o distribuidor vai vender produtos com a sua marca, que encomendou segundo especificações precisas. O distribuidor acede à fase produtiva, influenciando-a, determinando-a, marcando o ritmo de produção. A voz de comando que se ouve ecoar no canal de produção e distribuição não é senão a do distribuidor, que exerce o seu poder ao ritmo da necessidade de abastecimento das suas prateleiras. O distribuidor passa a comportar-se como o director do processo produtivo, organizando o fabrico, concebendo os produtos, recrutando os fabricantes adequados, financiando a investigação e desenvolvimento, fixando os preços, gerindo o marketing, promovendo a publicidade.

Assiste-se, deste modo, a um revitalizar das relações entre produtores e vendedores. Resta saber qual a adequada configuração da relação contratual estabelecida entre as partes em termos económicos.

O surgimento destas novas relações entre as empresas é explicado com recurso a conceitos como produção delegada (*delegate production*), parceria industrial (*industrial partnership*) ou situando este fenómeno no âmbito da figura do *outsourcing*.

O *outsourcing* pode ser definido como uma prática que se apoia numa ideia económica clássica: não perder tempo e dinheiro dedicando-se a actividades nas quais não se possui uma vantagem comparativa, devendo essas tarefas ser realizadas por quem a possui[375]. Estamos perante uma nova forma de organizar o processo produtivo, baseada na contratação com fornecedores externos de certas fases ou actividades da empresa que não são consideradas competências básicas desta, independentemente de serem desempenhadas anteriormente. Ao delegar numa empresa externa a gestão de determinados processos, o fornecedor, um especialista nessa área, oferece um aumento da qualidade do serviço, bem como uma redução dos custos.

A exteriorização permite à empresa centrar-se mais nas actividades que são fundamentais para o seu negócio, delegando no seu parceiro estratégico a gestão das tarefas em que este pode oferecer um valor

---

[375] Assim, COBO RIVAS, *21 Perguntas y respuestas claves sobre el outsourcing, in* "Estratégia Financiera", Dezembro de 2004, n.º 212, p. 64. Vide FERRANDO e BERTA, *I contratti di outsourcing e di global maintenance service, in* AA. VV., I nuovi contratti nella prassi civile e commerciale XIV, Turim, 2004, pp. 395-426.

acrescentado. As duas notas fundamentais do *outsourcing* são, deste modo, a divisão do trabalho entre empresas e a exteriorização das funções que a empresa pode realizar mas em que decide recorrer, para a sua execução, a uma cooperação extra-empresarial.

Os instrumentos de descentralização produtiva surgiram na década de oitenta, tendo alterado profundamente as estratégias de organização das empresas. O objectivo fundamental destas estratégias era o de fazer face à incerteza resultante das constantes modificações do cenário económico, institucional e tecnológico das empresas, flexibilizando a produção, a gestão e a comercialização. Passou-se, deste modo, do paradigma da "empresa-ilha" para o modelo da "empresa-rede"[376].

Cremos que não será necessário recorrer ao conceito de *outsourcing* para explicar em termos económicos o fenómeno dos produtos da marca do distribuidor.

Na verdade, continuamos a estar perante um contrato de fornecimento de bens que em termos económicos (mas também jurídicos) se pode enquadrar na figura mais ampla dos contratos de distribuição comercial, cuja causa-função típica é a articulação de um canal de distribuição integrada através de um sistema contratual. Estamos perante um modelo de cooperação, de "integração vertical ascendente" em que produtores e distribuidores colaboram na colocação no mercado de produtos fabricados segundo as instruções do titular da marca com que são assinalados.

9 – Classificação jurídica: um contrato-quadro atípico de fornecimento

A relação entre produtores e distribuidores encontra-se transfigurada nos seus contornos fundamentais por força do fenómeno da marca do distribuidor.

Este novo tipo de parceria industrial tem merecido escassa atenção por parte dos juristas. Pesem embora a força e importância da figura e o seu impacto na distribuição moderna, a verdade é que não existem estudos sobre este novo tipo de relacionamento contratual. O silêncio da doutrina sobre este assunto prende-se talvez com a convicção de que o contrato que se estabelece entre o produtor e o distribuidor não apresenta

---

[376] A expressão é de RIVERO LAMAS, *Proyecciones de la descentralización productiva: instrumentación jurídico-laboral*, in AA. VV., Descentralización productiva y responsabilidades empresariales. El outsourcing, Cizur Menor, 2003, pp. 24 *ss.*

O Contrato de Fornecimento de Produtos da Marca do Distribuidor 207

características inovadoras ou, pelo menos, tão surpreendentes que reclamem um tratamento específico.

Até pode ser que assim seja. Mas, como é óbvio, só podemos chegar a esta conclusão depois de nos debruçarmos sobre a relação existente entre os sujeitos. Ou seja: por muito normal ou "típico" que nos pareça o vínculo estabelecido entre as partes, sempre é necessário delinear os seus traços fundamentais – mesmo que seja para refutar a necessidade de um novo enquadramento legal da figura e a reconduzir aos esquemas já existentes.

A questão principal que nos deve ocupar por agora é, portanto, a de saber que tipo de contrato está subjacente à lógica própria das marcas do distribuidor.

A resposta a esta questão não ocupa neste trabalho um lugar central mas apenas acessório, pois terá um papel meramente instrumental para dar solução ao problema que nos ocupa – o sentido e fundamento da (eventual) responsabilidade do titular da marca de distribuição. Dito de outra forma: a análise do contrato existente entre produtor e distribuidor serve acima de tudo para reunir indícios e argumentos que nos permitam concluir, a final, porque motivo o titular de uma marca de distribuição pode ser responsabilizado pelos danos causados por produtos.

O problema, parece-nos, não é de despicienda importância. Num tempo em que a livre circulação de mercadorias se assume como *imperativo categórico* da construção europeia este tipo de situações floresce, requerendo tratamento jurídico adequado. Este novo género de relação contratual que se estabelece entre produtores e distribuidores tem subjacente uma lógica própria cujos contornos não são facilmente decalcáveis dos esquemas contratuais tradicionais. Trata-se de um contrato de colaboração que não se limita à simples *produção de bens sob marca alheia*, incluindo antes o exercício de poderes de estipulação, especificação e fiscalização muito próprios, que marcam os seus contornos de forma muito incisiva.

Começaremos por dizer que, atendendo à sua função *económico--social*, este contrato pode ser incluído na larguíssima classe dos contratos de troca[377]. Através deste vínculo o distribuidor obriga-se a entregar

---

[377] Vide FERREIRA DE ALMEIDA, *A função económico-social na estrutura do contrato*, *in* AA. VV., Estudos em memória do Professor Doutor José Dias Marques, Coimbra, 2007, pp. 57 *ss* e *Contratos de troca para a transmissão de direitos*, *in* AA. VV., Homenagem da Faculdade de Direito de Lisboa ao Professor Doutor Inocêncio Galvão Telles, Coimbra, 2007, pp. 199 *ss*.

208 *Marca do Distribuidor e Responsabilidade por Produtos*

uma prestação pecuniária como correspectivo do fornecimento de bens, *maxime*, de bens de consumo. Trata-se de um contrato transmissivo de direitos sobre bens mediante um preço, categoria muito vasta onde podem ser incluídos, nomeadamente, os contratos de compra e venda e de empreitada.

Restringindo um pouco o nosso campo de visão, podemos afirmar também que este é um contrato de distribuição.

De facto, neste vastíssimo conceito integram-se os contratos que disciplinam as relações entre produtores e distribuidores. Tratam-se, deste modo, de relações que se situam numa etapa intermédia entre a produção e o consumo. De fora deste conceito ficam os contratos celebrados com o adquirente final, que constituem o último acto da *distribuição* dos bens. Quando se fala em "contratos de distribuição" está a designar-se a actividade desenvolvida a montante, que relaciona os sujeitos que actuam antes da transmissão final ao consumidor. Contratos de distribuição são, pois, os contratos que se estabelecem entre produtores e outros agentes que não são consumidores: é o chamado "Direito da Distribuição" ou "Direito da intermediação distributiva"[378].

Os contratos de distribuição constituem uma categoria jurídica com determinadas notas essenciais que trespassam todos os diferentes modelos englobados sob esta mesma designação, caracterizando-se pela obrigação fundamental por parte do distribuidor de promover os negócios da outra parte[379]. Estamos perante um contrato que tem como sujeitos produtores e distribuidores, a que é alheio o consumidor. As relações com o consumidor estão sujeitas a um regime especial, consubstanciado no Direito do Consumidor.

A distribuição constitui um sector fundamental da actividade económica cujo principal escopo é a distribuição dos produtos, fazendo-os

---

[378] Pinto Monteiro, *últ. op. cit.*, p. 32, nota 60, utilizando uma expressão de Martinek.

[379] Veja-se, por exemplo, o n.º 2 do art. 1.º da Directiva 86/653/CEE do Conselho, de 18 de Dezembro de 1986, relativa à coordenação do Direito dos Estados-membros sobre os agentes comerciais (*in* "JOCE" L 382, de 31 de Dezembro de 1986, pp. 17-21): "o agente comercial é a pessoa que, como intermediário independente, é encarregada a título permanente, quer de negociar a venda ou a compra de mercadorias para uma outra pessoa, adiante designada «comitente», quer de negociar e concluir tais operações em nome e por conta do comitente". Esta Directiva foi transposta para Portugal através do DL n.º 178/86, de 3 de Julho.

O Contrato de Fornecimento de Produtos da Marca do Distribuidor   209

chegar ao público. O relacionamento entre os produtores e distribuidores foi, ao longo do tempo, evoluindo através de diferentes modelos contratuais que procuravam responder a diversos interesses e necessidades das partes. A alienação dos produtos não é hoje, em regra, feita directamente pelo produtor ao adquirente final. À Revolução Industrial sucedeu, pois, a Revolução Comercial, cujas características essenciais são o recurso a novos métodos de venda, à publicidade, ao crédito e a intermediários[380].

O contrato celebrado entre produtor e distribuidor constitui, deste modo, um contrato de *integração em redes de distribuição*. Trata-se de um acordo vertical no sentido em que regula a relação entre empresas situadas em níveis diferentes da cadeia de produção e distribuição dos bens. Estamos perante uma integração vertical de fonte convencional em que produtores e distribuidores se associam através de contratos que geralmente são designados por contratos de distribuição.

Este tipo de integração pode revestir duas formas: descendente ou ascendente.

A integração vertical descendente realiza-se ao nível do produtor ou fabricante, que se procura imiscuir ou pelo menos influenciar a fase de venda e distribuição. Temos aí várias formas de distribuição comercial como a comissão, a agência, a concessão, a franquia, *etc.*

A integração vertical ascendente (*upstream integration*), por outro lado, dirige-se à etapa da produção. Esta forma de integração é alheia, por definição, ao fenómeno distributivo enquanto procedimento destinado à comercialização de produtos[381]. Na verdade, os contratos de integração podem dar-se ao nível da produção ou da distribuição[382]. A distinção nem sempre é fácil.

Ora bem: a função económico-social do contrato em presença é bem clara. Os contratos de distribuição têm como função económica fundamental facilitar ao fabricante a colocação dos seus produtos no mercado. A função económico-jurídica do contrato estabelecido entre produtor e distribuidor, ao invés, centra-se na produção. Enquanto os contratos de distribuição visam a ingerência do produtor na distribuição, no contrato de fornecimento de produtos da marca do distribuidor assistimos à

---

[380] BEAUCHARD, Droit de la distribution et de la consommation, Paris, 1996, pp. 22 *ss.*

[381] DOMÍNGUEZ GARCÍA, *Aproximación al regimén jurídico de los contratos de distribución: especial referencia a la tutela del distribuidor, in* "RDM", 1985, n.º 177, p. 424.

[382] GUYON, Droit des affaires. Droit commercial géneral et sociétés, Paris, 1982, p. 771.

210 Marca do Distribuidor e Responsabilidade por Produtos

interferência do distribuidor a montante, acedendo à fase produtiva. A grande distribuição comercial condiciona de novo a produção[383].

Assim, podemos dizer que se em termos económicos o contrato entre produtor e distribuidor é ainda um *contrato de distribuição* (porque através dele se transaccionam ou *distribuem* produtos), devemos também aduzir que se trata de um *contrato de produção*, uma vez que se dirige à fase produtiva, situada a montante no circuito de fabrico/distribuição dos produtos. Os contratos de distribuição são contratos de que os produtores se servem para lançar os produtos no mercado, recorrendo a terceiros. Os contratos de produção comercial, pelo contrário, são contratos de que os distribuidores se socorrem para obter os bens que irão lançar no mercado.

Estamos perante um contrato não de *distribuição integrada* mas de *produção integrada*. A integração a que se assiste, neste caso, é uma *integração a montante*. A integração vertical ascendente dirige-se ao momento da produção. Esta figura não se confunde com as tradicionais formas de "integração vertical descendente" em que o líder do canal de distribuição era o fabricante e em que este contratava com sujeitos externos através de diferentes figuras (como sejam os contratos de agência, de franquia ou de concessão) para distribuir os seus produtos.

Na verdade, estamos perante o fenómeno inverso: é o distribuidor quem assume o controlo da relação contratual, ditando as suas regras e impondo o ritmo da produção, escolhendo os sujeitos a quem há-de encomendar a produção de bens de consumo que irá lançar no mercado com um nome, marca ou outro sinal distintivo de que é proprietário.

As elaborações doutrinais e legais ancoradas na tradicional preponderância do fabricante sobre os outros sujeitos a quem estava associado contratualmente nos esquemas de "integração vertical descendente" deverão pois ser revistas e repensadas. Estamos perante um novo paradigma. As relações de poder entre os sujeitos sofreram uma alteração profunda que não se compadece com a visão do distribuidor como a parte mais débil da relação contratual.

Chegados a este ponto podemos dizer que o contrato celebrado entre produtor e distribuidor é um contrato de troca que visa a distribuição de

---

[383] PARDOLESI, *Contratti di distribuzione*, in AA. VV., Enciclopédia Giuridica TRECCANI, vol. IX, Roma, 1988, p. 1; GALGANO, *Introduzione*, in AA. VV., I contratti della distribuzione commerciale. La disciplina comunitária, l'Ordinamento interno, Milão, 1993, p. 1.

O *Contrato de Fornecimento de Produtos da Marca do Distribuidor*   211

produtos através da integração das partes numa cadeia dirigida em sentido ascendente e que se centra na produção de bens de consumo. Poderá ainda dizer-se que estamos perante um contrato que se caracteriza por alguma interdependência, pelo menos na perspectiva do produtor, uma vez que em determinados casos fica economicamente dependente deste contrato.

De facto, em algumas situações o produtor é uma empresa de pequena ou média dimensão que se limita a produzir para o distribuidor, de acordo com as instruções e dentro dos prazos que lhe são ditados. Esta dependência de uma das partes não possui já as características que tradicionalmente lhe eram atribuídas e que se baseavam na fragilidade do distribuidor[384].

Hoje são os distribuidores quem detém a *chave do mercado*. O fenómeno da marca do distribuidor constitui, em boa verdade, um dos mais acabados exemplos da inversão de forças a que se assistiu no duelo entre produtores e distribuidores, podendo mesmo consubstanciar situações de "abuso de dependência económica". Esta figura traduz-se genericamente numa prática anticoncorrencial consistente na exploração abusiva, por parte de uma ou mais empresas, de um estado de dependência económica em que se encontre relativamente a ela qualquer empresa fornecedora ou cliente, por não dispor de alternativa equivalente (art. 7.º da Lei n.º 18/2003, de 11 de Junho, que aprovou o Regime Jurídico da Concorrência)[385].

Ao contrário do que sucede no caso do "abuso de posição dominante", em que o abuso do poder económico se verifica no domínio das relações horizontais das empresas (face aos clientes e consumidores), no "abuso de dependência económica" assistimos a situações em que uma empresa se prevalece, face a outra, de uma posição de supremacia no circuito económico de produção e distribuição de bens ou serviços. Trata-se, deste modo, de um abuso anticoncorrencial no plano das relações empresariais verticais.

As características que apontámos não são ainda suficientes para descrever de forma cabal o relacionamento estabelecido entre as partes.

---

[384] Vide, por exemplo, VIRASSAMY, Les contrats de dépendance. Essai sur les activités professionnelles exercées dan une dépendance économique, Paris, 1986, pp. 67-80.

[385] Vide PEGO, A posição dominante relativa no Direito da Concorrência, Coimbra, 2001 e CALVÃO DA SILVA, Banca, bolsa e seguros, Direito europeu e português. Tomo I, parte geral, Coimbra, 2007, pp. 375 *ss*.

212   *Marca do Distribuidor e Responsabilidade por Produtos*

De facto, é necessário ter em conta que a troca ou distribuição de bens entre os sujeitos da cadeia não se processa através de actos isolados ou esporádicos. Bem pelo contrário, o vínculo que liga as partes estrutura-se numa relação contratual duradoura através da qual o produtor se obriga a fornecer ao distribuidor bens de consumo. Podemos por isso caracterizar este contrato como um *contrato relacional* (*relational contract*) no sentido em que se trata de uma relação duradoura, de estreita colaboração, e não de contratos pontuais e instantâneos (*discrete transactions*). Estamos perante um contrato que se configura como uma obrigação duradoura e se estrutura numa série de prestações reiteradas ou periódicas cuja realização se prolonga no tempo.

Os contratos de distribuição comercial, com o sentido que lhes apontámos supra, são definidos como "contratos-quadro" por força dos quais um operador económico assume a obrigação de promover a revenda dos produtos fornecidos pela contraparte, obrigação cujo cumprimento postula a celebração de vários contratos individuais. O contrato-quadro de distribuição, que também pode ser apelidado de acordo-quadro de distribuição, é um contrato único que define as condições gerais das transacções que serão celebradas entre as partes durante um período mais ou menos longo de tempo e que servirá de base aos contratos de aplicação que surgem sucessivamente em conformidade com o compromisso inicial[386]. O contrato-quadro de distribuição permite às partes criar uma relação duradoura e reduzir a incerteza relativamente ao mercado, controlando melhor a actividade da contraparte.

Estes contratos-quadro são muitas vezes classificados como contratos de fornecimento, caracterizando-se pela obrigação de uma das partes entregar à outra mercadorias segundo as necessidades desta. As características essenciais deste contrato são duas: a sua duração e a sua finalidade – o fornecimento de uma das partes[387]. Porém, esta categoria não é legalmente típica, sendo uma espécie de zona cinzenta da circulação de bens cujas fronteiras são difíceis de definir em termos dogmáticos.

O CC italiano contempla, para além de outros tipos contratuais para a troca de bens por um preço, o contrato de fornecimento (*somministrazione*), no art. 1559.º. Na linguagem vulgar este contrato é conhecido como *fornitura*. Este contrato é caracterizado de forma ampla pelo seu

---

[386] Vigny, *op. cit.*, p. 30.
[387] Vicent Chuliá, Introducción al derecho mercantil, Valência, 2002, p. 766.

O Contrato de Fornecimento de Produtos da Marca do Distribuidor 213

carácter periódico ou contínuo, podendo a prestação consistir em mercadorias, água, electricidade, *etc*.

Este contrato é omisso na legislação civil portuguesa, sendo apenas
mencionado no n.º 2 do art. 230.º do Código Comercial, o qual refere que
serão consideradas comerciais as empresas que se propuserem "fornecer,
em épocas diferentes, géneros, quer a particulares, quer ao Estado, mediante preço convencionado".

Curiosamente, na área dos contratos administrativos o legislador
recorre algumas vezes à noção de "contrato de fornecimento", ainda que
não adiante uma definição legal.

O art. 437.º do Código dos Contratos Públicos, aprovado pelo DL
n.º 18/2008, de 29 de Janeiro, considera como "aquisição de bens móveis" o contrato pelo qual um contraente público compra bens móveis a
um fornecedor. O art. 439.º estabelece que "o contrato de aquisição de
bens móveis pode ter por objecto a aquisição de bens a fabricar ou a adaptar
em momento posterior à celebração do contrato, de acordo com características específicas estabelecidas pelo contraente público". No preâmbulo
do diploma pode ler-se que "a definição de aquisição de bens móveis
inclui os contratos que envolvem a aquisição de bens que vão ser fabricados pelo contraente particular, que normalmente são tratados como
contratos de aquisição/fornecimento, mas que, de acordo com a orientação tradicional, integrar-se-iam no conceito de empreitada (civil). Correspondem tais contratos aos «contratos de fabrico»".

No contrato de fornecimento de bens uma das partes obriga-se a,
sucessiva ou continuadamente, prestar bens, sendo o preço dos mesmos
pago de forma periódica. Mesmo no caso de fornecimento sucessivo (por
exemplo, electricidade, água, gás) o vínculo jurídico é apenas um, as
prestações é que são distintas. Não estamos, deste modo, perante parcelas
de uma mesma prestação. Num sentido terminologicamente diferente
pronunciam-se alguns Autores que consideram que estamos perante um
fraccionamento do objecto total da prestação contratual mas em que cada
prestação é independente e autónoma, constituindo objecto próprio de
cada obrigação[388].

Hoje em dia existe uma miríade de contratos de execução continuada
que, apesar de não gozarem de tipicidade legal, são comuns na prática.

---

[388] Vide, por exemplo, CASTAN TOBEÑAS, Derecho civil español, comum y foral,
tomo IV, Madrid, 1993, p. 74.

214 *Marca do Distribuidor e Responsabilidade por Produtos*

Fabricantes e distribuidores celebram diversos tipos de contratos qualificados como "contratos de fornecimento". Trata-se de relações de colaboração estreita cuja disciplina nem sempre é clara.

Há quem veja no contrato de fornecimento um subtipo da compra e venda[389]. Normalmente a compra e venda corresponde a um contrato de execução instantânea, mas neste caso corresponderia a um contrato de execução continuada, falando-se mesmo numa compra e venda *complexa*.

Outros chamam a atenção para o facto de que, mesmo sendo um contrato de troca, o fornecimento não é uma compra e venda, mas sim um contrato que se inclui na matriz dos contratos translativos e deriva, na sua origem e estrutura, da compra e venda[390]. O objecto típico da compra e venda e do fornecimento seriam o mesmo: uma prestação de *dare*. A diferença essencial entre os dois contratos estaria na sua estrutura temporal: enquanto na compra e venda a prestação é única, ainda que possa ser repartida ou fraccionada, no fornecimento a prestação é repetida no tempo, de modo continuado ou periódico. Enquanto a compra e venda não é um contrato duradouro, ainda que a sua execução seja diferida no tempo, o contrato de fornecimento é sempre um contrato de execução sucessiva.

Não estamos, deste modo, perante uma prestação global que seja repartida em momentos sucessivos mas sim uma prestação que se repete no tempo, de acordo com os interesses do adquirente. Este contrato redunda em prestações e contra-prestações autónomas e singulares, não implicando o cumprimento de uma delas a satisfação das restantes. Por outro lado, o incumprimento ou o cumprimento defeituoso de uma das prestações singulares pode, só por si, e quando a gravidade do inadimplemento o justificar, pôr em causa a manutenção da relação contratual[391].

A tendência jurisprudencial portuguesa é a de considerar o contrato de fornecimento como uma modalidade do contrato de compra e venda, cuja única peculiaridade é o facto de se prolongar no tempo. Neste sentido,

---

[389] CUNHA GONÇALVES, Da compra e venda no direito comercial português, Coimbra, 1924, p. 537 *ss*; PUPO CORREIA, Direito Comercial. Direito da empresa, Lisboa, 2005, p. 501.

[390] Vide, por exemplo, COTTINO, Del contratto estimatorio. Della somministrazione, Roma, 1970, p. 78 e os Autores italianos aí citados.

[391] CIAN e TRABUCCHI, Comentario breve al Codice Civile, Pádova, 1988, p. 1171; AULETTA e SALANITRO, Diritto commerciale, Milão, 2000, p. 404. Refere o art. 1564.º do *Codice Civile* italiano: "in caso d'inadempimento di una delle parti relativo a singole prestazioni, l'altra può chiedere la risoluzione del contratto, se l'inadempimento há una notevole importanza ed è tale da menomare la fiducia nell'esattezza dei successivi adempimenti".

O *Contrato de Fornecimento de Produtos da Marca do Distribuidor* 215

o acórdão do Tribunal da Relação de Lisboa de 7 de Abril de 1992 considerou que o contrato de fornecimento mais não é do que "um sucedâneo de concretas compras e vendas".

O STJ entendeu, em aresto de 24 de Junho de 1999, que "existe um só contrato, de compra e venda comercial, embora «desdobrado» no tempo, quanto à sua execução, sempre que alguém dirige uma proposta a um comerciante, que a aceitou, para fornecimento de diversos materiais, com o compromisso de liquidar em 30 dias, a contar da emissão da factura, o preço de cada fornecimento". O mesmo Tribunal defendeu, em aresto de 19 de Setembro de 2002, que "o contrato de longa duração (...) é um contrato de fornecimento, que consubstancia pela sua natureza e finalidade, uma compra e venda, de carácter duradouro e complexo".

Refira-se ainda o aresto da Relação conimbricense de 20 de Junho de 2000, que entendeu que "o contrato de compra e venda é negócio jurídico mediante o qual se transmitem a propriedade ou direitos sobre coisas que, sendo normalmente de execução instantânea, pode assumir as características de contrato de execução continuada; no contrato de fornecimento, uma das partes obriga-se, sucessivamente ou continuadamente a prestar bens à outra, sendo o preço das mesmas pago de forma periódica, mas sendo, mesmo no caso de fornecimento sucessivo, o vínculo jurídico um só com prestações distintas".

O aresto do STJ de 13 de Novembro de 2001 marcou um ponto de viragem nesta visão simplista, ao afirmar: "não basta para qualificar como de «compra e venda» o contrato do qual advenha a obrigação de prestar uma quantia em dinheiro cruzadamente com a transmissão da propriedade de uma coisa, pois que há situações complexas e duradouras que podem impor qualificação ou tratamento jurídico diverso. O contrato celebrado entre duas sociedades mediante o qual uma se comprometa a fornecer à outra durante cinco anos, e esta a consumir a quantidade mínima de 110 kg por mês de café não traduz uma típica «compra e venda», antes consubstanciando um «contrato atípico»".

Por fim, é de elementar justiça fazer referência ao acórdão do STJ de 18 de Abril de 2007, o qual fornece uma rica e bem fundamentada descrição do fenómeno da grande distribuição nos nossos dias.

Do seu sumário consta uma conclusão que importa reter: "ao celebrarem contratos de fornecimento com grandes hipermercados, os fornecedores podem assumir outros deveres, tais como: obrigação de colocação dos produtos fornecidos nos próprios expositores do estabelecimento; obrigação de manutenção desses expositores sempre providos e com os

216 *Marca do Distribuidor e Responsabilidade por Produtos*

produtos dentro dos prazos de validade. Neste contexto, a relação que se estabelece entre fornecedores e adquirentes transcende, claramente, o simples contrato de fornecimento ou um mero quadro de sucessivas compras-e-vendas"[392].

---

[392] Não resistimos a transcrever parte do texto deste acórdão, assinado pelos Conselheiros MARIA LAURA LEONARDO, SOUSA PEIXOTO E SOUSA GRANDÃO, admirável pela rica e sagaz adequação à realidade dos nossos dias: "interessa ter presente os métodos de actuação destas grandes superfícies, sabido que procuram garantir os seus lucros, sem afectar – para poderem ser competitivas – uma política de preços baixos. Para tanto, procuram praticar reduzidas margens unitárias, padronizando e despersonalizando as vendas, integrando as funções grossistas e retalhistas e colhendo compensação através de grandes volumes de compras e de vendas. É também sabido que com o fim de prover e garantir as suas existências, esses hipermercados estabelecem relações de fornecimento sucessivo, prolongadas no tempo, com pagamento a prazo, fazendo recair sobre o fornecedor a obrigação, não só de entregar a mercadoria fornecida no local de venda ao público, mas também de a colocar nos próprios expositores do estabelecimento. Muitas vezes, ainda com o dever de manter esses expositores sempre providos e com os produtos dentro dos prazos de validade. Desses contratos de fornecimento resulta uma relação obrigacional complexa duradoira, relação que não se extingue pelo cumprimento, mas pelo decurso do prazo (se foi estabelecido) ou, então, mediante um facto que ponha termo à sua duração. Podemos mesmo dizer que daqueles contratos de fornecimento resulta uma relação-quadro que serve de moldura a todos os direitos, deveres e estados de sujeição que surjam durante a respectiva vigência. Neste contexto, a relação que se estabelece entre fornecedores e adquirentes transcende, claramente, o simples contrato de fornecimento ou um mero quadro de sucessivas compras-e-vendas. Ao interessar o fornecedor no próprio acto de venda ao público, o adquirente ganha vantagens: fazendo recair sobre aquele a obrigação de garantir, em todos os momentos, a existência de stocks e a qualidade dos produtos, consegue uma diminuição de custos, na medida em que precisará de menos pessoal. Embora possa ter alguns repositores (pois os contratos de fornecimento podem não ser todos iguais), os seus empregados, nessa área, terão, sobretudo, funções de coordenação, fiscalização e de transmissão das directivas sobre os locais e formas de exposição, com vista a obter a máxima rentabilidade das diferentes linhas de produtos. Não nos podemos esquecer que a gestão comercial (designadamente, o planeamento, organização, direcção e controlo das operações de marketing da empresa para produzir o rendimento lucrativo óptimo) pertence à entidade exploradora dos hipermercados. É a esta que cabe desenvolver estratégias para atingir os objectivos desejados. Por outro lado, a colocação de produtos nestas grandes superfícies permite aos fornecedores/produtores beneficiar, sem ter os gastos correspondentes, do resultado daqueles estudos e desfrutar dum local privilegiado para propagandear e escoar os seus produtos, implantando-os no mercado (até já consta que há fornecedores que "pagam" para expor os seus produtos em certas prateleiras desses hipermercados, que, tendo maior visibilidade e características mais atractivas, são susceptíveis de, por isso, propiciar um maior volume de vendas). Além disso, recolhem dados importantes para a programação da sua produção".

O Contrato de Fornecimento de Produtos da Marca do Distribuidor   217

No mesmo sentido dos arestos vindos de citar, há quem defenda que a natureza específica do contrato de fornecimento justifica que não seja configurado como uma sucessão de compras e vendas mas antes como um contrato atípico, ainda que seja afim da compra e venda[393].

De facto, classificar como compra e venda o contrato de fornecimento de bens por um produtor a um distribuidor (ainda que seja de marcas próprias daquele) corresponde, em nosso entender, a uma visão simplista e redutora. Sejamos claros: qualquer contrato de fornecimento de bens celebrado entre produtores e distribuidores (quando estes sejam grandes superfícies comerciais) constitui, em nosso entender, um contrato atípico, que inclui prestações, deveres e obrigações que não se reconduzem a uma mera e simples compra e venda.

Ora, no caso de os bens que constituem o objecto mediato desse contrato serem produtos da marca do distribuidor, a atipicidade deste contrato é ainda mais reforçada, em resultado do enorme *caderno de encargos* que resulta para o produtor dos bens.

Como vimos, neste tipo de contratos o distribuidor não se limita a comprar bens exigindo que estes sejam marcados com o seu nome, marca ou outro sinal distintivo. Não estamos perante uma mera *produção de bens sob marca alheia*. O distribuidor exerce poderes de estipulação, especificação e fiscalização muito próprios, assumindo o papel de verdadeiro director do processo produtivo. Se é verdade que em muitos casos a única instrução que o distribuidor dirige ao produtor é a aposição do seu nome ou marca (por exemplo, no *dual branding*, em que o produto é rigorosamente igual ao da marca do produtor) tivemos oportunidade de ver que em muitos outros (nos chamados produtos *premium*) os bens são fornecidos de acordo com os requisitos específicos e condições próprias ditadas pelo distribuidor. Para além de adquirir os bens, o distribuidor fixa as características, os preços e as condições de pagamento.

Tivemos oportunidade de aceder a um contrato de fornecimento de produtos da marca do distribuidor. Trata-se de um normativo estandardizado utilizado por uma empresa do sector da distribuição. Da análise do seu conteúdo resultou fortalecida a nossa convicção de que este tipo de contratos, pela diversidade de prestações e obrigações que envolve,

---

[393] Por exemplo, MENEZES LEITÃO, Direito das Obrigações, vol. III, Coimbra, 2002, p. 18. Vide ainda PINTO OLIVEIRA, Contrato de compra e venda. Noções fundamentais, Coimbra, 2007, p. 24.

218   *Marca do Distribuidor e Responsabilidade por Produtos*

implica uma análise cuidada, em ordem ao seu correcto enquadramento legal e doutrinal. Passamos a debruçar a nossa atenção sobre este *case study* que, não constituindo de modo algum exemplo único na distribuição moderna, estamos em crer contém a maior parte das cláusulas mais vulgares neste tipo de contratos.

As partes (ou pelo menos o proponente, que é o retalhista) designam o contrato de "contrato de fornecimento de produtos de marcas próprias e/ou exclusivas". Trata-se de uma qualificação que, não vinculando o intérprete nem o julgador, implica duas conclusões importantes.

Primeiro, o facto de estarmos perante um contrato de fornecimento, o que implica o carácter duradouro da relação, a qual não se resume a uma mera sucessão de compras e vendas. Depois, o facto de se utilizarem os conceitos de "marca própria" e de "marca exclusiva" com um significado que se reduz a uma estratégia de marketing e que por isso não corresponde aos conceitos jurídicos que formulámos. Aliás, uma das cláusulas do contrato refere-se a "marcas de distribuidor". Da interpretação do contrato parece-nos resultar que as partes (ou pelo menos o proponente, pois estamos perante um contrato de adesão, cujo conteúdo o destinatário não pôde, deste modo, alterar ou influenciar) não estabelecem uma distinção clara entre os conceitos, utilizando-os num sentido vulgar e não rigoroso.

O contrato tem como objectivo estabelecer as condições gerais a que se deve subordinar o fornecimento de bens sob as "marcas próprias e/ou exclusivas", a efectuar pelo produtor ao retalhista. O produtor obriga-se, através deste contrato, a fornecer, nas condições nele fixadas e em regime de exclusividade, os produtos ao distribuidor. Os produtos fornecidos destinam-se a ser única e exclusivamente comercializados pelo distribuidor. O produtor fica expressamente proibido de fornecer os produtos a terceiros. Esta proibição não se limita à duração do contrato mas também vigora após a sua cessação e por período indeterminado.

Quanto às estipulações convencionais sobre a embalagem dos produtos, deparamo-nos com um vibrante exemplo da intromissão do distribuidor na fase produtiva.

De facto, o contrato possui uma cláusula que refere que "a embalagem dos produtos deverá ser executada de acordo com a maqueta ou arte-final fornecida pelo distribuidor". Ou seja, podemos dizer que, pelo menos quanto à embalagem do produto, o distribuidor exerce uma influência que está longe de se reduzir à mera encomenda dos produtos, estando perante uma execução do produto de acordo com um plano ou

O Contrato de Fornecimento de Produtos da Marca do Distribuidor 219

instrução alheios. Quer isto dizer que o processo produtivo também integra o objecto do contrato. De facto, o distribuidor não é um mero adquirente, exigindo que o produto revista algumas especificidades.

Do contrato resulta ainda que o produtor se obriga a obedecer à legislação vigente sobre rastreabilidade, segurança, conservação e manutenção, rotulagem informativa, indicação de perigo detectável ao tacto por invisuais, conformidade, etiquetagem, tradução integral em língua portuguesa (onde se inclui o manual de utilização do produto e qualquer documento ou menção relativa ao produto), etiquetas de tamanho, gramagem, prazo de validade, nome e morada do distribuidor, embalagem (composição do produto), acondicionamento, simbologia de limpeza e conservação, marcação CE, etiqueta de código de barras, bem como ao cumprimento de todas as especificações técnicas exigidas por Lei.

Quanto à qualidade dos produtos, constituem obrigações do fornecedor cumprir as normas legais quanto às especificações a que os produtos devem obedecer e não fornecer produtos que contenham na sua composição qualquer ingrediente proveniente de organismos geneticamente modificados.

No caso dos produtos classificados como contendo substâncias ou preparações perigosas, para os quais a legislação obrigue à existência de fichas de dados de segurança, obriga-se o fornecedor a manter um arquivo actualizado dessas fichas, enviando, sempre que existir uma alteração, uma cópia da ficha ao distribuidor. O fornecedor fica obrigado a solicitar autorização ao distribuidor para todas as alterações das especificações do produto que entenda necessárias e que não decorram da legislação mas também a comunicar todas as modificações que tenha de fazer por força de alteração do quadro legal.

Ainda relativamente à qualidade dos produtos, impendem sobre o fornecedor um vasto conjunto de obrigações.

Assim, o fornecedor fica obrigado a entregar os produtos nas condições de temperatura, limpeza e higiene, acondicionamento e data de consumo adequadas, sendo as datas mínimas fixadas pelo distribuidor. Para garantia de qualidade dos produtos, o distribuidor reserva-se o direito de, sempre que entender conveniente, auditar o sistema de qualidade e os requisitos de fabrico do produto ou mandar auditar a qualidade dos produtos por técnicos da sua confiança e averiguar se a conformidade dos produtos está de acordo com o contrato, podendo recolher a amostras nos locais de venda ou em qualquer ponto da cadeia de distribuição, ou através de verificação na própria unidade industrial de produção.

220 *Marca do Distribuidor e Responsabilidade por Produtos*

De acordo com o sistema de autocontrolo do distribuidor, este reserva-se o direito de inspeccionar os produtos que sejam entregues, averiguar da conformidade das condições de transporte e tomar as medidas necessárias. Para além disso, os produtos são ainda regularmente analisados por laboratórios aceites ou a designar pelo distribuidor, sempre que este o solicite. Os encargos com a realização das análises são suportados pelo produtor. Estabelece-se expressamente que o pagamento destes custos não afasta a responsabilidade do produtor quanto à garantia de qualidade ou conformidade dos produtos.

São também estabelecidas algumas cláusulas penais. Assim, e sem prejuízo da responsabilidade do produtor pela reposição da situação, o distribuidor reserva-se o direito de aplicar penalizações no caso de não conformidade. Estabelecem-se ainda penalizações para os casos de devolução dos produtos fornecidos por falta de conformidade, o dever de corrigir defeitos e substituir ou recolher os produtos defeituosos, sendo aplicada uma penalização sobre os lucros cessantes, a qual é calculada em função da média de vendas semanais do produto em falta nos últimos meses.

Outras obrigações do fornecedor são ainda o cumprimento do caderno de encargos de logística; o cumprimento da legislação vigente sobre armazenagem e transporte dos produtos, nomeadamente sobre condições de temperatura e acondicionamento; o respeito pelas normas em vigor sobre protecção dos direitos do consumidor final, sobre Direito do ambiente, legislação fiscal, laboral, incluindo a entrega dos mapas de horários de trabalho dos seus funcionários que estejam a prestar serviços nos estabelecimentos do distribuidor, *etc.*

Os produtos a fornecer, a armazenagem, o transporte e acondicionamento das embalagens e a gestão de stocks dos mesmos são da exclusiva responsabilidade do produtor. Este fica ainda obrigado a desenvolver e implementar uma facturação electrónica, de forma a potenciar a eficiência dos processos administrativos e financeiros, o que se não suceder dá direito ao distribuidor a aplicar uma penalização.

Quanto às encomendas, é o distribuidor quem fixa as datas e quantidades, bem como o local de entrega. O produtor obriga-se a efectuar o fornecimento dos produtos constantes na nota de encomenda no prazo e condições fixadas pelo distribuidor. Este reserva-se o direito de aplicar penalizações no caso de atraso nas encomendas ou de rejeição de produtos por falta de qualidade. Os preços e condições são fixados unilateralmente, e apenas poderão ser alterados em casos previstos no acordo.

O Contrato de Fornecimento de Produtos da Marca do Distribuidor 221

O contrato tem um prazo de vigência de ano e meio, renovável automaticamente por períodos idênticos, salvo denúncia ou celebração de um contrato em substituição.

Quanto à responsabilidade por eventuais danos causados pelos produtos a terceiros, o contrato possui apenas uma singela cláusula em que se refere que o distribuidor tem direito a ser indemnizado pelo valor que eventualmente venha a ser exigido e pago, que seja imputável aos produtos fornecidos pelo produtor[394].

Da análise deste exemplo real do sector retalhista dos nossos dias resulta que o contrato em presença é um vínculo complexo, que se estrutura num conjunto de deveres e prestações de natureza diversa, cujo cumprimento se protela no tempo e não se reduz a uma mera troca de bens contra o pagamento de um preço.

Em nosso entender o mais correcto será qualificar o contrato de fornecimento de produtos da marca do distribuidor como um contrato-quadro por força do qual se celebram posteriores e múltiplos contratos, que podem ser de compra e venda, de prestação de serviços ou de empreitada[395]. Qual a natureza específica de cada um desses contratos é problema de que nos ocuparemos no ponto seguinte no nosso trabalho.

Estamos pois perante um contrato de produção integrada que tem como facto genético um contrato-quadro por força do qual o produtor assume a obrigação de fornecer mercadorias, em condições pré-determinadas e de acordo com as instruções e encomendas da contraparte. Este contrato-quadro ou acordo-quadro (que na gíria comercial é designado como "acordo geral de fornecimento") é um contrato único que define as condições gerais das transacções que serão celebradas entre as partes durante um período mais ou menos longo de tempo e que servirá de base aos contratos de aplicação que surgem sucessivamente em conformidade com o compromisso inicial.

O contrato em causa é fonte de uma relação jurídica complexa, dentro da qual se estabelece um conjunto de vínculos de natureza diversa, cuja estrutura e conteúdo é explicada pela economia geral do contrato e pela função económico-social específica que visa realizar.

---

[394] Sobre a validade deste tipo de cláusulas, vide o ponto 20.4.

[395] FERREIRA DE ALMEIDA, *últ. op. cit.*, p. 212 e Contratos II, p. 143. Embora o Autor se refira apenas à compra e venda e à prestação de serviços, consideramos que no âmbito deste contrato-quadro se podem também celebrar contratos qualificáveis como empreitada.

[396] PAIS DE VASCONCELOS, Contratos atípicos, Coimbra, 1995, p. 208.

222   Marca do Distribuidor e Responsabilidade por Produtos

Este contrato não se confunde com o contrato de compra e venda, tendo na sua base uma obrigação de *facere*: do contrato-quadro nasce, nomeadamente, a obrigação do fornecedor de satisfazer as encomendas que lhe sejam apresentadas pela contraparte e a obrigação deste de remunerar essas entregas. Os contratos de execução ou aplicação do contrato-quadro (as entregas individuais) é que podem ser qualificadas como contratos de compra e venda ou de empreitada.

Na nossa opinião estamos na presença de um contrato legalmente atípico, uma vez que não tem na Lei um modelo típico de disciplina própria[396]. Não podemos dizer que as cláusulas próprias deste tipo de contrato se ajustem à "pré-configuração" típica do contrato de compra e venda uma vez que este, na sua formulação tradicional, não fornece respostas nem soluções a todos os interesses que as partes visam prosseguir[397].

Não estamos perante uma atipicidade social, uma vez que na prática existe um modelo de disciplina mais ou menos completo. De facto, existem inúmeros estudos (de cariz económico, não jurídico) sobre as características do relacionamento entre as partes. A marca do distribuidor já conta várias décadas de vida e os "acordos gerais de fornecimento" que estão na sua génese são muitíssimo frequentes, fornecendo um extenso manancial de cuja atenta observação dependerá a classificação do contrato em presença. O exemplo a que tivemos acesso é apenas um entre muitos modelos contratuais existentes nos nossos dias.

Por outro lado, trata-se de um contrato atípico misto, ou seja, a sua atipicidade não resulta de ser totalmente diferente dos tipos legais existentes mas antes do facto de ser uma modificação, mistura ou combinação de tipos legais previstos na Lei.

Na verdade, estamos perante um contrato que não se limita a um *dare* (típico da compra e venda e da empreitada) mas também inclui importantes prestações de *facere*, enquadráveis na figura geral da prestação de serviços. De facto, o contrato de fornecimento implica sempre, para além do *dare*, algumas prestações de *facere*.

Pese embora seja atípico, este contrato não irá prescindir, como é evidente, do auxílio dos modelos regulativos típicos, em busca de soluções para alguns dos problemas colocados e que se situem no âmbito de

---

[397] Vide PRATA, *Os contratos em volta (da compra e venda)*, in AA. VV., Estudos em homenagem ao Prof. Doutor Inocêncio Galvão Telles, vol. IV, Coimbra, 2003, pp. 355 *ss*.

aplicação desses contratos. Assim, será ao modelo regulativo da compra e venda (ou da empreitada) que se irá recorrer como principal fonte e critério de integração da parte do contrato que com ele tenha maior proximidade.

Por fim, podemos ainda dizer que se trata de um contrato misto de tipo múltiplo, uma vez que não é construído a partir da modificação de um modelo típico (como sucede nos contratos mistos de tipo modificado) mas sim da conjugação de mais do que um tipo. Se bem que a prestação principal corresponda à transmissão de bens (seja a que título for) existem prestações acessórias importantes como o fornecimento de informação sobre o processo produtivo, a execução das instruções do distribuidor, a aposição da sua marca, a colocação dos produtos nos expositores do distribuidor, a garantia da existência de stocks, o controlo dos prazos de validade dos produtos, *etc.*

Podemos pois dizer que o contrato de fornecimento de bens da marca do distribuidor constitui um contrato misto cujo *coração* ou parte principal é constituído por uma obrigação de fabricar e entregar bens e cuja parte secundária ou acessória se desdobra numa série de deveres e prestações complementares atípicas.

Na disciplina deste contrato deve adoptar-se a chamada "teoria da combinação", regulando cada uma das parcelas que o compõem de acordo com um regime próprio, que deve ser combinado. À parte principal, que pode ser considerada como típica de um contrato de compra e venda ou de empreitada, deve ser aplicado o respectivo regime legal; as prestações acessórias devem ser disciplinadas de acordo com a vontade das partes expressa no contrato, as regras aplicáveis a negócios com os quais estejam numa relação de grande proximidade (quando não de analogia) e pelos princípios gerais dos contratos.

Cremos que estar a aplicar a estes contratos, indiscriminadamente, o regime legal do tipo contratual prevalente ou dominante (de acordo com a "teoria da absorção") seria negligenciar a importância e autonomia que algumas dessas prestações acessórias possuem no contrato. O regime legal típico da compra e venda e da empreitada seria, em muitos casos, totalmente estranho às necessidades e interesses subjacentes a estas cláusulas do contrato.

10 – Qualificação dos contratos subsequentes

Estamos pois perante um contrato-quadro de fornecimento de bens de consumo, um contrato atípico misto que combina prestações próprias de diferentes tipos legais previstos na Lei. Este contrato não se reconduz a nenhum modelo legal tipificado, não se limita a um simples *dare* mas também inclui importantes prestações de *facere*.

Deste contrato-quadro ou contrato-base resulta a celebração de um conjunto de contratos posteriores, de actos de troca e distribuição de bens que constituem justamente o desenvolvimento e execução daquele vínculo inicial. O acordo celebrado entre as partes consubstancia um contrato atípico que se compõe de duas partes: uma parte essencial (a produção e entrega de bens de consumo) e uma parte acessória, constituída por uma série de prestações complementares de natureza diversa.

Quanto às prestações acessórias, estas podem ser englobadas na figura do contrato de prestação de serviços, sendo reguladas, deste modo, pelas cláusulas próprias do contrato e pelas disposições do mandato, que são extensíveis aos contratos de prestação de serviços (art. 1156.º do CC).

A questão a que procuraremos dar resposta agora é a seguinte: a obrigação nuclear de fabricar e entregar bens ao distribuidor, bens estes que são assinalados com um nome, marca ou outro sinal que é propriedade deste último, reconduz-se a um contrato de compra e venda ou a uma empreitada? Se considerarmos que a parte principal deste contrato pode ser classificada como uma compra e venda, ser-lhe-á aplicado o seu regime típico. Outro tanto se dirá no caso de integrarmos a obrigação principal do produtor no âmbito do contrato de empreitada.

A importância da destrinça entre os dois modelos contratuais assenta em dois motivos.

Primeiro, porque os regimes próprios de cada um deles são diferentes, correspondendo-lhes direitos e deveres distintos.

Segundo, porque consoante o distribuidor recebe os bens enquanto *comprador* ou enquanto *dono da obra*, podemos distinguir diferentes graus de ingerência e envolvimento na produção dos bens que, como é evidente, terão reflexos na responsabilidade pelos danos eventualmente causados por esses produtos. Podemos dizer que a classificação da parte essencial deste contrato como compra e venda ou como empreitada pode ter consequências no regime da responsabilidade daí resultante, não só em termos *contratuais* (entre produtor e distribuidor) mas também *face a terceiros* – os lesados pelo defeito do produto.

10.1 Compra e venda

A primeira opção que se nos depara é a de, numa perspectiva tradicional, qualificar a parte principal do contrato como uma compra e venda.

O contrato de compra e venda é, de todos os contratos submetidos ao império do Direito privado, aquele que desempenha uma função económica mais importante. É fundamentalmente através dele que se opera a transferência da propriedade dos bens entre as pessoas. Não estranha que haja a imediata tendência para se disciplinar estas situações pelo regime da compra e venda, pois este contrato constitui o paradigma dos contratos onerosos, em especial na alienação dos bens[398].

O contrato de compra e venda encontra-se regulado no art. 874.º do CC, sendo definido como "o contrato pelo qual se transmite a propriedade de uma coisa, ou outro direito, mediante um preço". Se considerarmos que a parte principal do contrato corresponde a uma compra e venda, então estaremos perante uma compra e venda comercial, à qual serão aplicáveis os arts. 463.º e seguintes do Código Comercial. À primeira vista estaremos perante um normalíssimo contrato de compra e venda em que o produtor vende mercadorias (*maxime*, bens de consumo) ao distribuidor. A única peculiaridade deste contrato é que este produto será introduzido no mercado sob uma marca que pertence ao distribuidor e não (como tradicionalmente sucedia) ao seu produtor original.

Se for adoptada esta perspectiva, as dificuldades não serão de monta, pois apenas será necessário aduzir uma nota para referir que o objecto mediato do contrato ostenta um sinal distintivo que é propriedade do comprador. Mas esta será apenas uma disposição específica do contrato, sujeita ao vastíssimo princípio da liberdade contratual e que não implica quaisquer considerações adicionais, bastando-se o regime da relação existente com a velha e tradicional disciplina do contrato de compra e venda.

Se configurarmos a prestação principal deste contrato como uma compra e venda, então estaremos perante uma compra e venda de bens futuros (art. 211.º do CC). No caso dos produtos que o fabricante irá

---

[398] PIRES DE LIMA e ANTUNES VARELA, Código Civil anotado, vol. II, Coimbra, 1981, p. 147; ROMANO MARTINEZ, Direito das Obrigações, parte especial (Contratos), Coimbra, 2003, p. 19.

alienar em favor do distribuidor, estamos perante bens absolutamente futuros uma vez que ainda não têm existência material à data da celebração do contrato. Na verdade, trata-se de bens que o produtor irá fabricar por força de um contrato de fornecimento e que, em princípio, ainda não existem à data do estabelecimento do vínculo.

10.2 Empreitada

A compra e venda de bens futuros pode confundir-se muito facilmente com a empreitada, especialmente nos casos em que os bens sejam fornecidos pelo empreiteiro. O contrato de empreitada desempenha um papel de grande relevo no nosso ordenamento jurídico e na economia quotidiana, encontrando-se bastante próximo quer do regime, quer das funções económica e social da compra e venda. Tal proximidade gera, as mais das vezes, enormes dificuldades quanto à distinção entre as duas figuras.

O contrato de empreitada é considerado, no ordenamento jurídico português, como uma das modalidades típicas e nominadas do contrato de prestação de serviços. De acordo com o art. 1155.º do CC, "o mandato, o depósito e a empreitada são modalidades do contrato de prestação de serviços". A noção geral do contrato de prestação de serviços está prevista no art. 1154.º: "contrato de prestação de serviços é aquele em que uma das partes se obriga a proporcionar à outra certo resultado do seu trabalho intelectual ou manual, com ou sem retribuição".

Segundo o art. 1207.º do CC, "empreitada é o contrato pelo qual uma das partes se obriga em relação à outra a realizar certa obra, mediante um preço". Os contraentes são designados por empreiteiro e dono da obra. Tal como as outras modalidades do contrato de prestação de serviços, o contrato de empreitada caracteriza-se pela autonomia ou não subordinação do empreiteiro face ao dono da obra, o que permite distinguir esta figura do contrato de trabalho. As normas do contrato de compra e venda podem ser aplicadas supletivamente, de acordo com o art. 939.º do CC.

O elemento característico deste contrato é a realização de uma determinada obra. O conceito de obra desempenha forçosamente um papel vital no delinear das fronteiras desta figura contratual. Por obra entende-se todo o resultado a produzir pela actividade ou pelo trabalho, correspondente à criação, modificação ou reparação de uma coisa, como o fabrico, manufactura, construção, benfeitorias, *etc.*

Geralmente o conceito de empreitada é imediatamente associado à construção de edifícios (especialmente as empreitadas de obras públicas). Ou seja, *obra* toma quase sempre o sentido de edificação, de construção imobiliária, de prédio, muro, parede, *etc*. No entanto, este contrato pode servir uma multiplicidade de fins, não se reduzindo o seu objecto necessariamente aos bens imóveis. Assim, existem contratos de empreitada sobre inúmeros bens móveis: empreitada de construção de automóveis, navios, mobiliário, roupa, calçado, *etc*. Na verdade, a tendência recente é para alargar cada vez mais o âmbito de aplicação do contrato de empreitada.

Normalmente o dono da obra acede à fase da construção, impondo as suas características, determinando os seus traços e fisionomia. De acordo com o art. 1208.º do CC "o empreiteiro deve executar a obra em conformidade com o que foi convencionado, e sem vícios que excluam ou reduzam o valor dela, ou a sua aptidão para o uso ordinário ou previsto no contrato". Deste modo, o empreiteiro realiza o seu trabalho de acordo com um desenho ou projecto definido pela contraparte.

Para o empreiteiro resulta a obrigação de realizar a obra de acordo com as especificações fornecidas pelo dono da obra mas também de acordo com as regras da sua arte ou profissão. O cumprimento deste dever está intimamente ligado com o nível de qualidade esperado ou contratado que pode ser reivindicado pelo dono da obra mas também por terceiros adquirentes. O dono da obra pode, de forma directa ou através de comissário, fiscalizar a execução da obra desde que com isso não perturbe o seu normal decurso. O exercício de tais poderes de fiscalização não impede o dono da obra de, finda a empreitada, fazer valer os seus direitos contra o empreiteiro, embora sejam aparentes os vícios da coisa ou notória a má execução do contrato, excepto se tiver havido da sua parte concordância expressa com a obra executada (n.º 1 do art. 1209.º do CC).

Têm surgido nos últimos tempos algumas figuras contratuais, enquadradas nos movimentos de "descentralização produtiva" ou de "produção integrada" que apresentam algumas especificidades que importa ter em conta. Uma dessas figuras é o contrato de fabrico por conta de terceiros (que a doutrina italiana apelida de *subfornitura*) que pode, até certo ponto, confundir-se com a empreitada.

O contrato de fabrico por conta de terceiros é uma figura bastante frequente na produção de bens complexos, por exemplo no sector automóvel. Trata-se de um contrato pelo qual o produtor de um bem complexo confia a terceiros o fabrico de determinadas peças ou componentes[399]. O produtor principal fixa as características das peças e exerce um forte controlo sobre o processo de fabrico das mesmas, estando o fabricante obrigado a apor a marca do principal. O contrato que vincula as partes é um sub-contrato que fixa as condições de fabrico.

Assim, mais do que se conceder a outrem o direito de utilizar uma marca, através deste contrato o produtor obriga o terceiro à aposição da sua marca. Por outro lado, deste contrato não resulta a atribuição do direito ao fabricante de apor a marca em produtos que lance no mercado. Ou seja, ele apenas marca os produtos que vai entregar ao titular da marca. Para que ficasse com a opção de marcar ele próprio produtos que lançasse no mercado teria de existir, paralelamente, um contrato de licença de marca.

Parece-nos de afastar a qualificação da parte principal do contrato existente entre fabricante e titular da marca de distribuição como um contrato de fabrico por conta de terceiros.

De facto, cremos que esta figura se enquadra dentro dos modernos fenómenos de *outsourcing*, em que uma empresa de vocação produtiva delega noutra o fabrico de algumas peças ou partes componentes, que depois irá reunir no produto final. Na indústria automóvel é muito frequente a empresa titular da marca do veículo delegar em empresas alheias, que permanecem anónimas perante o grande público, o fabrico de algumas das suas partes componentes (sirvam de exemplo os travões ou os cabos eléctricos). Ou seja, um produtor delega noutro produtor o fabrico de bens, vedando-lhe a sua posterior comercialização e exigindo que os bens sejam marcados com o seu sinal distintivo.

Pelo contrário, na marca do distribuidor temos um sujeito cuja tarefa característica é a distribuição mas que acede a um sector económico distinto e anterior (a produção), antecipando-se ao ciclo normal de produção dos bens, influenciando e determinando essa fase, ordenando ao produtor que fabrique sob as suas condições específicas e que lhe entregue bens que serão marcados com o seu sinal distintivo e distribuídos nos seus estabelecimentos.

No contrato de fabrico por conta de terceiros temos um fabricante que delega noutro uma parte da sua actividade: é um contrato entre iguais, entre sujeitos com a mesma vocação produtiva.

---

[399] Vide GRANIERI, *La subfornitura, in* AA. VV., I nuovi contratti nella prassi civile e commerciale XIV, Turim, 2004, pp. 657-700 e GALGANO, *Il marchio nei sistemi produttivi integrati: sub-forniture, gruppi di società, licenze, «merchandising»,* pp. 179 *ss.*

O Contrato de Fornecimento de Produtos da Marca do Distribuidor   229

No contrato de produção de bens da marca do distribuidor, diversamente, estamos perante um contrato entre sujeitos distintos, em que um agente económico que tradicionalmente se limitava a distribuir os bens alheios, aos quais era indiferente, se assenhoreia da fase produtiva, passando a agir como se *fosse quem não é*: estamos perante um distribuidor que não se limita a distribuir e antes determina o que quer que seja distribuído e que forma, peso, cor e gosto há-de ter o bem a distribuir sob a sua marca. O distribuidor age como se fosse dono da fase produtiva, assumindo a autoria dos bens sem ser seu autor material, determinando os traços característicos de um bem que não resulta das suas próprias mãos mas das do real fautor dos bens.

Poderíamos ser tentados, por outro lado, a enquadrar este fenómeno na figura geral da prestação de serviços – mas correríamos o risco de olvidar a diferença fundamental entre os dois contratos: enquanto aquele corresponde a uma obrigação de meios, no nosso caso estamos perante uma obrigação de resultado[400]. De facto, estamos perante um contrato que, seja qual for a qualificação atribuída, se estrutura num binómio fundamental: fabrico ou produção de um bem – pagamento de um preço.

10.3 Posição adoptada: a "produção ordinária" como critério decisivo

As categorias dogmáticas da compra e venda e da empreitada foram pensadas e plasmadas em forma legal num tempo em que a relação subjacente se estabelecia entre comerciantes e artesãos, entre vendedores e pequenos produtores.

A marca do distribuidor, para além de reavivar a discussão sobre a função da marca, retoma a discussão sobre as zonas de fronteira entre a compra e venda e a empreitada. Se no primeiro caso vimos que a discussão permite reconfigurar e rejuvenescer a função distintiva da marca, entendendo a marca do distribuidor como um dos mais acabados exemplos da tese do "conceito amplo de origem ou proveniência", esta figura também aporta elementos interessantes para este segundo debate.

---

[400] Pese embora, como adverte TRIGO GARCÍA, se assista a uma progressiva "materialização" dos serviços, que leva a que por vezes se fale de "venda de serviços" – Contrato de servicios. Perspectiva jurídica actual, Granada, 1999, pp. 173 *ss.*

230 Marca do Distribuidor e Responsabilidade por Produtos

O legislador comunitário já retirou interesse à distinção entre compra e venda e empreitada no domínio da venda de bens de consumo, adoptando uma noção ampla de compra e venda, mais inspirada na tutela do consumidor ou adquirente do que em formulações teóricas ou doutrinais. De facto, nos termos do n.º 4 do art. 1.º da Directiva 1999/44 são igualmente considerados contratos de compra e venda os contratos de fornecimento de bens de consumo a fabricar ou a produzir.

Esta norma colhe a influência do art. 3.º, n.º 1 da Convenção das Nações Unidas sobre os contratos de compra e venda internacional de mercadorias (Convenção de Viena de 1980) que por sua vez foi fortemente inspirada pelo Direito alemão[401]. Existe também uma referência indirecta ao contrato de empreitada quando, na parte final do n.º 3 do art. 2.º, se considera excluída a falta de conformidade no caso de "esta decorrer dos materiais fornecidos pelo consumidor".

Trata-se, como é evidente, de uma extensão genérica do regime da compra e venda a casos que, em rigor, correspondem a contratos de empreitada[402]. A expressão ampla "contratos de fornecimento de bens de consumo a fabricar ou a produzir" inclui a empreitada de coisas, móveis ou imóveis, específicas ou genéricas, firmadas por consumidores, a fabricar ou produzir com materiais fornecidos pelo empreiteiro ou pelo dono da obra. O legislador comunitário pretendeu, através de tão amplo conceito, dispensar ao consumidor o mesmo grau de protecção, qualificando o fornecimento de bens de consumo a fabricar ou a produzir como venda ou empreitada[403].

Trata-se, em boa verdade, de uma definição ampla e pouco técnica, que procede a uma deficiente equiparação da empreitada aos restantes

---

[401] MARCO MOLINA, *La garantía legal sobre bienes de consumo en la Directiva 1999/44/CE del Parlamento Europeo y del Consejo, de 25 de Mayo de 1999, sobre determinados aspectos de la venta y la garantía de los bienes de consumo*, in "RCDI", 2002, p. 2285.

[402] SANZ VALENTÍN, *La Directiva 1999/44 CE del Parlamento europeu y del Consejo sobre determinados aspectos de la venta y de las garantías de los bienes de consumo*, in "AC", 1999, n.º 3, p. 1077; MOTA PINTO, Cumprimento defeituoso do contrato de compra e venda. Anteprojecto de Diploma de Transposição da Directiva 1999/44 para o Direito Português, Lisboa, 2002, p. 44; VILATA MENADAS, *Perspectivas de futuro en la tutela de los negocios jurídicos de bienes de consumo*, in AA. VV., La ley 23/2003 de garantías de los bienes de consumo: planteamiento de presente y perspectivas de futuro, REYES LÓPEZ (Coord.), Cizur Menor, 2005, pp. 266 s e MARCO MOLINA, *últ. loc. cit.*

[403] CALVÃO DA SILVA, Venda de bens de consumo, Coimbra, 2004, p. 52.

O Contrato de Fornecimento de Produtos da Marca do Distribuidor 231

contratos de fornecimento de bens de consumo[404]. Ao invés de recorrer a uma equiparação que se traduz numa ficção de alargamento do conceito de compra e venda, melhor teria andado o legislador comunitário se se limitasse a estender o regime do diploma aos casos de empreitada[405].

SINDE MONTEIRO, aquando da análise do Anteprojecto que deu origem ao DL n.º 67/2003, defendia que a alteração do regime da garantia deveria abranger também o contrato de empreitada[406]. A esta sugestão opôs-se ROMANO MARTINEZ, defendendo que as alterações se deveriam limitar à compra e venda, com uma extensão do regime limitada aos casos de empreitada previstos na Directiva[407]. A verdade é que nenhuma das teses veio a receber acolhimento, uma vez que o diploma não introduziu qualquer alteração no regime geral da empreitada ou da compra e venda, limitando-se a alterar a redacção dos arts. 4.º e 12.º da LDC.

A não transposição extensiva da Directiva (alargando as alterações ao domínio do CC) foi considerada por CALVÃO DA SILVA uma "oportunidade perdida" em prol da "via da facilidade e do seguidismo", sendo o DL que procede à transposição mesmo acusado de "reproduzir de uma forma quase literal e servil" o texto da Directiva[408].

De acordo com a redacção original do DL n.º 67/2003, de 8 de Abril, que transpôs a Directiva para o ordenamento jurídico português, este diploma era igualmente aplicável, "com as necessárias adaptações, aos contratos de fornecimento de bens de consumo a fabricar ou a produzir" (n.º 2 do art. 1.º).

Com a redacção que foi dada pelo DL n.º 84/2008, o n.º 2 do art. 1.º-A (que foi aditado) passou a estabelecer que o DL n.º 67/2003 "é, ainda, aplicável, com as necessárias adaptações, aos bens de consumo

---

[404] MENEZES LEITÃO, *Caveat venditor? A Directiva 1999/44/CE do Conselho e do Parlamento Europeu sobre a venda de bens de consumo e garantias associadas e suas implicações no regime jurídico da compra e venda*, in AA. VV., Estudos em homenagem ao Professor Doutor Inocêncio Galvão Telles, vol. I, Coimbra, 2002, p. 272; ROMANO MARTINEZ, *Empreitada de bens de consumo. A transposição da Directiva n.º 1999/44/CE pelo Decreto-Lei n.º 67/2003*, in "EIDC", vol. II, Janeiro de 2005, p. 13.

[405] ROMANO MARTINEZ, *Empreitada de Consumo*, in "Themis", Ano II, n.º 4, 2001, p. 156.

[406] *Proposta de Directiva do Parlamento Europeu e do Conselho relativa à venda e às garantias dos bens de consumo*, in "Revista Jurídica da Universidade Moderna", 1998, n.º 1, p. 465.

[407] *Últ. op. cit.*, p. 171.

[408] *Últ. op. cit.*, p. 21.

232 *Marca do Distribuidor e Responsabilidade por Produtos*

fornecidos no âmbito de um contrato de empreitada ou de outra prestação de serviços, bem como à locação de bens de consumo". Deste modo, o legislador esclareceu *ipsis verbis* (ainda que não restassem dúvidas) que este diploma também é aplicável aos contratos de empreitada.

De acordo com o n.º 1 do art. 2.º da LDC, este diploma aplica-se aos contratos de consumo, isto é, àqueles que são celebrados entre alguém que destina a obra encomendada a um uso não profissional e outrem que exerce com carácter profissional uma actividade económica que vise a obtenção de benefícios. O contrato de empreitada de bens de consumo em Portugal encontra-se regulado, deste modo, na LDC e no DL n.º 67/ /2003, de 8 de Abril.

Neste caso estaremos perante um regime especial da empreitada de bens de consumo, que substitui o regime dos arts. 1218.º e seguintes do CC português. As normas destes dois diplomas avulsos constituem normas especiais relativamente às normas gerais sobre o contrato de empreitada fixadas no CC. Assim, aquelas derrogam estas em caso de incompatibilidade, quanto ao seu campo de aplicação – as relações de consumo[409].

Embora o legislador comunitário refira que aos contratos de fornecimento de bens de consumo a fabricar ou a produzir se aplica o regime da venda de bens de consumo, isto não implica que estes contratos sejam qualificados como contratos de compra e venda[410]. De facto, continuam a ser contratos de empreitada, estando sujeitos ao regime da compra e venda para consumo apenas no que se refere à obrigação de conformidade da obra com o contrato, que substituiu o regime dos defeitos da obra[411]. A referência do legislador "a contratos de fornecimento de bens de consumo" justifica-se pela dificuldade existente na diferenciação entre os contratos de compra e venda e de empreitada, a qual se encontra deste modo superada[412].

---

[409] Cura Mariano, Responsabilidade contratual do empreiteiro pelos defeitos da obra, Coimbra, 2004, p. 30.

[410] Vérgez, La protección del consumidor en la Ley de Garantías en la venta de bienes de consumo, Navarra, 2004, p. 38.

[411] Fuenteseca Degeneffe, La venta de bienes de consumo y su incidencia sobre la legislación española (Ley 23/2003, de 10 de Julio), Madrid, 2007, p. 128.

[412] Marín López, Las garantías en la venta de bienes de consumo en la Unión Europea (la Directiva 1999/44/CE y su incorporación en los Estados miembros), tomo I, Madrid, 2004, p. 69; Morales Moreno, *La conformidad de la cosa vendida según la Directiva 1999/44/CE, in* AA. VV., Garantías en la venta de bienes de consumo, Santiago de Compostela, 2004, p. 48.

O Contrato de Fornecimento de Produtos da Marca do Distribuidor   233

No fundo, a Directiva aplica-se não apenas ao contrato de compra e venda mas a todos os contratos onerosos que tenham por objecto prestações de *dare* ou de *facere* relativamente a bens de consumo[413]. O regime da Directiva propicia, deste modo, uma unificação técnica do conceito de compra e venda, à semelhança do que sucede com a Convenção de Viena de 1980[414]. Embora a Directiva não tenha alterado a essência do contrato de compra e venda, alterou a sua conceptualização de tal forma que se pode falar de um novo conceito de compra e venda[415].

Estamos perante contratos que têm como sujeitos um vendedor profissional e um consumidor. Trata-se, deste modo, de uma noção subjectiva, pois aplica-se a qualquer bem de consumo, desde que fornecido por um empresário a um consumidor, ou seja, a uma pessoa que não seja um profissional. Assim, podemos falar na existência de um regime especial da empreitada de bens de consumo, quando o adquirente é um consumidor.

Ficam de fora do âmbito de aplicação da Directiva os contratos celebrados entre profissionais. Podemos dizer que a distinção entre compra e venda e empreitada de bens de consumo é pouco relevante na óptica do consumidor (pois o regime, em relação a este, foi objecto de uma unificação), mantendo vivo interesse nos contratos situados a montante (entre profissionais, produtores e distribuidores), uma vez que não gozam de um regime comum.

Na verdade, o art. 4.º da Directiva 1999/44, que fixa o direito de regresso do vendedor final, é a única norma da Directiva que não regula

---

[413] Tamayo Carmona, *Ley 23/2003, de 10 de Julio, de garantías en la venta de bienes de consumo: régimen de plazos y derechos del consumidor*, in AA. VV., La ley 23/2003 de garantías de los bienes de consumo: planteamiento de presente y perspectivas de futuro, Reyes López (Coord.), Cizur Menor, 2005, p. 213; Sánchez Calero, *Faltas de conformidad en los contratos de venta de bienes de consumo y derechos de los consumidores*, in AA. VV., Estudios de Derecho de Obligaciones, Homenaje al Profesor Mariano Alonso Pérez, tomo II, Llamas Pombo (Coord.), Madrid, 2006, p. 699.

[414] Ferreira de Almeida, *Orientações de política legislativa adoptadas pela Directiva 1999/44/CE*, in "Themis", 2001, n.º 4, p. 115.

[415] O'Callaghan, *Nuevo concepto de la compraventa quando el comprador es consumidor*, in AA. VV., La Ley 23/2003, de garantia de los bienes de consumo: planteamiento de presente y perspectivas de futuro, Reyes López (Coord.), Cizur Menor, 2005, p. 139. Vide ainda Perales Viscasillas, *Hacia un nuevo concepto del contrato de compraventa: desde la Convención de Viena de 1980 sobre compraventa internacional de mercancías hasta y después de la Directiva 1999/44/CE sobre garantías en la venta de bienes de consumo*, in "AC", 2003, n.º 4, pp. 1199-1224.

234 *Marca do Distribuidor e Responsabilidade por Produtos*

directamente as relações entre consumidores e profissionais, antes dizendo respeito a elementos da cadeia contratual que culminou na venda ao consumidor.

Em relação às empreitadas de bens de consumo celebradas com o consumidor, a tarefa da qualificação do contrato encontra-se extremamente facilitada uma vez que o legislador comunitário procedeu a uma extensão do regime da compra e venda a casos que, em boa verdade, melhor seriam qualificados como empreitada. Ou seja, ao nível do contrato de fornecimento de bens de consumo deparamos com uma unificação ou equiparação de regimes que simplifica a tarefa da escolha do regime legal aplicável.

Por outro lado, continuará acesa, decerto, a discussão sobre a classificação dos contratos de fornecimento de bens que não sejam ao consumidor final. Nesse largo espaço terão ainda grande utilidade os critérios adiantados pela doutrina e pela jurisprudência, os quais são de diversa ordem. O problema mantém-se uma vez que a distribuição de bens, enquanto processo económico organizado sistematicamente através de um encadeamento de contratos que se consuma com o último acto de venda, apresenta um regime jurídico distinto do que é fixado atendendo a cada uma das operações, quando perspectivadas isoladamente[416].

À falta de um regime unificador das transmissões de bens entre profissionais, parece pois não restarem dúvidas de que a discussão se centra, no caso que nos ocupa, na qualificação da parte nuclear do contrato como compra e venda ou como empreitada.

A primeira distinção a fazer entre os dois contratos é a seguinte: enquanto a prestação a que o vendedor está obrigado é uma prestação de coisa (*de dare*), o empreiteiro está vinculado a uma prestação de facto (*de facere*)[417]. O empreiteiro encontra-se também vinculado a uma obrigação de entregar a obra, após a sua conclusão. No entanto, tal dever assume carácter acessório, constituindo condição necessária para o dono da obra entrar no gozo desta. O contrato de empreitada centra-se não na prestação do trabalho enquanto tal mas sim no resultado do mesmo. Trata-se, deste modo, de uma obrigação de resultado.

Outra diferença relevante entre os dois contratos é a seguinte: enquanto na compra e venda a iniciativa e o plano do objecto a executar cabem a

---

[416] Mota Pinto, *O direito de regresso do vendedor final de bens de consumo*, pp. 144 *s.*

[417] Pires de Lima e Antunes Varela, *op. cit.*, p. 704.

O Contrato de Fornecimento de Produtos da Marca do Distribuidor 235

quem constrói ou fabrica a coisa, na empreitada o empreiteiro realiza uma obra que lhe é encomendada por outrem, devendo executá-la segundo as directrizes e fiscalização de quem lha encomendou.

Um dos critérios de distinção que tem sido proposto é o da chamada "produção ordinária". Assim, se a coisa pertencer a um género, sendo periódica e profissionalmente construída pelo vendedor, e o processo produtivo não integrar o objecto principal do contrato, mantendo-se estranho à relação contratual, então estamos perante um contrato de compra e venda de bem futuro.

Por outro lado, quando o adquirente exigir algumas especificidades que afastem a coisa das restantes do seu género, se o construtor se obrigar a realizar a coisa de acordo com as especificidades impostas pelo adquirente, podendo este acompanhar o processo produtivo e confirmar no fim se a coisa produzida está em conformidade com o que foi inicialmente convencionado, então estaremos perante um contrato de empreitada[418].

Em termos muito simples, estaremos perante uma compra e venda se o sujeito realiza a obra segundo plano próprio, e perante uma empreitada quando a realiza segundo um plano alheio[419]. O critério decisivo será, pois, de natureza subjectiva, fundado na determinação da real vontade e propósito prosseguido pelos contraentes.

Se as partes celebraram o contrato tendo em vista apenas que uma delas se obrigava a entregar um objecto, a *res facta*, sem atender à pessoa do empreiteiro ou ao trabalho que será necessário, então estaremos perante um contrato de compra e venda.

Diferentemente, se uma das partes assumiu a tarefa de executar uma obra baseado num modelo ou desenho, tendo as partes em vista o trabalho que se reflectiria no produto, então estaremos perante uma empreitada. Neste caso o processo produtivo, as qualidades pessoais do sujeito e o trabalho a implementar sobre os materiais assumem um papel decisivo. Quando se procura a capacidade ou habilidade de um fabricante seria absurdo defender que o dono da obra se dirigiu a ele simplesmente com o objectivo de adquirir os materiais. Assim, para determinar qual foi a sua intenção, é importante a observação da natureza e objecto das tarefas pretendidas.

---

[418] Vilalonga, *Compra e venda e empreitada – contributo para a distinção entre os dois contratos*, in "ROA", 1997, p. 204.

[419] Pereira De Almeida, Direito Privado II (Contrato de Empreitada), Lisboa, 1983, p. 14.

A indagação da vontade das partes pode ser insuficiente para a qualificação do contrato, sendo preferível a adopção de critérios objectivos. Reconhecemos que as mais das vezes será bastante difícil detectar qual a verdadeira vontade das partes contratantes.

Consideramos, no entanto, que no caso dos produtos de marca do distribuidor a distinção entre as duas situações é possível e, ademais, extremamente relevante, implicando, como já se disse, repercussões de diversa ordem, quer a montante (na relação contratual entre produtor e distribuidor) quer a jusante – ao nível da responsabilidade do titular da marca perante terceiros pelos danos causados pelo produto. Não existe um critério que nos permita, isoladamente, resolver o assunto. A melhor solução será a que passar pela análise de diversos critérios ou índices perspectivando a relação jurídica estabelecida entre as partes sob diversos prismas.

Assim, poderemos começar por referir que a prestação a que o fornecedor está obrigado é uma prestação de facto (*facere*): realizar uma obra. O produtor celebra um contrato com o distribuidor, pelo qual se obriga a produzir determinados bens, que entregará posteriormente (obrigação de *dare*). Para tanto, utiliza materiais próprios ou que adquire a terceiros. Como é evidente, os retalhistas e distribuidores não fornecem aos produtores os materiais necessários.

A questão essencial que se deve colocar é a seguinte: de que modo são produzidos estes bens?

Em nosso entender deve lançar-se mão do critério da "produção ordinária", que permite distinguir os casos em que o fabricante cria bens idênticos aos que por norma produz, daqueles em que cria uma nova *species*, de acordo com a encomenda do cliente. Assim, estamos perante uma compra e venda (de coisa futura) quando, mesmo não estando construída na altura da celebração do contrato, se trata de uma coisa que pertencia a um *genus* produzido periódica e profissionalmente pelo fabricante, independentemente de ordens ou instruções da contraparte.

Figuremos as duas hipóteses com um exemplo. Se o distribuidor A encomendar ao produtor B o fornecimento de pacotes de manteiga perfeitamente idênticos aos que B comercializa no mercado, e cuja única especificidade será serem lançados no mercado com o sinal distintivo de A, a parte essencial do contrato (a entrega de bens) será qualificada como uma compra e venda (*maxime*, de bens futuros). Como vimos, esta estratégia é conhecida no mundo do marketing como *dual branding*: o titular de uma marca conhecida também produz bens – praticamente idênticos – que serão vendidos sob uma marca de distribuição.

O mesmo sucederá se o fabricante deixar de lançar produtos no mercado sob a sua marca, dedicando-se em exclusivo ao fornecimento de bens ao distribuidor. Em ambos os casos estaremos perante um contrato atípico misto de fornecimento de bens, cuja parte principal corresponde a uma compra e venda, composto também por uma série de obrigações e deveres de diversa natureza.

Caso diferente será aquele em que C, distribuidor, encomendar a D, produtor, o fabrico de pacotes de manteiga seguindo as suas instruções e especificações. Neste caso o processo produtivo é determinado pela encomenda do cliente e faz parte do objecto do contrato, que se iniciou com base na estipulação pelas partes de determinados critérios e opções técnicas. Estamos, em nosso entender, perante um contrato misto em que a obrigação de entrega de bens corresponde a um contrato de empreitada.

Com vimos, na maior parte dos casos o distribuidor tem em consideração (especialmente nas marcas do distribuidor *premium*, em que a qualidade é requisito essencial) as valências, virtudes ou *skills* pessoais do produtor, ou seja, as circunstâncias e requisitos segundo os quais o trabalho deverá ser realizado são fundamentais. O critério da "produção ordinária" é, por isso, extremamente útil, por sublinhar que o produtor se obriga a realizar a coisa *de certa forma*, com especificidades impostas pelo adquirente, podendo este acompanhar o processo produtivo e confirmar no fim se a coisa produzida está em conformidade com o que foi inicialmente convencionado. De facto, não se pode esquecer que um dos elementos caracterizadores da empreitada é o poder de fiscalização concedido ao dono da obra.

Tal como configuramos este contrato, fruto da análise do fenómeno em termos económicos e de marketing, parece evidente que neste caso as partes (especialmente o distribuidor) atribuem especial e decisiva importância ao processo produtivo, ao trabalho a implementar sobre os materiais. Assim, consideramos que estamos perante um contrato de empreitada, em especial, de empreitada de bens móveis, caracterizado pela aposição, pelo fabricante, de um sinal distintivo que é propriedade do distribuidor (e adquirente dos bens).

Face ao novo modelo de cooperação-integração propiciado pela marca do distribuidor, podemos dizer que a compra e venda vai deixando já de ocupar o papel primacial na circulação dos bens entre o produtor e o distribuidor. Os produtos da marca do distribuidor são os únicos pelos quais o retalhista assume toda a responsabilidade – desde o desenvolvimento, fornecimento, armazenamento, ao marketing, comercialização e distribuição. O distribuidor passa a ser responsável pelo controlo do produto, papel que tradicionalmente era reservado ao produtor. O retalhista é responsável pela definição da própria natureza do produto. Isto inclui o tamanho, forma, cor, *lettering*, embalagem, bem como indicações específicas quanto à qualidade e gosto.

Este tipo de produtos representa, deste modo, um *quid novi* relativamente à produção originária ou normal do fabricante, implicando a introdução nesta de modificações substanciais respeitantes à forma, à medida, à qualidade do objecto fornecido, *etc*. Desde logo, existe uma alteração relativamente à sua produção normal: os produtos serão marcados com um sinal distintivo que pertence ao distribuidor e não ao produtor.

E não se diga, como por vezes se quer fazer crer, que pelo simples facto de estarmos perante bens fungíveis (fabricados em série, com base em amostras ou catálogos) estamos perante uma compra e venda. Não se pode confundir fungibilidade com especificação. Os produtos da marca do distribuidor são fungíveis (uma vez que se determinam em função da sua qualidade ou género) sendo produzidos, pela sua própria natureza, em grande escala. Mas também é verdade que são produzidos de acordo com especificações e indicações precisas, que são dadas pelo distribuidor e não pelo real executante da produção.

Aqui chegados, cabe-nos formular uma noção deste contrato. Dissemos já que em nosso entender o contrato de fornecimento de bens da marca do distribuidor é um contrato-quadro por força do qual se celebram posteriores e múltiplos contratos. É um contrato atípico misto, uma vez que combina diferentes tipos legais previstos na Lei. A parte principal deste contrato pode corresponder, conforme os casos, a uma compra e venda ou a uma empreitada.

Podemos dizer que o contrato de fornecimento de bens da marca do distribuidor é um contrato-quadro pelo qual um produtor se obriga, mediante retribuição, a produzir e entregar a um distribuidor, de acordo com as solicitações deste e de forma periódica, bens de consumo que são identificados com uma marca, nome ou sinal distintivo que é propriedade deste último, respeitando no processo de fabrico as suas instruções ou directrizes, ficando ainda vinculado ao cumprimento de uma série de outros deveres acessórios.

Desta noção, que não pretende esgotar de maneira alguma a riqueza e diversidade que este contrato encerra, resultam essencialmente quatro conclusões.

Primeiro, o facto de o produtor ser uma pessoa singular ou colectiva que se dedica a título profissional à produção de bens de consumo. Pode tratar-se de uma empresa, de um comerciante em nome individual ou mesmo de um agricultor – o que importa é que exerça, a título profissional, uma actividade económica que visa a obtenção de lucros, *maxime*, através da comercialização de bens de consumo.

Em segundo lugar, no fabrico destes bens o produtor irá, consoante os casos, respeitar instruções mais ou menos precisas e específicas do distribuidor, conforme o seu grau de ingerência na fase produtiva. Nuns casos limitar-se-á a apor a marca do distribuidor a produtos idênticos aos que já produzia; noutros terá de produzir bens distintos, obedecendo às instruções e requisitos formulados pelo distribuidor, sujeitando-se à sua fiscalização e controlo e ao cumprimento de uma série de deveres acessórios.

A terceira nota serve para dizer que o adquirente dos bens é um distribuidor, um retalhista ou um vendedor que, no exercício da sua profissão, adquire aqueles bens ao seu produtor, influenciando e monitorizando a fase produtiva, sendo responsável por todo o marketing e publicidade que envolve o produto.

Por fim, o facto de o objecto mediato deste contrato ser um bem móvel de consumo, que será lançado no mercado com uma marca que é detida pelo distribuidor e não pelo seu executante, produtor ou fabricante. Como resulta do nosso estudo, a principal peculiaridade deste tipo de produtos é o facto de surgir no mercado identificado por um sinal que é propriedade do distribuidor.

Sem dúvida que a análise deste tipo de contrato em si mesmo constitui um tema interessante. O Direito das Obrigações, velho de séculos, fervilha cada vez mais com novas figuras que põem em crise velhos dogmas e moldes rígidos. A actividade comercial flui com base em relações complexas que nem sempre é possível reconduzir a categorias dogmáticas estanques. A riqueza subjacente ao relacionamento estabelecido entre o produtor e o distribuidor no caso das marcas do distribuidor reclama, pois, uma cuidada análise não só em termos económicos mas também jurídicos.

O escopo do nosso estudo é a responsabilidade do titular da marca do distribuidor pelos danos causados pelos produtos e não a responsabilidade pelo incumprimento do contrato de fabrico de tais produtos. A análise das características próprias desta relação, de natureza complexa, e a sua confrontação com os traços próprios da compra e venda e da empreitada

240 *Marca do Distribuidor e Responsabilidade por Produtos*

vai, por isso, sempre referida ao regime de responsabilidade que daí há-de advir. Consideramos que o problema da responsabilidade do titular da marca de distribuição face a terceiros não deve ser perspectivado de forma isolada mas sim enquanto culminar de um processo global que se inicia a montante, com o vínculo estabelecido entre o fabricante e o distribuidor.

Para o tema que nos ocupa, importa pois não adoptar uma visão compartimentada do fenómeno da marca do distribuidor, analisando a relação que se estabelece entre este e o lesado, mas antes lançar uma visão mais larga que nos permita compreender a natureza do relacionamento estabelecido na fase de produção dos bens. Deste modo, surpreendemos o distribuidor desempenhando funções a que tipicamente era estranho. O distribuidor deixa de ser mero receptor dos bens, um leigo em relação à fase produtiva que se limita a regatear o melhor preço. O titular da marca de distribuição expande a sua influência a montante na cadeia de produção-distribuição, chamando a si o desempenho de outras funções, as quais implicam, como é evidente, novos riscos e encargos.

A análise da natureza do vínculo estabelecido entre produtor e titular da marca de distribuição permite-nos compreender a real posição ocupada pelo distribuidor no moderno processo de colocação dos produtos no mercado, bem como apreender as alterações operadas neste sector de actividade.

Conclui-se, deste modo, que a aproximação entre os mundos outrora tão afastados da produção e da distribuição propicia o surgimento de um conjunto de novos relacionamentos entre os sujeitos que não podem ser já reconduzidos aos arquétipos tradicionais da responsabilidade contratual (vendedor face ao adquirente) e da responsabilidade extracontratual (produtor face ao lesado).

CAPÍTULO IV
A QUALIFICAÇÃO COMO RESPONSÁVEL

Nos Capítulos que antecedem procurámos situar a figura da marca do distribuidor no âmbito do vastíssimo território da responsabilidade por produtos. Um tal enquadramento não poderia ser feito de forma ligeira, sem ter bem presentes os reais contornos da marca do distribuidor. Para tanto, tivemos de analisar esta figura enquanto fenómeno económico, com uma fisionomia e propósito próprios: trata-se de uma ferramenta de marketing e de comunicação muito frequente nos nossos dias. Procurámos perscrutar os dados que a realidade nos fornece e traçar os objectivos que subjazem ao surgimento desta figura. O nosso estudo teria necessariamente de partir da análise da figura enquanto fenómeno típico da sociedade de consumo em que vivemos.

Tentámos também elucidar quais os reflexos que esta nova categoria de marca acarreta enquanto sinal distintivo objecto de tutela jurídica. Depois de analisarmos a marca do distribuidor em si mesma, alargámos o nosso campo de visão ao relacionamento que se estabelece entre os sujeitos do circuito de produção e distribuição. Procurámos fixar as principais características do contrato que vincula produtor e titular da marca de distribuição apontando os seus elementos essenciais.

Encontramo-nos agora em condições de retomar a discussão sobre a posição do titular da marca de distribuição face ao círculo de sujeitos responsáveis pelos danos causados pelos defeitos dos produtos. Ou seja, já deixámos para trás a relação interna que se estabelece entre o produtor e o distribuidor, deslocando a nossa atenção para o relacionamento que se estabelece entre o distribuidor, titular de uma marca de distribuição, e o terceiro, lesado pelos danos causados pelo defeito do produto.

O conceito de produtor constitui, juntamente com o de dano, de defeito e de produto, a essência do regime legal em apreço, devendo ser interpretado de acordo com o Direito comunitário. Trata-se de um conceito lato que não se identifica com a noção económico-factual de produtor e que deve merecer particular atenção por parte da doutrina e da jurisprudência uma vez que constitui pressuposto da legitimidade passiva nas acções de responsabilidade por produtos defeituosos.

Como vimos, a Directiva 85/374 estabelece quatro categorias de sujeitos responsáveis: o produtor real, o importador, o fornecedor e o produtor aparente. Pergunta-se: em qual destes perfis encaixa (ou pode encaixar) o titular de uma marca de distribuição?

Consoante as funções e tarefas que assuma no lançamento dos produtos no mercado, o perfil do titular de uma marca de distribuição poderá ser subsumido a cada uma das categorias fixadas na Directiva. Dependendo da sua intervenção na fase produtiva e da sua apresentação externa, o titular da marca de distribuição poderá ser considerado responsável na qualidade de produtor real, de importador, de fornecedor ou de produtor aparente.

11 – A qualificação como produtor real

A primeira parte do n.º 1 do art. 3.º da Directiva estabelece a responsabilidade do fabricante do produto acabado, do produtor de uma matéria-prima ou do fabricante de uma parte componente. Este é o produtor em sentido económico, ou seja, o realizador do produto, qualquer pessoa singular ou colectiva que sob a sua própria responsabilidade participa na criação do bem.

Embora o titular da marca de distribuição seja, por excelência, um distribuidor (um retalhista proprietário de uma grande superfície), em alguns casos ele também pode encaixar no perfil do produtor real. Com efeito, os hipermercados também produzem alguns bens, que vendem sob a sua própria marca. Por exemplo, muitas grandes superfícies estão dotadas com padarias e pastelarias próprias e com restaurantes que confeccionam refeições de "take-away"[420].

Nestes casos estamos perante um produtor real, que sob a sua própria responsabilidade cria e desenvolve o produto. Deste modo, o titular

---

[420] Vide, por exemplo, o Acórdão do Tribunal da Relação de Guimarães de 21 de Fevereiro de 2008.

da marca não pode ser qualificado como um mero fornecedor, não beneficiando da prova liberatória de que não produziu o bem. Não há necessidade, por outro lado, de questionar se estamos perante um produtor aparente, uma vez que o sujeito já é responsável na qualidade de produtor real. Nesta hipótese estamos perante um produtor em termos factuais, que responde de forma directa e imediata pelos danos causados pelo defeito do produto.

Mas, para além disso, parece-nos que existe um outro cenário em que se pode colocar a questão da qualificação do titular da marca como produtor real e que merece ser devidamente equacionado.

Como tivemos oportunidade de constatar, o titular da marca de distribuição intervém, em alguns casos (por exemplo, nos produtos *premium*) em todo o processo de produção, dirigindo, dando instruções, efectuando controlos, *etc*. Nesta hipótese, mais do que "produtor aparente" ou mero fornecedor, pode questionar-se até que ponto o titular da marca de distribuição não poderá mesmo ser considerado como produtor real, respondendo em conformidade.

No Capítulo anterior concluímos que os produtos da marca do distribuidor são os únicos pelos quais o retalhista assume toda a responsabilidade, passando a ser responsável pelo controlo do produto. No fabrico destes bens o produtor respeita instruções precisas e específicas do distribuidor, sujeitando-se à sua fiscalização e controlo e ao cumprimento de uma série de deveres acessórios. O titular da marca de distribuição expande a sua influência a montante na cadeia de produção-distribuição, chamando a si o desempenho de outras funções, as quais implicam, como é evidente, uma alteração de estatuto que não deve ser desprezada.

Ao exercer um papel que não se limita a receber bens para os endossar ao adquirente final e ao exercer um poder de influência que não se resume à simples fixação do preço, o titular de marcas de distribuição promove o apagamento da tradicional dicotomia responsabilidade contratual/extracontratual, tornando-se, de um mesmo passo, vendedor e produtor, responsável directo e imediato pela qualidade dos bens (enquanto vendedor) mas também pela sua segurança e inocuidade (enquanto produtor).

Para concluirmos se o titular da marca de distribuição pode ser qualificado como produtor real devem ser utilizados vários critérios ou índices.

Assim, e desde logo, deverá ser tido em conta o grau de ingerência no processo de produção. O titular da marca emite instruções precisas e específicas sobre a produção? As características do produto foram unilateralmente fixadas pelo distribuidor? É o distribuidor quem fixa os preços e as condições de pagamento?

Para sabermos a partir de que ponto o titular de uma marca de distribuição pode ser classificado como produtor real importa lançar mão do critério da "produção ordinária" a que nos referimos supra. Com efeito, este critério permite-nos distinguir os casos em que o fabricante cria bens idênticos aos que por norma produz, daqueles em que cria uma nova *species*, de acordo com a encomenda do cliente.

Em segundo lugar, deve ser analisado o exercício de poderes de controlo sobre a qualidade, segurança ou conformidade do produto. O distribuidor realiza acções de controlo e fiscalização do produto, através de agentes próprios ou de terceiros? Empenha-se na obtenção de um certificado de qualidade para o produto? O distribuidor realiza, por meios próprios ou através de terceiros, controlos de qualidade e testes de mercado?

Por fim, deverá também ser tido em conta o exercício de poderes de facto sobre o bem e a sua propriedade até ao momento do lançamento no mercado. Se da análise do contrato existente entre as partes resultar que o titular da marca exerce poderes jurídicos e de facto sobre o bem, mesmo durante a fase da produção, teremos mais um indício no sentido da mutação de estatuto do titular da marca de distribuição, que pode implicar a sua qualificação como produtor real. Neste sentido, mais do que um "produtor aparente", estaremos perante um "quase-produtor".

Este último conceito denota o reconhecimento do especial estatuto que este sujeito assume e que o diferencia face ao "mero fornecedor" – o facto de se imiscuir de produção, ditando o seu ritmo e objectivos. Neste caso estamos perante um alargamento do conceito de produtor, enquanto aquele que organiza a produção, concebe o modelo, reúne os factores (trabalhadores, material, máquinas) e financia a produção. Neste cenário, das tarefas tradicionalmente reservadas ao produtor, o titular da marca apenas não exerce uma: o fabrico, a produção real dos bens. O fabricante torna-se praticamente um subcontratante (*sous-traitant*)[421]. O distribuidor não é o fautor material dos bens, é certo. Mas é sob o poder do seu *diktat* que eles são feitos. A empresa que executa as suas ordens ou instruções passa a desempenhar um mero papel de "dependente" ou auxiliar.

---

[421] VIGNY, *op. cit.*, p. 157.

O fabricante, ainda que permaneça anónimo, actua de acordo com instruções e sob o controlo do titular da marca, o que nos leva a dizer que a figura do titular da marca de distribuição e do produtor real chegam a coincidir, naqueles casos em que possamos atribuir ao distribuidor a autoria do desenho ou a concepção do projecto do produto[422]. Assim, um distribuidor que venda um produto que foi fabricado especialmente para si e que ostenta a sua marca ou nome será responsabilizado como se tivesse fabricado o produto, podendo dizer-se que está na origem da sua invenção[423].

Quando se chegue à conclusão, pela análise das funções desempenhadas, que o titular da marca de distribuição deve ser incluído na categoria de produtor real, este responderá directa e imediatamente pelos danos causados pelos produtos, não se podendo eximir à responsabilidade pela indicação do produtor real, faculdade que apenas assiste ao mero fornecedor.

12 – A qualificação como importador

A Directiva também considera responsável pelos danos causados pelos defeitos do produto o importador, definido pelo n.º 2 do art. 3.º como "qualquer pessoa que importe um produto na Comunidade tendo em vista uma venda, locação, locação financeira ou qualquer outra forma de distribuição no âmbito da sua actividade comercial".

O titular de uma marca de distribuição poderá ser considerado responsável na qualidade de importador desde que se preencham os requisitos do n.º 2 do art. 3.º. Tal situação será até bastante frequente uma vez que as grandes cadeias de distribuição vendem cada vez mais produtos importados. Assim, pelo facto de estarmos perante uma pessoa que importa um produto de fora da Comunidade tendo em vista uma venda no âmbito da sua actividade comercial, este será considerado como produtor do mesmo e responsável nos mesmos termos que o produtor.

Deste modo, quando importe produtos de fora da Comunidade que ostentam o seu próprio nome, marca ou sinal distintivo, o titular da marca

---

[422] Marco Molina, La responsabilidad civil del fabricante por productos defectuosos. Fundamentos y aplicación, p. 186.

[423] Cannarsa, *op. cit.*, p. 287.

de distribuição será responsável na qualidade de importador, não podendo afastar a responsabilidade através da indicação do produtor real. Aliás, o mesmo sucede quando os produtos ostentem apenas a marca do produtor real, ou ainda que não ostentem marca alguma – em todos estes casos o importador é responsável.

A responsabilidade do importador distingue-se da responsabilidade do fornecedor, que é meramente derivada ou subsidiária. Assim, para além do produtor real, e sem prejuízo da sua responsabilidade, o importador do produto é considerado produtor. A responsabilidade do titular da marca de distribuição neste caso será originária, primária ou principal, e não derivada ou subsidiária como a do fornecedor. Ou seja, o titular da marca de distribuição é responsável ainda que o produtor real seja identificado.

Se a única marca existente no produto for a do distribuidor, este será responsável ainda que seja presumível, em face das circunstâncias do caso (por exemplo, se existe uma indicação no produto do género "made in Taiwan") que aquele não fabricou o produto[424]. No caso de um produto de marca de distribuição que seja importado (o que sucederá com frequência, atendendo à globalização dos mercados), o distribuidor e o importador são uma e a mesma pessoa – o titular da marca de distribuição. De nada adiantará ao distribuidor demonstrar que não produziu o produto e que se limitou a importá-lo – pois, na qualidade de importador, a sua responsabilidade é inequívoca.

Os retalhistas que façam produzir os seus produtos no exterior da Comunidade Europeia deverão, deste modo, estar especialmente atentos, uma vez que neste caso nem sequer se coloca a necessidade de ponderar a sua qualificação como produtores aparentes ou produtores reais, atendendo a que já são responsáveis na qualidade de importadores. O titular da marca de distribuição, desde que o produto seja importado do exterior da Comunidade, assume automaticamente a qualidade de importador e, *ipso facto*, é responsável pelos danos causados pelos defeitos do produto, nos termos do n.º 2 do art. 3.º da Directiva.

---

[424] TASCHNER, Produkthaftung-Richtlinie des rates von 25 July 1985, Munique, 1986, p. 52.

13 – A qualificação como fornecedor

O mero fornecedor é, como vimos, um responsável subsidiário. Este sujeito apenas será considerado responsável quando não puder ser identificado o produtor do produto, salvo se indicar ao lesado, num prazo razoável, a identidade do produtor ou daquele que lhe forneceu o produto. O mesmo se aplica no caso de um produto importado, se este produto não indicar o nome do importador e mesmo que seja indicado o nome do produtor.

O regime de responsabilidade do fornecedor é, deste modo, perfeitamente distinto do dos outros sujeitos. A sua responsabilidade é, ao contrário dos produtores (em sentido lato) e do importador, meramente subsidiária, servindo como meio de pressionar o fornecedor de um produto que não identifique o seu produtor ou importador a indicar ao lesado a identidade de algum desses sujeitos.

Ao contrário do que sucede no Direito norte-americano, que impõe a responsabilização de todos os vendedores de produtos, a Directiva comunitária optou por estabelecer o carácter excepcional da responsabilidade do mero fornecedor, considerando que responsabilizar os distribuidores nos mesmos termos dos produtores não traria melhorias significativas ao nível da segurança dos produtos, uma vez que os vendedores não influenciam a fase produtiva.

Assim, e independentemente das hipóteses supra referidas, em que pode ser qualificado como produtor real ou como importador, o titular de uma marca de distribuição é também e ainda um fornecedor, pelo que poderá ser considerado responsável na qualidade de fornecedor.

O titular de uma marca de distribuição poderá, desde logo, ser responsabilizado na qualidade de fornecedor no caso dos produtos genéricos. Como tivemos oportunidade de ver, os produtos genéricos são produtos que, ainda que resultem de uma estratégia do distribuidor, não incluem na sua apresentação qualquer referência a uma marca ou nome. De facto, estes produtos caracterizam-se pela notória ausência de sinais distintivos.

Se o distribuidor indicar ao lesado o nome do produtor (real ou aparente) ou do importador, não será responsabilizado. Como é evidente, para tanto é necessário que não preencha essas outras qualidades, ou seja, que não se encontrem reunidos os pressupostos que implicam a sua qualificação como produtor real, como produtor aparente ou como importador – pois nessas hipóteses a sua responsabilidade já será directa e imediata.

Um dos principais problemas suscitados pela figura da "marca do distribuidor" é o da difícil confrontação entre os limites do estatuto de "fornecedor" e de "produtor aparente". Como se vem de dizer, o titular da marca de distribuição também é um fornecedor, pelo que poderá ser responsável nessa qualidade. Esta qualificação como responsável é normativa e factual: resulta da Directiva (n.º 4 do art. 3.º) e da realidade dos factos – o titular da marca de distribuição é um fornecedor, pois lança os produtos no mercado. De que o titular da marca de distribuição pode ser responsável na qualidade de fornecedor, não restam dúvidas. Nesse caso será um responsável subsidiário. Já o outro cenário (qualificação como produtor aparente) suscita mais dúvidas, pois a noção de "produtor aparente" não é tão simples e intuitiva como a de fornecedor.

As duas categorias (produtor aparente e mero fornecedor) apresentam regimes de responsabilidade bem distintos, pelo que exigem cuidadosa destrinça. O produtor aparente é um verdadeiro produtor, não se podendo eximir da responsabilidade pela indicação do produtor real. Em tais casos de nada lhe vale excluir a sua responsabilidade na qualidade de fornecedor, uma vez que já é responsável na qualidade de produtor aparente, responsabilidade esta que é principal e não subsidiária. Diferentemente, o fornecedor é um responsável subsidiário, que só será responsabilizado se não identificar algum predecessor na cadeia de distribuição.

Os dois domínios estão intimamente ligados. De facto, naqueles casos em que for recusada a qualificação do titular da marca de distribuição como "produtor aparente", por falta de preenchimentos dos requisitos necessários, subsistirá sempre a questão da sua qualificação como mero fornecedor. Dito de outra forma, ainda que não seja considerado como produtor aparente, o titular da marca de distribuição poderá sempre ser responsabilizado como fornecedor, se não indicar ao lesado a identidade do produtor ou daquele que lhe forneceu o produto.

Deste modo, quando se analisam as situações que quedam excluídas do conceito de "produtor aparente" deve ter-se em conta que o facto de o titular da marca de distribuição se eximir à qualificação nessa óptica não significa que possa respirar de alívio, pois subsiste ainda a questão da sua eventual responsabilização enquanto fornecedor. O problema, reconheça-se, é facilmente ultrapassável – bastará ao titular da marca indicar o produtor real do bem defeituoso. Em princípio o distribuidor terá pleno conhecimento de quem é o produtor real, uma vez que firmou com ele um contrato de fabrico de produtos da marca do distribuidor, pelo que não

A *Qualificação como Responsável* 249

terá grandes dificuldades em indicar ao lesado a identidade do produtor real, assim se eximindo à responsabilidade pelos danos causados pelo defeito do produto.

14 – O titular da marca de distribuição como produtor aparente

O titular de uma marca de distribuição poderá ser considerado responsável, dentro de determinados requisitos, como produtor aparente. Nesse caso será responsável nos termos do n.º 1 do art. 3.º da Directiva. Nas páginas seguintes teremos em especial atenção as circunstâncias em que o distribuidor pode ser responsabilizado na qualidade de produtor aparente uma vez que, em nosso entender, essa será uma hipótese muito frequente e importante.

A doutrina é consensual ao considerar que o conceito de produtor aparente abrange a figura da marca do distribuidor[425]. A fórmula legal

---

[425] Vide, entre muitos outros, ALBANESE, *Developpements européens en responsabilité civile produits: activités du Conseil de l'Europe*, in AA. VV., First world congress on product liability, Londres, 19 a 21 de Janeiro de 1977, p. 214; PETIT, La responsabilité civile du fait des produits: analyse economique et juridique, Université Catholique de Louvain, Janeiro de 1983, p. 33; KRÄMER, EEC Consumer Law, Louvain-la-Neuve, 1986, p. 278; CLARK, Product liability, Londres, 1989, p. 51 e The Consumer Protection Act *1987*, in AA. VV., L'attuazione della direttiva comunitaria sulla responsabilità del produttore, COSSU (Dir.), Pádova, 1990, pp. 195 s (texto também disponível in "MLR", 1987, pp. 614-622); FIFTH JOINT COMMITTEE ON THE SECONDARY LEGISLATION OF THE EUROPEAN COMMUNITIES, *Report n.º 1: the implementation of the Directive on product liability*, in AA. VV., Product liability, papers from the ICEL Conference, March 1989, SCHUSTER (Ed.), Dublin, 1989, p. 74; OUGHTON, Consumer Law. Text, cases & materials, Londres, 1991, pp. 246 s; ROWELL, *Practical compliance: coping with the new product liability regime*, in AA. VV., The new product liability regime, papers from the ICEL Conference, June 1991 & Annotation of the Liability for defective Products Act, 1991, SCHUSTER (Ed.), Dublin, 1992, p. 30; GEDDES, *Difficulties relating to Directives affecting the recoverability of damages for personal injury*, in "ELR", 1992, vol. 17, p. 418; DAVIS, *Product liability in the european community: a practical and economic perspective*, in "CLYIB", 1993, vol. 15, CAMPBELL e MOORE (Eds.), Londres, 1993, p. 125; FOX e SIDKIN, *Product tampering in the United Kingdom*, in "CLYIB", 1993, vol. 15, CAMPBELL e MOORE (Eds.), Londres, 1993, p. 166; HOWELLS, *Product liability in the United Kingdom*, in "ERPL", 1994, vol. 2, p. 263; CALVÃO DA SILVA, *A responsabilidade civil do produtor*, in "RPDC", Janeiro de 1995, n.º 1, p. 33; BOURGOIGNIE, *The 1985 council directive on product liability and its implementation in the member states of the European Union*, in AA. VV., Directive 85/374/EEC on product liability: ten years after, GOYENS (Dir.), Louvain-la-Neuve,

250 *Marca do Distribuidor e Responsabilidade por Produtos*

utilizada pela Directiva engloba deste modo os grandes distribuidores que vendem sob a sua própria marca produtos que não fabricaram.

Não existe unanimidade, porém, quanto à fixação dos precisos contornos da figura. A maior parte das definições correntes na doutrina refere-se a sujeitos que se apresentam ao público como se fossem fabricantes dos bens, pela aposição da sua marca ou outro sinal distintivo, mesmo não sendo os verdadeiros produtores[426].

Outro segmento da doutrina considera que o produtor aparente é, na realidade, um fornecedor, uma grande superfície que vende "produtos de marca branca" sem que seja indicado o real fabricante[427].

Este ponto de vista incorre numa imprecisão terminológica que resulta provavelmente de algum desconhecimento do fenómeno económico que lhe está subjacente – a marca do distribuidor enquanto estratégia de marketing. Como vimos, em rigor os conceitos de "marca branca" e de "marca do distribuidor" não têm o mesmo alcance[428]. A utilização indiscriminada dos dois conceitos resulta, provavelmente, do facto de a expressão "marca branca" ser a mais comum na prática, sendo usada com um sentido abrangente, descritivo da totalidade do fenómeno.

ALCOVER GARAU considera que o produtor aparente não é mais do que um distribuidor, defendendo que a Directiva o deveria ter contemplado numa posição idêntica à do importador. Segundo o Autor esta distinção seria importante uma vez que a redacção existente pode induzir

---

1996, p. 27; TAYLOR, *The harmonisation of european product liability rules: French and English law, in* "ICLQ", vol. 48, Abril de 1999, p. 423, nota 20; STAPLETON, *Products liability in the United Kingdom: the myths of reform, in* "TILJ", 1999, vol. 34, p. 52 e *Restatement (third) of torts: products liability, an Anglo-Australian perspective, in* "WLJ", 2000, vol. 39, p. 374, nota 45; WADDAMS, Products liability, Toronto, 2002, p. 15; AA. VV., Halsbury's Laws of England, vol. 41, LORD MACKAY OF CLASHFERN (Dir.), Londres, 2005, p. 410. Em termos terminologicamente pouco correctos, referindo-se ainda à Proposta de Directiva, FALLON considerava que a norma se dirigia aos titulares de "contramarcas" – Les accidents de consommation et le droit, Bruxelas, 1982, p. 150.

[426] Por exemplo, SOMMERLAND, *German product liability law, in* AA. VV., Consumer protection 2000: public interest and corporate priorities in the 1990's, Deventer/ Cambridge, 1994, p. 101.

[427] Assim, CONDE RODRIGUES, A responsabilidade civil do produtor face a terceiros, Relatório de Mestrado, Faculdade de Direito da Universidade de Lisboa, 1988, p. 105; AFONSO e VARIZ, Da responsabilidade civil decorrente de produtos defeituosos, Coimbra, 1991, pp. 27 s; JIMÉNEZ LIÉBANA, *La normativa especial sobre responsabilidad civil por daños causados por productos defectuosos, in* "REJ", 2000, n.º 3, p. 238.

[428] Vide o ponto 6.2.

alguma confusão ao apagar a diferença essencial que existe entre os fabricantes e os distribuidores na responsabilidade por produtos[429].

Para que verdadeiramente se possa compreender o estatuto legal do produtor aparente é necessário responder às seguintes questões: porque é que este sujeito não é tratado como um simples fornecedor e responsabilizado de forma meramente subsidiária? Porque motivo o legislador optou por incluir o produtor aparente no conceito de produtor, sujeitando-o ao severo regime da responsabilidade objectiva? Porque razão se incluem no conceito lato de produtor sujeitos que, na verdade, não fabricam produtos? Qual o fundamento para canalizar (também) a responsabilidade para quem, não sendo fautor material dos bens, apenas apõe o seu nome, marca ou outro sinal distintivo sobre o produto?

A resposta a estas questões depende, desde logo, da percepção da razão de ser da norma, da teleologia própria do preceito que fixa a responsabilidade do produtor aparente. Sabendo que "o fim é o criador de todo o direito"[430], não se pode deixar de atender à finalidade subjacente ao regime imposto pelo legislador comunitário. Se pretendemos chegar à verdadeira *voluntas* que originou o regime existente, devemos atender não apenas ao elemento literal, quantas vezes redutora amarra gramatical, mas antes ter em conta o verdadeiro pensamento legislativo que se procurou expressar, ainda que de forma imperfeita, na letra da Lei.

Ensinam as boas regras da interpretação que "a lei é um texto intencionalmente imposto para inovar na ordem normativa, mas que só se compreende como um trecho da ordem global em que é considerada"[431]. Assim, o principal objectivo da interpretação não é a descoberta da "vontade real" do legislador histórico mas sim do significado da Lei que deve ser juridicamente decisivo hoje[432].

Ponto de partida para a exegese da norma há-de ser sempre, como é óbvio, a sua análise textual. Recordemos pois que de acordo com o n.º 1 do art. 3.º da Directiva 85/374 o termo "produtor" designa também "qualquer pessoa que se apresente como produtor pela aposição sobre o

---

[429] La responsabilidad civil del fabricante (Derecho comunitario y adaptación al derecho español), Madrid, 1990, p. 96, nota 209.

[430] IHERING, *apud* CASTANHEIRA NEVES, Curso de Introdução ao Estudo do Direito, Coimbra, 1976, p. 63.

[431] OLIVEIRA ASCENSÃO, *Interpretação das Leis. Integração de lacunas. Aplicação do princípio da analogia, in* "ROA", Dezembro de 1997, p. 916.

[432] LARENZ, Metodologia da Ciência do Direito, Lisboa, 1997, p. 500.

252 *Marca do Distribuidor e Responsabilidade por Produtos*

produto do seu nome, marca ou qualquer outro sinal distintivo". Por outro lado, o art. 2.º do DL n.º 383/89, de 6 de Novembro, considera que "produtor é o fabricante do produto acabado, de uma parte componente ou de matéria-prima, e ainda quem se apresente como tal pela aposição no produto do seu nome, marca ou outro sinal distintivo".

Há-de ter-se presente, por outro lado, que segundo jurisprudência assente do TJCE, para a interpretação das disposições do Direito comunitário há que ter em conta não apenas os seus termos mas também a economia geral, o contexto e a finalidade da regulamentação em que estão integradas[433]. Ou seja: uma cabal compreensão do preceito comunitário deve ser sempre referida à economia específica do diploma em que se insere, tendo em conta o contexto em que se integra e de acordo com a sua teleologia própria, da qual se podem recolher preciosos indícios, nomeadamente, nos considerandos que precedem o texto da Directiva.

A interpretação do regime legal vigente não se deve circunscrever à análise e interpretação dos diferentes Direitos nacionais, sujeitos a versões linguísticas diversas, mas antes ter por base o acto jurídico comunitário, atendendo aos objectivos dos seus Autores e aos propósitos perseguidos pela Directiva[434]. É por isso que a fixação do sentido e alcance da norma legal não pode prescindir de uma exigente prospecção hermenêutica, que mergulhe nas raízes históricas do diploma comunitário e tenha em conta o contexto sócio-económico em que deve ser aplicada. A definição das exactas fronteiras do preceito legal e do conjunto de situações que caem dentro do seu âmbito de aplicação deve resultar, deste modo, da assunção da sua teleologia específica, tendo em conta as razões que presidiram à formulação legal hoje existente.

Têm sido adiantados motivos de variadíssima ordem para sustentar a responsabilidade do produtor aparente. De facto, é acesa a discussão

---

[433] Vide, e apenas para nos referirmos a alguns dos arestos mais recentes, os acórdãos de 17 de Setembro de 1997 – caso *Provincia autonoma di Trento e Ufficio del medico provinciale di Trento/Dega di Depretto Gino Snc*, processo C-83/96, *in* "CJTCE" 1996, p. 5001, ponto 15; de 13 de Novembro de 2003 – caso *Granarolo SpA/Comune di Bologna*, processo C-294/01, *in* "CJTCE", 2003, p. 13429, ponto 34; e de 23 de Novembro de 2006 – caso *Lidl Itália Srl/Comune di Arcole (VR)*, processo C-315/05, *in* "CJTCE", 2006, p. 11181, ponto 42.

[434] Durquet-Turek e Ricatte, *Introduction dans les droits nationaux des dispositions de la Directive du Conseil de la C.E.E. (85/374) relative à la responsabilité du fait des produits: l'exemple de la Republique Fédérale d'Allemagne vu de la France*, *in* "GP", Setembro de 1990, n.º 250, 251, pp. 4 *s.*

A Qualificação como Responsável

doutrinal sobre os fundamentos que determinam o tratamento como produtor de um sujeito que, sem ser fabricante, apenas se apresenta como tal pela aposição sobre o produto do seu nome, marca ou outro sinal distintivo. Seja qual for esse motivo, há-de por certo ser um motivo ponderoso. Com efeito, a responsabilização do produtor aparente constitui um desvio de monta à regra da *canalização* da responsabilidade (*channelling of liability*) para o produtor real. Tal desvio não pode ser operado de ânimo leve, até porque o legislador comunitário considerou que a responsabilidade deveria ser claramente imputada ao produtor real. A responsabilidade apenas será imposta a outros sujeitos (meros distribuidores) quando estes não consigam identificar o produtor num prazo de tempo razoável (n.º 3 do art. 3.º). Qual é então o fundamento para adoptar um conceito tão vasto de "produtor" que inclua no seu âmbito o produtor aparente, responsabilizando-o nos mesmos termos do produtor efectivo?

15 – Análise da questão de *lege lata*

15.1 A aparência de produção

O fundamento clássico que tem sido apontado para justificar a equiparação legal está intimamente ligado à expressão que é mais utilizada para designar este sujeito – a de "produtor aparente" – baseando-se na protecção da aparência[435].

Segundo esta doutrina, a expressão produtor aparente refere-se a um sujeito que, embora não participando directamente no processo produtivo, intervém na colocação do produto em circulação gerando uma aparência de fabrico face ao público suficiente para reclamar a tutela do Direito[436].

---

[435] Sobre a aparência enquanto fonte de responsabilidade vide GHESTIN e GOUBEAUX, Traité de droit civil, introduction générale, Paris, 1994, pp. 830 *ss* e, em Portugal, CARNEIRO DA FRADA, Teoria da confiança e responsabilidade civil, Coimbra, 2004. MARKOVITS considera que a responsabilização do produtor aparente se insere no movimento que atribui à aparência um lugar de relevo no Direito francês – La Directive C.E.E. du 25 Juillet 1985 sur la responsabilité du fait des produits défectueux, Paris, 1990, p. 148.

[436] VELA SÁNCHEZ, *op. cit.*, p. 25; DÍAZ JIMÉNEZ, *op. cit.*, p. 223; SOLÉ FELIU, El concepto de defecto del producto en la responsabilidad civil del fabricante, Valência, 1997, p. 307.

254 Marca do Distribuidor e Responsabilidade por Produtos

A justificação para a inserção deste sujeito no círculo de responsáveis (*scope of liability*) reside, deste modo, no facto de o produto defeituoso apenas chegar ao alcance do lesado (potenciando o risco de danos) porque foi colocado em circulação pelo produtor aparente. Ao aparecer aos olhos do público *mascarado* como produtor, o titular da marca, nome ou sinal distintivo aparenta ser o fabricante efectivo dos bens, mesmo sem ter participado no processo produtivo[437].

Ao comportar-se deste modo, o sujeito gera uma aparência jurídica face a terceiros de que é o produtor do bem, deixando porém oculto e anónimo o verdadeiro fabricante, que deste modo é *dissimulado*[438]. Tal assimilação seria justificada pela *apropriação* que a empresa faz do produto, assumindo o fabrico do mesmo pela aposição do seu nome, marca ou outro sinal distintivo, surgindo aos olhos do público como produtor[439].

Ao apresentar-se como produtor (ainda que não o sendo) o sujeito constitui-se como um interlocutor do produto, um garante do mesmo, considerando-se que seria chocante que quem se apresenta como produtor não pudesse ser considerado legitimado passivamente face ao lesado[440]. Não interessa, deste modo, que o sujeito tenha ou não de facto elaborado o produto: o decisivo é que se apresente como tendo-o fabricado[441]. Assim, o produtor aparente pode ser definido, simplesmente, como aquele que, sem ser realmente o produtor, faz crer que o é ao comercializar produtos com a sua marca, nome ou outro sinal distintivo[442].

Através da apresentação e do marketing do produto, o titular da marca comporta-se como produtor, assumindo essa qualidade no tráfico, ocultando a indicação do verdadeiro produtor. Deste modo, o titular da marca deverá assumir as consequências da aparência de produção própria

---

[437] Tobajas Gálvez, *La culpa en la Ley 22/1994 sobre responsabilidad civil por daños causados por productos defectuosos*, in "AC", 2002, n.º 23, tomo 2, p. 772.

[438] Rodríguez Carrión, *op. cit.*, p. 124; Straub, La responsabilité du fait des produits en pratique. Droit communautaire et suisse, Berna, Janeiro de 2003, p. 15.

[439] Arruda Alvim, Arruda Alvim e Marins, Código do Consumidor comentado, São Paulo, 1995, pp. 97 *s*.

[440] Ruiz Muñoz, *Responsabilidad civil del empresario/fabricante (I)*, in AA. VV., Curso sobre protección jurídica de los consumidores, Botana García e Ruiz Muñoz (Coords.), Madrid, 1999, p. 519.

[441] Mullerat, *La responsabilidad civil del fabricante. La directiva CEE de 25 de julio de 1985 y el derecho español*, p. 118.

[442] Gutiérrez Santiago, Responsabilidad civil por productos defectuosos: cuestiones prácticas, p. 362.

que cria no público. Esta impressão de produção própria será o fundamento da extensão do conceito de produtor a pessoas que, apresentando o produto como próprio, surgem aos olhos do público nessa condição[443].

Para PARRA LUCÁN, mais importante que a "prolixa redacção" adoptada pelo legislador para definir em que situações o sujeito se apresenta como fabricante é justamente essa aparência de ser fabricante, de ter produzido o produto. O fundamento da responsabilização do produtor aparente será o facto de que, ao apresentar o produto como próprio, faz crer que é o seu produtor, devendo responder em conformidade com a confiança gerada[444].

Nesta perspectiva, o princípio fundamental subjacente ao conceito legal não é outro que não a tutela da aparência jurídica, uma vez que o titular da marca, ao actuar deste modo, cria uma aparência de autenticidade que a Ordem Jurídica deve proteger[445]. A Directiva estaria, deste modo, a aplicar a teoria da aparência, equiparando a situação aparente à situação real, não concedendo ao sujeito a possibilidade de se eximir à responsabilidade demonstrando que não é o produtor real do bem[446]. O legislador teria optado por dotar o lesado de uma protecção suficiente face à mera aparência de produção, comercialização ou distribuição do produto, estabelecendo a responsabilidade de todos os sujeitos envolvidos, não a título subsidiário mas sim principal.

A teoria da aparência, enquanto instituto geral do Direito Civil, não tem logrado uma uniformidade dogmática que permita delinear os seus contornos de forma precisa. A expressão "aparência" pode ser usada fundamentalmente em dois sentidos.

---

[443] CALVÃO DA SILVA, Responsabilidade civil do produtor, pp. 551 *s.*

[444] Daños por productos y protección del consumidor, Barcelona, 1990, p. 549 e *La responsabilidad civil por productos y servicios defectuosos. Responsabilidad civil del fabricante y de los profesionales*, in AA. VV., Tratado de Responsabilidad Civil, REGLERO CAMPOS (Coord.), Navarra, 2006, p. 1478.

[445] GÓMEZ CALERO, Responsabilidad civil por productos defectuosos, Madrid, 1996, p. 69; GÁZQUEZ SERRANO, *La responsabilidad civil por productos defectuosos en el ámbito de la Unión Europea: derecho comunitario y de los estados miembros*, in "EDC", 2004, n.º 6, pp. 262-263, nota 41.

[446] FAGNART, *La Directive du 25 Juillet 1985 sur la responsabilité du fait des produits*, p. 51; RAYMOND, *La responsabilité civile du fait des produits defectueux*, in AA. VV., Sécurité des consommateurs et responsabilité du fait des produits, Jornées d'études, Poitiers, 14 e 15 de Maio de 1998, Paris, 1998, pp. 66 *s;* BORGHETTI, La responsabilité du fait des produits, Paris, 2004, p. 482, nota 239.

256 *Marca do Distribuidor e Responsabilidade por Produtos*

Numa primeira acepção, a aparência corresponde ao aspecto exterior de pessoas, coisas ou situações. Nesta óptica, aparente é aquilo que aparece, a forma exterior como se revela determinada realidade – trata-se de uma qualidade física. Numa outra perspectiva, aparente é a situação que parecendo mas não coincidindo com a realidade, a oculta – a aparência é o que parece, mas não é[447].

No caso que nos ocupa, é neste segundo sentido que se utiliza a ideia de aparência e a expressão (cunhada a partir daquele conceito) "produtor aparente". O produtor aparente vem a ser, deste modo, aquele que pela aposição do seu nome, marca ou outro sinal distintivo no produto, aparenta ser o seu fabricante, quando na verdade não o é.

FALZEA define a aparência jurídica como "situação de facto que manifesta como real uma situação jurídica não real. Este parecer sem ser coloca em jogo interesses humanos relevantes que a lei não pode ignorar"[448]. A aparência constitui, deste modo, um facto social visível que se produz naturalmente no tráfico jurídico[449]. A teoria da aparência verifica-se quando os actos são realizados por uma pessoa enganada por uma situação jurídica que é contrária à realidade mas que apresenta exteriormente as características de uma situação jurídica verdadeira. Quem tiver dado lugar à situação enganosa não pode pretender que o seu direito prevaleça sobre o direito de quem depositou a sua confiança naquela situação aparente[450].

A teoria da relevância da aparência tem sido fundada na segurança jurídica[451], na tutela das legítimas expectativas e no princípio da boa fé[452].

---

[447] AMARAL CABRAL, *A teoria da aparência e a relação jurídica cambiária, in* "ROA", 1984, vol. III, p. 629; MOTA PINTO, *Aparência de poderes de representação e tutela de terceiros. Reflexão a propósito do art. 23.º do Decreto-Lei n.º 178/86, de 3 de Julho, in* "BFD", 1993, vol. 69, pp. 603 s, nota 23.

[448] *Apparenza, in* AA. VV., Enciclopedia del Diritto, Vol. II, Milão, 1958, p. 685.

[449] GORDILLO, *La inscripción en el Registro de la propiedad (su contenido causal, su carácter voluntario y su función publicadora de la realidad jurídico-inmobiliaria o generadora de su apariencia jurídica), in* "ADC", Janeiro-Março de 2001, vol. 54, n.º 1, p. 244.

[450] PUIG BRUTAU, Estudos de derecho comparado, la doctrina de los actos propios, Barcelona, 1951, p. 103.

[451] ÁNGEL YÁGÜEZ, Apariencia jurídica, posesión y publicidad inmobiliaria registral, Bilbao, 1975, p. 19; CALMES, Du principe de protection de la confiance légitime en droit allemand, communautaire et français, Paris, 2001, pp. 463 s.

[452] JOBARD-BACHELLIER, L'apparence en droit international privé. Essai sur le rôle des représentations individuelles en droit international privé, Paris, 1984, pp. 10 s; CALMES, *op. cit.*, pp. 227 ss.

CANO MARTÍNEZ situa o fundamento da tutela da aparência no conceito de *necessidade jurídica*, enquanto mínimo de segurança do sistema jurídico[453]. Uma tal tutela acaba, na maior parte das vezes, por ser reconduzida a uma ideia mais vasta: a de protecção da confiança[454]. Na eloquente expressão de LEVY, "os direitos repousam sobre as crenças"[455]. Quando uma pessoa celebra um negócio confiando na atitude de outrem ou na existência de certas qualidades das pessoas, das coisas ou das circunstâncias envolventes, o Direito não pode ficar indiferente à eventual frustração de uma tal confiança[456].

A aparência implica sempre, deste modo, a existência de duas realidades: uma exterior e outra interior, um elemento objectivo e outro subjectivo.

Assim, seria possível erigir um princípio geral segundo o qual sempre que alguém tenha tido razoavelmente confiança acerca de uma determinada manifestação jurídica e se tenha comportado em coerência com tal manifestação, terá direito a contar com ela, ainda que esta não corresponda à realidade[457]. Na doutrina e na jurisprudência francesas a aparência há muito que foi elevada à categoria de princípio de Direito, apoiada no velho brocardo latino *error communis facit ius*[458]. O mesmo se passa em Espanha, pese embora a multiplicidade de situações em causa torne difícil a construção de uma teoria geral da protecção da aparência[459].

A tutela da aparência pode ser basicamente reconduzida ao princípio da boa fé. Este princípio, emanação da raiz do verdadeiro Direito Justo, constitui um dos pilares conformadores essenciais da Ordem Jurídica,

---

[453] La exteriorización de los actos jurídicos: su forma y la protección de su apariencia, Barcelona, 1990, p. 59.

[454] MOTA PINTO, Teoria geral do direito civil, p. 127; MENEZES CORDEIRO, Teoria geral do direito civil, 1.º vol. Lisboa, 1990, pp. 386 *ss*. BUSTOS PUECHE fundamenta a protecção da aparência na inexigibilidade de uma conduta diferente do terceiro, mas a sua justificação está limitada, como é evidente, à existência de um *terceiro*, não sendo convincente no caso de relações contratuais – La doctrina de la apariencia jurídica, Madrid, 1999, p. 130.

[455] *Les droits sont des croyances*, in "RTDC", tomo XXIII, 1924, pp. 59-61.

[456] PAIS DE VASCONCELOS, Teoria geral do direito civil, Coimbra, 2007, p. 19.

[457] D'AMÉLIO, *Apparenza del Diritto*, in AA. VV., Novissimo digesto italiano, Milão, 1958, vol. I, p. 714.

[458] MAZEAUD, *La maxime "error communis facit ius"*, in "RTDC", 1924, tomo XXIII, p. 959; LADARIA CALDENTEY, Legitimación y apariencia jurídica, Barcelona, 1952, p. 157.

[459] GORDILLO, La representación aparente (una aplicación del principio general de protección de la apariencia jurídica), Sevilha, 1978, p. 441.

impondo a todos os seus destinatários o dever de actuar de forma correcta e honesta. Como é sabido, a boa fé pode ser perspectivada de duas formas. Em sentido subjectivo, ela corresponde à convicção ou consciência do sujeito de que se encontra a proceder de forma correcta, nomeadamente, desconhecendo ou ignorando o facto de estar a prejudicar interesses ou direitos alheios. Já numa óptica objectiva, a boa fé corresponde a um critério de acção, padrão de comportamento e de conformidade com os ditames da Ordem Jurídica.

Ora bem: se pretendermos fundar a responsabilidade do produtor aparente no princípio da boa fé, ambas as perspectivas poderão ser adoptadas.

Por um lado, poderemos dizer que com a inserção do produtor aparente no círculo dos responsáveis se pretende proteger o "estado de espírito" do lesado, que confiou que o titular da marca, nome ou sinal distintivo é o real produtor dos bens e assume a responsabilidade por eventuais danos causados por um defeito.

Por outro lado, se perspectivarmos a boa fé enquanto padrão de comportamento, pode ser alegado que o produtor aparente deve actual de forma correcta, honesta e leal, nomeadamente não frustrando a aparência que suscitou ao apor a sua marca ou outro sinal distintivo no produto, procurando eximir-se à responsabilidade pelos danos causados pelos seus defeitos. Nesta óptica estaremos a exigir ao produtor aparente que não se valha do facto de não ser o produtor real, defendendo que tal comportamento entrará em contradição com a sua conduta quando apôs o seu nome no produto – estaríamos perante uma proibição de *venire contra factum proprium*.

A maior parte das construções doutrinais sobre a teoria da aparência apresentam como pressuposto necessário a existência de um *terceiro de boa fé*, não estando pensadas para o caso das relações contratuais[460]. A teoria da aparência referida a uma relação contratual entre sujeitos determinados não se confunde, deste modo, com os casos clássicos de protecção da aparência (representante aparente, proprietário aparente, herdeiro aparente, *etc*).

Embora a esmagadora maioria dos casos de aplicação deste princípio se refira à protecção de terceiros, são vários os Autores a defender que a teoria da aparência também pode ser utilizada para proteger uma

---

[460] BUSTOS PUECHE, *op. cit.*, p. 22; MOSCHELLA, Contributo alla teoria dell'apparenza giuridica, Milão, 1973, *passim*.

A Qualificação como Responsável 259

das partes de um negócio[461]. A teoria da aparência pode também ser aplicada, deste modo, a relações jurídicas bipartidas e não apenas tripartidas – é o que sucede no caso do casamento aparente e da capacidade aparente[462].

A teoria da aparência tem no Direito Patrimonial e Registral, *maxime* na tutela do adquirente, o seu campo de eleição, sendo perigoso transplantar os seus pressupostos e fundamentos para outras situações sem a adequada reconfiguração e redefinição. Atribuir relevância à aparência no âmbito de uma relação jurídica cujo objectivo é o ressarcimento dos danos (responsabilidade aquiliana) implica, desde logo, não esquecer que estamos perante uma acção de responsabilidade, com contornos e características próprias.

O modelo adoptado pela Directiva comunitária parte do propósito de responsabilizar o sujeito de acordo com a qualidade com que se apresenta em relação ao público. Não há que atender, deste modo, à existência de uma contraparte contratual cuja eventual confiança se deva proteger, uma vez que pode não existir qualquer vínculo contratual entre o responsável e o lesado. Com efeito, convém não esquecer que a Directiva tem um âmbito subjectivo de tutela que abrange qualquer lesado, independentemente de este ter a qualidade de contratante, adquirente ou consumidor. Deste modo, a ideia de aparência que se encontra implícita no n.º 1 do art. 3.º da Directiva tem um fundamento distinto da teoria da aparência tal como construída na área contratual – na qual a "boa fé" do emitente da declaração e a confiança que tal declaração gerou no destinatário desempenham um papel fundamental.

15.2 Âmbito de aplicação

Existe um conjunto bastante considerável de situações em que o titular do nome, marca ou sinal distintivo não poderá ser responsabilizado pelo defeito do produto.

É óbvio, desde logo, que naqueles casos em que o sinal distintivo é aposto sem o consentimento do seu titular não haverá lugar a responsabi-

---

[461] CANO MARTÍNEZ, *op. cit.*, p. 67; BUSTOS PUECHE, *op. cit.*, pp. 31 *s*; JOBARD--BACHELLIER, *op. cit.*, pp. 20 *ss*.

[462] CHEN, Apparence et représentation en droit positif français, Paris, 2000, p. 107.

260 *Marca do Distribuidor e Responsabilidade por Produtos*

lização deste[463]. Como é natural, nestes casos existe uma utilização ilícita de um sinal distintivo alheio que não poderá ser fonte de responsabilização do seu titular. Neste tipo de situações o proprietário do nome, marca ou sinal distintivo não se "apresenta" como produtor, pelo que não faz sentido configurá-lo como tal ou sujeitá-lo à responsabilidade como se fosse produtor.

O art. 27.º, n.º 1, al. c) da LGDCU, quando se referia aos casos de "productos envasados, etiquetados y cerrados con cierre íntegro", em que respondia a "firma o razón social que figure en su etiqueta, presentación o publicidad", considerava como causa de exclusão de responsabilidade a prova da falsificação ou incorrecta manipulação por terceiros de tais signos identificadores. Embora esta forma de exoneração tenha desaparecido da redacção da LGDCU II, cremos que é insofismável que em caso de utilização ilícita de um sinal distintivo o seu titular não deve ser responsabilizado pelos danos causados. Pelo contrário, o sujeito que utiliza ilicitamente uma marca, nome ou sinal alheio será considerado como produtor, sendo responsabilizado em conformidade.

Por outro lado, naqueles casos em que o sujeito apenas apõe a sua marca por expresso mandato legal também não se apresenta como produtor, não podendo ser responsabilizado como se o fosse, uma vez que apenas cumpre um dever jurídico[464].

O *Rapport Explicatif* anexo à Convenção do Conselho da Europa referia o caso dos sujeitos que fazem figurar o seu nome por razões de reclamação ou por obrigação legal, considerando que estas pessoas deveriam ser excluídas da responsabilidade. Os exemplos fornecidos pelo *Rapport* eram os seguintes: o caso do dono de uma oficina que manda pintar o seu nome sobre o automóvel ou dos retalhistas que, em alguns Estados, são obrigados a apor o seu nome nos produtos que vendem[465]. Será ainda o caso dos farmacêuticos, se forem obrigados por Lei a apor o seu sinal distintivo[466].

---

[463] JIMÉNEZ LIÉBANA, *últ. op. cit.*, p. 238; RODRIGUEZ CARRIÓN, *op. cit.*, p. 125; SOLÉ FELIU, *últ. op. cit.*, pp. 308 *ss*.

[464] KRÄMER, *Partie II*, in AA. VV., La responsabilité du fait des produits en Europe, European News Agency, Janeiro de 1977, p. 152; JIMÉNEZ LIÉBANA, Responsabilidade civil: daños causados por productos defectuosos, p. 269; MARKOVITS, *op. cit.*, p. 149.

[465] Rapport Explicatif, nota 15, para. 47.

[466] DUBUISSON, La responsabilité du fait des produits. La directive, le droit belge, l'assurance, Université Catholique de Louvain, Doc. 87/9, pp. 27 *s*.

Não será considerado produtor, por outro lado, a estrela do desporto ou da vida social cujo nome foi aposto no produto como parte da sua promoção, uma vez que não se apresenta como produtor mas apenas como um mero *endossante*[467].

De facto, seria desprovido de qualquer fundamento tratar como produtor quem apenas promove um produto, dando a cara por ele. Aqui nem sequer existe uma remota apresentação como produtor. Bem pelo contrário, a figura pública que aparece no produto apresenta-se (ainda que isso seja apenas aparência e não corresponda à verdade) como consumidor. Trata-se, digamos assim, de um *consumidor aparente* que, a troco de um contrato publicitário, promove um produto e incentiva e estimula os consumidores, fruto do seu reconhecimento e status social, a adquirirem esse mesmo bem.

Decerto que não ocorreria a nenhum lesado demandar a estrela do desporto que afirma num anúncio publicitário que prefere os cereais de marca X, alegando que acreditou que esse desportista é o produtor do bem. Uma tal tese nunca poderia ser procedente, sob pena de se subverter toda a lógica que fundamenta a responsabilização do produtor aparente.

Existe uma corrente que indica um outro motivo de afastamento da responsabilidade: a aposição da marca com meros efeitos publicitários[468].

Neste caso a resposta não é tão simples. De facto, tudo dependerá da forma como o sinal distintivo surge enquadrado no produto e da intenção que subjaz a essa aposição. É preciso ter presente que tipo de publicidade é que está em causa. A marca, como se sabe, desempenha também um papel publicitário. É essencialmente nessa óptica que a marca é perspectivada enquanto instrumento económico de fixação e aumento da clientela. As funções que a marca desempenha em termos económicos e em termos jurídicos são, porém, distintas, pois a função juridicamente reconhecida à marca é apenas a função económico-social típica que lhe é atribuída pelas normas de um determinado ordenamento jurídico.

---

[467] WHITTAKER, *The EEC Directive on product liability*, p. 267; MILLER e GOLDBERG, *op. cit.*, p. 43. Estes últimos Autores alertam: "even this may change over time as the modern superstars of sport and the world of popular music diversify their money-making activities and, prompted no doubt by their agents, cash in on their talents".

[468] Por exemplo, TOBAJAS GÁLVEZ, *op. cit.*, p. 772; MACEDO, Responsabilidade civil dos produtos, Lisboa, 1994, pp. 33 *s*.

É necessário, deste modo, destrinçar as situações em que a publicidade é mero veículo de marketing (chamamento apelativo ao consumo) daquelas outras em que, para além de uma simples mensagem publicitária, vai ínsita na aposição da marca toda uma relação geradora de confiança que deve ser tutelada. Os casos clássicos de responsabilização do produtor pelos danos causados pelos seus produtos tiveram também em conta o poder persuasivo da publicidade.

Não será de responsabilizar, por exemplo, o proprietário de um stand de automóveis que apõe a sua marca nos veículos. Neste caso o sujeito não se apresenta como produtor, apenas apondo a sua marca no produto com finalidades distintivas em relação aos seus concorrentes, ou seja, com mero intuito publicitário. Ao apor a sua marca sobre os automóveis o sujeito não se apresenta como produtor, e nenhum lesado poderá razoavelmente afirmar que acreditou que o revendedor se imiscuiu na produção do bem.

Segundo uma parte da doutrina apenas pode ser responsabilizado como produtor aparente *quem se apresente como tal* – o que reduz de forma acentuada o âmbito de aplicação do preceito. Esta forma de perspectivar o produtor aparente encontra-se intimamente ligada à consideração da aparência enquanto "aparência de produção". Assim, a mera aposição do sinal distintivo do sujeito no produto mas sem a intenção de se apresentar como produtor, advertindo o público de que o bem foi fabricado por terceiro, não constitui motivo suficiente para responsabilizar o sujeito como "produtor aparente".

Deste modo, não será responsável o comerciante que no tráfico surge apenas na veste de mero distribuidor, sem criar a aparência de ser produtor, ainda que o fabricante real não seja identificado[469]. Neste caso o sujeito poderá, porém, responder com base no n.º 3 do art. 3.º da Directiva, ou seja, se o fabricante ou importador não forem identificados.

Alguns Autores, baseando-se no contexto histórico em que surgiu a Directiva, lembram que o seu texto e o da Convenção do Conselho da Europa são muito próximos, fundando-se na relação de confiança que nasce entre o público e a pessoa que, a seus olhos, figura como produtor. A redacção do preceito em causa serviria para evitar a inclusão como responsáveis daqueles que fazem figurar o seu nome no produto mas sem intenção de se apresentarem como produtores, resultando do esforço do

---

[469] Assim, Calvão da Silva, *últ. op. cit.*, p. 553.

A *Qualificação como Responsável* 263

Conselho para, do mesmo passo que responsabilizava quem apunha a sua marca sobre os produtos, excluir os retalhistas, considerando que não seria oportuno considerá-los como responsáveis[470].

Segundo esta perspectiva, não será suficiente qualquer rótulo ou talão que indique a participação no processo de distribuição, com mero efeito publicitário, para justificar a responsabilidade do sujeito. Só se deverá responsabilizar quem tenha a intenção de se apresentar como produtor do bem. O comerciante que apõe o seu nome sobre o produto por motivos publicitários não se apresenta como produtor, uma vez que uma marca comercial, indicativa da distribuição do produto, não é suficiente. Será necessário que o produto apareça aos olhos do público como tendo sido fabricado pelo titular da marca[471].

Nesta óptica, nem toda a pessoa que aponha o seu nome ou outra identificação no produto será considerada produtor. Para tanto, é necessário que se apresente como tal. Ao referir-se à apresentação como produtor, o preceito legal acaba por ter um âmbito de aplicação muito estreito. Assim, não basta apor a marca, nome ou outro sinal distintivo nos bens: esta aposição tem de ser feita *de um modo que leva o sujeito a apresentar-se como produtor*[472].

Critério fundamental de responsabilização do sujeito enquanto produtor aparente será, portanto, a crença ou convicção do lesado em que aquele produziu o produto defeituoso. Assim, se o comerciante apuser no produto a sua marca, o seu nome ou outro sinal distintivo sem ocultar o verdadeiro produtor (cuja marca surge ao lado) não deverá ser responsabilizado – responsável será apenas o produtor real[473]. Figurando no

---

[470] Gutierrez Espada, *Derecho europeo y responsabilidad por daños derivados de los productos*, in "RIE", 1979, vol. 6, n.º 3, pp. 856 *ss* e nota 57. Também neste sentido se pronunciam o *Explanatory Memorandum* anexo à Proposta de Directiva (nota 23, parágrafo 8) e o *Rapport Explicatif* anexo à Convenção, nota 15, para. 47.

[471] Parra Lucán, *Notas a la Ley 22/1994, de 6 de Julio, de responsabilidad civil por los daños causados por productos defectuosos*, in "AC", 1995, Tomo 4, p. 739 e *La responsabilidad civil por productos y servicios defectuosos. Responsabilidad civil del fabricante y de los profesionales*, in AA. VV., Lecciones de responsabilidad civil, Reglero Campos (Coord.), Navarra, 2002, p. 1478; Vega García, Responsabilidad civil derivada del producto defectuoso – un estudio de la Ley 22/1994 en el sistema de responsabilidad civil, Madrid, 1998, p. 108; Gázquez Serrano, *op. cit.*, p. 262; Alcover Garau, *op. cit.*, p. 107.

[472] Rogers, Winfield & Jolowicz on tort, Londres, 1991, p. 251.

[473] Afonso e Variz, *op. cit.*, p. 28; Calvão da Silva, *últ. loc. cit.*; Engrácia Antunes, *op. cit.*, p. 204, nota 423.

264 *Marca do Distribuidor e Responsabilidade por Produtos*

produto os dados do fabricante real, a aparência inicial desaparece. Não existe aparência de produção quando o produtor real é identificado[474].

O mesmo sucede quando o nome, marca ou sinal distintivo é precedido de expressões como "produzido por A e distribuído por B", "fabricado em exclusivo para", "importado para", *etc*. Neste caso o sujeito exime-se de qualquer responsabilidade, sendo apenas responsável o produtor real[475]. Ao informar o público de que não é o produtor real dos bens, o sujeito não se apresenta como produtor.

Em suporte desta posição alega-se que a aposição de ambos os sinais distintivos é representativa da diversidade de papéis desempenhados pelos sujeitos, atribuindo à marca de comércio uma função essencialmente publicitária, anunciando a actividade do distribuidor. Deste modo, não existem problemas de individualização do sujeito nos casos em que a marca do distribuidor é precedida de expressões inequívocas como "produzido para", "distribuído por", "importado por", *etc*[476].

Nos Estados Unidos uma parte da doutrina defende que o sujeito não será considerado como produtor aparente quando o fabricante real seja identificado clara e inequivocamente na etiqueta ou noutros locais do produto, e nele seja também indicado claramente que o titular da marca não tem nada a ver com os bens a não ser distribui-los ou vendê-los[477]. Esta corrente doutrinal admite, desta forma, a existência de uma prova liberatória a favor do sujeito, desde que este demonstre que não se apresentou como produtor[478].

---

[474] RUIZ MUÑOZ, *Sistema español de responsabilidad civil del fabricante*, in "AAFDL", Abril de 2001, n.º 24, p. 370.

[475] CARNEVALI, *Comentário ao artigo 3.º*, pp. 19 s; HAVEMANN, *The EC Directive on product liability: its background, aims and system*, in AA. VV., Product liability: prevention, practice and process in Europe and the United States, HULSENBEK e CAMPBELL (Eds.), Daventer, 1989, p. 22; SCHUSTER, *Annotated Text of the Liability for Defective Products Act, 1991*, in AA. VV., The new product liability regime, papers from the ICEL Conference, June 1991 & Annotation of the Liability for defective Products Act, 1991, SCHUSTER (Ed.), Dublin, 1992, p. 79; ORGALIME, Product liability in Europe: a practical guide for industry, Bruxelas, Janeiro de 1993, p. 13.

[476] VALSECCHI, Commentario D.PR. 24 maggio 1988, n. 224, sulla disciplina del danno causato da prodotti difettosi, *in* AA. VV., Responsabilità del produttore e nuove forme di tutela del consumatore, Milão, 1993, p. 158 e nota 51.

[477] AA. VV., American law of products liability 3d, TRAVERS (Coord.), Rochester, 1987, para. 6:6, p. 12.

[478] VALSECCHI, *op. cit.*, p. 157, nota 49. Contra este entendimento se manifesta ATTI, *I soggetti equiparati al fabbricante, in* La responsabilità del produttore, ALPA, BIN,

A *Qualificação como Responsável* 265

O sujeito que apõe o seu próprio nome, marca ou outro sinal distintivo faz incidir sobre si os holofotes da responsabilidade, sendo tido como produtor. Se não desencoraja a convicção que o público cria com base nessa aposição, o seu silêncio funcionará contra si[479]. Deste modo, o titular do sinal distintivo vê recair sobre si o ónus de indicar o produtor real, para que não seja tido como produtor. Independentemente de se apresentar ou não como produtor, se não identifica claramente o produtor do bem ocupa o seu lugar, sendo responsabilizado em consonância[480].

VEGA GARCÍA considera que será pouco razoável considerar fabricante aquele que inclua no produto uma marca determinada, sempre que o verdadeiro fabricante esteja identificado pela sua marca ou denominação ou seja determinável pelo seu número de registo administrativo. O Autor socorre-se, em apoio da sua posição, do n.º 4 do art. 34.º da Ley 17/2001, de 7 de Dezembro, de Marcas, que estabelece que "el titular de una marca registrada podrá impedir que los comerciantes o distribuidores suprimam dicha marca sin su expreso consentimiento, si bien no podrá impedir que añadan por separado marcas o distintivos próprios". Porém, como o próprio Autor reconhece, esta exegese limita muito o campo de aplicação da norma[481].

Será ainda de afastar a responsabilidade do distribuidor quando este faz apor no produto (ou em qualquer invólucro ou embalagem que o acompanhe) o seu sinal distintivo, para além da marca do produtor, mas sem a esbater, diminuir ou ocultar.

Assim, não será motivo de responsabilização do distribuidor um qualquer rótulo ou adesivo que indique a sua participação no processo distributivo, com um mero efeito publicitário. Neste caso não há uma aparência de produção mas apenas uma referência à distribuição do produto. Na verdade, o distribuidor apenas associa a sua marca, como que "recomendando" o produto mas sem ocultar o seu real produtor. Neste caso falta a identificação do comerciante com o produto "alheio" que legitima a sua responsabilização como se fosse produtor, porque a marca

---

CENDON, Tratatto di diritto comerciale e di diritto pubblico dell' Economia, vol. XIII, GALGANO (Coord.), Milão, 1989, pp. 69 *ss.*

[479] DEWIS, HUTCHINS e MADGE, Product liability, Londres, 1980, p. 114.

[480] GREER, *Product liability in the European Economic Community: the new situation, in* "JIBS", Verão de 1989, vol. 20, p. 343.

[481] *Op. cit.*, pp. 108 *s.*

266 *Marca do Distribuidor e Responsabilidade por Produtos*

comercial não cria essa aparência, isto é, não provoca no tráfico a impressão de ser o comerciante a produzir realmente o produto defeituoso, assumindo uma função publicitária.

Sejamos claros: a hipótese que configuramos agora é aquela em que um produto é apresentado ao público com a marca do seu produtor em termos normais (com a sua configuração tradicional) tendo também aposta a marca do distribuidor, seja porque foi colocada aquando da sua produção (com o consentimento do produtor) seja porque posteriormente foi colado um adesivo antes de ser colocado nas prateleiras.

Se o produto apresenta a marca do produtor real (por exemplo, os cereais de uma marca reputada) e o sinal distintivo do distribuidor (porque este, por exemplo, tem um acordo de distribuição exclusiva com aquele ou porque o distribuidor pretende associar-se àquela marca de prestígio) não haverá motivo para responsabilizar o distribuidor. De facto, neste caso não existe um produto da marca do distribuidor mas sim um produto de marca do produtor ao qual é aposto o sinal do distribuidor.

Por exemplo: se o distribuidor apõe nos televisores de uma reputada marca um rótulo dizendo "produzido em exclusivo para", "só encontra este produto aqui", ou ainda "o (nome do distribuidor) aconselha", "recomenda" ou qualquer outra referência à qualidade ou preço do produto, sem ocultar o seu real produtor. Neste caso não existe uma aparência de produção mas sim a *colagem*, pelo distribuidor, a uma marca do produtor, à qual pretende associar-se para beneficiar do seu prestígio e reputação. Neste caso o distribuidor não procura combater as marcas de prestígio (como é apanágio da marca do distribuidor) mas sim promovê-las, seguindo a lógica "se não os consegues vencer, junta-te a eles..."

Recorde-se que, de acordo com a análise que fizemos no segundo Capítulo, consideramos que as "marcas exclusivas" se situam fora do âmbito da "marca do distribuidor". Estes produtos são produtos de marca tradicional que surgem com uma referência ao facto de serem produzidos, em exclusivo, para um determinado distribuidor. A marca exclusiva pode estar apoiada por um ou por ambos os nomes do fabricante e do distribuidor, respectivamente, ou levar um nome alheio a ambos. Tratam--se, deste modo, de marcas do fabricante.

Nestes casos o distribuidor não pode ser considerado produtor, uma vez que a marca do produtor continua a surgir com os contornos e amplitude normais, apenas lhe sendo adicionada uma referência ao facto de ser produzida em exclusivo para o distribuidor. Assim, se uma caixa de iogurtes da marca do fabricante X, com a indicação "produzido em exclusivo

A *Qualificação como Responsável* 267

para Y" (distribuidor) causa danos ao lesado, este poderá apenas demandar o fabricante, uma vez que o distribuidor não se apresentou como produtor. As marcas de exclusividade ou produtos exclusivos não se subsumem no conceito jurídico de "marca do distribuidor" nem na noção legal de produtor aparente.

É comum a afirmação de que o n.º 1 do art. 3.º da Directiva não é aplicável ao pequeno comerciante que apõe a sua marca nos produtos que vende mas que, pelo contrário, será aplicável às marcas do distribuidor. Assim, um pequeno merceeiro que aponha a sua própria marca sobre o produto não será considerado produtor aparente. Pelo contrário, será responsabilizado como tal o hipermercado que venda sob a sua marca um produto fabricado por terceiros[482].

Esta diferença de tratamento é explicada do seguinte modo: o pequeno comerciante apõe a sua marca por meros motivos publicitários, não se apresentando como produtor. Assim, a aposição da sua marca comercial indica simplesmente a distribuição do produto e não é suficiente para justificar a responsabilidade. Já os grandes retalhistas, ao encomendarem o fabrico por terceiros de produtos que apresentam sob o seu próprio nome, devem ser considerados produtores[483].

A distinção entre as duas situações depende, como é evidente, da real compreensão das características que diferenciam o simples vendedor do produtor aparente. É necessário ter presente a lógica que subjaz à aposição da marca, nome ou sinal distintivo, pois apenas compreendendo as diferenças podemos tratar como diferente o que é diferente.

Para além disso, é necessário ter em conta que a Directiva não se refere à dimensão do sujeito responsável. Com efeito, o diploma comunitário considera um conjunto de sujeitos como responsáveis, independentemente do volume de vendas ou da sua força económica, pelo que a qualificação como produtor aparente não depende de o sujeito ser uma grande superfície comercial ou um pequeno minimercado de rua.

---

[482] Assim, KRÄMER, *últ. loc. cit.*; PARGA CABRERA, *op. cit.*, p. 2878; CERVETTI, *op. cit.*, pp. 321 *s.*

[483] TASCHNER, *La future responsabilité du fait des produits défectueux dans la Communauté Européenne*, in "RMC", Maio de 1986, n.º 297, p. 260 e *Risque et sécurité – risque et responsabilité. Principes de la directive européenne du 25 Juillet 1985*, in "AFDL", 1987, pp. 290 e 293; PETROPOULOS, *La responsabilité du fait des produits défectueux dans la Communauté Européenne*, in "IUSletter", 1991/2, pp. 8 *s.*

Procedemos à definição do círculo de responsáveis por via negativa, analisando algumas situações que consideramos devem ser excluídas do âmbito de aplicação da norma.

Assim, nos casos em que o sinal distintivo é aposto sem o consentimento do seu titular, em que o distribuidor apenas apõe a sua marca por expresso mandato legal ou com meros efeitos publicitários, ou quando faz apor no produto o seu sinal distintivo, para além da marca do produtor, mas sem a esbater, diminuir ou ocultar, consideramos que este não deverá ser responsabilizado enquanto produtor aparente.

A responsabilização destes sujeitos poderá suceder apenas enquanto fornecedores, nos termos do disposto no n.º 3 do art. 3.º da Directiva. Recorde-se que de acordo com este inciso legal "quando não puder ser identificado o produtor do produto, cada fornecedor será considerado como produtor, salvo se indicar ao lesado, num prazo razoável, a identidade do produtor ou daquele que lhe forneceu o produto. O mesmo se aplica no caso de um produto importado, se este produto não indicar o nome do importador referido no n.º 2, mesmo se for indicado o nome do produtor".

A hipótese de responsabilização destes sujeitos enquanto fornecedores (responsáveis subsidiários) subsiste, deste modo, ainda que não sejam qualificados como produtores aparentes (responsáveis directos).

16 – Inadequação do critério da "aparência de produção"

Para saber se a teoria da "aparência de produção" é ainda válida e adequada ao nível dos produtos da marca do distribuidor é necessário ter presente a noção que adiantámos aquando da análise do fenómeno.

Como vimos, a marca do distribuidor corresponde a um conjunto de produtos comercializados sob a responsabilidade de um distribuidor. Dentro deste fenómeno global podemos encontrar três tipos de produtos: os "produtos genéricos", os "produtos de marca da loja" (ou marca do distribuidor *stricto sensu*) e os "produtos de marca privada". Será que o argumento da "aparência de produção própria" se ajusta a todos eles?

Quanto aos produtos genéricos, vimos que são produtos que, ainda que resultem de uma estratégia do distribuidor, não incluem na sua apresentação qualquer referência a uma marca ou nome. De facto, estes produtos caracterizam-se pela notória ausência de sinais distintivos. São produtos que se limitam a cumprir os requisitos legais mínimos e que quando muito fazem referência ao número de identificação fiscal do produtor ou a um número de telefone.

Não podemos dizer que um produto genérico, ainda que tenha sido fabricado sob as instruções e ordens do distribuidor, para ser distribuído no seu estabelecimento, tenha causado a aparência de ter sido produzido pelo distribuidor – pois este não se apresenta como produtor. Aliás, ninguém se apresenta como produtor – neste sentido, os produtos genéricos são produtos "desmarcados".

Se tomarmos a doutrina da aparência no sentido supra referido, não poderemos responsabilizar o distribuidor enquanto produtor aparente no caso dos produtos genéricos – pois aí ele não cria qualquer aparência de ser o produtor dos bens. Nestas situações o distribuidor apenas pode ser responsabilizado de forma subsidiária, caso não indique o produtor real (n.º 3 do art. 3.º da Directiva).

Testemos a bondade da teoria da aparência (tal como configurada *supra*) em relação aos produtos de "marca privada". Como vimos estes são os produtos que são apresentados no mercado com um nome ou marca que pertence ao distribuidor mas que não corresponde ao nome ou marca do estabelecimento.

Ora, neste caso, como podemos afirmar que o distribuidor se apresentou como produtor do bem, se o produto não faz referência ao seu nome ou estabelecimento? Nesta hipótese, a marca tanto poderia ser propriedade do distribuidor como de qualquer fabricante ou produtor – pois é perfeitamente estranha ao nome ou marca que designa o distribuidor ou o seu estabelecimento. Como pode dizer-se que neste caso o distribuidor se apresenta como produtor? De onde resulta essa inferência lógica?

Uma tal conclusão apenas pode derivar do conhecimento que o lesado tenha de que aquele produto, designado com o nome ou marca X, é de facto fabricado em exclusivo para o distribuidor Y, de acordo com as suas instruções e para venda nos seus estabelecimentos. Só que, neste caso, pode retorquir-se imediatamente: então o lesado sabe que o distribuidor não é, de facto, o produtor real – não existe, pois, qualquer aparência ou confiança a tutelar…

A teoria da aparência com o sentido que foi apontado fará muito mais sentido, como é óbvio, ao nível dos produtos de "marca da loja" ou marca do distribuidor *stricto sensu*. Como vimos, estes são os produtos que ostentam o nome do distribuidor ou do estabelecimento.

Aqui é que fará pleno sentido supor, ainda que ingenuamente, que o distribuidor é o real produtor dos bens, pois só neste caso existe coincidência entre o nome, marca ou outro sinal distintivo aposto no produto. A crença na apresentação do distribuidor como produtor será ainda mais reforçada, como é evidente, naqueles casos em que é ocultada a identidade do verdadeiro produtor.

É notório, por outro lado, que a teoria da "aparência de produção própria" apresenta uma fragilidade: ela coaduna-se mal com a tutela do lesado não-adquirente.

De facto, a tese da aparência de produção própria (seja reconduzida à protecção da confiança ou ao princípio da boa fé) implica sempre que o lesado seja, ao mesmo tempo, parte num relacionamento contratual directo com o titular da marca. Esta teoria vê a sua validade fortemente posta em causa em relação ao lesado que não celebrou qualquer contrato com o produtor aparente – nomeadamente, no caso do *bystander*. A teoria da confiança ou do *affidamento* tem uma nítida origem contratual, não explicando porque é que o produtor aparente também é considerado responsável nos casos de danos causados a terceiros não adquirentes do produto[484].

A primeira conclusão a que podemos chegar é pois a seguinte: a "aparência de produção" como justificação da responsabilidade do produtor aparente está limitada aos casos em que o lesado seja o adquirente.

A segunda conclusão a retirar é esta: a teoria da "aparência de produção própria", segundo a qual o produtor aparente deve responder como se fosse produtor porque criou a convicção no lesado de que era o real produtor dos bens, apenas tem cabimento em relação aos produtos de "marca da loja" – uma vez que apenas neste tipo de produtos o nome, marca ou outro sinal distintivo corresponde perfeitamente ao nome do distribuidor ou vendedor. Só aqui, havendo coincidência entre a marca do produto e a marca do estabelecimento, o lesado pode ser levado a crer que o distribuidor efectivamente produziu o bem.

Diga-se também (embora fique de fora do âmbito do nosso trabalho) que igual afirmação se pode fazer nos casos de venda por correspondência, em que o lesado não sabe se o autor dos catálogos se dedica apenas à distribuição ou se também dispõe de unidades produtivas. Também aí será razoável o prejudicado acreditar que o produto, apresentando a marca do distribuidor, foi por ele fabricado.

---

[484] Como lembram Troiano, *Produttore*, p. 525 e Alpa e Bessone, La responsabilità del produttore, pp. 149 *ss.*

A tese da "aparência de produção própria" tem, deste modo, o seu campo de aplicação limitado aos produtos que ostentam o mesmo nome ou marca do distribuidor ou do seu estabelecimento. Mas, mesmo neste caso, consideramos que esta teoria é passível de críticas, pois não responde a várias dúvidas.

A primeira questão é a seguinte: será que o lesado apenas pode demandar o titular da marca de distribuição quando acreditou que ele era produtor? A sua crença deve ser apreciada subjectivamente ou objectivamente? Ou será, por outro lado, que a Lei presume inilidivelmente que o lesado, ao ver o nome, marca ou sinal distintivo no produto, confiou em que o distribuidor realmente fabricou aquele bem?

A "apresentação como produtor" é um pressuposto ou critério de difícil interpretação. Há quem entenda a "apresentação como produtor" como resultado lógico da convicção que o titular da marca suscita no lesado de que é o real produtor do bem. Desta forma, os mesmos Autores, em coerência, consideram que não havendo essa intenção, ou declarando o sujeito que não é o verdadeiro produtor, será excluída a sua responsabilidade.

Segunda questão: será que, tendo realmente confiado na produção própria por parte do distribuidor, essa crença tem algum relevo?

Na verdade, é de exigir que a convicção (errada) do sujeito tenha sido causada por uma situação de facto em que qualquer sujeito médio da comunidade teria incidido no mesmo erro[485]. Ora, em nosso entender, a doutrina em apreço incorre no erro de considerar que o lesado acredita na aparência de que o distribuidor é o produtor. Não nos parece que seja defensável sustentar que o lesado acredita que o distribuidor produz bens de consumo de categorias tão díspares como molho de tomate, guardanapos, leite, talheres, *etc*. Consideramos que não existe uma tal confiança para proteger.

Será difícil um sujeito razoável confiar que o titular da marca fabricou o bem, atenta a vastíssima variedade de bens que são apresentados sob a mesma marca – não esqueçamos que a marca do distribuidor tem a categoria de marca mais vasta e a mais extensa largura de marca. Com efeito, o público depara-se com mais produtos da marca do distribuidor do que de qualquer outra marca – e só por grande ingenuidade se pode acreditar que o distribuidor reúne meios produtivos adequados a todos...

---

[485] Assim, FALZEA, *op. cit.*, p. 697.

272 *Marca do Distribuidor e Responsabilidade por Produtos*

A defender a teoria da aparência de produção, seria necessário distinguir aqueles casos em que o produtor aparente seria responsável dos outros em que seria exonerado, com base num juízo posterior. Ora, tal juízo teria como objecto um dado de difícil análise: a aparência que o nome, marca ou sinal distintivo do sujeito provocou aos olhos do lesado. É fácil imaginar o embaraço que o juiz sentiria ao ter de decidir, em face do produto, até que ponto o sinal distintivo foi apto a, *de per si*, criar uma tal aparência junto do lesado.

Uma última questão: qual o valor das informações sobre o produtor real? Será que estas são suficientes para afastar a aparência de produção própria?

Como tivemos oportunidade de ver, a doutrina do *apparent manufacturer* tinha como propósito, no início, proteger a confiança e expectativa dos lesados que confiaram em que o produto tinha sido produzido pelo vendedor. Procurava-se, de igual modo, tutelar o lesado nos casos em que era impossível determinar a identidade do produtor real. Assim, o produtor aparente apenas seria responsabilizado se o produtor real não fosse identificável. Pelo contrário, se informasse o prejudicado da identidade do produtor real, antes ou depois de ser proposta contra si qualquer acção, seria exonerado de qualquer responsabilidade. Neste sentido, podia afirmar-se que o lesado já dispunha de um mecanismo de ressarcimento contra o produtor ou que não podia, de qualquer modo, acreditar razoavelmente que o distribuidor era o produtor real.

Assim, defender a tese da "aparência de produção própria" implica esclarecer qual o valor das declarações sobre o produtor real. Basta a identificação do produtor real para afastar a aparência ou é preciso, para excluir a responsabilidade do produtor aparente, que o produto faça referência a que o sujeito não tem nada a ver com o produto a não ser marcá-lo e vendê-lo?

Levada a um extremo, a interpretação restritiva que subjaz à teoria da aparência de produção pode chegar a resultados paradoxais.

Primeiro, porque pode levar à responsabilidade objectiva de um pequeno produtor (fabricante real), enquanto a acção contra a grande empresa responsável pela colocação em circulação do produto terá de se fundar no regime comum, exigindo a prova da culpa.

Depois, porque naqueles casos em que o sujeito que coloca a sua marca num produto fabricado por terceiro, com vista à sua comercialização, também é o retalhista ou vendedor final, se o verdadeiro fabricante não constar do produto, a sua responsabilidade já estaria fixada através do n.º 3 do art. 3.º da Directiva, sem ser necessário recorrer ao conceito

A tese da "aparência de produção própria" é rejeitada por um vasto segmento da doutrina, que critica a referência do legislador à "apresentação do sujeito como fabricante". Tanto a Directiva comunitária como as normas de transposição incorrem em erro uma vez que, se interpretadas de forma literal, parecem exigir que o comerciante *se faça passar por fabricante* para lhe imputar a responsabilidade[487]. A redacção deste preceito é defeituosa, parecendo que se refere apenas a quem se apresente ao público como fabricante, ficando deste modo excluídos todos aqueles casos em que a empresa comercializadora coloca a sua marca mas do mesmo passo adverte para a identidade do verdadeiro fabricante – ainda que, normalmente, em *lettering* mais pequeno. Ou seja: uma interpretação literal do preceito pode redundar num esvaziamento do seu âmbito de aplicação.

Na verdade, caso sejam utilizadas nos produtos referências ao produtor real, o distribuidor pode alegar que, embora tenha afixado o seu nome no produto, não se apresentou *enquanto produtor*. Uma parte da doutrina considera que o critério decisivo deverá ser a convicção, por parte do público, sobre se o distribuidor se apresenta ou não como produtor. Se o nome, marca ou outro sinal distintivo é passível de suscitar tal convicção no lesado, então não bastará uma pequena inscrição no produto para exonerar o produtor aparente de qualquer responsabilidade[488].

Outra parte da doutrina considera que qualquer sujeito que firme o produto deve ser, sem excepção, considerado responsável, se esse sinal distintivo não aparece com quaisquer outras especificações[489].

---

[486] ATAZ LÓPEZ, *op. cit.*, p. 67.

[487] ATAZ LÓPEZ, *op. cit.*, pp. 65-68; YZQUIERDO TOLSADA, Sistema de responsabilidad civil, contratual y extracontratual, p. 334; REYES LÓPEZ, Seguridad de productos y responsabilidad del fabricante. Otro supuesto de responsabilidad civil especial – la del fabricante por productos defectuosos. (Analisis de la Ley 22/1994, de 6 de Julio). Cuestiones materiales e procesales. Analisys doctrinal y jurisprudencial, p. 59; GUTIÉRREZ SANTIAGO, *últ. op. cit.*, pp. 362 *ss*; *Responsables y beneficiarios en el régimen de responsabilidad civil derivada de productos defectuosos*, p. 138, nota 55 e *Vehículos defectuosos y responsabilidad civil*, pp. 45, nota 126;

[488] WHITTAKER, *últ. loc. cit.* Formulando dúvidas sobre a eficácia deste critério, MILLER e GOLDBERG, *op. cit.*, p. 246, nota 45.

[489] ATTI, *op. cit.*, p. 71, nota 7.

274 *Marca do Distribuidor e Responsabilidade por Produtos*

Uma outra corrente vai mesmo mais longe, propondo que seja considerado produtor todo e qualquer sujeito que se apresente como tal, ainda que não o seja, considerando que se apresenta como produtor todo aquele que apõe o seu nome, marca ou outro sinal distintivo, ainda que se advirta no produto que o fabricante é um terceiro, isto é, independentemente de se fazer passar ou não por produtor[490].

A aposição da marca ou sinal distintivo pelos distribuidores constituiria, deste modo, prova irrefutável de que se apresentam como produtores[491]. As empresas do sector da distribuição, em princípio, são estranhas à responsabilidade por produtos. No entanto, a "apropriação" que fazem do produto, apondo-lhe a sua própria marca, justificaria a equiparação ao produtor *juris et de jure*[492].

Só desta forma poderá incluir-se entre os responsáveis a empresa comercializadora, quando não coincida com o fabricante. Esta inclusão é especialmente importante uma vez que a responsabilidade por produtos defeituosos se baseia não tanto no fabrico do produto mas na sua colocação em circulação, e neste caso é a empresa distribuidora a responsável pela sua comercialização e disponibilização ao público. É o distribuidor quem encarrega o fabricante da produção do bem, pelo que, ao incorporar a sua marca no produto final, gera confiança no público, o que implica a extensão da responsabilidade.

A expressão utilizada pelo legislador comunitário é demasiado restrita, uma vez que a sua *ratio* vai muito para além da mera "apresentação como produtor". Ainda que exista uma declaração no produto do género "produzido para Y" ou "produzido de acordo com as instruções de X", não existindo tal representação, o titular da marca de distribuição deve estar sujeito à mesma responsabilidade que o produtor[493].

Deste modo, existe uma corrente doutrinal que considera que, para além do caso em que o produtor aparente se apresenta como produtor, cabem ainda na previsão da norma os casos em que o sujeito apõe a sua marca ou sinal distintivo, pese embora conste do produto a identificação

---

[490] Ataz López, *op. cit.*, pp. 63, 64 e 67; Gómez Calle, *La responsabilidad civil derivada de la fabricación de productos farmacéuticos defectuosos, in* AA. VV., Estudios jurídicos en homenaje al profesor Luís Díez-Picazo, tomo II, Madrid, 2003, p. 1976.

[491] Howells e Weatherill, Consumer protection law, Aldershot, 1995, p. 216.

[492] Carnevali, *últ. op. cit.*, p. 18.

[493] Tebbens, International product liability: a study of comparative and international legal aspects of product liability, Haia, 1979, p. 155.

do produtor real. Neste sentido, deve ser feita uma interpretação mais ampla, considerando como produtor, para este efeito, todo aquele que se apresente como tal, ainda que não o seja e ainda que advirta no produto que o fabricante foi um terceiro. Esta interpretação implica, como está bom de ver, um aumento do grau de responsabilidade do agente naqueles casos em que apõe o seu nome, marca ou outro sinal distintivo no produto.

Olhando a definição legal que resulta da Directiva e as correspondentes normas de Direito interno, concluímos que todas elas relacionam um sujeito (titular da marca, nome ou outro sinal distintivo) com uma consequência jurídica (classificação como produtor e sujeição ao seu regime de responsabilidade) por meio de uma actividade, que surge como nexo de imputação da responsabilidade. Assim, a delimitação do âmbito subjectivo da norma é feita pela descrição da actividade: a aposição de uma marca, nome ou outro sinal distintivo. A consequência que deriva do preenchimento daquele pressuposto (a aposição da marca, nome ou sinal distintivo) será a sua consideração como produtor, mesmo não o sendo de facto.

Deste modo, a responsabilização do produtor aparente depende do preenchimento cumulativo de duas condições. Primeiro, é necessário que o sujeito tenha aposto o seu nome, marca ou qualquer outro sinal distintivo no produto. Depois, é preciso que, ao fazê-lo, se tenha apresentado como produtor[494].

Não podemos concordar com CAVANILLAS MÚJICA quando considera que o produtor aparente é aquele que "se presenta y dice: «esto lo he fabricado yo, esto es mio»"[495]. De facto, não é de exigir tanto. Não é necessário, para que o sujeito seja responsabilizado como produtor, que ele se afirme, clara e inequivocamente, como produtor – basta que se apresente como tal, pela aposição da sua marca, nome ou qualquer outro sinal distintivo.

O legislador apenas refere que considera como produtor quem, pela aposição da marca, nome ou sinal distintivo, *se apresente* como produtor. Quanto ao que se deve entender por *apresentar-se ao público como produtor*, não é de exigir uma referência expressa do género "fabricado por"[496]. A regra estabelecida é bastante clara e explícita quando enumera

---

[494] MILLER e GOLDBERG, *op. cit.*, p. 245.

[495] *Responsabilidad por productos defectuosos en la Unión Europea*, in AA. VV., Responsabilidad civil del empresario, MCKAY ALLIENDE (Ed.), Santiago de Chile, 1996, p. 141.

[496] RUIZ MUÑOZ, *Responsabilidad civil del empresario/fabricante (I)*, p. 519.

os diferentes modos que podem configurar essa apresentação: a aposição do nome, marca ou qualquer outro sinal distintivo.

É preciso ter presente que do enunciado comunitário não consta qualquer referência à intenção do sujeito em se "declarar" como produtor. Com efeito, o que a Directiva dispõe é que será considerado produtor "quem se apresente" como tal. Ou seja, a Directiva não se refere a qualquer elemento volitivo (a intenção ou o propósito de o sujeito se *fazer passar por* produtor) mas sim ao resultado concreto da sua actividade (a aposição do nome, marca ou outro sinal distintivo) – deste modo se consumando a "apresentação" como produtor. É necessário distinguir, pois, entre a intenção de apresentação como produtor e a efectiva representação como tal. Isto é: pode apresentar-se como produtor (por ter aposto o seu nome, marca ou outro sinal distintivo) quem na verdade nunca teve a intenção de se apresentar (ou declarar) como tal.

Como se referiu anteriormente, o TJCE já sublinhou que a Directiva de 1985 não é uma Directiva de mínimos, não sendo pois admitidas disposições do Direito nacional que assegurem um grau de protecção mais elevado. Por outro lado, a margem de que os Estados-membros dispõem na implementação das suas disposições é muito limitada e reduz--se àqueles aspectos que a própria Directiva estabelece expressamente.

Para além disso, o TJCE tem entendido que o fornecedor é um responsável subsidiário, e que apenas deverá responder pelos danos causados quando não informe da identidade do produtor ou de quem lhe forneceu o produto. Ou seja, o fornecedor não se exime apenas indicando quem é o produtor mas também se indicar um fornecedor que o preceda na cadeia contratual.

Tendo em atenção os termos utilizados pela Directiva e a jurisprudência constante do TJCE, não se pode equiparar directamente o titular da marca de distribuição à figura do produtor aparente, por diversos motivos.

Primeiro, porque ao contrário do que sucede no Direito norte-americano, o pressuposto de facto em que assenta a responsabilidade do produtor aparente não se limita especificamente aos casos de responsabilidade do distribuidor, sendo uma hipótese mais ampla, que não exige a coincidência entre a qualidade de distribuidor e de produtor aparente.

Depois, porque, tal como está plasmada na Directiva, a responsabilidade do produtor aparente é uma responsabilidade pela "aparência de produção", independentemente do fenómeno de marketing que lhe esteja subjacente, bem como das relações internas que se estabelecem entre distribuidores e produtores reais, as quais, precisamente por serem internas, não transparecem para o exterior.

Em terceiro lugar, porque, tal como resulta da jurisprudência do TJCE, tanto do acórdão de 25 de Abril de 2002 (Comissão/França) como do processo *Skov Æg* contra *Bilka*, a lista de sujeitos responsáveis, as condições e regime em que cada um deles responde constituem um ponto de equilíbrio entre os interesses regulados pela Directiva, que não podem ser alterados pelos legisladores nacionais. O Tribunal comunitário considera que na maior parte dos casos o fornecedor se limita a revender o produto tal como o comprou e que apenas o produtor tem a possibilidade de influenciar a qualidade deste. Assim, a responsabilidade decorrente de defeitos dos produtos é concentrada no produtor, pois apenas este tem possibilidade de garantir e controlar a segurança do produto. No entender do TJCE só em casos delimitados se pode impor tal responsabilidade ao importador e ao fornecedor. Os arts. 1° e 3° não se limitam a regular a responsabilidade do produtor mas fixam, entre os profissionais que participaram no processo de produção e distribuição, aqueles que devem assumir a responsabilidade, ou seja, quem vem a ser, em termo concretos, considerado como produtor.

Deste modo, não foi deixada qualquer margem de opção aos Estados-membros no que concerne ao estatuto ou regime do distribuidor ou do produtor aparente. Para além disso, como o próprio TJCE lembrou no acórdão do processo "Comissão/Reino Unido", de 29 de Maio de 1997, uma interpretação jurisprudencial que interprete as leis de transposição em termos distintos do que derivam da Directiva consistiria numa infracção da própria Directiva, e seria, deste modo, contra o Direito comunitário[497].

O normativo comunitário representa um compromisso conciliador e qualquer revisão ou alteração dos seus dispositivos deve ter em conta os interesses em jogo. A referência à manutenção deste equilíbrio foi feita em diversos acórdãos do Tribunal comunitário, como por exemplo nos processos "Comissão/Reino Unido" e "Comissão/França", de 25 de Abril de 2002.

No acórdão do Processo C-154/00, de 25 de Abril de 2002 (Comissão das Comunidades Europeias contra República Helénica) o TJCE sublinhou que "as delimitações do âmbito de aplicação da directiva fixadas pelo

---

[497] Processo C-300/95, *in* "CJTCE" 1997 p. I-2649.

legislador comunitário são as resultantes de um processo de ponderação complexa entre diferentes interesses. Como resulta dos primeiro e nono considerandos da directiva, os mesmos englobam a garantia de uma concorrência não falseada, a facilitação das trocas comerciais no seio do mercado comum, a protecção dos consumidores e a preocupação de uma boa administração da justiça".

Em consonância com esta decisão, a Comissão Europeia recordava que os princípios fundamentais da Directiva 85/374 conseguem concretizar um equilíbrio delicado entre os interesses dos queixosos, dos fabricantes e das suas seguradoras. A deslocação ou supressão destes princípios, como o nexo causal (art. 4.º), os prazos de prescrição (arts. 10.º e 17.º) e a exoneração relativa aos risco de desenvolvimento (art. 7.º) implicaria que as inter-relações entre estas partes afectariam o referido equilíbrio, conduzindo a efeitos económicos adversos e diminuindo o nível de defesa do lesado. Por conseguinte, uma das primeiras prioridades da Comissão Europeia é continuar a acompanhar de perto a evolução da jurisprudência e o funcionamento prático dos sistemas de responsabilidade decorrente dos produtos.

O Segundo Relatório sobre a aplicação da Directiva já afirmava que a responsabilidade estipulada por esta constituía um quadro coerente que tinha em conta os vários interesses envolvidos. Por um lado, o dos indivíduos que enfrentam os riscos para a sua saúde e para o seu bem-estar físico e material provenientes de uma sociedade moderna marcada por um nível elevado de complexidade técnica; por outro, o dos produtores em evitar distorções da concorrência resultantes de diferentes regras de responsabilidade e em reduzir o impacto dessas diferenças na inovação, na competitividade e na criação de emprego.

Segundo se pode ler neste Relatório, a Directiva é apta a contribuir para o bem-estar dos consumidores (assegurando que os lesados são compensados e desencorajando a comercialização de produtos defeituosos) e a minimizar os custos para a indústria, de forma a evitar interferências excessivas na sua capacidade de inovação, criação de emprego e exportação, devidas a regras nacionais divergentes.

O Livro Verde "a responsabilidade civil decorrente dos produtos defeituosos" foi adoptado em Julho de 1999 e destinava-se a recolher informações de todos os interessados, em particular dos operadores económicos, consumidores, companhias de seguros e Administração Pública sobre dois aspectos: a forma como a Directiva de 1985 tinha funcionado na prática e em que medida deveria ser modificada[498]. Neste documento questionava-se se a Directiva deveria ser aplicável a qualquer profissional da cadeia de comercialização do produto, quando a sua actividade tivesse afectado as características de segurança de um produto colocado no mercado.

Um conjunto de respostas remeteu para a Directiva 92/59, de 29 de Junho, segundo a qual a definição de produtor inclui outros profissionais da cadeia de comercialização, na medida em que as suas actividades possam afectar as propriedades de segurança de um produto colocado no mercado. Isto significa que os profissionais da cadeia de comercialização também são obrigados a assegurar que apenas os produtos seguros são comercializados e a participar em medidas de pós-venda. Também se deveriam alargar nesse sentido as regras de responsabilidade da Directiva 85/374.

Os contributos nem sempre indicaram claramente se a responsabilidade do fornecedor deveria ser ilimitada (ou seja, se o fornecedor seria também responsável quando se tratasse de um defeito de fabrico) ou apenas limitada a actividades específicas do fornecedor que envolvam, por exemplo, reacondicionamento, transporte ou armazenagem. A tendência geral nas respostas ao Livro Verde foi a favor da aplicação da Directiva a todos os profissionais na cadeia de produção, entre as quais a do Ministério dos Negócios Estrangeiros português.

Outra série de comentários rejeitou a ideia de introduzir a responsabilidade do fornecedor.

O principal argumento usado foi o de que é difícil ver de que modo o princípio da responsabilidade não culposa pode ser aplicado ao fornecedor. Se o fornecedor fosse responsável por qualquer defeito devido ao armazenamento ou ao transporte, tal responsabilidade aproximar-se-ia do conceito de responsabilidade com culpa. Outros problemas residiriam na identificação do responsável (o produtor ou o fornecedor) e na comprovação do defeito, caso ele se encontre na esfera do fornecedor. A abordagem adoptada na Directiva 85/374, com base na produção e na

---

[498] COM (1999) 396 final, de 28 de Julho de 1999, p. 27. Vide EURO INFO CENTRE, *Livro Verde de la Comisión Europea relativo a la responsabilidad civil por productos defectuosos, in* "CEA", Outubro de 1999, pp. 37 *ss*; MARÍN LOPEZ, Daños por productos: estado de la cuestión, Madrid, 2001; STRUYVEN, *Responsabilité du fait des produits: l'Europe dans la tourmente?, in* "RDIDC", 2001, n.º 3, pp. 256-275; IZQUIERDO PERIS, *op. cit.*.

280 *Marca do Distribuidor e Responsabilidade por Produtos*

comercialização de produtos defeituosos, não justifica a responsabilidade total do fornecedor.

Conforme já se mencionou, a Directiva 92/59 (substituída pela Directiva 2001/95) tem um objectivo de prevenção e a Directiva 85/374 tem um papel de compensação. Embora estas funções sejam complementares, não significa que as regras aplicáveis tenham de ser as mesmas em todos os aspectos. Isto é válido para a questão de saber se as obrigações suportadas pelos fornecedores ao abrigo da Directiva relativa à segurança geral dos produtos podem ser transpostas, *ipso facto*, para a área da responsabilidade decorrente dos produtos.

O objectivo subjacente à Directiva 85/374 é que os produtores devam ser responsáveis pelos produtos defeituosos, independentemente de qualquer culpa. Os fornecedores apenas são responsáveis se não for possível identificar o produtor. Assim, a Directiva reconhece a situação excepcional da responsabilidade do fornecedor.

O número de casos em que um defeito de um produto resulta da actividade de um distribuidor parece ser relativamente limitado (principalmente no domínio dos produtos alimentares e agrícolas). Não existem informações sobre se os lesados conseguiram obter uma indemnização nesta situação específica ou se tiveram a possibilidade de recorrer contra o produtor. Não parece justificar-se, nesta altura, uma mudança essencial na passagem da responsabilidade para o fornecedor noutras situações além das previstas no n.º 3 do art. 3.º da Directiva. A prudência da Comissão na modificação da Directiva prende-se com a necessidade de manter o equilíbrio que o próprio diploma pressupõe, mas também com a insuficiência de informação e de estatísticas sobre a sua aplicação na prática.

O Conselho pronunciou-se, em Resolução de 19 de Dezembro de 2002, sobre a alteração da Directiva[499]. O Conselho interrogava-se sobre a necessidade de introduzir na Directiva regras que estabelecessem a responsabilidade do fornecedor pois este apenas era considerado responsável pelo produto se o produtor não pudesse ser identificado.

Como se relembra nos considerandos da Resolução, aquando da aprovação da Directiva foi exarada na acta do Conselho a seguinte declaração conjunta do Conselho e da Comissão sobre o âmbito da Directiva: "no que se refere à interpretação dos artigos 3.º e 12.º, o Conselho e a

---

[499] Resolução 2003/C 26/02, *in* "JOCE" C 26, de 4 de Fevereiro de 2003.

Comissão consideram de comum acordo que nada impede os Estados-
-membros de estipularem, na sua legislação nacional, regras relativas à
responsabilidade dos intermediários, uma vez que a responsabilidade
destes não é abrangida pela Directiva. Existe também acordo em que, nos
termos da Directiva, os Estados-membros possam determinar regras
sobre a repartição mútua final da responsabilidade entre vários produtores responsáveis e os intermediários". Na mesma ocasião foi exarada na
acta do Conselho a seguinte declaração relativa à interpretação do n.º 3
do art. 3.º: "o Conselho nota que o termo «fornecedor», na acepção do
n.º 3 do artigo 3.º, se refere à pessoa que opera na cadeia de distribuição".

Recorde-se que o TJCE determinou, no processo Comissão/França
(C-52/00), que o facto de uma legislação nacional considerar que o distribuidor de um produto defeituoso é responsável, em todos os casos e
nos mesmos termos que o produtor, constitui uma violação da Directiva.
Assim, afigura-se que os Estados-membros já não podem estabelecer
regras sobre a responsabilidade dos fornecedores, ou seja, das pessoas
que operam na cadeia de distribuição, com a mesma fundamentação que
o regime de responsabilidade previsto na Directiva relativamente à responsabilidade dos produtores. Salvo nos casos previstos no n.º 3 do art.
3.º, parece, por conseguinte, estar excluída a possibilidade de um regime
de responsabilidade dos distribuidores, baseado na responsabilidade estrita.

Esta situação jurídica suscitava preocupação ao Conselho, uma vez
que, como indicado no ponto 3, a Directiva não continha, exceptuando o
n.º 3 do art. 3.º, quaisquer disposições relativas à responsabilidade do
fornecedor. A Resolução considerava que a possibilidade de estabelecer
regras em matéria de responsabilidade dos fornecedores, incluindo regras
sobre a responsabilidade estrita, poderia trazer benefícios, independentemente de essas regras serem estabelecidas a nível nacional ou comunitário. Em certos casos, o lesado poderia então apresentar queixa contra o
produtor, os fornecedores subsequentes, incluindo o vendedor do produto,
ou todos eles. Isto poderia aumentar a possibilidade de o prejudicado
obter efectivamente uma indemnização.

Em conclusão, o Conselho considerava que, neste contexto, era
necessário avaliar se a Directiva 85/374 devia ser alterada por forma a
permitir a aplicação de regras nacionais em matéria de responsabilidade
dos fornecedores com a mesma fundamentação que o regime de responsabilidade previsto na Directiva relativamente à responsabilidade por
produtos.

282 *Marca do Distribuidor e Responsabilidade por Produtos*

No Terceiro relatório sobre a aplicação da Directiva a Comissão não julgou ser necessário propor qualquer alteração[500].

No que respeita à Resolução do Conselho de Dezembro de 2002, a Comissão Europeia considerava que "a efectiva aplicação da referida Resolução constituiria um afastamento do objectivo de harmonização da legislação da responsabilidade decorrente dos produtos, nos termos da Directiva"[501]. No Relatório pode ainda ler-se: "de um modo geral, tanto as partes interessadas como os especialistas reconhecem ser positivo o equilíbrio conseguido pela Directiva entre interesses concorrentes. Não foi solicitada qualquer reforma significativa. Contudo, alguns membros mostraram-se preocupados quanto às diferentes interpretações de tribunais nacionais relativas a certas disposições da Directiva susceptíveis de, na sua opinião, falsear a concorrência nos Estados-membros. Para todos os participantes, a postergação destas incoerências pode ser perspectivada através da ajuda decisiva da jurisprudência do TJCE, cada vez mais instado a decidir questões suscitadas, a título prejudicial, por tribunais nacionais"[502].

A Directiva 85/374 continua a ser a norma comunitária mais completa e conseguida em matéria de responsabilidade no seio da União Europeia. Constitui, além disso, um verdadeiro "campo de provas" do Direito da responsabilidade civil, já que nele confluem praticamente todos os problemas típicos deste tipo de responsabilidade[503].

A Directiva conta já mais de duas décadas de vida. Foi criada num cenário económico e social que não corresponde totalmente aos nossos dias. Se em 1985 a previsão da figura do produtor aparente era um dispositivo *à frente do seu tempo*, hoje apresenta-se, quiçá, acusando a idade e reclamando uma renovação. A marca do distribuidor é uma realidade incontornável nos nossos mercados, a licença de marca encontra-se banalizada, a franquia vulgarizou-se. Todas estas figuras podem eventualmente subsumir-se à previsão constante do n.º 1 do art. 3.º da Directiva.

É previsível que o legislador comunitário continue a procurar melhorar o regime legal existente em matéria de responsabilidade por produtos.

---

[500] COM (2006) 496 final, de 14 de Setembro de 2006.

[501] Ponto n.º 5.

[502] Ponto 3.4.

[503] MARTÍN CASALS e SOLÉ FELIU, *La responsabilidad por productos defectuosos: un intento de armonización a través de Directivas*, pp. 921 s.

Uma das características intrínsecas do processo de integração europeia é que se trata de um *continuum* evolutivo[504]. Não nos espantaríamos se um dos pontos objecto de revisão fosse a redefinição do círculo de responsáveis e dos respectivos pressupostos de responsabilização.

Se é verdade que o "risco zero" não existe, e que a legislação não tem o condão de evitar o inevitável, não deixa de ser tarefa e dever das instâncias comunitárias e nacionais a procura de um regime que proporcione e garanta a circulação no mercado de produtos seguros e, quando assim não suceda, real ressarcimentos dos danos causados. Pese embora sejam poucos, actualmente, os casos a reclamar a atenção do juiz comunitário, é de prever que o afinamento e melhoria do regime legal vigente venham a ser também, e em boa medida, fruto do labor interpretativo e doutrinal do Tribunal comunitário.

17 – Reflexões de *lege ferenda*

Em nossa opinião o sistema fixado na Directiva não oferece resposta adequada nem satisfatória aos problemas levantados pelo perfil específico da marca do distribuidor. Consideramos que, *de lege ferenda*, deverá ser adoptado um modelo distinto que deixe de ter como critério de imputação a "aparência de produção".

Com efeito, da análise do fenómeno da marca do distribuidor operada nos Capítulos precedentes resultou uma firme convicção de que existem vários fundamentos para sustentar a responsabilidade do titular da marca de distribuição, na qualidade de produtor aparente, pelos danos causados pelos defeitos dos produtos assinalados com o seu sinal distintivo.

Em nosso entender os motivos que devem estar na base da responsabilização do titular da marca de distribuição, na qualidade de produtor aparente, devem ser os seguintes: a necessidade de tutelar a aparência que o distribuidor cria de que assumiu alguma participação no processo produtivo ou, pelo menos, de que se responsabiliza por algum defeito do produto; a necessidade de facilitar a reclamação do prejudicado; o reconhecimento de que o produtor aparente é um dos profissionais da cadeia de produção e distribuição cuja actividade pode influenciar e afectar a

---

[504] MICKLITZ, *E.C. product safety regulation – a still uncompleted project, in* "CLJ", 1997, vol. 5, n.º 2, p. 54.

284 Marca do Distribuidor e Responsabilidade por Produtos

segurança dos produtos; a constatação das novas funções que o titular da marca passa a desempenhar, reconhecendo que deve ser sujeito ao risco correspondente; a necessidade de sublinhar a natureza solidária e não subsidiária da responsabilidade deste sujeito; a rejeição da indicação do produtor real como cláusula de exclusão de responsabilidade, que poderia suscitar no lesado uma compreensível reacção de surpresa; e o reconhecimento do papel central que o direito à informação desempenha na sociedade de consumo em que vivemos.

17.1 Aparência de produção ou aparência de responsabilidade?

Como já foi dito, a expressão "produtor aparente" é algo redutora pois transparece a ideia de que apenas se pretende proteger a aparência jurídica. Em nosso entender, nem a aparência criada pelo titular da marca, nome ou sinal distintivo tem a amplitude que alguns lhe atribuem, nem essa aparência constitui fundamento único da equiparação do produtor aparente ao produtor real.

Defender a tese da "aparência de produção própria" implica esclarecer qual o valor das declarações sobre o produtor real. Basta a identificação do produtor real para afastar a aparência ou é preciso, para excluir a responsabilidade do produtor aparente, que o produto faça referência a que o sujeito não tem nada a ver com o produto a não ser marcá-lo e vendê-lo?

E esta última declaração? Será suficiente para exonerar o titular da marca da responsabilidade? Será legítimo que alguém que apõe o seu nome, marca ou outro sinal distintivo sobre os produtos que lança no mercado venha, do mesmo passo, esclarecer que é um mero distribuidor?

Uma tal declaração parece-nos um paradoxo, atentas as características que a marca do distribuidor reveste enquanto fenómeno económico e de marketing. Por muito que se declare ou assuma como tal, o distribuidor de produtos da marca de distribuição não é *apenas* ou tão-somente um *distribuidor*. E é isso que o distingue do mero e simples vendedor.

Nas marcas do distribuidor o vendedor, que muitas vezes não passava do elo final de um processo no qual não participava, passa a intervir na fixação das características do produto e a comercializar como próprio um produto elaborado por terceiros. É o reconhecimento do especial estatuto que o distribuidor assume, enquanto titular de marcas de distribuição, que o deve diferenciar face ao "mero distribuidor", justificando a sua qualificação legal como "produtor".

Causa por isso estranheza que alguma jurisprudência olvide de todo a figura do produtor aparente, limitando-se a referir que a responsabilidade por produtos se dirige principalmente ao produtor e que apenas excepcionalmente abrange o distribuidor, na qualidade de fornecedor de um produto anónimo[505]. Esta perspectiva ignora totalmente a existência de uma figura intermédia: todos aqueles sujeitos que, mesmo pertencendo ao sector económico da distribuição (sendo, por isso, "distribuidores" ou "intermediários") podem ser incluídos no conceito legal de "produtor" pela aposição, sobre o produto, do seu nome, marca ou outro sinal distintivo.

A constatação do novo papel desempenhado pelo distribuidor, que se torna num produtor aparente, deve fundamentar a sua assimilação à qualidade de produtor e sujeição ao correspectivo regime. É o reconhecimento das novas funções que o sujeito chama ao seu domínio e a constatação do novel protagonismo que assume no mercado que justifica a sua distinção face ao "mero" distribuidor.

Assim, e embora o titular de marcas de distribuição tenha um relacionamento com o produto de índole completamente diversa dos produtores reais (ou verdadeiros), também ele deve ser considerado produtor, no rigoroso sentido jurídico que a Directiva estabelece.

Rejeitámos a teoria da "aparência de produção própria" por considerarmos que a responsabilização do produtor aparente não deve assentar na convicção ou confiança do lesado em que o sujeito realmente produziu o bem. Mas deve perguntar-se: existe alguma confiança ou convicção do lesado, perante os produtos de marca do distribuidor, que mereça tutela jurídica?

Nos casos em que o lesado tenha simultaneamente a qualidade de adquirente do produto não é difícil acreditar que a esmagadora maioria das pessoas escolhe os produtos de marca do distribuidor por confiar no distribuidor e não por acreditar que este é o produtor. A relação estabelecida entre a marca do distribuidor e o seu titular é muito mais de remissão, confiança e responsabilidade do que de assunção da autoria do produto.

A jurisprudência americana lembra muitas vezes que a marca impõe ao seu titular uma garantia tácita (*implied warranty*), fruto da confiança que esta suscita no público. Algumas das primeiras tentativas de responsabilização do produtor a surgirem na Europa tiveram na sua base a

---

[505] Vide, por exemplo, o acórdão do STJ de 29 de Março de 2001, já citado, p. 194.

286   *Marca do Distribuidor e Responsabilidade por Produtos*

existência de uma confiança (*affidamento*) por parte do mercado, estimulada pelas mensagens publicitárias emitidas pelo produtor. O público, não podendo controlar pessoalmente a qualidade do produto, confiava na garantia (*assicurazioni*) fornecida pelo vendedor[506].

Recorde-se que de acordo com o comentário d) à secção 400 do *Restatement (Second) of Torts* a responsabilização do *own-brander* apenas se verifica quando o sujeito apresenta o produto como sendo próprio. Na opinião dos comentadores, isto sucede em duas situações. A primeira é quando o sujeito aparenta ser o fabricante do produto. A segunda verifica-se quando o produto aparenta ter sido fabricado especialmente para o sujeito. Segundo os redactores, "in the first case the actor frequently causes the chattel to be used in reliance upon his care in making it; in the second, he frequently causes the chattel to be used in reliance upon a belief that he has required it to be made properly for him and that the actor's reputation is an assurance to the user of the quality of the product". O *Restatement Second* baseava a responsabilidade do *own-brander*, em boa medida, na confiança suscitada pela marca do distribuidor.

Na verdade, é clássica a consideração de que a responsabilidade do produtor aparente se funda na necessidade de tutelar a especial confiança que o adquirente depositou na marca de uma grande empresa de distribuição e que o levou a adquirir o produto[507]. A aposição da marca do distribuidor que goza de uma boa imagem e confiança junto do público é de tal ordem que gera no consumidor uma confiança e esperança nas qualidades e segurança do produto que o legislador procura tutelar impondo-lhe as correlativas consequências.

Em termos mais práticos: o distribuidor dá o seu nome (e a sua cara) por um produto a que associa toda a sua imagem e peso, como que "apadrinhando-o" face ao público. Os compradores, atraídos geralmente pelo preço menor desse produto mas também pela confiança que depositam no distribuidor, adquirem esse bem. Ao apor o seu nome, marca ou outro sinal distintivo no produto, o sujeito assume, com vasta publicidade,

---

[506] ALPA, *Responsabilità del «vendeur-fabricant» e azione redibitoria del danneggiato, in* "ForoIt", 1974, p. 176.

[507] TROIANO, *Produttore*, p. 525; DUBUISSON, *op. cit.*, p. 27; TRONTI, *Direttiva Cee relativa al riavvicinamento delle disposizioni legislative regolamentari ed administrative degli Stati membri in matéria di responsabilità per danno da prodotti difettosi, in* "Giurisprudenza di Merito", 1988, IV, p. 694.

uma posição jurídica de relevo, assumindo de forma voluntária e perfeitamente consciente o risco próprio do lançamento dos produtos no mercado.

Os produtos da marca do distribuidor são objecto de massivas campanhas publicitárias, cujo impacto não pode ser minimizado. Há que ter em devida conta a confiança (*reliance*) criada através de anúncios publicitários e de campanhas de propaganda, confiança esta que é transferida do estabelecimento para o produto, ligados por uma única e mesma marca que é fortemente publicitada nos meios de comunicação. Não será lícito frustrar a confiança que se suscitou no lesado através da mensagem publicitária. Quem se serve da publicidade para *aliciar* deve responder pelos danos sofridos em consequência[508].

Não é inédita a afirmação de que a publicidade dos produtos e serviços deve gozar de eficácia contratual, ou melhor, de que no contrato se devem considerar incluídas as referências e mensagens de carácter publicitário[509]. Se a publicidade pode incidir sobre os bens, sobre a garantia comercial e sobre os serviços pós-venda, o anunciante deve ficar vinculado pelas declarações publicitárias do mesmo modo que fica obrigado pelo resto do conteúdo contratual.

---

[508] Sobre a relação entre a publicidade e a responsabilidade por produtos vide MORGAN, *The products liability consequences of advertising*, in "Journal of Advertising", Outono de 1979, n.º 8, pp. 30-37 e MORGAN e STOLTMAN, *Advertising and product liability litigation*, in "Journal of Advertising", Verão de 1997, n.º 2, pp. 63-75.

[509] Vide CILLERO DE CABO, *Consideraciones en torno a la armonización europea en materia de ventas y garantías de bienes de consumo y su futura incorporación al ordenamiento jurídico español*, in "EC", 2001, n.º 57, p. 169; CASTILLA BAREA, *La determinación de la «falta de conformidad» del bien con el contrato a tenor del artículo 3.1 del Proyecto de Ley de Garantías en la vienta de bienes de consumo*, in "AzC", Janeiro de 2003, n.º 18, p. 30; MARTÍN GARCÍA, *Aspectos publicitários de la Ley de garantías en la venta de bienes de consumo*, in "RDP", Maio-Junho de 2004, p. 340; GARCÍA SAIS, *La eficacia jurídica contractual de la publicidad en los contratos con consumidores*, in "RDP", 2004, n.º 9, pp. 43-47; LLÁCER MATACÁS, *Obligaciones vinculadas a la formación del contrato y codificación del derecho de consumo: información y documentación*, in AA. VV., Estudios de Derecho de Obligaciones, Homenaje al Profesor Mariano Alonso Pérez, tomo II, LLAMAS POMBO (Coord.), Madrid, 2006, p. 152; FUENTESECA DEGENEFFE, *La calidad, las prestaciones habituales, las esperanzas fundadas del consumidor y las declaraciones públicas: el art. 3.1 d) de la LGVBC*, in AA. VV., Garantía en la venta de bienes de consumo (Ley 23/2003, de 10 de Julio), DÍAZ ALABART (Coord.), Madrid, 2006, pp. 115-117.

288 *Marca do Distribuidor e Responsabilidade por Produtos*

O reconhecimento da relevância contratual da rotulagem e da publicidade constitui um dos pontos mais inovadores da Directiva 1999/44, sinal de conformação do regime jurídico europeu ao circuito quotidiano de distribuição de bens de consumo. Esta tendência não é nova, plasmando uma corrente jurisprudencial bastante antiga[510].

A nível comunitário o primeiro diploma a atribuir relevância jurídica à informação publicitária foi a Directiva do Conselho 1990/314/CEE, de 13 de Junho de 1990, relativa às viagens organizadas, férias organizadas e circuitos organizados[511]. A atribuição de relevância jurídica à publicidade na Directiva 1999/44, sobre garantias na venda de bens de consumo, não encontra paralelo na Convenção de Viena de 1980, baseando-se a diversidade de regimes na diferente importância que a publicidade assume na decisão de contratar por parte de consumidores e de profissionais[512].

Assim, para além das *declarações expressas* sobre as qualidades do objecto, fazem parte do contrato as *declarações tácitas* – declarações unilaterais do vendedor, produtor ou de terceiro nas embalagens, publicidade, folhetos, brochuras, avisos, rótulos, folhetos enviados ao domicílio, *etc*[513].

Este alargamento do âmbito contratual acaba por ser o reconhecimento da realidade do marketing moderno e do seu efeito nas expectativas do público[514]. Pode estar dado o primeiro passo para o desenvolvi-

---

[510] ARTZ, *La reforma del BGB y los derechos del consumidor en la adquisición de bienes de consumo, in* AA. VV., La Ley 23/2003, de garantia de los bienes de consumo: planteamiento de presente y perspectivas de futuro, REYES LÓPEZ (Coord.), Cizur Menor, 2005, p. 33; REYES LÓPEZ, *Las garantías del consumidor ante el mercado de bienes de consumo*, na mesma obra, p. 187.

[511] *In* "JOCE" L 158, de 23 de Junho de 1990, pp. 59-64. Transposta para Portugal através do DL n.º 198/93, de 27 de Maio.

[512] MOURA VICENTE, *Desconformidade e garantias na venda de bens de consumo: a Directiva 1999/44/CE e a Convenção de Viena de 1980, in* "Themis", 2001, n.º 4, p. 135; HERNÁNDEZ DÍAZ-AMBRONA, *El concepto de falta de conformidad, in* AA. VV., Garantía en la venta de bienes de consumo (Ley 23/2003, de 10 de Julio), DÍAZ ALABART (Coord.), Madrid, 2006, p. 64.

[513] MONTFORT, *A la recherche d'une notion de conformité contractuelle. Etude comparée de la Convention de Vienne, de la Directive 1999/44 et de certaines transpositions nationales, in* "ERPL", 2007, vol. 4, p. 509.

[514] OUGHTON e WILLETT, *Quality regulation in european private law, in* "JCP", 2002, vol. 25, p. 312; MICKLITZ, *The new german sales law: changing patterns in the regulation of product quality, in* "JCP", 2002, vol. 25, p. 394.

A *Qualificação como Responsável* 289

mento de um princípio geral de inspiração comunitária segundo o qual toda a publicidade deve ter uma consequência jurídica[515].

O n.º 5 do art. 7.º da LDC refere: "as informações concretas e objectivas contidas nas mensagens publicitárias de determinado bem, serviço ou direito consideram-se integradas no conteúdo dos contratos que se venham a celebrar após a sua emissão, tendo-se por não escritas as cláusulas contratuais em contrário". Este art. vai mesmo mais longe do que o n.º 4 do art. 2.º da Directiva 1999/44, que permite ao vendedor desvincular-se das declarações públicas em determinados casos. Contudo, o Anteprojecto do Código do Consumidor, seguindo o rumo da Directiva de 1999, apresenta uma forte limitação ao campo de aplicação desta norma[516].

Este regime tem fundamento na "atracção de clientela que normal e presuntivamente desempenha a publicidade, tal como a marca, em virtude da influência determinante na vontade de celebração de contratos de compra e venda por consumidores"[517]. Hoje em dia os consumidores formulam as suas decisões de compra muito mais em função da publicidade e rotulagem emitida pelo fabricante do que em função do diálogo pessoal com o vendedor[518]. Devem proteger-se a boa fé e a legítima confiança criadas pela publicidade. Pelas suas características, a publicidade exige hoje lealdade e verdade, falando-se mesmo num *contrato de confiança*[519].

Na esmagadora maioria das situações o adquirente, no acto da compra, depara-se apenas com dois interlocutores: o distribuidor e a marca. A aquisição apoia-se, deste modo, num duplo acto de confiança[520]. Hoje em dia a confiança do público dirige-se muito mais à reputação dos

---

[515] Beale e HOWELLS, *EC harmonisation of consumer sales law – a missed opportunity?*, in "Journal of Contract Law", 1997, vol. 12, n.º 1, p. 34.

[516] MOTA PINTO, *O Anteprojecto de Código do Consumidor e a venda de bens de consumo*, in "EDC", 2005, n.º 7, p. 274.

[517] CALVÃO DA SILVA, Compra e venda de coisas defeituosas: conformidade e segurança, p. 155.

[518] MENEZES LEITÃO, *O novo regime da venda de bens de consumo*, in "EIDC", vol. II, Janeiro de 2005, p. 51 e Direito das Obrigações, vol. III, p. 166.

[519] CALVÃO DA SILVA, *A publicidade na formação do contrato*, in AA. VV., Comemorações dos 35 anos do Código Civil e dos 25 anos da reforma de 1977, vol. II, A parte geral do Código e a Teoria Geral do Direito Civil, Coimbra, 2006, p. 701.

[520] CAZENEUVE, La responsabilité du fait des produits en France et en Europe, Paris, 2005, p. 104.

fabricantes que dos vendedores ou distribuidores. Ao responsabilizar estes sujeitos, pretende-se também estimular os vendedores a certificarem-se da veracidade das declarações publicitárias que formulem ou façam inserir nos produtos[521].

Como se refere no "Livro Verde sobre as garantias dos bens de consumo e os serviços pós-venda", "tradicionalmente, en una sociedad basada en el artesanato o en el pequeño comercio, la relación de confianza entre el comprador y el vendedor constituía un elemento preponderante de la relación contractual. En las modernas sociedades de consumo basadas en sistemas de producción y distribución masivos, la confianza que los consumidores depositan en los productos que compran, está más ligada a la competencia que atribuyen a los fabricantes que a la de los vendedores"[522].

Em alguns casos, os esforços de marketing e a imagem de qualidade associada a uma marca do distribuidor (especialmente no caso das marcas *premium*) revelam perante o público um compromisso de qualidade e segurança que não deve ser frustrado em vão. Um exemplo paradigmático é o da cadeia canadiana *Loblaws* e da sua marca privada *President´s Choice*. A cadeia faz grandes esforços de marketing dizendo, por exemplo, que o seu azeite é colhido de "oliveiras plantadas há mais de oitenta anos e produzido com as melhores azeitonas amadurecidas pelo sol". Esta é uma mensagem publicitária que está muito distante de um simples produto genérico baseado no preço.

Como já referimos, é cada vez mais comum que os produtos de marca do distribuidor venham acompanhados de um certificado público de qualidade como, por exemplo, um certificado de origem controlada. Isto sucede nos chamados produtos *Premium*, que pretendem apresentar um elevado patamar de qualidade e certificação.

Noutras situações os produtos referem que foram sujeitos a controlos laboratoriais internos e de entidades independentes ou que cumprem exigências de produção mais severas e apertadas que as impostas pelas autoridades públicas. Nestes casos o distribuidor procura demonstrar que

---

[521] MARCO MOLINA, *La Directiva 1999/44/CC, de 25 de mayo de 1999, sobre determinados aspectos de la venta y las garantías de la venta de consumo. Su incorporación al Derecho civil español y al Derecho civil catalán*, in AA. VV., La armonización del derecho de obligaciones en Europa, ARROYO I AMAYUELAS e BADOSA COLL (Coords.), 2006, p. 172, nota 18.

[522] COM (93) 509 final, de 15 de Novembro de 1993, pp. 89 s. Não disponível em língua portuguesa.

A *Qualificação como Responsável* 291

o produto foi sujeito a um duplo controlo. Pode dizer-se que neste tipo de produtos a exigência de responsabilização do titular da marca sai ainda mais reforçada, uma vez que a aposição de certificados de qualidade e segurança cria no público uma expectativa mais elevada acerca da segurança com que legitimamente pode contar, a qual não deve ser frustrada.

É certo que as teorias que defendem que as referências e mensagens de carácter publicitário devem ter relevância jurídica se referem à responsabilidade contratual. Assim, devem considerar-se incluídas no conteúdo do contrato celebrado entre as partes todas aquelas declarações de carácter publicitário que envolvem o produto.

Recorde-se, no entanto, que a al. c) do n.º 1 da anterior LGDCU, quando se referia aos casos de "productos envasados, etiquetados y cerrados com cierre íntegro", estabelecia que seria responsável a "firma o razón social que figure en su etiqueta, presentación o *publicidad*". Ou seja, da publicidade específica dos bens de consumo poderia resultar, para além de responsabilidade contratual, a responsabilidade pelos danos causados pelos mesmos, a qual prescinde de qualquer vínculo contratual.

Uma parte da doutrina considera mesmo que deve ser tratado como produtor, para efeitos de garantia, todo aquele que se apresente como tal na publicidade específica dos bens de consumo[523]. Numa linha próxima, há quem entenda que o legislador comunitário, ao impor a responsabilidade do produtor aparente, adoptou a função de garantia da marca[524].

Não pode ser aceite a ideia, que chegou a ser infundida na doutrina, de que a responsabilização do produtor aparente seria uma espécie de "canto do cisne" das marcas de comércio. Embora a distinção entre marcas de comércio e marcas de fábrica seja mais fácil na teoria do que na prática, também é verdade que a primeira expressão se refere à tarefa de comercialização dos produtos e não aos produtos em si mesmos.

---

[523] MORALES MORENO, *Declaraciones públicas y vinculación contractual (reflexiones sobre una Propuesta de Directiva)*, in "ADC", 1999, fasc. I, p. 273; MARÍN LÓPEZ, *El carácter vinculante de las declaraciones públicas en la venta de bienes de consumo (en la Directiva 1999/44/CE)*, in "EDC", 2005, n.º 7, pp. 231 s; SERRA RODRÍGUEZ, *La responsabilidad del productor en la Ley de Garantías en la Venta de Bienes de Consumo*, in "Revista de Derecho Patrimonial", 2006, n.º 16, pp. 121-144.

[524] TIRADO SUÁREZ, *Estado actual de la responsabilidad civil productos en el mercado común*, in AA. VV., Responsabilidad Civil de Productos, Comité de Gestión de AIDA (Association Internationale de Droit des Assurances), Sección Española, Madrid, 1983, p. 43.

292 *Marca do Distribuidor e Responsabilidade por Produtos*

Quando, ao invés, a marca do comerciante é utilizada sobre um produto para indicar a sua actividade de selecção qualitativa, controlo e sugestão do público, a função da marca de comércio muda, estando então na presença de uma marca do produtor, sendo, deste modo, justificada a inclusão do seu titular no conceito de produtor fixado pela Directiva[525].

Desta constatação resultam várias implicações. Desde logo, a necessidade de recuperar a distinção entre marca de fábrica e marca de comércio, aclarando os seus significados e redimensionado os seus limites face ao fenómeno da marca do distribuidor. Torna-se também necessário retomar a discussão sobre as funções da marca, de que já deixámos nota no Capítulo segundo.

A responsabilização do produtor aparente deve ter, deste modo, uma função preventiva: adverti-lo de que se a aparência causada pela apresentação inculca a qualidade de produtor, então fica a saber que também assume o risco da correspondente responsabilidade. Daí que, se quiser evitar esse risco, deve servir-se da técnica de marketing adequada para não aparecer como produtor nem infundir essa impressão e confiança no público[526].

As empresas que marcam produtos fabricados por terceiros e os vendem sob a sua marca devem controlar e estar bem cientes da qualidade dos produtos, sob pena de serem responsabilizados pela falta dela[527]. Esta teoria, que vê na marca do distribuidor uma garantia de qualidade, está bem patente no *Restatement (third) of Torts*, o qual sublinha, no comentário c) à secção 14, que a reputação do vendedor é uma garantia tácita da qualidade do produto e que o distribuidor deve ser impedido de afastar a sua responsabilidade.

Como vimos, o próprio TJCE já reconheceu que nos nossos dias uma das funções de maior relevo da marca é a sua função de garantia.

A proveniência de um produto passou a implicar para o titular da marca o dever de sancionar, perante o mercado, a qualidade desse artigo, assumindo o risco decorrente da sua eventual defeituosidade. A marca desempenha também uma função comunicativa que cada vez mais é perspectivada como uma posição de responsabilidade que o titular da marca assume em relação aos produtos ou serviços que põe em circulação.

---

[525] FRIGNANI, *La direttiva CEE sulla responsabilità da prodotto e la sua attuazione in Italia, in* "Assicurazioni", 1987, parte primeira, pp. 130 s.

[526] CALVÃO DA SILVA, Responsabilidade civil do produtor, p. 552.

[527] BOEDECKER e MORGAN, *The channel implications of product liability developments, in* "JR", Inverno de 1980, vol. 56, n.º 4, p. 69.

A promoção comercial centra-se hoje praticamente toda na marca, principal meio de ligação pelo qual a publicidade e outras declarações públicas assumem relevância na qualidade dos objectos contratuais. Deste modo, a marca desempenha um papel determinante na criação das expectativas do público, as quais constituem, como é evidente, um elemento importante na responsabilidade pelos danos causados pelo produto. Deste modo, deve proteger-se a convicção do lesado por ele ser parte numa relação intersubjectiva que deve ser marcada por especiais condições de confiança e segurança.

O acórdão do Tribunal da Relação do Porto de 7 de Junho de 2004 procedeu a uma excelente síntese do que se deve entender por "responsabilidade pela confiança".

Segundo os Desembargadores da Cidade Invicta, "a responsabilidade pela confiança é parte integrante do direito civil vigente. Na sua essência, exprime a justiça comutativa, na forma específica de justiça correctiva e compensatória. Tem fundamento na directiva jurídica pela qual deve responder pelos danos causados, aquele que origina a confiança e a frustra. E a sua intervenção autónoma, superadora do plano da lei, terá naturalmente de compatibilizar-se com as demais determinações, princípios e valores que informam a ordem jurídica. Tal qual qualquer outro princípio de carácter geral, a força expansiva que lhe inere conhece por isso limites e restrições no processo de concretização-aplicação (…). Entre as condições a que se subordina está a presença de uma relação especial entre sujeitos a marcar a responsabilidade pela confiança".

Deve pois haver, para que se possa falar em frustração da confiança e na responsabilidade daí resultante, uma especial relação entre os sujeitos. Como é evidente, esta construção assente no princípio da confiança depende de existir uma relação contratual entre o titular da marca e o lesado, ou seja, depende do facto de este ter a qualidade de comprador, não se aplicando ao prejudicado não adquirente.

Em nosso entender a responsabilidade do titular da marca de distribuição deve fundar-se, mais do que numa relação de confiança, que pressupõe a existência de um relacionamento anterior (em que se funda essa mesma confiança), na protecção da aparência. No entanto, a aparência que há a tutelar não é a "aparência de produção própria" mas sim a "aparência de responsabilidade", isto é, a aparência que deve ser protegida não é a de que o distribuidor produziu o bem mas antes a de que assegura a sua segurança e se responsabiliza pelos danos eventualmente causados. A confiança que há a tutelar é na aparência de assunção de

294 *Marca do Distribuidor e Responsabilidade por Produtos*

responsabilidade por bens que, sendo de fabrico alheio, são lançados no mercado com o beneplácito, publicidade e marketing do distribuidor.

Dito de outra forma, a teoria da aparência deve ser concebida enquanto *estoppel*, isto é, enquanto modo de impedir o distribuidor de se exonerar da responsabilidade quando através da aposição da sua marca ou da promoção do produto causou no público a ideia de que esteve relacionado com a produção ou de que pelo menos assegura a sua segurança e qualidade. A deliberada intenção de se apresentar como produtor, ocultando a identificação do verdadeiro fabricante do produto, deve fazer incorrer o sujeito na obrigação de controlar o produto, sobretudo se gozar de uma reputação que dá confiança ao público quanto à sua qualidade e segurança[528].

Em relação às marcas do distribuidor, há quem defenda que a *ratio* da responsabilização deste sujeito assenta no facto de, ao apresentar-se como produtor, assumir a responsabilidade pela sua segurança[529]. O público confia na reputação deste tipo de organizações e tal confiança deve ser reflectida na correspondente responsabilidade. Ao apor a sua marca no produto, o distribuidor actua como garante da sua qualidade e segurança. A responsabilidade do titular da marca assenta, deste modo, na convicção do público de que a pessoa que apôs o seu sinal distintivo no produto se compromete com a sua segurança[530].

A responsabilidade do titular da marca de distribuição deve constituir, por isso, contrapartida não só da aparência por si criada (e de que beneficia) mas também da segurança que lhe é justo exigir. Os sujeitos que apõem o seu nome, marca ou outro sinal distintivo no produto passam a ideia de que estiveram envolvidos no processo produtivo e deste modo criam certas expectativas junto do público, que confia na sua reputação e fiabilidade.

O titular da marca de distribuição não intervém no processo de produção mas sim no processo de distribuição. No entanto, como o faz apondo o seu próprio nome, marca ou sinal distintivo, cria uma aparência de garantia da segurança do produto – respondendo por isso como se fosse o verdadeiro fabricante[531].

---

[528] Weniger, La responsabilité du fait des produits pour les dommages causes à un tiers au sein de la Communauté Européenne. Etude de droit comparé, Genebra, 1994, pp. 49 *s.*

[529] Por exemplo, MILDRED, Product liability: law and insurance, Londres, 2000, p. 70.

[530] MILLER e Goldberg, *op. cit.*, pp. 244 *s*; MARKOVITS, *últ. loc. cit.*

[531] GÓMEZ CALLE, *op. cit.*, p. 1975.

Esta teoria da aparência não pode, porém, ser levada ao extremo. Não terá qualquer cabimento, por exemplo, responsabilizar o pequeno merceeiro que adquire produtos agrícolas a pequenos produtores e os embala com o nome do seu estabelecimento. Se estamos perante uma mercearia de bairro que apõe o seu sinal distintivo numa caixa de maçãs, o público não poderá razoavelmente confiar que o lojista assegura, em nome próprio, a sua segurança. A confiança do lesado digna de tutela vai dirigida a grandes empresas de distribuição e não a pequenos retalhistas ou comerciantes de bairro, que só um consumidor muito ingénuo pode acreditar disponham de meios de controlo da segurança do produto ou capacidade de ingerência na sua fase produtiva.

Não deve ser responsabilizado, como "produtor aparente", o dono de uma mercearia que embrulha cem gramas de fiambre em papel com a sua marca. De facto, apenas devem ser tuteladas as expectativas que sejam legítimas – e essas só poderão resultar de um comportamento, imputável ao distribuidor, através do qual este se apresente como produtor ou como garante da qualidade do bem. Só fará sentido inserir o distribuidor no círculo dos responsáveis quando este ultrapasse a fronteira da mera distribuição e se passe a comportar ou como produtor do bem ou como *fiador* da sua qualidade. Nestas situações de pequeno retalho o distribuidor apenas pode ser responsabilizado de forma subsidiária, caso não indique o produtor real (n.º 3 do art. 3.º da Directiva).

A qualificação de um sujeito como produtor aparente não deve derivar, deste modo, única e exclusivamente da aposição do seu nome, marca ou outro sinal distintivo mas deve assentar num exame casuístico das circunstâncias concretas.

A inclusão do titular da marca no conceito de produtor e, deste modo, no círculo de responsáveis directos e imediatos pelos danos causados pelos produtos deve ser intimamente ligada às expectativas do lesado. Como refere o art. 6.º da Directiva, o produto é defeituoso quando não oferece a segurança que se pode legitimamente esperar, tendo em conta todas as circunstâncias, de entre as quais consta a apresentação do produto. O lesado deve ter a legítima (e juridicamente tutelada) expectativa de que qualquer pessoa que apõe o seu nome no produto tem suficiente confiança no mesmo para aceitar ser responsabilizado caso venha a provocar prejuízos[532].

---

[532] HOWELLS e WILHELMSSON, EC consumer law, Aldershot, 1997, p. 37. HOWELLS volta a defender este entendimento, ainda que *en passant*, em comentário à Directiva

296 *Marca do Distribuidor e Responsabilidade por Produtos*

Como já vimos, embora não seja um dos motivos fundamentais do surgimento dos produtos de marca do distribuidor, a verdade é que estes também podem ter na sua base o desejo de conseguir segurança e qualidade dos produtos. Através deste tipo de produtos o distribuidor consegue oferecer bens com uma boa relação qualidade-preço, aproveitando muitas vezes os esforços de desenvolvimento feitos pelas marcas do fabricante. Por isso, não se podem deixar de ter em conta as "razoáveis expectativas" que o distribuidor cria ao apor a sua marca nos produtos fabricados por terceiros.

A responsabilização do titular do sinal distintivo pode, desde modo, ser também justificada pela confiança (*reliance*) que o distribuidor causa no público e a que não deve poder furtar-se demonstrando que não é o fautor material dos bens. Ao recorrer à ferramenta de marketing que constitui a marca do distribuidor, este procura criar uma lealdade ao seu estabelecimento (*store loyalty*) e aos seus produtos que não deve poder frustrar com recurso a legendas em letra miúda ou a cláusulas indecifráveis.

Já em 1979 CARNEVALI questionava se bastaria esta *fiducia* suscitada pela marca da empresa de distribuição para justificar a sua responsabilidade. Na sua opinião a confiança do lesado não tinha carácter decisivo, uma vez que quem se limita a apor a sua marca sobre os produtos não tem, em regra, qualquer possibilidade de influir sobre o risco. Uma vez que o distribuidor não tinha possibilidade nem competência técnica para controlar a qualidade do produto, a responsabilização do produtor aparente apenas se poderia justificar pela eventual facilidade que este tem em recorrer a um seguro[533].

Como é evidente, esta afirmação do Autor italiano é própria do seu tempo, em que as marcas do distribuidor se encontravam ainda a dar os primeiros passos. Hoje é inegável que o titular de marcas de distribuição não é um mero revendedor, incapaz de controlar ou sequer influenciar a fase produtiva. É a constatação do novo papel desempenhado pelo distribuidor, que se torna num quase-produtor, que fundamenta a sua assimilação à qualidade de produtor e sujeição ao correspectivo regime.

Dito de outra forma: o titular da marca de distribuição deve ser responsabilizado pelo risco de causar danos a terceiros uma vez que

---

sobre segurança geral dos produtos, *in* Consumer product safety, Aldershot, 1998, p. 129 e na obra com WEATHERILL, *op. cit.*, p. 216.

[533] La responsabilità del produttore, p. 320, nota 28 e pp. 412 *s*.

passou a ter a possibilidade de controlar esse risco ao envolver-se, de forma mais ou menos directa, na fase produtiva dos bens. Justifica-se, deste modo, o surgimento de uma nova relação de risco-proveito, passando o titular de marcas de distribuição a fazer parte do círculo de sujeitos a quem tal risco pode ser imputado.

Como vimos, o *New Mexico Statutes* faz assentar a responsabilização do produtor aparente não na aparência de produção mas sim na aparência de influência ou intervenção sobre a produção, ainda que esta seja materialmente realizada por terceiros.

Também nós consideramos que a responsabilidade não se deve basear na aparência de que se fabricou o bem mas sim no facto de o público ter razões para acreditar que o distribuidor deu indicações específicas sobre o modo como deveria ser produzido ou de alguma forma influenciou a sua produção. Através das marcas de distribuição os distribuidores procuram aumentar a lealdade às suas lojas. Se o retalhista dispuser de uma imagem forte o público irá passar a sua confiança em relação à loja para os produtos com a marca do lojista. É essa confiança que não deve ser traída, é essa aparência de que, dando o seu próprio nome aos produtos, o distribuidor garante a sua segurança – que não deve ser frustrada pela mera demonstração que não foram fabricados por si.

Consideramos que a "teoria da aparência" se deve, pois, referir à aparência de responsabilidade e não à aparência de produção.

Sejamos claros: ao lesado interessa, muito mais do que quem produziu o bem, saber quem é responsável por ele. O lesado não quer saber quem fabricou o produto, quer saber quem deve demandar pelo dano que sofreu. Não interessa se o distribuidor aparentou ser o "pai biológico" do produto – interessa é que se tenha apresentado como "perfilhante" ou "pai adoptivo" de um produto que, tendo sido fabricado por outrem, mereceu ostentar o seu nome ou marca, que funciona como chancela de uma certa qualidade, de uma certa confiança e se apoia no prestígio e reputação do distribuidor. Nenhum distribuidor está disposto a pôr em causa a reputação e prestígio da sua própria marca se não estiver seguro da qualidade do produto que lança no comércio sob esse sinal distintivo[534].

---

[534] Pugno, *La responsabilità dell'operatore della filiera agroalimentare, in* AA. VV., Tutela del consumatore, sicurezza alimentare, qualitá e valorizzazione dei prodotti agroalimentari attraverso la tracciabilitá di filiera, Alonzo, Falletti e Pugno (Coords.), Piemonte, 2006, p. 97, nota 233.

298 *Marca do Distribuidor e Responsabilidade por Produtos*

Por outro lado, ao referir a tutela do lesado à confiança, não a montante (na produção do bem) mas a jusante (no ressarcimento dos danos) podemos incluir no âmbito de protecção da norma o lesado não--adquirente. De facto, não será necessário justificar uma eventual confiança do sujeito na aquisição do produto mas antes uma legítima expectativa de que o sujeito referido no produto, através da sua marca, nome ou outro sinal distintivo, assuma a responsabilidade pelos danos causados pelo produto. Ou seja: determinante é a confiança do lesado (consumidor ou não, adquirente ou *bystander*) na empresa referida no produto na qualidade de responsável e não na de produtor real.

A teoria da "aparência de produção própria" colhe somente o aspecto exterior de um fenómeno cuja substância concerne ao relacionamento entre o fabricante e a empresa distribuidora que apõe a sua marca[535]. Parece-nos ser mais defensável que o lesado alegue que confiou que o distribuidor seria o responsável pelo produto, do que invocar que acreditou que ele assumiu a sua produção. Ou seja, a qualidade que o lesado atribui ao distribuidor é a de responsável e garante da qualidade do produto – e não a de fabricante ou produtor do mesmo.

Na tutela da aparência o Direito ordena a colocação do sujeito na situação correspondente à confiança que teve, apesar de não estarem verificados os requisitos de que dependia a produção da consequência em causa. No entanto, a Ordem Jurídica não pretende substituir a realidade pela mera tutela da subjectividade. Assim, e em princípio, apenas poderá existir tal tutela havendo uma previsão legal específica. Fora desse condicionalismo a protecção da aparência apenas se afigura admissível dentro de limites muito estreitos[536].

A responsabilização do titular da marca de distribuição não resulta de se tratar como produtor quem não o é. Neste sentido, não se pretende fazer equivaler a aparência à realidade mas sim tratar como responsável quem, pela aposição do seu nome, marca ou outro sinal distintivo inculcou no público a confiança de que, se algo corresse mal com o produto, poderia demandar o titular desse nome, marca ou sinal distintivo. A Lei

---

[535] Troiano, *Produttore*, p. 525.

[536] Carneiro da Frada, *A responsabilidade pela confiança nos 35 anos do Código Civil – balanço e perpectivas*, in AA. VV., Comemorações dos 35 anos do Código Civil e dos 25 anos da reforma de 1977, vol. III Direito das Obrigações, Coimbra, 2007, pp. 289 *ss*. Vide ainda, do mesmo Autor, Direito Civil. Responsabilidade civil. O método do caso, Coimbra, 2006, pp. 88 *s*.

não tem por objectivo punir o distribuidor por se ter feito passar por produtor mas antes tornar responsável quem aparentou garantir a segurança do produto ou de qualquer outra forma ostentou ser a pessoa a quem se pudesse exigir responsabilidade.

A protecção da aparência não pode ser vista, deste modo, como consequência da violação de um dever de não provocar um dano. A posição daquele contra quem actua a protecção (o titular do sinal distintivo, neste caso) corresponde, em certa medida, a um *ónus*, um estímulo para a adopção de comportamentos que não suscitem a aparência de uma realidade junto de terceiros (os lesados)[537].

Segundo um velho adágio português, "quem não quer ser lobo não lhe veste a pele". Poderá também dizer-se, então, que quem não pretende ser chamado como responsável por danos causados por defeitos de produtos a que é completamente alheio não deve apor o seu nome ou marca sobre eles, pois estará a passar a imagem de que os garante, de que os afiança, de que certifica a sua qualidade e segurança. O *casual reader* de uma marca ou rótulo poderá confiar no nome, marca ou sinal distintivo, menosprezando a origem do produto.

O facto de o distribuidor ser conhecido como desempenhando apenas uma actividade de comercialização de produtos não afasta a sua responsabilidade. É mais razoável tutelar a confiança do lesado em que o distribuidor aparentou ter estado envolvido na produção ou pelo menos garantido a qualidade do produto e o ressarcimento de eventuais danos.

Em resposta à nossa questão (existe alguma confiança por parte do lesado que seja justificada e mereça tutela legal?) podemos então dizer que a confiança que deve ser protegida é a do sujeito que, associando o produto a uma cadeia retalhista que o marca com o seu nome, marca ou outro sinal distintivo, confiou razoavelmente que aquela cadeia assumiu influência ou controlo sobre a produção do bem e iria, em conformidade, responder pelos danos eventualmente causados. Ao lesado interessa a confiança que lhe suscitou o distribuidor enquanto responsável e não enquanto produtor ou fautor material dos bens.

É necessário ter presente que o caso do titular de uma marca de distribuição é extremamente peculiar uma vez que este, para além de ser produtor, no sentido lato da norma comunitária, é também um vendedor. Isso ditará, para o mesmo sujeito, dois níveis de responsabilidade distintos:

---

[537] Vide CARNEIRO DA FRADA, Teoria da confiança e responsabilidade civil, pp. 94 *s.*

responsabilidade pelos danos causados por produtos mas também responsabilidade pelo incumprimento do contrato. Enquanto a primeira visa tutelar a segurança dos produtos, a segunda destina-se apenas a garantir a qualidade dos bens de consumo e a sua conformidade com o contrato.

Deve ser levado em linha de conta que, no caso das marcas do distribuidor, a confiança do sujeito vai dirigida a uma única entidade, uma vez que a marca é propriedade do distribuidor, partilhando mesmo o nome deste no caso das marcas do distribuidor *stricto sensu*. Importa por isso, uma vez mais, adoptar uma visão ampla do fenómeno, atendendo ao marketing próprio que lhe está subjacente.

Vimos já que a marca do distribuidor constitui uma estratégia de segmentação do mercado que visa diluir a diferença entre as marcas do produtor e as marcas do distribuidor, concedendo a estas um papel de destaque. Ora bem. Perante um litígio fundado em danos causados por um produto defeituoso marcado por um sinal distintivo que pertence ao distribuidor, o tribunal deve atender a toda a estratégia de marketing que envolveu esse produto, incluindo a apresentação, promoção, modo de distribuição, *etc*[538]. À cabeça de todos estes elementos surge, em lugar de destaque, o nome, marca ou outro sinal distintivo, o qual é pertença do distribuidor.

É verdade, por outro lado, que a nossa posição, que se centra não na aparência de produção própria mas na aparência de responsabilidade, se compatibiliza dificilmente com o preceito legal actual. Com efeito, da expressão normativa resulta: "quem, pela aposição do seu nome, marca ou sinal distintivo, *se apresente como produtor*". A posição que assumimos – sabemo-lo bem – corresponde a uma alteração de paradigma: a passagem da "aparência de produção" para a "aparência de responsabilidade" enquanto critério de imputação da responsabilidade. Consideramos, porém, que esta dificuldade pode ser superada com uma simples alteração de redacção que tenha em devida conta a complexidade do fenómeno da marca de distribuição.

Ao apresentar os produtos no mercado com um sinal, nome ou marca de que é titular, o retalhista altera o ónus da responsabilidade do produtor para si mesmo. Comporta-se, deste modo, não tanto como um "produtor aparente" mas antes como um "produtor imputado". Ora, a

---

[538] TROMBETTA e MORGAN, *Market segmentation and product liability*, in "JMPP", 1982, vol. I, p. 23.

consequência que daí resulta deve ser apenas uma – ser tratado como responsável, ainda que não seja um verdadeiro produtor.

Deste modo, ao produtor aparente não deve ser lícito eximir-se indicando o produtor real, na medida em que não é um mero distribuidor, não se limitando a "distribuir" mas antes assumindo o exercício de outros poderes, os quais começam desde logo pela frontal e bem visível aposição do seu nome, marca ou outro sinal distintivo. O titular da marca de distribuição não se deve poder furtar à responsabilidade uma vez que esta não deve residir na produção (a que ele de facto é materialmente alheio) mas sim na aposição da sua marca, nome ou outro sinal distintivo – assumindo, desse modo, a qualidade de responsável.

A teoria da confiança ou da "aparência de responsabilidade", tal como a configuramos, tem alguns limites que devem ficar bem claros.

Em primeiro lugar, esta confiança não existe, não devendo pois ser tutelada, no caso dos produtos genéricos. Estes produtos, que apenas em termos económicos podem ser integrados na categoria das "marcas do distribuidor", não incluem na sua apresentação qualquer referência a uma marca ou nome. Não podemos, pois, dizer que um produto genérico tenha criado no lesado a confiança de que o distribuidor se responsabiliza pela sua segurança. Estes são produtos perfeitamente anónimos, pelo que não dirigem para o proprietário do estabelecimento onde são vendidos qualquer especial relação de confiança ou de remissão.

Outro tanto se diga em relação aos produtos que, mesmo não provindo da esfera de influência do distribuidor, se apresentem sem qualquer referência ao produtor. Neste caso o sujeito será responsável na qualidade de fornecedor, caso não comunique ao lesado a identidade do produtor ou importador, nos termos do n.º 3 do art. 3.º da Directiva. Ou seja, nesta hipótese a responsabilidade do distribuidor pelos danos causados pelo produto surge não na sua veste de produtor mas enquanto vendedor. É responsável pelo produto não porque se tenha apresentado como produtor dele mas porque não identificou quem realmente é. A sua responsabilidade neste caso não é directa e imediata mas subsidiária e residual. Os pressupostos de responsabilidade, que neste caso impendem sobre o mesmo sujeito, são perfeitamente distintos.

Em relação aos produtos de "marca privada" o juízo será, em regra, mais ou menos idêntico.

Estes produtos são assinalados com um nome ou marca que não corresponde ao nome ou marca do estabelecimento, e por isso o lesado não estabelece necessariamente uma associação entre o produto e o distribuidor.

302 *Marca do Distribuidor e Responsabilidade por Produtos*

Neste caso o titular da marca não se apresenta como produtor, e a verdade é que a titularidade da marca tanto poderia ser sua como de terceiros. Deste modo, deve ser-lhe permitido eximir-se à responsabilidade pela indicação do produtor real.

Devemos, porém, aduzir uma nota para referir que nem sempre as coisas serão tão simples. Com efeito, muitas vezes os produtos de marca privada, mesmo não correspondendo ao nome do retalhista, apenas podem ser encontrados no seu estabelecimento. Como vimos anteriormente, muitas vezes o distribuidor utiliza produtos de marca privada lado a lado com produtos de marca da loja, de modo a sublinhar a maior qualidade destes últimos, apresentando duas gamas de produtos com preços distintos e combatendo, deste modo, em duas frentes.

O recurso a marcas privadas notoriamente relacionadas com um único estabelecimento comercial pode suscitar a associação, pelo público, daqueles produtos ao seu distribuidor e levantar a hipótese da sua qualificação como produtor aparente. Neste caso o lesado pode ter legítima confiança ou expectativa de que o distribuidor assumiu alguma intervenção no processo produtivo ou de que garante a segurança do produto e de que será, em consequência, responsável pela sua defeituosidade.

Dos três tipos de marca do distribuidor que vimos (produtos genéricos, marca privada e marca da loja) resultam, deste modo, consequências e regimes diferentes.

No caso dos produtos genéricos, o distribuidor é um responsável subsidiário, apenas sendo responsabilizado se não identificar o produtor real.

No caso dos produtos de marca privada, uma vez que o sinal distintivo que identifica o produto é alheio ao sinal distintivo do estabelecimento, o titular da marca deve, em regra, poder afastar a sua responsabilidade indicando o produtor real. Deste modo, apenas será responsável de forma subsidiária. Só assim não sucederá nos casos em que o produto, ainda que apresentando um sinal distintivo diferente do do distribuidor, seja pública e notoriamente associado ao seu estabelecimento, hipótese em que o seu titular poderá ser responsabilizado na qualidade de produtor aparente.

No caso da marca do distribuidor *stricto sensu* o titular da marca, não restem dúvidas, deve ser considerado um produtor aparente, respondendo de forma imediata e não se podendo eximir ao indicar o produtor real.

O que distingue o *simples fornecedor* (responsável meramente subsidiário, apenas sendo responsabilizado caso não identifique o produtor

A *Qualificação como Responsável* 303

ou importador no prazo fixado) do *produtor aparente* é o desempenho de tarefas que ultrapassam a função económica tradicional do distribuidor (a revenda de produtos alheios). Só quando o comportamento do distribuidor seja idóneo a provocar no lesado a confiança ou expectativa de que aquele assumiu alguma intervenção no processo produtivo ou de que garante a segurança do produto e assume o ressarcimento dos danos que este possa causar – só neste caso, dizíamos, deve ser responsabilizado o distribuidor, pois só aqui existe uma aparência digna de tutela jurídica. Tal confiança tanto pode resultar, como vimos, da utilização pelo distribuidor de uma "marca da loja" como de uma "marca privada" claramente conotada com o seu estabelecimento.

É por isso que nos parece decisiva a real compreensão do fenómeno em termos económicos e de marketing mas também a reconfiguração da "teoria da aparência", para que esta seja referida, não à produção mas à responsabilidade. É preciso, na análise das diferentes situações que se nos deparam, ter sempre presentes as diversas formas de relacionamento entre o produto e a marca que englobam o fenómeno da "marca de distribuidor".

Em conclusão, parece-nos inegável que um dos fundamentos da responsabilização do distribuidor deve ser a confiança que ele cria, aos olhos do lesado, de que assumiu alguma participação no processo produtivo ou de que se responsabiliza por algum defeito do produto. Uma tal confiança vai sempre referida à marca, nome ou outro sinal distintivo com o que o produto é apresentado no mercado.

No entanto, cremos que justificar a responsabilização do titular da marca de distribuição apenas com base nesta convicção é redutor. Na verdade, consideramos que existem vários outros fundamentos para a responsabilização do sujeito enquanto produtor aparente, tanto no caso das marcas de distribuição *stricto sensu* como nos casos de marca privada em que haja uma notória associação entre o produto e o estabelecimento do distribuidor.

17.2 A necessidade de facilitar o ressarcimento do lesado

Um outro motivo pelo qual consideramos que o titular da marca de distribuição deve ser responsabilizado enquanto produtor aparente é a necessidade de facilitar o exercício do direito de ressarcimento do

304 *Marca do Distribuidor e Responsabilidade por Produtos*

lesado[539]. Na verdade, a canalização da responsabilidade para um único sujeito (o produtor real) não resolve todos os problemas. A Directiva adoptou um conceito suficientemente largo de produtor para que o lesado disponha sempre de um responsável acessível[540].

O legislador comunitário refere, no considerando quarto da Directiva, que "a protecção do consumidor exige que todos os participantes no processo de produção sejam responsabilizados se o produto acabado, a parte componente ou a matéria-prima por eles fornecidos apresentarem qualquer defeito", prescrevendo que, pelo mesmo motivo, "deve ser responsabilizada (...) qualquer pessoa que se apresente como produtor, mediante a aposição do seu nome, marca ou qualquer outro sinal distintivo, ou qualquer pessoa que forneça um produto cujo produtor não possa ser identificado".

A inclusão do produtor aparente no conceito de produtor visa, em boa medida, aumentar o âmbito de protecção do lesado[541]. A Directiva procurou, deste modo, permitir sempre ao prejudicado a identificação de alguém a quem possa exigir o ressarcimento dos danos causados por produtos. Ao incluir no círculo dos responsáveis o produtor aparente o legislador comunitário reconheceu as modificações a que os processos produtivos e de distribuição têm estado sujeitos[542].

---

[539] BERCOVITZ RODRÍGUEZ-CANO, *La adaptación del derecho español a la directiva comunitaria sobre responsabilidad por los daños causados por productos defectuosos*, in "EC", Abril de 1988, n.º 12, p. 109; SMITH, *The european community directive on product liability: a comparative study of its implementation in the UK, France and West Germany*, in "LIEI", 1990, vol. 2, p. 107; VINEY e JOURDAIN, Traité de droit civil – les conditions de la responsabilité, Paris, 1998, p. 796; TOURNEAU E CADIET, Droit de la responsabilité et des contrats, Paris, 2003, pp. 1469 s; FEDRIZZI, *I prodotti difettosi*, in AA. VV., Danni risarcibili nella responsabilità civile, vol. VII, SEBASTIO (Coord.), Turim, 2006, p. 286.

[540] GHESTIN, *La directive communautaire et son introduction en droit français*, in AA. VV., Sécurité des consommateurs et responsabilité du fait des produits défectueux – colloque des 6 et 7 Novembre 1986, Paris, 1987, p. 115; SIMON, *Observations des professionnels sur l'introduction en droit français de la directive européenne sur la responsabilité du fait des produits défectueux*, na mesma obra, p. 204; VALSECCHI, *Commentario D.P.R. 24 maggio 1988, n. 224, sulla disciplina del danno causato da prodotti difettosi*, in AA. VV., Responsabilità del produttore e nuove forme di tutela del consumatore, Milão, 1993, p. 157, nota 48.

[541] CONCEPCIÓN RODRÍGUEZ, Derecho de daños, Barcelona, 1999, p. 426.

[542] REICH, *Product safety and product liability – an analysis of the EEC Council Directive of 25 July 1985 on the approximation of the laws, regulations, and*

De facto, é preciso ter presente que hoje, ao contrário do que sucedia tradicionalmente, a relação entre o fabricante do bem e o lesado não é uma relação simples. O legislador comunitário foi forçado a reconhecer que na realidade actual o fabrico e distribuição de bens estão sujeitos a ritmos e dinâmicas distintas, apoiando-se em relações complexas em que intervém uma multiplicidade de sujeitos com papéis e funções diversas[543].

Já nos anos trinta do século passado, no injustamente pouco célebre (pelo menos no Direito continental) caso *Grant* vs. *Australian Knitting Mills Ltd*, LORD WRIGHT referia, de forma plenamente acertada: "the appellant is not required to lay his finger on the exact person in all the chain who was responsible, or to specify what he did wrong"[544]. Trata-se de um precedente cuja importância pode ser equiparada à do caso *Greenman* vs. *Yuma Power Products* e que não goza de maior reconhecimento público apenas pelo facto de a Austrália não ser considerada um dos territórios clássicos da *products liability*.

Como é evidente, é muito mais fácil para o lesado identificar o produtor aparente (cujo nome, marca ou outro sinal distintivo surge aposto no produto, o que constitui aliás pressuposto da sua responsabilização) do que nomear o produtor real – o qual na esmagadora maioria das vezes permanece no mais puro e simples anonimato.

No caso da marca do distribuidor *stricto sensu* (em que a marca coincide com o nome do estabelecimento) a tarefa encontra-se ainda mais facilitada. O lesado não se vê forçado a identificar o verdadeiro fabricante do produto defeituoso, nem a demonstrar de que ponto da cadeia de produção procede o defeito, tarefa que muitas vezes se afigura praticamente impossível[545].

É preciso não esquecer que, no nosso sistema económico, as relações comerciais são caracterizadas pelo anonimato. Uma das formas de

---

administrative provisions of the member states concerning liability for defective products, *in* "JCP", 1986, n.º 9, p. 142.

[543] RODRÍGUEZ CARRIÓN, *op. cit.*, p. 117; HAVEMANN, *loc. cit.*

[544] Sentença de 1936, A.C. 85 (P.C.), p. 101.

[545] LEZCANO SEVILLANO, *La responsabilidad del productor: referencia a la directiva comunitaria y a las leyes y proyectos de actuación, in* "ADC", 1990, vol. 43, n.º 3, p. 774; JOURDAIN, *Commentaire de la loi n.º 98-389 du 19 de Mai 1998 sur la responsabilité du fait des produits défectueux, in* "SJ", Julho de 1998, n.º 30, p. 1208; BUSTO LAGO, ÁLVAREZ LATA e PEÑA LÓPEZ, Reclamaciones de consumo. Derecho de consumo desde la perspectiva del consumidor, Cizur Menor, 2005, p. 453.

306   *Marca do Distribuidor e Responsabilidade por Produtos*

tornar mais claro este relacionamento é justamente a marca[546]. Ao forne-cer uma definição alargada de produtor, o legislador comunitário permite ao lesado demandar pelo menos uma das partes no circuito de marketing.

Por outro lado, o alargamento do círculo de responsáveis tem tam-bém na sua base considerações de natureza económica ou, pelo menos, uma preocupação com a real solvência do responsável.

Com efeito, tanto a Directiva como a Convenção que a antecedeu tinham a preocupação de apertar o sistema de responsabilidade de forma a não deixar espaços em branco, tendo especialmente em vista a hipótese de o nome que surge no produto não corresponder ao produtor real, que muitas vezes não tem capacidade financeira para ressarcir o dano cau-sado, sendo antes propriedade de uma grande cadeia de distribuição. Ao dispor de um círculo de responsáveis mais largo, o lesado poderá accionar aquele que considerar mais acessível ou conveniente, especial-mente tendo em conta a sua solvência, em busca do chamado *deep-pocket* (bolso profundo)[547].

Uma boa parte das vezes o produtor real é uma pequena empresa sem capacidade para assumir o ressarcimento dos danos. Considerar o produtor real como único responsável equivaleria a desproteger o lesado, especialmente naqueles casos em que a marca que surge no produto não é do fabricante, uma empresa de poucos recursos, mas sim de um grande distribuidor, com maior capacidade financeira[548].

Na maior parte das situações o bolso mais profundo é o do distri-buidor, enquanto que o fabricante real é um mero produtor agrícola ou pequena unidade industrial, incapaz de fazer face a uma indemnização avultada. Encontra-se, com efeito, afastada a ideia clássica segundo a qual o património do fabricante seria o mais solvente para responder

---

[546] ÍÑIGO CORROZA, La responsabilidad penal del fabricante por defectos de sus productos, Barcelona, 2001, p. 254.

[547] DAVERAT, *Responsabilité du fait des produits pretendus defectueux le precedent americain et les meprises communautaires*, in "GP", 5 de 6 de Agosto de 1988, n.ºs 218 e 219, p. 7; REGIS, *Il diritto di rivalsa: responsabilità del produttore e rapporti fra coobbligati*, in AA. VV., Responsabilità del produttore e nuove forme di tutela del consumatore, Milão, 1993, p. 79, nota 6; FERNÁNDEZ ROMO, La responsabilidad civil de producto, Madrid, 1997, p. 32.

[548] ALBANESE, *Legal harmonisation in Europe, product liability a comparison between the Directive of the European Communities and the Council of Europe Convention*, in AA. VV., Comparative product liability, MILLER (Ed.), Londres, 1986, p. 20.

A *Qualificação como Responsável*

economicamente à reparação do dano, quando comparado com o do distribuidor ou fornecedor[549].

Quem hoje pensar no sistema de produção e distribuição de bens de consumo, e dedicar especial atenção ao fenómeno da marca do distribuidor, enquanto coroa de glória da concentração retalhista, não pode deixar de reconhecer que os distribuidores assumem o poderio económico e não são já meros endossantes dos produtos alheios, sujeitos aos seus preços e vassalos das marcas de prestígio. Particularmente atento a este fenómeno, já nos anos sessenta PROSSER fazia notar que na era das cadeias de distribuição e grandes supermercados, o fabricante, ainda que seja o real causador do dano, pode ser uma pequena empresa e o financeiramente menos capaz em toda a cadeia de distribuição. Se o lesado pretende pleno ressarcimento dos danos tem muitas vezes de se virar para o retalhista[550].

Se fosse considerado responsável apenas o fabricante real, a protecção concedida à vítima poderia ser praticamente nula. O próprio *Memorandum* que acompanhava a Proposta de Directiva de 1976 recordava que o prejudicado estaria insuficientemente tutelado se pudesse ser reenviado para um produtor desconhecido, frequentemente incapaz de assegurar o ressarcimento[551]. Ao ter a possibilidade de se dirigir contra o produtor aparente, a vítima encontra um responsável solvente e de fácil acesso que em princípio disporá de uma acção de regresso contra o efectivo responsável.

Por outro lado, é necessário ter presente que muitas vezes os produtos da marca do distribuidor são fabricados por empresas estrangeiras, que apõem a marca do distribuidor. Neste caso o lesado não dispõe de qualquer informação sobre o real produtor mas apenas a identificação do país onde foi produzido e a referência à marca do distribuidor. Como é evidente, também aqui o produtor aparente deve ser responsável.

Sublinhe-se, porém, que neste caso o distribuidor não responde enquanto importador (nos termos do n.º 2 do art. 3.º da Directiva, no caso de importações do exterior da Comunidade) nem enquanto vendedor, pelo facto de não ter indicado o importador ou produtor (nos termos do n.º 3 do mesmo art.). Neste caso o distribuidor responde directa e imediatamente, enquanto produtor aparente, por ter aposto o seu nome, marca

---

[549] Defendida, por exemplo, por RODRIGUEZ PLOSS, *Perspectivas jurídicas europeas en materia de responsabilidad civil de productos, in* "AC", 1989, n.º 36, tomo 3, p. 2888.

[550] *The assault upon the citadel (strict liability to the consumer)*, p. 1117.

[551] Mémorandum de la Comission, Bulettin CE, Suppléments 11/76, p. 15.

ou outro sinal distintivo no produto, ainda que este tenha sido importado do interior ou exterior da Comunidade Europeia.

Não concordamos com o entendimento de que a *ratio* da norma é exigir ao vendedor que se organize de forma a poder sempre fornecer ao lesado a identidade do produtor ou de outro sujeito responsável pela produção do dano[552].

Defender esta posição é olvidar o regime do produtor aparente. O legislador não integra este sujeito na linha dos responsáveis subsidiários (como faz com o mero vendedor) que apenas respondem caso não indiquem o real produtor ou importador. O legislador é muito claro quando refere que estes últimos sujeitos "serão considerados produtores". Pelo facto de apor o seu nome, marca ou outro sinal distintivo, o produtor aparente *é designado como produtor*, de nada de lhe valendo indicar o produtor efectivo ou o nome do importador. É preciso ter bem presentes os diferentes pressupostos e fundamentos da responsabilização de cada um destes sujeitos: o produtor real, o produtor aparente, o importador e o vendedor.

17.3 A obrigação de segurança

Como vimos de dizer, a *ratio* da inclusão no conceito de produtor aparente do titular da marca de distribuição deve residir na confiança criada junto do público de que este agente assume a responsabilidade pela segurança do produto e pelo ressarcimento de qualquer dano provocado e, por outro lado, na tentativa de facilitar o exercício do direito à indemnização.

No entanto, existem ainda outros (e ponderosos) fundamentos de responsabilização do titular da marca de distribuição. Com efeito, é necessário ter presente que a responsabilidade deste sujeito não é apenas posterior à ocorrência de um dano: os deveres impostos ao titular da marca de distribuição iniciam-se previamente à ocorrência de qualquer prejuízo, pelo simples lançamento de produtos no mercado.

Como já se disse, a Directiva 92/59 do Conselho, relativa à segurança geral dos produtos (substituída pela Directiva 2001/95 do Parlamento

---

[552] Defendido, por exemplo, por D'Arrigo, La responsabilità del produttore, profili dottrinali e giurisprudenziali dell'esperienza italiana, Milão, 2006, p. 155.

Europeu e do Conselho) veio estabelecer a nível comunitário uma norma geral de segurança para todos os produtos colocados no mercado, destinados aos consumidores ou susceptíveis de serem utilizados por estes.

O legislador comunitário reconheceu que não basta estabelecer uma tutela do lesado após a ocorrência de um dano efectivo e que o melhor caminho é, as mais das vezes, o da prevenção. Dessa forma, a Directiva sobre segurança geral dos produtos disciplina a sua mera segurança, independentemente da existência de um dano efectivo. Se existe um domínio em que não se pode transigir é o da segurança[553]. O princípio da precaução erige-se hoje como um pilar da actuação comunitária: o modelo *da sociedade do consumo* é gradualmente substituído pelo da *sociedade da precaução*[554].

A Directiva tem como ponto de partida a obrigação de determinados agentes económicos – produtores e distribuidores – apenas colocarem no mercado produtos seguros. Os deveres que resultam deste princípio geral são diferenciados para os produtores e para os distribuidores[555].

A Directiva considera como produtor, de acordo com a al. e) do art. 2.º, o fabricante de um produto, quando se encontre estabelecido na Comunidade, ou qualquer pessoa que se apresente como tal ao apor no produto o seu nome, marca ou outro sinal distintivo, ou a pessoa que proceda à recuperação do produto; o representante do fabricante, quando este não se encontre estabelecido na Comunidade ou, na ausência de representante estabelecido na Comunidade, o importador do produto; mas também os outros profissionais da cadeia de comercialização, na medida em que as respectivas actividades possam afectar as características de segurança de um produto.

Segundo a al. f) do mesmo inciso legal, é considerado "distribuidor" qualquer profissional da cadeia de comercialização cuja actividade não afecte as características de segurança do produto.

---

[553] GOUBIER, *La Directive 85/374/CEE: dans le bon sens, mais insuffisante, in* "Enjeux", Fevereiro de 1987, n.º 77, p. 49.

[554] CAZENEUVE, *op. cit.*, pp. 2 *ss*. Vide LEÓN ARCE, *Precaución, trazabilidad y etiquetado de alimentos OMG. Pero, quién debería responder de los posibles daños derivados de su consumo en la salud de los consumidores?, in* AA. VV., Homenaje al profesor Lluis Puig i Ferriol, vol. I, ABRIL CAMPOY e AMAT LLARI (Coords.), Valência, 2006, pp. 1026 *ss*.

[555] Vide CALVÃO DA SILVA, Compra e venda de coisas defeituosas: conformidade e segurança, pp. 185 *ss*.

O conceito de produtor adoptado pela Directiva é bastante largo, pois abrange, para além do fabricante real e do produtor aparente, o representante do fabricante, o importador do produto e ainda quaisquer outros profissionais da cadeia de comercialização, na medida em que as respectivas actividades possam afectar as características de segurança do produto.

Daqui resulta que o conceito adoptado é mais amplo que o da Directiva 85/374, uma vez que abrange, de forma lata, qualquer profissional da cadeia de comercialização que possa, no exercício da sua actividade, afectar as características de segurança do produto, o que pode incluir, como é evidente, o próprio distribuidor ou vendedor.

É importante sublinhar que sobre o produtor aparente impendem as obrigações próprias dos produtores e não dos meros distribuidores. Assim, e desde logo, estatui o n.º 1 do art. 3.º que os produtores só podem colocar no mercado produtos seguros.

Produto seguro será aquele que cumpre os requisitos previstos na al. b) do art. 2.º da Directiva, ou seja, qualquer produto que, em circunstâncias de utilização normais ou razoavelmente previsíveis, nomeadamente de duração e, se aplicável, de entrada em serviço, de instalação e de necessidades de conservação, não apresente quaisquer riscos ou apresente apenas riscos reduzidos compatíveis com a sua utilização e considerados aceitáveis e conciliáveis com um elevado nível de protecção da saúde e segurança das pessoas, tendo especialmente em conta os índices aí referidos.

Produto perigoso será, obviamente, o produto que não corresponde à definição de produto seguro, como refere a al. c) do mesmo art.

Sobre os produtores impendem ainda outros deveres.

De acordo com o n.º 1 do art. 5.º, nos limites das respectivas actividades, os produtores devem fornecer aos consumidores as informações pertinentes que lhes permitam avaliar os riscos inerentes a um produto durante a sua vida útil normal ou razoavelmente previsível, sempre que tais riscos não sejam imediatamente perceptíveis sem a devida advertência, e precaver-se contra esses riscos. A presença da referida advertência não isenta do cumprimento das outras obrigações previstas na Directiva.

Nos limites das respectivas actividades, os produtores devem ainda adoptar medidas proporcionadas às características dos produtos que fornecem, que lhes permitam manter-se informados sobre os riscos que esses produtos possam apresentar e poder desencadear as acções que se revelarem adequadas, incluindo, se tal for necessário para evitar tais

A *Qualificação como Responsável* 311

riscos, a retirada do mercado, a advertência dos consumidores em termos adequados e eficazes, ou a recolha dos produtos junto dos consumidores. Tais medidas devem incluir, por exemplo, *a indicação, no produto ou na respectiva embalagem, da identidade e do endereço do produtor*, assim como as referências do produto ou, eventualmente, do lote de produtos a que pertence, excepto nos casos em que a omissão de tal indicação seja justificada[556].

Note-se que, de acordo com esta norma, os produtores (incluindo o produtor aparente) têm o dever de adoptar medidas proporcionadas às características dos produtos que fornecem, considerando-se que uma dessas medidas é justamente a indicação da identidade e endereço do produtor. Ora, poderia perguntar-se: mas a que produtor se refere o legislador comunitário? Ao produtor real ou ao produtor em sentido normativo, que abrange não só o verdadeiro fabricante mas também o produtor aparente?

Se adoptássemos o primeiro conceito (que não tem qualquer apoio no texto da norma) o titular da marca de distribuição teria o dever de indicar a identidade ou o endereço do produtor real, podendo apenas invocar que tal omissão se encontra justificada, como admite a própria norma. A verdade é que o art. 5.º refere apenas que uma das obrigações dos produtores (assim mesmo, no plural) é a de indicar, no produto ou na respectiva embalagem, a identidade e endereço do produtor (seja ele real ou aparente). Ou seja, no caso das marcas de distribuição, o seu titular cumpre esta obrigação, uma vez que indica um produtor – ele mesmo. Neste sentido, os produtos da marca do distribuidor não são produtos anónimos, sendo sempre possível identificar um produtor, ainda que não o produtor real do bem.

Em relação ao "mero" distribuidor as obrigações são de ordem distinta.

Prescreve o n.º 2 do art. 5.º que "devem agir com diligência, por forma a contribuírem para o cumprimento das obrigações de segurança aplicáveis, designadamente não fornecendo produtos quando sabem ou deveriam ter presumido, com base nas informações de que dispunham e enquanto profissionais, que não satisfazem essas obrigações. Além disso, nos limites das respectivas actividades, devem participar no controlo da segurança dos produtos colocados no mercado, nomeadamente divulgando

---

[556] Al. a) do quarto parágrafo do art. 5.º. O itálico é da nossa responsabilidade.

312   *Marca do Distribuidor e Responsabilidade por Produtos*

informações sobre os riscos dos produtos, mantendo e fornecendo a documentação necessária para rastrear a origem dos produtos e cooperando nas acções desenvolvidas pelos produtores e autoridades competentes tendentes a evitar esses riscos. Nos limites das respectivas actividades, devem tomar medidas que lhes permitam efectuar uma colaboração eficaz". Os n.ºs 3 e 4 do art. 5.º estabelecem algumas obrigações comuns a produtores e distribuidores.

Acaba por ser sintomático que uma vez mais a figura do produtor aparente assuma, na legislação comunitária, um papel perfeitamente distinto do simples vendedor ou distribuidor, uma vez que, para além de ser incluído no conceito normativo de produtor, é sujeito aos mesmos deveres e obrigações – o que constitui reconhecimento cabal das diferenças que separam os dois agentes económicos. O distribuidor – qualquer profissional da cadeia de comercialização cuja actividade não afecte as características de segurança do produto – está apenas obrigado a garantir a comercialização de produtos seguros e a participar nas medidas posteriores à comercialização, nomeadamente cumprindo os deveres estabelecidos no n.º 2 do art. 5.º.

A transposição desta Directiva para o ordenamento jurídico português operou por meio do DL n.º 69/2005, de 17 de Março.

Segundo a al. e) do art. 3.º é incluído no conceito de produtor "qualquer pessoa que se apresente como tal ao apor o seu nome, marca ou outro sinal distintivo no produto". O art. 5.º estabelece que a obrigação geral de segurança, tal como definida na al. 3) do art. 3.º do diploma, tem como destinatário o produtor. Para além disso, são fixadas no art. 6.º algumas obrigações adicionais deste sujeito. Um dessas obrigações é a de tomar medidas apropriadas, em função das características do produto fornecido, à informação sobre os riscos que o produto possa apresentar. De acordo com a al. a) do n.º 3 do mesmo art. essas medidas incluem nomeadamente a indicação, no produto ou na respectiva embalagem, da identidade e do endereço físico completo do produtor e do responsável pela colocação do produto no mercado. A falta destas indicações constitui contra-ordenação (al. b) do n.º 1 do art. 26.º).

Como já referimos em relação à Directiva, esta norma não exige que o titular da marca de distribuição indique a identificação do produtor real mas apenas que indique, no produto ou na respectiva embalagem, a identidade e endereço do produtor (seja ele real ou aparente). O que o legislador exige é que os produtos não circulem de forma anónima, sendo sempre possível identificar um produtor, ainda que não o produtor real do bem.

A *Qualificação como Responsável* 313

Já as obrigações dos meros distribuidores estão previstas no art. 7.º, sendo alguns deveres comuns de ambos os sujeitos referidos no art. seguinte.

Devido às crises alimentares ocorridas em meados dos anos noventa, nomeadamente a da BSE e a das Dioxinas, a segurança alimentar passou a ser um tema na ordem do dia. Passou a haver consciência da necessidade de assegurar a segurança dos alimentos, permitindo restabelecer a confiança dos consumidores. Assim, foi introduzido o conceito de rastreabilidade, associado à necessidade de permitir a transparência na circulação dos produtos e de reforçar a capacidade do mercado em conhecer e dar a conhecer a origem dos alimentos[557].

A rastreabilidade é a possibilidade de detectar a origem e de seguir o rasto de um género alimentício, podendo em qualquer momento da cadeia alimentar dar um passo à frente ou um passo atrás. Pretende-se que os operadores identifiquem a quem compram e a quem vendem, adoptando sistemas e procedimentos que permitam que o elo anterior transfira a informação para o elo seguinte da cadeia alimentar. Esta informação, transferida sucessivamente ao longo de toda a cadeia, deve ser transmitida na rotulagem ou identificação dos produtos, de forma a completar a sua rastreabilidade. Desta forma, a rotulagem é o derradeiro momento da rastreabilidade.

Os sistemas de rastreabilidade foram criados como uma tentativa de resposta ao problema da assimetria informativa resultante dos escândalos de segurança e qualidade alimentares, podendo ser-lhes imputadas três funções. Em primeiro lugar, uma função "reactiva", permitindo identificar o rasto de produtos ou animais através da cadeia de distribuição, minorando os distúrbios agro-alimentares. Uma segunda função corresponde à necessidade de desenvolver mecanismos que permitam a responsabilização judicial dos responsáveis pela insegurança alimentar – a chamada *liability function*. A terceira razão para adoptar um sistema de rastreabilidade está ligada à redução dos custos com a informação prestada aos consumidores que resulta de uma verificação regular e uniforme da qualidade dos produtos.

---

[557] Vide, entre outros, GREEN e HY, *La traçabilité: un instrument de la securité alimentaire*, in "Agroalimentaria", Julho-Dezembro de 2002, n.º 15, pp. 19-28; VICTORIA, *Productos agrícolas y la responsabilidad del productor: la trazabilidad como instituto del derecho agrario*, in AA. VV., Prodotti agricoli e sicurezza alimentare. Atti del VII Congresso mondiale di Diritto agrário dell'UMAU in memoria di Louis Lorvellec, Milão, 2003, pp. 559 *ss*.

314 *Marca do Distribuidor e Responsabilidade por Produtos*

Ao assinalar a presença de certos requisitos de qualidade nos produtos as empresas garantem um nível de qualidade e confiança aceitável. A rastreabilidade pode ser ascendente (de consumidores a produtores) ou descendente (de produtores a consumidores). Numa sociedade rural de elevado auto-abastecimento, o consumidor pode conhecer directamente o produtor; no entanto, com o fenómeno da globalização os produtos alimentares deslocam-se por vezes milhares de quilómetros. Por isso, há a necessidade de garantir produtos inócuos e de qualidade devida aos consumidores.

Não concordamos com a ideia de que o conceito de rastreabilidade permite não apenas identificar o ponto e o momento da cadeia alimentar de onde resulta o perigo e o dano mas também deslindar e discriminar responsabilidades, obrigando a recolocar a questão da solidariedade dos responsáveis.

Segundo esta tese, ao permitir traçar o itinerário seguido pelo produto, torna-se desnecessário impor a responsabilidade solidária dos diversos sujeitos, alegando que esta pressupõe tanto a existência de vários responsáveis como a impossibilidade de determinar a sua quota-parte de participação no resultado danoso[558].

Na verdade, a solidariedade dos responsáveis não resulta apenas da dificuldade ou impossibilidade de identificar o directo responsável pelo defeito do produto. A solidariedade dos responsáveis é justificada pela eficaz tutela do lesado, a qual pressupõe não apenas que este esteja dispensado de demonstrar de que ponto da cadeia de produção e distribuição proveio o dano mas também que disponha de um círculo de responsáveis mais ou menos amplo que possa demandar livremente, não ficando à mercê da insolvência do verdadeiro responsável.

A questão da rastreabilidade pode colocar-se, isso sim, ao nível das relações internas, ou seja, entre os diferentes sujeitos que a Lei considera como responsáveis. O sujeito que haja satisfeito a indemnização ao lesado pretenderá, decerto, exigir do verdadeiro responsável o ressarcimento de tudo quanto haja pago, para o que será conveniente que possua me-

---

[558] Castro Vítores, *Tendencias actuales en matéria de seguridad alimentaria, y su repercusión en obligaciones y responsabilidades, in* AA. VV., Régimen jurídico de la seguridad y calidad de la producción agraria. IX Congreso nacional de Derecho Agrario, Logroño, 2002, pp. 185 *ss*; Vattier Fuenzalida, *Responsabilidad por alimentos defectuosos y seguridad alimentaria, in* AA. VV., Prodotti agricoli e sicurezza alimentare. Atti del VII Congresso mondiale di Diritto agrário dell'UMAU in memoria di Louis Lorvellec, Milão, 2003, p. 522.

canismos que permitam identificar o ponto da cadeia de onde proveio o defeito – e aí os sistemas de rastreabilidade podem desempenhar um papel decisivo.

Como vimos, na marca do distribuidor este passa a comportar-se como um fabricante, desempenhando tarefas que tradicionalmente cabiam apenas ao produtor. O distribuidor desempenha um papel fundamental na gestão da qualidade dos produtos, dominando a cadeia de produção, fiscalizando a rastreabilidade dos produtos, gerindo o seu marketing, publicidade e lançamento no mercado. Continuar a defender o total alheamento do distribuidor face à qualidade e segurança do produto é olvidar a realidade do mercado moderno, quando perspectivado na óptica dos produtos da marca do distribuidor.

Se é verdade que o simples distribuidor ou revendedor não participa no processo produtivo, nem possui mecanismos de controlo da segurança do produto, também é um facto que o *own-brander* não é um produtor no sentido tradicional. A responsabilidade pelos danos causados é, em regra, canalizada para o produtor, uma vez que ele é o responsável pelo fabrico e concepção dos produtos, sendo o único sujeito em condições de controlar a sua qualidade e segurança. Porém, quer a Directiva de 1985 quer a Directiva sobre segurança geral dos produtos reconhecem a excepcionalidade da situação do produtor aparente.

Embora a Directiva 2001/95 não altere de maneira directa a Directiva sobre responsabilidade por produtos defeituosos, é importante na interpretação e afinação de conceitos como "produto perigoso" e "produto seguro". Por outro lado, a Directiva 2001/95 não prejudica a aplicação da Directiva 85/374, de acordo com o considerando trigésimo sexto e o art. 17.º.

A Directiva 2001/59 tem um objectivo de prevenção e a Directiva 85/374 tem um papel de compensação. Estas funções são complementares e amplos os diplomas reconhecem que, em certos casos, os sujeitos pertencentes à esfera da distribuição devem assumir os mesmos deveres e encargos que os produtores. Porquê? Justamente porque estão em condições de, tal como aqueles, influir, determinar, controlar e garantir a segurança do produto.

Deste modo, a obrigação de segurança é reforçada para o titular de marcas de distribuição, pelo facto de este poder ser qualificado como produtor aparente e não apenas como mero distribuidor. Os deveres e obrigações que sobre si impendem são os próprios dos produtores e não dos distribuidores.

É importante não perder de vista, portanto, que a responsabilidade do titular da marca de distribuição não se limita ao ressarcimento, *à posteriori*, dos danos causados, mas antes a uma atitude preventiva, antes do próprio lançamento dos produtos no mercado. De qualquer forma, há que sublinhar que do incumprimento dos deveres impostos por esta Directiva não resulta qualquer responsabilidade.

O titular da marca de distribuição não deve encarar o lançamento do produto em circulação como o início das suas preocupações, mantendo-se alheio a tudo quanto ocorre anteriormente. Enquanto membro activo da cadeia de distribuição e *intruso* que tutela e influencia a fase produtiva, este sujeito deverá estar ciente de que a segurança do produto não é apenas encargo ou ónus do produtor mas antes uma tarefa que também deve assumir.

Distribuidores e retalhistas constituem parte integral do processo contínuo de produção e distribuição, cujas fronteiras são cada vez mais ténues, devendo funcionar como vasos comunicantes sujeitos a um mesmo regime de responsabilidade. O titular da marca de distribuição não se limita a distribuir – é também um "fautor" de produtos no sentido de que responde pela sua segurança – devendo, pois, adoptar uma postura de controlo, fiscalização e zelo.

Mais uma vez podemos concluir que o canal de distribuição sofre profundas alterações. Não podemos compartimentar os diferentes sujeitos intervenientes segundo regimes distintos, uma vez que o legislador reconhece os fenómenos de integração e interdependência entre os sectores da produção e da distribuição, impondo deveres aplicáveis a ambos. Produtores (reais) e distribuidores que apõem a sua marca nos produtos (produtores aparentes) comungam de um conjunto de deveres e obrigações que, se perspectivados há cinquenta anos, não fariam qualquer sentido, atenta a cisão entre os dois domínios que então se verificava.

Alguns retalhistas que utilizam marcas de distribuição criaram mecanismos de controlo de qualidade que se apoiam em exigências de produção mais severas e apertadas que as impostas pelas autoridades públicas. Ou seja, as especificações de produção não servem apenas para cumprir as regras legais mas também para permitir a completa rastreabilidade, segurança e qualidade sanitária do produto. É verdade que este tipo de iniciativas tem o seu principal fundamento no desejo de suscitar e ganhar a confiança do público, para que este deixe de subestimar os produtos da marca do distribuidor – constituindo, deste modo, uma estratégia de marketing.

A Qualificação como Responsável

Mas, como é óbvio, o excesso de controlo da segurança do produto não é punido legalmente, bem pelo contrário. Saber se o imperativo que subjaz a esta intenção é ou não categórico – para utilizar uma linguagem de sabor *Kantiano* – é o que menos interessa ao caso. O que realmente importa é que os distribuidores reconheçam que, querendo obter os ganhos pelo lançamento no mercado de produtos sob a sua própria marca, deverão incorrer nos respectivos custos e encargos.

O processo produtivo não pode, portanto, continuar a ser reservado ao produtor e meramente perspectivado ao longe pelo intermediário (o distribuidor). Este deve assumir o seu papel de produtor aparente, cumprindo os requisitos necessários a garantir a segurança do produto. Para poder oferecer esta garantia o distribuidor terá necessariamente de se envolver na definição das especificações do produto e na elaboração de novas práticas de comércio com os fornecedores. A segurança do produto depende de uma parceria visível e informada entre o titular da marca e o produtor.

17.4 A concordância entre o benefício e o risco

Para além do supra exposto, deve ter-se em conta que o titular da marca de distribuição passa, em muitos casos, a ser um verdadeiro produtor, no sentido económico do termo – e a sua inclusão no conceito jurídico de produtor aparente deve corresponder à consagração dessa mudança de estatuto.

O próprio *Memorandum* que acompanhava a Proposta de Directiva de 1976 recordava que são equiparados ao fabricante aqueles que, não tendo fabricado directamente o produto defeituoso, se apresentam como fabricantes do mesmo colocando o seu sinal distintivo. Esta disposição pretendia alcançar todas as empresas que fazem fabricar, por sua conta e segundo as suas instruções precisas, produtos de grande consumo que vendem sob o seu nome. É desta relação económica estreita entre o fabricante real ou efectivo e o distribuidor, que aparece junto do público como fabricante, que resulta a sua responsabilidade[559].

Neste sentido, consideramos que o alargamento da noção normativa de "produtor" deve ter também na sua base uma ideia de concordância

---

[559] Mémorandum de la Comission, Bulettin CE, Suppléments 11/76, Luxemburgo, 1976, p. 15.

318 *Marca do Distribuidor e Responsabilidade por Produtos*

entre benefício e risco. A inclusão do titular da marca de distribuição no círculo de responsáveis directos e imediatos sublinha que o sujeito responsável deve ser quem cria ou propicia um risco para que deste modo o tente controlar e evitar[560].

De facto, a maior parte das vezes a responsabilidade objectiva (aquela que prescinde da culpa como critério de imputação) assenta numa ideia de concordância entre benefício e risco. Quem cria um perigo deve responder pelos danos resultantes da actividade de que tira proveito. Pois bem, é indubitável que o titular da marca de distribuição retira grandes benefícios da introdução no mercado dos seus produtos.

Expusemos já de forma detalhada as vantagens que estão na base da adopção desta estratégia de marketing. Os produtos da marca do distribuidor permitem a este aumentar as suas margens de lucro, fidelizar os clientes, reforçar a sua quota de mercado, aumentar a escolha do consumidor, adequar os produtos aos clientes, controlar de forma mais eficaz a cadeira de produção e a qualidade dos produtos. Para além disso, os distribuidores aumentam o seu poder de negociação (*bargaining power*) face aos produtores. Um tal leque de vantagens deve ser contrabalançado pelo risco correspondente.

Ao aventurar-se no desempenho de tarefas a que tradicionalmente era alheio, imiscuindo-se na produção de bens, orientando a política de marketing e gerindo a colocação dos produtos no mercado, o titular da marca deve ser confrontado com os riscos inerentes. Podemos pois fazer apelo a uma ideia de justiça distributiva ou recorrer ao conceito de *fairness*, que embora vago tem sido muitas vezes apontado na doutrina norte-americana como fundamento de toda a *products liability*[561].

A responsabilização do titular de marcas de distribuição pode (e deve) ser vista como reconhecimento da especial relação que liga este sujeito ao produtor real, aumentando a protecção do lesado ao ter em consideração a conexão económica entre as empresas envolvidas na produção e distribuição do produto defeituoso. A extensão da responsabilidade do

---

[560] Saraza Jimena, *La responsabilidad civil por daños causados por productos defectuosos. La ley 22/1994, de 6 de Julio*, in "Jueces para la democracia", Julho de 1996, n.º 26, p. 35; Álvarez Lata, *La responsabilidad civil del fabricante*, in AA. VV., Derecho de responsabilidad civil extracontratual, Pena López (Dir.), Barcelona, 2004, p. 247; Busto Lago, Álvarez Lata e Peña López, *loc. cit.*

[561] Vide, por exemplo, Morgan, *Strict liability and the marketing of services vs. goods: a judicial review*, in "JPPM", 1987, vol. 6, p. 47 e a bibliografia aí citada.

produtor real ao titular da marca deve resultar, deste modo, do envolvimento de ambos os sujeitos numa actividade de produção e distribuição de bens, um enquanto real fautor, outro como director do processo produtivo e distributivo, que a ambos deve vincular e responsabilizar.

O produtor real já não é o sujeito dominante do sistema económico, relegando o distribuidor para um papel meramente auxiliar[562]. Não se pode hoje dizer – sem correr o risco de descurar totalmente o fenómeno das marcas do distribuidor – que o retalhista constitui *apenas mais um* elo da cadeia distributiva[563]. Uma análise cabal do risco associado ao lançamento dos produtos no mercado não pode, deste modo, omitir o papel que os retalhistas desempenham. A complexidade de tal análise só pode ser reduzida canalizando também para estes sujeitos a responsabilidade por produtos[564].

É preciso, pois, analisar a figura da marca de distribuição partindo da análise do fenómeno económico que lhe está subjacente: a dissociação entre o titular do sinal distintivo e o fabricante do produto. Deve ter-se em conta que a concentração da função produtiva e distributiva numa só empresa é coisa do passado e que hoje a realidade é a existência de uma multiplicidade de empresas formalmente autónomas que se vinculam entre si através de contratos de colaboração produtiva.

A responsabilização do titular de uma marca de distribuição deve resultar do reconhecimento de que este, geralmente, exerce uma influência substancial sobre a qualidade dos produtos que recebe dos fornecedores e de que dispõe, em regra, de dimensão suficiente para suportar o ónus da responsabilidade. Em certa medida, os redactores da Directiva tiveram em conta a relação comercial que o distribuidor estabelece com o produto e que justifica o seu tratamento como produtor[565].

A inclusão do produtor aparente no círculo de responsáveis visa impor a todos quanto, mesmo não desenvolvendo uma actividade material de produção, possam influir sobre as suas características ou criar no

---

[562] Ao contrário do que afirmava GALGANO, *Grande distribuzione e responsabilità per prodotti difettosi*, in "CeI", 1992, p. 7.

[563] VALSECCHI, *I presupposti della responsabilità del produttore e il quadro normativo nazionale*, in AA. VV., Responsabilità del produttore e nuove forme di tutela del consumatore, Milão, 1993, p. 5.

[564] SIMITIS, *Products liability: the West-German approach*, in AA. VV., Comparative product liability, MILLER (Ed.), Londres, 1986, p. 117.

[565] KOSTER, *Product liability in the Netherlands*, in "NILR", 1989, p. 136.

320 *Marca do Distribuidor e Responsabilidade por Produtos*

público especiais expectativas, a obrigação de manter elevados níveis de vigilância e de controlo da qualidade dos produtos, impedindo a colocação em circulação de bens inseguros. Deste modo, pretende evitar-se que sujeitos que não são produtores possam tirar vantagens económicas do lançamento dos produtos quedando porém impunes no caso de provocarem danos. Se o distribuidor organiza, gere e controla a produção e distribuição dos produtos, lucrando com essa actividade, deve, em contrapartida, assumir o risco empresarial que daí deriva[566].

O titular da marca de distribuição não se limita a encomendar o fabrico de um certo tipo de produtos, alheando-se das suas características: ele pretende, além do mais, determinar a actividade produtiva. Ele influenciará a própria concepção do produto, reservando-se o poder de ditar as características de forma e qualidade, liderando de forma exclusiva a política de marketing. É frequente que o fabrico do produto esteja entregue a uma pequena empresa, por vezes localizada num país longínquo, com custos de mãos de obra mais baixos, sem qualquer autonomia produtiva, que não aspira à comercialização dos produtos que fabrica. A troco da estabilidade propiciada por um contrato lucrativo e com relativa estabilidade temporal, o fabricante abdica da direcção da actividade produtiva.

O titular da marca encontra-se quase sempre numa posição que lhe permite controlar a actividade de quem produz materialmente. A necessidade que o distribuidor sente de proteger a sua marca leva-o a escolher os instrumentos contratuais que lhe permitam controlar de forma detalhada as escolhas do fabricante, indo ao ponto de substituir-se a este, impondo-lhe as modificações da actividade produtiva do bem que irá ostentar o seu nome[567].

Cremos que labora em erro quem considera que a figura do produtor se deve sempre identificar com quem materialmente fabrica o bem. É necessário esclarecer que no caso da marca do distribuidor as funções de organização da actividade produtiva são concentradas no titular da marca. Não constitui nenhuma surpresa, em consequência, se o regime de responsabilidade deste sujeito for o mesmo do produtor real, mesmo faltando o

---

[566] Domínguez García, *Responsabilidad civil por productos defectuosos en el marco de la legislación especial en materia de consumo. Perspectivas de adaptación y reforma*, in AA. VV., Estudios de derecho mercantil en homenaje al profesor Manuel Broseta Pont, tomo I, Valência, 1995, p. 882.

[567] Troiano, *Produttore*, pp. 524 s; Cannarsa, *op. cit.*, pp. 286 *s*.

envolvimento numa actividade material de fabrico que, bem vistas as coisas, "é ridotta a poco piú di una mera manovalanza"[568].

A justificação da responsabilidade do titular da marca de distribuição não se encontra, deste modo, apenas na protecção da aparência mas também no reconhecimento de que quem apõe o seu nome ou marca no produto gera uma confiança no mercado e, de certo modo, assume a sua autoria. Ao comercializar o produto deste modo, o distribuidor retira grandes benefícios, devendo arcar com as consequências graves que podem resultar de eventuais danos do produto[569].

Pode discutir-se, porém, se a inclusão do sujeito no círculo de responsáveis resulta apenas do facto de este influenciar a produção ou também do reconhecimento da sua força económica. Há quem defenda que a responsabilidade desta categoria de sujeitos também resulta da constatação da pujança e poder económico dos supermercados, franqueadores e outros que apõem a sua própria marca nos produtos[570]. O nexo económico profundo que liga o produtor real e o distribuidor que se apresenta como produtor deve resultar em responsabilidade para este último. A protecção do lesado poderia ser insuficiente se o distribuidor o pudesse reenviar para o produtor real, geralmente desconhecido e que muitas vezes nem valerá a pena accionar[571].

Na doutrina norte-americana a responsabilização de retalhistas e vendedores assenta também na consideração de que estes são os *better loss spreaders*, ou seja, os sujeitos que estão em melhores condições de

---

[568] TROIANO, *Produttore*, p. 526.

[569] ATAZ LÓPEZ, *op. cit.*, p. 66; REYES LÓPEZ, Seguridad de productos y responsabilidad del fabricante. Otro supuesto de responsabilidad civil especial – la del fabricante por productos defectuosos. (Analisis de la Ley 22/1994, de 6 de Julio). Cuestiones materiales e procesales. Analisys doctrinal y jurisprudencial, p. 59.

[570] HOWELLS, Comparative product liability, Liverpool, 1993, p. 235; BORGHETTI, *op. cit.*, p. 482.

[571] TEN KATE, MARCH HUNNINGS e ELLIOTT, Commercial Laws of Europe, part 1, Londres, 1986, p. 85. Estas ideias eram já expressas no *Memorandum* junto à proposta inicial de Directiva – Explanatory memorandum attached to the original commission draft of the directive of 5th September (COM [76] 372 final), together with the Comission's note attached to its revised draft of 26th September 1979 (COM [79] 415 final), *in* Commercial laws of Europe, 1986, p. 85. Este texto é praticamente a tradução fiel do *Memorandum* (em língua francesa) que acompanhava a Proposta de Directiva apresentada pela Comissão ao Conselho em 9 de Setembro de 1976, *in* Bulletin des Communautés Européennes, Supplément 11/76, p. 15, ponto 8.

322 *Marca do Distribuidor e Responsabilidade por Produtos*

propagar o risco da produção de um dano, estando em melhor posição do que os prejudicados para suportar os encargos daí resultantes.

O próprio *Restatement Third* refere: "an often-cited rationale for holding wholesalers and retailers liable for harm caused by manufacturing defects is that, as between them and innocent victims who suffer harm because of defective products, the product sellers as business entities are in a better position than are individual users and consumers to insure against losses. In most instances, wholesalers and retailers will be able to pass liability costs up the chain of product distribution to the manufacturer. When joining the manufacturer in the tort action presents the plaintiff with procedural difficulties, local retailers can pay damages to the victims and then seek indemnity from manufacturers"[572].

É verdade que na maior parte das situações os grandes grupos retalhistas que recorrem à marca de distribuição estarão em melhores condições de suportar os encargos resultantes da contratação de um seguro do que os pequenos fabricantes anónimos ou do que o lesado. No entanto, o *Restatement* também fornece um outro argumento em favor da responsabilização dos vendedores e retalhistas (ainda que não sejam produtores aparentes).

Segundo os comentadores, ao estender a responsabilidade a estes sujeitos está-se a incentivá-los a apenas negociarem com produtores e fabricantes responsáveis e financeiramente fortes, deste modo se protegendo, ainda que de forma indirecta, os interesses dos consumidores[573]. O que apenas vem acentuar um ponto que nos parece fulcral e a que voltaremos mais tarde: a natureza do relacionamento contratual estabelecido entre o titular da marca e o produtor real, o qual estará, em boa medida, na base de um eventual direito de regresso por indemnizações pagas[574].

Não podemos, porém, acolher totalmente as considerações tecidas pela doutrina norte-americana sobre os *better loss spreaders*, uma vez que esta doutrina se debruça sobre os vendedores *tout court*, não distinguindo de entre estes os titulares de uma marca de distribuição. Lembre--se que na Europa o vendedor apenas é responsabilizado em situações excepcionais, caso não identifique o produtor.

---

[572] Nota 10, § 2, comentário a).

[573] *Idem*. Vide WRIGHT, *The principles of product liability*, *in* "RL", Symposium 2007, vol. 26, n.º 4, pp. 1002 *ss*.

[574] Vide o ponto 20.4.

A *Qualificação como Responsável*

Podemos dizer, porém, que esta teoria sublinha a força económica de sujeitos que, por retirarem um benefício económico de uma actividade perigosa (o lançamento de produtos no mercado) devem responder pelos riscos que daí advêm. No entanto, esta doutrina não explica porque motivo devem os titulares de uma marca de distribuição ser responsabilizados e os outros vendedores não – justamente porque nos Estados Unidos todos são responsáveis. Ou seja, esta teoria não nos fornece argumentos que nos permitam justificar a responsabilização do titular da marca de distribuição.

Para além de ser expressão da ingerência do distribuidor na fase produtiva, a consideração deste sujeito como responsável deve resultar também do reconhecimento da importância que a marca desempenha no processo de distribuição dos produtos. Hoje em dia a marca não está exclusivamente relacionada com o fenómeno da produção, sendo comuns as marcas de comércio. A marca é utilizada pela empresa de distribuição, que apresenta perante o público um produto como pertencendo ao âmbito da sua empresa, ainda que não o tenha fabricado.

Para determinação do sujeito obrigado à reparação o conceito fundamental é o de "colocação em circulação". O facto danoso tem como pressuposto, na verdade, a comercialização de um produto e não o seu fabrico. Isto significa que o sujeito obrigado à reparação do dano não é apenas o fabricante real mas sim qualquer sujeito que pela aposição do seu nome, marca ou sinal distintivo assume a paternidade da sua comercialização[575].

A principal característica visual dos produtos da marca do distribuidor é o desaparecimento de qualquer referência à sua origem, ou seja, ao nome ou localização do seu fabricante. A empresa de distribuição cobre com a sua própria marca a identidade do fabricante, apresentando-se como produtora. Trata-se de uma estratégia de marketing que na Alemanha é apelidada de *anonymisierung* do produtor real e que representa a consequência lógica da actividade criativa do produto por parte de uma empresa que na realidade não fabricou materialmente o produto[576]. Assim, e ainda que a identificação do produtor real seja difícil, o produto encontra-se perfeitamente identificado através dos seus sinais distintivos[577].

---

[575] Rojo Fernández-Río, La responsabilidad civil del fabricante, Bolonha, 1974, p. 232.

[576] Troiano, *Produttore*, pp. 525 s.

[577] Díez-Picazo, Derecho de daños, Madrid, 1999, p. 147.

324 *Marca do Distribuidor e Responsabilidade por Produtos*

É errado configurar o produtor aparente como alguém que consente em introduzir como elemento distintivo do produto qualquer manifestação que se identifique com a sua pessoa[578]. Sublinhe-se: o titular da marca de distribuição não consente que outrem utilize a sua marca. Pelo contrário, ele encomenda a terceiros o fabrico de produtos, sob a sua marca ou sinal distintivo, para lançar no mercado. A aposição da marca é da sua autoria e responsabilidade. A responsabilização deste sujeito baseia-se, deste modo, na sua participação no processo de difusão do produto, cujo principal elemento de identificação é justamente a marca, neste caso propriedade do distribuidor.

O Direito da responsabilidade por produtos conheceu, deste modo, um desenvolvimento paralelo ao que se verificou no Direito das Marcas ou mesmo no Direito da Publicidade, reconhecendo que a marca constitui, de forma evidente, um elemento essencial de identificação do produto. Quem retira benefícios pela utilização de um nome também deve responder pelos riscos que daí resultam[579].

Lembra PINTO MONTEIRO, com particular eloquência: "a proclamada «soberania» do consumidor no processo económico confronta-se com a racionalidade e o «diktat» da produção, cede perante a arte do «marketing», submete-se à «linguagem do mercado» e soçobra perante os ritos sedutores da «cultura do consumo»"[580].

Em nosso entender, mais do que a tutela da aparência e o alargamento do círculo de responsáveis, a responsabilização do produtor aparente deve fundamentar-se no benefício retirado pelos titulares da marca desta nova ferramenta de marketing, impondo o correspectivo risco. De facto, quem se apresenta como produtor, quem assume como seu um produto e o difunde sob a sua marca, envolvendo-o no seu marketing próprio, expondo-o sob a sua própria marca, deve ser responsabilizado pelas consequências que advenham desse produto.

É necessário evitar que a acção do lesado esteja dependente de uma álea, apenas porque a realidade não corresponde à aparência. O risco deve ser visualizado em termos amplos, em função da divulgação e dos meios levados a efeito para publicitar o produto. Deve ser tido em conta

---

[578] PARGA CABRERA, *op. cit.*, p. 2903; CERVETTI, *op. cit.*, p. 321.

[579] VELA SÁNCHEZ, *op. cit.*, p. 26.

[580] *Discurso do Presidente da Comissão do Código do Consumidor*, in "BFD", 1996, vol. 72, p. 403 e *Do Direito do consumo ao Código do Consumidor*, in "EDC", 1999, n.º 1, p. 207.

A *Qualificação como Responsável* 325

o prestígio que as grandes empresas de distribuição conferem ao produto, cobrindo com o seu nome o trabalho de uma empresa anónima. A publicidade deve ter uma contrapartida[581]. Não se vê porque razão não se devem tirar todas as consequências, em termos de responsabilidade, em relação a um sujeito que lança o manto do seu nome, encobrindo a real identificação de cada um dos sujeitos na cadeia de produção, apenas para fins publicitários.

O fenómeno da marca do distribuidor exige um redimensionamento da teoria da responsabilidade por produtos. É certo que o distribuidor não assume as rédeas do processo produtivo. É verdade que, fabricar, fabricam os produtores. Mas o distribuidor acede, através da marca de distribuição, à fase produtiva, controla-a, fiscaliza-a, influencia-a. Podemos dizer que não é o *pai biológico* do produto mas será, pelo menos, o seu *pai adoptivo*. O distribuidor pode não ser o fautor material dos produtos mas *perfilha-os*, lançando o seu cunho, a sua imagem e prestígio sobre eles e não apenas o seu nome, marca ou sinal distintivo. Em nosso entender o fundamento último da responsabilização do titular da marca de distribuição deve residir, deste modo, na sua participação no processo produtivo e de marketing que envolve o produto.

Os produtos da marca do distribuidor são hoje objecto de massivas campanhas de publicidade, comparáveis às dos produtos tradicionais. O distribuidor, do mesmo passo que publicita o seu estabelecimento, chama a atenção para os seus produtos, colocando-os num patamar de destaque. De facto, se prestarmos atenção à publicidade televisiva, o distribuidor atribui muito mais ênfase aos seus produtos, relegando os produtos de marcas do produtor para segundo plano. Para além disso, é muito frequente a distribuição de catálogos pelo correio, em que o distribuidor apresenta a vasta gama de produtos que ostentam a sua marca ou sinal distintivo, lado a lado com a referência a algumas marcas de prestígio.

Para além do reconhecimento do papel desempenhado pelo titular da marca na produção e distribuição do produto, é necessário, deste modo, levar em devida linha de conta o suporte publicitário que rodeia o lançamento deste tipo de bens no mercado.

---

[581] PETITPIERRE, La responsabilité du fait des produits: les bases d'une responsabilité spéciale en droit suisse, a la lumière de l'expérience des États-Unis, Genebra, 1974, pp. 169 *s.*

17.5 A solidariedade dos responsáveis

Nos nossos dias é raro os produtos circularem sem indicação expressa do produtor real, sendo a excepção justamente constituída pelos produtos de marca do distribuidor. Na verdade, como pudemos constatar pela simples análise de alguns produtos da marca do distribuidor disponíveis em hipermercados portugueses, existe uma vasta gama de produtos com marca do distribuidor (geralmente do sector alimentar) em que não consta qualquer referência ao produtor real dos mesmos.

Se do produto apenas consta a marca, nome ou outro sinal distintivo do distribuidor, este deve ser considerado responsável, desde logo, no caso da marca do distribuidor *stricto sensu*. O mesmo pode suceder, como vimos, no caso das marcas privadas, quando haja uma notória conotação da marca que identifica o produto com o estabelecimento do distribuidor. Este não poderá eximir-se identificando o produtor real, uma vez que não se trata de um mero fornecedor. De facto, ao apor a sua marca sobre o produto, o titular da marca de distribuição deve ser considerado produtor, respondendo directa e imediatamente. A possibilidade de exoneração através da indicação do produtor, de quem forneceu o produto ou do importador deve servir apenas para o mero fornecedor, em relação aos produtos anónimos.

É preciso ter bem presentes as diferenças entre o produtor aparente e o mero fornecedor.

Os produtos da marca do distribuidor não são produtos anónimos ou genéricos – bem pelo contrário, são produtos que se caracterizam por serem identificados com uma marca, nome ou outro sinal distintivo que é propriedade do distribuidor. Este deverá responder, pois, enquanto produtor, não lhe sendo dada a hipótese de excluir a sua responsabilidade ao indicar o produtor real.

Qual deve ser, por outro lado, o entendimento a defender quando o distribuidor, a par da aposição da sua firma ou marca, identifica, do mesmo modo, o produtor real?

Uma parte da doutrina considera que nos casos de cumulação da identificação dos produtores, real e aparente, a responsabilidade deste último ocorre mesmo que as circunstâncias permitam presumir que o produto foi realmente fabricado por outra pessoa, se o produtor verdadeiro não vier identificado de modo preciso e inequívoco no produto[582]. Assim,

---

[582] CALVÃO DA SILVA, Responsabilidade civil do produtor, p. 552.

se o distribuidor apuser a sua marca, nome ou outro sinal distintivo mas deixar perfeitamente determinado (ou facilmente determinável) o seu real fabricante, sem criar a aparência de ser o fabricante, não será responsabilizado[583].

Esta tese tem muito acolhimento nos Estados Unidos, onde se considera que a responsabilidade do produtor aparente apenas será excluída quando o produtor real seja clara e expressamente identificado no produto e se refira de forma inequívoca que o distribuidor não tem nada a ver com o produto a não ser a sua distribuição e venda. O *Restatement Second of Torts*, § 400, comentário d) afirma, no mesmo sentido, que a aposição da marca do distribuidor, sem uma clara indicação do produtor, não exclui a aplicação da *apparent manufacturer doctrine*[584].

A jurisprudência americana, que continua a constituir *modelo privilegiado de observação*[585], já defendeu este entendimento em vários arestos.

Assim, por exemplo, no já citado caso *Swift & Co.* vs. *Blackwell* o tribunal considerou que o retalhista deveria ser responsável, uma vez que do produto (uma lata de leite condensado) constava o seu nome (repetido oito vezes) e pese embora da lata também constasse a expressão "distribuidor".

No mesmo sentido, no caso *Slavin* vs. *Francis H. Leggett & Co.*, a que nos referimos *supra*, o retalhista também foi considerado responsável, embora do produto defeituoso constasse a expressão "distribuidor"[586]. Pese embora o rótulo apresentasse, logo após a marca do retalhista, a expressão "distribuidor", o juiz DONGES considerou que este deveria ser responsabilizado, afirmando: "in the instant case the label did state that the defendant was the distributor, so it may be said that it did not represent itself as the manufacturer. But we think it is a question of fact as to wether the label was misleading in this respect".

---

[583] RODRÍGUEZ CARRIÓN, *op. cit.*, p. 125; VEGA GARCÍA, *loc. cit.*; JIMÉNEZ LIÉBANA, *últ. loc. cit*; ROGERS, *loc. cit.*; JACOMETTI, *Tribunal Supremo (No. 151/2003) of 21.02.2003 – Product Liability, in* "ERPL", 2005, n.º 2, pp. 183 *s.*

[584] PHILLIPS, *op. cit.*, p. 79.

[585] PONZANELLI, *Responsabilità oggettiva del produttore e difetto di informazione, in* "DannoR", 2003, n.º 10, p. 1006.

[586] Vide NOEL e PHILLIPS, *op. cit.*, p. 134. Outras decisões, porém, consideraram que expressões como "embalado para" chegam para afastar a responsabilidade do distribuidor – por exemplo, *Degouvia* vs. *H.D. Lee Mercantile Co.*, Missouri Court of Appeals, S.W.2d 336, 338 (1936).

O tribunal apoiou-se no caso *Burkhardt* vs. *Armour Co.*, a que já nos referimos, e no *Restatement of the Law of Torts, Tentative Draft* 270, que referia: "one who puts out as his own product a chattel manufactured by another is subject to the same liability as though he were its manufacturer. By putting a chattel out as his own he induces reliance upon his care in making it; therefore, he is liable if, because of some negligence in its fabrication or through lack of proper inspection during the process of manufacture, the article is in a dangerously defective condition which he could not discover after it was delivered to him. The rule applies only where the chattel is so put out as to lead those who use it to believe that it is the product of him who puts it out, but the fact that it is sold under the name of the person selling it may be sufficient to induce such a belief".

Mais: o distribuidor continuaria a ser responsável ainda que indicasse o nome do verdadeiro produtor, uma vez que é o principal interessado no marketing dos produtos sob a sua própria marca. Por outro lado, tal regime justificava-se ainda pelo facto de o lesado, as mais das vezes, não ter possibilidade de accionar um produtor que se pode encontrar em local muito afastado, sendo justo responsabilizar o distribuidor, geralmente mais acessível.

O *Federal Court* australiano foi ainda mais longe no caso *Glendale Chemical Products Pty Ltd* vs. *Australian Competition and Consumer Commission*[587].

Tratava-se de um caso de uma embalagem de soda cáustica que explodiu. O distribuidor alegou que não era o fabricante do produto, que apenas tinha embalado, e que este continha uma declaração expressa na embalagem informando que não se tratava do fabricante mas apenas do distribuidor. A *Glendale* foi considerada responsável em primeira instância, decisão que se manteve no *Federal Court*, que acrescentou que caso fosse adoptada outra perspectiva, seria fácil a qualquer distribuidor frustrar o regime previsto na secção 74 do *Trade Practices Act* de 1974, bastando-lhe demonstrar que uma empresa fabricou o produto mas foi outra a rotulá-lo[588].

Pois bem: segundo uma parte da doutrina, se o distribuidor deixar claro que não é o real fabricante do produto, não será responsabilizado.

---

[587] FCR 40 (1999).
[588] Vide MILLER e GOLDBERG, *op. cit.*, pp. 246 *s.*

Ora, o que é afirmar claramente que não se é produtor? E será que a simples indicação do produtor real afasta a responsabilização do produtor aparente?

Antes de mais, é necessário ter presente que a referência ao fabricante pode ser feita de dois modos: de modo directo (identificando o produtor real) ou de forma indirecta, através da utilização de expressões como "distribuído por...", "produzido para", "fabricado em exclusivo para" ou "importado para".

Em boa parte dos casos os produtos de marca do distribuidor, para além do sinal distintivo do hipermercado ou cadeia retalhista, utilizam este tipo de referências, em letra pequena, geralmente no verso do produto. Ora, neste caso o distribuidor não pretende apor uma mera indicação de que vendeu o produto: o seu signo distintivo é o único que surge no produto, o que inculca a ideia de que foi fabricado pela empresa de distribuição[589].

É necessário analisar a forma como o produto é apresentado ao público. Poderá o titular de uma marca de distribuição eximir-se da equiparação ao produtor, ao identificar o produtor real, por exemplo, com uma expressão do género "produzido e embalado por X, para os supermercados Y"? Será que, ao *esbater* deste modo o seu nome ou marca, o distribuidor se apresenta face ao público como produtor? Utilizando um *lettering* e enquadramento apropriados, o distribuidor poderá alegar que não se quis anunciar como fabricante. A resposta poderá depender da "impressão" causada no lesado e do grau de proeminência atribuído às palavras que se referem ao produtor real[590].

Em nosso entender não há quaisquer dúvidas de que o titular da marca de distribuição deve ser responsabilizado. E isto por várias razões.

Primeiro, é preciso sublinhar que para que haja cumulação de identificação de produtores – o real e o aparente – é necessário que o sinal distintivo, nome ou marca de ambos surjam identificados no produto. Só assim se pode dizer que ambos os produtores estão identificados. Não faz sentido pretender equivaler referências distintas.

Quer dizer: sabemos já que a marca, nome ou sinal distintivo do distribuidor aparece de forma destacada, com um design próprio, bem visível, que pretende saltar à vista do público, como ferramenta de

---

[589] TROIANO, *Produttore*, p. 524.
[590] MILDRED, *últ. loc. cit.*

comunicação e de marketing que é. De facto, o distribuidor não tem quaisquer pruridos em dar à sua marca ou sinal distintivo uma posição de destaque – que não é comparável com meras referências, em *lettering* muito mais pequeno, ao produtor real.

Apenas se poderá colocar a questão da cumulação de produtores quando esta verdadeiramente exista. E isto apenas sucede quando, para além da marca do distribuidor (à qual, como qualquer marca, é dado um papel de destaque, de relevo, pois é a cara do produto) é indicada, de forma visível, legível e decifrável a identificação do produtor real.

Curiosamente, tivemos a oportunidade de constatar que a identificação do produtor real, com a referência ao seu endereço e número telefónico, sucede com frequência no caso dos produtos de limpeza ou de higiene – que, como se sabe, têm um potencial danoso maior. Daqui se pode retirar a conclusão de que, nestas situações, o distribuidor tem muito menos pruridos em revelar a identidade do produtor real, o que indica bem que, mesmo apondo a sua marca, quer deixar (mais ou menos) evidente que não é o real produtor...

No que concerne à identificação do produtor real, na maior parte das vezes o distribuidor é bastante comedido, remetendo para um código que é indecifrável e nada diz sobre quem realmente fabricou o produto ou indicando apenas o seu número de identificação fiscal, o que, da mesma forma, de nada vale. Nestes casos a identificação do produtor real é, digamos assim, codificada. Parece-nos que não basta a simples referência ao número de identificação fiscal do produtor ou ao seu número de registo administrativo[591]. Em nosso entender não é uma simples referência a um código que afasta a responsabilidade. Este código serve, antes de mais, para controlo do distribuidor (pois permite-lhe localizar o seu fornecedor) mas pouco ou nada diz sobre o produtor real.

Outro tanto se diga relativamente a referências do género "produzido para", "fabricado em exclusivo para", *etc* – às quais não pode ser dada a mesma relevância informativa que se atribui a um sinal distintivo ou ao endereço ou número de contacto do produtor real.

De facto, o titular da marca não faz qualquer menção ao produtor real, indicando apenas que o produto (que apresenta a sua marca ou sinal distintivo) é distribuído por si – o que constitui pouco mais do que uma redundância e tem como único efeito útil indicar a morada para onde

---

[591] Discordamos, por isso, da opinião de Vega García, *op. cit.*, p. 108.

A *Qualificação como Responsável*

devem ser dirigidas eventuais reclamações. É óbvio que, ao responsabilizar o distribuidor que apõe o seu nome ou marca nos produtos que
distribui, se está a incentivar este sujeito a fornecer informações sobre a
identidade do produtor real, quanto mais não seja para que este seja
demandado conjuntamente[592].

O titular da marca deve ser responsabilizado quer nos casos em que
a sua marca é a única a constar do produto, quer nos casos em que
também é identificado o produtor real mas em que ao sinal distintivo do
primeiro é dada uma relevância absolutamente preponderante na apresentação do produto.

De facto, se excluíssemos esta última hipótese do âmbito de aplicação da norma estaríamos a criar uma excepção demasiado vasta, que não
parece justificada se tivermos em conta que a redução a caracteres minús-
culos da identificação do produtor não é casual mas quase sempre determinada por instruções da empresa distribuidora[593]. Em boa verdade, pretende-se sempre dar uma relevância e um destaque muito grandes apenas
a um nome – ao signo distintivo do distribuidor – e não se vê qual a razão
que deva excluir a responsabilidade do distribuidor que procede deste
modo.

Por outro lado, é necessário não esquecer que a individualização do
produtor real e o seu conhecimento não exclui a responsabilidade do
empresário que apôs o seu sinal distintivo, sendo ambos responsáveis
face ao prejudicado. Não existe qualquer base na Directiva que estabeleça
que a sua responsabilidade é meramente subsidiária, ao contrário do que
acontece no n.º 3 do art. 3.º.

A Directiva não responde directamente à questão de saber se
o produtor aparente se pode eximir indicando ao lesado a identidade do
produtor ou do importador. No entanto, e como o produtor aparente não é
um mero fornecedor, parece que a melhor solução é considerar que não
pode opor este meio de defesa à vítima, em consonância com o princípio
de que quem se apresenta como produtor assume todas as consequências[594].

Nos termos do art. 5.º da Directiva, se várias pessoas forem responsáveis pelo mesmo dano, a sua responsabilidade é solidária, sem prejuízo das disposições de Direito nacional relativas ao direito de regresso.

---

[592] MILLER e GOLDBERG, *op. cit.*, p. 244.
[593] TROIANO, *Produttore*, p. 526.
[594] BORGHETTI, *op. cit.*, p. 482.

332 Marca do Distribuidor e Responsabilidade por Produtos

O lesado deve poder propor a acção de responsabilidade contra qualquer um dos produtores nos casos em que o produto ostente quer a marca de fábrica, quer a marca de distribuição.

Ao apresentar-se na veste de produtor junto do público, o distribuidor gera uma confiança, criando uma aparência de que beneficia, sendo por isso justo que arque com as consequências daí advenientes. Isto será ainda mais verdade quando não é possível identificar o verdadeiro produtor. Mas, para além disso, a acção de responsabilidade que o lesado intenta tem na sua base, justamente, a colocação em circulação de um produto defeituoso – tarefa que foi realizada pelo titular da marca. Assim, é lógico que o titular da marca não se possa exonerar demonstrando que não fabricou o produto.

O titular da marca não se deve poder exonerar da responsabilidade, por outro lado, mesmo que demonstre que o defeito resulta da matéria-prima ou de alguma parte componente do produto acabado. Na verdade, o produtor aparente responde nos mesmos termos e condições do fabricante real[595].

Isto não impede, bem pelo contrário, que o lesado proponha a acção contra o produtor real, quando conheça a sua identidade. No entanto, a opção mais avisada será demandar conjuntamente o produtor real e o distribuidor (produtor aparente) de forma a obter a condenação solidária de ambos.

Tenha-se em devida conta, por outro lado, que a solidariedade dos diversos sujeitos responsáveis face ao lesado não impede a existência, na relação interna, de cláusulas de repartição do risco ou de distribuição das indemnizações pagas.

Como tivemos oportunidade de ver no terceiro Capítulo, o contrato estabelecido entre o produtor e o distribuidor é um vínculo de estreita colaboração e interdependência, marcado pelo ascendente negocial e económico do distribuidor. Este contrato poderá incluir frequentemente cláusulas sobre o exercício do direito de regresso, como veremos mais detalhadamente adiante[596].

---

[595] Também assim, PARRA LUCÁN, Daños por productos y proteccion del consumidor, pp. 549 e nota 192; SOLÉ FELIU, últ. op. cit., p. 307, nota 602. Contra, BERCOVITZ RODRÍGUEZ-CANO, La Responsabilidad de los fabricantes en la Directiva de las Comunidades Europeas de 25 de Julio de 1985, in AA. VV., Estudios jurídicos sobre protección de los consumidores, Madrid, 1987, p. 267.

[596] Mais precisamente no ponto 20.4.

A *Qualificação como Responsável* 333

Estas disposições de natureza convencional não serão, como é evidente, oponíveis ao lesado, o qual tem o direito de demandar solidariamente qualquer um dos responsáveis. O prejudicado pode dirigir o pedido indemnizatório contra um, contra vários ou contra todos os sujeitos que figuram como responsáveis. Estamos perante um caso de litisconsórcio voluntário, uma vez que a Lei não impõe que a acção seja proposta contra todos os sujeitos simultaneamente. Uma vez que o regime estabelecido na Directiva é o da solidariedade, não é exigida a presença de todos os sujeitos considerados responsáveis para assegurar a legitimidade.

17.6 A proibição de cláusulas de exclusão de responsabilidade

Para além dos argumentos já aduzidos, existem ainda outros motivos, talvez mais poderosos, em defesa de uma interpretação extensiva da norma comunitária.

Se adoptássemos uma visão restritiva, defendendo que o legislador apenas pretendeu cobrir as situações em que não fosse óbvio que os bens foram produzidos por um terceiro, o titular da marca de distribuição poderia sempre escapar à responsabilidade se em algum ponto do produto ou da sua embalagem surgisse a referência de que afinal o produto foi fabricado por terceiro.

Neste caso o titular da marca poderia alegar que não se apresentou como produtor. O nome do terceiro (produtor real) nem teria de ser mencionado no produto – bastaria a sua identificação *à posteriori* (após o acidente) para permitir ao lesado o ressarcimento dos danos.

Temos de rejeitar veemente este entendimento, por um conjunto de motivos.

Antes de mais, qualquer referência ao produtor real que pretendesse servir de cláusula de exclusão de responsabilidade teria de ter proeminência suficiente para surtir efeito[597]. A Directiva não fornece nenhuma indicação clara do que se considera "apresentar-se como produtor". Deste modo, seria necessário determinar que tipo de linguagem e proeminência teriam de revestir tais declarações para produzirem alguma consequência.

Sublinhem-se estes dois pontos: linguagem e proeminência. As declarações constantes do produto, da sua embalagem ou invólucro, constituem

---

[597] HOWELLS e WEATHERILL, *op. cit.*, pp. 216 s.

334 Marca do Distribuidor e Responsabilidade por Produtos

um elemento fundamental na eventual responsabilização do titular da marca de distribuição. Convém não esquecer que estamos perante produtos de consumo, lançados no mercado não apenas com observância de um apertado conjunto de indicações legalmente exigidas mas também de acordo com complexos códigos e estratégias de marketing[598]. Não é apenas determinante o que se diz, mas também a forma como se diz.

Pergunta-se: até que ponto se poderá configurar a referência ao produtor real, seja nominativa, seja indicando um código, seja de forma implícita (indicando que foi produzido para si) como uma cláusula de exclusão de responsabilidade (ou cláusula de irresponsabilidade)?

Como se sabe, estas são cláusulas pelas quais o devedor se vê exonerado, previamente, da obrigação de indemnizar eventuais danos causados[599].

O art. 809.º do CC estabelece que "é nula a cláusula pela qual o credor renuncia antecipadamente a qualquer dos direitos que lhe são facultados nas divisões anteriores". Um dos direitos cuja renúncia antecipada é proibida por esta norma é o direito à indemnização pelos danos sofridos. A norma que atribui o direito à indemnização assume, deste modo, carácter imperativo[600].

De acordo com o mestre ANTUNES VARELA, este é um dos direitos que "constituem a armadura irredutível do direito do crédito, neles reside a força intrínseca da juridicidade do vínculo obrigacional. Querer seriamente constituir a obrigação e despojá-la à nascença dos meios coercitivos que dão vida à sua condição jurídica seria uma espécie de aliança do *sim* e do *não*, que o direito não pode sufragar"[601]. Seria a transformação, na prática, de uma obrigação civil numa obrigação natural[602]. A proibição de renúncia antecipada ao direito à indemnização vale tanto nos casos de dolo do devedor como de negligência[603].

---

[598] Sobre a importância das declarações de marketing, que podem fundamentar a responsabilidade dos seus Autores, vide SAVELL, *Can marketing go too far?*, in "Marketing Management", Novembro-Dezembro de 2001, pp. 99-106.

[599] Vide PRATA, Cláusulas de exclusão e limitação da responsabilidade contratual, Coimbra, 1985. Para uma distinção face à figura das cláusulas limitativas do conteúdo contratual vide PINTO MONTEIRO, *Cláusulas limitativas do conteúdo contratual*, in AA. VV., Estudos dedicados ao Professor Doutor Mário Júlio de Almeida Costa, Lisboa, 2002, pp. 283 *ss*.

[600] Como lembra GALVÃO TELLES, Direito das Obrigações, Coimbra, 1997, p. 424.

[601] Das Obrigações em geral, vol. II, Coimbra, 1999, p. 137.

[602] MENEZES LEITÃO, Direito das Obrigações, vol. II, Coimbra, 2002, p. 277.

[603] ANTUNES VARELA, *últ. loc. cit.*

A jurisprudência francesa tem entendido como nulas as cláusulas de irresponsabilidade extracontratual, aceitando estas cláusulas em casos de responsabilidade contratual, excepto nos casos de dolo ou que a Lei expressamente proíba.

A jurisprudência italiana considera as cláusulas de exclusão de responsabilidade extracontratual nulas, por considerar que o dano é sempre acompanhado de ofensa da ordem pública, desde que estejam em causa verdadeiramente direitos de ordem pública, como no caso da integridade pessoal.

No Direito alemão admite-se a irresponsabilidade extracontratual, desde que não se esteja perante uma actuação dolosa ou ofensiva da ordem pública ou dos bons costumes[604].

RIBEIRO DE FARIA admite este tipo de cláusulas no domínio extracontratual, desde que não estejam em causa limites legais que apontem num outro sentido[605]. PINTO MONTEIRO, MOTA PINTO e ALMEIDA COSTA consideram admissíveis tais cláusulas no caso de culpa leve[606].

Estes Autores convocam um argumento de ordem sistemática, nomeadamente, a al. c) do art. 18.º do DL n.º 446/85, de 25 de Outubro, que instituiu o regime das cláusulas contratuais gerais, que considera absolutamente proibidas as cláusulas contratuais gerais que "excluam ou limitem, de modo directo ou indirecto, a responsabilidade por não cumprimento definitivo, mora ou cumprimento defeituoso, em caso de dolo ou de culpa grave"[607]. Ora – referem este Autores – se o legislador admite que em contratos de adesão se exclua a responsabilidade por danos causados negligentemente, nada impede que se adopte o mesmo entendimento quando estejamos perante um contrato negociado nos moldes clássicos.

Como é evidente, a admissibilidade deste tipo de cláusulas foi sempre fortemente cerceada no âmbito das relações jurídicas de consumo.

---

[604] RIBEIRO DE FARIA, Direito das Obrigações, vol. I, Coimbra, 2001, p. 517.

[605] Últ. op. cit., p. 521.

[606] PINTO MONTEIRO, Cláusulas limitativas e de exclusão de responsabilidade civil, Coimbra, 2003, pp. 327 ss; MOTA PINTO, Teoria geral do direito civil, p. 595; ALMEIDA COSTA, op. cit., pp. 723 ss. Vide PINTO OLIVEIRA, Cláusulas acessórias ao contrato: cláusulas de exclusão e de limitação da responsabilidade do devedor, in "Scientia Iuridica", Janeiro-Abril de 2003, tomo LII, n.º 295, pp. 64 ss e GONÇALVES BORGES, Exclusão e limitação de responsabilidade em contratos de adesão, in "Sub Judice", Abril-Junho de 2007, n.º 39, pp. 37 ss.

[607] Vide SOUSA RIBEIRO, Direito dos Contratos. Estudos, Coimbra, 2007, pp. 111 ss.

336   *Marca do Distribuidor e Responsabilidade por Produtos*

O art. 16.º da LDC refere que sem prejuízo do regime das cláusulas contratuais gerais, qualquer convenção ou disposição contratual que exclua ou restrinja os direitos atribuídos pelo diploma é nula.

Não poderia a Directiva comunitária deixar sem resposta um problema tão candente como o da admissibilidade de eventuais cláusulas de exclusão de responsabilidade. Assim sendo, o art. 12.º da Directiva veio prescrever que a responsabilidade do produtor não pode ser reduzida ou excluída em relação ao lesado por uma cláusula limitativa ou exoneratória de responsabilidade, sendo historicamente fruto da tendência jurisprudencial francesa que há muito reclamava pela inadmissibilidade de tais cláusulas[608].

Já o art. 8.º da Convenção Europeia de 1977 estabelecia: "the liability of the producer under this Convention cannot be excluded or limited by any exemption or exoneration clause". O ponto 70 do *Explanatory Report* esclarecia: "this article concerns clauses limiting or exonerating the producer's liability. The committee was in general agreement that in relation to personal injuries, the producer ought not to have the power to limit or avoid his liability by means of a contractual clause".

Em anotação ao art. 8.º da Convenção, quando ainda não passava de um anteprojecto, ALPA considerava que se tratava de uma norma de grande importância, pois punha termo à controvérsia doutrinal sobre a admissibilidade de uma cláusula de exclusão de responsabilidade em casos de culpa leve, em consideração pela tutela da vítima[609]. Seria inútil estabelecer uma Directiva que procura tutelar o interesse do lesado, permitindo do mesmo passo que através de certificados de garantia, de condições gerais dos contratos ou de outros mecanismos o sujeito fosse liberto da responsabilidade que sobre si recai[610].

O legislador português foi mesmo mais longe que a Directiva, estabelecendo no art. 10.º do DL n.º 383/89 que se consideram como "não escritas" as estipulações que derroguem a responsabilidade do produtor. Em face do imperativo constitucional da protecção do consumidor, eventuais cláusulas de exclusão da responsabilidade são inadmissíveis, por

---

[608] ALPA, *Appunti sul quarto progetto di direttiva comunitaria in materia di responsabilità del fabbricante, in* "RSoc", 1980, p. 248.

[609] *In margine ad un progetto legislativo del Consiglio d'Europa in materia di responsabilità del fabbricante, in* "RSoc", 1975, p. 332.

[610] ALPA, *Aspetti e problemi di diritto comunitario in materia di responsabilità del produttore, in* "RSoc", 1976, p. 1241.

razões de ordem pública[611]. Esta proibição abrange as convenções estabelecidas entre produtor e lesado mas também as estipulações unilaterais do produtor[612]. A consequência, portanto, é a sua ineficácia perante o lesado. O art. 130.º da LGDCU II estabelece: "son ineficaces frente al perjudicado las cláusulas de exoneración o de limitación de la responsabilidad civil prevista en este libro". Trata-se da reprodução da regra que já constava do art. 14.º da Lei anterior, norma que GARCÍA RUBIO já classificava de ambígua, uma vez que não esclarecia a que modalidade concreta de ineficácia é que fazia referência[613].

Se admitíssemos que o titular da marca de distribuição saía exonerado pela indicação (de forma directa ou indirecta) do produtor real, isso serviria como uma cláusula de exclusão de responsabilidade que não tem qualquer cabimento no texto nem no espírito da Directiva. Seria muito fácil ao distribuidor eximir-se à responsabilidade, bastando incluir no produto uma referência, ainda que singela, ao facto de não ser o produtor real. Estaria deste modo subvertido o propósito comunitário de responsabilizar todos os participantes no processo de produção e distribuição do produto que o levou a adoptar um conceito lato e omnicompreensivo de "produtor".

Nos Estados Unidos os Comentadores do segundo *Restatement* consideraram que o distribuidor não se eximia à responsabilidade apondo expressões do género "fabricado para" ou "distribuído por". O simples facto de os bens serem marcados com referências deste género, que indicam que os produtos foram "feitos para" o distribuidor ou que o qualificam como "distribuidor" do produto, especialmente na ausência de uma indicação clara e evidente do produtor real, não era suficiente para afastar a regra da responsabilidade do distribuidor. Isto porque se considerava que o *casual reader* de uma marca ou rótulo poderia confiar no nome, marca ou sinal distintivo, menosprezando a origem do produto.

---

[611] PINTO MONTEIRO, *últ. op. cit.*, pp. 327 *ss* e 332-j e *Les clauses limitatives et exonératoires de responsabilité et la protection du consommateur, in* "BFD", 1993, vol. 69, pp. 172 *s.*

[612] COSTA MAURÍCIO, *op. cit.*, p. 38, nota 42.

[613] *La Directiva sobre responsabilidad por los daños causados por los productos defectuosos y su aplicación en el derecho comparado. Especial referencia al derecho español, in* "BFD", 1995, vol. 71, p. 192 e também *La adaptación en España de la Directiva sobre responsabilidad por los daños causados por los productos defectuosos. La Ley 22/1994 de 6 de Julio, in* "Dereito", 1996, vol. 5, n.º 1, p. 218.

338   *Marca do Distribuidor e Responsabilidade por Produtos*

Deste modo, o facto de o vendedor ser conhecido como desempenhando apenas uma actividade de comercialização dos produtos não afastava a sua responsabilidade. Para o fazer, teria de indicar de forma clara e adequada o nome do produtor real, afirmando ainda clara e inequivocamente que nada tinha a ver com os bens, excepto o facto de os distribuir ou vender. Segundo os Comentadores, o facto de a produção dos bens ser alheia podia ser indicada de forma clara através de outros meios.

No entanto, com a terceira versão do *Restatement* surgiu o comentário c) à secção 14, que refere que quando um distribuidor vende um produto fabricado por outrem sob a sua própria marca, é responsável como se fosse fabricante, regra que se aplica ainda que refira que o fabricante (e mesmo que este seja identificado) produziu o bem especialmente para si. Os comentadores consideraram que neste caso a reputação do vendedor funciona, como vimos, como uma garantia tácita de qualidade do produto, garantia de que este não se deve poder exonerar.

O *Restatement (Third) of Torts* marcou, deste modo, uma mudança no entendimento desta matéria, em comparação com o *Restatement (Second) of Torts*, consagrando a rejeição da relevância dos *disclaimers* ou cláusulas de exclusão de responsabilidade. Foi deste modo contrariada a doutrina que defendia que, uma vez identificado expressamente o produtor real, o produtor aparente saía exonerado de qualquer responsabilidade pelo dano causado.

Há quem defenda que as cláusulas de exclusão de responsabilidade também serão inválidas no caso de estipulações entre os vários sujeitos da cadeia distributiva, ou seja, entre o produtor e o distribuidor[614]. Outros admitem a validade de tais cláusulas quando estabelecidas entre produtores, importadores ou fornecedores[615].

Em princípio tais cláusulas devem ser admitidas, uma vez que o legislador se limitou a declarar a nulidade das cláusulas de exoneração de

---

[614] Por exemplo, COSTA MAURÍCIO, *op. cit.*, p. 39.

[615] Vide GUTIÉRREZ SANTIAGO, Responsabilidad civil por productos defectuosos: cuestiones prácticas, pp. 430 *s*; CALVÃO DA SILVA, *últ. op. cit.*, p. 739; STRAUB, *op. cit.*, p. 33; COSENTINO, *Responsabilità da prodotto difettoso: appunti di analisi economica del diritto, in* "ForoIt", 1989, p. 142; CARNEVALI, La responsabilità del produttore, pp. 388 *ss*; ORGALIME, *op. cit.*, pp. 100 *s*; ALPA, *Art. 12.º – clausole di esonero da responsabilità, in* ALPA, CARNEVALI, DI GIOVANNI *et al.*, La responsabilità per danno da prodotti diffetosi (DPR 24 maggio 1988, n.º 224), Milão, 1990, p. 299; BENNATI, Responsabilità da prodotto e garanzie assicurative, Milão, 1992, p. 55; CASTRONOVO, La nuova responsabilità civile, Milão, 1997, pp. 329 *s*.

A *Qualificação como Responsável* 339

responsabilidade face ao lesado, e não no relacionamento entre o fabricante e o distribuidor[616]. As cláusulas serão ineficazes em relação ao lesado mas nada impede a sua validade entre as partes.

Com efeito, nada parece obstar à validade de uma cláusula inserida no contrato de fornecimento de produtos da marca do distribuidor em que este se reserva, por exemplo, o direito de regresso na totalidade face ao produtor, por eventuais indemnizações pagas a lesados. Uma tal solução em nada prejudica o direito da vítima ao ressarcimento, operando apenas na relação interna entre os responsáveis solidários pelo pagamento da indemnização: o produtor real e o produtor aparente.

Embora a Directiva estabeleça a ineficácia das cláusulas de exclusão ou redução da responsabilidade face ao lesado, não impede que os sujeitos da cadeia de distribuição, entre si, alterem através de contrato a participação na indemnização. Deste modo, desde que tais cláusulas sejam justas e razoáveis, devem ser aceites.

Em Inglaterra o *Consumer Protection Act* refere no seu art. 7.º que a responsabilidade "shall not be limited or excluded by any contract term, by any notice or by any other provision". A única hipótese de alteração do regime legal de responsabilidade refere-se justamente à alteração das regras na relação interna, como foi entendido no caso *Thompson* vs. *Lohan*[617].

Os retalhistas, em atenção ao disposto na Directiva, poderão pressionar os fornecedores a incluir o seu nome nos produtos, pelo menos no caso de produtos de menor qualidade, procurando dirigir para estes toda a responsabilidade. Mais uma vez pode suscitar-se um conflito de forças a que o Direito da Concorrência deverá estar atento[618].

A existência de cláusulas de repartição de responsabilidade entre os sujeitos na relação interna é, em princípio, de admitir, desde que não resulte em prejuízo para o lesado. Ou seja, nada impede as partes (produtor e distribuidor) de estabelecer entre si, nos contratos que celebram,

---

[616] REGIS, *op. cit.*, p. 86; PONZANELLI, *Clausole di esonero da responsabilità, in* AA. VV., *La responsabilità per danno da prodotti difettosi*, "LNLeggi", 1989, p. 641; BORTOLOTTI, *Il diritto di rivalsa nei rapporti tra distributori e produttori, in* AA. VV., Responsabilità del produttore e nuove forme di tutela del consumatore, Milão, 1993, p. 67.

[617] 1 W.L.R., pp. 694 ss. (1987). Vide PONZANELLI, *últ. loc. cit.*

[618] FAGAN, *Product liability: implications for business, in* AA. VV., The new product liability regime, papers from the ICEL Conference, June 1991 & Annotation of the Liability for defective Products Act, 1991, SCHUSTER (Ed.), Dublin, 1992, pp. 57 *s.*

340   *Marca do Distribuidor e Responsabilidade por Produtos*

a repartição do risco pelos danos causados a terceiros, eventualmente transferido para outras entidades através de um seguro. Estas cláusulas não serão, porém, oponíveis ao prejudicado, ainda que sejam publicitadas no produto.

Assim, por exemplo, uma referência no produto onde se diga "em caso de reclamação dirija-se a" ou "o distribuidor não assume qualquer responsabilidade por este produto", *etc*, – não terão qualquer eficácia face ao lesado[619]. Uma interpretação conjugada do art. 3.º da Directiva (que fixa a responsabilidade directa e sem reservas do produtor aparente) e do art. 12.º (que estabelece a ineficácia face ao lesado de cláusulas que limitem ou excluam a responsabilidade do produtor, seja ele real ou aparente) não pode levar a outra conclusão.

Serão também nulas quaisquer cláusulas que modifiquem as disposições legais em detrimento da vítima, como, põe exemplo, uma cláusula que modifique a definição de produto defeituoso ou de produtor[620].

17.7 A referência ao produtor real como "cláusula-surpresa"

Ainda que não resultasse expressamente da Directiva comunitária e dos respectivos diplomas de transposição a inadmissibilidade de cláusulas de exclusão de responsabilidade, nunca a referência ao produtor real, seja directa (através do seu nome, sinal distintivo ou endereço) seja indirectamente (através do seu número de contacto, número de identificação fiscal, número de registo administrativo ou de expressões como "distribuído por" ou "produzido para") poderia ser concebida como exonerando o titular da marca de distribuição.

Como já referimos, em nosso entender apenas se poderá falar de cumulação de produtores quando esta exista de facto. Ora, isto apenas acontece quando, para além da marca do distribuidor, é indicada, de forma visível, legível e decifrável a identificação do produtor real. A verdade é as referências que o distribuidor faz ao produtor real não possuem, nem de perto nem de longe, a mesma relevância ou destaque que este dá à sua marca. Por isso, ainda que não existissem outros argumentos

---

[619] GUTIÉRREZ SANTIAGO, *últ. op. cit.*, pp. 420.

[620] MARÍN LOPEZ, *La responsabilité du fait des produits défectueux en droit espagnol*, p. 236.

disponíveis, sempre se poderia dizer que as indicações que o distribuidor faz quanto à produção do produto por terceiro poderiam ser configuradas como cláusulas contratuais gerais de duvidosa legalidade.

Como se sabe, as cláusulas contratuais gerais caracterizam-se pela sua generalidade, unilateralidade e rigidez. Desta forma, são elaboradas previamente por uma das partes, geralmente dotada de maior poder económico e de ascendente negocial (*bargaining power*) para serem impostas em bloco à contraparte, que se limita a aderir. MOTA PINTO, numa expressão feliz, falava na "tirania da letra miúda e da assinatura no tracejado"[621].

A al. c) do art. 8.º do DL n.º 446/85, de 25 de Outubro, estabelece que se consideram excluídas dos contratos singulares "as cláusulas que, pelo contexto em que surjam, pela epígrafe que as precede ou pela sua apresentação gráfica, passem despercebidas a um contratante normal, colocado na posição do contratante real". O Anteprojecto do Código do Consumidor mantém uma redacção idêntica, excepção feita à substituição da expressão "contratante" por "contraente" (art. 209.º, al. c)).

Esta norma visa evitar a inclusão de cláusulas-surpresa (*unfair surprise*), ou seja, que não correspondem a um real acordo das partes. Este tipo de cláusulas apresenta um condicionalismo externo que inculca a ideia da inexistência de real consenso entre as partes[622]. De acordo com um princípio de transparência, pretende-se impor a compreensibilidade e cognoscibilidade formal e material pelo aderente das cláusulas que fazem parte do contrato[623]. A al. c) combate as cláusulas que, pelo seu contexto, epígrafe ou apresentação gráfica possam iludir o contraente. O objectivo deste preceito é impedir que sejam impostas ao aderente cláusulas que suscitam, justificadamente, uma reacção de surpresa, por não lhe ser exigível, pela forma ardilosa com que as mesmas foram disfarçadas ou pela forma sub-reptícia ou camuflada com que foram apresentadas, o seu conhecimento efectivo, ainda que previamente comunicadas. O legislador

---

[621] *Contratos de Adesão: uma manifestação jurídica da moderna vida económica, in* "RDES", 1973, n.ºs 2, 3 e 4, p. 124.

[622] MENEZES CORDEIRO, Tratado de direito civil português, Parte Geral, Tomo I, Coimbra, 2000, p. 436. Igual ideia é expressa na obra conjunta do Autor com ALMEIDA COSTA, Cláusulas contratuais gerais – anotação ao Decreto-Lei n.º 446/85, de 25 de Outubro, Coimbra, 1993, pp. 27 s.

[623] CALVÃO DA SILVA, Banca, bolsa e seguros, Direito europeu e português. Tomo I, parte geral, p. 170.

342   *Marca do Distribuidor e Responsabilidade por Produtos*

pretende proteger, deste modo, a confiança depositada pelo aderente num conteúdo diverso do real, legitimada pelo comportamento fraudulento de quem as predispôs nesses termos[624].

Podemos afirmar, de forma segura, que o aderente teve conhecimento desta cláusula de exclusão de responsabilidade, "afogada no magma tipográfico"[625]?

As Leis de seguros do Quebec e da Califórnia exigem que certas cláusulas especialmente importantes sejam impressas a vermelho. Alguns Autores americanos, parafraseando as referências que também hoje já circulam nos maços de tabaco europeus, referiam que nos contratos de adesão – e por maioria de razão, neste tipo de cláusulas – se devia avisar: "atenção, esta cláusula é perigosa para os seus interesses".

Não basta, a quem se serve deste tipo de cláusulas, a mera comunicação para que as condições gerais se considerem incluídas no contrato singular. É ainda necessário que ela seja feita de tal modo que proporcione ao aderente a possibilidade de um conhecimento completo e efectivo do clausulado[626]. Para mais, o ónus da prova da comunicação adequada e efectiva das cláusulas recai sobre o utilizador, de acordo com o n.º 3 do art. 5.º do diploma.

Recorde-se que o CC português acolheu, a propósito da interpretação da declaração negocial, a teoria da impressão do destinatário. O art. 236.º estabelece que "a declaração negocial vale com o sentido que um declaratário normal, colocado na posição do real declaratário, possa deduzir do comportamento do declarante, salvo se este não puder razoavelmente contar com ele". Assim sendo, o sentido relevante será aquele que seria considerado por uma pessoa de normal diligência em face dos termos da declaração e de todas as circunstâncias do horizonte concreto do declaratário, isto é, em face daquilo que o real destinatário da declaração conhecia e daquilo que ele podia conhecer[627].

A "normalidade" do declaratário, que a Lei utiliza como padrão, resulta não apenas da capacidade para entender o conteúdo da declaração

---

[624] PINTO MONTEIRO, *Contratos de adesão: o regime jurídico das cláusulas contratuais gerais instituído pelo Decreto-Lei n.º 446/85, de 25 de Outubro*, Coimbra, 2003, p. 751.

[625] A expressão, de rara eloquência, é de MOTA PINTO, *Contratos de Adesão: uma manifestação jurídica da moderna vida económica*, p. 128.

[626] SÁ, *Cláusulas contratuais gerais e Directiva sobre cláusulas abusivas*, Coimbra, 2001, pp. 240 s.

[627] MOTA PINTO, *Teoria geral do direito civil*, p. 444.

A *Qualificação como Responsável* 343

mas também da diligência para recolher todos os elementos que, coadju-
vando aquela, auxiliem na descoberta da vontade real do declarante[628].
Deste modo, a Lei portuguesa estabeleceu uma fasquia objectivamente
variável, que resulta em cada caso do que haja de considerar-se a figura
do declaratário normal[629]. Declaratário normal este que no caso vem a ser
um lesado, medianamente instruído e que use de normal diligência.

O art. 80.º da LGDCU II estabelece: "en los contratos con consumidores y usuarios que utilicen cláusulas no negociadas individualmente
(…) deberán cumplir los siguientes requisitos: a) concreción, claridad y
sencillez en la redacción, con posibilidad de comprensión directa, sin
reenvíos a textos o documentos que no se faciliten previa o simultánea-
mente a la conclusión del contrato, y a los que, en todo caso, deberá
hacerse referencia expresa en el documento contractual"; b) accesibilidad
y legibilidad, de forma que permita al consumidor y usuario el conocimiento previo a la celebración del contrato sobre su existencia y contenido".

Como resulta deste normativo, as cláusulas contratuais gerais deverão
ser *legíveis* ou *perceptíveis, compreensíveis* e *concretas.* Pretende-se que
as cláusulas não surjam de modo que, por razões de tamanho dos caracteres tipográficos ou da forma de apresentação, não possam ser fisicamente percebidas e lidas[630]. Deve ser igualmente questionada a aplicação
de cláusulas que aparecem em locais secundários dentro do documento
contratual ou que não foram devidamente salientadas[631].

Transpondo estas considerações para o problema que nos ocupa, não
se pode dizer que a referência feita, geralmente no verso do produto, a
um canto, em letra pequena, a um número de código, a uma morada ou
a um número de contacto se possa entender como advertência suficiente

---

[628] Hörster, A parte geral do código civil português. Teoria geral do direito civil,
Coimbra, 2000, p. 510.

[629] Menezes Cordeiro, *últ. op. cit.*, p. 761.

[630] Pagador López, *Las condiciones generales de la contratación: introducción y
régimen jurídico de los contratos celebrados mediante ellas*, in AA. VV., Curso sobre
protección jurídica de los consumidores, Botana García e Ruiz Muñoz (Coords.),
Madrid, 1999, p. 175.

[631] Vide Martín Pérez, *Comentário ao art. 10.º*, in AA. VV., Ley General para la
Defensa de los Consumidores y Usuarios, Comentarios y Jurisprudencia de la Ley veinte
años después, Llamas Pombo (Coord.) Madrid, 2005, p. 232 e a extensa jurisprudência
espanhola aí referida.

344 *Marca do Distribuidor e Responsabilidade por Produtos*

de que o produto não foi produzido pelo distribuidor e de que este não assume qualquer responsabilidade pelos danos que este possa eventualmente causar.

Uma tutela eficaz do lesado exige que se atenda às especificidades próprias deste tipo de produtos, que se baseiam numa estratégia de marketing agressiva. Exigir ao prejudicado que examine detalhadamente cada centímetro da embalagem do produto, demandando uma eventual identificação do produtor real que lhe possa ser imposta como cláusula de exclusão da responsabilidade do produtor não nos parece razoável.

Assim, e ainda que tais cláusulas não fossem expressamente proibidas pelo diploma comunitário, sempre se poderia dizer que a forma como estas referências são inseridas no produto, de forma sub-reptícia e quase imperceptível aos olhos do *casual reader*, impõe que lhes seja negado qualquer valor exoneratório. Não se poderia tolerar que uma cláusula deste género, aposta no produto por expressa indicação do seu distribuidor, pudesse ser oposta ao lesado, o qual ficaria, a mais das vezes, colocado perante uma "cláusula-surpresa", da qual não se apercebeu nem tinha a obrigação razoável de se aperceber.

17.8 O direito do consumidor à informação

Apresentámos já vários argumentos que justificam, em nosso entender, uma visão alargada do âmbito de aplicação do conceito de produtor aparente. Tais motivos resultam da análise do fenómeno em termos económicos e jurídicos, impondo, em nosso entender, uma renovação do preceito legal existente. No entanto, consideramos que se devem ainda tecer algumas considerações adicionais sobre a razão de ser da inclusão do titular da marca de distribuição no conceito de produtor aparente (e, do mesmo passo, responsável directo e imediato pelos danos causados pelos defeitos dos produtos).

Importa salientar, de facto, que os produtos a que dedicamos o nosso estudo – os produtos da marca do distribuidor – para além de convoca-rem, como quaisquer outros produtos, o direito ao ressarcimento dos danos causados, colidem também, ainda que de forma indirecta, com outros direitos.

Embora a Directiva não tutele apenas o consumidor, mas sim todo e qualquer lesado, num largo conjunto de situações o prejudicado também terá a qualidade de consumidor, tal como definido pela LDC. Pois bem: para além do direito ao ressarcimento dos danos de que seja vítima, existe um outro direito fundamental que faz parte da esfera jurídica do consumidor *qua tale* – o direito à informação[632].

O direito à informação assume um papel instrumental, uma vez que é pressuposto da satisfação dos restantes direitos subjectivos de que os consumidores são titulares[633]. Ora, no caso particular de que nos ocupamos, este direito assume particular relevância. E adiantamos já porquê: adquirindo um produto cuja marca não pertence, como tradicionalmente, ao produtor real, até que ponto está o consumidor verdadeiramente informado? De facto, pode perguntar-se: não colocam os produtos de "marca do distribuidor" um escolho à verdadeira informação do consumidor, ao aparecerem *travestidos* sob a roupagem do distribuidor?

É incontestável que produtores, distribuidores e consumidores não possuem o mesmo grau de informação acerca dos produtos. Uma das principais razões que está na base da protecção do consumidor é o reconhecimento de que existe uma assimetricidade informativa (*asymmetric information*)[634]. A existência de barreiras entre empresários e consumidores e a falta de transparência informativa foram, com efeito, um dos motivos da intervenção do *Welfare State* neste domínio da actividade económica.

Como refere impressivamente FERREIRA DE ALMEIDA, "informação tem sido uma palavra chave e quase mágica em toda a evolução do direito do consumo"[635]. Pode mesmo afirmar-se que nos nossos dias *estar informado* é uma das chaves da vida, para não dizer da sobrevivência[636].

---

[632] REYES LÓPEZ, *El derecho de información*, in AA. VV., Derecho Privado de Consumo, REYES LÓPEZ (Coord.), Valência, 2005, pp. 487-520; HOWELLS, *The potential and limits of consumer empowerment by information*, in "JLS", Setembro de 2005, vol. 32, n.º 3, pp. 349-370.

[633] MACÍAS CASTILLO, *Comentário ao art. 13.º*, in AA. VV., Ley General para la Defensa de los Consumidores y Usuarios, Comentarios y Jurisprudencia de la Ley veinte años después, LLAMAS POMBO (Coord.), Madrid, 2005, p. 506.

[634] POSNER, Análisis económico del derecho, p. 174; RUIZ GARCÍA e MARÍN GARCÍA, *Producto inseguro y producto defectuoso*, in "InDret", Outubro de 2006, p. 3.

[635] Direito do consumo, p. 115. Sobre a importância do direito à informação no Direito Privado vide PÉREZ GARCÍA, La información en la contratación privada. En torno al deber de información en la LGDCU, Madrid, 1990. Sobre o direito à informação como *acquis* comunitário vide STAUDENMAYER, *Le droit à l'information du consommateur*, in "Observateur", 1 de Outubro de 1998, n.º 29, pp. 39 *ss*.

[636] ÁNGEL YÁGÜEZ, *Responsabilidad por informar*, in AA. VV., Perfiles de la Responsabilidad civil en el nuevo milénio, MORENO MARTÍNEZ (Coord.), Madrid, 2000, p. 175.

346 *Marca do Distribuidor e Responsabilidade por Produtos*

O Conselho das Comunidades Europeias emitiu, em 18 de Dezembro de 1978, a Directiva 79/112/CEE relativa à aproximação das legislações dos Estados-membros respeitantes à rotulagem, apresentação e publicidade dos géneros alimentícios destinados ao consumidor final[637].

Neste diploma considerou-se que qualquer rotulagem nos géneros alimentícios deveria ter como principal imperativo a necessidade de informação e de protecção dos consumidores e que as normas respectivas deveriam proibir as informações que induzissem o comprador em erro. Prescreveu-se que a rotulagem não deveria ser de natureza a induzir em erro o comprador, além do mais, no que respeita às características dos géneros alimentícios e, em especial, no que concerne à natureza, identidade, qualidade, composição, quantidade, durabilidade, origem ou proveniência, modo de fabrico ou de obtenção (art. 2.º, n.º 1, al. a) i)). Dispôs-se que a rotulagem dos géneros alimentícios deveria incluir o local de origem ou de proveniência quando a omissão dessa indicação fosse susceptível de induzir em erro o consumidor quanto a esse facto (art. 3.º, n.º 1, al. 7).

No "Livro Verde sobre princípios gerais da legislação alimentar da União Europeia" a Comissão insistiu na necessidade de se adoptar uma abordagem regulamentar que abarcasse toda a cadeia alimentar, fazendo da indústria, dos produtores e dos fornecedores os principais responsáveis pela segurança dos produtos alimentares[638]. No que respeita à rotulagem dos produtos alimentares, a Comissão realçava a necessidade de encontrar um equilíbrio que garantisse aos consumidores o acesso a toda a informação útil. Por outro lado, a Comissão apresentava uma série de propostas para uma maior protecção dos consumidores, como seja a rotulagem dos métodos de produção.

O "Livro Branco sobre a segurança dos alimentos", de 12 de Janeiro de 2000, chamou a atenção para a necessidade de modernizar a legislação da União Europeia no domínio da alimentação, a fim de a tornar mais compreensível e proporcionar aos consumidores maior transparência[639]. As constantes crises relativas à alimentação humana e animal (BSE, dioxinas, *etc*) forçaram a Comissão a promover um nível reforçado de segurança alimentar. Propunha-se uma definição clara dos papéis de todos os

---

[637] *In* "JOCE" L 33, de 8 de Fevereiro de 1979, p. 1.
[638] COM (97) 176.
[639] COM (1999) 719 final, de 12 de Janeiro de 2000.

A *Qualificação como Responsável* 347

intervenientes na cadeia alimentar (agricultores e operadores do sector alimentar, Estados-membros, Comissão, consumidores) bem como a rastreabilidade dos alimentos para consumo humano e para os animais.

As deficiências informativas ocasionadas pela estrutura actual do mercado multiplicam o seu efeito negativo, em consequência do comportamento de muitos dos protagonistas do tráfico jurídico. Os grandes senhores da distribuição comercial controlam os mecanismos de informação e persuasão, dispondo de meios suficientes para manipular as necessidades dos consumidores e as suas preferências. A Ordem Jurídica terá necessariamente de estar atenta, iluminando essa "zona de penumbra" em que se movem os interesses dos consumidores, substituindo o arcaico princípio do *caveat emptor* pelo mais moderno *caveat venditor* e assumindo como principal objectivo a protecção do consumidor[640].

Não é por acaso que o *Code de la Consommation* francês de 1993 dedica ao direito à informação todo o seu título I. Os direitos que assistem aos consumidores não podem ser vistos de forma isolada ou compartimentada. O direito ao ressarcimento dos danos causados por produtos defeituosos não exclui o direito do consumidor à informação sobre os produtos que adquire ou que pretende adquirir. O direito à informação constitui, deste modo, um bem de importância tão elevada quanto o direito à indemnização pelos danos causados, não podendo adoptar-se uma visão minimalista de mera reparação *ex post*, fechando os olhos aos deveres de informação e de esclarecimento *ex ante*.

Qual a interligação entre o direito à informação e os outros direitos do consumidor – o direito à saúde, à segurança, à defesa dos legítimos interesses económicos e à reparação dos danos causados?

Nenhum dos direitos que fazem hoje parte do catálogo de direitos reconhecidos ao consumidor será efectivo sem um verdadeiro direito dos consumidores à informação.

Os dados que surgem apostos nos produtos podem ser de dois tipos: sinais distintivos e legendas puramente informativas. Quanto aos primeiros, cumprem uma função informativa mínima, uma vez que permitem reconhecer os produtos iguais ou semelhantes, dotados do mesmo signo distintivo, que indica a sua origem empresarial. A sua principal função é individualizar e distinguir os produtos no mercado e por isso uma das

---

[640] GÓMEZ SEGADE, *Notas sobre el derecho de información del consumidor, in* "RJC", Julho/Setembro de 1980, n.º 3, pp. 140 *s.*

348 Marca do Distribuidor e Responsabilidade por Produtos

suas características essenciais é possuírem força distintiva. No entanto, a regulação dos sinais distintivos só indirectamente protege o direito dos consumidores à informação uma vez que, e antes de mais, visa sobretudo proteger os interesses dos empresários titulares desses signos distintivos.

O direito à informação baseia-se fundamentalmente na protecção contra a publicidade enganosa, a etiquetagem ou qualquer outra prática fraudulenta ou enganadora que induza gravemente em erro e na garantia de prestação dos elementos de informação indispensáveis a uma escolha esclarecida. A transparência é essencial ao funcionamento da concorrência, própria dos sistemas económicos de mercado e tem essencialmente a ver com o conhecimento pelos agentes económicos, incluindo os consumidores, dos elementos necessários às suas correctas decisões. A informação deve proporcionar aos consumidores a consciência crítica das suas necessidades e ordenar as suas preferências, possibilitando uma comparação e escolha dos vários produtos e serviços oferecidos no mercado.

A LDC estabelece no art. 8.º o direito do consumidor à informação. Nele se diz que "o fornecedor de bens ou prestador de serviços deve, tanto nas negociações como na celebração de um contrato, informar de forma clara, objectiva e adequada o consumidor, nomeadamente, sobre características, composição e preço do bem ou serviço, bem como sobre o período de vigência do contrato, garantias, prazos de entrega e assistência após o negócio jurídico".

De acordo com o n.º 2, "a obrigação de informar impende também sobre o produtor, o fabricante, o importador, o distribuidor, o embalador e o armazenista, por forma a que cada elo do ciclo produção-consumo possa encontrar-se habilitado a cumprir a sua obrigação de informar o elo imediato até ao consumidor, destinatário final da informação".

O n.º 5 refere que o fornecedor de bens ou prestador de serviços que viole o dever de informar responde pelos danos que causar ao consumidor, sendo solidariamente responsáveis os demais intervenientes na cadeia da produção à distribuição que hajam igualmente violado o dever de informação.

Por fim, o n.º 6 estabelece que o dever de informar não pode ser denegado ou condicionado por invocação de segredo de fabrico não tutelado na Lei, nem pode prejudicar o regime jurídico das cláusulas contratuais gerais ou outra legislação mais favorável para o consumidor. No Anteprojecto do Código do Consumidor o direito à informação encontra-se previsto nos arts. 20.º e seguintes.

O n.º 1 do art. 12.º da LGDCU II estipula: "los empresarios pondrán en conocimiento previo del consumidor y usuario, por medios apropiados, los riesgos susceptibles de provenir de una utilización previsible de los bienes y servicios, habida cuenta de su naturaleza, características, duración y de las personas a las que van destinados, conforme a lo previsto en el artículo 18 y normas reglamentarias que resulten de aplicación".

Por outro lado, o art. 18.º, sob a epígrafe "etiquetado y presentación de los bienes y servicios" refere: "el etiquetado y presentación de los bienes y servicios y las modalidades de realizarlo deberán ser de tal naturaleza que no induzca a error al consumidor y usuario (...)".

A al. a) do n.º 2 dispõe: "sin perjuicio de las exigencias concretas que se establezcan reglamentariamente, todos los bienes y servicios puestos a disposición de los consumidores y usuarios deberán incorporar, acompañar o, en último caso, permitir de forma clara y comprensible, información veraz, eficaz y suficiente sobre sus características esenciales, en particular sobre (...) *nombre y dirección completa del productor*". A LDC portuguesa não dispõe de uma norma semelhante.

Será que esta imposição legal significa a proibição dos produtos de marca do distribuidor? Será que é obrigatória a indicação do produtor real? Ou será que podemos falar de um produtor em sentido amplo, não em termos factuais, a montante, mas sim em termos de responsabilidade, posterior à colocação do produto no mercado? Dito de outra forma: será que a informação sobre o nome e direcção completa se refere ao produtor real, ao verdadeiro fabricante, ou também inclui o produtor por equiparação, o produtor aparente, enfim, o titular da marca de distribuição?

O rótulo, na técnica comercial, é a parte integrante da embalagem de certos produtos, isto é, o documento em que se inscrevem títulos, legendas ou outras expressões explicativas ou indicativas do conteúdo de certo recipiente, através do qual se veicula o conhecimento sobre os elementos componentes de um produto e a respectiva utilidade. O rótulo constitui o verdadeiro "bilhete de identidade" do produto, para além de cumprir uma função publicitária e de marketing (o rótulo é, muitas vezes, a "cara" do produto). Muito para além dos aspectos estético-decorativos, o rótulo deve ser um instrumento de informação ao consumidor, permitindo a este fazer uma escolha consciente e fundamentada.

Ora, será que um produto de marca do distribuidor, pelo facto de omitir, por natureza, o nome do seu produtor, não obsta à verdadeira informação do consumidor?

350   *Marca do Distribuidor e Responsabilidade por Produtos*

A rotulagem tem sido definida como um conjunto de indicações e menções, incluindo eventualmente imagens e marcas de fabrico ou de comércio, respeitantes ao produto alimentar e que constam sobre a embalagem em rótulo, etiqueta, cinta, *etc*, acompanhando ou referindo-se ao respectivo produto. Estas indicações devem ser completas, verdadeiras e esclarecedoras quanto à composição, qualidade, quantidade, validade ou demais características que entrem na composição do produto.

Mas pergunta-se: e quanto à proveniência, enquanto indicação do real fautor material do produto?

A Directiva 2000/13/CE do Parlamento Europeu e do Conselho, de 20 de Março de 2000, veio estabelecer regras relativas à aproximação das legislações dos Estados-membros respeitantes à rotulagem, apresentação e publicidade dos géneros alimentícios, revogando a Directiva n.º 79/112[641].

Esta aproximação visava essencialmente informar e proteger os consumidores e impedir que legislações nacionais diferentes entravem a livre circulação dos alimentos. O seu princípio basilar assenta na proibição da rotulagem, apresentação ou publicidade de géneros alimentícios que induzam em erro o comprador quanto às características ou efeitos do alimento. O rótulo deve fazer referência ao nome ou à firma e endereço do fabricante ou do acondicionador, ou de um vendedor estabelecido no território da Comunidade (n.º 7 do art. 3.º). O legislador comunitário refere ainda que deve ser mencionado o local de origem ou de proveniência, quando a omissão desta indicação for susceptível de induzir em erro o consumidor.

Esta matéria encontra-se regulada em Portugal no DL n.º 560/99, de 18 de Dezembro. O art. 3.º, n.º 2, al. a) estabelece que devem constar do produto o nome ou firma ou denominação social e a morada do fabricante ou do embalador, ou de um vendedor estabelecido na União Europeia.

Em relação aos produtos da marca do distribuidor, o distribuidor cumpre a obrigação de indicar um produtor. De facto, as normas legais não exigem que seja identificado o produtor real. Os produtos da marca do distribuidor não são produtos "clandestinos" uma vez que cumprem as regras exigidas quanto à rotulagem. As normas sobre etiquetado e rotulagem não exigem que o produtor real seja clara e inequivocamente identificado mas apenas que conste do produto a referência a algum produtor. Ora, no caso das marcas de distribuição, o seu titular apenas terá de fazer referência ao nome de um fabricante, embalador ou vendedor – e é o que geralmente sucede, indicando o seu próprio endereço.

---

[641] *In* "JOCE" L 109, de 6 de Maio de 2000, pp. 29-42.

O regime vigente não impede que o distribuidor aponha a sua marca nos produtos que vende e nem sequer exige que identifique o produtor real. No entanto, o distribuidor deverá estar ciente de que, actuando desse modo (apondo a sua marca, nome ou outro sinal distintivo) poderá ser tratado como produtor e responsabilizado pelos danos causados, ainda que identifique o produtor real. Como referia SEYTRE há mais de trinta anos, analisando a então proposta de Directiva sobre responsabilidade por produtos, no sistema de responsabilidade objectiva a responsabilidade do produtor está relacionada com o produto em si mesmo, ou seja, sobre as suas propriedades. Deste modo, a rotulagem assume um papel considerável[642].

O conceito de rastreabilidade foi pensado relativamente ao problema da segurança alimentar. Mas será que este conceito pode ser dirigido a uma nova perspectiva, ao nível da informação? E, reconduzindo esta questão ao problema que nos ocupa, pergunta-se: será que os produtos de marca do distribuidor, pela sua especificidade, não exigem uma rastreabilidade ao nível informativo?

É o próprio "Livro Branco sobre a segurança dos alimentos" que proclama que "os consumidores têm o direito de esperar que lhes sejam fornecidas informações úteis e claras sobre a qualidade e os constituintes dos alimentos, por forma a poderem escolher com conhecimento de causa" e que "as regras vinculativas em matéria de rotulagem devem garantir que o consumidor disponha de informações sobre as características dos produtos – composição, armazenagem e utilização – que determinem a sua escolha. Os operadores devem ter a possibilidade de fornecer mais informações no rótulo, desde que essas informações sejam correctas e não enganosas"[643].

Pergunta-se: onde acaba o direito à informação? Porquê limitar o direito à informação aos ingredientes, dados nutricionais, *etc* – e excluir o direito a saber quem, de facto, concebeu e desenvolveu aquele produto?

No sistema económico actual, os produtores (entendidos em sentido amplo, ou seja, incluindo o produtor aparente) são os maiores fornecedores

---

[642] La responsabilité du fait des produits (panorama economique), Agence Européenne d'Informations, Bruxelas, 1978, p. 13.

[643] Mais precisamente na p. 719.

352 *Marca do Distribuidor e Responsabilidade por Produtos*

de informação no mercado de consumo. Através da rotulagem, as empresas comunicam grandes quantidades de informação aos consumidores de bens e serviços[644].

A informação sobre o produto real constitui aquilo a que a doutrina chama de *informação privada*, que está na posse do distribuidor e poderá, em alguns casos, ser revelada. A revelação (*unravelling*) desta informação pode ser feita *ex post*. A identificação obrigatória do produtor ou importador ajuda, é óbvio, a referenciar a entidade a quem deverão ser dirigidas queixas ou reclamações. Mas será de exigir que tal informação seja feita *ex ante*?

A Directiva 83/374 visou essencialmente a criação de mecanismos de protecção ao lesado enquanto vítima de danos provocados por produtos defeituosos. De facto, pode ler-se à cabeça dos considerandos do texto comunitário que "é necessária uma aproximação das legislações em matéria de responsabilidade do produtor pelos *danos causados pela qualidade defeituosa dos seus produtos*, por a sua disparidade ser susceptível de falsear a concorrência, de prejudicar a livre circulação das mercadorias no mercado comum e de originar diferenças relativamente ao *grau de protecção do consumidor contra os danos causados à sua saúde e aos seus bens por um produto defeituoso*".

O direito dos consumidores à informação é um direito instrumental, uma vez que constitui um meio de fazer valer os direitos substanciais à sua protecção física e económica[645]. A informação deve incidir sobre todos os elementos que possibilitem uma escolha criteriosa. Desde logo, sobre o preço, qualidade, condições contratuais concretas de cada transacção, alternativas existentes no mercado, *etc*.

Ao substituir a referência à marca do produtor pelo seu próprio sinal distintivo ou ao remeter aquela para um *lettering* reduzido ou para um simples número, o distribuidor deve ter a consciência de que reduz a informação transmitida ao público. Se se serve de uma estratégia de rotulagem e apresentação que constitui uma pensada e intencional ferramenta de marketing deve estar ciente de que deverá, do mesmo passo, garantir e responder pelos danos que tais produtos possam causar.

---

[644] GÓMEZ POMAR, *La relación entre normativa sobre protección de consumidores y normativa sobre defensa de la competência. Una visión desde el análisis económico del derecho*, in "InDret", Janeiro de 2003, p. 15.

[645] FERREIRA DE ALMEIDA, Os direitos dos consumidores, Coimbra, 1982, p. 180.

Ainda que tal não resultasse de todos os argumentos anteriormente expostos, somos de crer que o lesado, quando tenha a qualidade de consumidor, deverá poder reclamar contra quem apõe o seu nome, marca ou sinal distintivo no produto, ainda que não acredite que este o tenha fabricado.

O distribuidor pretende, ao apor o seu sinal distintivo nos produtos, passar uma mensagem: a de que estes têm alta qualidade e um preço reduzido. Reserva para eles as melhores prateleiras e os cartazes mais vibrantes. Envolve estes produtos em fortes campanhas publicitárias. Passa uma mensagem, condiciona a informação transmitida ao consumidor. Por isso, deve ser responsável pela confiança que veicula, pela garantia implícita que apresenta ao apor o seu nome, marca ou outro sinal distintivo sobre os produtos.

À guisa de conclusão, podemos dizer que a responsabilização do titular das marcas de distribuição, na qualidade de produtor aparente, deve ser escorada, *de lege ferenda*, em várias considerações, que se resumem da seguinte forma.

Primeiro, a necessidade de tutelar a especial confiança que o distribuidor cria, aos olhos do lesado, de que assumiu alguma participação no processo produtivo ou, pelo menos, de que se responsabiliza por algum defeito do produto.

Para além disso, a consideração do produtor aparente como responsável visa facilitar a reclamação do prejudicado, que fica deste modo dispensado de investigar a identidade do verdadeiro produtor e de demonstrar de que ponto da cadeia de produção procede o defeito.

Em terceiro lugar, uma tal perspectiva traduz o reconhecimento de que sobre o produtor aparente impendem obrigações e deveres muito mais vastos do que os que se aplicam aos meros distribuidores, sublinhando que é um dos profissionais da cadeia de produção e distribuição cuja actividade pode influenciar e afectar a segurança dos produtos.

Para além disso, a inserção do titular de marcas de distribuição no círculo dos responsáveis resulta do reconhecimento das novas funções que o sujeito passa a desempenhar, intervindo na cadeia de produção ou distribuição do produto, servindo-se de um instrumento de diferenciação e atracção de clientela tão poderoso como é a marca, rodeando-a ademais de um forte impacto publicitário. Um tão extenso rol de vantagens deve ser acompanhado, por razões de elementar justiça, do correspondente risco.

Entendemos que o titular da marca de distribuição deve ser responsável quer nos casos em que a sua marca é a única a constar do produto, quer nos casos em que também é identificado o produtor real mas em que ao sinal distintivo do primeiro é dada uma relevância absolutamente preponderante na apresentação do produto. É necessário ter presente que a individualização do produtor real e o seu conhecimento não exclui a responsabilidade do empresário que após o seu sinal distintivo, sendo ambos solidariamente responsáveis face ao prejudicado.

Um outro motivo que nos leva a defender uma extensão da responsabilidade do titular da marca de distribuição é o propósito de evitar que o distribuidor se exima à responsabilidade pela inclusão no produto de uma referência ao facto de não ser o produtor real. Em nosso entender a referência feita, geralmente no verso do produto, ao produtor real não deve ser tida como advertência suficiente de que o produto não foi produzido pelo distribuidor e de que este não assume qualquer responsabilidade pelos danos que este possa eventualmente causar.

Por fim, entendemos que uma tutela eficaz do lesado exige que se atenda às especificidades próprias deste tipo de produtos, que se baseiam numa estratégia de marketing agressiva, em que o distribuidor reduz deliberadamente a informação transmitida ao público.

Os diferentes argumentos apontados não são, como é óbvio, independentes, antes operando simultaneamente. Cada um deles expressa um ponto de vista a partir do qual é possível perspectivar este fenómeno económico-jurídico.

Tenha-se presente, como é evidente, que apenas nos debruçamos sobre o caso do titular de marcas de distribuição. Consideramos, porém, que os argumentos apresentados podem, em boa medida, ser transpostos para outros domínios em que o problema se coloca, por exemplo, na venda por correspondência, no licenciamento de marca ou na franquia.

CAPÍTULO V
A RESPONSABILIDADE

18 – Regime geral

No Capítulo que precede procurámos empreender uma adequada exegese da norma comunitária, de molde a descortinar quais os pressupostos de inserção do titular de marcas de distribuição no círculo dos responsáveis. Não se trata, como vimos, de tarefa fácil, atentos os diferentes entendimentos que têm sido sufragados pela extensa doutrina existente.

Procurámos recolher os argumentos que nos parecem mais válidos, delineando, em conformidade, os exactos limites da normal legal. Destrinçámos quais as situações que devem ser excluídas do seu âmbito de aplicação daquelas outras que devem, em nosso entender, justificar a responsabilização do titular da marca. Formulámos uma proposta de alteração dos pressupostos de responsabilização do produtor aparente, atendendo às especificidades que rodeiam o fenómeno da marca do distribuidor e que, no nosso entender, justificam uma visão extensiva da responsabilidade.

Passamos agora à análise do regime aplicável aos casos em que o titular da marca do distribuidor seja considerado responsável na qualidade de produtor aparente.

Quando seja de submeter um caso de danos causados por produtos com a marca do distribuidor ao conceito de produtor aparente, será o titular dessa marca responsável pelos danos causados nos termos dos arts. 1.º e 3.º da Directiva comunitária. A responsabilidade de que aqui cuidamos é de natureza civil, podendo, de igual modo, atingir o foro administrativo[646] e penal[647]. Como é óbvio, não é este o local para tratar dessas outras dimensões de responsabilidade.

---

[646] No acórdão de 23 de Novembro de 2006, já citado, o TJCE frisou, e bem, que "a responsabilidade do distribuidor devido a violações da regulamentação em matéria de

356 Marca do Distribuidor e Responsabilidade por Produtos

É importante sublinhar que a Directiva não prejudica os direitos que o lesado possa invocar nos termos do Direito da responsabilidade contratual ou extracontratual ou nos termos de um regime especial de responsabilidade que exista no momento da sua notificação (art. 13.º). Neste sentido, o art. 13.º do DL n.º 383/89 estatui: "o presente diploma não afasta a responsabilidade decorrente de outras disposições legais".

O lesado tem a faculdade de cumular os diferentes regimes de responsabilidade pois só deste modo poderá obter pleno ressarcimento dos danos sofridos. Defender que a opção do lesado por algum dos regimes é excludente dos demais (ou seja, que estes se encontram numa situação de alternatividade) constituiria uma regressão nos direitos dos prejudicados que o art. 13.º da Directiva quis expressamente evitar.

Como se referiu no acórdão do Tribunal da Relação do Porto de 13 de Julho de 2000, com a transposição da Directiva comunitária para o Direito interno surgiu "um direito especial, consagrando claramente a responsabilidade do produtor independente de culpa, mas um direito especial que (...) não pretende derrogar, nem derrogou o direito comum já existente".

Em 2 de Outubro de 2001 o Tribunal da Relação de Coimbra proferiu um aresto em que sublinhava que são três as vias para a responsabilização do produtor: a garantia e a responsabilidade contratual, fixada no regime geral ou comum; a responsabilidade extracontratual subjectiva, decorrente do mesmo regime; e a responsabilidade objectiva prevista no DL 383/89, de 6 de Novembro. Coexistindo estas três vias, "lado a lado, onde as pretensões da vítima estão em concorrência cumulativa e não apenas selectiva", o lesado tem a faculdade de "combinar na acção para ressarcimento do dano as vantagens de todas ou de algumas delas e não apenas a de optar por uma delas".

---

rotulagem de géneros alimentícios, que expõe o referido distribuidor, designadamente, ao pagamento de coimas administrativas, é estranha ao âmbito de aplicação específico do regime da responsabilidade objectiva instituída pela Directiva 85/374" (ponto 55) e que, em consequência, "os eventuais princípios em matéria de responsabilidade que a Directiva 85/374 contém não são transponíveis no contexto das obrigações em matéria de rotulagem prescritas pela Directiva 2000/13" (ponto 56).

[647] Vide, entre outros, PAREDES CASTAÑÓN e RODRIGUEZ MONTAÑES, El caso de la colza: responsabilidad penal por productos adulterados o defectuosos, Valência, 1995 e HASSEMER e MUÑOZ CONDE, La responsabilidad por el producto en derecho penal, Valência, 1995.

No mesmo sentido, o acórdão do Tribunal da Relação do Porto de 7 de Março de 2005 recordou que o lesado pode invocar o regime que lhe for mais favorável de acordo com as três vias de responsabilização do produtor, as quais "existem lado a lado e, onde se cruzarem ou entrecruzarem, as pretensões da vítima estarão em concorrência cumulativa e não só electiva".

Uma tal solução é incontroversa pois só possibilitando que corram em conjunto diversos regimes de responsabilidade e possibilitando que o lesado se prevaleça das disposições mais favoráveis se favorece a tutela da vítima. Deste modo, a problemática do concurso entre a *obligatio ex contractu* e a *obligatio ex delicto*, nomeadamente a regra *non cumul* das responsabilidades contratual e extracontratual tem tendência a ser ultrapassada[648].

Por outro lado, a não invocação pelo lesado do regime especial vertido no DL n.º 383/89 não impede o Tribunal de o aplicar como diploma regulador da responsabilidade decorrente dos produtos defeituosos, conforme lembrou o acórdão do Tribunal da Relação de Lisboa de 18 de Março de 1999.

O Livro Verde "a responsabilidade civil decorrente dos produtos defeituosos" reconhece que na maioria dos Estados-membros as regras nacionais de aplicação da Directiva são aplicadas em paralelo com outros normativos. Os lesados recorrem a outros sistemas de responsabilidade (Direito contratual ou extracontratual) principalmente porque prevêem uma compensação que dá maior protecção (abrange os danos até 500 euros, os danos imateriais, os danos ao próprio produto defeituoso e à propriedade destinada a uso profissional; os períodos de prescrição são maiores, *etc*).

Outro motivo para a aplicação paralela é o facto de a legislação "tradicional" ser mais conhecida, existindo uma jurisprudência estabelecida. A coexistência de diferentes regimes de responsabilidade pode ser um dos factores que explica o escasso número de casos práticos apresentados nos tribunais nacionais com base em regras nacionais de aplicação da Directiva.

Aliás, a jurisprudência de vários Estados-membros tem seguido uma tendência para interpretar a responsabilidade do produtor, no âmbito de

---

[648] ROMANO MARTINEZ, Cumprimento defeituoso em especial na compra e venda e na empreitada, Coimbra, 1994, p. 70.

regimes de responsabilidade culposa, de uma forma extensiva, com o resultado de na prática estar a desaparecer a diferença entre os regimes da culpa e da responsabilidade objectiva. A maior parte das reacções ao Livro Verde opôs-se a que a Directiva se tornasse o regime comum e exclusivo de responsabilidade decorrente dos produtos defeituosos, sendo a favor da manutenção da situação actual.

Na verdade, o regime da responsabilidade por produtos fixado na Directiva não resolve todos os problemas com que os lesados se deparam. Para além disso, é bastante restritivo quanto aos danos indemnizáveis, uma vez que apenas tem por objecto o ressarcimento de um tipo específico de danos: os causados pela morte ou lesões corporais, ou causados a uma coisa ou a destruição de uma coisa que não seja o próprio produto defeituoso, e desde que o valor do dano seja superior a 500 euros e que a coisa seja de um tipo normalmente destinado ao uso ou consumo privados e tenha sido utilizada pela vítima principalmente para seu uso ou consumo privados (art. 9.º da Directiva). A Directiva não abrange os danos causados no próprio produto uma vez que se considera aplicável, quanto a estes, o regime comum da compra e venda.

De acordo com o art. 8.º do diploma português, "são ressarcíveis os danos resultantes de morte ou lesão pessoal e os danos em coisa diversa do produto defeituoso, desde que seja normalmente destinada ao uso ou consumo privado e o lesado lhe tenha dado principalmente este destino", estabelecendo o art. 9.º uma franquia de 500 euros.

O acórdão do Tribunal da Relação de Lisboa de 9 de Julho de 2003 procedeu a uma límpida fixação dos dois critérios exigidos por esta norma: "a delimitação deste dano às coisas pessoais ou privadas, com exclusão das pertencentes à esfera comercial ou profissional, é feita pela aplicação cumulativa de dois critérios: um objectivo e outro subjectivo. Pelo primeiro, a coisa danificada deve ser do tipo normalmente destinado ao uso ou consumo privado; pelo segundo, essa mesma coisa deve ter sido utilizada pelo lesado principalmente com essa finalidade. Assim, será coisa de uso privado, por exemplo, um frigorífico utilizado em casa, mas não já se utilizado numa fábrica, numa empresa; será coisa de uso privado o automóvel que um empresário utiliza habitualmente na sua vida privada, ainda que danificado numa ocasional viagem ao serviço da empresa, mas não já o automóvel da empresa, acidentado numa viagem de interesse privado do empresário. Ao invés, não será coisa de uso privado uma grua, ainda que no caso concreto utilizada exclusivamente pelo lesado na construção da sua própria casa, visto destinar-se normal-

A *Responsabilidade* 359

mente à construção civil; igualmente, não será coisa de uso privado o táxi utilizado predominantemente ao serviço do próprio proprietário ou da sua família".

O facto de a Directiva não se pronunciar sobre os danos não patrimoniais não prejudica a aplicação das disposições nacionais relativas a este tipo de danos[649]. De facto, é o próprio legislador comunitário quem adverte que não fica prejudicada a aplicação das normas nacionais relativas aos danos não patrimoniais (art. 9.º, *in fine*).

O Livro Verde abordou esta matéria, questionando se a Directiva também se deveria aplicar aos danos imateriais.

As respostas não foram unânimes. Existem grandes diferenças relativamente às definições e à aplicação prática, por exemplo, relativamente ao montante da indemnização atribuída nestes casos. As respostas não forneceram informação suficiente para se poder avaliar o impacto prático no funcionamento do mercado interno e na protecção dos lesados das regras nacionais e do facto de essas regras terem um âmbito de aplicação diversa e serem aplicadas de diferentes formas.

O Livro Verde perguntava se os danos causados por bens normalmente destinados a uso profissional ou comercial deveriam ser abrangidos pela Directiva, o que implicaria que os profissionais fossem protegidos em caso de dano.

As respostas foram quase todas de sentido negativo. O principal argumento utilizado foi que um dos objectivos da Directiva é a protecção do consumidor e que por isso esta não deve abranger os produtos que não sejam bens de consumo. Na prática os utilizadores profissionais já dispõem de um meio de defesa, ao abrigo do direito contratual ou através de um seguro da empresa. Apenas alguns contributos abordaram a questão de saber se um dano ao próprio produto defeituoso deveria ser abrangido. No entanto, e uma vez que o dano ao próprio produto defeituoso se encontra abrangido pelas disposições contratuais, não se considerou adequado incluir este tipo de dano no âmbito da Directiva.

Nos termos do art. 16.º da Directiva, qualquer Estado-membro pode prever que a responsabilidade total do produtor pelos danos resultantes da

---

[649] Vide VAQUER ALOY, *El concepto de daño en el Derecho comunitário*, in AA. VV., Estudios de Derecho de Obligaciones, Homenaje al Profesor Mariano Alonso Pérez, tomo II, LLAMAS POMBO (Coord.), Madrid, 2006, pp. 889 *ss*; VELOSO, *Danos não patrimoniais*, *in* AA. VV., Comemorações dos 35 anos do Código Civil e dos 25 anos da reforma de 1977, vol. III Direito das Obrigações, Coimbra, 2007, pp. 495-559.

360   *Marca do Distribuidor e Responsabilidade por Produtos*

morte ou de lesões corporais e causados por artigos idênticos que apresentem o mesmo defeito será limitada a um montante que não pode ser inferior a 70 milhões de ECUs. O legislador português estabeleceu, no art. 9.º do seu diploma de transposição, que o ressarcimento total não podia ultrapassar o montante de 10.000 milhões de escudos (49.879.789 euros). Com a redacção dada pelo DL n.º 131/2001, de 24 de Abril, que transpôs a Directiva 1999/34, este limite desapareceu.

Em quase todos os casos de danos causados por produtos defeituosos confluem relações jurídicas de diferente natureza, sujeitas a regras distintas e que pretendem tutelar interesses jurídicos diversos. Deste modo, buscar o ressarcimento completo dos danos causados aplicando unicamente o regime próprio da responsabilidade por produtos não permite satisfazer de forma integral a pretensão ressarcitória, ainda que o dano resulte de um produto[650].

É por isso necessário ter em conta as normas próprias do regime geral que podem (e devem) ser aplicadas em conjugação com o Direito especial constituído pela Directiva e respectivos diplomas de transposição. As normas que fixam o direito à indemnização dos danos sofridos pelo lesado funcionam, deste modo, como normas supletivas relativamente ao regime especial da responsabilidade por produtos[651].

Estamos perante dois regimes distintos de tutela do lesado: o regime geral, de responsabilidade contratual ou extracontratual, fixado no Código Civil e demais legislação extravagante; e o regime especial, de responsabilidade objectiva, composto pelas normas de transposição da Directiva 85/374. A articulação entre o regime geral e especial pode revelar-se uma tarefa difícil[652].

Em Portugal são aplicáveis as normas gerais do CC, a LDC, o DL n.º 383/89, sobre responsabilidade pelos produtos e o DL n.º 67/2003, sobre garantias na venda de bens de consumo. Se o Código do Consu-

---

[650] Seuba Torreblanca, *Comentario a la STS, 1ª, 22 mayo 2001, sobre responsabilidad por productos*, in "InDret", Abril de 2002, n.º 2/2002, p. 1.

[651] Sobre a supletividade do Direito comum vide García Rubio, *Plurislegislación, supletoriedad y Derecho civil*, in AA. VV., Libro homenaje al profesor Manuel Albaladejo Garcia, González Porras e Méndez González (Coords.), vol. 1, Universidade de Múrcia, 2004, pp. 1939-1954 e Menezes Cordeiro, *Do Direito privado como Direito comum português*, in "O Direito", 2005, ano 137.º, vol. I, pp. 9-36.

[652] Busnelli e Ponzanelli, *La responsabilità del produttore tra legge speciale e codice civile*, in AA. VV., Il danno da prodotti, Patti (Coord.), Pádova, 1990, p. 21.

A *Responsabilidade* 361

midor entrar em vigor, como se espera, estes três últimos diplomas serão reunidos num único corpo legal.

Temos, desta forma, um regime geral, em que têm cabimento as normas próprias da garantia, da responsabilidade contratual e da responsabilidade extracontratual, e um regime especial, constituído pela Directiva e respectivas normas de transposição. O lesado poderá recorrer às normas do regime geral para exigir, por exemplo, o ressarcimento dos danos morais, dos danos de valor inferior à franquia ou dos danos sofridos no próprio produto[653].

O lesado pode, desde logo, optar por recorrer às normas próprias da responsabilidade contratual, caso exista um contrato estabelecido entre si e o distribuidor. Caso este seja demandado enquanto produtor aparente teremos o mesmo sujeito a responder a dois títulos diferentes: enquanto vendedor (responsabilidade contratual) e enquanto produtor (responsabilidade objectiva).

Será também possível o recurso às normas gerais de responsabilidade extracontratual, de natureza subjectiva (previstas no CC nos arts. 482.º a 510.º). O adquirente, mas também qualquer terceiro ou *bystander* lesado poderá lançar mão destes normativos, por exemplo, para ressarcimento dos danos não patrimoniais, que não são cobertos pela Directiva.

No âmbito do regime comum, poderão ser aplicáveis, para além disso, a LDC e as normas sobre cláusulas contratuais gerais (DL n.º 446/85, de 25 de Outubro). O art. 12.º da LDC estabelece que o consumidor tem direito à indemnização dos danos patrimoniais e não patrimoniais resultantes do fornecimento de bens ou prestações de serviços defeituosos. Ora, uma vez que de acordo com o n.º 1 do art. 2.º da LDC apenas é considerado "consumidor" aquele a quem sejam fornecidos bens, prestados serviços ou transmitidos quaisquer direitos, destinados a uso não profissional, apenas o adquirente do produto defeituoso poderá lançar mão deste dispositivo.

O acórdão do STJ de 11 de Março de 2003 sublinhou que a noção de consumidor em sentido estrito é a mais corrente e generalizada na doutrina e nas Directivas comunitárias, referindo-se a uma pessoa que adquire um bem ou um serviço para uso privado, de modo a satisfazer as

---

[653] Vide o acórdão do Tribunal da Relação de Lisboa de 23 de Maio de 1995, *in* "CJ", 1995, ano XX, tomo III, pp. 113-117 e o acórdão do STJ de 26 de Outubro de 1995, já citado, p. 85.

necessidades pessoais e familiares, mas não já aquele que obtém ou utiliza bens e serviços para satisfação das necessidades da sua profissão ou da sua empresa.

Ao considerar o fornecimento de bens e a prestação de serviços, o n.º 1 do art. 2.º da LDC inclui, inquestionavelmente, a compra e venda e a empreitada. Não se trata, todavia, de toda e qualquer compra e venda ou empreitada, cujos regimes gerais ou comuns se encontram no CC. Visados são apenas os contratos de consumo, firmados entre profissionais e consumidores. Estamos perante a consideração do consumidor como parte fraca, leiga, a parte mais débil economicamente e a menos preparada tecnicamente.

Nesta acepção, o Direito do Consumidor e a LDC respeitam a uma categoria particular de actos – os actos de consumo que ligam um consumidor final e um profissional que actua no quadro da sua actividade ou profissão, não a uma classe particular de pessoas. Uma decisão do STJ de 19 de Fevereiro de 2004 reafirmou que o regime legal do consumidor é inaplicável aos contratos de compra e venda celebrados entre sociedades comerciais relativos a bens transaccionados com vista a um uso profissional.

O acórdão do STJ de 13 de Janeiro de 2005 referiu que para efeitos da LDC apenas se considera consumidor aquele a quem sejam fornecidos bens, prestados serviços ou transmitidos quaisquer direitos, destinados a uso não profissional, por pessoa que exerça com carácter profissional uma actividade económica que vise a obtenção de benefícios; enquanto segundo o DL n.º 383/89 só são ressarcíveis os danos resultantes de morte ou lesão pessoal e os danos em coisa diversa do produto defeituoso, desde que seja normalmente destinada ao "uso ou consumo privado" e o lesado lhe tenha dado principalmente este destino.

De acordo com este aresto, a *ratio essendi* dessa última estatuição normativa é proteger apenas o consumidor em sentido estrito, ou seja, aquele que utilize a coisa destruída ou determinada pelo produto defeituoso para um fim privado, pessoal, familiar ou doméstico, que não para um fim profissional ou uma actividade comercial.

Um acórdão do STJ de 27 de Maio de 2008 veio frisar, uma vez mais, que os danos que o diploma veio ressarcir são apenas os sofridos pelos utilizadores, resultantes de morte ou lesão corporal, e os danos em coisa diversa do produto defeituoso, desde que seja normalmente destinado ao uso ou consumo privado e o lesado lhe tenha dado principalmente este destino.

A *Responsabilidade*   363

É necessário ter bem presente o diferente âmbito de aplicação pessoal destas normas. Assim, enquanto a LDC apenas se aplica a consumidores, o regime geral da responsabilidade (contratual ou extracontratual) aplica-se a qualquer lesado. O regime da responsabilidade por produtos, por outro lado, não exige que o lesado tenha a qualidade de consumidor, mas considera apenas ressarcíveis os danos causados em coisa diversa do produto defeituoso que seja normalmente destinada ao uso ou consumo privado e desde que o lesado lhe tenha dado principalmente esse destino. Assim, está abrangido por este regime o simples *bystander*, ou não adquirente, desde que tenha utilizado o produto em que se produziram os danos para uma finalidade de consumo privado e essa seja a sua normal utilidade.

Como é evidente, o dano é um elemento fundamental do regime da responsabilidade por produtos, pois é pressuposto lógico da obrigação de indemnização (não há ressarcimento sem dano). Por outro lado, convém não esquecer que é ao lesado que cabe a prova do dano (art. 4.º da Directiva e 139.º da LGDCU II)[654]. Curiosamente, o legislador português não estabeleceu expressamente este ónus probatório, talvez por considerar que já resulta das regras gerais (àquele que invoca um direito cabe fazer a prova dos factos constitutivos do direito alegado – n.º 1 do art. 342.º do CC).

Existem desde há alguns anos várias correntes doutrinais que buscam uma maior aproximação e harmonização do Direito privado europeu. Caso algum destes esforços venha a ser bem sucedido e se proceda a uma maior harmonização das normas legais europeias poderão existir alterações no regime de responsabilidade por produtos, quer dentro do âmbito fixado pelo art. 13.º, quer alterando alguns dos critérios utilizados pelos tribunais por referência ao Direito interno, como por exemplo na noção de dano ou de nexo de causalidade.

Desde a Resolução do Parlamento Europeu de 26 de Maio de 1989, sobre um esforço de harmonização do Direito privado dos Estados-membros[655], reforçada pela Resolução de 6 de Maio de 1994[656], muito se tem

---

[654] Vide VAQUER ALOY, *Hacia un concepto de daño en el Derecho comunitario*, *in* "NUE", Dezembro de 2006, n.º 263, pp. 91 *s.*

[655] *In* "JOCE" C 158, de 26 de Junho de 1989, p. 400.

[656] Resolução sobre a harmonização de certos sectores do direito privado dos Estados-membros, *in* "JOCE" C 20, de 25 de Julho de 1994, p. 518.

364   *Marca do Distribuidor e Responsabilidade por Produtos*

falado sobre a criação de um Código Civil europeu[657]. O surgimento de um tal dispositivo legal poderá levar a uma unificação ou pelo menos harmonização do regime da responsabilidade civil, a qual poderá ter importantes consequências sobre o instituto da responsabilidade por produtos.

Em Julho de 2001 a Comissão publicou uma Comunicação relativa ao Direito europeu dos contratos[658]. Esta Comunicação constituiu o primeiro documento de consulta publicado pela Comissão Europeia com o objectivo de alargar o debate sobre os meios para resolver, ao nível europeu, os problemas que decorrem das divergências entre os diferentes Direitos dos contratos na União Europeia.

Em Relatório de 16 de Novembro do mesmo ano o Conselho da União Europeia, para além de reclamar uma maior coerência do Direito comunitário, defendeu uma abordagem mais horizontal da harmonização, com vista à criação de um "núcleo comum" europeu de Direito privado, se for necessária uma harmonização. Por outro lado, o Conselho manifestava a vontade de analisar se as diferenças entre legislações nos domínios da responsabilidade não contratual e do direito da propriedade constituem obstáculos concretos ao bom funcionamento do mercado interno[659].

Em Maio de 2002 a *Comissão Lando*, cuja principal obra são os Princípios de Direito Contratual Europeu (*European Principles of Contract Law*), publicou a terceira parte destes princípios, onde são fornecidos importantes subsídios para o estudo desta matéria[660].

Da Comunicação da Comissão ao Parlamento Europeu e ao Conselho intitulada "maior coerência no direito europeu dos contratos", de Dezembro de 2003, resulta que é necessário continuar as investigações nas áreas do Direito da propriedade e do Direito em matéria de responsabilidade civil[661].

---

[657] Vide Moura Vicente, *Um Código Civil para a Europa?*, in AA. VV., Estudos em homenagem ao Professor Doutor Inocêncio Galvão Telles, vol. I, Coimbra, 2002, pp. 47-73; AA. VV., Um código civil para a Europa, in "BFD", 2002; Silva Pereira, *Proposta de reflexão sobre um código civil europeu, in "ROA"*, Novembro de 2004, pp. 495-608; García Rubio, *Hacia un derecho europeo de contratos*, in AA. VV., Estudios de derecho mercantil europeo, Pérez Carrillo (Coord.), Madrid, 2005, pp. 83-103.

[658] COM (2001) 398 final, de 11 de Julho de 2001.

[659] Draft Council report on the need to approximate Member States' legislation in civil matters. Disponível no sítio http://register.consilium.eu.int/pdf/en/01/st12/12735en1.pdf.

[660] Disponível online em http://webh01.ua.ac.be/storme/PECL3en.html.

[661] COM (2003) 68 final, de 12 de Dezembro de 2003.

A Responsabilidade 365

Em 2005 o prestigiado *European Group on Tort Law* (*Tilburg Group*) formulou os Princípios de Direito Europeu da Responsabilidade Civil, que fornecem um importante contributo para a discussão do assunto[662]. Este grupo pretende inserir o conceito de responsabilidade por produtos defeituosos num conceito geral de "responsabilidade profissional" que seria basicamente um sistema de responsabilidade objectiva. Este conceito lato baseia-se na imputação do risco que resulta do exercício de uma "actividade perigosa".

Em Novembro de 2006 o *Grupo de Estudo de um Código Civil Europeu* publicou uma actualização dos chamados Princípios de Direito Extracontratual Europeu em que se estabelecem algumas regras gerais neste domínio[663]. O art. 3.204, sobre danos causados por produtos, decalca a definição comunitária, incluindo na definição de produtor "any person who, by putting their name, trade mark or other distinguishing feature on the product, presents themselves as its producer" (5) c)).

O regime da responsabilidade por produtos será decerto influenciado por quaisquer modificações que venham a resultar de uma maior harmonização do Direito privado dos Estados-membros. É de esperar, por outro lado, que a responsabilidade por produtos continue a ser o "laboratório" do chamado "Direito dos acidentes" (*Unfallrecht*) e que algumas das suas soluções e mecanismos próprios sejam trasladados para outros domínios da responsabilidade civil[664].

A existência de uma pluralidade de regimes aplicáveis (Direito geral e Direito especial) e de sujeitos eventualmente responsáveis (produtores,

---

[662] Vide ZIMMERMANN, *Principles of european contract law and principles of european tort law: comparison and points of contact*, in AA. VV., European tort law 2003, KOZIOL e STEININGER (Eds.), Viena/Nova Iorque, 2004, pp. 2-32; WAGNER, *The project of harmonizing european tort law*, in "CMLR", 2005, n.º 42, pp. 1269-1312; ALPA, *Principles of European Tort Law: a critical view from the outside*, in "EBLR", 2005, pp. 957-974; MARTÍN CASALS, *Una primera aproximación a los"Principios de Derecho europeo de la responsabilidad civil*, in "InDret", Maio de 2005, 2/2005, pp. 1-25; SINDE MONTEIRO *Responsabilidade delitual. Da ilicitude*, in AA. VV., Comemorações dos 35 anos do Código Civil e dos 25 anos da reforma de 1977, vol. III Direito das Obrigações, Coimbra, 2007, pp. 471 *ss*.

[663] Acessível no endereço http://www.sgecc.net/media/downloads/ updatetortlawarticles_copy.doc.

[664] ALPA e STOPPA, *L'application de la Directive communautaire sur la responsabilité du fait des produits en droit italien*, in AA. VV., Directive 85/374/EEC on product liability: ten years after, GOYENS (Dir.), Louvain-la-Neuve, 1996, p. 62.

366 *Marca do Distribuidor e Responsabilidade por Produtos*

importadores e fornecedores) pode suscitar algumas dúvidas acerca do regime processual da acção de ressarcimento dos danos causados por produtos defeituosos. Embora este seja um trabalho de cariz substantivo, cremos ser importante fazer referência a alguns aspectos de natureza adjectiva que assumem alguma importância.

A primeira questão que se coloca, como é evidente, é a da determinação do tribunal competente.

De acordo com o art. 2.º do Regulamento (CE) n.º 44/2001, do Conselho, de 22 de Dezembro de 2000, relativo à competência judiciária, ao reconhecimento e à execução de decisões em matéria civil e comercial (Regulamento Bruxelas I), a regra geral é de que as pessoas domiciliadas no território de um Estado-membro devem ser demandadas, independentemente da sua nacionalidade, perante os tribunais desse Estado (art. 2.º)[665].

O art. 5.º estabelece algumas normas especiais de competência. Assim, uma pessoa domiciliada no território de um Estado-membro pode ser demandada noutro Estado-membro, em matéria contratual, e no caso da venda de bens, no lugar onde os bens foram ou devam ser entregues (al. b) do n.º 1).

No caso da responsabilidade extracontratual, o tribunal competente é o do lugar onde ocorreu ou poderá ocorrer o facto danoso (n.º 3 do art. 5.º).

O Regulamento prevê ainda uma secção própria sobre os contratos celebrados por consumidores. Neste caso, e nos termos do art. 16.º, o consumidor pode intentar uma acção contra a outra parte no contrato, quer perante os tribunais do Estado-membro em cujo território estiver domiciliada essa parte, quer perante o tribunal do lugar onde o consumidor tiver domicílio. Esta secção está limitada, deste modo, às relações de natureza contratual e, ademais, àquelas que se possam considerar como relações contratuais com um consumidor, tal como definido no art. 15.º.

Como já se referiu, a Directiva 85/374 prescindiu, propositadamente, de qualquer qualificação da responsabilidade como contratual ou extracontratual. Em relação à responsabilidade fixada na Directiva, o tribunal competente poderá ser, deste modo, o do local onde o facto danoso se

---

[665] *In* "JOCE" L 12, de 16 de Janeiro de 2001, pp. 1-23. Este Regulamento veio substituir a Convenção de Bruxelas sobre a competência judiciária e a execução de decisões em matéria civil e comercial, de 27 de Setembro de 1968. A versão consolidada pode ser consultada *in* "JOCE" C 27, de 26 de Janeiro de 1998, p. 1-27.

A *Responsabilidade* 367

verificou (por exemplo, o domicílio do lesado) mas também de um outro país (um país onde este passava férias, por exemplo, e onde se verificou o dano).

Se pretendermos accionar o titular da marca de distribuição enquanto vendedor, com base no regime geral da responsabilidade contratual, o tribunal competente será o do local onde os bens foram entregues – o qual pode não coincidir com o país onde o dano se verificou... No entanto, e de acordo com o art. 16.º, o Autor, caso tenha qualidade de consumidor, pode demandar o responsável, à sua escolha, nos tribunais do país onde tem residência ou nos tribunais do país onde o distribuidor está domiciliado.

A situação é diferente no caso do simples *bystander*. Uma vez que não dispõe de um contrato com o titular da marca de distribuição, terá de propor a acção (que aqui é decididamente, nem que fosse por exclusão de partes, de responsabilidade extracontratual) no local onde sofreu os danos – o qual pode não corresponder ao país onde tem domicílio.

Isto quanto ao tribunal competente. E quanto à Lei competente? Embora a Directiva seja apenas uma, os diplomas de transposição são, como é evidente, vários.

Em 31 de Julho de 2007 foi publicado o Regulamento (CE) n.º 864/ /2007 do Parlamento Europeu e do Conselho, de 11 de Julho de 2007, relativo à Lei aplicável às obrigações extracontratuais ("Roma II"), que introduziu algumas alterações em matéria de determinação da Lei competente nos casos de responsabilidade por produtos defeituosos[666].

O Parlamento Europeu e a Comissão entenderam que a regra de conflitos deve "responder aos objectivos que consistem na justa repartição dos riscos inerentes a uma sociedade moderna de alta tecnologia, na protecção da saúde dos consumidores, na promoção da inovação, na garantia de uma concorrência não falseada e na facilitação das trocas comerciais"[667]. Foi criado um sistema em cascata de factores de conexão, acompanhado de uma "cláusula de previsibilidade".

---

[666] *In* "JOCE" L 199, de 31 de Julho de 2007, pp. 40-49. Vide SEUBA TORREBLANCA, *Derecho de daños y Derecho Internacional Privado: algunas cuestiones sobre la legislación aplicable y la Propuesta de Reglamento "Roma II", in* "InDret", Fevereiro de 2005, n.º 1/2005, pp. 19-21 e LIMA PINHEIRO, *O direito de conflitos das obrigações extracontratuais entre a comunitarização e a globalização – uma primeira apreciação do Regulamento comunitário Roma II, in* "O Direito", 2007, ano 139.º, vol. V, pp. 1027-1071.

[667] Considerando n.º 20.

O n.º 1 do art. 4.º estabelece a regra geral em matéria de responsabilidade fundada em acto lícito, ilícito ou no risco: "salvo disposição em contrário do presente regulamento, a Lei aplicável às obrigações extracontratuais decorrentes da responsabilidade fundada em acto lícito, ilícito ou no risco é a Lei do país onde ocorre o dano, independentemente do país onde tenha ocorrido o facto que deu origem ao dano e independentemente do país ou países onde ocorram as consequências indirectas desse facto".

No entanto, de acordo com o n.º 2 do art. 4.º, sempre que a pessoa cuja responsabilidade é invocada e o lesado tenham a sua residência habitual no mesmo país no momento em que ocorre o dano, é aplicável a Lei desse país.

O n.º 3 do mesmo art. estabelece: "se resultar claramente do conjunto das circunstâncias que a responsabilidade fundada em acto lícito, ilícito ou no risco tem uma conexão manifestamente mais estreita com um país diferente do indicado nos n.ºs 1 ou 2, é aplicável a Lei desse outro país. Uma conexão manifestamente mais estreita com um outro país poderá ter por base, nomeadamente, uma relação preexistente entre as partes, tal como um contrato, que tenha uma ligação estreita com a responsabilidade fundada no acto lícito, ilícito ou no risco em causa".

O art. 5.º, sem prejuízo desta regra, vem estabelecer que a Lei aplicável a uma obrigação extracontratual decorrente de um dano causado por um produto é a Lei do país onde o lesado tenha a sua residência habitual no momento em que ocorre o dano, se o produto tiver sido comercializado nesse país (al. a)). Não sendo assim, é competente a Lei do país onde o produto tenha sido adquirido, se o produto tiver sido comercializado nesse país (al. b)). Não sendo o caso, deve ser aplicada a Lei do país onde o dano tenha ocorrido, se o produto tiver sido comercializado nesse país (al. c)).

O mesmo art. dispõe, porém, que a Lei aplicável é a Lei do país onde a pessoa cuja responsabilidade é invocada tenha a sua residência habitual, se essa pessoa não puder razoavelmente prever a comercialização do produto, ou de um produto do mesmo tipo, no país cuja Lei é aplicável ao abrigo das alíneas já referidas. Ainda segundo o n.º 2 do mesmo art., "se resultar claramente do conjunto das circunstâncias do caso que a responsabilidade fundada em acto lícito, ilícito ou no risco tem uma conexão manifestamente mais estreita com um país diferente do indicado no n.º 1, é aplicável a lei desse outro país".

O legislador comunitário considera que uma conexão manifestamente mais estreita com um outro país pode ter por base, nomeadamente, uma relação pré-existente entre as partes, tal como um contrato, que tenha uma ligação estreita com a responsabilidade fundada no acto lícito, ilícito ou no risco em causa.

Deste modo, o primeiro factor a ter em conta é o país onde o lesado tenha a sua residência habitual no momento em que ocorreu o dano, se o produto tiver sido comercializado nesse país. Os outros elementos de conexão, estabelecidos em cascata, apenas serão desencadeados se o produto não tiver sido comercializado nesse país. Tudo isto sem prejuízo do estabelecido no n.º 2 do art. 4.º e da possibilidade de existir uma conexão manifestamente mais estreita com outro país.

Este diploma não coincide, sublinhe-se, com o âmbito de aplicação material e as disposições do Regulamento (CE) n.º 44/2001 do Conselho, de 22 de Dezembro de 2000, relativo à competência judiciária, ao reconhecimento e à execução de decisões em matéria civil e comercial.

O Regulamento Roma II introduziu importantes alterações relativamente ao regime conflitual existente, e que se encontrava plasmado na Convenção de Haia de 2 de Outubro de 1973 e na Convenção sobre a Lei aplicável às obrigações contratuais, aberta à assinatura em Roma em 19 de Junho de 1980[668].

O diploma dispôs de uma *vacatio legis* bastante larga, uma vez que a data da sua entrada em vigor foi o dia 11 de Janeiro de 2009 (art. 32.º). Trata-se de uma alteração discreta e nada espectacular mas que indicia um passo no bom caminho da integração, pondo fim à existência de 27 regimes diferentes de determinação da Lei aplicável a um caso de responsabilidade por danos causados por produtos.

Tenha-se em conta, por outro lado, o Regulamento (CE) n.º 593/2008, do Parlamento Europeu e do Conselho de 17 de Junho de 2008, sobre a lei aplicável às obrigações contratuais (Roma I), que substituiu, entre os Estados-Membros, a Convenção de Roma (art. 24.º)[669]. Este Regulamento entrou em vigor no dia 24 de Julho de 2008, sendo aplicável aos contratos celebrados após 17 de Dezembro de 2009 (arts. 27.º e 28.º).

---

[668] *In* "JOCE" C 27, de 26 de Janeiro de 1998.

[669] *In* "JOCE" L 177, de 4 de Julho de 2008, pp. 6-16. Vide LIMA PINHEIRO, *O novo Regulamento Comunitário sobre a lei aplicável às obrigações contratuais (Roma I) – uma introdução, in* "ROA", Setembro/Dezembro de 2008, ano 68, pp. 575-650.

370 *Marca do Distribuidor e Responsabilidade por Produtos*

Este Regulamento apenas poderá ser aplicável, como é evidente, quando o lesado tenha simultaneamente a qualidade de consumidor e pretenda exigir, por exemplo, uma indemnização pela não conformidade do bem. Do art. 6.º deste diploma consta que os contratos celebrados por uma pessoa singular, para uma finalidade que possa considerar-se estranha à sua actividade comercial ou profissional («o consumidor»), com outra pessoa que aja no quadro das suas actividades comerciais ou profissionais («o profissional»), serão regulados, em regra, pela lei do país em que o consumidor tem a sua residência habitual desde que o profissional: a) exerça as suas actividades comerciais ou profissionais no país em que o consumidor tem a sua residência habitual, ou b) por qualquer meio, dirija essas actividades para este ou vários países, incluindo aquele país, e o contrato seja abrangido pelo âmbito dessas actividades. O n.º 2 do mesmo art. estabelece a possibilidade de as partes escolherem a lei aplicável ao contrato, verificados determinados pressupostos.

Já nos referimos ao acórdão do TJCE (Primeira Secção) de 9 de Fevereiro de 2006.

O Tribunal entendeu que quando é intentada uma acção contra uma sociedade erradamente considerada produtora de um produto, quando, na realidade, este foi fabricado por outra sociedade, compete, em princípio, ao Direito nacional fixar as condições em que é possível proceder à substituição de uma parte por outra no âmbito de uma acção desta natureza. Um órgão jurisdicional nacional que examina as condições a que essa substituição está subordinada deve, porém, velar pelo respeito do âmbito de aplicação *ratione personae* da Directiva, conforme determinado pelos arts. 1.º e 3.º da mesma.

Deste aresto resulta que a Directiva tem apenas carácter substantivo, não pretendendo regular aspectos adjectivos, nomeadamente, a legitimidade processual do sujeito contra quem é posta a acção. Ou seja, a Directiva define quem é legitimado passivamente para responder pelos danos causados, nos termos estritamente definidos pela Directiva, e não quem é parte legítima em termos processuais.

Estabelecendo o art. 3.º da Directiva uma pluralidade de responsáveis, estamos perante um caso em que o lesado pode dirigir o pedido indemnizatório contra um, contra vários ou contra todos os sujeitos que figuram como responsáveis. Trata-se de um caso de litisconsórcio voluntário (art. 27.º do CPC), uma vez que a Lei não impõe que a acção seja proposta contra todos os sujeitos considerados responsáveis. Ou seja, para que haja legitimidade não é necessário que todos os sujeitos responsáveis sejam demandados, como sucede no caso do litisconsórcio necessário ou forçoso[670]. Uma vez que o regime estabelecido na Directiva é o da solidariedade, não se exige a presença de todos os sujeitos considerados responsáveis para assegurar a legitimidade.

Como é evidente, os âmbitos substancial e processual estão intimamente ligados.

Assim, por exemplo, num caso em que a acção é proposta contra o titular de uma marca de distribuição, na qualidade de produtor aparente, a questão que o tribunal tem perante si é, em primeiro lugar, de ordem substantiva. O juiz terá de determinar o âmbito de aplicação *ratione personae* da Directiva, ou seja, verificar se relativamente ao sujeito demandado (o titular de uma marca de distribuição) se encontram preenchidos os requisitos do n.º 1 (enquanto produtor aparente) ou do n.º 3 (enquanto simples fornecedor) do art. 3.º.

No primeiro caso, a acção está correctamente proposta, devendo o sujeito responder enquanto produtor. No segundo caso, a acção também é legítima, e o distribuidor terá o prazo de três meses (se não tiver sido notificado antes para o efeito) para indicar o nome do produtor real ou do importador. Sendo feita essa identificação, o terceiro (produtor real) deverá ser chamado ao processo para responder directamente, saindo o sujeito (mero fornecedor) exonerado de qualquer responsabilidade.

A solução mais avisada será, em qualquer um dos casos, demandar, desde o início da acção, o titular da marca de distribuição e, caso seja conhecido, o fabricante real (configurando deste modo um caso de pluralidade subjectiva ou litisconsórcio).

Uma hipótese diferente (próxima da que sucedeu no caso *D. O'Byrne* vs. *Sanofi Pasteur MSD Ltd* e *Sanofi Pasteur SA*) seria aquela em que o distribuidor do produto (o retalhista X) vendesse produtos identificados com a marca Y, propriedade da cadeia de distribuição Z, de que X faz parte. Uma vez que a marca Y não é propriedade do distribuidor mas sim da cadeia retalhista de que este faz parte, a acção deve ser proposta contra esta última empresa. Neste caso, o distribuidor terá, ainda assim, de identificar o produtor real do bem, sob pena de ser responsabilizado enquanto fornecedor.

---

[670] Vide TEIXEIRA DE SOUSA, Estudos sobre o novo processo civil, Lisboa, 1997, pp. 151 *ss* e MONTALVÃO MACHADO e PIMENTA, O novo processo civil, Coimbra, 2003, pp. 70 ss.

372 Marca do Distribuidor e Responsabilidade por Produtos

Coisa diferente sucederá no caso em que o distribuidor encarregue outra empresa ou sociedade do mesmo grupo (ou uma sociedade filha) de produzir um produto que será lançado no mercado como próprio, com o seu nome ou firma. Isto poderá suceder com frequência se os retalhistas começarem a adquirir empresas que se dediquem à produção. Neste caso, sendo proposta a acção contra o titular da marca, este encontra-se passivamente legitimado para a demanda, uma vez que se subsume na noção comunitária de produtor aparente.

Nada impede, porém, o legislador nacional de estabelecer regras próprias segundo as quais, não sendo demandada a parte legítima, de acordo com o círculo subjectivo desenhado pela Directiva, se possa proceder à substituição do réu por um terceiro. Um tal regime será facilmente justificável, nomeadamente para tutela do lesado e de acordo com o princípio da economia processual.

19 – Garantias na venda de bens de consumo

Já nos referimos várias vezes à Directiva do Parlamento Europeu e do Conselho 1999/44, de 25 de Maio[671]. Este diploma visou a aproximação das disposições dos Estados-membros sobre certos aspectos da venda de bens de consumo e das garantias a ela relativas, implicando fortes alterações no regime jurídico da venda de bens de consumo.

---

[671] Sobre a proposta que deu origem à Directiva e as suas diferenças face ao regime de responsabilidade por produtos vide TENREIRO, *Product liability and consumer guarantees in the European Union, in* "CLJ", 1997, vol. 5, issue 2, pp. 56-61. Sobre a Directiva e a sua transposição vide TWIGG-FLESNER, *The E.C. Directive on certain aspects of the sale of consumer goods and associated guarantees, in* "CLJ", 1999, vol. 7, n.º 1, pp. 177-192; MOTA PINTO, *Conformidade e garantias na venda de bens de consumo. A Directiva 1999/ /44/CE e o direito português, in* "EDC", 2000, n.º 2, pp. 197 *ss*; STAUDENMAYER, *The Directive on the Sale of Consumer Goods and Associated Garantees – a milestone in the European Consumer and private Law, in* "ERPL", 2000, vol. 4, pp. 547-564; SCOTTON, *Directive 99/44/EC on certain aspects of the sale of consumer goods and associated guarantees, in* "ERPL", 2001, n.º 2 e 3, pp. 297-307; LETE ACHIRICA, *La transposición de la Directiva 1999/44 en el Derecho español mediante la Ley 10 de Julio de 2003 de garantías en la venta de bienes de consumo, in* AA. VV., Garantías en la venta de bienes de consumo, Santiago de Compostela, 2004, pp. 195-225;PINTO MONTEIRO, *La transposition de la directive 1999/44/CE dans le droit portugais, idem*, pp. 247-260; GARCÍA RUBIO, *La Directiva 1999/44: caos y orden en la construcción de un Derecho contractual europeo, idem*, pp. 313-323.

A *Responsabilidade*   373

Ao contrário do que sucede com a Directiva 85/374, o diploma de 1999 é configurado como uma "Directiva de mínimos" (n.º 2 do art. 8.º), pese embora as divergências existentes entre as diferentes soluções legais adoptadas pelos Estados façam duvidar de uma verdadeira harmonização comunitária desta matéria[672].

De acordo com a al. c) do n.º 2 do art. 1.º da Directiva considera--se "vendedor" qualquer pessoa singular ou colectiva que, ao abrigo de um contrato, vende bens de consumo no âmbito da sua actividade profissional. Nos termos do art. 2.º, o vendedor tem o dever de entregar ao consumidor bens que sejam conformes com o contrato de compra e venda. Presume-se que os bens de consumo são conformes com o contrato se respeitarem os pressupostos enunciados no n.º 2 deste art.

Constituem direitos fundamentais do consumidor a reparação ou substituição do bem, a redução do preço e a rescisão do contrato (art. 3.º da Directiva). O prazo de exercício destes direitos é de dois anos a contar da data da entrega do bem (n.º 1 do art. 5.º).

Ao contrário do que sucede na responsabilidade por danos causados por produtos, a Directiva de 1999 visa os danos causados no próprio produto. Por outro lado, o único sujeito legitimado activamente é o adquirente, enquanto na responsabilidade por produtos essa pessoa pode ser qualquer lesado, ainda que não seja o comprador.

O titular da marca de distribuição também se encontra abrangido pela Directiva uma vez que se inclui no âmbito subjectivo de aplicação da norma ("qualquer pessoa singular ou colectiva que, ao abrigo de um contrato, vende bens de consumo no âmbito da sua actividade profissional" – al. c) do n.º 2 do art. 1.º). Com efeito, o titular da marca de distribuição, não o devemos esquecer, é ainda (ou também) um vendedor. Pois bem: o vendedor final responde objectivamente face ao consumidor, independentemente da causa da falta de conformidade lhe ser imputável e de quem seja o responsável directo[673].

Para além disso, a Directiva 1999/44 acolhe, tal como a de 1985, um conceito amplo de produtor, ao considerar como tal o fabricante de um bem de consumo, o importador do bem de consumo no território da

---

[672] García Rubio, *últ. op. cit.*, pp. 314 *ss.*

[673] Costas Rodal, *El régimen de la falta de conformidad con el contrato en la compraventa de bienes de consumo, in* "AzC", 2004, n.º 2, pp. 35 *s;* Serra Rodríguez, *El regimen de la acción de regreso de la Ley 23/2003, de 10 de Julio, de Garantías en la Venta de Bienes de Consumo, in* "NUE", 2006, n.º 263, p. 48.

Comunidade ou qualquer outra pessoa que se apresente como produtor através da indicação do seu nome, marca ou outro sinal identificador no produto (al. d) do n.º 2 do art. 1.º). Deste modo, a Directiva sobre garantias na venda de bens de consumo pode abranger o titular da marca de distribuição numa dupla qualidade: não apenas enquanto vendedor mas também enquanto produtor aparente.

Pois bem: na transposição deste diploma tanto Portugal como a Espanha foram mais longe do que era exigido pela Directiva, estabelecendo a responsabilidade do produtor[674]. Esta parece ser a solução mais correcta, dado que os custos dos defeitos dos produtos devem ser ressarcidos por quem os causou, e na maioria dos casos o produtor é o real responsável por tais defeitos.

O "Livro Verde sobre as garantias na venda de bens de consumo e os serviços de pós-venda", de 1993, propunha que o produtor fosse solidariamente responsável com o vendedor. No entanto, com a Proposta de Directiva esta possibilidade desapareceu do texto[675].

A própria Directiva 85/374 reconhece que os produtores são responsáveis pelas legítimas expectativas de segurança que criam no consumidor, uma vez que são os principais responsáveis pelo lançamento do produto no mercado. Não se compreende que na Directiva sobre garantias na venda de bens de consumo o legislador não tenha orientado a responsabilidade no mesmo sentido[676].

O estabelecimento do vendedor como único responsável (como sucede na Directiva) é ainda um resquício, em boa medida, do clássico princípio da relatividade dos contratos. A possibilidade de demandar directamente o produtor permitiria poupar tempo e evitar uma cascata de acções[677].

---

[674] RUIZ MUÑOZ, *De empresarios o profesionales, de consumidores o personas jurídicas y de productores o vendedores (a propósito de la Ley de Garantías 23/2003)*, in "DN", Dezembro de 2004, n.º 171, p. 7.

[675] COM (95) 520 final, in "JOCE" C 307, de 16 de Outubro de 1996, p. 8.

[676] EUROPEAN CONSUMER LAW GROUP, *European Consumer Law Group opinion on the Proposal for a Directive on the sale of consumer goods and associated guarantees*, in "JCP", 1998, vol. 21, pp. 92 ss; Bradgate e TWIGG-FLESNER, *Expanding the boundaries of liability for quality defects*, in "JCP", 2002, vol. 25, pp. 356 ss; WILHELMSSON, *The abuse of the «confident consumer» as a justification for EC consumer law*, in "JCP", 2004, vol. 27, pp. 331 ss.

[677] STIJNS, *Les garanties commerciales et l'action récursoire du vendeur final dans la directive sur la vente au consommateur*, in AA. VV., Garantías en la venta de bienes de consumo, Santiago de Compostela, 2004, p. 116.

A *Responsabilidade* 375

O não estabelecimento da responsabilidade directa do produtor aquando da transposição da Directiva 1999/44 suscitou fortes críticas na Itália e na Alemanha[678].

Na versão original do DL n.º 67/2003 Portugal estabeleceu a responsabilidade do produtor de forma directa (ficando na disponibilidade do consumidor accionar desde logo aquele sujeito), ao contrário do que se passa em Espanha, onde essa responsabilidade é *subsidiária*[679].

Assim, o n.º 1 do art. 6.º do diploma português estabelecia: "sem prejuízo dos direitos que lhe assistem perante o vendedor, pode o consumidor que tenha adquirido coisa defeituosa optar por exigir do produtor, à escolha deste, a sua reparação ou substituição". A Lei portuguesa era mais favorável do que a espanhola, uma vez que não condicionava a responsabilidade do produtor a circunstância alguma, ficando ao livre arbítrio do consumidor.

Porém, com a redacção que lhe foi dada pelo DL n.º 84/2008, o n.º 1 do art. 6.º passou a ditar: "sem prejuízo dos direitos que lhe assistem perante o vendedor, o consumidor que tenha adquirido coisa defeituosa pode optar por exigir do produtor a sua reparação ou substituição, salvo se tal se manifestar impossível ou desproporcionado tendo em conta o valor que o bem teria se não existisse falta de conformidade, a importância desta e a possibilidade de a solução alternativa ser concretizada sem grave inconveniente para o consumidor". O legislador português estreitou, deste modo, o conjunto de situações em que o consumidor se pode dirigir directamente ao produtor, recorrendo a vários conceitos indeterminados que decerto terão uma aplicação judicatória pouco pacífica. Trata-se, para além disso, de um retrocesso dificilmente compreensível na tutela do consumidor.

De acordo com o art. 124.º da LGDCU II, o consumidor apenas se poderá dirigir directamente ao produtor quando "le resulte imposible o le suponga una carga excesiva dirigirse frente al vendedor", o que pode

---

[678] Rott, *German sales law two years after the implementation of Directive 1994/ /44/CE*, in "German Law Journal", 2004, vol. 5, n.º 3, p. 252.

[679] Fuenteseca Degeneffe, La venta de bienes de consumo y su incidencia sobre la legislación española (Ley 23/2003, de 10 de Julio), p. 78; Serra Rodríguez, *últ. op. cit.*, pp. 47 s. Vérgez prefere falar numa responsabilidade *residual – op. cit.*, p. 117, tal como Represa Polo, *Los derechos del consumidor ante el incumplimiento de la obligación de conformidad*, *in* AA. VV., Garantía en la venta de bienes de consumo (Ley 23/2003, de 10 de Julio), Díaz Alabart (Coord.), Madrid, 2006, p. 174.

376 *Marca do Distribuidor e Responsabilidade por Produtos*

levar a uma aplicação discricionária do preceito. Teria sido mais fácil o legislador espanhol ter optado pela responsabilidade solidária de produtor e vendedor[680].

De acordo tanto com a lei portuguesa como a espanhola o consumidor apenas pode exigir do produtor a substituição ou reparação do produto. No entanto, uma vez que o titular da marca de distribuição é simultaneamente um vendedor, o consumidor poderá exigir do titular da marca não apenas a substituição ou reparação do produto mas também a redução do preço ou a resolução do contrato (arts. 3.º da Directiva, 4.º do DL n.º 67/2003 e 118.º da LGDCU II). Ao contrário do que acontece com os outros produtores, que em regra não figuram na qualidade de vendedor (excepto quando procedam à venda directa ao consumidor), o titular da marca de distribuição pode assumir uma dupla qualidade – pode ser responsável pela conformidade do bem não apenas como produtor aparente mas também como vendedor.

No caso que nos ocupa (o titular da marca de distribuição) pode dizer-se que acaba por ser indiferente a instituição da responsabilidade directa do produtor aparente perante o consumidor uma vez que aquele sempre seria responsável na qualidade de vendedor. Em Portugal, ao dirigir-se ao titular da marca de distribuição enquanto produtor aparente, o sujeito encontrará as mesmas dificuldades que ao dirigir-se ao vendedor, pois são uma e a mesma pessoa. Em Espanha demandar o titular da marca de distribuição implica demonstrar a dificuldade em obter o ressarcimento do vendedor, o que acaba por equivaler a uma redundância: se é difícil demandar o vendedor enquanto tal, as dificuldades em demandar o produtor aparente são idênticas, pois o sujeito é o mesmo...

Em Comunicação ao Conselho e ao Parlamento Europeu de 24 de Abril de 2007 a Comissão examinou a questão da eventual introdução da responsabilidade directa do produtor, em conformidade com o art. 12.º[681].

A Comissão enviou um questionário aos Estados-membros com o intuito de obter dados sobre as respectivas Leis nesta matéria. Dos países que responderam ao questionário, para além de Portugal e Espanha, introduziram várias formas de responsabilidade directa do produtor a Bélgica,

---

[680] Carrasco Perera, Cordero Lobato e Martínez Espín, *Transposición de la Directiva comunitaria sobre venta y garantías de los bienes de consumo, in* "EC", 2000, n.º 52, pp. 130 *ss*; Quintana Carlo, *La implementación de la Directiva 1999/44/CE en el Derecho Español, in* "EuroDP", 2004, n.º 3, p. 852.

[681] COM (2007) 210 final.

a Finlândia, a Letónia e a Suécia. As condições para a apresentação de reclamações directamente ao produtor variam consideravelmente. Alguns dos Estados-membros que não previram a responsabilidade directa do produtor estavam a estudar a sua introdução ou tinham fixado regras com um efeito semelhante.

A maioria dos Estados-membros e algumas das partes interessadas que responderam ao questionário consideraram que a responsabilidade directa do produtor melhora o nível de defesa do consumidor, pois permite a este obter reparação nos casos em que o vendedor não possa (ou não queira) resolver as reclamações apresentadas, constituindo uma "rede de segurança" importante para o consumidor[682]. Alguns dos Estados-membros defenderam que o produtor está muitas vezes melhor colocado do que o vendedor para colocar o bem em conformidade com o contrato. De outro lado, alguns Estados-membros consideram que a responsabilidade directa do produtor não melhora a defesa do consumidor, alegando que provoca incertezas quanto à Lei aplicável e adia a resolução das queixas dos consumidores.

Interessante é a análise que os Estados-membros e as partes interessadas fizeram quanto ao possível impacto da responsabilidade directa do produtor nas atitudes dos consumidores em relação às aquisições transfronteiriças. Alguns dos inquiridos consideraram que este tipo de responsabilidade incentivaria os consumidores a fazer compras transfronteiriças, pois ser-lhes-ia mais fácil dirigirem-se ao representante nacional do produtor do que a um vendedor com sede noutro país. O consumidor teria, deste modo, mais facilidade em identificar o produtor de um bem do que o vendedor, dado que "normalmente é o produtor que está indicado no rótulo"[683].

Como está bom de ver, trata-se de uma análise superficial que olvida por completo o fenómeno dos produtos de marca do distribuidor, caracterizados justamente pela dissociação entre o nome indicado no rótulo e o real produtor dos bens. Nas marcas do distribuidor, como vimos, o sujeito que surge indicado no rótulo *também é produtor* mas em termos *normativos*: é um produtor por equiparação legal e não de facto.

Alguns dos inquiridos, porém, sublinharam que uma tal responsabilidade não iria influenciar o comportamento dos consumidores em

---

[682] Pp. 12 *s.*
[683] P. 13.

378 *Marca do Distribuidor e Responsabilidade por Produtos*

relação ao mercado interno, considerando que este é determinado sobretudo por factores económicos. A introdução da responsabilidade directa do produtor poderia afectar o equilíbrio entre os diferentes elementos da cadeia de distribuição e levar o vendedor a atribuir a culpa dos defeitos ao produtor, sendo, além do mais, contra o princípio da eficácia relativa dos contratos.

Os Estados-membros que já introduziram a responsabilidade directa do produtor opuseram-se a este entendimento, sublinhando que o art. 4.º da Directiva já estabelece a responsabilidade do produtor, considerando ainda que os casos em que a responsabilidade directa do produtor é aplicada na prática são tão raros que não chegam a representar um encargo para as empresas.

A Comissão concluiu que a existência de regimes divergentes de responsabilidade directa do produtor constitui um problema potencial para o mercado interno. No entanto, considerou que não era ainda possível tirar conclusões definitivas, por falta de dados suficientes para determinar se a ausência de regras comunitárias em matéria de responsabilidade directa do produtor tem um efeito negativo na confiança do consumidor no mercado interno. Por estes motivos a Comissão decidiu não apresentar qualquer proposta e aprofundar esta questão no contexto do Livro Verde.

Nos termos do art. 4.º da Directiva, quando o vendedor final for responsável perante o consumidor pela falta de conformidade resultante de um acto ou omissão do produtor, de um vendedor anterior da mesma cadeia contratual ou de qualquer outro intermediário, o vendedor final tem direito de regresso contra a pessoa ou pessoas responsáveis da cadeia contratual[684]. O responsável ou os responsáveis contra quem o vendedor final tem direito de regresso, bem como as correspondentes acções e condições de exercício, são determinados pela legislação nacional.

O estabelecimento de um direito de regresso constitui uma forma de corrigir o sistema de responsabilidade objectiva introduzido pela

---

[684] A terminologia "direito de regresso" não é a tecnicamente mais correcta, como alerta García Rubio, *El derecho de regreso del responsable frente al consumidor en la Ley 23/2003, de 10 de julio, de Garantías en la venta de bienes de consumo*, in "NUE", 2006, n.º 263, p. 27. Vide Pinto Duarte, *O direito de regresso do vendedor final na venda para consumo*, in "Themis", 2001, n.º 4, pp. 181-185 e Mota Pinto, *O direito de regresso do vendedor final de bens de consumo*, p. 151, nota 15. Calvão da Silva considera que a palavra regresso é aqui usada num sentido amplo e não técnico, sendo mais correcto falar num *direito de sub-rogação* – Venda de bens de consumo, p. 119 e Compra e venda de coisas defeituosas: conformidade e segurança, pp. 179 *s*.

A *Responsabilidade* 379

Directiva, evitando que o verdadeiro responsável fique impune[685]. Este direito visa proteger o vendedor final, tido muitas vezes como o sujeito mais débil da cadeia de produção e distribuição.

O exercício do direito de regresso está previsto no art. 7.º do diploma português e no terceiro parágrafo do art. 124.º da LGDCU II, correspondendo, com poucas alterações, ao anterior art. 10.º da Ley 23/2003.

Mantém-se actual a expressão com que García Rubio apodou a versão primitiva desta norma, quando ainda não passava de um Projecto de Lei de transposição. Continua a ser, como então, uma "cicatera regulación" do direito de regresso do vendedor final[686]. Não se compreende porque é que este direito de regresso se encontra regulado no art. 124.º, sob a epígrafe "acção contra o produtor", quando a primeira parte do inciso legal se refere à acção directa do consumidor contra o produtor. Melhor teria andado o legislador se tivesse dedicado ao direito de regresso um artigo próprio.

O legislador espanhol afastou-se da Directiva, uma vez que o titular do direito de regresso é "quem haja respondido face ao consumidor", enquanto o diploma comunitário se refere apenas e tão-somente ao vendedor final. No entanto, desta diferença não resulta nenhum incumprimento da Directiva, uma vez que não prejudica o consumidor, estando pensada justamente para o caso da acção directa contra o produtor, em que é este quem reclama o direito de regresso.

O legislador não esclarece se o direito de regresso se baseia num juízo de culpa ou se pode ser exercido de forma objectiva.

Uma parte da doutrina considera que se face ao consumidor os sujeitos respondem objectivamente, a acção de regresso apenas pode ter por fundamento a actuação culposa de um deles[687].

---

[685] Vérgez, *op. cit.*, p. 118; Costas Rodal, *op. cit.*, p. 36; Marín López, Las garantías en la venta de bienes de consumo en la Unión Europea (la Directiva 1999/44/CE y su incorporación en los Estados miembros), p. 208.

[686] *La transposición de la Directiva 1999/44/CE al Derecho español. Análisis del Proyecto de Ley de garantías en la venta de bienes de consumo*, p. 1530. Mais recentemente a Autora defendeu que o diploma espanhol constitui excelente exemplo da má qualidade técnica das normas legais nos nossos dias – *El derecho de regreso del responsable frente al consumidor en la Ley 23/2003, de 10 de julio, de garantías en la venta de bienes de consumo*, p. 36.

[687] Pinto Duarte, *op. cit.*, p. 177; Sánchez Calero, *op. cit.*, p. 710; Costas Rodal, *últ. loc. cit.*; Mezquita García-Granero, *Los plazos en la compraventa de consumo. Estudio comparativo de la cuestión en el Derecho español y portugués*, in "EDC", 2004,

380 *Marca do Distribuidor e Responsabilidade por Produtos*

Outra corrente entende que a responsabilidade é independente de culpa, defendendo que se a responsabilidade do vendedor é objectiva, não existe motivo para que a acção de regresso dependa de culpa daquele a quem é dirigida[688]. Segundo esta orientação o produtor responde nos mesmos termos e condições do vendedor, sendo a sua responsabilidade, tal como a deste último, de carácter objectivo. O exercício do direito de regresso não depende, deste modo, de qualquer juízo de censura sobre o comportamento do sujeito a quem se dirige.

O titular da marca de distribuição, que pode ser demandado na condição de vendedor final ou de produtor aparente, não poderá lançar mão da acção de regresso nos casos em que a falta de conformidade lhe seja imputável, quer objectiva quer subjectivamente. Será o caso, por exemplo, de o bem não ser conforme com a descrição que fez ou com as declarações públicas sobre as suas características, nomeadamente na publicidade ou na rotulagem. Só assim não sucederá se o titular da marca de distribuição demonstrar que não conhecia nem podia razoavelmente conhecer tais declarações públicas – o que evidentemente pressupõe que não tenha sido ele a realizar a promoção publicitária[689].

---

n.º 6, p. 199 e também *in* "RDP", Janeiro-Fevereiro de 2005, p. 101; Castilla Barea, *Notas sobre la responsabilidad del productor en la Ley de garantías en la venta de bienes de consumo, in* AA. VV., Libro homenaje al profesor Manuel Albaladejo Garcia, González Porras e Méndez González, (Coords.), vol. 1, Universidade de Múrcia, 2004, pp. 940 *ss* e El nuevo régimen legal de saneamiento en la venta de bienes de consumo, Madrid, 2005, p. 304. Marco Molina considera que a responsabilidade dos sujeitos intervenientes na cadeia de produção e distribuição se dirime em função da culpa ou de facto próprio – *La garantía legal sobre bienes de consumo en la Directiva 1999/44/CE del Parlamento Europeo y del Consejo, de 25 de Mayo de 1999, sobre determinados aspectos de la venta y la garantía de los bienes de consumo*, p. 2321.

[688] García Rubio, *últ. op. cit.*, p. 30; Calvão da Silva, Venda de bens de consumo, p. 118; Marín López, Las garantías en la venta de bienes de consumo en la Unión Europea (la Directiva 1999/44/CE y su incorporación en los Estados miembros), p. 210; Serra Rodríguez, *últ. op. cit.*, p. 52; Menezes Leitão, *Caveat venditor? A Directiva 1999/44/CE do Conselho e do Parlamento Europeu sobre a venda de bens de consumo e garantias associadas e suas implicações no regime jurídico da compra e venda*, p. 294; Mota Pinto, *O direito de regresso do vendedor final de bens de consumo*, pp. 172 e 175 s e *Reflexões sobre a transposição da Directiva 1999/44/CE para o direito português, in* "Themis", 2001, n.º 4, p. 217; Díaz Alabart, *Los plazos en la ley de garantías en la venta de bienes de consumo, in* AA. VV., Garantía en la venta de bienes de consumo (Ley 23/2003, de 10 de Julio), Díaz Alabart (Coord.), Madrid, 2006, p. 229.

[689] Verda Y Beamonte, *Algunas reflexiones sobre la incidencia de la Directiva 1999/44/CE, del Parlamento Europeo y del Consejo, de 25 de mayo de 1999, sobre*

De acordo com o n.º 4 do art. 2.º da Directiva "o vendedor não fica vinculado pelas declarações públicas se demonstrar que não tinha conhecimento nem podia razoavelmente ter conhecimento da declaração em causa". Esta norma é criticável uma vez que não esclarece se está a referir-se aos casos em que o vendedor pura e simplesmente não tinha conhecimento da declaração ou àqueles em que, conhecendo a declaração, não tinha conhecimento de que era falsa[690]. A al. a) do n.º 2 do art. 6.º do DL n.º 67/2003 estabelece que o produtor se pode opor ao exercício dos direitos pelo consumidor se o defeito resultar exclusivamente de "declarações do vendedor sobre a coisa e a sua utilização, ou de má utilização".

Para além disso, a Directiva não esclarece se, neste caso, será considerado responsável o autor dessas declarações (por exemplo, o produtor real), o que será decisivo no caso dos países que não estabeleceram a responsabilidade directa do produtor[691]. Será que nesta hipótese o consumidor se pode dirigir ao autor das declarações, uma vez que o vendedor sai exonerado da responsabilidade?

Diferentemente, o vendedor poderá exercer o direito de regresso se demonstrar que até ao momento da celebração do contrato a declaração foi corrigida ou se demonstrar que a decisão de comprar o bem de consumo não poderia ter sido influenciada pela declaração em causa[692].

Marco Molina considera que o direito de regresso deve ser excluído ou pelo menos reduzido se a desconformidade for posterior à saída da

---

determinados aspectos de la venta y las garantías de los bienes de consumo, en el Derecho Civil español, in "NUE", 2002, n.º 211-212, p. 145, nota 42 e Algunas reflexiones a propósito de la transposición de la Directiva 1999/44/CE, del Parlamento Europeo y del Consejo, de 25 de mayo de 1999, sobre determinados aspectos de la venta y las garantías de los bienes de consumo, en el Derecho español, operada por la Ley 23/2003, de 20 de Julio, in AA. VV., La ley 23/2003 de garantías de los bienes de consumo: planteamiento de presente y perspectivas de futuro, Reyes López (Coord.), Cizur Menor, 2005, p. 253.

[690] Deards, The proposed guarantees directive: is it fit for the purpose?, in "JCP", 1998, vol. 21, p. 106.

[691] Sengayen, Consumer sales law in Poland: changing the law, changing attitudes, in "JCP", 2002, vol. 25, pp. 408 s.

[692] Fuenteseca Degeneffe, La calidad, las prestaciones habituales, las esperanzas fundadas del consumidor y las declaraciones públicas: el art. 3.1 d) de la LGVBC, pp. 124 ss; Sánchez Calero, op. cit., pp. 705 s e Marín López, Las garantías en la venta de bienes de consumo en la Unión Europea (la Directiva 1999/44/CE y su incorporación en los Estados miembros), pp. 121 ss.

382 *Marca do Distribuidor e Responsabilidade por Produtos*

fábrica; se, existindo antes, for agravada pelo comportamento do vendedor; ou ainda nos casos em que tal desconformidade, mesmo sendo alheia à intervenção do vendedor, foi por este ocultada[693]. Esta opção da Autora é coerente com a perspectiva que perfilha – a de que o direito de regresso tem de se fundar num juízo de culpa.

Se o titular da marca de distribuição conseguir imputar a falta de conformidade a um outro sujeito na cadeia de produção e distribuição (nomeadamente ao produtor real) aí haverá lugar a direito de regresso. De acordo com o n.º 3 do art. 7.º do DL n.º 67/2003, o demandado pode afastar o direito de regresso demonstrando que o defeito não existia quando entregou a coisa ou, se o defeito for posterior à entrega, que não foi causado por si. A existência de um direito de regresso depende, deste modo, da fixação da exacta contribuição de cada uma das partes responsáveis (produtor e vendedor) para a falta de conformidade do produto.

Quando se possa dizer que a participação do titular da marca de distribuição, através da imposição de regras, instruções ou outros elementos, desencadeou de alguma forma a falta de conformidade do bem, ainda que não censurável (já que estamos no domínio da responsabilidade objectiva) não poderá repercutir o dispendido sobre qualquer outro sujeito da cadeia. Importa pois estabelecer um nexo de causalidade entre a sua influência no processo produtivo e o lançamento no mercado de um produto desconforme. Quando não for possível determinar a quota-parte de responsabilidade de cada um dos sujeitos envolvidos na produção e distribuição a repartição do risco deverá, em princípio, ser feita em partes iguais[694].

O exercício do direito de regresso não se encontra regulado de forma uniforme. Assim, enquanto em alguns países, como Portugal e Alemanha, este direito apenas pode ser exercido contra o imediato antecessor na cadeia contratual (o profissional a quem se adquiriu o bem) noutros, como Espanha e Itália, poderá ser direccionado a qualquer responsável na cadeia de distribuição[695]. Estamos perante a opção entre dois modelos

---

[693] *Últ. op. cit.*, p. 2332.

[694] CARRASCO PERERA, CORDERO LOBATO e MARTÍNEZ ESPÍN, *op. cit.*, p. 132; COSTAS RODAL, *op. cit.*, p. 37; SERRA RODRÍGUEZ, *últ. op. cit.*, p. 55.

[695] GARCÍA RUBIO, *La Directiva 1999/44: caos y orden en la construcción de un Derecho contractual europeo*, p. 319; MICKLITZ, *La transposition de la directive 1999/44 en droit allemand, in* AA. VV., Garantías en la venta de bienes de consumo, Santiago de Compostela, 2004, p. 271.

A *Responsabilidade* 383

distintos: o modelo da acção directa, que potencia o princípio da economia processual (*diagonal privity*); e o modelo da *vertical privity*, característico do princípio da relatividade dos contratos, por força do qual o vendedor exerce a acção de regresso contra o vendedor precedente e assim por diante.

Portugal optou por se manter fiel ao velho princípio da relatividade dos contratos, devendo a acção de regresso ser exercida frente ao antecessor contratual na cadeia de distribuição[696]. Deste modo, cada elemento da cadeia contratual dispõe de um direito de regresso contra a respectiva contraparte. Trata-se, no fundo, da opção entre um modelo de responsabilidade contratual ou extracontratual.

Para o caso que nos ocupa, será relevante esta distinção? Em princípio a resposta terá de ser negativa. O contrato de fornecimento de bens de consumo marcados com o sinal distintivo do distribuidor é, tal como o configurámos, uma relação bilateral com apenas dois sujeitos: o produtor real e o titular da marca. Demandado este último, seja na condição de vendedor, seja de produtor aparente, disporá de uma acção de regresso que em princípio apenas se poderá dirigir contra o produtor real.

A excepção poderá consistir, por exemplo, na subcontratação pelo produtor real da produção do bem, ou na delegação do fabrico de partes componentes ou aquisição destas a terceiros. Neste caso será vedado ao titular da marca (e vendedor), de acordo com a Lei portuguesa, uma acção directa contra um produtor com o qual não tenha contratado directamente, podendo apenas dirigir-se ao produtor com o qual celebrou o contrato de fornecimento. Este último poderá, por sua vez, dirigir-se contra o terceiro que seja o directo responsável pela desconformidade do bem[697].

Em Espanha o direito de regresso deverá ser exercido no prazo de um ano a contar da data em que se operou o saneamento da desconformidade (terceiro parágrafo do art. 124.º da LGDCU II) enquanto em Portugal o prazo é de dois meses a contar da data de satisfação do direito ao consumidor (n.º 3 do art. 8.º).

O legislador português previu um prazo de garantia de cinco anos a contar da data de entrega do bem pelo profissional demandado (n.º 2

---

[696] Pinto Monteiro, *Garanties dans la vente de biens de consommation. La transposition de la Directive 1999/44/CE dans le droit portugais*, in "BFD", 2003, vol. 79, p. 61.

[697] Serra Rodríguez, *últ. op. cit.*, pp. 52 s; Mota Pinto, *O direito de regresso do vendedor final de bens de consumo*, p. 166.

384 *Marca do Distribuidor e Responsabilidade por Produtos*

do art. 8.°), o qual não encontra paralelo na legislação espanhola. Ou seja, o produtor real sabe que apenas poderá ser demandado, em sede de direito de regresso, por bens que haja entregue ao titular da marca (e vendedor) num prazo de cinco anos. Já em Espanha os produtores podem temer o exercício deste direito sem prazo, ou seja, indefinidamente. O único prazo a que se podem remeter é o prazo de dois anos contados desde a entrega do bem pelo vendedor final ao consumidor.

O diploma português dispõe ainda de uma norma que esclarece que o direito de regresso pode ser exercido na própria acção proposta pelo consumidor, aplicando-se, com as necessárias adaptações, o disposto no n.° 2 do art. 329.° do CPC (n.° 1 do art. 8.°).

Pode questionar-se se, tendo satisfeito ao consumidor os direitos reclamados por este (reparação, substituição, redução do preço ou reso-lução do contrato) o vendedor final (no nosso caso, o titular da marca de distribuição) poderá exigir ao directo responsável (o produtor real) uma indemnização por outros danos e prejuízos sofridos (por exemplo, reper-cussão pública negativa na imagem da sua marca).

Esta indemnização adicional que o vendedor final reclama não se trata de um direito de regresso, pois não se exige a repetição do que se prestou ao consumidor mas sim uma acção de responsabilidade que, em princípio, será de admitir[698].

Não parece haver motivos, por outro lado, para excluir a existência de cláusulas entre os diferentes profissionais responsáveis excluindo o direito de regresso entre eles[699]. É o próprio considerando nono da Direc-tiva que estabelece que "o vendedor, nos termos do direito nacional, deve gozar de um direito de reparação perante o produtor, um vendedor ante-rior da mesma cadeia contratual, ou qualquer outro intermediário, salvo

---

[698] SERRA RODRÍGUEZ, *últ. op. cit.*, p. 54; PINTO DUARTE, *últ. loc. cit.;* MARÍN LÓPEZ, Las garantías en la venta de bienes de consumo en la Unión Europea (la Directiva 1999//44/CE y su incorporación en los Estados miembros), p. 214.

[699] DÍAZ ALABART, *últ. op. cit.*, p. 225, nota 74; CALVÃO DA SILVA, Compra e venda de coisas defeituosas: conformidade e segurança, pp. 178 *s*; FUENTESECA DEGENEFFE, La venta de bienes de consumo y su incidencia sobre la legislación española (Ley 23/2003, de 10 de Julio), pp. 73 e 86; GARCÍA RUBIO, *El derecho de regreso del responsable frente al consumidor en la Ley 23/2003, de 10 de julio, de Garantías en la venta de bienes de consumo*, p. 32; PINTO DUARTE, *op. cit.*, p. 178; MARCO MOLINA, *últ. op. cit.*, p. 2323; VÉRGEZ, *op. cit.*, p. 115. No entanto, como lembra esta Autora, o Comité Económico e Social pronunciou-se em 1996 contra a admissibilidade das cláusulas restritivas do direito de regresso entre as partes envolvidas.

A *Responsabilidade* 385

se tiver renunciado a esse direito", reconhecendo que a Directiva "não prejudica o princípio da liberdade contratual entre o vendedor, o produtor, um vendedor anterior ou qualquer outro intermediário". A existência de uma tal cláusula é conforme ao Direito comunitário, não entrando no campo de aplicação da Directiva sobre cláusulas abusivas[700].

Em Portugal a renúncia ao direito de regresso depende da atribuição ao seu titular de uma compensação adequada (n.º 4 do art. 7.º). O legislador espanhol não se pronunciou sobre esta questão.

20 – Responsabilidade objectiva

Depois de nos pronunciarmos sobre a responsabilidade do titular da marca de distribuição de acordo com o regime geral e com as garantias na venda de bens de consumo, estamos em condições de nos centrarmos na responsabilidade pelos danos causados pelos defeitos dos produtos, que constitui o coração do nosso estudo. O ressarcimento dos danos causados por produtos estrutura-se, deste modo, em diversas dimensões, sujeitas a regimes distintos que devem ser analisados de um modo global.

Como vimos, para além do produtor real – o fabricante de um produto acabado, o produtor de uma matéria-prima ou o fabricante de uma parte componente – também é incluído no conceito normativo de "produtor" o chamado "produtor aparente", ou seja, qualquer pessoa que se apresente como produtor pela aposição sobre o produto do seu nome, marca ou qualquer outro sinal distintivo.

Os pressupostos de responsabilização do *produtor aparente* (que não deixa por isso de ser um distribuidor) e do *mero distribuidor* são, como vimos, bem distintos. O produtor é um responsável directo ou primário, enquanto o fornecedor é um responsável subsidiário. Embora a pretensão do lesado se baseie no mesmo regime jurídico, pode ser sucessivamente dirigida contra sujeitos que se encontram em posições distintas na cadeia de produção e distribuição[701].

---

[700] Tenreiro, *La proposition de Directive sur la vente et les garanties de biens de consommation*, in "REDC", 1996, p. 217.

[701] Trigo García, *Pluralidad de deudores, evolución de la responsabilidad y régimen de solidariedad. La subsidiariedad como alternativa*, in AA. VV., La tercera parte de los principios de derecho contractual europeo, Vaquer (Ed.), Valência, 2005, p. 111.

Deve advertir-se que a identificação do responsável, não sendo um *ónus* do lesado (pelo menos não no sentido processual do termo) constituiu um fundamento lógico da acção ressarcitória. O lesado está dispensado de provar a culpa dos sujeitos envolvidos, podendo mesmo demandá-los solidariamente. Para isso é necessário, como é evidente, que individualize os sujeitos a quem pretende exigir o ressarcimento dos danos causados[702].

De acordo com o art. 5.º da Directiva, se várias pessoas forem responsáveis pelo mesmo dano, a sua responsabilidade é solidária, sem prejuízo das disposições de Direito nacional relativas ao direito de recurso. Outro tanto é dito pelo art. 6.º do DL n.º 383/89. Preenchidos os pressupostos de responsabilização do produtor aparente, este responde solidariamente e não subsidiariamente com o produtor real, ainda que o prejudicado possa accionar qualquer um deles, uma vez que a responsabilidade é solidária. O lesado pode demandar um, vários ou todos os sujeitos responsáveis. Neste sentido, no quinto considerando da Directiva pode ler-se que "quando várias pessoas são responsáveis pelo mesmo dano, a protecção do consumidor implica que o lesado possa exigir uma indemnização integral do dano a qualquer uma dessas pessoas".

A solidariedade dos responsáveis existe apenas relativamente a cada uma das categorias prescritas na Directiva, sem que se possa alterar a ordem de imputação da responsabilidade. Isto é: o lesado não pode demandar conjuntamente produtor real, produtor aparente, importador e fornecedor. O legislador pretendeu tutelar os interesses da vítima fornecendo-lhe uma pluralidade de responsáveis. No entanto, o critério que rege a escolha do concreto demandado não se baseia na solidariedade mas sim na subsidiariedade. O lesado não pode dirigir-se livremente contra qualquer um dos sujeitos, sendo obrigado a seguir o critério de preferência estipulado na Directiva – e esse dirige-se, num primeiro momento, para o produtor.

A possibilidade de demandar o fornecedor tem, deste modo, natureza subsidiária e excepcional. Convém não confundir solidariedade com subsidiariedade. A opção do legislador comunitário é bem clara: dirigir a responsabilidade pelos danos causados pelos produtos para uma categoria de sujeitos, englobados no conceito normativo de produtor, em vez de estender esta categoria a agentes que desempenham um papel perfeitamente distinto na comercialização do produto. São deste modo excluídas

---

[702] Ángel Yágüez, *Responsabilidad por productos defectuosos. Reflexiones en torno a la carga de la prueba*, p. 22.

A Responsabilidade 387

interpretações que desvaneçam a particularidade do regime legal, remetendo-se a uma visão tradicional da solidariedade entre os sujeitos passivos da reparação[703].

É verdade que este regime de severa subsidiariedade na eleição do demandado, diversas vezes reafirmado pela jurisprudência do TJCE, é dificilmente compatibilizável com outros regimes comunitários, como sejam o das garantias na venda de bens de consumo, em que o lesado pode dirigir--se livremente contra o vendedor ou contra o produtor. Neste caso o legislador não teve tanto receio de provocar uma multiplicação de processos.

Por outro lado, enquanto sob o regime da Directiva de 1985 podem ser indemnizados danos de montantes avultadíssimos, no âmbito das garantias na venda de bens de consumo o valor da reparação corresponde, em princípio, ao valor do bem adquirido, o que facilita a solvência do responsável. Como se justifica, então, uma tão grande disparidade na eleição do leque de responsáveis? Porque é que na Directiva de 1985 se impõe a natureza subsidiária e excepcional da responsabilidade do fornecedor, dirigindo-a primacialmente para o produtor; e na Directiva de 1999 se admite a responsabilidade de ambos, à escolha do demandante?

Cremos que a diferença entre as duas opções de política legislativa se prende com dois motivos fundamentais.

Primeiro, a Directiva sobre responsabilidade por produtos nunca foi uma norma cujo escopo principal fosse a protecção do consumidor mas sim a defesa da concorrência. Por outro lado, a Directiva 85/374 não é uma Directiva de mínimos, ao contrário da Directiva 1999/44, cujo n.º 2 do art. 8.º permite que os Estados-membros adoptem ou mantenham disposições mais estritas, compatíveis com o Tratado, com o objectivo de garantir um nível mais elevado de protecção do consumidor.

Resulta da inclusão do produtor aparente no conceito de produtor que a Lei trata este sujeito da mesma forma que o produtor real, não lhe concedendo a possibilidade de demonstrar que não é ele o produtor efectivo do bem defeituoso. Ou seja, ao contrário do que acontece com o mero fornecedor, não é dada ao produtor aparente a possibilidade de notificação ao produtor real, nos termos do n.º 3 do art. 3.º da Directiva. A responsabilidade do produtor aparente é conjunta e não alternativa à do efectivo fabricante do produto[704]. Já o *Rapport Explicatif* anexo à Convenção de

---

[703] Trigo García, *últ. op. cit.*, p. 112.

[704] Carnevali, *Responsabilità del produttore e prova per presunzioni, in* "RCPre", Maio-Agosto de 1996, p. 483, nota 4; Stoppa, *Responsabilità del produttore, in* AA. VV., Digesto delle discipline privatische, vol. XVII, Turim, 1998, p. 128.

388 Marca do Distribuidor e Responsabilidade por Produtos

Estrasburgo afirmava, referindo-se à qualificação do distribuidor como produtor aparente: "on evite ainsi toute échappatoire due au fait que le nom qui apparaît sur le produit n'est pas celui du véritable fabricant"[705].

Não se deve esquecer que a hipótese de identificação do produtor real existe apenas para o mero fornecedor. O produtor aparente não possui a faculdade de se exonerar identificando o produtor real[706]. Pela aposição do seu nome, marca ou outro sinal distintivo, este sujeito assume o mesmo risco do produtor real, não se podendo eximir à responsabilidade indicando o verdadeiro produtor.

Aliás, o inverso também é verdade: o produtor real não se exonera da responsabilidade pelo facto de ser demandado o produtor aparente[707]. Causa por isso estranheza que o legislador belga tenha considerado, na exposição de motivos da Lei de 25 de Fevereiro de 1991, que a responsabilidade do produtor aparente exclui a responsabilidade do produtor real. Trata-se de uma solução criticável que não tem qualquer apoio no texto da Directiva[708].

A solidariedade dos responsáveis constitui a excepção nas obrigações civis no Direito português, sendo a regra a conjunção – art. 513.º do CC. No entanto, a tendência jurisprudencial nos últimos anos dirige-se para uma aplicação cada vez mais vasta de um regime de solidariedade, movimento que tem tido reflexo também em dispositivos legais mais recentes. O estabelecimento de um regime de responsabilidade solidária justifica-se quer pelo aumento da garantia de efectivo ressarcimento das vítimas, quer pela simplificação das acções judiciais, que se podem basear na chamada de um dos responsáveis, de alguns ou da sua totalidade[709].

---

[705] P. 15, n.º 47.

[706] MASSIMO BIANCA, Diritto Civile, vol. V – La responsabilità, Milão, 1994, p. 740, nota 3.

[707] MÜLLER, La responsabilità del produttore secondo la Direttiva della CEE (com particolare riferimento al ruolo dell'assicurazione), in AA. VV., Il danno da prodotti, PATTI (Coord.), Pádova, 1990, p. 32.

[708] VON KUEGELGEN, La loi du 25 Février 1991 sur la responsabilité du fait des produits dans ses rapports avec le droit commun de la vente, in AA. VV., Vente et cession de créance, FORIERS (Coord.), Bruxelas, 1997, p. 83.

[709] ACOSTA ESTÉVEZ, La responsabilidad civil del fabricante: introducción al estudio de la Directiva 85/374/CEE de 25 de Julio de 1985, in "RES", n.º 60, Outubro/Dezembro de 1989, p. 60 e La accion de la CEE en matéria de responsabilidad por productos defectuosos y reparación de los daños sufridos por el consumidor: adaptacion del derecho español a la Directiva del Consejo 85/374/CEE, in "La Ley", 1990, n.º 1, p. 1142.

A solidariedade constitui, afinal, uma regra *pro damnato* que reforça a posição do lesado, ao exonerá-lo da prova da quota-parte de responsabilidade de cada um dos agentes e ao poder exigir o pagamento integral da indemnização de qualquer um deles. O produtor aparente pode responder por defeitos que tenham surgido exclusivamente na fase produtiva, ainda que lhes seja totalmente alheio, tendo em conta o papel que assume na comercialização do produto. A tutela do lesado sai deste modo ampliada, uma vez que o produtor aparente se vai juntar ao produtor real, sendo um sujeito de fácil localização e provavelmente mais solvente.

Cremos porém, como já afirmámos, que a responsabilização solidária que resulta da Directiva não se baseia apenas numa tentativa de facilitar o ressarcimento da vítima e de evitar a insolvência de algum dos responsáveis. Prende-se, de igual forma, com o desempenho conjunto e organizado de uma actividade que pode causar danos a terceiros.

Muitas das vezes o motivo que leva à estatuição legal de um regime de solidariedade é a actuação conjunta de diversos agentes. No caso do produtor aparente podemos estar perante o desempenho em conjunto de uma actividade potencialmente perigosa (o lançamento de produtos no mercado) por dois sujeitos distintos: o fabricante do produto e o titular da marca de distribuição sob a qual ele será colocado no mercado. Se o primeiro é o autor material do bem, o seu criador; a verdade é que o distribuidor constitui o director do processo produtivo, que influencia e determina, chegando ao ponto de apor a sua marca sobre o produto. Cremos que a co-autoria do produto é também um dos motivos que estão na origem da co-responsabilidade.

20.1 O defeito do produto

Nos termos do disposto no art. 1.º da Directiva, o produtor (mesmo que aparente) é responsável pelo dano causado por um defeito do seu produto. O facto gerador da responsabilidade objectiva não é a conduta deficiente do produtor mas sim o defeito do produto. Convém por isso deixar algumas notas sobre o conceito de produto defeituoso[710].

Sobre a justeza e limites da responsabilidade solidária em geral vide WRIGHT, *The logic and fairness of joint and several liability, in* "MSULR", 1992, vol. 23, pp. 45-84.

[710] Para um estudo mais detalhado vide SOLÉ FELIU, El concepto de defecto del producto en la responsabilidad civil del fabricante e BÜYÜKSAGIS, La notion de défaut dans la responsabilité du fait des produits, analyse économique et comparative, Genebra, 2005.

390 *Marca do Distribuidor e Responsabilidade por Produtos*

Como lembrou o acórdão do STJ de 5 de Março de 1996, embora o produtor da coisa tenha uma responsabilidade objectiva, sempre o defeito tem de estar demonstrado, pois o defeito é facto constitutivo do direito.

No mesmo sentido, o acórdão do Tribunal da Relação do Porto de 6 de Março de 2001 reconheceu que embora a Lei estabeleça o princípio da responsabilidade objectiva do produtor, é ao lesado, como facto constitutivo do seu direito, que incumbe provar a existência de defeito do produto, para além da prova do dano e do nexo causal entre o defeito e o dano. No mesmo sentido se pronunciou o Tribunal da Relação de Lisboa, em acórdão de 1 de Março de 2007.

A Relação do Porto reiterou este entendimento em aresto de 20 de Novembro de 2007. Este acórdão sublinhou, na esteira do aresto do STJ de 16 de Outubro de 2003, que a existência do defeito se reporta ao momento do acidente, uma vez que existe uma presunção, ilidível, de que o defeito existe no momento em que o produto é posto em circulação. No mesmo sentido se pronunciou o acórdão do Tribunal da Relação de Lisboa de 27 de Fevereiro de 2007.

O acórdão do Supremo Tribunal espanhol de 27 de Julho de 2005 lembrou que cabe ao lesado provar a defeituosidade do produto, não se podendo escudar na dificuldade probatória, pois semelhante dificuldade pode resultar para o responsável, que ademais teria de fazer uma prova de um facto negativo[711].

Convém ter presente, por outro lado, que não basta ao lesado provar a existência de um dano, sendo necessário que alegue e prove, ainda, a relação de causalidade entre o dano e o defeito do produto, como sublinhou o acórdão do Tribunal da Relação de Coimbra de 8 de Junho de 2004 e foi reiterado pelo acórdão do Tribunal da Relação de Évora de 13 de Setembro de 2007. Esta solução afastou-se da que estava prevista no segundo Anteprojecto de Directiva, de 1975, que considerava que o lesado só tinha de provar o dano e a existência de uma provável causalidade entre o produto e o dano[712].

De acordo com o n.º 1 do art. 6.º da Directiva, um produto é defeituoso quando não oferece a segurança que se pode legitimamente esperar, tendo em conta todas as circunstâncias, tais como a sua apresentação, a

---

[711] Processo n.º 659/2005, Sala de lo Civil (RJ 2005/5101).

[712] Vide EUROPEAN CONSUMER LAW GROUP, Rapports et Avis, Septembre 1977 – Mars 1984. Centre de Droit de la Consommation, Bruxelas, 1984, p. 58.

A *Responsabilidade* 391

utilização do produto que se pode razoavelmente esperar e o momento de entrada em circulação do produto. De acordo com o n.º 2 da mesma norma, um produto não será considerado defeituoso pelo simples facto de ser posteriormente colocado em circulação um produto mais aperfeiçoado.

O art. 4.º do diploma português seguiu muito de perto o texto da Directiva.

Mais longe foi o legislador espanhol. O art. 137.º da LGDCU II prescreve: "se entenderá por producto defectuoso aquél que no ofrezca la seguridad que cabría legítimamente esperar, teniendo en cuenta todas las circunstancias y, especialmente, su presentación, el uso razonablemente previsible del mismo y el momento de su puesta en circulación. En todo caso, un producto es defectuoso si no ofrece la seguridad normalmente ofrecida por los demás ejemplares de la misma serie. Un producto no podrá ser considerado defectuoso por el solo hecho de que tal producto se ponga posteriormente en circulación de forma más perfeccionada". Esta redacção corresponde na íntegra ao anterior art. 3.º da Ley 22/1994.

O legislador comunitário, tal como a Convenção do Conselho da Europa, não distingue os diversos tipos de defeito, utilizando um conceito único. Foi propositadamente adoptada uma noção suficientemente ampla, que se possa moldar à evolução da noção de segurança, propiciada pelo desenvolvimento dos conhecimentos científicos e técnicos. Nos próprios considerandos da Directiva se refere que "a qualidade defeituosa de um produto não deve ser determinada com base numa inaptidão do produto para utilização, mas com base numa falta da segurança que o público em geral pode legitimamente esperar".

O acórdão do Supremo Tribunal espanhol de 21 de Fevereiro de 2003 aduziu importantes esclarecimentos sobre a noção comunitária de defeito: "el concepto de defecto que recoge la Ley (...) resulta flexible y amplio, y, al no concurrir factores subjetivos, la seguridad se presenta como exigencia del producto, pues se trata de un derecho que asiste a todo consumidor en cuanto que el producto puede ser utilizado sin riesgos para su integridad física o patrimonial. La existencia del defecto resulta del concepto que del mismo establece la Ley 22/1994 y ha de relacionarse necesariamente con la seguridad que el producto debe ofrecer, y, si esto no sucede, impone considerar al producto como defectuoso"[713].

---

[713] Sala de lo Civil, sección 1ª (RJ 2003/2133).

Marca do Distribuidor e Responsabilidade por Produtos

A segurança que se pode legitimamente esperar de um produto é, deste modo, uma noção vaga e elástica que deve ser sempre aferida em função do caso concreto. O seu cerne é a segurança do produto e não se confunde com a aptidão ou idoneidade do produto para a realização do fim a que se destina. Ao contrário da garantia nas vendas de bens de consumo, em que se pretende assegurar a conformidade do bem com o contrato, na responsabilidade por produtos o que se pretende tutelar é a sua segurança. De facto, quando o produto não funciona, carece da utilidade pactuada e origina apenas responsabilidade contratual.

O acórdão do STJ de 11 de Março de 2003 lembrou que tanto no regime da responsabilidade por produtos como no da segurança geral dos produtos o ponto fulcral da noção de defeito repousa na falta da segurança legitimamente esperada do produto e não na falta de conformidade ou qualidade, na aptidão ou idoneidade do produto para a realização do fim a que se destina. A conformidade ou qualidade do produto, presente na tradicional garantia edilícia e responsabilidade contratual, é mais restrita do que a segurança, pois são frequentes os casos de produtos que causam danos na realização da específica função para que foram concebidos e fabricados.

O Acórdão do Tribunal da Relação do Porto de 17 de Junho de 2004 frisou: "a falta de segurança e a falta de conformidade ou idoneidade do produto para o fim a que se destina não se confundem, sendo que a products liability se caracteriza por ser uma responsabilidade por falta de segurança dos produtos, enquanto a clássica garantia por vícios se traduz na responsabilidade do vendedor por falta de conformidade ou qualidade das coisas".

Em aresto de 7 de Março de 2005 o mesmo Tribunal considerou que a noção de defeito fixada no art. 4.º do DL 383/89 acaba por coincidir de certa maneira com a falta de segurança, divergindo do enquadramento do art. 913.º do CC e afastando-se da definição de defeito da LDC, considerada "demasiado indefinida".

O Tribunal da Relação de Lisboa, em acórdão de 27 de Fevereiro de 2007, sublinhou que o cerne da noção de defeito é a segurança do produto. Contudo, não se exige que o produto ofereça uma segurança absoluta, mas tão só a segurança com que se possa legitimamente contar. O que significa que o sujeito das expectativas de segurança não é o lesado concreto mas o "público em geral", isto é, a segurança esperada e tida por normal nas concepções do tráfico do respectivo ramo

A *Responsabilidade* 393

de consumo, sufragando deste modo o entendimento do acórdão do STJ de 8 de Novembro de 2001[714].

Em aresto de 19 de Abril de 2007 a Relação lisboeta frisou que enquanto a falta de segurança visa proteger a vida e a integridade físico--psíquica das pessoas, a sua saúde e segurança, a falta de conformidade ou idoneidade do produto tem em vista o interesse da equivalência entre a prestação e a contraprestação subjacente ao cumprimento perfeito do contrato, pela entrega da coisa com as qualidades ou características adequadas ao fim a que se destina em conformidade com o acordado, na esteira do defendido pelo acórdão do STJ de 11 de Março de 2003.

Evidentemente que para além das circunstâncias enumeradas de forma exemplificativa na lei há que ter em conta, na determinação do defeito, todas as demais circunstâncias do caso concreto, designadamente a natureza do produto, qual a sua utilidade, a probabilidade do dano, a sua evitabilidade pelo utilizador, *etc.*

Por outro lado, o produto pode ser impróprio (ineficaz) para o fim a que se destina – logo, não conforme ao contrato – e todavia não carecer de segurança, por não representar ou causar perigo para a pessoa e bens do adquirente ou de terceiros. Um produto também pode não proporcionar um uso eficaz e seguro, com a falta de segurança a prejudicar o uso a que se destina ou com a sua ineficiência a causar danos pessoais ou patrimoniais evitáveis pela utilização de outro produto idóneo ou eficaz.

A falta de segurança e a falta de conformidade ou idoneidade do produto para o fim a que se destina não se confundem, caracterizando--se a responsabilidade por produtos justamente por ser uma responsabilidade por falta de segurança dos produtos, enquanto a clássica garantia por vícios se traduz na responsabilidade do vendedor por falta de conformidade ou qualidade das coisas, tendo, por isso, objectivos diferentes: aquela visa proteger a vida e integridade físico-psíquica das pessoas, a sua saúde e segurança; esta tem em mira o interesse (da equivalência entre a prestação e a contraprestação) subjacente ao cumprimento perfeito do contrato.

No mesmo sentido, o acórdão do Tribunal Supremo espanhol de 19 de Fevereiro de 2007 sublinhou que o defeito fixado na Directiva 85/374 se distingue da garantia por vícios ocultos em dois planos distintos[715].

---

[714] O mesmo entendimento foi defendido pelo Tribunal da Relação do Porto, em aresto de 20 de Novembro de 2007 a que já nos referimos.

[715] Sentença n.º 183/2007, Sala de lo Civil, Sección 1 (RJ/2007/1985).

Primeiro, porque o conceito de defeito não pode ser definido pelo destino previsto contratualmente pelas partes, uma vez que a vítima pode ser um terceiro. Na verdade, podem também ser tidas em conta as expectativas de sujeitos que, não sendo considerados consumidores, podem ser vítimas do defeito do produto.

Em segundo lugar, porque não se trata de descortinar se o produto é apto para o uso para o qual foi posto em circulação mas sim, de maneira bastante mais precisa, a pronunciar-se sobre a sua segurança. O acórdão cita mesmo a Memoria del Proyecto de Ley quando referia que "el concepto de «defecto» viene centrado en la seguridad y no en la impropiedad para el uso o consumo, que es el núcleo del diferente concepto de «vício oculto» y que, en cuanto tal, produce efectos en la relación contractual entre vendedor y comprador".

O acórdão sublinhou ainda que a definição do n.º 1 do art. 3.º da Ley 22/1994 correspondia a uma cláusula geral, um conceito jurídico indeterminado que obriga o julgador a valorar todas as circunstâncias do caso, podendo ter em conta as expectativas do consumidor médio e da colectividade.

Aliás, podem ser levadas em linha de conta as próprias expectativas do fabricante médio do sector, especialmente para aquilatar se constam do produto as informações necessárias sobre o seu uso razoável ou as advertências comuns sobre os seus perigos[716].

Como é evidente, um produto pode, ao mesmo tempo, ser defeituoso e padecer de falta de qualidade, utilidade ou idoneidade para o fim a que se destina. Dito de outra forma: a falta de qualidade do produto pode vir a causar directamente danos ao utilizador, qualificando o produto como defeituoso[717].

Importa reter, por outro lado, que o conceito de produto defeituoso não se confunde com aqueloutros de produto seguro e de produto perigoso[718].

---

[716] SOLÉ FELIU, *últ. op. cit.*, pp. 114 *ss*; MARTÍN CASALS e SOLÉ FELIU, *Sentencia de 21 de Febrero de 2003 (RJ 2003, 2133)*, p. 795.

[717] Vide GUTIÉRREZ SANTIAGO, *La prueba del defecto del producto y la de su relación causal con el daño como piezas claves en los pleitos de responsabilidad civil derivada de productos defectuosos*, acessível online em http://www.geocities.com/pilargsh/publicaciones.html, p. 7 e *Vehículos defectuosos y responsabilidad civil*, pp. 8 s.

[718] Vide GUTIÉRREZ SANTIAGO, Responsabilidad civil por productos defectuosos: cuestiones prácticas, pp. 100 *ss*; GINEBRA MOLINS, *op. cit.*; PASQUAU LIANO, *La noción de*

Enquanto o conceito de produto perigoso é fáctico, os conceitos de produto seguro e de produto defeituoso são normativos[719]. Na verdade, perigosos, por definição, podem ser todos os produtos, por mais inofensivos que pareçam. A perigosidade é uma questão de facto, que varia consoante as características próprias de cada produto.

Por outro lado, enquanto o conceito de produto seguro se aplica durante toda a vida do produto (desde a sua entrada até à sua saída do mercado) o conceito de produto defeituoso apenas actua havendo a produção de um dano num caso concreto.

Produto seguro será aquele que cumpre os requisitos previstos na al. b) do art. 2.º da Directiva 2001/95, ou seja, qualquer produto que, em circunstâncias de utilização normais ou razoavelmente previsíveis, nomeadamente de duração e, se aplicável, de entrada em serviço, de instalação e de necessidades de conservação, não apresente quaisquer riscos ou apresente apenas riscos reduzidos compatíveis com a sua utilização e considerados aceitáveis e conciliáveis com um elevado nível de protecção da saúde e segurança das pessoas, tendo especialmente em conta os índices aí referidos.

Produto perigoso será, obviamente, o produto que não corresponde à definição de produto seguro, como refere a al. c) do mesmo art.

Ora, por muito seguro que seja um produto (ou dizendo de outra forma, por muito que um produto não seja perigoso) a verdade é que ele pode provocar danos, danos estes que podem levar a que o produto seja qualificado como defeituoso. Deste modo, a definição do que se considera um produto defeituoso resulta do conceito normativo exposto na Directiva e nos respectivos diplomas de transposição.

A Directiva acolheu a tese do *consumer expectation test* – o produto é defeituoso quando não oferece a segurança que o público poderia razoavelmente esperar. A referência à comunidade serve para dizer que a segurança do produto não depende das expectativas da vítima em concreto mas da segurança que espera um sujeito normal com os conhecimentos da comunidade. Ou seja, a expectativa de segurança do lesado é observada desde um ponto de vista objectivo e impessoal[720]. Este critério parece

---

defecto a efectos de la responsabilidad civil del fabricante por daños ocasionados por productos, in "InIuria", Janeiro-Março de 1995, n.º 5, pp. 88 ss.

[719] Ruiz García e Marín García, *op. cit.*, p. 5.

[720] Pasquau Liano, *op. cit.*, p. 98; Solé Feliu, *últ. op. cit.*, p. 102; Ramos González, Responsabilidad civil por medicamento. Defectos de fabricación, de diseño y en las advertencias o instrucciones, Madrid, 2004, p. 133.

396 *Marca do Distribuidor e Responsabilidade por Produtos*

perder sentido em relação a terceiros (*bystanders*) uma vez que estes não têm expectativas acerca da segurança dos produtos[721].

Na jurisprudência norte-americana é mais frequente hoje em dia a utilização do critério do *risk-utility test*, segundo o qual um produto é defeituoso se o perigo que gera é superior à sua utilidade social ou económica, se o perigo podia ter sido evitado mediante uma melhoria a um custo razoável ou se existem produtos alternativos capazes de satisfazer idênticas necessidades com um risco menor. Trata-se, como é bom de ver, de um critério mais económico, ao contrário do *consumer expectations test*, que tem uma natureza mais sociológica[722].

O art. 6.º da Directiva, ao estabelecer que o produto é defeituoso quando não oferece a segurança que se pode legitimamente esperar, tendo em conta "todas as circunstâncias", adoptou um critério misto, que arranca do teste das expectativas razoáveis da comunidade mas também pode ter em conta um critério de análise risco-utilidade.

Como se reconhece no terceiro Relatório sobre a aplicação da Directiva, a natureza subjectiva do teste das "expectativas" significa que este princípio não pode ser definido de forma precisa, o que dá origem a uma série de questões de natureza prática, como por exemplo, a de saber se o tribunal deve proceder à análise do risco/benefício quando avalia o que se pode legitimamente esperar, bem como até onde o comportamento efectivo de um produtor (grau de cuidados que foram tomados ou não) é relevante[723].

No processo *A* vs. *National Blood Authority*, o *English High Court* entendeu que a conduta do demandado não deve ser tida em conta para se considerar se um produto é defeituoso[724]. Contudo, no caso *Sam Bogle and others* vs. *McDonald's Restaurants Ltd.ª*, já referido, o mesmo tribunal considerou relevantes as medidas tomadas pela *McDonalds* no sentido de formar o seu pessoal para servir bebidas quentes a clientes.

Segundo a doutrina e a jurisprudência existem três tipos de defeitos: defeito de fabrico (*defective in construction*), defeito de desenho

---

[721] PRIETO MOLINERO, El riesgo de desarollo: un suspuesto paradójico de la responsabilidad por productos, Madrid, 2005, p. 130; RAMOS GONZÁLEZ, *últ. op. cit.*, p. 134.

[722] Para uma comparação entre os dois modelos remetemos uma vez mais para a obra de SOLÉ FELIU, *últ. op. cit.*, pp. 121-148.

[723] Pp. 10 s.

[724] English High Court, 1999.

A Responsabilidade 397

(*defective design*) e defeito de informação (*defective warning*)[725]. Alguns autonomizam ainda uma quarta categoria: o defeito nas operações de embalagem e rotulagem[726].

As três categorias de defeito foram claramente destrinçadas com o *Restatement (Third) of Law*, que se apartou da lógica "one size fits all" da anterior secção 402 A, reconhecendo que o defeito não pode ser sempre avaliado utilizando o mesmo método[727]. O *consumer expectations test* acabou por ceder a primazia ao *risk-utility test*, não sem grande controvérsia doutrinal e jurisprudencial[728].

Por outro lado, em vez da responsabilidade objectiva para os três tipos de defeito, nos Estados Unidos foi adoptado um critério de negligência para os defeitos de concepção e informação. Na verdade, não se trata de uma evolução assim tão radical, uma vez que o *Restatement Second* já dispunha de regras distintas para os três tipos de defeito em casos de negligência (§ 388 para o defeito de informação, § 395 para o defeito de fabrico e § 398 para o defeito de concepção).

---

[725] Prieto Molinero, *op. cit.*, pp. 147-178; Gutiérrez Santiago, *últ. op. cit.*, pp. 121 *ss*; Pasquau Liano, *op. cit.*, pp. 81-128; Will, *Responsabilità per difetto d'informazione nella Comunità Europea, in* AA. VV., Il danno da prodotti, Patti (Coord.), Pádova, 1990, pp. 47-82.

[726] Cañizares Rubini, *El seguro de responsabilidad civil de productos: se puede hablar de una superacion de las garantías clásicas?, in* AA. VV., Responsabilidad Civil de Productos, Comité de Gestion de AIDA (Association Internationale de Droit des Assurances), Seccion Española, Madrid, 1983, p. 11.

[727] Madden, *Recent federal and American Law Institute products liability reform initiatives, in* "Tort and Insurance Law Journal", Primavera de 1994, vol. 24, n.º 3, pp. 575 *ss*; Arnold, *Rethinking design defect law: should Arizona adopt the restatement (third) of torts: products liability?, in* "Arizona Law Review", 2003, vol. 45, pp. 183 *ss*; Conk, *Punctuated equilibrium: why Section 402A flourished and the Third Restatement languished, in* "RL", Symposium 2007, vol. 26, n.º 4, pp. 799–881.

[728] Vide o excelente trabalho de Kysar, *The expectations of consumers, in* "Columbia Law Review", 2003, vol. 103, pp. 1700-1790, a que responderam Henderson e Twerski (redactores do terceiro *Restatement*), *Consumer expectations' last hope: a response to professor Kysar, in* "Columbia Law Review", 2003, vol. 103, pp. 1791-1802. Houve ainda lugar a réplica de Kysar, *The design of products liability: a reply to professors Henderson and Twersky, in* "Columbia Law Review", 2003, vol. 103, n.º 7, pp. 1803 *s*. Para um breve resumo das críticas que envolveram a passagem do *Second* para o *Third Restatement*, no que concerne ao conceito de defeito, vide Westerbeke, *The sources of controversy in the new restatement of products liability: strict liability versus products liability, in* "The Kansas Journal of Law & Public Policy", 1998/1999, vol. 8, pp. 1-17.

Comecemos pelo defeito de informação. Um produto que foi bem desenhado (concebido, projectado) e bem fabricado pode ser defeituoso devido à informação deficiente que o acompanha ou à total falta de informação. O defeito pode consistir na inexactidão, insuficiência ou ausência de instruções sobre a sua utilização, ou na falta ou deficiência de advertência sobre os seus riscos. Neste sentido, o defeito de informação é um vício extrínseco ao produto. Se os seus riscos poderiam ter sido evitados através de instruções ou advertências razoáveis, a sua omissão torna o produto irrazoavelmente inseguro e, deste modo, defeituoso[729].

No mesmo sentido, o *Restatement Third of Torts* considera, na al. c) do seu art. 2.º: "when the foreseeable risks of harm posed by the product could have been reduced or avoided by the provision of reasonable instructions or warnings by the seller or the distributor, or a predecessor in the commercial chain of distribution, and the omission of the instructions or warnings renders the product not reasonably safe".

Um dos elementos a que o art. 6.º da Directiva manda atender para averiguar se um produto é defeituoso é a sua apresentação. A apresentação não deve ser vista em termos estritos, como mera imagem ou "cara" do produto, mas sim em termos amplos, considerando a envolvente do seu lançamento no mercado. Deste modo, o juiz deverá ter em conta todo o processo de comercialização e marketing, as campanhas de publicidade e de promoção que rodearam o produto, enfim, toda a vasta gama de estímulos que tende a criar no público a imagem e a expectativa de que se trata de um produto seguro[730].

Ao contrário dos outros dois tipos de defeito, os defeitos de informação não se dão na própria estrutura do produto, sendo extrínsecos, centrando-se nas indicações, advertências ou instruções que acompanham ou deviam ter acompanhado o produto. Para além disso, não basta fornecer a informação, é necessário ver a forma como é apresentada: tamanho da letra, desenho dos pictogramas, lugar do produto onde surge, *etc*. Embora a Directiva não se refira expressamente aos diferentes tipos de defeito, manda atender especificamente à apresentação do produto (al. a) do art. 6.º)), tal como a Directiva 2001/95 (ponto iii) da al. b) do art. 2.º). Convém não esquecer que de acordo com este último diploma, a obrigação

---

[729] SOLÉ FELIU, *últ. op. cit.*, p. 574; SALVADOR CODERCH e RAMOS GONZÁLEZ, *Avance del Comentário InDret a la Ley 22/1994, de 6 de julio: el defecto en las instrucciones y advertencias en la responsabilidad de producto, in* "Indret", Outubro de 2006, p. 3.

[730] CALVÃO DA SILVA, Responsabilidade civil do produtor, pp. 637 *s*.

de informar sobre os produtos integra o dever de comercializar unicamente produtos seguros.

A apresentação do produto não se limita à sua aparência, atendendo também ao conjunto de informações e referências sobre o produto que se incluem na sua embalagem, etiquetas, incluindo as afirmações ou silêncios vertidos na actividade publicitária que rodeia o produto[731]. A legítima expectativa de segurança dirige-se muitas vezes mais à segurança externa (aquela que repousa na configuração, embalagem, forma, etiquetagem, publicidade, *etc*) do que à segurança interna. Ou seja, muitas vezes o consumidor forma a sua decisão de comprar um produto atendendo à sua configuração externa, atribuindo menos importância à estrutura intrínseca e segurança interna do produto[732].

Devemos salientar, porém, que a ausência de informação sobre o produtor real não constitui um defeito de informação. De facto, o produto não provoca danos por omitir a referência ao seu produtor real. Neste sentido, os produtos de marca do distribuidor são tão perigosos como quaisquer outros, uma vez que a marca é estranha à perigosidade, tal como é alheia à segurança. A marca é um sinal distintivo e a falta ou incorrecção da informação quanto à proveniência do produto não constitui um defeito de informação.

Quando nos debruçámos sobre o direito do consumidor à informação dissemos que se pode hoje falar de um direito do consumidor à rastreabilidade dos produtos, tanto *ex ante*, como *ex post*. No entanto, consideramos que o direito à informação constitui um motivo para a inclusão do titular da marca do distribuidor na noção legal de produtor aparente e não um fundamento da danosidade do produto. Sublinhe-se: o distribuidor pode ser tido como produtor porque exerce especial influência sobre a fase de produção. Aqui justificamos o tratamento como produtor de quem não o é.

Inversamente, o produto não pode ser considerado defeituoso apenas porque omite a referência ao seu produtor real. O que provoca o dano neste caso não é a ausência da indicação do produtor real mas sim qualquer outro defeito, seja de desenho, seja de fabrico, seja de informação – quando esta se refira a instruções, advertências ou outros dados que permitissem evitar a produção de um dano. E não seria decerto por

---

[731] Pasquau Liano, *op. cit.*, p. 108; Solé Feliu, *últ. op. cit.*, pp. 190 *ss*.
[732] Calvão da Silva, *últ. op. cit.*, p. 638.

400   *Marca do Distribuidor e Responsabilidade por Produtos*

indicar o real produtor do bem que este deixaria de ser defeituoso e, em consequência, danoso.

Os defeitos de desenho estão relacionados com toda a actividade de concepção do produto enquanto objecto, abrangendo quer o seu aspecto exterior quer a sua composição interna, tais como a escolha dos materiais ou componentes, funcionalidade, segurança, eficácia, custo, *etc.* Como o defeito é estrutural, um erro na concepção do produto em si mesmo irá resultar não em danos esporádicos mas em todos os exemplares dessa série. Este defeito está relacionado com as linhas, critérios e especificações adoptados pelo fabricante na concepção do produto, dando origem a danos em série, porque se aplicam a toda a linha ou série de produtos.

Os defeitos de fabrico são aqueles que surgem na fase de elaboração ou execução do projecto de um determinado desenho. Ou seja, neste caso existe uma divergência entre o produto inicialmente desenhado e efectivamente fabricado. Resultam de algum problema na fase produtiva, que está relacionado com a produção em massa e podem dever-se tanto a erro humano como mecânico. São fáceis de identificar porque basta comparar o exemplar defeituoso com outros da mesma série.

Assim, e quanto aos defeitos de fabrico, é perfeitamente compreensível que a responsabilidade seja objectiva, uma vez que o produtor defraudou as expectativas de segurança que o consumidor médio poderia legitimamente esperar, atendendo à segurança dos exemplares da mesma série.

É por isso muito útil a referência do n.º 2 do art. 137.º da LGDCU II, quando esclarece: "en todo caso, un producto es defectuoso si no ofrece la seguridad normalmente ofrecida por los demás ejemplares de la misma série". Desta forma, o legislador espanhol inseriu uma matiz em relação ao conceito unitário adoptado pela Directiva, introduzindo por via indirecta uma referência que se parece dirigir aos defeitos de fabrico[733].

Este tipo de defeito repercute-se em algum ou alguns dos produtos da mesma série (são foras-de-série). É mais fácil a prova do defeito de fabrico, em que basta comparar o produto com os da mesma série, do que do defeito de desenho e de informação. Nestes casos será mais difícil estabelecer um termo de comparação. O legislador espanhol forneceu, deste modo, uma regra de carácter probatório que se justifica pelas especiais características do defeito de fabrico[734].

---

[733] SOLÉ FELIU, *El concepte de defecte en la Llei de responsabilitat per productes defectuosos*, p. 954.

[734] MARTÍN CASALS e SOLÉ FELIU, *últ. op. cit.*, p. 800.

A *Responsabilidade* 401

No entanto, pode também considerar-se que este é apenas um critério complementar que se soma ao critério geral (a segurança legitimamente esperada), que poderá ser aplicado de forma objectiva não só ao defeito de fabrico mas também aos outros tipos de defeito[735].

Pode questionar-se até que ponto o defeito de informação e o defeito de desenho implicam uma conduta culposa ou pelo menos negligente do sujeito. Enquanto no defeito de fabrico a responsabilidade é objectiva, ou pelo menos quase-objectiva, há quem defenda que nos defeitos de informação e de desenho se exige uma conduta subjectivamente censurável por parte do agente[736].

Segundo esta óptica, os defeitos de informação adequam-se melhor a um regime de responsabilidade por culpa uma vez que implicam um juízo sobre a actuação do produtor, que decide fornecer ou não a informação e como o fazer[737]. Com a publicação do *Restatement Third of Torts*, em 1997, restringiu-se a aplicação da responsabilidade objectiva ao caso dos defeitos de fabrico. No caso dos defeitos de desenho e de informação, a responsabilidade só pode ser imputada objectivamente se o risco era previsível e evitável mediante a adopção de uma alternativa razoável[738].

Deste modo, nestes dois tipos de defeitos (de desenho e de informação) é necessário um juízo de comparação entre o produto concretamente defeituoso e uma alternativa possível e razoável, em cuja valoração entram em jogo considerações de custo/benefício que prevalecem sobre valorações normativo-sociais acerca da segurança dos produtos e em que o critério do risco-utilidade destrona o critério das expectativas do consumidor[739].

---

[735] Assim, GUTIÉRREZ SANTIAGO, *Vehículos defectuosos y responsabilidad civil*, p. 10.

[736] WRIGHT, *The principles of product liability*, pp. 1072-1092; RUBÍ PUIG e PIÑEIRO SALGUERO, *Muerte de um niño asfixiado com un caramelo. Comentário a la STS, 1ª, 10.6.2002*, in "InDret", 1/2002, Janeiro de 2002, p. 3; GONZÁLEZ BARRIOS, *Responsabilidad por productos inevitablemente peligrosos: riesgo agravado o riesgo consentido?*, in "RRCCS", 2005, n.º 4, p. 11.

[737] RAMOS GONZÁLEZ, *op. cit.*, p. 264; SALVADOR CODERCH e SOLÉ FELIU, Brujos y aprendices. Los riesgos de desarrollo en la responsabilidad de producto, Madrid, 1999, p. 83.

[738] Vide MARCO MOLINA, *La protección de la persona como sujeto expuesto al desarrollo tecnológico: la responsabilidad del fabricante de productos defectuosos en el Derecho norteamericano*, pp. 95 ss; RAMOS GONZÁLEZ, *op. cit.*, pp. 138 ss; SCHWARTZ, *The impact of the new products liability restatement on prescription products*, in "Food and Drug Law Journal", 1995, vol. 50, pp. 401 ss.

[739] SALVADOR CODERCH e SOLÉ FELIU, *op. cit.*, p. 84; TWERSKY, *Chasing the illusory pot of gold at the end of the rainbow: negligence and strict liability in design defect litigation*, in "Marquette Law Review", Novembro de 2006, vol. 90, n.º 1, pp. 7-20.

Há quem entenda que, tal com sucede nos Estados Unidos, será difícil que a jurisprudência europeia favoreça a responsabilidade objectiva nos casos de defeitos de desenho e de informação. Será de esperar que o critério adoptado seja a legítima expectativa que o consumidor médio poderá ter em relação à máxima segurança que ofereçam no mercado os produtos alternativos de preço semelhante, excepção feita, como é evidente, aos casos em que sejam colocados no mercado produtos cujo risco é insuportavelmente superior à sua utilidade e em que não haja produtos substitutivos.

De *lege ferenda* deve ponderar-se a hipótese de substituição da noção unitária de defeito fixada na Directiva por uma tipologia assente nas diferentes características de cada um dos tipos de defeito, estabelecendo um regime de responsabilidade culposa em alguns deles, à semelhança do que sucede no *Restatement (Third)*. Enquanto não se operar tal modificação, não existe outra alternativa que não seja considerar que a responsabilidade por produtos defeituosos fixada no diploma comunitário, incluindo os defeitos de desenho e de informação, é uma responsabilidade objectiva, como expressamente sublinha a Exposição de Motivos e tem sido reiterado o TJCE.

Um dos elementos a que a Directiva manda atender para determinar se um produto é defeituoso é o momento da sua colocação em circulação. Como ensina SOLÉ FELIU, o momento da colocação em circulação não é apenas mais uma das circunstâncias a ter em conta, mas sim um elemento central da definição de defeito[740]. É a este momento que devem ser reconduzidas todas as circunstâncias a considerar, quer as expressamente referidas no art. 6.º da Directiva, quer outras que sejam consideradas pertinentes.

O diploma comunitário não fornece qualquer definição do que se considera "colocação em circulação". Este conceito é importantíssimo, não só quanto ao defeito do produto mas também para efeitos de exclusão da responsabilidade e de caducidade do direito à acção de indemnização.

O legislador belga procurou adoptar uma noção menos vaga dizendo, no art. 6.º da sua Lei de 25 de Fevereiro de 1991, que a colocação em circulação é o primeiro acto que materializa a intenção do produtor de dar ao produto a afectação a que o destina mediante a transferência a um terceiro ou utilização em benefício deste.

---

[740] *Últ. op. cit.*, pp. 966 s.

O art. 6.º da Lei austríaca de 1 de Julho de 1988 estabelece que um produto se considera colocado em circulação no momento em que o empresário, seja a que título for, transmite a outro o poder de disposição sobre o produto ou o uso deste. É suficiente o envio ao comprador.

O art. 119.º do *Codice del Consumo* italiano estabelece que o produto se considera colocado em circulação quando é entregue ao adquirente, ao usuário ou a um auxiliar deste, inclusive em caso de exame ou prova.

Na Europa têm sido seguidos essencialmente dois conceitos de colocação em circulação. Primeiro, o conceito jurídico, que tem em conta a alienação do produto pelo produtor, que apresenta a desvantagem de desproteger o lesado nos casos em que o fabricante ainda não alienou o produto. Por outro lado, o conceito material, que atende à perda do controlo do produto por parte do fabricante, à sua entrega voluntária[741]. A colocação em circulação refere-se, neste caso, ao momento em que o produto se integra na cadeia de distribuição, seja através da entrega a um intermediário para a sua comercialização, seja através da venda directa ao público.

Deste modo, o produto passa por diversos momentos de colocação em circulação durante o processo de fabrico e distribuição, sempre que um dos sujeitos da cadeia o transmite a outro, até chegar ao utilizador final. Este conceito afere-se em função do processo produtivo organizado pelo produtor, devendo considerar-se que o produto foi posto em circulação quando já não vai ser submetido a nenhum controlo posterior que possa identificar o defeito de que efectivamente padece[742]. Deve ser adoptado um conceito suficientemente flexível, como foi sublinhado no acórdão *Veedfald*, em que se considerou que "a utilização do produto se caracteriza pelo facto de a pessoa a que se destina dever ela própria integrar-se nessa «esfera de controlo»"[743].

---

[741] Vide Solé Feliu, El concepto de defecto del producto en la responsabilidad civil del fabricante, pp. 263 *ss*; Gutiérrez Santiago, *Responsables y beneficiarios en el régimen de responsabilidad civil derivada de productos defectuosos*, p. 147, nota 68 e *Vehículos defectuosos y responsabilidad civil*, p. 11, nota 31; Cordero Cutillas, *La puesta en circulación en la responsabilidad civil por productos defectuosos, in* "EC", 2000, n.º 53, pp. 47 *ss*.

[742] Cavanillas Múgica, *Las causas de exoneración de la responsabilidad en la Ley 22/1994, de 6 de Julio, de responsabilidad civil por los daños causados por productos defectuosos, in* "InIuria", Janeiro-Março de 1995, n.º 5, p. 44.

[743] Já citado, ponto 17. Vide González Vaqué, *La Directiva 85/374/CEE relativa a la responsabilidad por productos defectuosos en la jurisprudencia del TJCE: de los riegos del desarollo a la franquicia de 500 euros*, pp. 6 s.

404 *Marca do Distribuidor e Responsabilidade por Produtos*

É preciso não esquecer, por outro lado, que a noção de colocação em circulação se aplica a diferentes sujeitos que podem ser considerados responsáveis. A redacção comunitária é passível de críticas pois suscita dúvidas quanto à determinação do momento de colocação em circulação relevante para cada um dos sujeitos que podem ser demandados.

O momento de colocação em circulação deve ser diferente para cada um dos sujeitos responsáveis. Se só tivermos em conta o momento de colocação em circulação por parte do produtor, estaremos a ir contra a delimitação dos sujeitos responsáveis[744]. Assim, o momento de colocação em circulação é para o fabricante de uma parte componente, quando a pôs ao dispor do produtor final; para este, quando o produto deixou a sua esfera organizativa e passou a integrar a do distribuidor ou do elo seguinte da cadeia produtiva; e para o importador, quando importa o produto para a comunidade e perde o controlo sobre o produto por o ter entregue a um fornecedor ou vendedor[745].

Embora não exista base jurídica expressa para este entendimento, pode dizer-se que resulta directamente da responsabilidade que a Directiva impõe aos vários sujeitos da cadeia de distribuição. A tese da "colocação em circulação sucessiva" resulta, deste modo, de uma análise coerente com a existência de diversos sujeitos potencialmente responsáveis.

Uma parte da doutrina critica esta concepção alegando que o que interessa realmente é saber quando é que o produtor real lançou o produto em circulação, uma vez que é este o verdadeiro especialista, o verdadeiro criador do risco e quem tem a obrigação de estar ao corrente do conhecimento científico[746].

Não podemos concordar totalmente com esta argumentação, por três motivos distintos.

Primeiro, porque o conceito de colocação em circulação não é importante apenas para aferir da defeituosidade do produto mas também para efeitos de exclusão da responsabilidade, da prescrição do direito à indemnização e em relação aos riscos de desenvolvimento. De facto, todos estes problemas se referem ao momento de colocação em circulação. Se

---

[744] PRIETO MOLINERO, *op. cit.*, p. 216.

[745] AA. VV., Los riesgos de desarrollo. Ministerio de Sanidad y Consumo, Consejo General del Poder Judicial, Madrid, 26-28 de Fevereiro de 2001, *in* "InDret" 1/2001, p. 12.

[746] ALCOVER GARAU, *op. cit.*, p. 122; BERCOVITZ RODRÍGUEZ-CANO, *La Responsabilidad de los fabricantes en la Directiva de las Comunidades Europeas de 25 de Julio de 1985*, *in* "EC", Abril de 1986, n.º 7, pp. 121 *s*.

este momento for distinto para cada um dos sujeitos responsáveis, podem existir condições diferentes de responsabilidade.

Por outro lado, como tivemos oportunidade de ver, não interessa apenas determinar quando é que o produtor real lançou o produto em circulação, uma vez que não é apenas este o criador do risco, podendo o produtor aparente, através do seu envolvimento na fase produtiva, ser também um dos criadores do risco.

Por fim, porque como estabelece a própria Directiva, o produtor não será responsável se provar que não colocou o produto em circulação (al. a) do art. 7.º da Directiva).

O legislador fornece um critério unitário de colocação em circulação, referindo-se apenas ao conceito lato de "produtor". Tendo em conta a inserção do produtor aparente no conceito normativo de produtor, consideramos que dirigir aquela noção apenas para o produtor real pode perverter o sistema estabelecido pela norma comunitária. Na verdade, a noção de colocação em circulação deve ser a mesma, quer em relação ao produtor real, quer em relação ao produtor aparente[747].

É necessário saber que tipos de defeitos podemos imputar directamente ao produtor aparente. Esta imputação directa será importante por dois motivos.

Primeiro, porque será justamente nestes casos que teremos de determinar a colocação em circulação em relação a um sujeito que não é o produtor real. De facto, se chegarmos à conclusão que o defeito procede do comportamento do produtor aparente, então teremos de fixar o momento em que este lançou o produto em circulação, pois é esse o momento a que a Directiva manda atender para determinar a defeituosidade do produto.

A imputação do defeito do produto ao produtor aparente será também relevante, como é evidente, em sede de direito de regresso. Se face ao lesado é irrelevante, porque ele está dispensado de demonstrar de que fase do circuito de produção e distribuição procede o defeito, em sede de direito de regresso será importantíssimo.

O defeito de informação poderá ser imputado ao titular de uma marca de distribuição quanto tenha sido este a assumir as tarefas informativas, ou seja, quando tenha sido ele a fixar as advertências ou avisos que deveriam constar do produto. Para tanto, deve atender-se à apresentação

---

[747] Também assim, SOLÉ FELIU, *últ. op. cit.*, p. 307.

do produto, às indicações, advertências ou instruções que o acompanham ou deveriam ter acompanhado. Quando possamos dizer que o titular da marca omitiu informação, avisos ou advertências que deveria ter incluído no produto, cuja presença tivesse evitado a perigosidade deste, então poderá ser-lhe imputada a defeituosidade do produto.

Deste modo, deve comparar-se o produto da marca do distribuidor e uma alternativa possível e razoável. O critério adoptado deve ser a legítima expectativa que o consumidor médio poderá ter em relação à máxima segurança que ofereçam no mercado os produtos alternativos de preço semelhante. A responsabilidade por um defeito de informação imputável ao titular da marca de distribuição funda-se, deste modo, na actuação deste sujeito. Para tanto será necessário atender ao momento em que colocou o produto em circulação.

Quanto aos defeitos de desenho, o juízo será sensivelmente o mesmo. Se foi o titular da marca de distribuição quem fixou as características que o bem deveria revestir, a sua composição e estrutura, é ele o directo responsável pela defeituosidade do produto e é em relação a si que se deve atender à colocação no mercado. Tanto os defeitos de informação como os defeitos de concepção são facilmente detectáveis, pois dão origem a danos em série, aplicando-se a toda uma linha de produtos. Em ambos os casos será importantíssimo ter em conta a natureza do relacionamento contratual estabelecido entre o produtor real e o produtor aparente, nomeadamente para aquilatar do grau de ingerência deste último na fase produtiva.

Quando possamos dizer que o defeito de concepção ou de informação é imputável ao titular da marca, deve fixar-se o momento em que este colocou o produto em circulação e não o momento em que o produtor real o lançou em circulação. O juízo de defeituosidade do produto é nestes casos dependente da actuação deste sujeito, atendendo à segurança com que se pode legitimamente esperar, tendo em conta todas as circunstâncias que envolveram o lançamento do produto no mercado.

Quanto aos defeitos de fabrico, e uma vez que estes resultam unicamente de uma tarefa desempenhada pelo produtor real, é apenas este o directo responsável.

De facto, enquanto os defeitos de concepção se podem dever ao titular da marca de distribuição, quando é este quem estabelece as condições em que o fabrico é realizado; os defeitos de fabrico são aqueles que surgem na execução do projecto do produto. Neste caso existe uma divergência entre o produto inicialmente desenhado (seja quem for a desenhá-lo) e efectivamente fabricado. Como apenas o produtor real desempenha tarefas materiais de produção, apenas ele é o imediato responsável. Nesta hipótese deve atender-se ao momento de colocação em circulação do produto pelo seu produtor real.

Tenha-se presente, no entanto, que estamos apenas a fixar o concreto conceito de defeito e a fixar o momento a que se deve atender para a sua definição (o seu lançamento em circulação). O lesado não tem de demonstrar de que fase do circuito produção-distribuição provém o defeito. Se assim fosse, estaria num "estado de necessidade de prova" que dificilmente teria conhecimentos suficientes para superar[748].

O lesado apenas precisa de demonstrar a defeituosidade do produto. Caso o produto seja considerado defeituoso, e consiga demonstrar a existência de um nexo de causalidade entre esse defeito e o dano, poderá exigir o ressarcimento deste a qualquer um dos sujeitos considerados responsáveis (seja o produto real seja o produtor aparente)[749].

Estes sujeitos terão todo o interesse, como é evidente, em demonstrar que o produto não é defeituoso, para o que terão de atender a todas as circunstâncias envolventes, de entre as quais avultam a apresentação do produto, a utilização que deste se pode razoavelmente esperar e o seu momento de entrada em circulação. Ainda que falhe a demonstração da não defeituosidade do produto e a acção de ressarcimento proceda, terá interesse a fixação do tipo de defeito em causa e do sujeito a quem é directamente imputável, para efeitos da determinação do direito de regresso entre os responsáveis.

20.2 Causas de exclusão ou redução da responsabilidade

Preenchidos os requisitos que implicam a consideração do titular da marca de distribuição como produtor aparente, importa ter em conta quais as situações em que este sujeito se pode eximir à responsabilidade. Ou seja, há que analisar quais as causas de exclusão ou redução da responsabilidade previstas na Directiva e nos respectivos diplomas de

---

[748] CALVÃO DA SILVA, últ. op. cit., p. 581.

[749] A prova destes três elementos não constitui, ainda assim, tarefa fácil. Vide GUTIÉRREZ SANTIAGO, Responsabilidad civil por productos defectuosos: cuestiones prácticas, pp. 222 ss e La prueba del defecto del producto y la de su relación causal con el daño como piezas claves en los pleitos de responsabilidad civil derivada de productos defectuosos, in "Revista Jurídica de Andalucía", 2001, n.º 35, pp. 795-832.

408 *Marca do Distribuidor e Responsabilidade por Produtos*

transposição. Com efeito, embora a Directiva imponha um regime de responsabilidade objectiva, esta não é pura ou absoluta uma vez que se admitem determinadas causas de exclusão ou redução da responsabilidade.

Como lembrou o acórdão do Tribunal da Relação do Porto de 13 de Julho de 2000, na responsabilidade por produtos estamos "perante uma situação específica, característica da vida moderna, em que os danos sofridos pelo consumidor em geral só podem ser convenientemente acautelados na base de uma responsabilidade directa e objectiva do produtor, responsabilidade objectiva, que não, porém, absoluta ou limitada, como resulta das várias limitações (...), que, apesar de tudo, o equilíbrio entre os interesses em confronto justificam". Na verdade, o legislador comunitário entendeu que a tutela do lesado não poderia ser levada a um tal extremo que penalizasse excessiva e injustificadamente os produtores e, por igualdade de razão, os sujeitos incluídos nesta definição.

Deve sublinhar-se, desde logo, e como lembrou o acórdão do Supremo Tribunal espanhol de 19 de Abril de 2000, que as causas de exclusão de responsabilidade elencadas na Directiva são fixadas de forma taxativa[750].

Nos termos da al. a) do art. 7.º da Directiva, o produtor não será responsável se provar que não colocou o produto em circulação.

Já vimos algumas das dificuldades que rodeiam este conceito. A imputação da responsabilidade tem na sua base a concretização do perigo que resulta para as pessoas da simples colocação em circulação de um produto defeituoso[751]. A colocação em circulação de um produto defeituoso, acto voluntário do produtor, é o fundamento da responsabilidade objectiva. O cerne da definição reside, deste modo, na *traditio* voluntária do produto, pelo seu produtor, a terceiro[752].

---

[750] STS de 19 de Abril de 2000 (RJ 2979). Vide GUTIÉRREZ SANTIAGO, *Responsables y beneficiarios en el régimen de responsabilidad civil derivada de productos defectuosos*, p. 145.

[751] INFANTE RUIZ, La responsabilidad por daños: nexo de causalidad y «causas hipotéticas», Valência, 2002, p. 175.

[752] CALVÃO DA SILVA, *últ. op. cit.*, pp. 669 *s*; CARUSO, *Messa in circolazione del prodotto*, *in* AA. VV., La responsabilità per danno da prodotti difettosi, *in* "LNLeggi", 1989, pp. 583-591; MARTÍN CASALS e SOLÉ FELIU, *Aplicación de la Ley de responsabilidad por productos defectuosos: la explosión de una botella y el defecto de fabricación*, *in* "La Ley", Junho de 2003, pp. 1709 *s*.

Estamos perante uma responsabilidade em cascata uma vez que, sendo os diferentes sujeitos solidariamente responsáveis, a transferência do produto para o fornecedor não faz cessar a responsabilidade do produtor real[753].

A expressão "que põe em circulação" desempenha uma dupla função: primeiro, excluir a responsabilidade do produtor que, tendo embora produzido, não lançou o produto no mercado; em segundo lugar, responsabilizar o agente que, embora não tendo produzido, pôs em circulação[754].

Devem considerar-se incluídas neste conceito as campanhas promocionais, sempre que se distribuam unidades do produto, ainda que de forma gratuita. Será o caso das amostras gratuitas, das promoções "pague um leve dois" ou da troca promocional de pontos por produtos. Com efeito, também o lançamento destes produtos no mercado tem subjacente um objectivo económico.

A al. c) do art. 7.º da Directiva prescreve que o produtor não será responsável se provar que o produto não foi fabricado para venda ou para qualquer outra forma de distribuição com um objectivo económico por parte do produtor, nem distribuído no âmbito da sua actividade profissional. Ora, como é evidente, mesmo os produtos de oferta ou brinde têm um objectivo económico: a promoção das vendas e a fidelização do consumidor.

A al. a) do art. 7.º da Directiva alude apenas ao "produtor". O art. 5.º do diploma português e o art. 140.º da LGDCU II também se referem laconicamente ao "produtor". Sublinhe-se que esta última norma marca uma alteração no regime legal espanhol, uma vez que o anterior art. 6.º, al. a) da Ley 22/1994 se dirigia não apenas ao "fabricante" mas também ao importador.

Não resulta dos textos legais, como já vimos, se o momento de colocação em circulação é idêntico para todos os responsáveis ou se em relação ao produtor, importador e fornecedor deverão ser tidos em conta momento distintos. Ora bem: referindo-se os legisladores comunitário e ibéricos, agora de forma unívoca, ao "produtor", será que estão a adoptar este conceito num *sentido económico* (produtor real) ou *normativo*, incluindo os diferentes sujeitos qualificados como produtores e inclusive

---

[753] Configurando a responsabilidade dos diferentes sujeitos como uma "responsabilidade em cascata" vide BOUILLEZ e DEVOET, Une machine à laver prend feu..., Centre de Droit de la Consommation, Université de Louvain, p. 2 e DUBUISSON, Obligation: délits et quasi-délits, syllabus de 1°licence, Faculté de Droit, 2003-2004.

410   *Marca do Distribuidor e Responsabilidade por Produtos*

o mero fornecedor, que pode ser qualificado como produtor de forma subsidiária e responsabilizado nos mesmos termos?

Gómez Calero considera que "colocar em circulação" corresponde a introduzir um produto na cadeia de distribuição, ou seja, situar os produtos no mercado à disposição, não apenas dos consumidores e utilizadores mas também de qualquer outra pessoa que possa integrar o produto em processos de produção ou transformação. Esta é a chamada "colocação em circulação" *inicial* ou *originária*, levada a cabo, consoante os casos, por produtores ou importadores[755]. Deve entender-se que o produto foi posto em circulação quando o seu produtor ou importador, voluntariamente, o distribuiu ou comercializou no âmbito da sua actividade económica[756].

Embora o simples fornecedor também proceda à colocação em circulação do produto, uma vez que o distribui, esta é uma colocação em circulação *a posteriori* e não originária. Quando o vendedor final recebe o produto do produtor ou fabricante, pode dizer-se que estes já o haviam colocado em circulação[757]. Assim, se considerarmos que a colocação em circulação originária se verifica previamente à intervenção do vendedor na cadeia de distribuição, este não se poderá exonerar alegando que não colocou o produto em circulação.

Alguns Autores, porém, consideram que ao referir-se ao produtor o legislador quis abranger todos os sujeitos equiparados ao produtor, incluindo o fornecedor, sendo esta cláusula de exclusão de responsabilidade aplicável a qualquer um dos responsáveis fixados na Directiva[758].

Como já referimos quanto à determinação do defeito do produto, consideramos que o conceito de colocação em circulação deve aplicar-se a cada um dos diferentes sujeitos que podem ser responsabilizados. Assim, poderão ser tidos em conta diferentes momentos temporais, relativamente a cada um dos sujeitos: para o fabricante de uma parte com-

---

[754] Afonso e Variz, *op. cit.*, p. 25.

[755] *Op. cit.*, p. 62.

[756] Lois Caballé, *La Ley 22/1994, de responsabilidad civil por los daños causados por productos defectuosos. La incorporación de la Directiva 85/374/CEE en el ordenamiento jurídico español*, in "DN", 1995, n.º 54, pp. 14 s.

[757] Rodríguez Llamas, Regímen de responsabilidad civil por productos defectuosos, Pamplona, 2002, pp. 109 s.

[758] Vide Parra Lucán, *Ámbito de protección de los daños por productos (sistema y naturaleza de la responsabilidad civil previsto en la Ley 22/1994)*, in "InIuria", Janeiro-Março de 1995, n.º 5, p. 39 e Daños por productos y protección del consumidor, pp. 526 *ss.*

ponente, quando a pôs ao dispor do produtor final; para este, quando o produto deixou a sua esfera organizativa e passou a integrar a do distribuidor ou do elo seguinte da cadeia produtiva; para o importador, quando importa o produto para a comunidade e perde o controlo sobre o produto por o ter entregue a um fornecedor ou vendedor.

Relativamente ao mero fornecedor, consideramos que pode excluir a sua responsabilidade nos casos em que não chegou o colocar o produto em circulação. Na verdade, consideramos que não existe fundamento para remeter este sujeito para o momento de colocação em circulação *inicial* ou *originário*, levado a cabo, consoante os casos, por produtores ou importadores.

E em relação ao titular da marca de distribuição? Quando será que se considera que coloca o produto em circulação?

Como vimos, a actividade de colocação do produto em circulação não pode hoje ser imputada a um único agente económico. Atribuir a responsabilidade pelos danos causados por produtos ao "produtor" implica uma noção renovada e redimensionada, a qual abrange não só o produtor real mas também, em determinados casos, quem apõe sobre o produto o seu nome, marca ou outro sinal distintivo. O pressuposto da responsabilidade é o desempenho da actividade económica de lançamento no mercado de produtos que provocam danos às pessoas ou aos seus bens. A responsabilidade por produtos tem como fundamento, deste modo, a comercialização ou colocação em circulação do produto.

Atendendo à diferenciação temporal que pode existir relativamente ao momento de colocação em circulação de cada um dos diferentes sujeitos classificados como produtores, consideramos que o titular da marca de distribuição coloca o produto em circulação quando, comercializando ou distribuindo o produto, se apresenta ao público como produtor.

Assim, e no caso que nos ocupa, o produtor real será responsável pelos danos causados pelos produtos após a saída do âmbito produtivo e entrada no circuito de distribuição (em princípio, com a sua entrega ao titular da marca). Por outro lado, este último apenas será responsável pelos danos causados pelo produto após o momento em que lhe são entregues pelo produtor real, pois só a partir desse momento é que se encontra em condições de os colocar em circulação. Assim, se um produto causa danos após a sua entrega ao titular da marca mas antes da sua colocação ao dispor do lesado, o responsável será unicamente o produtor real. Por exemplo, se durante a viagem entre a fábrica e o hipermercado uma garrafa de detergente explode provocando danos.

412   *Marca do Distribuidor e Responsabilidade por Produtos*

Se não se verificarem em relação ao titular da marca de distribuição os pressupostos e requisitos da colocação em circulação (cessação de poderes de facto sobre o produto com a sua entrega a outro sujeito, nomeadamente o lesado) então não poderá ser responsabilizado. De facto, se o produto foi colocado em circulação pelo produtor real mas não pelo titular da marca, encontra-se preenchida em relação a este último a causa de exclusão de responsabilidade. Defender que o titular da marca de distribuição seria responsável pelos danos causados pelo produto mesmo quando não o colocou em circulação seria o mesmo que entender que o produtor do produto final seria responsável pelas partes componentes mesmo quando estas não lhe tivessem sido ainda entregues pelo seu fabricante.

No processo *D. O'Byrne* vs. *Sanofi Pasteur MSD Ltd*, a que já nos referimos supra, o TJCE considerou que o art. 11.º da Directiva, que fixa um prazo de prescrição dos direitos conferidos à vítima de dez anos a contar da data de colocação em circulação do produto, deve ser interpretado no sentido de que um produto é colocado em circulação quando sai do processo de fabrico realizado pelo produtor e entra num processo de comercialização em que se encontra no estado de oferta ao público com vista a ser utilizado ou consumido. O Tribunal sublinhou que não é importante que o produto seja vendido directamente pelo produtor ao utilizador ou ao consumidor ou que essa venda seja efectuada através de um ou vários elos de uma cadeia de distribuição.

Imagine-se o caso de um produtor real, A, que fabrica produtos da marca do distribuidor B. A procede ao envio dos produtos, já devidamente marcados com o sinal distintivo de B. Durante a viagem o produto explode, provocando danos a C. Pode defender-se que o produto ostenta a marca de B e que por isso este se apresenta como produtor. Seriam até convocáveis a maior parte dos argumentos que aduzimos sobre a *ratio* da responsabilização deste sujeito. Porém, procede uma das causas de exclusão de responsabilidade: o facto de. B não ter ainda posto o produto em circulação, pois este não abandonou ainda a sua esfera empresarial com o seu consentimento – na verdade, nem sequer chegou a entrar no seu poder de disposição.

Se quisermos ser ainda mais rigorosos podemos dizer que o titular da marca de distribuição coloca o produto em circulação não quando procede à transferência da propriedade (com a venda, na caixa registadora) mas sim quando os produtos são colocados à disposição do público

A *Responsabilidade* 413

no seu estabelecimento. Se uma pessoa se acerca de uma prateleira, pega numa garrafa de cerveja e esta explode, o titular da marca que surge no produto é responsável.

O momento determinante da colocação em circulação do produto deve ser, deste modo, o da sua colocação ao dispor do público. O pressuposto chave reside na colocação no mercado para venda ou para qualquer outra forma de distribuição com um objectivo económico, no âmbito da sua actividade profissional (veja-se a al. c) do art. 7.º da Directiva).

Navegamos, admitimo-lo, em águas difíceis. O pronunciamento jurisprudencial sobre esta matéria é nulo e são poucos os Autores a debruçar-se sobre esta hipótese específica.

Socorremo-nos, por analogia, do exemplo que SOLÉ FELIU fornece sobre a responsabilidade do importador. O caso é o seguinte: um importador introduz na União Europeia um produto, depositando-o no armazém enquanto aguarda a distribuição. Apesar de já ter sido introduzido no território comunitário, ainda não houve qualquer colocação em circulação, uma vez que o sujeito ainda não cessou voluntariamente o poder de facto sobre o bem. Deste modo, se o produto é furtado, o importador encontra-se a salvo de qualquer responsabilidade. Decididamente, a colocação em circulação só se verifica quando o produto abandona a esfera de poder do sujeito com o seu consentimento e vontade, deixando a sua situação de depósito e colocando-se no tráfego para distribuição[759].

Por outro lado, não se deve esquecer que o titular de uma marca de distribuição (pois que limitamos a análise da figura do produtor aparente a este caso) é ainda um vendedor. Pois bem: no caso do simples fornecedor (e mesmo tendo presentes as grandes diferenças de regime que o apartam do produtor aparente) a colocação em circulação verifica-se apenas quando este "coloca nas mãos do lesado" o produto defeituoso[760].

O titular da marca de distribuição também não responderá se demonstrar que o defeito não existia no momento em que pôs o produto em circulação. De acordo com a al. b) do art. 7.º, o produtor não é responsável se provar que, tendo em conta as circunstâncias, se pode considerar que o defeito que causou o dano não existia no momento em que o produto foi por ele colocado em circulação ou que este defeito surgiu posteriormente.

---

[759] SOLÉ FELIU, *últ. op. cit.*, pp. 312 *s.*

[760] *Idem*, pp. 313 *s.*

414 *Marca do Distribuidor e Responsabilidade por Produtos*

O acórdão da Relação do Porto de 27 de Março de 2003 considerou que "se a lei presume a existência do defeito no momento em que o produto é posto em circulação, reputa suficiente, para exclusão da responsabilidade do produtor, que este demonstre, tendo em contas as circunstâncias, ser plausível ou razoável a inexistência do defeito naquele momento". Desta modo, o legislador não impõe ao produtor uma prova positiva, ou seja, a demonstração de que o defeito surgiu após a entrada em circulação do produto e é imputável a terceiro ou à própria vítima, bastando a prova negativa da probabilidade ou razoabilidade da sua não existência no momento em que o pôs em circulação.

Também sobre esta matéria se pronunciou o acórdão do Tribunal da Relação de Coimbra de 27 de Abril de 2004: "o momento para se aferir da existência ou inexistência de defeito é o da entrada do produto em circulação e (...) para haver exclusão da responsabilidade do produtor, é necessário que este prove a inexistência do defeito nesse momento (da entrada do produto em circulação)". Este entendimento foi também sufragado pelo aresto do STJ de 13 de Janeiro de 2005.

Em acórdão de 14 de Outubro de 2008 o Tribunal da Relação de Lisboa frisou que é ao produtor que, segundo as regras de repartição do ónus de prova previstas no art.º 342.º do CC, nomeadamente no seu n.º 2, cabe provar que cumpriu todas as exigências técnicas impostas pelas *regras da arte* e não ao lesado demonstrar que essas exigências não foram cumpridas.

Desta causa de exclusão resulta que o titular da marca de distribuição – como qualquer produtor – só responde pelos defeitos que têm a sua origem no processo de produção e distribuição e que existem quando põe o produto em circulação, e não quando aparecem posteriormente.

Como já referimos, o produtor não será responsabilizado se demonstrar que o produto não foi fabricado para venda ou para qualquer outra forma de distribuição com um objectivo económico, nem fabricado ou distribuído no âmbito da sua actividade profissional (al. c) do art. 7.º da Directiva).

De acordo com a al. d) da mesma norma, o produtor não é responsável se demonstrar que o defeito é devido à conformidade do produto com normas imperativas estabelecidas pelas autoridades públicas.

Nos termos da al. e) do art. 7.º constitui igualmente causa de exclusão de responsabilidade a prova de que o estado dos conhecimentos científicos e técnicos no momento da colocação em circulação do produto não permitiu detectar a existência do defeito.

Trata-se da célebre *development risk defence* ou excepção dos *riesgos de desarrollo*[761]. Este critério deve referir-se não ao produtor concreto e determinado mas sim a um produtor ideal médio, que pudesse ter acesso à informação sobre o estado tendo em conta a sua publicidade e o tempo decorrido desde o avanço tecnológico em questão. Como se referiu no acórdão de 29 de Maio de 1997 ("Comissão/Reino Unido"), importa, para que possam validamente ser opostos ao produtor, que os conhecimentos científicos e técnicos pertinentes tenham sido acessíveis no momento da colocação em circulação do produto em causa[762].

A excepção dos riscos de desenvolvimento está intimamente ligada com o conceito de "estado da ciência e da técnica" (*state of the art*). Assim, o estado da ciência e da técnica está relacionado com o conhecimento do defeito, enquanto a excepção dos riscos de desenvolvimento pressupõe um defeito e serve para exonerar o produtor que demonstra que o estado dos conhecimentos científicos e técnicos o impedia de detectar a existência daquele defeito. O estado dos conhecimentos é dinâmico, e por isso afere-se em relação a um determinado momento temporal: a colocação em circulação do produto.

Em 2004 foi publicado o relatório da Fondazione Rosselli "Analysis of the economic impact of the development risk clause as provided by Directive 85/374/EEC on liability for defective products"[763]. Este estudo foi realizado em nome da Comissão Europeia a fim de analisar o impacto económico da cláusula relativa ao desenvolvimento de produtos de risco. De facto, a interpretação da alínea e) do art. 7.º tem criado muitas dificuldades, dando lugar a diferentes interpretações dos tribunais, por exemplo, nos processos relativos a sangue infectado[764].

---

[761] Vide Solé Feliu, *últ. op. cit.*, pp. 471 *ss*; Prieto Molinero, *op. cit.*; Stolker, *Objections to the development risk defence*, in "Medicine and Law", 1990, vol. 9, pp. 783-800; Vadillo Robredo, *Notas a los «riesgos del desarrolo» o el «estado de la ciencia» en la responsabilidad civil por productos defectuosos*, in "Deusto", Janeiro--Junho de 1998, vol. 46, n.º 1, pp. 227-273; Verdure, *Le risque de développement dans le cadre de la responsabilité du fait des produits défectueux*, in "RGDC", 2007, pp. 131 ss.

[762] Já citado, ponto 29.

[763] Disponível online em http://ec.europa.eu/enterprise/regulation/goods/docs/liability/2004-06-dev-risk-clause-study_en.pdf.

[764] Por exemplo, *A* vs. *National Blood Authority*, já citado, e *Hartman* vs. *Stichting Sanquin Bloedvoorziening*, Tribunal Distrital de Amesterdão (1999). Vide Seuba Torreblanca, Sangre contaminada, responsabilidad civil y ayudas públicas. Respuestas jurídicas al contagio transfusional del SIDA y de la hepatitis, Madrid, 2002, pp. 290 *ss*. Vide

Esta causa de exclusão de responsabilidade foi definida no sentido de se chegar a um acordo satisfatório que conciliasse a necessidade de incentivar a inovação, por um lado, e as legítimas expectativas do público em relação a produtos mais seguros, por outro. O principal argumento avançado no debate actual sobre a cláusula relativa ao desenvolvimento de produtos de risco é o de que a sua supressão constrangeria a inovação.

Os resultados apresentados no relatório da Fondazione Rosselli indicam que esta cláusula representa um elemento essencial para o equilíbrio entre a necessidade de preservar os incentivos à inovação e os interesses dos consumidores, concluindo que deixar os produtores inovar num ambiente de responsabilidade estrita implica custos extremamente elevados, o que, a longo prazo, afectaria o mercado.

O sistema de responsabilidade objectiva fixado na Directiva comunitária estabelece a responsabilidade de vários sujeitos, ainda que o defeito do produto não seja imputável à sua própria esfera de actuação, de forma a permitir uma protecção mais alargada do lesado. Ainda que o defeito proceda da fase de produção, ao referir-se ao momento da colocação em circulação esta norma dirige-se a qualquer um dos sujeitos considerados responsáveis[765].

A excepção dos "riscos de desenvolvimento" aproveita a todos os sujeitos considerados responsáveis[766]. Ou seja, todos eles se podem exonerar demonstrando que o estado dos conhecimentos científicos e técnicos no momento da colocação em circulação do produto não lhes permitia detectar a existência do defeito.

A excepção do *development risk defence* não é, porém, fácil de compatibilizar com o produtor aparente. Esta causa de exclusão de responsabilidade está pensada para os produtores reais e não para os outros sujeitos classificados como produtores[767].

Na verdade, em regra o produtor aparente não possui laboratórios nem experiência que lhe permitam controlar a qualidade e segurança dos

---

ainda o acórdão do Tribunal da Relação de Coimbra, de 11 de Julho de 2006, que considerou que o sangue humano, provindo não de banco de sangue mas de um dador, não pode ser considerado produto, para efeitos de aplicação do regime da responsabilidade objectiva do DL n.º 383/89.

[765] Parra Lucán, *últ. op. cit.*, p. 529; Gómez Calero, *op. cit.*, p. 93.

[766] García Rubio, *Los Riesgos de desarrollo en la responsabilidad por daños causados por los productos defectuosos. Su impacto en el Derecho español, in* "AC", 1998, n.º 3, p. 857.

[767] Miller e Goldberg, *op. cit.*, p. 494; Alcover Garau, *op. cit.*, pp. 122 s.

A Responsabilidade 417

produtos. Quando assim aconteça (o que será a situação mais frequente) o sujeito terá muita dificuldade em demonstrar que "o estado dos conhecimentos científicos e técnicos no momento da colocação em circulação do produto não lhe permitiu detectar a existência do defeito", pura e simplesmente porque não possui conhecimentos suficientes sobre a matéria.

O mais provável será que, sendo demandado o titular da marca de distribuição na qualidade de produtor aparente, este recorra ao produtor real para que, em conjugação de esforços, este último procure demonstrar, fruto da sua experiência, que era impossível detectar a existência do defeito que causou o dano. A invocação desta excepção resultará, deste modo e as mais das vezes, de uma chamada do produtor ao processo (quando este ainda não figure como demandado), na qualidade de produtor real com conhecimentos científicos e técnicos bastantes para se pronunciar sobre o assunto. O produtor aparente, quando figure sozinho como demandado, terá neste caso todo o interesse em suscitar a intervenção provocada do produtor real, de acordo com o art. 325.º do CPC.

Por outro lado, o ónus de estar a par com os conhecimentos científicos e técnicos deve ser imposto a todos os sujeitos qualificados como produtores, incluindo, deste modo, o produtor aparente. Dito de outra forma: a obrigação de acompanhar a evolução do conhecimento científico e técnico também deverá incidir sobre o titular da marca de distribuição.

Como vimos, este sujeito participa activamente na actividade económica de colocação do produto em circulação, de tal modo que, ao invés de ser tratado como um simples fornecedor, pode em alguns casos ser incluído no conceito normativo de produtor. A inclusão do produtor aparente neste conceito visa impor a todos quanto, mesmo não desenvolvendo uma actividade material de produção, possam influir sobre as suas características ou criar no público especiais expectativas, a obrigação de manter elevados níveis de vigilância e de controlo da qualidade dos produtos, impedindo a colocação em circulação de bens inseguros.

Deste modo, pretende evitar-se que sujeitos que não são produtores possam tirar vantagens económicas do lançamento dos produtos quedando porém impunes no caso de provocarem danos. Se o titular da marca organiza, gere e controla a produção e distribuição dos produtos, lucrando com essa actividade, deve, em contrapartida, assumir o risco empresarial que daí deriva.

O titular da marca de distribuição não se poderá eximir invocando que não dispõe de meios técnicos e humanos adequados para detectar a existência do defeito, ou seja, que a obrigação de actuar de acordo com

418   *Marca do Distribuidor e Responsabilidade por Produtos*

o conhecimento técnico e científico não lhe é aplicável, uma vez que pela aposição do seu nome, marca ou outro sinal distintivo assume o risco próprio dos produtores. Um dos ónus próprios de quem assume a tarefa de lançamento de produtos no mercado é o de acompanhar o estado de evolução da ciência e da técnica. Recorde-se, para além disso, que sobre o titular da marca de distribuição impendem, na qualidade de produtor aparente, os deveres e obrigações relativos à segurança do produto próprios dos produtores e não dos meros distribuidores (art. 3.º da Directiva 2001/95).

O legislador espanhol vedou aos sujeitos responsáveis a possibilidade de se eximirem invocando esta última causa de exclusão de responsabilidade no caso de medicamentos, de alimentos ou de produtos alimentares destinados ao consumo humano (n.º 3 do art. 140.º da LGDCU II). Trata-se de uma das singularidades do diploma espanhol, que já resultava da Ley 22/1994 e que pode ter muito relevo no caso dos produtos de marca do distribuidor, que na sua grande maioria são produtos alimentares.

Por fim, e de acordo com a al. f) do art. 7.º da Directiva, no caso de um produtor de uma parte componente, este poderá eximir-se demonstrando que o defeito é imputável à concepção do produto na qual foi incorporada a parte componente ou às instruções dadas pelo fabricante do produto.

Será que esta norma pode ser aplicada analogicamente ao caso da marca do distribuidor? Poderá o produtor real eximir-se da responsabilidade invocando que o defeito procede das instruções fornecidas pelo titular da marca de distribuição relativamente à concepção do produto, às matérias-primas ou partes integrantes a utilizar?

Literalmente o legislador refere-se apenas ao "produtor de uma parte componente", o que parece excluir o produtor final, que é produtor da totalidade do produto (a não ser que tenha entregue parte da produção a um terceiro). Ou seja, em princípio será apenas esse terceiro, a quem o produtor real delegou a produção de uma parte componente, quem poderá invocar esta excepção. Não será assim no caso do produtor final, que não poderá, em princípio, eximir-se face ao produtor aparente, com base no facto de apenas ter cumprido as suas instruções.

Caso se defenda uma interpretação menos literal, e se admita a possibilidade de o produtor real do bem defeituoso invocar esta excepção face ao produtor aparente, voltaremos a deparar-nos com o importantíssimo problema da determinação da contribuição de cada uma das partes

A *Responsabilidade* 419

responsáveis (produtor e titular da marca) na produção do dano. Será necessário averiguar, com efeito, se houve uma tal participação do titular do sinal distintivo, através da imposição de regras, instruções ou outros elementos, que tenha desempenhado papel decisivo na criação do defeito no produto.

De acordo com o art. 8.º da Directiva, e sem prejuízo das disposições de Direito nacional relativas ao direito de recurso, a responsabilidade do produtor não é diminuída quando o dano é causado conjuntamente por um defeito do produto e pela intervenção de um terceiro.

O n.º 2 do art. 7.º do DL n.º 383/89 estipula: "a responsabilidade do produtor não é reduzida quando a intervenção de um terceiro tiver concorrido para o dano".

Por outro lado, de acordo com o n.º 2 do art. 8.º da Directiva, a responsabilidade do produtor pode ser reduzida ou excluída, tendo em conta todas as circunstâncias, quando o dano for causado conjuntamente por um defeito do produto e por culpa do lesado ou de uma pessoa pela qual o lesado é responsável.

O n.º 1 do art. 7.º do diploma português refere apenas: "quando um facto culposo do lesado tiver concorrido para o dano, pode o tribunal, tendo em conta as circunstâncias, reduzir ou excluir a indemnização". O legislador luso não se refere expressamente ao caso das pessoas pelas quais o lesado é responsável, sendo aplicável o regime geral. O art. 145.º da LGDCU II seguiu mais de perto a redacção da Directiva, estabelecendo: "la responsabilidad prevista en este capítulo podrá reducirse o suprimirse en función de las circunstancias del caso, si el daño causado fuera debido conjuntamente a un defecto del producto y a culpa del perjudicado o de una persona de la que éste deba responder civilmente"[768].

O STJ, em acórdão de 16 de Outubro de 2003, acentuou que o art. 7.º do diploma luso se afasta da regra estabelecida no CC. De facto, o n.º 2 do art. 570.º do CC estabelece que se a responsabilidade se basear numa simples presunção de culpa, a culpa do lesado, na falta de disposição em contrário, exclui o dever de indemnizar. Reza assim o aresto: "da imposição ao produtor do ónus da prova do facto impeditivo (ou circunstância excludente), arrolado na alínea b), do art. 5.º, DL 383/89, resulta

---

[768] Vide SOLÉ FELIU, *La concurrencia de culpa de la víctima en la jurisprudencia reciente del Tribunal Supremo, in* "ADC", Abril-Junho de 1997, tomo L, fascículo II, pp. 865-902.

420 *Marca do Distribuidor e Responsabilidade por Produtos*

a consagração de uma presunção, ilidível, de existência do defeito do produto no momento em que este é posto em circulação. Por força da norma especial do art. 7.º, n.º 1, do citado DL, aquela responsabilidade do produtor, a título de culpa presumida, não fica descaracterizada pela concorrência da culpa efectiva do lesado, ao contrário do que, para a generalidade dos casos, se encontra estabelecido no art. 570.º, n.º 2, CC".

20.3 Prescrição e caducidade do direito à indemnização

De acordo com o art. 10.º da Directiva, o direito de indemnização prescreve no prazo de três anos a contar da data em que o lesado tomou ou deveria ter tomado conhecimento do dano, do defeito e da identidade do produtor. Trata-se do mesmo prazo de prescrição previsto na Convenção de Estrasburgo (art. 6.º). São aplicáveis à contagem deste prazo as regras gerais de suspensão e interrupção previstas no Direito comum de cada um dos Estados-membros. O legislador português decalcou a redacção comunitária, no art. 11.º do diploma de transposição.

Por outro lado, e de acordo com o art. 11.º da Directiva, os direitos concedidos ao lesado extinguem-se no termo de um período de dez anos a contar da data em que o produtor colocou em circulação o produto que causou o dano, excepto se a vítima tiver intentado uma acção judicial contra o produtor durante este período (art. 12.º do diploma português). A Convenção de Estrasburgo previa, no seu art. 7.º, um prazo semelhante.

Trata-se de uma norma que protege os produtores uma vez que se trata de um prazo peremptório, pelo que o único facto que impede a extinção do direito à indemnização é a proposição da acção pelo lesado[769]. Embora o legislador não se refira expressamente à natureza deste prazo, a maior parte da doutrina considera que estamos perante um prazo de caducidade[770].

A responsabilidade de cada um dos produtores (reais ou aparentes) verifica-se a partir do momento em que puseram o produto em circulação. Volta a colocar-se, deste modo, o problema da definição dos concretos limites e pressupostos deste conceito, que é sem dúvida um dos mais problemáticos do diploma comunitário.

---

[769] CALVÃO DA SILVA, Responsabilidade civil do produtor, p. 741.

[770] GUTIÉRREZ SANTIAGO, Responsabilidad civil por productos defectuosos: cuestiones prácticas, p. 550; CALVÃO DA SILVA, *últ. op. cit.*, pp. 740 *s*.

A Responsabilidade 421

Não existe, longe disso, unanimidade doutrinal nesta matéria. Segundo alguns Autores, se o que se pretende é limitar a responsabilidade dos sujeitos, o prazo de dez anos deve começar a contar para cada um deles a partir do momento em que ponham em circulação a matéria--prima, a parte integrante ou o produto acabado[771]. A contagem do *dies a quo*, ou seja, da data a partir da qual começa a contar este prazo dependerá, pois, do sujeito responsável e do momento a partir do qual se conta, em relação a este, o prazo de dez anos. Cada um dos sujeitos responderá apenas durante dez anos após a conclusão da sua participação no processo produtivo.

Numa outra perspectiva, há quem entenda que existe apenas um momento a ter em consideração para cálculo do prazo: a data em que o fabricante introduziu o produto na cadeia de distribuição[772]. Esta corrente não esclarece, porém, a que tipo de *fabricante* se refere.

Posição de maior arrojo é a defendida por CORDERO CUTILLAS[773]. Na sua opinião o prazo de dez anos deve ser contado a partir do momento de colocação em circulação pelo fornecedor final. A não ser assim, o direito do prejudicado ao ressarcimento poderia extinguir-se antes de decorrido o prazo de dez anos. O lesado poderia mesmo nunca chegar a ter tempo de exercer o seu direito – bastaria que o produto apenas fosse colocado à sua disposição após esse prazo.

A este entendimento, altamente favorável ao lesado, poderia opor-se que é economicamente pouco rentável manter em stock grandes quantidades de produtos, apenas com o objectivo de deixar esgotar-se o prazo de caducidade do direito a eventuais indemnizações. Para além disso, pode alegar-se que o produtor não está obrigado a controlar o destino dos seus produtos e que não sabe se os seus produtos são imediatamente distribuídos[774]. Ainda assim, CORDERO CUTILLAS considera que o produtor

---

[771] PARRA LUCÁN, *últ. op. cit.*, p. 511, 526 e 611 e *Notas a la Ley 22/1994, de 6 de Julio, de responsabilidad civil por los daños causados por productos defectuosos*, p. 735 s; REGLERO CAMPOS, *Prescripción de acciones y límite temporal de aplicación del sistema de la Ley 22/1994, de responsabilidad civil por los daños causados por productos defectuosos, in* "Iniuria", 1995, pp. 159-164.

[772] CILLERO DE CABO, La responsabilidad civil del suministrador final por daños ocasionados por productos defectuosos, pp. 195 s; MULLERAT, *últ. op. cit.*, p. 135; RODRÍGUEZ LLAMAS, *op. cit.*, pp. 215 s; GÓMEZ CALERO, *op. cit.*, pp. 140 s; ESTHER VILALTA e MÉNDEZ, La responsabilidad extracontratual del fabricante, Barcelona, 1999, p. 20. ALCOVER GARAU defende: "la puesta en circulación relevante a los efectos de la Directiva sólo puede ser la de los fabricantes y no la del resto de legitimados sean éstos directos

é quem melhor conhece o mercado, possuindo um conhecimento mais profundo sobre o consumo dos bens que produz do que o lesado[775].

Bercovitz Rodríguez-Cano apresenta uma proposta diferente. O Autor começa por distinguir entre o nascimento da responsabilidade e o cômputo do prazo de dez anos. Em seu entender, embora o momento inicial da responsabilidade de cada sujeito se refira ao lançamento do produto em circulação, isso não implica necessariamente que a sua responsabilidade dure dez anos após esse momento. O Autor lembra que a Directiva se refere ao prazo de dez anos após a colocação em circulação referindo-se ao "produtor". Ora, no conceito normativo de produtor não são incluídos o fornecedor e o importador. Porém, mesmo atendendo a esse facto, uma vez que estes sujeitos são considerados responsáveis, deve ser tido em conta o momento de colocação em circulação pelos retalhistas[776].

Pode alegar-se, por outro lado, que se a responsabilidade do produtor aparente durar dez anos a partir do momento em que põe em circulação o produto defeituoso estaremos perante um regime particularmente duro para um sujeito que nem sequer participou na produção[777]. Pois bem: como já referimos bastas vezes, ao apor a sua marca, nome ou outro sinal distintivo nos produtos, o titular de uma marca de distribuição chama a si o risco próprio dos produtores, sendo incluído no conceito normativo de produtor fixado pela Directiva e responsabilizado nos mesmos termos.

Em nosso entender não existe fundamento para que a responsabilidade dos diferentes sujeitos dure dez anos contados, em qualquer caso, a partir da colocação do produto em circulação pelo vendedor final. Estaríamos perante a imposição ao produtor real de um encargo demasiado pesado uma vez que este já perdeu o controlo sobre o produto há muito tempo. Considerar que todos os produtores (reais e aparentes, iniciais e finais) respondem até que decorra o prazo de dez anos desde a colocação em circulação pelo elo final da cadeia de distribuição constitui uma injustificada disparidade de tratamento entre os diversos responsáveis.

---

o supletorios. Cualquier otra solución no parece aceptable, ya que grava la posición de los distribuidores cuando no hay razones para proteger a los consumidores frente a los fabricantes que son los auténticos responsables" – *op. cit.*, pp. 122 *s.*

[773] *Op. cit.*, pp. 64 *s.*

[774] Como lembra Gutiérrez Santiago, *últ. op. cit.*, p. 553, nota 1187.

[775] *Últ. loc. cit.* No mesmo sentido, Urbistondo Tamayo, *op. cit.*, p. 60.

[776] *La adaptación del derecho español a la directiva comunitaria sobre responsabilidad por los daños causados por productos defectuosos*, p. 101.

[777] Vadillo Robredo, *op. cit.*, p. 268.

Sejamos claros: cada um dos sujeitos qualificados como produtores pela Directiva responde por eventuais danos causados pelos produtos durante o prazo de dez anos após o momento em que pôs em circulação o produto. Como vimos, a noção de colocação em circulação corresponde, para cada sujeito, a um momento temporal diferente. Assim, se o produtor real colocou o produto em circulação em 1995 (quando o entregou ao produtor aparente) a sua responsabilidade extinguiu-se em 2005. Se o produtor aparente colocou o produto em circulação em 1997, a sua responsabilidade dura até 2007, ano em que se extingue o prazo de dez anos após ter colocado o produto em circulação.

Esta opção configura, como é evidente, um regime especialmente severo para o titular da marca de distribuição. Constituindo o último elo da cadeia de produção e distribuição, é sobre si que o cutelo da responsabilidade incide durante mais tempo. Se o titular de uma marca de distribuição fosse um simples e mero vendedor, concordaríamos em pleno com a corrente que considera ser este um encargo demasiado oneroso para quem nem sequer fabrica produtos.

É o próprio legislador comunitário quem reconhece nos considerandos da Directiva que "os produtos se deterioram com o tempo, que as normas de segurança se tornam mais rigorosas e que os conhecimentos científicos e técnicos progridem; que não seria, portanto, razoável exigir *do produtor* uma responsabilidade ilimitada no tempo pelos *defeitos do seu produto*; que a sua responsabilidade deve, por conseguinte, extinguir-se após um prazo razoável sem prejuízo, contudo, das acções pendentes"[778].

Ora: a quem se exige que acompanhe a evolução das normas de segurança e que actualize os seus conhecimentos científicos e técnicos? Ao produtor. Como vimos, os deveres de segurança que resultam da Directiva 2001/95 são claramente diferenciados para os produtores e para os distribuidores. O próprio legislador admite que "não seria (...) razoável exigir do produtor uma responsabilidade ilimitada no tempo pelos defeitos do seu produto".

Convém não esquecer, por outro lado, que o lesado pode demandar um, vários ou todos os sujeitos elencados pela Directiva. A estes caberá o ónus do preenchimento da causa de exclusão de responsabilidade. Demandado o produtor real e o produtor aparente, por exemplo, poderá o primeiro sair exonerado, demonstrando que passaram mais de dez anos após ter colocado o produto em circulação (com a entrega ao produtor

---

[778] Os itálicos são, evidentemente, da nossa responsabilidade.

424 *Marca do Distribuidor e Responsabilidade por Produtos*

aparente, por exemplo). Neste caso o produtor aparente quedará como único responsável, se não tiverem passado ainda dez anos sobre o momento em que colocou o produto em circulação.

20.4 O direito de regresso

De acordo com o art. 5.º da Directiva a solidariedade dos responsáveis não prejudica a existência de um direito de regresso entre eles, o qual é fixado de acordo com as normas de Direito nacional.

Nos termos do disposto no art. 6.º do DL português, se várias pessoas forem responsáveis pelos danos, é solidária a sua responsabilidade. Este preceito estabelece que nas relações internas se deve atender às circunstâncias, em especial ao risco criado por cada responsável, à gravidade da culpa com que eventualmente tenha agido e à sua contribuição para o dano, sendo que em caso de dúvida a repartição da responsabilidade é feita em partes iguais. Assim sendo, no plano das relações internas a culpa é um elemento fundamental a ter em conta na distribuição dos danos[779].

O art. 132.º da LGDCU II, por outro lado, refere: "las personas responsables del mismo daño por aplicación de este libro lo serán solidariamente ante los perjudicados". Em relação às relações internas, o mesmo art. esclarece: "el que hubiera respondido ante el perjudicado tendrá derecho a repetir frente a los otros responsables, según su participación en la causación del daño". Trata-se de uma inovação da LGDCU II, uma vez que o anterior art. 7.º da Ley 22/1994 não fazia qualquer referência às regras aplicáveis às relações internas, porventura por considerar tal referência desnecessária, uma vez que do art. 5.º da Directiva já resultava expressamente a aplicabilidade das disposições de Direito nacional relativas ao direito de regresso[780].

Segundo o n.º 1 do art. 497.º do CC português, se forem várias as pessoas responsáveis pelos danos é solidária a sua responsabilidade. O n.º 2 do mesmo art. refere que "o direito de regresso entre os responsáveis existe na medida das respectivas culpas e das consequências que delas advieram, presumindo-se iguais as culpas das pessoas responsáveis".

---

[779] PINTO MONTEIRO, *La responsabilité du fait des produits défectueux au Portugal*, p. 188.

[780] GARCÍA RUBIO, *La Directiva sobre responsabilidad por los daños causados por los productos defectuosos y su aplicación en el derecho comparado. Especial referencia al derecho español*, p. 192.

A Responsabilidade 425

Se a vítima conseguir apurar a identidade do produtor real e que este satisfaça o dano sofrido, poderá este posteriormente reclamar de quem se apresentou como produtor, por exemplo, quando o produto defeituoso foi fabricado de acordo com as suas instruções.

Esta hipótese coloca-se, por exemplo, nos casos em que, conjuntamente com o sinal distintivo do distribuidor surge, ainda que seja em letra pequena, uma referência ao produtor real (por exemplo, com expressões "elaborado por" ou "embalado por X para Y"). Tendo em conta que a finalidade do art. 3.º é a de facilitar o ressarcimento da vítima, ainda que não consiga identificar o produtor, reclamando do produtor aparente, sem que este se possa libertar provando que não elaborou aquele produto, não seria lógico impedir que a vítima se dirigisse contra o produtor real nos casos em que este possa ser facilmente identificado[781].

A responsabilidade de cada um dos sujeitos solidariamente responsáveis é independente do grau de culpa que tenha tido na produção do dano. Assim, na relação externa o lesado pode optar por accionar qualquer um deles. Na relação interna, caso satisfaça o pagamento da indemnização ao lesado, o produtor aparente poderá exigir o reembolso desta contra o fabricante real, responsável pelo defeito e pelo dano, de acordo com as regras gerais do *ius commune* mas não com fundamento no regime vertido na Directiva ou nos seus diplomas de transposição. Será deste modo necessário ter em conta o tipo de contrato estabelecido entre o titular da marca e o produtor real[782].

Na fixação do direito de regresso o juiz deve ponderar o risco típico e abstracto inerente à actividade desenvolvida pelos co-responsáveis, por ser esse o risco previsível e calculável. Deverá também atender às demais circunstâncias do caso, atendendo, por exemplo, à sua situação económica, utilizando, se necessário, uma correcção equitativa[783].

É necessário esclarecer que este direito de regresso se refere aos co-devedores. De facto, quanto a eventuais sujeitos classificados pela Directiva como terceiros, serão aplicáveis as regras gerais do Direito nacional[784].

---

[781] Parra Lucán, *últ. op. cit.*, p. 550.

[782] Carnevali, *Comentário ao artigo 3.º*, p. 18; Orgalime, *op. cit.*, pp. 102 *ss*; Borghetti, *op. cit.*, p. 482.

[783] Calvão da Silva, *últ. op. cit.*, pp. 591-594.

[784] García Rubio, *La adaptación en España de la Directiva sobre responsabilidad por los daños causados por los productos defectuosos. La Ley 22/1994 de 6 de Julio,*

426 Marca do Distribuidor e Responsabilidade por Produtos

Torna-se decisivo determinar (tal como sucede no direito de regresso nas garantias na venda de bens de consumo) a real repartição das culpas de cada um dos sujeitos, de acordo com a sua participação na produção do dano. Como refere eloquentemente SALVADOR CODERCH, "el veneno está en la dosis"[785]. Cabe pois apurar qual a contribuição de cada um dos responsáveis para a produção do dano.

O regime da solidariedade dos responsáveis permite resolver o problema da imputação da responsabilidade nos casos em que é difícil, quando não impossível, determinar a contribuição de cada um dos agentes para a produção dos danos. Mas não soluciona a questão da determinação da medida do direito de regresso. Se nas relações externas (face ao lesado) a responsabilidade de cada um dos sujeitos é irrelevante, pois é independente do grau de culpa que tenham tido na produção do dano, podendo o lesado accionar qualquer um deles; na relação interna torna-se necessário apurar a real contribuição de cada um dos responsáveis para a produção do dano.

O direito de regresso existirá na medida da participação de cada um dos sujeitos na produção do dano. Caso não seja possível determinar o real causador do dano a indemnização deverá ser distribuída proporcionalmente. Pode questionar-se se a proporção deve ser medida pela participação no fabrico do produto ou pelas quotas de comercialização[786].

Cremos que se deve imputar a cada sujeito o risco que lhe é próprio, seja porque está sob o seu controlo, seja porque está englobado naquela titularidade que serve de critério de imputação que, neste caso, vem a ser a empresa[787].

---

pp. 217 s; GÓMEZ LAPLAZA e DÍAZ ALABART, *Responsabilidad civil por los daños causados por productos defectuosos, in* "AC", 1995, pp. 520 *ss*; DÍAZ ALABART, *Adaptation du droit espagnol a la Directive communautaire sur la responsabilité pour produits défectueux, in* AA. VV., Directive 85/374/EEC on product liability: ten years after, GOYENS (Dir.), Louvain-la-Neuve, 1996, p. 112.

[785] *Causalidad y responsabilidad, in* "InDret", n.º 1/2000, p. 3 e também SALVADOR CODERCH, FERNÁNDEZ CRENDE, *Causalidad y responsabilidad (Tercera edición), in* "InDret", Janeiro de 2006, p. 4. Vide ainda SEUBA TORREBLANCA, *¿Quién ha sido? Comentario a la STS, 1ª, 26.11.2003, in* "InDret", Abril de 2004, n.º 2/2004, pp. 1-8.

[786] DIÉZ-PICAZO, *op. cit.*, p. 149.

[787] VEGA GARCÍA, *Sistema de la Ley 22/94, de 6 de Julio, de responsabilidad civil por los daños causados por productos defectuosos, in* "Anales de Derecho" (Universidad de Múrcia), 1995, n.º 13, p. 249. Vide ainda POLETTI, *Pluralità di responsabili, in* AA. VV., La responsabilità per danno da prodotti difettosi, *in* "LNLeggi", 1989, pp. 597-609;

A repartição das culpas deverá ser feita de acordo com a provável participação de cada um dos sujeitos na produção do dano. Assim, em princípio o fabricante deverá suportar as consequências dos defeitos de fabrico, que estão sob o seu controlo. Por outro lado, o titular da marca de distribuição, caso tenha fornecido *know-how* ou instruções, deverá suportar os danos resultantes de defeitos de desenho e da omissão de informações relevantes para o uso seguro do produto[788].

A fixação da exacta contribuição de cada uma das partes responsáveis (produtor real e titular da marca de distribuição) deve ser feita, deste modo, atendendo à participação deste último sujeito na fase produtiva. Em princípio, o defeito que originou o dano derivará apenas da sua produção (será um erro de fábrica). No entanto, quando se possa dizer que a participação do titular da marca de distribuição, através da imposição de regras, instruções ou outros elementos desencadeou de alguma forma a criação de um defeito no produto, aí terá de se fixar a sua quota de responsabilidade. Importa pois estabelecer um nexo de causalidade entre a sua influência no processo produtivo e o lançamento no mercado de um produto defeituoso, que vem a provocar um dano.

Poderá ser aqui útil o conceito de "ingerência", muito frequente na dogmática da responsabilidade penal por produtos defeituosos, o qual deve ser entendido como fonte e pressuposto de contribuição causal para a produção do dano[789]. Se face ao lesado é indiferente a participação ou intervenção do produtor aparente na produção do defeito do produto (uma vez que é sempre responsável), na relação interna esta ingerência na fase produtiva constitui *pressuposto* e *medida* do direito de regresso face ao produtor real.

Pressuposto porque, não havendo qualquer participação no surgimento do defeito (o que sucederá na maior parte dos casos) o direito de regresso será total. Dito de forma inversa: caso haja total ingerência do titular do sinal distintivo na fase produtiva, sendo este absoluto *dominus* da fase produtiva, procedendo o defeito apenas e tão-somente das suas

---

SALVADOR CODERCH, GAROUPA e GÓMEZ LIGÜERRE, *El círculo de responsables, in* "InDret", Outubro de 2005; MÚRTULA LAFUENTE, *Causalidad alternativa e indeterminación del causante del daño en la responsabilidad civil, in* "InDret", Abril de 2006, pp. 1-28.

[788] TROIANO, *Produttore*, p. 524.

[789] Vide, por exemplo, JUANATEY DORADO, *Responsabilidad penal omisiva del fabricante o productor por los daños a la salud derivados de productos introducidos correctamente en el mercado, in* "ADPCP", 2004, vol. LVII, p. 56.

428 *Marca do Distribuidor e Responsabilidade por Produtos*

instruções e ordens, não poderá reclamar qualquer pretensão indemnizatória do produtor efectivo.

Medida porque, havendo (também, mas não só) influência do produtor aparente no surgimento do defeito, o direito de regresso será inversamente proporcional ao seu contributo para o efeito lesivo. Caberá ao juiz averiguar, de forma objectiva, qual a real e efectiva contribuição do titular da marca para a produção do bem.

Este é outro motivo pelo qual a responsabilidade do titular da marca de distribuição não pode ser vista hermeticamente, implicando antes uma análise, a montante, da relação estabelecida entre o distribuidor e o produtor real. Se ao lesado se dispensa, e bem, averiguar do relacionamento entre os dois sujeitos da cadeia de produção e distribuição, pois poderá demandar qualquer um deles; não se pode olvidar que a determinação da exacta proporção do direito de regresso depende da correspectiva quota de participação na produção do dano.

O busílis da questão encontra-se, deste modo, no relacionamento entre o fabricante e a empresa distribuidora que apõe a sua marca. A natureza da relação que se tece entre os dois sujeitos do contrato de fornecimento de produtos de marca do distribuidor será, por isso, critério decisivo na distribuição do custo das indemnizações[790].

Por tudo quanto vimos de dizer, labora em grave erro quem perspectiva a responsabilidade do produtor aparente como mero resultado da aposição do seu nome, marca ou outro sinal distintivo, sem atender ao regime jurídico aplicável perspectivado na sua totalidade. A disciplina da relação jurídica externa, estabelecida entre o distribuidor demandado e o lesado dependerá, uma vez mais, da análise da relação jurídica interna e cronologicamente anterior, que vincula o titular da marca e o produtor do bem. O desfecho da acção de responsabilidade por danos causados por produtos irá depender, em grande medida, da análise da relação subjacente ao lançamento deste tipo de produtos no mercado, que como se evidenciou não é simples nem directa mas antes complexa e diversificada.

Configurámos este contrato como um contrato atípico misto, que combina diferentes tipos contratuais, nomeadamente a compra e venda

---

[790] Martínez Medrano, *op. cit.*, p. 195. Embora o Autor se refira apenas aos casos do licenciamento de marca e da franquia, cremos que as suas considerações são plenamente extensíveis ao caso das marcas do distribuidor.

(ou a empreitada) com prestações de serviços de natureza diversa. Pois bem: se concluirmos que a parte principal do contrato corresponde uma compra e venda, a responsabilidade será exclusiva do produtor real, podendo o titular da marca de distribuição exercer o seu direito de regresso *in totum*. De facto, se o produtor real fabricou o produto de *motu* próprio, sem obedecer a quaisquer instruções ou sugestões alheias, apenas ele poderá ser responsabilizado pelo defeito do produto.

Se, pelo contrário, o bem foi fabricado segundo um plano, modelo ou desenho fornecido pelo titular do sinal distintivo, então estaremos perante uma empreitada. Em consequência, poderá ser assacada ao titular da marca, que desta forma influenciou a fase produtiva, uma quota-parte da responsabilidade pela produção do dano. O titular da marca de distribuição que tiver satisfeito a indemnização ao lesado terá, deste modo, direito de regresso face ao produtor apenas na exacta medida que exceda a sua participação na produção do dano. Em caso de dúvida na fixação da quota-parte de cada um dos responsáveis a repartição de responsabilidades deve fazer-se em partes iguais, podendo o produtor aparente exigir do produtor real metade do valor indemnizatório pago.

Nada impede, por outro lado, que produtor aparente e produtor real estabeleçam contratualmente as regras de distribuição do risco[791]. As partes poderão acordar, por exemplo, que o produtor real assumirá plena responsabilidade por todas as indemnizações pagas pelo titular da marca por força da defeituosidade do produto. Mais uma vez, a análise do contrato existente entre as partes assumirá um relevo decisivo. As cláusulas de limitação ou exclusão de responsabilidade permitem às partes da cadeia distribuir os riscos dos produtos, internalizando-os e fragmentando-os no preço dos produtos.

O recurso ao regime da solidariedade evita, como vimos, que o lesado tenha de provar qual a contribuição de cada um dos agentes para o defeito. Para além disso, a solidariedade transfere para cada um dos responsáveis – e para todos eles – o perigo de insolvência de algum deles. O lesado exigirá, normalmente, o pagamento da indemnização ao mais solvente dos responsáveis – o qual assume o risco de insolvência dos outros corresponsáveis. É por isso necessário ter em conta que a solidariedade constitui uma faca de dois gumes: por um lado, facilita o

---

[791] TROIANO, *Produttore*, p. 524; GUTIÉRREZ SANTIAGO, *últ. op. cit.*, pp. 430 *s.*

430 Marca do Distribuidor e Responsabilidade por Produtos

ressarcimento do lesado, por outro, encarece a actividade dos agentes responsáveis, especialmente dos mais solventes, que podem ser aqueles que concretamente menos contribuíram para a produção do dano[792].

Segundo a teoria americana do *market share liability* (responsabilidade pela quota de mercado), basta que o lesado prove o nexo de causalidade existente entre o produto defeituoso e o dano, sem ter o ónus de identificar o produtor real, bastando identificar a empresa que beneficia da venda do produto, a qual será responsabilizada[793]. Esta doutrina foi utilizada pela primeira vez no caso *Sindell* vs. *Abbott Laboratories Inc*, em 1980, relacionado com a utilização de um fármaco chamado DES (diethylstilbestrol)[794].

Em relação aos produtos da marca do distribuidor, os retalhistas que devem estar mais atentos são os que utilizam a estratégia de marketing de produtos *look-alike*, que procuram copiar deliberadamente o estilo das marcas de prestígio, uma vez que os tribunais utilizam cada vez mais mecanismos de *industry-wide responsability*[795]. Ou seja, se o lesado tem dificuldades em identificar o fabricante do produto defeituoso, uma vez que a indústria lança no mercado produtos que parecem todos idênticos, os tribunais podem recorrer à doutrina do *market share liability*.

Outra situação em que poderá ser útil lançar mão do conceito de responsabilidade pela quota de mercado é o caso em que o prejudicado não consiga identificar nem sequer o fornecedor, por se tratarem de produtos indistinguíveis (por exemplo, produtos alimentares vendidos a granel)[796].

---

[792] Veja-se, acerca do regime da solidariedade no ressarcimento dos danos, o apontamento de Gómez Ligüerre, *Solidaridad y prevención*, in "InDret", Julho de 2006, pp. 1-27.

[793] Vide Dworkin e Zollers, *Market share liability – proposals for application*, in "ABLJ", 1982, vol. 19, pp. 523-538; Sheffet, *Market share liability: a new doctrine of causation in product liability*, in "JM", Inverno de 1983, vol. 47, n.º 1, pp. 35-43; Ruda González, *La responsabilidad por cuota de mercado a juicio*, in "InDret", Julho de 2003, Working Paper n.º. 147; Isbister e Luse, *Liability for a Product That You Did Not Make – Collective Liability and Lead Paint Litigation*, in "FDCC Quarterly", Outono de 2006, pp. 3-26; Geistfeld, *The doctrinal unity of alternative liability and market-share liability*, in "UPLR", 2006, vol. 155, pp. 447-501.

[794] *Supreme Court of California*, 26 Cal. 3d. 588, 607 (1980). Vide Calvão da Silva, *últ. op. cit.*, pp. 581 ss.

[795] Dworkin e Sheffet, *Product Liability in the 80s*, in "JPPM", 1985, vol. 4, p. 70.

[796] Vattier Fuenzalida, *La responsabilidad civil por alimentos defectuosos*, in AA. VV., Régimen jurídico de la seguridad y calidad de la producción agraria. IX Congreso nacional de Derecho Agrario, Logroño, 2002, p. 67.

A *Responsabilidade*   431

O Livro Verde "a responsabilidade civil decorrente dos produtos defeituosos" abordou o problema específico da determinação da identidade do produtor, quando o mesmo produto é fabricado por vários produtores, perguntando se a responsabilidade pela quota de mercado seria exequível, na Europa, para este tipo de casos[797].

O conceito de "responsabilidade pela quota de mercado" foi rejeitado por quase todos os que contribuíram para o debate. O Parecer do Comité Económico e Social de 1 de Março de 2000 também rejeitou esta teoria, defendendo que o nexo de causalidade é indispensável a um regime de responsabilidade não culposa, do qual é elemento essencial, e que este equilíbrio e a concepção jurídica que é lhe é subjacente não são compatíveis com um sistema de responsabilidade do tipo *market share liability*[798].

O referido conceito tornaria as pessoas responsáveis, mesmo que não estivessem implicadas no dano e, portanto, desviar-se-ia de um princípio fundamental da responsabilidade. Nesta situação seria extremamente difícil assegurar o risco, dado que as seguradoras não poderiam avaliar ou quantificar a sua exposição enquanto o caso não estivesse concluído. A Directiva introduz a responsabilidade do fornecedor, ao abrigo do n.º 3 do art. 3.º, caso o produtor não possa ser identificado, garantindo, deste modo, que o lesado dispõe de um alegado culpado contra o qual pode apresentar uma queixa.

Aparentemente não é necessário introduzir este conceito na Europa. Também nos Estados Unidos, onde este conceito teve origem, a sua aplicação é limitada e os tribunais recusaram a sua aplicação devido a dificuldades práticas ligadas à sua definição. Aliás, alguns Estados norte--americanos adoptaram mesmo mecanismos para limitar a responsabilidade solidária[799].

Não é preciso acudir à *market share liability* para impor a solidariedade dos responsáveis uma vez que esta resulta da Directiva. O lesado não precisa de acorrer à teoria da "responsabilidade pela quota de mercado" uma vez que o legislador comunitário adoptou um conceito

---

[797] *Op. cit.*, p. 20.

[798] Parecer do Comité Económico e Social sobre o «Livro Verde — A responsabilidade civil decorrente dos produtos defeituosos» (2000/C 117/01), *in* "JOCE" C 117, de 26 de Abril de 2000, p. 3.

[799] Como informa a OCDE, Product liability rules in OECD countries, Paris, 1995, pp. 18 *s.*

432 *Marca do Distribuidor e Responsabilidade por Produtos*

vastíssimo de produtor, considerando que uma eficaz protecção do prejudicado só seria atingida se todos os participantes no processo de produção pudessem ser responsabilizados.

De acordo com o art. 143.º da LGDCU II a acção de regresso prescreve no prazo de um ano após o dia do pagamento da indemnização. Trata-se de um prazo exíguo, que se pode mesmo apodar de *insignificante*[800]. Melhor teria andado o legislador espanhol se fixasse um prazo de três anos, como sucede com a prescrição do direito à acção.

O legislador português não fixou o prazo de prescrição do direito de regresso, sendo de aplicar o Direito comum, segundo o qual o direito de regresso entre os responsáveis prescreve no prazo de três anos a contar do cumprimento (n.º 2 do art. 498.º do CC).

21 – Consequências para a organização empresarial do distribuidor

Os titulares de marcas de distribuição devem estar bem cientes dos encargos e riscos que resultam do recurso a este mecanismo de marketing. Através da aposição do seu nome, marca ou outro sinal distintivo no produto, os retalhistas podem, em alguns casos, deixar de ser meros distribuidores, passando a ser incluídos no conceito normativo de "produtor aparente" e sujeitos ao regime de responsabilidade correspondente.

Os retalhistas devem ter pleno conhecimento das diferentes condições de responsabilidade, nomeadamente no que diz respeito ao regime especial de responsabilidade objectiva pelos danos causados pelos produtos. A opção pela passagem do estatuto de "mero fornecedor" para a qualidade de "distribuidor de produtos de marca do distribuidor" (e, do mesmo passo, de *produtor aparente*) não deve ter apenas em conta os conselhos ou sugestões de especialistas em marketing mas também ser ponderada e analisada pelo departamento jurídico da empresa retalhista.

O facto de o titular de uma marca de distribuição poder ser considerado produtor e responsabilizado em conformidade deverá impulsionar os retalhistas a empregar um maior cuidado e rigor na escolha dos produtores que seleccionam – o que apenas se poderá traduzir num benefício para os consumidores. Os distribuidores que recorrem a esta estratégia de marketing deverão estabelecer programas próprios de prevenção e

---

[800] ESTHER VILALTA e MÉNDEZ, *op. cit.*, p. 21.

A Responsabilidade 433

minimização dos riscos. O relacionamento entre os diferentes sujeitos da cadeia de distribuição transfigura-se de forma acentuada por força da possível chamada solidária destes actores aos bancos dos tribunais[801].

Sublinhe-se, porém, que o cuidado e rigor dos titulares da marca de distribuição não se deverão referir apenas à escolha da parte contratante. O retalhista não deverá ter apenas a preocupação de escolher os produtores mais prestigiados ou com menos historial de acidentes de consumo. Na verdade, o titular de marcas de distribuição (bem como qualquer outro sujeito que possa ser qualificado como produtor aparente) deverá estar especialmente atento aos termos do contrato, definindo expressamente quais as condições de exercício do direito de regresso por eventuais indemnizações pagas a lesados pelos danos causados por produtos defeituosos.

Uma consequência importante que resulta da responsabilização do produtor aparente é a necessidade (quando não obrigação legal) de este contratar um seguro de responsabilidade civil. De facto, falar de legislação que imponha a responsabilidade sem ter em conta a eventual transferência desse risco para terceiros (entidades seguradoras) não faz sentido[802]. Quando o legislador estabelece a responsabilidade objectiva de algum sujeito é habitual que imponha, do mesmo passo, a contratação de um seguro obrigatório, que funciona como instrumento de atenuação das consequências deste tipo de disciplina legal[803]. Foi o que sucedeu, por exemplo, nos domínios da circulação automóvel, caça e transportes aéreos.

Os seguros de responsabilidade civil por produtos remontam a cerca de 1880, na Inglaterra, tendo sido subscritos por produtores de pão, preocupados com eventuais danos causados aos seus clientes pela utilização de insecticidas nas suas instalações. No início da primeira Guerra Mundial esta modalidade de seguro já se encontrava bastante desenvolvida na Inglaterra, no Canadá e nos Estados Unidos[804]. Após a II Guerra Mundial,

---

[801] BOEDECKER e MORGAN, *Intra-industry joint liability: implications for marketing*, *in* "JPPM", 1986, n.º 5, pp. 72-84; LOHBECK, CE marking handbook – a pratical approach to global safety compensation, Boston, 1998, p. 22.

[802] WASSENAER VAN CATWIJCK, *Products liability in europe*, *in* "AJCL", 1986, n.º 4, p. 795.

[803] ÁNGEL YÁGÜEZ, Tratado de Responsabilidad Civil, p. 661; SINDE MONTEIRO, Responsabilidade civil, p. 359.

[804] HERNÁNDEZ PRADO, *Influencia del seguro en la evolucion del derecho reparador de los daños causados por los productos*, *in* AA. VV., Responsabilidad Civil de Productos, Comité de Gestion de AIDA (Association Internationale de Droit des Assurances),

434 *Marca do Distribuidor e Responsabilidade por Produtos*

com o desenvolvimento exponencial da responsabilidade por produtos, os fabricantes começaram a contratar seguros de forma muito mais frequente, tendo este tipo de cobertura conhecido um desenvolvimento extraordinário[805].

Esta modalidade de seguro constitui, na actualidade, uma das que mais interesse desperta. O impacto e generalização desta modalidade de seguro são crescentes entre fabricantes e empresários mas também junto dos seguradores. Em relação aos primeiros porque o regime legal vigente estabelece critérios de responsabilidade que se podem qualificar de severos. Em relação aos segundos porque, na medida em que cresce a exigência de responsabilização da indústria, aumenta a procura deste tipo de seguros[806]. Como é evidente, a proliferação de medidas de tutela dos lesados influencia a actividade seguradora[807].

Este tipo de seguro pode ser definido como a cobertura mediante a qual as seguradoras garantem o pagamento das indemnizações que possam resultar para os segurados, em cumprimento das normas legais vigentes, quando os mesmos sejam declarados civilmente responsáveis pelos danos pessoais ou materiais que directa e acidentalmente possam causar a terceiros, por acções ou omissões do próprio segurado ou de pessoas pelas quais este deva responder, e que tenham a sua origem nos defeitos do produto que o mesmo desenhe, conceba, fabrique, embale, armazene, distribua, importe ou forneça, sobre os quais realize serviços de pós--venda ou qualquer outra fase do processo produtivo[808].

Seccion Española, Madrid, 1983, p. 63. Vide Alpa e Bessone, *últ. op. cit.*, pp. 369-401; Moitinho de Almeida, A responsabilidade civil do produtor e o seu seguro, Lisboa, 1973, pp. 21-36; Angeles Calzada, *Responsabilidad y seguro en la Ley general para la defensa de los consumidores y usuarios*, in "EC", Novembro de 1987, n.º extraordinário, pp. 83-93.

[805] Mapfre, Manual del seguro de responsabilidad civil, Madrid, 2004, p. 83.

[806] Lopez-Cobo, El seguro de responsabilidad civil. Fundamentos y modalidades, Madrid, 1988, p. 373.

[807] Reyes López, *La Directiva 374/85 sobre responsabilidad por productos defectuosos y su incidencia en el ordenamiento jurídico español*, in "NUE", Março de 1994, n.º 110, p. 91.

[808] Perán Ortega, La responsabilidad civil y su seguro, Madrid, 1998, p. 286. Vide De Strobel, *L'assicurazione della responsabilità civile per i danni derivanti dai prodotti*, in AA. VV., La responsabilità dell'impresa per i danni all'ambiente e ai consumatori, Milão, 1978, pp. 197-208; Kemp, *Insurance implications of the Product Liability Directive*, in AA. VV., Product liability, papers from the ICEL Conference, March 1989, Schuster (Ed.), Dublin, 1989, pp. 32-40; Wilmshurst, *United Kingdom Product Liability insurance and the EEC Directive*, idem, pp. 41-49; Bin, *L'assicurazione della*

Uma das principais críticas apontadas à Directiva é justamente dirigida ao seu silêncio quanto à obrigação legal de o produtor recorrer a um seguro[809]. Embora o Parlamento Europeu tenha convidado a Comissão Europeia a pronunciar-se sobre a eventual criação de um fundo de garantia, a verdade é que o texto final da Directiva não seguiu esta sugestão.

A opção seguida pela Convenção de Estrasburgo de 1977 foi a possível criação de um fundo de garantia ou de uma qualquer outra forma de garantia colectiva. O art. 11.º estipulava: "States may replace the liability of the producer, in a principal or subsidiary way, wholly or in part, in a general way, or for certain risks only, by the liability of a guarantee fund or other form of collective guarantee, provided that the victim shall receive protection at least equivalent to the protection he would have had under the liability scheme provided for by this Convention". Neste caso a obrigação de indemnizar do responsável seria substituída pela obrigação de contratar um seguro de acidentes a favor de eventuais vítimas. Ou seja, o segurado seria a própria vítima e não o responsável: tratava-se de um seguro de acidentes e não de um seguro de responsabilidade civil[810].

De acordo com a informação disponível, parece que a ausência de uma disposição impositiva de um seguro não deu ainda origem a qualquer problema na prática e que, deste modo, o seguro deverá continuar a ser voluntário[811].

O Livro Verde "a responsabilidade civil decorrente dos produtos defeituosos" questionava qual a experiência nesta matéria, em particular, se se conheciam casos em que a falta de um seguro tornasse impossível

---

responsabilità civile da prodotti, in "Assicurazioni", Janeiro-Fevereiro de 1989, pp. 101--118; O'MAHONEY, Insurance implications of the new product liability regime, in AA. VV., The new product liability regime, papers from the ICEL Conference, June 1991 & Annotation of the Liability for defective Products Act, 1991, SCHUSTER (Ed.), Dublin, 1992, pp. 35-46.

[809] ALPA, L'attuazione della direttiva comunitaria sulla responsabilità del fabbricante. Problemi di terminologia e scelte legislative, in "RSoc", 1987, p. 874; PFISTER, Considerazioni di diritto comparato sulle leggi europee in tema di responsabilità da prodotto, in AA. VV., Il danno da prodotti, PATTI (Coord.), Pádova, 1990, p. 236.

[810] CALZADA CONDE, Comentário ao art. 30.º, in AA. VV., Comentarios a la Ley General para Defensa de los Consumidores y Usuarios, BERCOVITZ RODRÍGUEZ-CANO e SALAS HERNÁNDEZ (Coords.), Madrid, 1992, p. 736 e nota 12.

[811] GONZÁLEZ VAQUÉ, La Directiva 85/374/CEE relativa a la responsabilidad por los daños causados por productos defectuosos: es necesaria sua actualización?, in "GJUEC", Janeiro/Fevereiro de 2002, n.º 217, p. 101.

436   *Marca do Distribuidor e Responsabilidade por Produtos*

a obtenção de indemnização pelos lesados, perguntando se seria necessária uma maior actuação a este nível[812].

Um grupo de contributos considerou que deveriam ser os próprios produtores a decidir a questão do seguro, argumentando com a inexistência de casos em que não fosse possível dar uma indemnização devido à falta de seguro e considerando que o seguro obrigatório para todos os sectores de produtos obrigaria os fabricantes de produtos de baixo risco a pagar uma parte do encargo financeiro dos produtos mais perigosos. Alguns comentários defenderam a introdução de um seguro obrigatório para os sectores que as companhias de seguros identificassem como sectores de risco[813].

Com base nas informações disponíveis o Segundo Relatório sobre a aplicação da Directiva considerou que a falta de uma disposição específica sobre seguros não parece ter criado qualquer problema prático e que se deveria avaliar melhor se, na prática, os fabricantes dos sectores em que o risco de responsabilidade é elevado tentam cobri-lo nos seus próprios seguros ou se é necessário agir com maior intensidade[814].

Tenha-se presente, por outro lado, que no art. 23.º da Directiva 2006/123 do Parlamento Europeu e do Conselho, de 12 de Dezembro de 2006, relativa aos serviços no mercado interno (a célebre Directiva Bolkenstein) se estabelece que os Estados-membros "podem assegurar que os prestadores cujos serviços apresentem um risco directo e específico para a saúde ou a segurança do destinatário ou de terceiros, ou para a segurança financeira do destinatário, subscrevam um seguro de responsabilidade profissional adequado à natureza e dimensão do risco, ou prestem uma garantia ou instrumento equivalente ou essencialmente comparável quanto à finalidade"[815].

Trata-se de um retrocesso em relação à Proposta inicial, em cujo art. 27.º se referia que os Estados-membros "deveriam" assegurar e não "poderiam assegurar"[816]. Causa alguma estranheza que o legislador comunitário, no âmbito de uma matéria tão sensível, tenha tido a coragem de pelo menos deixar na disposição do Estados-membros a possibilidade

---

[812] *Op. cit.*, pp. 15 *s.*

[813] *Op. cit.*, pp. 25 *ss.*

[814] Ponto 3.2.5. Vide Bohr, *La Directive 85/374/CEE relative à la responsabilité du fait des produits défectueux*, *in* "Observateur", 1 de Julho de 2001, n.º 43, pp. 11 *ss.*

[815] *In* "JOCE" L 376, de 27 de Dezembro de 2006, pp. 36-68.

[816] COM (2004) 2 final, de 13 de Janeiro de 2004.

A Responsabilidade 437

de imposição de um seguro de responsabilidade civil, quando numa matéria igualmente melindrosa, como é a dos danos causados por produtos defeituosos, se havia remetido ao silêncio.

Nos anos sessenta PROSSER considerava que enquanto não fosse desenvolvido um regime análogo ao dos seguros de trabalho existiriam sempre vítimas desprotegidas, sendo necessário um sistema que compreendesse as particularidades do problema. O Autor concluía, acerca da importância do seguro de responsabilidade por produtos: "liability insurance is obviously not to be ignored; but it is a makeweight, and not the heart and soul of the problem"[817].

A imposição da subscrição deste tipo de seguros por via legal foi bastante escassa.

A Inglaterra é o único país que adoptou um seguro obrigatório de responsabilidade civil que cubra os danos resultantes de produtos defeituosos. O objectivo deste seguro não é responder às expectativas que levaram o consumidor a adquirir o produto mas antes amparar a reclamação que qualquer lesado apresente em virtude dos danos causados na sua pessoa, bens ou direitos, por força dos vícios ou defeitos do produto.

A Alemanha prevê o seguro obrigatório na sua Lei de Reforma do Direito Farmacêutico, de 24 de Agosto de 1976, que se limita aos produtos farmacêuticos.

A Espanha, através do art. 30.º da Ley 26/1984, previa a criação de um seguro. Este inciso legal, com a redacção que lhe foi dada pela disposición final segunda da Ley 22/1994, passou a estabelecer: "el Gobierno, previa audiencia de los interesados y de las Asociaciones de Consumidores y Usuarios, podrá establecer un sistema de seguro obligatorio de responsabilidad civil derivada de los daños causados por productos o servicios defectuosos y un fondo de garantía que cubra, total o parcialmente, los daños consistentes en muerte, intoxicación y lesiones personales".

Repare-se que o art. 30.º da LGDCU, na sua redacção original, contemplava o seguro como obrigatório. Com a alteração introduzida pela disposição final segunda da Ley 22/1994, e mantida na íntegra pelo art. 131.º da LGDCU II, esse seguro passou a ser facultativo, o que leva a duvidar cada vez mais da sua efectivação na prática[818].

---

[817] *Últ. op. cit.*, pp. 1121 *s.*

[818] Vide a proposta apresentada por BERCOVITZ, BERCOVITZ RODRÍGUEZ-CANO e ANGELES CALZADA, *Borrador para la elaboración de un Anteproyecto de Decreto sobre*

438 *Marca do Distribuidor e Responsabilidade por Produtos*

O legislador comunitário ainda não optou pela imposição por via legal deste tipo de seguro. Este silêncio prende-se, segundo alguns, com o entendimento de que se deve optar por um princípio de prevenção, desenvolvido através das normas comunitárias e dos Estados-membros sobre segurança geral dos produtos, normas que se encontram essencialmente consubstanciadas na Directiva 2001/95 do Parlamento Europeu e do Conselho.

A problemática dos danos causados por produtos apresenta características próprias uma vez que é uma área onde podem surgir com frequência os sinistros em série ou grandes sinistros. Para além disso, o facto de os defeitos de um produto se poderem fazer sentir passados muitos anos após a sua utilização (como é o caso dos farmacêuticos) levanta dificuldades quanto à cobertura do seguro[819]. É preciso ainda ter em conta que no mundo global em que vivemos os lesados podem pertencer a diferentes países, originando a dispersão geográfica dos danos a ressarcir.

Em Espanha já existem muitas empresas a contratar este tipo de seguro. Na área alimentar é frequente a existência de apólices que conjugam a responsabilidade civil por produtos com outras garantias de responsabilidade extracontratual como a Responsabilidade Civil Exploração, a Responsabilidade Civil Patronal, cobrindo ainda as custas e honorários judiciais, gastos com retirada de produtos, *etc*[820]. Geralmente as apólices deste tipo de seguro fazem depender a cobertura dos danos do preenchimento pelos produtos das condições legalmente exigidas sobre fixação das datas de validade[821].

Nos Estados Unidos é comum a cobertura, pela mesma apólice, da responsabilidade civil-exploração e da responsabilidade civil-produtos, através da *Comprehensive General Liability Policy*. Enquanto o primeiro seguro cobre a responsabilidade pelos danos causados durante a fase

---

seguro de responsabilidad civil para daños ocasionados por productos defectuosos, in "EC", Abril de 1990, n.º 17, pp. 123-136.

[819] CALZADA CONDE, *op. cit.*, pp. 733 *ss* e 746 *ss*; Ruiz Muñoz, *Responsabilidad civil del empresario/fabricante (II), in* AA. VV., Curso sobre protección jurídica de los consumidores, BOTANA GARCÍA e RUIZ MUÑOZ (Coords.), Madrid, 1999, p. 547.

[820] OLMOS PILDAIN, *La responsabilidad civil derivada de los daños ocasionados por el consumo de productos alimenticios, in* "La Ley", 1987, n.º 4, p. 1028.

[821] Exemplos de várias apólices deste tipo de seguro podem ser encontradas na obra de BENNATI, *op. cit.*, pp. 121-139.

A Responsabilidade

produtiva, até à entrega dos produtos, o segundo cobre os danos causados posteriormente (aprés livraison)[822].

Cabe perguntar, face à inexistência de um regime legal sobre a matéria, sobre quem deverá incidir, dentro da cadeia de produção e distribuição, a obrigatoriedade de seguro. Ao produtor? Ao produtor aparente? A ambos? A mesma dúvida é colocada por OLMOS PILDAIN, embora circunscrevendo-se apenas à cadeia de produção e distribuição de alimentos e referindo-se ainda à LGDCU[823]. No entanto, consideramos que a sua pertinência se estende a todo o tipo de produtos.

A resposta dependerá da identidade das pessoas ou entidades contra quem o lesado se possa dirigir. De facto, se a intenção do legislador foi a de responsabilizar solidariamente todos os sujeitos da cadeia de produção e distribuição, de forma que o lesado se possa dirigir contra qualquer um deles, a obrigatoriedade do seguro deverá estender-se a todos eles. Só assim se poderá dar efectividade às especiais garantias previstas na Directiva. Normalmente neste tipo de apólices segurado e contraente são a mesma pessoa, coincidindo com o conceito de produtor – seja o fabricante, seja quem colocou o produto no mercado sob a sua marca. Faz todo o sentido que, sendo amplo o círculo de sujeitos eventualmente responsáveis, seja também alargado o conjunto de sujeitos segurados – sejam eles produtores reais, produtores aparentes, importadores ou meros fornecedores.

O seguro de responsabilidade civil por produtos só se aplica a produtos librados (entregues) pelo segurado. Esta expressão, geralmente utilizada nas apólices de seguro em Espanha, significa que a responsabilidade do produtor se baseia, não no fabrico de produtos defeituosos mas sim na colocação em circulação destes. Ora, em face disto, é necessário determinar se o produto se considera posto em circulação com a entrega material dos produtos ou com a transmissão da propriedade. Os produtos que não foram postos em circulação são geralmente seguros por outro contrato, o seguro de responsabilidade civil exploração. Assim, o primeiro seguro refere-se à fase de produção e fabrico enquanto o segundo se dirige aos danos causados a terceiros depois da colocação em circulação do produto.

---

[822] CALVÃO DA SILVA, últ. op. cit., pp. 672 s; RODRÍGUEZ BUJÁN, Problematica juridica de los daños de productos, in "RGLJ", Maio de 1972, pp. 607 ss; JACOB, Les assurances, Paris, 1979, p. 285.

[823] Op. cit., p. 1028.

440 *Marca do Distribuidor e Responsabilidade por Produtos*

Conexionada com esta questão podemos colocar outras de igual pertinência.

A primeira é a seguinte: será possível, caso a obrigatoriedade de seguro se estenda a todos os sujeitos da cadeia, a adopção de um sistema de seguro em cascata que vá cobrindo as responsabilidades em função da concentração de riscos associada a cada escalão?

A segunda questão pode ser formulada nestes termos: será que o regime legal deste seguro deverá ter em conta a estrutura, dimensão e volume de facturação de cada um dos segurados? De facto, a capacidade de resposta face aos danos causados não é a mesma quando estamos perante poderosos grupos económicos ou perante modestos negócios.

A resposta a estes problemas deverá partir da análise do fenómeno da marca do distribuidor tendo presentes as características essenciais que lhe apontámos. A apólice do seguro de responsabilidade civil por produtos não se pode limitar a uma mera cópia de outros contratos próximos mas deve antes assimilar as especificidades próprias do fenómeno. Deste modo, todas as partes interessadas em recorrer a este tipo de contrato (produtores, importadores, produtores aparente e meros fornecedores) deverão proceder a uma análise detalhada não só do regime legal vigente mas também dos papéis e funções desempenhadas por cada um dos agentes económicos envolvidos.

Caso o titular de uma marca de distribuição venha a contratar este tipo de seguro deverá ter presente que o círculo de sujeitos segurados deve ficar bem identificado. Tendo em conta que o conceito legal de produtor é vasto, quer produtores quer distribuidores têm todo o interesse em individualizar quais os responsáveis, estabelecendo mecanismos de identificação do fabricante real, em especial no caso da marca do distribuidor. Devem, de igual forma, ser expressamente estabelecidas as regras do exercício do direito de regresso entre os diversos responsáveis. De facto, é preciso lembrar que a Directiva não impede a existência de tal tipo de cláusulas em contratos entre produtores e distribuidores.

A Lei espanhola prevê a criação de um fundo de garantia. Este fundo surge como complemento da criação de um seguro de responsabilidade, sendo accionado nos casos em que o seguro não possa ser accionado, ou porque o responsável não o contratou ou porque a apólice não é válida. Do art. 131.º da LGDCU II não resulta de que tipo de fundo de garantia se deverá tratar (público ou privado) e qual o seu modo de funcionamento. A melhor solução será provavelmente a criação de um

A *Responsabilidade* 441

fundo para o qual seja destinada uma parte do valor pago pelo prémio do seguro obrigatório[824].

A avaliação da *assegurabilidade* dos riscos derivados da produção defeituosa é uma questão a ser equacionada. Pode discutir-se se deve ser fixada a obrigação legal de recurso a um seguro, que garanta o pagamento das indemnizações ou, por outro lado, fomentar a existência de acordos voluntários entre a indústria e o sector segurador[825].

O agravamento da responsabilidade do produtor (seja ele real ou aparente) levará, no futuro, a que cada vez mais haja um recurso voluntário ao seguro de responsabilidade civil. De facto, no seguro de responsabilidade civil por produtos concorrem dois elementos determinantes: o conceito de responsabilidade civil, em contínua evolução, e o movimento de protecção do lesado, cada vez mais visível e organizado[826].

Não existe razão para temer aumentos significativos nos prémios dos seguros pagos pelas empresas de distribuição. Não parecem haver motivos para recear, de igual modo, uma repercussão substancial do custo do seguro no preço dos produtos. De facto, estas empresas já são responsáveis enquanto vendedores finais, de acordo com o regime contratual e de garantias na venda de bens de consumo.

As empresas de distribuição devem ficar cientes de que deverão guardar registos de todos os seus fornecedores, de forma a repercutir sobre estes eventuais custos[827]. Para além disso, a responsabilidade de

---

[824] Rojo Fernández-Río, *La responsabilidad del fabricante en la Ley General para da Defensa de Consumidores y Usuarios*, pp. 41 s; Barral Viñals, *Comentário ao art. 30.º, in* AA. VV., Ley General para la Defensa de los Consumidores y Usuarios, Comentários y Jurisprudência de la Ley veinte años después, Llamas Pombo (Coord.) Madrid, 2005, p. 845.

[825] Islam, *Les effets de la Directive communautaire sur la responsabilité du fait des produits sur l'introduction d'une instance au Royaume-uni, in* "RMC", Março de 1989, n.º 325, p. 178; Gómez Laplaza, *La responsabilidad civil por los daños causados por productos defectuosos en la Unión Europea. Presente e futuro, in* "AzC", 2000, vol. III, p. 2349.

[826] De Luca, *Tipologie principali di assicurazioni della responsabilità civile, in* AA. VV., Responsabilità e assicurazione, Cavallo Borgia (Coord.), Milão, 2004, p. 362.

[827] Schuster, *The new product liability regime, in* AA. VV., The new product liability regime, papers from the ICEL Conference, June 1991 & Annotation of the Liability for defective Products Act, 1991, Schuster (Ed.), Dublin, 1992, pp. 8 s e *The new product liability regime in Ireland, in* AA. VV., Directive 85/374/EEC on product liability: ten years after, Goyens (Dir.), Louvain-la-Neuve, 1996, p. 155.

442 *Marca do Distribuidor e Responsabilidade por Produtos*

cariz objectivo que se abate sobre estes sujeitos é passível de suscitar um efeito indirecto sobre o grau de segurança dos produtos[828].

Na Comunidade Europeia a introdução da Directiva não produziu, ao contrário do que muitos anunciavam, uma explosão no valor dos seguros, e em muitos países, como Itália e Portugal, a grande maioria das empresas não contratou qualquer seguro contra o risco de acidentes causados por produtos defeituosos[829]. Algumas empresas, no entanto, sentiram necessidade de rever as suas apólices[830]. Não parecem existir razões, porém, para temer uma crise do sector segurador semelhante à chamada *insurance crisis* que se vive nos Estados Unidos desde meados da década de oitenta[831].

Parece evidente, por tudo quanto se vem de dizer, que o seguro de responsabilidade civil por produtos deveria ser obrigatório, pelo menos em alguns casos. Provavelmente não se verificará uma imposição legal deste tipo de seguro enquanto não se verificar um escândalo mediático por força da insolvência de algum responsável[832]. CAPOTOSTI, de forma eloquente, alerta para o facto de a omissão da Directiva acerca do assunto, "rendendo più fumoso il discorso sul danno, alimenta l'illusione delle virtù taumaturgiche dei principi di risponsabilità"[833]. A ausência de

---

[828] ARGIROS, *Consumer safety and the Single European Market: some observations and proposals, in* "LIEI", 1990, vol. 1, p. 149.

[829] CAVALIERE, The economic impact of product liability and product safety regulations in the european union, Working papers, n.º 113/2001, Societá Italiana di Economia Pubblica, 2001, pp. 5 e 10 e *Product liability in the European Union: compensation and deterrence issues, in* "EJLE", 2004, n.º 18, p. 312.

[830] LEGRAND, *L'impact de la Directive sur l'industrie des assurances, in* AA. VV., Directive 85/374/EEC on product liability: ten years after, GOYENS (Dir.), Louvain-la--Neuve, 1996, pp. 199 *ss* e Kretschmer, *The impact of the Directive on european industry*, *idem*, p. 211.

[831] Vide PRIEST, *The current insurance crisis and modern tort law, in* AA. VV., Foundations of Tort Law, LEVMORE (Dir.), Oxford, 1994, pp. 289-300 e *La controrivoluzione nel diritto della responsabilità da prodotti negli Stati Uniti d'America, in* "ForoIt", 1989, pp. 119-127 e, na mesma revista, PONZANELLI, *Il caso Brown e il diritto italiano della responsabilità civile del produttore*, pp. 128-136.

[832] SOTOMAYOR-GIPPINI, *La responsabilidad civil de la empresa como fabricante de productos. Notas caracteristicas de la misma y su cobertura por el seguro, in* AA. VV., Estudios sobre el aseguramiento de la responsabilidad en la gran empresa, SANCHEZ CALERO (Coord.), Madrid, 1994, p. 440.

[833] *La nuova disciplina comunitaria della responsabilità per danno da prodotti difettosi, in* "Assicurazioni", 1985, II, 1, p. 110.

A *Responsabilidade*

harmonização em matéria de contrato de seguro de responsabilidade por produtos é passível de criar dificuldades ao ressarcimento dos lesados, impossibilitando a estes demandar directamente uma entidade seguradora[834].

Outro caminho possível é procurar o ressarcimento dos danos no seio dos sistemas de segurança social[835]. Neste sentido, o Livro Verde "a responsabilidade civil decorrente dos produtos defeituosos" reconhece que uma das razões pelas quais o contencioso decorrente da Directiva 85/374 não atingiu as proporções conhecidas nos Estados Unidos é a existência generalizada de Segurança Social na Europa. Quanto maior é a possibilidade de o ressarcimento dos danos ficar a cargo da Segurança Social, menor é o incentivo para reclamar judicialmente a responsabilidade civil por produtos. A este respeito, a responsabilidade por produtos é encarada como um instrumento complementar de reparação dos danos, em relação às outras possibilidades existentes em favor do lesado[836].

A legislação belga de 1991 prevê expressamente esta situação ao estipular, no seu art. 14.º, que os beneficiários de um regime de Segurança Social fazem uso, em primeiro lugar, dos direitos decorrentes deste sistema. Na medida em que os danos não forem cobertos, o lesado pode recorrer aos mecanismos de responsabilidade civil por produtos[837].

Existem, deste modo, distintas formas de compensação e ressarcimento dos danos sofridos pelo lesado. Primeiro, a responsabilidade objectiva,

---

[834] AGUILLAR-CANOSA I CASTELLÁ, *La responsabilidad civil por los daños causados por productos defectuosos en españa y en la union europea*, in "La Ley", 1997, n.º 5, p. 1787; DÍAZ BERMEJO, *La protección de los consumidores y usuarios en la Unión Europea y en España, frente a la responsabilidad civil por productos defectuosos*, in AA. VV., Diversas implicaciones del Derecho Transnacional, CANEDO ARRILLAGA (Coord.), Bilbao, 2006, p. 368.

[835] Em favor do aumento da importância dada a esta solução vide, por exemplo, GÓMEZ LAPLAZA, *op. cit.*, pp. 2236 *s*; STOPPA, *op. cit.*, pp. 136 *s*.

[836] *Op. cit.*, p. 14. Também neste sentido, GÓMEZ LAPLAZA, *Situación actual de la responsabilidad civil por daños causados por productos defectuosos en la Unión Europea*, in AA. VV., Estudios de responsabilidad civil en homenaje al Profesor Roberto López Cabana, ÁNGEL YÁGÜEZ, YZQUIERDO TOLSADA (Coords.), Madrid, 2001, p. 139; Reimann, *Liability for defective products at the beginning of the twenty-first century: emergence of a worldwide standard?*, in "AJCL", 2003, vol. 51, pp. 828 *ss*.

[837] FAGNART, *La responsabilité du fait des produits en Belgique*, in "ERPL", 1994, vol. 2, pp. 210 *s* e *La responsabilité du fait des produits en Belgique*, in AA. VV., Directive 85/374/EEC on product liability: ten years after, GOYENS (Dir.), Louvain-la-Neuve, 1996, p. 99.

444 Marca do Distribuidor e Responsabilidade por Produtos

consagrada legislativamente e ancorada na responsabilidade aquiliana. Em segundo lugar, o recurso a mecanismos contratuais (quer por iniciativa das partes, quer por imposição legal) de transferência do risco para terceiros, através de contratos de seguro. Por fim, a existência de fundos públicos, organizados pela comunidade, que visam a distribuição do risco e a garantia do ressarcimento das vítimas, *maxime*, através da Segurança Social.

O problema que se coloca é o da compatibilidade e articulação entre os diversos mecanismos (públicos e privados). Este problema foi discutido nos Estados Unidos, tendo recebido o epíteto de *Collateral Source Rules*. Em face desta teoria existem três alternativas de convivência entre os diferentes mecanismos.

Primeiro, um sistema que admite a acumulação de indemnizações. Desta sorte, a vítima não verá reduzido o *quantum* da indemnização que pode reclamar do responsável (ou de terceiro para quem este transferiu o risco) pelo facto de ter obtido uma compensação de outra fonte. É o sistema da acumulação (*collateral source rule*).

Outra possibilidade é a de deduzir ao montante da indemnização a pagar em sede de responsabilidade extracontratual as quantias recebidas de outras fontes de compensação. É a chamada solução da *dedução*.

Por fim, alguns defendem que o segurador (ou qualquer terceiro que tenha pago a indemnização) deve ficar subrogado nos direitos que a vítima tinha contra o responsável, na medida dos pagamentos feitos por aquele. É a alternativa da *subrogação*[838].

Cada membro da cadeia de distribuição deve estar preocupado com os desenvolvimentos da responsabilidade por produtos. De facto, a *litigation explosion* pode recair sobre os distribuidores, *maxime*, sobre os titulares de marcas de distribuição. Os tribunais americanos já reconheceram por várias vezes que os distribuidores e retalhistas constituem "integral parts of the marketing enterprise" e devem, em consequência, partilhar os riscos com os produtores[839].

Os titulares de marcas de distribuição deverão estar mais atentos e interventivos em matérias como a qualidade e a segurança dos produtos.

---

[838] Seguimos aqui de perto o trabalho de GÓMEZ POMAR, *Responsabilidade extracontratual y otras fuentes de reparación de daños: «collateral source rules» y afines*, in "InDret", n.º 1 (2000). Vide igualmente a jurisprudência espanhola citada pelo Autor.

[839] BOEDECKER e MORGAN, *The channel implications of product liability developments*, p. 63.

Por outro lado, será conveniente que reservem alguns fundos para controlo da qualidade dos produtos que lhes são fornecidos por terceiros e sobre os quais apõem a sua marca.

Os retalhistas devem, em suma, estar bem cientes dos encargos e riscos que resultam do recurso às marcas do distribuidor. Se por um lado aumentam as suas margens de lucro, fidelizam clientes e reforçam a sua quota de mercado; por outro podem ficar sujeitos ao regime de responsabilidade correspondente, enquanto produtores aparentes, não se podendo eximir pela identificação do produtor real como se fossem meros fornecedores.

O recurso a seguros de responsabilidade civil por produtos, com condições adaptadas à realidade da marca de distribuição, pode constituir um meio de minorar os riscos provenientes da qualificação como produtores aparentes. Este tipo de apólices deve traduzir, por outro lado, as reais condições em que se opera o fornecimento de bens da marca do distribuidor, reflectindo as suas características e especificidades próprias.

BIBLIOGRAFIA

AA. VV. – American law of products liability 3d, TRAVERS, Timothy E. (Coord.), Rochester, 1987.

AA. VV. – Estrategias de Distribución Comercial, VÁZQUEZ CASIELLES, Rodolfo, TRESPALACIOS GUTIÉRREZ, Juan Antonio (Coords.) Madrid, 2006.

AA. VV. – *Guía InDret de jurisprudencia sobre responsabilidad de producto (I): alimentos y botellas, in* "InDret", Abril de 2007, n.º 2/2007, pp. 1-26.

AA. VV. – *Guía InDret de jurisprudencia sobre responsabilidad de producto (II): electrodomésticos, juguetes y objetos de uso doméstico, in* "InDret", Julho de 2007, n.º 3/2007, pp. 1-20.

AA. VV. – Halsbury's Laws of England, LORD MACKAY OF CLASHFERN (Dir.), vol. 41, Londres, 2005.

AA. VV. – La responsabilité du prestataire de services et du prestataire de soins de santé, FRASELLE, Nadine (Dir.), Lovaine-la-Neuve, 1992.

AA. VV. – Los riesgos de desarrollo. Ministerio de Sanidad y Consumo, Consejo General del Poder Judicial, Madrid, 26-28 de Fevereiro de 2001, *in* "InDret" 1/2001, pp. 1-30.

AA. VV. – Product liability in Europe, a collection of reports prepared for the conference on product liability in Europe held in Amsterdam on 25th and 26th September 1975, Daventer, 1975.

AA. VV. – Project de directive sur la responsabilité en matière de prestations de services, Colónia, 1992.

AA. VV. – Um código civil para a Europa, *in* "BFD», 2002.

ACADEMIA DAS CIÊNCIAS DE LISBOA – Dicionário da Língua Portuguesa Contemporânea, vol. II, Lisboa, 2001.

ACEDO PENCO, Ángel – *El derecho a la protección de la salud, la seguridad, la calidad de vida y el medio ambiente: perspectiva comunitaria, constitucional y autonómica. Su proyección en la Ley 6/2001, de 24 de Maio, del Estatuto de los Consumidores de Extremadura, in* "Anuario de la Facultad de Derecho", 2003, vol. XXI, pp. 355-384.

ACOSTA ESTÉVEZ, José B.
– *La responsabilidad civil del fabricante: introducción al estudio de la Directiva 85/374/CEE de 25 de Julio de 1985, in* "RES", Outubro/Dezembro de 1989, n.º 60, pp. 57-77.

448 *Marca do Distribuidor e Responsabilidade por Produtos*

– *La acción de la CEE en materia de responsabilidad por productos defectuosos y reparación de los daños sufridos por el consumidor: adaptación del derecho español a la Directiva del Consejo 85/374/CEE, in* "La Ley", 1990, n.º 1, pp. 1141-1149.

AFONSO, Maria, VARIZ, Manuel – Da responsabilidade civil decorrente de produtos defeituosos (Anotação ao Decreto-Lei n.º 383/89, de 6 de Novembro, que transpõe a Directiva n.º 85/374/CEE do Conselho, de 25 de Julho de 1985), Coimbra, 1991.

AGUILLAR-CANOSA I CASTELLÁ, Santiago – *La responsabilidad civil por los daños causados por productos defectuosos en España y en la unión europea, in* "La Ley", 1997, n.º 5, pp. 1782-1788.

ALBANESE, Ferdinando

– *Développements européens en responsabilité civile produits: activités du Conseil de l'Europe, in* AA. VV., First world congress on product liability, Londres, 19 a 21 de Janeiro de 1977, pp. 209-218.

– *Legal harmonisation in Europe, product liability a comparison between the Directive of the European Communities and the Council of Europe Convention, in* AA. VV., Comparative product liability, MILLER, C. J. (Ed.), Londres, 1986, pp. 15-30.

ALCOVER GARAU, Guillermo – La responsabilidad civil del fabricante (Derecho comunitario y adaptación al derecho español), Madrid, 1990.

ALMEIDA COSTA, Mário Júlio de – Direito das Obrigações, Coimbra, 2000.

ALPA, Guido

– *Responsabilità del «vendeur-fabricant» e azione redibitoria del danneggiato, in* "ForoIt", 1974, p. 176.

– Responsabilitá dell'impresa e tutela del consumatore, Milão, 1975.

– *In margine ad un progetto legislativo del Consiglio d'Europa in materia di responsabilità del fabbricante, in* "RSoc", 1975, pp. 329-333.

– *Aspetti e problemi di diritto comunitario in materia di responsabilità del produttore, in* "RSoc", 1976, pp. 1236-1243.

– *La responsabilité du fabricant dans les projects de droit uniforme, in* "RIDC", 1977, vol. 29, n.º 3, pp. 559-569.

– *Appunti sul quarto progetto di direttiva comunitaria in materia di responsabilità del fabbricante, in* "RSoc", 1980, pp. 245-250.

– *Appunti sull'assicurazione della responsabilità del produttore e i sistemi no-fault, in* AA. VV., Danno da prodotti e responsabilitá dell'impresa. Diritto italiano ed esperienze straniere, ALPA, Guido, BESSONE, Mario (Coords.), Milão, 1980, pp. 39-61.

– *Una postilla sui modelli di «lettura» della circolazione di prodotti difettosi nell'esperienza nord-americana, in* AA. VV., Danno da prodotti e responsabilitá dell'impresa. Diritto italiano ed esperienze straniere, ALPA, Guido, BESSONE, Mario (Coords.), Milão, 1980, pp. 89-112.

Bibliografia 449

– *La vendita e la produzione di beni di consumo*, in AA. VV., La Responsabilità civile: una rassegna di dottrina e giurisprudenza, ALPA, Guido, BESSONE, Mario (Dirs.) vol. IV, Turim, 1987, pp. 55-68.
– *L'attuazione della direttiva comunitaria sulla responsabilità del fabbricante. Problemi di terminologia e scelte legislative*, in "RSoc", 1987, pp. 867-876.
– *L'attuazione della direttiva comunitaria sulla responsabilità del produttore. Tecniche e modelli a confronto*, in "CeI", 1988, pp. 573-595.
– *La nuova disciplina della responsabilità del produttore*, in "Il Corriere Giuridico", 1988.
– *Art. 12.º – clausole di esonero da responsabilità*, in ALPA, Guido, CARNEVALI, Ugo, DI GIOVANNI, Francesco, GHIDINI, Gustavo, RUFFOLO, Ugo, VERARDI, Carlo Maria, La responsabilità per danno da prodotti diffetosi (DPR 24 maggio 1988, n.º 224), Milão, 1990, pp. 261-299.
– *Le nouveau regime juridique de la responsabilité du producteur en Italie et l'adaptation de la Directive communautaire*, in "RIDC", Janeiro-Março de 1991, pp. 75-86.
– *La actuación de la directiva comunitaria sobre la responsabilidad del productor*, in "RJC", 1991, pp. 317-336.
– *Principles of European Tort Law: a critical view from the outside*, in "EBLR", 2005, pp. 957-974.

ALPA, Guido, BESSONE, Mario
– Il consumatore e l'Europa, Pádova, 1979.
– La responsabilità del produttore, Milão, 1987.
– La responsabilità civile, Milão, 2001.

ALPA, Guido, STOPPA, Alessandro – *L'application de la Directive communautaire sur la responsabilité du fait des produits en droit italien*, in AA. VV., Directive 85/374/EEC on product liability: ten years after, GOYENS, Monique (Dir.), Louvain-la-Neuve, 1996, pp. 59-80.

ÁLVAREZ CANTALAPIEDRA, Santiago, VILLAREJO GALENDE, Helena – *La regulación de los grandes centros comerciales: una aproximación sociológica y jurídica*, in "Revista de Derecho (Valdivia)", Dezembro de 2003, vol. XV, pp. 131-155.

ÁLVAREZ LATA, Natalia – *La responsabilidad civil del fabricante*, in AA. VV., Derecho de responsabilidad civil extracontractual, PENA LÓPEZ, José María (Dir.), Barcelona, 2004, pp. 243-253.

AMARAL CABRAL, Rita – *A teoria da aparência e a relação jurídica cambiária*, in "ROA", 1984, vol. III, pp. 627-654.

AMERICAN LAW INSTITUTE
– Restatement of the Law of Torts – vol. II, negligence, St. Paul, Minnesota, 1934.

450 Marca do Distribuidor e Responsabilidade por Produtos

– Restatement of the Law Second – Torts 2d, St. Paul, Minnesota, 1965.

– Restatement of the Law Third – Torts, St. Paul, Minnesota, 1998.

ANDRÉ, Marie-Elisabeth – Les contrats de la grande distribution, Paris, 1991.

ÁNGEL YÁGÜEZ, Ricardo de

– Apariencia jurídica, posesión y publicidad inmobiliaria registral, Bilbao, 1975.

– Tratado de responsabilidad civil, Madrid, 1993.

– Algunas previsiones sobre el futuro de la responsabilidad civil (con especial atención a la reparación del daño), Madrid, 1995.

– *Responsabilidad por productos defectuosos. Reflexiones en torno a la carga de la prueba, in* "Deusto", Janeiro-Junho de 1996, vol. 44, n.º 1, pp. 9-53.

– *Responsabilidad por informar, in* AA. VV., Perfiles de la Responsabilidad civil en el nuevo milenio, MORENO MARTÍNEZ, Juan Antonio (Coord.), Madrid, 2000, pp. 171-203.

ANGELES CALZADA, Maria – *Responsabilidad y seguro en la Ley general para la defensa de los consumidores y usuarios, in* "EC", Novembro de 1987, n.º extraordinário, pp. 83-93.

ANTUNES VARELA, João de Matos

– Das Obrigações em Geral, vol. I, Coimbra, 1986.

– Das Obrigações em Geral, vol. II, Coimbra, 1999.

– *Direito do consumo, in* "EDC", 1999, n.º 1, pp. 391-405.

ARGIROS, George

– *Consumer safety and the Single European Market: some observations and proposals, in* "LIEI", 1990, vol. 1, pp. 139-157.

– *Consumer safety in Greece: an analysis of the Consumer Protection Act 1991, in* "JCP", 1994, vol. 17, pp. 221-243.

ARNOLD, Aaron – *Rethinking design defect law: should Arizona adopt the restatement (third) of torts: products liability?, in* "Arizona Law Review", 2003, vol. 45, pp. 173-195.

ARRUDA ALVIM, ALVIM, Thereza, ARRUDA ALVIM, Eduardo, MARINS, James – Código do Consumidor comentado, São Paulo, 1995.

ARTZ, Markus – *La reforma del BGB y los derechos del consumidor en la adquisición de bienes de consumo, in* AA. VV., La Ley 23/2003, de garantía de los bienes de consumo: planteamiento de presente y perspectivas de futuro, REYES LÓPEZ, Maria José (Coord.), Cizur Menor, 2005, pp. 21-62.

ATAZ LÓPEZ, Joaquín – *La legitimación pasiva en la LRCP, sobre responsabilidad civil por daños causados por productos defectuosos, in* "Iniuria", Janeiro-Março 1995, n.º 5, pp. 59-80.

ATTI, A. – *I soggetti equiparati al fabbricante, in La responsabilità del produttore,* ALPA, Guido, BIN, Marino, CENDON, Paolo, Trattato di diritto

Bibliografia 451

comerciale e di diritto pubblico dell´ Economia, vol. XIII, Galgano, Francesco (Coord.), Milão, 1989.

Auletta, Giuseppe, Salanitro, Niccolò – Diritto commerciale, Milão, 2000.

Auteri, Paolo – *Cessione e licenza di marchio*, in AA. VV., La riforma della legge marchi", Pádova, 1995.

Baptista Machado, João – *Tutela da confiança e venire contra factum proprium*, in Obra dispersa, vol. I, Braga, 1991, pp. 345-423.

Barbarino, Filippo C., Franchina, Antonio, Maci, Stefano – La responsabilità del produttore nella nuova disciplina giuridica, Milão, 1989.

Barral Viñals, Inmaculada – *Comentario ao art. 30.º*, in AA. VV., Ley General para la Defensa de los Consumidores y Usuarios, Comentarios y Jurisprudencia de la Ley veinte años después, Llamas Pombo, Eugenio (Coord.) Madrid, 2005, pp. 839-846.

Barrón de Benito, José Luis – *Responsabilidad de productos: sujetos responsables y causas de exoneración*, in "Revista de Derecho de los Seguros privados", Janeiro-Fevereiro de 1995, pp. 7-33.

Bazoche, Pascale, Giraud-Héraud, Eric, Soler, Louis-Georges – *Premium Private Labels, Supply Contracts, Market Segmentation, and Spot Prices*, in "AFIO", 2005, vol. 3, artigo 7.

Beale, Hugh, Howells, Geraint – *EC harmonisation of consumer sales law – a missed opportunity?*, in "Journal of Contract Law", 1997, vol. 12, n.º 1, pp. 21-46.

Beauchard, Jean – Droit de la distribution et de la consommation, Paris, 1996.

Beck, Ulrich – La sociedad del riesgo. Hacia una nueva modernidad, Barcelona, 1998.

Beier, Friedrich-Karl – *Marque et Droit Économique – les fonctions de la Marque*, in AA. VV. – Union des Fabricants pour la Protection Internationale de la Propriété Industrielle et Artistique, 6-7/11/75, Paris, 1975.

Bennati, Gianfranco – Responsabilità da prodotto e garanzie assicurative, Milão, 1992.

Bercovitz, Alberto, Bercovitz Rodríguez-Cano, Rodrigo, Angeles Calzada, Maria – *Borrador para la elaboración de un Anteproyecto de Decreto sobre seguro de responsabilidad civil para daños ocasionados por productos defectuosos*, in "EC", Abril de 1990, n.º 17, pp. 123-136.

Bercovitz Rodríguez-Cano, Rodrigo
– *La Responsabilidad de los fabricantes en la Directiva de las Comunidades Europeas de 25 de Julio de 1985*, in "EC", Abril de 1986, n.º 7, pp. 101-127.
– *La Responsabilidad por los daños y perjuicios derivados del consumo de bienes y servicios*, in AA. VV., Estudios jurídicos sobre protección de los consumidores, Bercovitz Rodríguez-Cano, Alberto, Bercovitz Rodríguez-Cano, Rodrigo (Coords.), Madrid, 1987, pp. 221-247.

452 Marca do Distribuidor e Responsabilidade por Produtos

– *La Responsabilidad de los fabricantes en la Directiva de las Comunidades Europeas de 25 de Julio de 1985*, *in* AA. VV., Estudios jurídicos sobre protección de los consumidores, BERCOVITZ RODRÍGUEZ-CANO, Alberto, BERCOVITZ RODRÍGUEZ-CANO, Rodrigo, Madrid, 1987, pp. 262-298.

– *La adaptación del derecho español a la directiva comunitaria sobre responsabilidad por los daños causados por productos defectuosos*, *in* "EC", Abril de 1988, n.º 12, pp. 83-130.

BERGÈS-SENNOU, Fabian – Les Marques de Distributeurs – État des lieux en France et réflexions économiques, Institut National de la Recherche Agronomique, Março de 2002.

BERGÈS-SENNOU, Fabian, BONTEMPS, Philippe, RÉQUILLART, Vincent – *Economics of private labels: a survey of literature*, *in* "AFIO", 2004, vol. 2, artigo 3.

BERNSTEIN, Anita – *How can a product be liable?*, *in* "Duke", Outubro de 1995, n.º 1, pp. 1-83.

BESSONE, Mario

– *Prodotti dannosi e responsabilità dell'impresa*, *in* "RTDPC", 1971, pp. 97-139.

– *Profili della responsabilità del produttore nell'esperienza italiana*, *in* AA. VV., Danno da prodotti e responsabilitá dell'impresa. Diritto italiano ed esperienze straniere, ALPA, Guido, BESSONE, Mario (Coords.), Milão, 1980, pp. 9-38.

BIEBERSTEIN, Wolfgang Marschall von – *La responsabilità da prodotti nel diritto tedesco*, *in* AA. VV., Danno da prodotti e responsabilitá dell'impresa. Diritto italiano ed esperienze straniere, ALPA, Guido, BESSONE, Mario (Coords.), Milão, 1980, pp. 165-189.

BIN, Marino – *L'assicurazione della responsabilità civile da prodotti*, *in* "Assicurazioni", Janeiro-Fevereiro de 1989, pp. 101-118.

BOEDECKER, Karl A., MORGAN, Fred W.

– *The channel implications of product liability developments*, *in* "JR", Inverno de 1980, vol. 56, n.º 4, pp. 59-72.

– *Intra-industry joint liability: implications for marketing*, *in* "JPPM", 1986, n.º 5, pp. 72-84.

BOHR, Sebastian – *La Directive 85/374/CEE relative à la responsabilité du fait des produits défectueux*, *in* "Observateur", 1 de Julho de 2001, n.º 43, pp. 11-14.

BONFRER, André, CHINTAGUNTA, Pradeep K. – *Store brands: who buys them and what happens to retail prices when they are introduced?*, *in* "RIO", 2004, vol. 24, assunto 2, pp. 195-218.

BONNAMOUR, Marie-Christine – *Bilan jurisprudentiel de l'application du régime communautaire de la responsabilité du fait des produits défectueux*, *in* "REDC", 2001, pp. 101-112.

Bonomi, Antonio – *I fondamenti della responsabilità del produttore nel progetto di Direttiva della Commissione CEE e nella Convenzione promossa dal Consiglio d'Europa, in* "DCSI", Janeiro-Março de 1977, n.º 1, pp. 193-208.

Borghetti, Jean-Sébastien – La responsabilité du fait des produits, Paris, 2004.

Bortolotti, Fabio – *Il diritto di rivalsa nei rapporti tra distributori e produttori, in* AA. VV., Responsabilità del produttore e nuove forme di tutela del consumatore, Milão, 1993, pp. 61-75.

Botana Agra, Manuel – *La ley 26/1984 General para la defensa de los consumidores y usuarios a la luz de la Directiva 85/374/CEE en materia de responsabilidad civil por daños derivados de defectos en los productos, in* AA. VV., Problemas de la ciencia jurídica – estudios en homenaje al profesor Francisco Puy Muñoz, tomo I, Otero Parga, Milagros, Flórez de Quiñones, Maria Carolina Rovira, Segura Ortega, Manuel (Coords.) Santiago de Compostela, 1991, pp. 37-56.

Bourges, Leticia A. – *La interpretación de la Directiva 85/374/CEE relativa a la responsabilidad por productos defectuosos según la jurisprudencia del Tribunal de Justicia de las Comunidades Europeas, in* "GJUEC", Novembro/Dezembro de 2002, n.º 222, pp. 32-44.

Bourgoignie, Thierry
– La protection du consommateur en matière de produits et de services défectueux ou dangereux, Centre de Droit de la Consommation, Université Catholique de Louvain, 1/1984.
– *La sécurité des consommateurs et l'introduction de la directive communautaire du 25 juillet 1985 sur la responsabilité du fait des produits défectueux en droit belge, in* "JT", 30 de Maio de 1987, n.º 5424, pp. 357-363.
– *La sécurité des consommateurs et l'introduction de la directive communautaire du 25 juillet 1985 sur la responsabilité du fait des produits défectueux en droit belge, in* AA. VV., Sécurité des consommateurs et responsabilité du fait des produits défectueux – colloque des 6 et 7 Novembre 1986, Paris, 1987, pp. 163-185.
– Éléments pour une théorie du droit de la consommation, Louvain-la-Neuve, 1988.
– *The 1985 council directive on product liability and its implementation in the member states of the European Union, in* AA. VV., Directive 85/374//EEC on product liability: ten years after, Goyens, Monique (dir.), Louvain--la-Neuve, 1996, pp. 21-34.

Boyd Jr., Harper W., Frank, Ronald E. – *The importance of private labelling in food retailing, in* "Business Horizons", Verão de 1966, pp. 81-90.

Boyle, Mathew – *Brand killers, in* "Fortune", 8 de Novembro de 2003, vol. 148, issue 3, p. 89-96.

Bradgate, Robert, Twigg-Flesner, Christian – *Expanding the boundaries of liability for quality defects, in* "JCP", 2002, vol. 25, pp. 345-377.

BRAUN, Antoine – Précis des marques, Bruxelas, 1995.

BROSSELIN, Claude – La marque de distributeur, Paris, 1979.

BROWN, Harold, DADY, J. Michael, HAFF, Jeffery S., GARDNER, Ronald K. – Franchising: realities and remedies, Nova Iorque, 1981.

BUSNELLI, Francesco D., PONZANELLI, Giulio – *La responsabilità del produttore tra legge speciale e codice civile, in* AA. VV., Il danno da prodotti, PATTI, Salvatore (Coord.), Pádova, 1990, pp. 19-28.

BUSTO LAGO, José Manuel, ÁLVAREZ LATA, Natalia, PEÑA LÓPEZ, Fernando – Reclamaciones de consumo. Derecho de consumo desde la perspectiva del consumidor, Cizur Menor, 2005.

BUSTOS PUECHE, José Enrique – La doctrina de la apariencia jurídica, Madrid, 1999.

BÜYÜKSAGIS, Erdem – La notion de défaut dans la responsabilité du fait des produits, analyse économique et comparative, Genebra, 2005.

CALABRESI, Guido – El coste de los accidentes: análisis económico y jurídico de la responsabilidad civil, Barcelona, 1984.

CALAIS-AULOY, Jean – *Les rapports entre la directive de 1985 sur la responsabilité du fait des produits et celle de 1992 concernant la sécurité des produits, in* "REDC", 1994, pp. 159-165.

CALAIS-AULOY, Jean, STEINMETZ, Frank – Droit de la consommation, Paris, 2000.

CALBOLI, Irene – *The sunset of «quality control» in modern trademark licensing, in* "AULR", 2007, vol. 57, pp. 341-407.

CALMES, Sylvia – Du principe de protection de la confiance légitime en droit allemand, communautaire et français, Paris, 2001.

CALVÃO DA SILVA, João
 – *A responsabilidade civil do produtor, in* "RPDC", Janeiro de 1995, n.º 1, pp. 31-39.
 – Responsabilidade civil do produtor, Coimbra, 1999.
 – Venda de bens de consumo, Coimbra, 2004.
 – *A publicidade na formação do contrato, in* AA. VV., Comemorações dos 35 anos do Código Civil e dos 25 anos da reforma de 1977, vol. II A parte geral do Código e a Teoria Geral do Direito Civil, Coimbra, 2006, pp. 687-711.
 – Banca, bolsa e seguros, Direito europeu e português. Tomo I, parte geral, Coimbra, 2007.
 – Compra e venda de coisas defeituosas: conformidade e segurança, Coimbra, 2008.

CALZADA CONDE, Maria Angeles – *Comentario al art. 30.º, in* AA. VV., Comentarios a la Ley General para Defensa de los Consumidores y Usuarios, BERCOVITZ RODRÍGUEZ-CANO, Rodrigo, SALAS HERNÁNDEZ, Javier (Coords.), Madrid, 1992, pp. 731-761.

CANNARSA, Michel – La responsabilité du fait des produits défectueux – étude comparative, Milão, 2005.

CAÑIZARES RUBINI, Francisco José – *El seguro de responsabilidad civil de productos: se puede hablar de una superación de las garantías clásicas?*, *in* AA. VV., Responsabilidad Civil de Productos, Comité de Gestión de AIDA (Association Internationale de Droit des Assurances), Sección Española, Madrid, 1983, pp. 10-27.

CANO MARTÍNEZ, José Ignacio – La exteriorización de los actos jurídicos: su forma y la protección de su apariencia, Barcelona, 1990.

CAPIZZANO, Ezio, PETRELLI, Luca – *L'attuazione in Italia della Direttiva 85/374 com riferimento alla responsabilità del produttore agricolo e nella prospettiva dell'agricoltora c.d.* biológica, *in* AA. VV., Il danno da prodotti, PATTI, Salvatore (Coord.), Pádova, 1990, pp. 161-192.

CAPLLIURE GINER, Eva María – *Las marcas del distribuidor, in* "Quaderns de treball", n.° 131, Facultat d'Economia, Universitat de Valência, 2002.

CAPOTOSTI, Renzo – *La nuova disciplina comunitaria della responsabilità per danno da prodotti difettosi, in* "Assicurazioni", 1985, II, 1.

CARBAJO CASCÓN, Fernando – *La marca de garantía como instrumento publicitário, in* AA. VV., Marca y publicidad comercial. Un enfoque interdisciplinar, MARTÍNEZ GUTIÉRREZ, Ángel (Dir.), Madrid, 2009, pp. 509-558.

CARNEIRO DA FRADA, Manuel António de Castro Portugal
– Teoria da confiança e responsabilidade civil, Coimbra, 2004.
– Direito Civil. Responsabilidade civil. O método do caso, Coimbra, 2006.
– *A responsabilidade pela confiança nos 35 anos do Código Civil – balanço e perspectivas, in* AA. VV., Comemorações dos 35 anos do Código Civil e dos 25 anos da reforma de 1977, vol. III Direito das Obrigações, Coimbra, 2007, pp. 285-307.

CARNEVALI, Ugo
– *La responsabilità del produttore. Problemi generali, in* AA. VV., La responsabilità dell'impresa per i danni all'ambiente e ai consumatori, Milão, 1978, pp. 143-157.
– La responsabilità del produttore, Milão, 1979.
– *Comentário ao artigo 3.°, in* ALPA, Guido, CARNEVALI, Ugo, DI GIOVANNI, Francesco, GHIDINI, Gustavo, RUFFOLO, Ugo, VERARDI, Carlo Maria, La responsabilità per danno da prodotti diffetosi (DPR 24 maggio 1988, n.° 224), Milão, 1990.
– *Responsabilità del produttore e prova per presunzioni, in* "RCPre", Maio-Agosto de 1996, pp. 481-486.

CARRASCO PERERA, Angel, CORDERO LOBATO, Encarna, MARTÍNEZ ESPÍN, Pascual – *Transposición de la Directiva comunitaria sobre venta y garantías de los bienes de consumo, in* "EC", 2000, n.° 52, pp. 125-146.

456   *Marca do Distribuidor e Responsabilidade por Produtos*

Caruso, Daniela – *Messa in circolazione del prodotto, in* AA. VV., *La responsabilità per danno da prodotti difettosi*, "LNLeggi", 1989, pp. 583-591.

Casado Cerviño, Alberto – Derecho de marcas y protección de los consumidores. El tratamiento del error del consumidor, Madrid, 2000.

Casares Reipol, Javier, Rebollo Arévalo, Alfonso – Distribución comercial, Navarra, 2005.

Castan Tobeñas, José – Derecho civil español, comum y foral, tomo IV, Madrid, 1993.

Castanheira Neves, António – Curso de Introdução ao Estudo do Direito, Coimbra, 1976.

Castilla Barea, Margarita
     – *La determinación de la «falta de conformidad» del bien con el contrato a tenor del artículo 3.1 del Proyecto de Ley de Garantías en la vienta de bienes de consumo, in* "AzC", Janeiro de 2003, n.º 18, pp. 2621-2652.
     – *Notas sobre la responsabilidad del productor en la Ley de garantías en la venta de bienes de consumo, in* AA. VV., Libro homenaje al profesor Manuel Albaladejo Garcia, González Porras, José Manuel, Méndez González, Fernando P. (Coords.), vol. 1, Universidade de Múrcia, 2004, pp. 927-943.
     – El nuevo régimen legal de saneamiento en la venta de bienes de consumo, Madrid, 2005.

Castro Vítores, Germán de – *Tendencias actuales en matéria de seguridad alimentaria, y su repercusión en obligaciones y responsabilidades, in* AA. VV., Régimen jurídico de la seguridad y calidad de la producción agraria. IX Congreso nacional de Derecho Agrario, Logroño, 2002, pp. 179-188.

Castronovo, Carlo
     – Problema e sistema nel danno da prodotti, Milão, 1979.
     – *La legge europea sul danno da prodotti una interpretazione alternativa del D.P.R. n. 224/1998, in* "DCInt", Janeiro-Junho de 1990, pp. 3-44.
     – La nuova responsabilità civile, regola e metafora, Milão, 1991.
     – La nuova responsabilità civile, Milão, 1997.

Cavaliere, Alberto
     – *The economic impact of product liability and product safety regulations in the european union*, Working papers, n.º 113/2001, Societá Italiana di Economia Pubblica, 2001.
     – *Product liability in the European Union: compensation and deterrence issues, in* "EJLE", 2004, n.º 18, pp. 299-318.

Cavanillas Múgica, Santiago
     – *Práctica de la responsabilidad civil en la defensa de consumidores y usuarios, in* "RGD", Julho-Agosto de 1989, pp. 4463-4479.

– *Las causas de exoneración de la responsabilidad en la Ley 22/1994, de 6 de Julio, de responsabilidad civil por los daños causados por productos defectuosos, in* "InIuria", Janeiro-Março de 1995, n.º 5.

– *Responsabilidad por productos defectuosos en la Unión Europea, in* AA. VV., Responsabilidad Civil del Empresario, McKay Alliende, Federico (Ed.), Santiago de Chile, 1996, pp. 133-143.

Cazeneuve, Bernard – La responsabilité du fait des produits en France et en Europe, Paris, 2005.

Centro de Arbitragem de Conflitos de Consumo de Lisboa – *Comentários do Centro de Arbitragem de Conflitos de consumo de Lisboa ao Anteprojecto do Código do Consumidor, in* "EIDC", vol. III, Outubro de 2006, pp. 175-186.

Cerdá Gimeno, José – *Una aproximación a los fenómenos internormativos, in* AA. VV., Homenaje al profesor Lluis Puig i Ferriol, vol. I, Abril Campoy, Joan Manel, Amat Llari, Maria Eulalia (Coords.), València, 2006, pp. 841-860.

Cervetti, Federico – *La nuova legge spagnola sulla responsabilità del produttore, in* "RDC", 1996, pp. 307-327.

Chen, Chung-Wu – Apparence et représentation en droit positif français, Paris, 2000.

Chétochine, Georges – Marketing estrategico de los canales de distribución, Madrid, 1994.

Chuliá Vicént, Eduardo, Beltrán Alandete, Teresa – Aspectos jurídicos de los contratos atípicos, vol. I, Barcelona, 1999.

Cian, Giorgio, Trabucchi, Alberto – Comentario breve al Codice Civile, Pádova, 1988.

Cillero de Cabo, Patricia
– La responsabilidad civil del suministrador final por daños ocasionados por productos defectuosos, Madrid, 2000.
– *Consideraciones en torno a la armonización europea en materia de ventas y garantías de bienes de consumo y su futura incorporación al ordenamiento jurídico español, in* "EC", 2001, n.º 57, pp. 147-170.

Clark, Alistair M.
– *The Consumer Protection Act 1987, in* "MLR", 1987, pp. 614-622.
– Product liability, Londres, 1989.
– *The Consumer Protection Act 1987, in* AA. VV., L'attuazione della direttiva comunitaria sulla responsabilità del produttore, Cossu, Cipriano (Dir.), Pádova, 1990, pp. 194-203.

Cobo Rivas, Carmen – *21 Preguntas y respuestas claves sobre el outsourcing, in* "Estrategia Financiera", Dezembro de 2004, n.º 212, pp. 63-65.

Concepción Rodríguez, José Luis – Derecho de Daños, Barcelona, 1999.

458 *Marca do Distribuidor e Responsabilidade por Produtos*

CONDE RODRIGUES, José Manuel Vieira – A responsabilidade civil do produtor face a terceiros, Relatório de Mestrado, Faculdade de Direito da Universidade de Lisboa, 1988.

CONK, George W.
– *Is there a design defect in the Restatement (Third) of torts: products liability?*, in "YaleLJ", 2000, vol. 109, pp. 1087-1133.
– *Punctuated equilibrium: why Section 402A flourished and the Third Restatement languished*, in "RL", Symposium 2007, vol. 26, n.º 4, pp. 799-881.

CORDERO CUTILLAS, Iciar – *La puesta en circulación en la responsabilidad civil por productos defectuosos*, in "EC", 2000, n.º 53, pp. 47-67.

COSENTINO, Fabrizio – *Responsabilità da prodotto difettoso: appunti di analisi economica del diritto*, in "ForoIt", 1989, pp. 138-143.

COSTA MAURÍCIO, Nuno – *A responsabilidade do produtor pelos danos causados por produtos defeituosos – regime legal e implemento na prática forense*, in "RPDC", Março de 2001, n.º 25, pp. 9-44.

COSTAS RODAL, Lucía – *El régimen de la falta de conformidad con el contrato en la compraventa de bienes de consumo*, in "AzC", 2004, n.º 2, pp. 2045-2080.

COTTERILL, Ronald W. – *The Food Distribution System of the Future: convergence Towards the US or UK Model?*, in "Agribusiness", 1997, vol. 13, n.º 2, pp. 123-135.

COTTINO, Gastone – Del contratto estimatorio. Della somministrazione, Roma, 1970.

COUTINHO DE ABREU, Jorge Manuel
– *Marcas (noção, espécies, funções, princípios constituintes)*, in "BFD", 1997, vol. 73, pp. 121-147.
– Curso de Direito Comercial, vol. I, Coimbra, 2006.

COUTO GONÇALVES, Luís M.
– Função distintiva da marca, Coimbra, 1999.
– Direito de Marcas, Coimbra, 2000.
– *Função da marca*, in AA. VV., Direito Industrial, vol. II, Coimbra, 2002.
– *A «marca» do Tribunal de Justiça no Direito de Marcas*, in AA. VV., Estudos em homenagem à Professora Doutora Isabel de Magalhães Collaço, vol. II, Coimbra, 2002, pp. 79-93.
– Manual de Direito Industrial, Coimbra, 2005.

CRESPO DE CARVALHO, José Mexia, MARQUES DA CUNHA, Susana – Marcas do distribuidor em Portugal, Lisboa, 1998.

CUNHA GONÇALVES, Luís da – Da compra e venda no direito comercial português, Coimbra, 1924.

CUNHA RODRIGUES, José Narciso da – *As novas fronteiras dos problemas de consumo*, in "EDC", 1999, n.º 1, pp. 45-67.

CURA MARIANO, João – Responsabilidade contratual do empreiteiro pelos defeitos da obra, Coimbra, 2004.

DAHL, Børge – *An introduction to the product liability debate*, in "JCP", 1979, vol. 3, n.º 1, pp. 14-28.

D'AMÉLIO, Mariano – *Apparenza del Diritto*, in AA. VV., Novissimo digesto italiano, Milão, 1958, vol. I.

D'ARRIGO, Rosario – La responsabilità del produttore, profili dottrinali e giurisprudenziali dell'esperienza italiana, Milão, 2006.

DAVERAT, Georges – *Responsabilité du fait des produits pretendus defectueux le precedent americain et les meprises communautaires*, in "GP", 5 de 6 de Agosto de 1988, n.ºs 218 e 219, pp. 2-20.

DAVIS, Dai – *Product liability in the european community: a practical and economic perspective*, in "CLYIB", 1993, vol. 15, CAMPBELL, Dennis, MOORE, Mickela (Eds.), Londres, 1993, pp. 117-135.

DE BERARDINIS, Andrea – *La responsabilità extracontrattuale per danno da prodotti difettosi*, in "RCPre", Maio-Agosto de 1996, pp. 675-687.

DE LUCA, Nicola – *Tipologie principali di assicurazioni della responsabilità civile*, in AA. VV., Responsabilità e assicurazione, CAVALLO BORGIA, Rossella (Coord.), Milão, 2004, pp. 355-383.

DE STROBEL, Daniele – *L'assicurazione della responsabilità civile per i danni derivanti dai prodotti*, in AA. VV., La responsabilità dell'impresa per i danni all'ambiente e ai consumatori, Milão, 1978, pp. 197-208.

DEARDS, Elspeth – *The proposed guarantees directive: is it fit for the purpose?*, in "JCP", 1998, vol. 21, pp. 99-119.

DEWIS, Malcolm, HUTCHINS, David C., MADGE, Peter – Product liability, Londres, 1980.

DI MAJO, Adolfo – *I problemi della recezione della Direttiva comunitaria sulla responsabilità da prodotti difettosi*, in AA. VV., Il danno da prodotti, PATTI, Salvatore (Coord.), Pádova, 1990, pp. 3-17.

DÍAZ ALABART, Silvia
– *Adaptation du droit espagnol a la Directive communautaire sur la responsabilité pour produits défectueux*, in AA. VV., Directive 85/374/EEC on product liability: ten years after, GOYENS, Monique (Dir.), Louvain--la-Neuve, 1996, pp. 103-115.
– *Los plazos en la ley de garantías en la venta de bienes de consumo*, in AA. VV., Garantía en la venta de bienes de consumo (Ley 23/2003, de 10 de Julio), DÍAZ ALABART, Silvia (Coord.), Madrid, 2006, pp. 205-251.

DÍAZ BERMEJO, Guillermo – *La protección de los consumidores y usuarios en la Unión Europea y en España, frente a la responsabilidad civil por productos defectuosos*, in AA. VV., Diversas implicaciones del Derecho Transnacional, CANEDO ARRILLAGA, María Pilar (Coord.), Bilbao, 2006, pp. 366-384.

DÍAZ JIMÉNEZ, Maria Cármen – *La Directiva del Consejo 85/374/CEE, de 25 de Julio y el proyecto de ley de responsabilidad civil por los daños causados por productos defectuosos*, in "AC", 1994, tomo 1, n.º 12, pp. 219-227.

DÍEZ-PICAZO, Luis – Derecho de daños, Madrid, 1999.

DOMÍNGUEZ GARCÍA, Manuel Antonio
– *Aproximación al regimén jurídico de los contratos de distribución: especial referencia a la tutela del distribuidor*, in "RDM", 1985, n.º 177, pp. 419-488.
– *Responsabilidad civil por productos defectuosos en el marco de la legislación especial en materia de consumo. Perspectivas de adaptación y reforma*, in AA. VV., Estudios de derecho mercantil en homenaje al profesor Manuel Broseta Pont, tomo I, Valência, 1995, pp. 879-933.

DUBUISSON, Bernard
– La responsabilité du fait des produits. La directive, le droit belge, l'assurance, Université Catholique de Louvain, Doc. 87/9.
– Obligation: délits et quasi-délits, syllabus de 1°licence, faculté de droit, 2003-2004.

DUPREY, Denys – *La responsabilité du fabricant du fait des produits et les risques industriels*, in "CJFE", 1988, n.º 6, pp. 2139-2164.

DUPUY, François, THOENIG, Jean-Claude – *La marca y el intercambio*, in AA. VV., La marca. Motor de la competitividad de las empresas y del crecimiento de la economia, Madrid, 1991, p. 115.

DURQUET-TUREK, Françoise, RICATTE, Jean – *Introduction dans les droits nationaux des dispositions de la Directive du Conseil de la C.E.E. (85/374) relative à la responsabilité du fait des produits: l'exemple de la Republique Fédérale d'Allemagne vu de la France*, in "GP", Setembro de 1990, n.º 250, 251, pp. 2-5.

DWORKIN, Terry Morehead, SHEFFET, Mary Jane – *Product Liability in the 80s*, in "JPPM", 1985, vol. 4, pp. 69-79.

DWORKIN, Terry Morehead, ZOLLERS, Frances E. – *Market share liability – proposals for application*, in "ABLJ", 1982, vol. 19, pp. 523-538.

EISMAN, Deborah E. – *Product liability: who should bear the burden?*, in "American Economist", Primavera de 1983, vol. 27, issue 1, pp. 54-57.

EMERSON, Robert W. – *Franchisor's liability when franchisees are apparent agents: an empirical and policy analysis of "common knowledge" about franchising*, in "Hofstra Law Review", 1992, vol. 20, pp. 609-685.

ENDRÖS, Florian – *RFA: la responsabilité du fait des produits défectueux*, in "DACEE", Março de 1990, n.º 493, pp. 41-48.

ENGRÁCIA ANTUNES, José A. – Contratos comerciais. Noções fundamentais, in "Direito e Justiça ", 2007, vol. especial, Lisboa, 2007.

Euro Info Centre – *Livro Verde de la Comisión Europea relativo a la responsabilidad civil por productos defectuosos, in* "CEA", Outubro de 1999, pp. 37-39.

European Consumer Law Group
– Rapports et Avis, Septembre 1977-Mars 1984, Centre de Droit de la Consommation, Bruxelas, 1984.
– *European Consumer Law Group response to the EC proposed Directive on liability for services, in* "JCP", 1992, vol. 14, pp. 431-448.
– *European Consumer Law Group opinion on the Proposal for a Directive on the sale of consumer goods and associated guarantees, in* "JCP", 1998, vol. 21, pp. 91-97.

Esther Vilalta, Aura, Méndez, Rosa M. – La responsabilidad extracontratual del fabricante, Barcelona, 1999.

Fagan, William – *Product liability: implications for business, in* AA. VV., The new product liability regime, papers from the ICEL Conference, June 1991 & Annotation of the Liability for defective Products Act, 1991, Schuster, Alex (Ed.), Dublin, 1992, pp. 55-62.

Fagnart, Jean-Luc
– *La responsabilité du fait des produits*, Conferência proferida na Chambre de Commerce de Bruxelas em 8 de Outubro de 1977.
– Responsabilité du fait des produits, Bruxelas, 1981.
– *La Directive du 25 Juillet 1985 sur la responsabilité du fait des produits, in* "CDE", 1987, pp. 3-68.
– *La responsabilité du fait des produits en Belgique, in* "ERPL", 1994, vol. 2, pp. 203-213.
– *La responsabilité du fait des produits en Belgique, in* AA. VV., Directive 85/374/EEC on product liability: ten years after, Goyens, Monique (Dir.), Louvain-la-Neuve, 1996, pp. 89-101.

Fairgrieve, Duncan, González Vaqué, Luis – *Introduction, in* AA. VV., Product liability in comparative perspective, Fairgrieve, Duncan (Ed.), Cambridge, 2005, pp. 1-9.

Falke, Josef – *Elements of a horizontal product safety policy for the European Community, in* "JCP", 1989, vol. 12, pp. 207-228.

Fallon, Marc – Les accidents de consommation et le droit, Bruxelas, 1982.

Falzea, Angelo – *Apparenza, in* AA. VV., Enciclopedia del Diritto, Vol. II, Milão, 1958.

Fawcett, James J. – Recueil des cours: selected courses of the Hague Academy of international Law, Haia, 1985.

Fedrizzi, Federico – *I prodotti difettosi, in* AA. VV., Danni risarcibili nella responsabilità civile, vol. VII, Sebastio, Giovanna (coord.), Turim, 2006.

462 *Marca do Distribuidor e Responsabilidade por Produtos*

FERGUSON, Rick, FITZGERALD, Kate – *Private benjamins: the most powerful retail loyalty tool in your arsenal may be right under your nose*, in "European Retail Digest", Primavera de 2005, issue 45, pp. 21-26.

FERNÁNDEZ LÓPEZ, Juan Manuel – *Responsabilidad civil por productos defectuosos*, in "CEA", Abril de 1995, pp. 37-41.

FERNANDÉZ-NÓVOA, Carlos
– *Las funciones de la marca*, in "ADI", V, 1978.
– Fundamentos de derecho de marcas, Madrid, 1984.
– Tratado sobre Derecho de Marcas, Madrid, 2004.

FERNÁNDEZ ROMO, María Paz – La responsabilidad civil de producto, Madrid, 1997.

FERNIE, John, PIERREL, Francis R.A. – *Own branding in UK and French grocery markets*, in "JPBM", 1996, vol. 5, n.º 3, pp. 48-59.

FERRANDO, Davide, BERTA, Alessandro – *I contratti di outsourcing e di global maintenance service*, in AA. VV., I nuovi contratti nella prassi civile e commerciale XIV, Turim, 2004, pp. 395-426.

FERREIRA DA ROCHA, Sílvio Luiz – Responsabilidade civil do fornecedor pelo fato do produto no direito civil brasileiro, São Paulo, 1993.

FERREIRA DE ALMEIDA, Carlos
– Os direitos dos consumidores, Coimbra, 1982.
– *Negócio jurídico de consumo: caracterização, fundamentação e regime jurídico*, in "BMJ", Junho de 1985, n.º 347, pp. 11-38.
– Texto e Enunciado na Teoria do Negócio Jurídico, vol. II, Coimbra, 1992.
– *Orientações de política legislativa adoptadas pela Directiva 1999/ /44/CE*, in "Themis", 2001, n.º 4, pp. 109-120.
– Direito do Consumo, Coimbra, 2005.
– *Qualidade do objecto contratual*, in "EDC", 2005, n.º 7, pp. 17-47.
– Contratos II, Coimbra, 2007.
– *A função económico-social na estrutura do contrato*, in AA. VV., Estudos em memória do Professor Doutor José Dias Marques, Coimbra, 2007.
– *Contratos de troca para a transmissão de direitos*, in AA. VV., Homenagem da Faculdade de Direito de Lisboa ao Professor Doutor Inocêncio Galvão Telles, Coimbra, 2007, pp. 199-233.

FERRER CORREIA, António de Arruda
– Lições de Direito Comercial, vol. I, Coimbra, 1973.
– Lições de Direito Comercial, Lisboa, 1994.

FIFTH JOINT COMMITTEE ON THE SECONDARY LEGISLATION OF THE EUROPEAN COMMUNITIES – Report n.º 1: the implementation of the Directive on product liability, *in* AA. VV., Product liability, papers from the ICEL Conference, March 1989, SCHUSTER, Alex (Ed.), Dublin, 1989, pp. 72-81.

FLEMING, John G.
– *Draft convention on products liability (Council of Europe)*, in "AJCL", Outono de 1975, n.º 4, pp. 729-741.
– The law of torts, Sydney, 1998.

FOX, Ronald D., SIDKIN, Stephen L. – *Product tampering in the United Kingdom*, in "CLYIB", 1993, vol. 15, CAMPBELL, Dennis, MOORE, Mickela (Eds.), Londres, 1993, pp. 163-175.

FRANCESCHELLI, Remo
– *Marchi di Impresa*, in "Novíssimo Digesto Italiano", 1975.
– Sui Marchi di Impresa, Milão, 1988.

FRANKLYN, David J.
– *Toward a coherent theory of strict tort liability for trademark licensors*, in "SCLR", Novembro de 1998, vol. 72, n.º 1, pp. 1-66.
– *The apparent manufacturer doctrine, trademark licensors and the third restatement of torts*, in "CWRLR", Verão de 1999, vol. 49, Issue 4, pp. 671-729.

FRANZONI, Massimo – *Prevenzione e risarcimento del danno da prodotti industriali*, in "RTDPC", 1982, pp. 79-110.

FRANZOSI, Mario – *Si giustifica ancora la teoria della responsabilità del produttore?*, in "ForoPa", 1986, pp. 13-16.

FRIGNANI, Aldo
– *Riflessioni sulla responsabilità del produtore e sulla futura legislazione in materia*, in "RSoc", 1978, pp. 1603-1611.
– *La direttiva CEE sulla responsabilità da prodotto e la sua attuazione in Italia*, in "Assicurazioni", 1987, parte primeira, pp. 120-131.

FRÍGOLA RIERA, Antoni – *El tratamiento de la responsabilidad objectiva en el artículo 28 de la Ley general para la defensa de los consumidores y usuarios*, in "La Ley", 1998, n.º 3, pp. 1591-1601.

FUENTES GÁSSO, Josep Ramon, HIDALGO MOYA, Joan Ramon, MOLES PLAZA, Ramon J. – La seguridad de los productos. Tres perspectivas de análisis, Barcelona, 2001.

FUENTESECA DEGENEFFE, Cristina
– *La calidad, las prestaciones habituales, las esperanzas fundadas del consumidor y las declaraciones públicas: el art. 3.1 d) de la LGVBC*, in AA. VV., Garantía en la venta de bienes de consumo (Ley 23/2003, de 10 de Julio), DÍAZ ALABART, Silvia (Coord.), Madrid, 2006, pp. 91-132.
– La venta de bienes de consumo y su incidencia sobre la legislación española (Ley 23/2003, de 10 de Julio), Madrid, 2007.

FUSARO, Andrea – *Note sulla direttiva comunitária in tema di responsabilità del produttore*, in "Giur. Com.", 1987, n.º 14, Parte I, pp. 130-144.

GALGANO, Francesco
– Storia del diritto commerciale, Bolonha, 1980.

– Il marchio nei sistemi produttivi integrati: sub-forniture, gruppi di società, licenze, «merchandising», in "CeI", 1987, pp. 173-193.

– Grande distribuzione e responsabilità per prodotti difettosi, in "CeI", 1992, pp. 7-13.

– Introduzione, in AA. VV., I contratti della distribuzione commerciale. La disciplina comunitária, l'Ordinamento interno, Milão, 1993.

GALLI, Cesare *– Funzione del marchio e ampiezza della tutela,* Milão, 1996.

GALVÃO TELLES, Inocêncio *– Direito das obrigações,* Coimbra, 1997.

GARCÍA AMIGO, Manuel *– La responsabilidad civil por productos en la Europa Comunitária, in* AA. VV., Estudios jurídicos en homenaje al Profesor Aurélio Menéndez, vol. III, Madrid, 1996, pp. 2801-2816.

GARCÍA RUBIO, María Paz

– La Directiva sobre responsabilidad por los daños causados por los productos defectuosos y su aplicación en el derecho comparado. Especial referencia al derecho español, in "BFD", 1995, vol. 71, pp. 187-201.

– La adaptación en España de la Directiva sobre responsabilidad por los daños causados por los productos defectuosos. La Ley 22/1994 de 6 de Julio, in "Dereito", 1996, vol. 5, n.º 1, pp. 211-230.

– Los Riesgos de desarrollo en la responsabilidad por daños causados por los productos defectuosos. Su impacto en el Derecho español, in "AC", 1998, n.º 3, pp. 853-870.

– La transposición de la Directiva 1999/44/CE al Derecho español. Análisis del Proyecto de Ley de garantías en la venta de bienes de consumo, in "La Ley", n.º 5747, 26 de Março de 2003, pp. 1529-1537.

– La Directiva 1999/44: caos y orden en la construcción de un Derecho contractual europeo, in AA. VV., Garantías en la venta de bienes de consumo, Santiago de Compostela, 2004, pp. 313-323.

– Plurislegislación, supletoriedad y Derecho civil, in AA. VV., Libro homenaje al profesor Manuel Albaladejo Garcia, GONZÁLEZ PORRAS, José Manuel, MÉNDEZ GONZÁLEZ, Fernando P. (Coords.), vol. 1, Universidade de Múrcia, 2004, pp. 1939-1954.

– Hacia un derecho europeo de contratos, in AA. VV., Estudios de derecho mercantil europeo, PÉREZ CARRILLO, Elena F. (Coord.), Madrid, 2005, pp. 83-103.

– El derecho de regreso del responsable frente al consumidor en la Ley 23/2003, de 10 de julio, de Garantías en la venta de bienes de consumo, in "NUE", 2006, n.º 263, pp. 25-36.

GARCÍA SAIS, Fernando *– La eficacia jurídica contractual de la publicidad en los contratos con consumidores, in* "RDP", 2004, n.º 9, pp. 43-47.

GÁZQUEZ SERRANO, Laura *– La responsabilidad civil por productos defectuosos en el ámbito de la Unión Europea: derecho comunitario y de los estados miembros, in* "EDC", 2004, n.º 6, pp. 253-277.

GEDDES, Andrew
– Product and Service Liability in the EEC – the new strict liability regime, Londres, 1992.
– *Difficulties relating to Directives affecting the recoverability of damages for personal injury*, in "ELR", 1992, vol. 17, pp. 408-419.

GEISTFELD, Mark A. – *The doctrinal unity of alternative liability and market--share liability*, in "UPLR", 2006, vol. 155, pp. 447-501.

GERARD, A. – *Le système communautaire de responsabilité du producteur de produits alimentaires défectueux*, in "EFLR", Outubro de 1993, vol. 4, pp. 291-332.

GERMANÒ, Alberto – *La responsabilità per prodotti difettosi in agricoltura*, in AA. VV., Prodotti agricoli e sicurezza alimentare. Atti del VII Congresso mondiale di Diritto agrário dell'UMAU in memoria di Louis Lorvellec, Milão, 2003, pp. 529-544.

GHESTIN, Jacques
– *La directive communautaire du 25 juillet 1985 sur la responsabilité du fait des produits défectueux*, in "Recueil", 1986, 18.º Cahier, Chronique XXIII, pp. 135-142.
– *La directive communautaire et son introduction en droit français*, in AA. VV., Sécurité des consommateurs et responsabilité du fait des produits défectueux – colloque des 6 et 7 Novembre 1986, Paris, 1987, pp. 111-128.

GHESTIN, Jacques, GOUBEAUX, Gilles – Traité de droit civil, introduction générale, Paris, 1994.

GHESTIN, Jacques, MARKOVITS, Yvan – *L'adaptation à la responsabilité des prestataires de services de la directive de la Communauté économique européenne du 25 juillet 1985 sur la responsabilité du fait des produits défectueux*, in "REDC", 1989, pp. 147-191.

GHIDINI, Gustavo – *Prevenzione e risarcimento nella responsabilità del produttore*, in "RSoc", 1975, pp. 530-552.

GILEAD, Israel – *Israel*, in AA. VV., Unification of tort law: strict liability, KOCH, Bernhard A., KOZIOL, Helmut (Eds.) Dordrecht, 2002, pp. 183-206.

GINEBRA MOLINS, M. Esperança – *La seguridad general de los productos y la responsabilidad por productos defectuosos*, in AA. VV., La armonización del derecho de obligaciones en Europa, BADOSA COLL, Ferran, ARROYO y AMAYUELAS, Esther (Coords.), València, 2006, pp. 503-511.

GIRAUD-HÉRAUD, Eric, ROUACHED, Lamia, SOLER, Louis-Georges – *Private labels and public quality standards: How can consumer trust be restored after the mad cow crisis?*, in "Quantitative Marketing and Economics", 2006, vol. 4, n.º 1, pp. 31–55.

GOMES CANOTILHO, José Joaquim, VITAL MOREIRA – Constituição da República Portuguesa anotada, vol. I, Coimbra, 2007.

GÓMEZ CALERO, Juan – Responsabilidad civil por productos defectuosos, Madrid, 1996.

GÓMEZ CALLE, Esther – *La responsabilidad civil derivada de la fabricación de productos farmacéuticos defectuosos*, in AA. VV., Estudios jurídicos en homenaje al profesor Luís Díez-Picazo, tomo II, Madrid, 2003, pp. 1969-1991.

GÓMEZ LAPLAZA, Maria del Cármen

– *La responsabilidad civil por los daños causados por productos defectuosos en la Unión Europea. Presente e futuro*, in "AzC", 2000, vol. III, pp. 2327-2353.

– *Situación actual de la responsabilidad civil por daños causados por productos defectuosos en la Unión Europea*, in AA. VV., Estudios de responsabilidad civil en homenaje al Profesor Roberto López Cabana, ÁNGEL YÁGÜEZ, YZQUIERDO TOLSADA (Coords.), Madrid, 2001, pp. 135-163.

GÓMEZ LAPLAZA, Maria del Cármen e DÍAZ ALABART, Silvia – *Responsabilidad civil por los daños causados por productos defectuosos*, in "AC", 1995, pp. 519-544.

GÓMEZ LIGÜERRE, Carlos – *Solidaridad y prevención*, in "InDret", Julho de 2006.

GÓMEZ POMAR, Fernando

– *Responsabilidad extracontratual y otras fuentes de reparación de daños: «collateral source rules» y afines*, in "InDret", 2000, n.º 1.

– *La relación entre normativa sobre protección de consumidores y normativa sobre defensa de la competencia. Una visión desde el análisis económico del derecho*, in "InDret", Janeiro de 2003. (Working Paper n.º 113).

GÓMEZ SEGADE, José Antonio – *Notas sobre el derecho de información del consumidor*, in "RJC", Julho/Setembro de 1980, n.º 3, pp. 139-164.

GONÇALVES BORGES, Carla – *Exclusão e limitação de responsabilidade em contratos de adesão*, in "Sub Judice", Abril-Junho de 2007, n.º 39, pp. 27-44.

GONZÁLEZ BARRIOS, Iván – *Responsabilidad por productos inevitablemente peligrosos: riesgo agravado o riesgo consentido?*, in "RRCCS", 2005, n.º 4, pp. 4-13.

GONZÁLEZ PORRAS, José Manuel – *La obligación de información y protección al consumidor a través de la publicidad registral*, in AA. VV., Estudios de derecho de obligaciones, homenaje al Profesor Mariano Alonso Pérez, tomo II, LLAMAS POMBO, Eugenio (Coord.), Madrid, 2006, pp. 1-17.

GONZÁLEZ VAQUÉ, Luis

– *El Tribunal de Justicia de las Comunidades Europeas clarifica algunos conceptos relativos a la responsabilidad por los daños causados por productos defectuosos en el ámbito hospitalario (Directiva 85/374/CEE): la sentencia "Veedfald"*, in "GJUEC", Setembro-Outubro de 2001, n.º 215, pp. 105-117.

– La Directiva 85/374/CEE relativa a la responsabilidad por los daños causados por productos defectuosos: es necesaria sua actualización?, in "GJUEC", Janeiro/Fevereiro de 2002, n.º 217, pp. 92-105.

– La Directiva 85/374/CEE relativa a la responsabilidad por productos defectuosos en la jurisprudencia del TJCE: de los riesgos del desarrollo a la franquicia de 500 euros, in "UEA", Janeiro de 2003, pp. 5-17.

– Directiva 85/374/CEE relativa a los daños causados por productos defectuosos: responsabilidad del proveedor y noción de puesta en circulación, in "UEA", Julho de 2006, n.º 7, pp. 15-26.

Gorassini, Attilio – Contributo per un sistema della responsabilità del produttore, Milão, 1990.

Gordillo, Antonio
– La representación aparente (una aplicación del principio general de protección de la apariencia jurídica), Sevilha, 1978.

– La inscripción en el Registro de la propiedad (su contenido causal, su carácter voluntario y su función publicadora de la realidad jurídico-inmobiliaria o generadora de su apariencia jurídica), in "ADC", Janeiro-Março de 2001, vol. 54, n.º 1, pp. 5-256.

Goubier, Georges – *La Directive 85/374/CEE: dans le bon sens, mais insuffisante*, in "Enjeux", Fevereiro de 1987, n.º 77, pp. 49-50.

Goyens, Monique – *La directive R.C. produits: où en est la transposition?*, in "REDC", 1990, pp. 3-13.

Granieri, Massimiliano – *La subfornitura*, in AA. VV., I nuovi contratti nella prassi civile e commerciale XIV, Turim, 2004, pp. 657-700.

Gravato Morais, Fernando de – Contratos de crédito ao consumo, Coimbra, 2007.

Green, Raúl, HY, Michel – *La traçabilité: un instrument de la securité alimentaire*, in "Agroalimentaria", Julho-Dezembro de 2002, n.º 15, pp. 19-28.

Greer, Thomas V.
– Product liability in the European Economic Community: the new situation, in "JIBS", Verão de 1989, vol. 20, pp. 337-348.

– Product liability in the European Community: the legislative history, in "JCA", 1992, vol. 26, n.º 1, pp. 159-176.

Gresson, John, Hinton, Anne – *New Zealand*, in AA. VV., Product liability in the Asia-Pacific, Kellam, Jocelyn (Dir.), Londres, 2000, pp. 131-152.

Gutierrez Espada, Cesareo – *Derecho europeo y responsabilidad por daños derivados de los productos*, in "RIE", 1979, vol. 6, n.º 3, pp. 843-875.

Gutiérrez Santiago, Pilar
– La prueba del defecto del producto y la de su relación causal con el daño como piezas claves en los pleitos de responsabilidad civil derivada de productos defectuosos, in "Revista Jurídica de Andalucía", 2001, n.º 35, pp. 795-832.

468 *Marca do Distribuidor e Responsabilidade por Produtos*

– *Responsables y beneficiarios en el régimen de responsabilidad civil derivada de productos defectuosos*, in "Boletín de la Facultad de Derecho", UNED, 2002, n.º 20, pp. 105-179.

– *La prueba del daño, del defecto en el producto y de la relación de causalidad entre ambos: experiencias en la aplicación judicial de la Ley 22/1994, de responsabilidad civil por los daños causados por productos defectuosos*, AA. VV., Derecho Penal de la empresa, Corcoy Bidasolo, Mirentxu, Lara González, Rafael (Coords.), Pamplona, 2002, pp. 433-491.

– *Vehículos defectuosos y responsabilidad civil*, in "RDP", 2003, ano 87, mês 1-2, pp. 3-67.

– Responsabilidad civil por productos defectuosos: cuestiones prácticas, Granada, 2006.

Guyon, Yves – Droit des affaires. Droit commercial géneral et sociétés, Paris, 1982.

Harland, David – *The liability to consumers of manufacturers of defective goods – an Australian perspective*, in "JCP", 1981, vol. 5, n.º 3, pp. 212-227.

Harris, Brian F., Strang, Roger A. – *Marketing strategies in the age of generics*, in "JM", Outono de 1985, vol. 49, pp. 70-81.

Hassan, Daniel, Monier-Dilhan, Sylvette – *National brands and store brands: competition through public quality labels*, in "Agribusiness", 2006, vol. 22, Issue 1, pp. 21-30.

Hassemer, Winfried, Muñoz Conde, Francisco José – La responsabilidad por el producto en derecho penal, Valência, 1995.

Havemann, Michael Christiani – *The EC Directive on product liability: its background, aims and system*, in AA. VV., Product liability: prevention, practice and process in Europe and the United States, Hulsenbek, Rudolph, Campbell, Dennis (Eds.), Daventer, 1989, pp. 17-30.

Havinga, Tetty – *Private regulation of food safety by supermarkets*, in "Law & Policy", Outubro de 2006, vol. 28, n.º 4, pp. 515-533.

Henderson, James A., Twerski, Aaron D.
– *What Europe, Japan and other countries can learn from the new american Restatement of products liability*, in "TILJ", 1999, vol. 34, n.º 1, pp. 1-20.
– *Consumer expectations' last hope: a response to professor Kysar*, in "Columbia Law Review", 2003, vol. 103, pp. 1791-1802.

Henson, Spencer, Northen, James – *Economic determinants of food safety controls in the supply of retailer own-branded products in the UK*, in "Agribusiness", 1998, vol. 14, n.º 2, pp. 113-126.

Herbig, Paul A., Golden, James E. – *Inhibitor of innovation: the case against strict product liability*, in "ABR", Junho de 1993, pp. 13-20.

Hernández Díaz-Ambrona, Maria Dolores – *El concepto de falta de conformidad*, in AA. VV., Garantía en la venta de bienes de consumo (Ley 23/2003, de 10 de Julio), Díaz Alabart, Silvia (Coord.), Madrid, 2006, pp. 47-89.

HERNÁNDEZ PRADO, Olegario – *Influencia del seguro en la evolución del derecho reparador de los daños causados por los productos*, in AA. VV., Responsabilidad Civil de Productos, Comité de Gestión de AIDA (Association Internationale de Droit des Assurances), Sección Española, Madrid, 1983, pp. 61-88.

HERZOG, Peter E. – *Recent developments in products liability in the United States*, in "AJCL", 1990, vol. 38, pp. 539-554.

HIDALGO MOYA, Juan Ramón, OLAYA ADÁN, Manuel – Derecho del producto industrial, Barcelona, 1997.

HIPPEL, Eike Von – *Defesa do consumidor*, in "BMJ", 1978, n.º 273, pp. 5-37.

HOHLOCH, Gehrard – *Prospettive di evoluzione della responsabilità del produttore nel diritto tedesco*, in AA. VV., Il danno da prodotti, PATTI, Salvatore (Coord.), Pádova, 1990, pp. 263-291.

HONDIUS, Ewoud – *Product liability: the first ten years*, in "CLJ", 1997, vol. 5, issue 2, pp. 33-34.

HÖRSTER, Heinrich Ewald – A parte geral do código civil português. Teoria geral do direito civil, Coimbra, 2000.

HOWELLS, Geraint G.
– Comparative product liability, Liverpool, 1993.
– *Product liability in the United Kingdom*, in "ERPL", 1994, vol. 2, pp. 255-266.
– Consumer product safety, Aldershot, 1998.
– The law of product Liability, HOWELLS (Ed.), Londres, 2000.
– *The relationship between product liability and product safety – understanding a necessary element in european product liability through a comparison with the U. S. position*, in "WLJ", 2000, vol. 39, pp. 305-346.
– *The potential and limits of consumer empowerment by information*, in "JLS", Setembro de 2005, vol. 32, n.º 3, pp. 349-370.

HOWELLS, Geraint, MILDRED, Mark – *Infected blood: defect and discoverability. A first exposition of the EC product Liability Directive*, in "MLR", Janeiro de 2002, vol. 65, pp. 95-106.

HOWELLS, Geraint, WEATHERILL, Stephen – Consumer protection law, Aldershot, 1995.

HOWELLS, Geraint, WILHELMSSON, Thomas – EC consumer law, Aldershot, 1997.

HUGHES, Alex – *The changing organization of new product development for retailers´ private labels: a UK-US comparison*, in "Agribusiness", 1997, vol. 13, n.º 2, pp. 169-184.

HURD, Sandra N., ZOLLERS, Frances E.
– *Desperately seeking harmony: the european community's search for uniformity in product liability law*, in "ABLJ", 1992, vol. 30, pp. 35-68.
– *Product liability in the European community: implications for United States business*, in "ABLJ", 1993, vol. 31, pp. 245-264.

470 *Marca do Distribuidor e Responsabilidade por Produtos*

INFANTE RUIZ, Francisco José – La responsabilidad por daños: nexo de causalidad y «causas hipotéticas», València, 2002.

ÍÑIGO CORROZA, Maria Elena – La responsabilidad penal del fabricante por defectos de sus productos, Barcelona, 2001.

ISBISTER, John B., LUSE, Jaime W. – *Liability for a Product That You Did Not Make – Collective Liability and Lead Paint Litigation, in* "FDCC Quarterly", Outono de 2006, pp. 3-26.

ISLAM, Carl – *Les effets de la Directive communautaire sur la responsabilité du fait des produits sur l'introduction d'une instance au Royaume-uni, in* "RMC", Março de 1989, n.º 325, pp. 176-179.

IZQUIERDO PERIS, José J. – *Liability for defective products in the European Union: developments since 1995 – the European Commission's Green paper, in* "CLJ", 1999, vol. 7, n.º 3, pp. 331-351.

JACOB, Nicolas – Les assurances, Paris, 1979.

JACOMETTI, Valentina – *Tribunal Supremo (No. 151/2003) of 21.02.2003 – Product Liability, in* "ERPL", 2005, n.º 2, pp. 171-194.

JENTZ, Gaylord A., ISAACS, Elcanon – *The increasing legal responsibility of the seller in products liability, in* "ABLJ", Primavera de 1966, vol. 4, issue 1, pp. 1-21.

JIMÉNEZ LIÉBANA, Domingo
– *A propósito del «Primer informe sobre la aplicación de la directiva en materia de responsabilidad por los daños causados por productos defectuosos», in* "AC", 1996, tomo 2, pp. 557-595.
– *Los «defectos» de la Ley 22/1994, en materia de responsabilidad civil por daños por productos defectuosos, in* "La Ley", 1996, n.º 4, pp. 1358-1368.
– Responsabilidad civil: daños causados por productos defectuosos, Madrid, 1998.
– *La normativa especial sobre responsabilidad civil por daños causados por productos defectuosos, in* "REJ", 2000, n.º 3, pp. 227-262.
– *La práctica de los tribunales en materia de responsabilidad civil por daños causados por alimentos defectuosos, in* AA. VV., Régimen jurídico de la seguridad y calidad de la producción agraria. IX Congreso nacional de Derecho Agrario, Logroño, 2002, pp. 203-213.

JOBARD-BACHELLIER, Marie-Noëlle – L'apparence en droit international privé. Essai sur le rôle des représentations individuelles en droit international privé, Paris, 1984.

JOLOWICZ, J. Anthony
– *II. Compensation for personal injury and fault, in* AA. VV., Accident compensation after Pearson, ALLEN, D. K, BOURN, C. J., HOLYOAK, J. H., (eds.), Londres, 1979, pp. 35-82.
– Product Liability in the EEC, Berlim, 1990.

JOURDAIN, Patrice – *Commentaire de la loi n.º 98-389 du 19 de Mai 1998 sur la responsabilité du fait des produits défectueux, in* "SJ", Julho de 1998, n.º 30, pp. 1204-1215.

JUANATEY DORADO, Carmen – *Responsabilidad penal omisiva del fabricante o productor por los daños a la salud derivados de productos introducidos correctamente en el mercado, in* "ADPCP", 2004, vol. LVII, pp. 53-75.

KAPFERER, Jean-Noël, LAURENT, Gilles – *La sensibilidad a las marcas, in* AA. VV., La marca. Motor de la competitividad de las empresas y del crecimiento de la economia, Madrid, 1991.

KEMP, Mike – *Insurance implications of the Product Liability Directive, in* AA. VV., Product liability, papers from the ICEL Conference, March 1989, SCHUSTER, Alex (Ed.), Dublin, 1989, pp. 32-40.

KENNEDY, John Fitzgerald – *Consumer Bill of Rights message,* 15 de Março de 1962.

KOSTER, Weero – *Product liability in the Netherlands, in* "NILR", 1989, pp. 131-151.

KOTLER, Phillip – Marketing management: analysis, planning, implementation and control, Nova Jérsia, 1994.

KOZINETS, Robert V., SHERRY, John F., DEBERRY-SPENCEL, Benet, DUHACHEK, Adam, NUTTAVUTHISIT, Krittinee, STORM, Diana – *Themed flagship brand stores in the new millennium: theory, practice, prospects, in* "JR", 2002, vol. 78, pp. 17–29.

KRÄMER, Ludwig
– *Partie II, in* AA. VV., La responsabilité du fait des produits en Europe, European News Agency, Janeiro de 1977.
– EEC Consumer Law, Louvain-la-Neuve, 1986.

KRETSCHMER, Friedrich – *The impact of the Directive on european industry, in* AA. VV., Directive 85/374/EEC on product liability: ten years after, GOYENS, Monique (Dir.), Louvain-la-Neuve, 1996, pp. 209-212.

KUMAR, Nirmalya, STEENKAMP, Jan-Benedict E. M. – Private label strategy – how to meet the store brand challenge, Harvard, 2007.

KYSAR, Douglas A.
– *The expectations of consumers, in* "Columbia Law Review", 2003, vol. 103, pp. 1700-1790.
– *The design of products liability: a reply to professors Henderson and Twersky, in* "Columbia Law Review", 2003, vol. 103, n.º 7, pp. 1803-1804.

LADAS, Stephen – *Trademark licensing and the antitrust law, in* "The Trademark Reporter", 1973, n.º 267.

LADARIA CALDENTEY, Juan – Legitimación y apariencia jurídica, Barcelona, 1952.

LARENZ, Karl – Metodologia da Ciência do Direito, Lisboa, 1997.

LARGO GIL, Rita, BUESO GUILLÉN, Pedro-José, HERNANDÉZ SAINZ, Esther – *La moderna instrumentación contractual de la externalización de actividades empresariales*, *in* AA. VV., Descentralización productiva y responsabilidades empresariales. El Outsourcing, Cizur Menor, 2003, pp. 317-383.

LARROUMET, Christian – *Les transpositions française et espagnole de la directive sur la responsabilité du fait des produits défectueux devant la CJCE*, *in* "Recueil", 2002, n.º 31, pp. 2462-2466.

LEEBRON, David W. – *An introduction to United States products liability law: origins, theory, issues and trends*, *in* AA. VV., US and EEC product liability. Issues and Trends, ZÄCH, Roger (Ed.), Berna, 1989, pp. 1-62.

LEGRAND, Bernard – *L'impact de la Directive sur l'industrie des assurances*, *in* AA. VV., Directive 85/374/EEC on product liability: ten years after, GOYENS, Monique (Dir.), Louvain-la-Neuve, 1996, pp. 197-208.

LEÓN ARCE, Alicia de – *Precaución, trazabilidad y etiquetado de alimentos OMG. Pero, quién debería responder de los posibles daños derivados de su consumo en la salud de los consumidores?*, *in* AA. VV., Homenaje al profesor Lluis Puig i Ferriol, vol. I, ABRIL CAMPOY, Joan Manel, AMAT LLARI, Maria Eulalia (Coords.), València, 2006, pp. 1015-1043.

LEONINI, Fernando – Marchi Famosi e Marchi Evocativi, Milão, 1991.

LETE ACHIRICA, Javier – *La transposición de la Directiva 1999/44 en el Derecho español mediante la Ley 10 de Julio de 2003 de garantías en la venta de bienes de consumo*, *in* AA. VV., Garantías en la venta de bienes de consumo, Santiago de Compostela, 2004, pp. 195-225.

LETE DEL RÍO, José Manuel – *Introducción*, *in* AA. VV., Garantías en la venta de bienes de consumo, Santiago de Compostela, 2004, pp. 15-22.

LETE DEL RÍO, José Manuel, LETE ACHIRICA, Javier – Derecho de obligaciones, vol. I. Teoría general de la relación obligatoria y del contrato. Derecho de daños, Cizur Menor, 2005.

LEVY, Emmanuel – *Les droits sont des croyances*, *in* "RTDC", tomo XXIII, 1924, pp. 59-61.

LEZCANO SEVILLANO, Ignacio Díaz de – *La responsabilidad del productor: referencia a la directiva comunitaria y a las leyes y proyectos de actuación*, *in* "ADC", 1990, vol. 43, n.º 3, p. 737-792.

LIMA PINHEIRO, Luís de
  – *O direito de conflitos das obrigações extracontratuais entre a comunitarização e a globalização – uma primeira apreciação do Regulamento comunitário Roma II*, *in* "O Direito", 2007, ano 139.º, vol. V, pp. 1027-1071.
  – *O novo Regulamento Comunitário sobre a lei aplicável às obrigações contratuais (Roma I) – uma introdução*, *in* "ROA", Setembro/Dezembro de 2008, ano 68, pp. 575-650.

LLÁCER MATACÁS, Maria Rosa – *Obligaciones vinculadas a la formación del contrato y codificación del derecho de consumo: información y documentación*, *in* AA. VV., Estudios de Derecho de Obligaciones, Homenaje al

Profesor Mariano Alonso Pérez, tomo II, LLAMAS POMBO, Eugenio (Coord.), Madrid, 2006, pp. 149-179.

LOHBECK, David – CE marking handbook – a practical approach to global safety compensation, Boston, 1998.

LOIS CABALLÉ, Ana Isabel – *La Ley 22/1994, de responsabilidad civil por los daños causados por productos defectuosos. La incorporación de la Directiva 85/374/CEE en el ordenamiento jurídico español*, in "DN", 1995, n.º 54, pp. 10-16.

LOPEZ-COBO, Claudio I. – El seguro de responsabilidad civil. Fundamentos y modalidades. Madrid, 1988.

LOPEZ RENDO, Carmen – *La responsabilidad civil del fabricante en la ley general de los consumidores y usuarios de 19 de Julio de 1984. Algunos problemas que plantea y perspectivas de una reforma*, in "La Ley", 1990, n.º 4, pp. 946-954.

LORENZETTI, Ricardo – *Responsabilidad del industrial por los productos elaborados*, in AA. VV., Derecho del Consumidor, STIGLITZ, Gabriel A. (Dir.), Rosario, 1996.

LUNDMARK, Thomas – *Defective products under the American Restatement of Torts in european context*, in "TFLR", 1997, vol. 6, n.º 2, pp. 133-171.

MACEDO, Pedro de – Responsabilidade civil dos produtos, Lisboa, 1994.

MACÍAS CASTILLO, Agustín – *Comentário ao art. 13.º*, in AA. VV., Ley General para la Defensa de los Consumidores y Usuarios, Comentarios y Jurisprudencia de la Ley veinte años después, LLAMAS POMBO, Eugenio (Coord.), Madrid, 2005, pp. 501-519.

MADDEN, M. Stuart – *Recent federal and American Law Institute products liability reform initiatives*, in "Tort and Insurance Law Journal", Primavera de 1994, vol. 24, n.º 3, pp. 569-587.

MADDOX, Jon R. – *Products liability in Europe: towards a regime of strict liability*, in "JWTL", 1985, vol. 19, pp. 508-521.

MAGGS, Peter B. – *Recent developments in products liability law in the USA*, in "JCP", 1991, n.º 14, pp. 29-33.

MALINVAUD, Philippe – *La responsabilité du fabricant*, in "BFD", 1979, vol. LV, pp. 1-27.

MANGINI, Vito – *Il marchio e gli altri segni distintivi*, in AA. VV., Trattato di diritto commerciale e di diritto pubblico dell'Economia, vol. V, GALGANO, Francesco (Dir.), Pádova, 1982.

MAPFRE – Manual del seguro de responsabilidad civil, Madrid, 2004.

MARCO MOLINA, Juana
– *La garantía legal sobre bienes de consumo en la Directiva 1999/44/CE del Parlamento Europeo y del Consejo, de 25 de Mayo de 1999, sobre determinados aspectos de la venta y la garantía de los bienes de consumo*, in "RCDI", 2002, p. 2275-2346.

474 *Marca do Distribuidor e Responsabilidade por Produtos*

– *La evolución y el sustrato teórico de la jurisprudencia de los Estados Unidos en materia de responsabilidad por productos defectuosos*, in AA. VV., Homenaje al profesor Manuel Albaladejo Garcia, GONZÁLEZ PORRAS, José Manuel, MÉNDEZ GONZÁLEZ, Fernando P. (Coords.), Murcia, 2004, pp. 3005-3033.

– *La protección de la persona como sujeto expuesto al desarrollo tecnológico: la responsabilidad del fabricante de productos defectuosos en el Derecho norteamericano*, in "ADC", 2005, vol. 58, n.º 1, pp. 75-152.

– *La Directiva 1999/44/CC, de 25 de mayo de 1999, sobre determinados aspectos de la venta y las garantías de la venta de consumo. Su incorporación al Derecho civil español y al Derecho civil catalán*, in AA. VV., La armonización del derecho de obligaciones en Europa, ARROYO I AMAYUELAS, Esther, BADOSA COLL, Fernando (Coords.), 2006, pp. 165-188.

– La responsabilidad civil del fabricante por productos defectuosos. Fundamentos y aplicación, Barcelona, 2007.

MARÍN LÓPEZ, Antonio – *La Directiva Comunitaria 1999/34/CE relativa a la aproximación de las disposiciones legales, reglamentarias y administrativas de los Estados miembros en cuestión de responsabilidad por los daños causados por productos defectuosos*, in "NUE", Março de 2001, n.º 194, pp. 9-17.

MARÍN LÓPEZ, Juan José
– *La responsabilité du fait des produits défectueux en droit espagnol*, in "REDC", 1994, pp. 232-238.
– Daños por productos: estado de la cuestión, Madrid, 2001.

MARÍN LÓPEZ, Manuel Jesús
– Las garantías en la venta de bienes de consumo en la Unión Europea (la Directiva 1999/44/CE y su incorporación en los Estados miembros), tomo I, Madrid, 2004.
– *El carácter vinculante de las declaraciones públicas en la venta de bienes de consumo (en la Directiva 1999/44/CE)*, in "EDC", 2005, n.º 7, pp. 211-244.

MARKESINIS, Basil S. – The german law of obligations – vol. II the law of torts: a comparative introduction, Oxford, 1997.

MARKOVITS, Yvan – La Directive C.E.E. du 25 Juillet 1985 sur la responsabilité du fait des produits défectueux, Paris, 1990.

MARSALL ROMERO, Juan José, RECIO MENÉNDEZ, Manuel – *La marca de distribuidor: su legalidad frente a las marcas líderes*, in "DN", 1996, n.º 75, pp. 6-18.

MARTÍN ARESTI, Pilar – *Consumidor, marcas y publicidad*, in AA. VV., Marca y publicidad comercial. Un enfoque interdisciplinar, MARTÍNEZ GUTIÉRREZ, Ángel (Dir.), Madrid, 2009, pp. 143-199.

MARTÍN CASALS, Miquel
- *Una primera aproximación a los Principios de Derecho europeo de la responsabilidad civil*, in "InDret", Maio de 2005, 2/2005, pp. 1-25.
- *Spanish product liability today – adapting to the 'new' rules*, in AA. VV., Product liability in comparative perspective, FAIRGRIEVE, Duncan (Ed.), Cambridge, 2005, pp. 42-66.

MARTÍN CASALS, Miquel, SOLÉ FELIU, Josep
- *La responsabilidad por productos defectuosos: un intento de armonización a través de Directivas*, in AA. VV., Derecho privado europeo, CÁMARA LAPUENTE, Sergio (Coord.), Madrid, 2003, pp. 921-948.
- *Sentencia de 21 de Febrero de 2003 (RJ 2003, 2133)*, in "CCJC", Maio//Setembro de 2003, pp. 784-791.
- *Aplicación de la Ley de responsabilidad por productos defectuosos: la explosión de una botella y el defecto de fabricación*, in "La Ley", Junho de 2003, pp. 1706-1715.
- *Veinte problemas en la aplicación de la Ley de responsabilidad por productos defectuosos y algunas propuestas de solución (I)*, in "RRCS", Outubro de 2003, n.º 9, pp. 6-34.
- *Refundir o legislar? Algunos problemas de la regulación de la responsabilidad por productos y servicios defectuosos en el texto refundido de la LGDCU*, in "RDP", Setembro-Outubro de 2008, pp. 81-113.

MARTIN DEL PESO, Rafael – *Algunas cuestiones jurisprudenciales sobre la ley de responsabilidad por productos defectuosos y la responsabilidad del prestador de servicios desde el punto de vista del consumidor*, in AA. VV., Hacia un código del consumidor, ASPARREN LUCAS, Agustín (Dir.), Madrid, 2006, pp. 671-726.

MARTÍN GARCÍA, María del Lirio – *Aspectos publicitários de la Ley de garantías en la venta de bienes de consumo*, in "RDP", Maio-Junho de 2004, pp. 324-341.

MARTÍN PÉREZ, José Antonio – *Comentário ao art. 10.º*, in AA. VV., Ley General para la Defensa de los Consumidores y Usuarios, Comentarios y Jurisprudencia de la Ley veinte años después, LLAMAS POMBO, Eugenio (Coord.) Madrid, 2005, pp. 219-245.

MARTÍN RODRÍGUEZ, Miguel Ángel, VIDAL GIMÉNEZ, Fernando Vidal – *La protección del consumidor en el sector agroalimentario*, in "Estudios Agrosociales y Pesqueros", 2000, n.º 186, pp. 249-261.

MARTÍNEZ DE AGUIRRE, Carlos – *Perspectivas y problemas de una política jurídica de protección a los consumidores*, in "Anuario Jurídico de La Rioja", 1998, n.º 4, pp. 11-24.

MARTÍNEZ GUTIÉRREZ, Ángel – La marca engañosa, Madrid, 2002.

MARTÍNEZ LÓPEZ, Francisco J., MARAVER TARIFA, Guillermo – *Estrategias de surtido y de marcas del distribuidor en la empresa detallista*, in AA.

476   *Marca do Distribuidor e Responsabilidade por Produtos*

VV., Distribución Comercial, Maraver Tarifa (Coord.) Barcelona, 2005, pp. 228-252.

Martínez Medrano, Gabriel Alejandro – *Responsabilidad del empresario por daños ocasionados en el consumo de productos o servicios identificados con su marca (a propósito de las licencias y franquicias de marcas), in* "DCO", 2004, n.º 205, pp. 179-205.

Martínez Medrano, Gabriel Alejandro, Soucasse, Gabriela – *Daños a la reputación de la Marca en el proceso de transacción economica. (La marca blanca y la venta a pérdida), in* "Cuadernos de Propiedad Industrial", 2004, n.º 1.

Martorano, Federico – *Sulla responsabilità del fabbricante per la messa in commercio di prodotti dannosi (a proposito de una sentenza della Cassazione), in* "ForoIt", 1966, pp. 13-32.

Massa, Giovanni – Funzione attrattiva e autonomia del marchio, Nápoles, 1994.

Massimo Bianca, Cesare – Diritto Civile, vol. V – La responsabilità, Milão, 1994.

Mathély, Paul – Le nouveau droit français des marques, Vélizy, 1994.

Mazeaud, Henri – *La maxime "error communis facit ius", in* "RTDC", 1924, tomo XXIII.

Menezes Cordeiro, António
– Teoria geral do direito civil, 1.º vol., Lisboa, 1990.
– Manual de Direito Comercial, 1.º vol., Coimbra, 2001.
– Tratado de Direito Civil português, I, Parte Geral, tomo I, Coimbra, 2005.
– *Do Direito privado como Direito comum português, in* "O Direito", 2005, ano 137.º, vol. I, pp. 9-36.
– *O anteprojecto de Código do Consumidor, in* "O Direito", 2006, ano 138.º, vol. IV, pp. 685-715.

Menezes Cordeiro, António, Almeida Costa, Mário Júlio de – Cláusulas contratuais gerais – anotação ao Decreto-Lei n.º 446/85, de 25 de Outubro, Coimbra, 1993.

Menezes Leitão, Luís Manuel Teles de
– Direito das Obrigações, vol. I, Coimbra, 2002.
– Direito das Obrigações, vol. II, Coimbra, 2002.
– Direito das Obrigações, vol. III, Coimbra, 2002.
– *Caveat venditor? A Directiva 1999/44/CE do Conselho e do Parlamento Europeu sobre a venda de bens de consumo e garantias associadas e suas implicações no regime jurídico da compra e venda, in* AA. VV., Estudos em homenagem ao Professor Doutor Inocêncio Galvão Telles, vol. I, Coimbra, 2002, pp. 263-303.
– *O novo regime da venda de bens de consumo, in* "EIDC", vol. II, Janeiro de 2005, pp. 37-73.
– *A reparação de danos causados ao consumidor no Anteprojecto do Código do Consumidor, in* "EIDC", vol. III, Outubro de 2006, pp. 65-73.

MEZQUITA GARCÍA-GRANERO, Maria Dolores
- *Los plazos en la compraventa de consumo. Estudio comparativo de la cuestión en el Derecho español y portugués, in* "EDC", 2004, n.º 6, pp. 151-202.
- *Los plazos en la compraventa de consumo. Estudio comparativo de la cuestión en el Derecho español y portugués, in* "RDP", Janeiro-Fevereiro de 2005, pp. 71-103.

MICKLITZ, Hans-W.
- *E.C. product safety regulation – a still uncompleted project, in* "CLJ", 1997, vol. 5, n.º 2, pp. 48-55.
- *The new german sales law: changing patterns in the regulation of product quality, in* "JCP", 2002, vol. 25, pp. 379-401.
- *La transposition de la directive 1999/44 en droit allemand, in* AA. VV., Garantías en la venta de bienes de consumo, Santiago de Compostela, 2004, pp. 261-275.

MILDRED, Mark
- *The impact of the Directive in the United Kingdom, in* AA. VV., Directive 85/374/EEC on product liability: ten years after, GOYENS, Monique (Dir.), Louvain-la-Neuve, 1996, pp. 39-57.
- Product liability: law and insurance, Londres, 2000.

MILLER, C. John, GOLDBERG, Richard S. – Product liability, Oxford, 2004.

MOITINHO DE ALMEIDA, José Carlos – A responsabilidade civil do produtor e o seu seguro, Lisboa, 1973.

MÖLLERS, Thomas M. J. – *The role of law in European integration, in* "AJCL", 2000, vol. 48, pp. 679-710.

MONTALVÃO MACHADO, António, PIMENTA, Paulo – O novo processo civil, Coimbra, 2003.

MONTFORT, Cédric – *A la recherche d'une notion de conformité contractuelle. Etude comparée de la Convention de Vienne, de la Directive 1999/44 et de certaines transpositions nationales, in* "ERPL", 2007, vol. 4, pp. 487-510.

MORAIS DE CARVALHO, Maria Miguel Rocha – Merchandising de marcas (a comercialização do valor sugestivo das marcas), Coimbra, 2003.

MORALES MORENO, Antonio-Manuel
- *Declaraciones públicas y vinculación contractual (reflexiones sobre una Propuesta de Directiva), in* "ADC", 1999, I, p. 273.
- *La conformidad de la cosa vendida según la Directiva 1999/44/CE, in* AA. VV., Garantías en la venta de bienes de consumo, Santiago de Compostela, 2004, pp. 39-60.

MORGAN, Fred W.
- *The products liability consequences of advertising, in* "Journal of Advertising", Outono de 1979, n.º 8, pp. 30-37.

478 Marca do Distribuidor e Responsabilidade por Produtos

– *Marketing and product liability: a review and update*, *in* "JM", Verão de 1982, vol. 46, pp. 69-78.
– *Strict liability and the marketing of services vs. goods: a judicial review*, *in* "JPPM", 1987, vol. 6, pp. 43-57.
– *Product liability and the nonmanufacturing franchisor or trademark licensor*, *in* "JPPM", 1987, vol. 6, pp. 129-141.

MORGAN, Fred W., STOLTMAN, Jeffrey J. – *Advertising and product liability litigation*, *in* "Journal of Advertising", Verão de 1997, n.º 2, pp. 63-75.

MORRIS, David – *Strategy of own brands*, *in* "EJM", 1979, vol. 13, issue 2, pp. 59-61.

MOSCHELLA, Raffaele – Contributo alla teoria dell'apparenza giuridica, Milão, 1973.

MOTA PINTO, Carlos Alberto da
 – *Contratos de Adesão: uma manifestação jurídica da moderna vida económica*, *in* "RDES", 1973, n.ºs 2, 3 e 4.
 – *Garantia de bom funcionamento e vícios do produto (responsabilidade do produtor e do distribuidor)*, *in* "CJ", 1985, III, pp. 17-29.
 – Teoria Geral do Direito Civil, PINTO MONTEIRO, António, MOTA PINTO, Paulo (Editores), Coimbra, 2005.

MOTA PINTO, Carlos Alberto da, CALVÃO DA SILVA, João – *Responsabilidade civil do produtor*, *in* "O Direito", Abril-Junho de 1989, n.º 2, pp. 273-312.

MOTA PINTO, Paulo
 – *Aparência de poderes de representação e tutela de terceiros. Reflexão a propósito do art. 23.º do Decreto-Lei n.º 178/86, de 3 de Julho*, *in* "BFD", 1993, vol. 69, pp. 587-645.
 – Declaração tácita e comportamento concludente no negócio jurídico, Coimbra, 1995.
 – *Conformidade e garantias na venda de bens de consumo. A Directiva 1999/44/CE e o direito português*, *in* "EDC", 2000, n.º 2, pp. 199-331.
 – *Reflexões sobre a transposição da Directiva 1999/44/CE para o direito português*, *in* "Themis", 2001, n.º 4, pp. 195-218.
 – Cumprimento defeituoso do contrato de compra e venda. Anteprojecto de Diploma de Transposição da Directiva 1999/44 para o Direito Português, Lisboa, 2002.
 – *O direito de regresso do vendedor final de bens de consumo*, *in* "ROA", 2002, vol. 62, n.º 1, 2002, pp. 143-199.
 – *O direito de regresso do vendedor final de bens de consumo*, *in* AA. VV., Estudos dedicados ao Prof. Doutor Mário Júlio de Almeida Costa, Lisboa, 2002, pp. 1177-1225.
 – *O Anteprojecto de Código do Consumidor e a venda de bens de consumo*, *in* "EDC", 2005, n.º 7, pp. 263-278.

MOTTUR, Alfred E. – *The european product liability Directive: a comparison with U. S. law, an analysis of its impact on trade, and a recommendation for reform so as to accomplish harmonization and consumer protection, in* "LPIB", Primavera de 1994, vol. 25, n.º 3, pp. 983-1018.

MOURA VICENTE, Dário
– *Desconformidade e garantias na venda de bens de consumo: a Directiva 1999/44/CE e a Convenção de Viena de 1980, in* "Themis", 2001, n.º 4, pp. 121-144.
– *Um Código Civil para a Europa?, in* AA. VV., Estudos em homenagem ao Professor Doutor Inocêncio Galvão Telles, vol. I, Coimbra, 2002, pp. 47-73.

MÜLLER, Wolfgang – *La responsabilità del produttore secondo la Direttiva della CEE (com particolare riferimento al ruolo dell'assicurazione), in* AA. VV., Il danno da prodotti, PATTI, Salvatore (Coord.), Pádova, 1990, pp. 29-45.

MULLERAT, Ramón
– *La responsabilidad civil del fabricante. La Directiva CEE de 25 de Julio de 1985 y el derecho español, in* "RJC", 1988, vol. 87, n.º 1, pp. 95-139.
– *La responsabilidad civil de productos en Derecho español (la Ley 22/1994, de 6 de Julio), in* "RJC", 1995, vol. 94, n.º 1, pp. 9-34.

MÚRTULA LAFUENTE, Virgínia – *Causalidad alternativa e indeterminación del causante del daño en la responsabilidad civil, in* "InDret", Abril de 2006.

NANDAN, Shiva, DICKINSON, Roger – *Private brands – major brand perspective, in* "JCM", 1994, vol. 11, n.º 4, pp. 18-28.

NASCIMBENE, Bruno – *Projets et initiatives en vue d'une réglementation uniforme de la responsabilité du producteur, in* "CDE", 1977, vol. 13, n.º 4, pp. 371-396.

NOEL, Dix W., PHILLIPS, Jerry J. – Products liability. Cases and materials, St. Paul, 1982.

NOGUEIRA SERENS, Manuel Couceiro – A «vulgarização» da marca na Directiva 89/104/CEE, de 21 de Dezembro de 1988 (*id est*, no nosso direito futuro), Coimbra, 1995.

NOVA, Rodolfo de – *La convenzione dell'Aja sulla legge applicabile alla responsabilità per danni derivanti da prodotti, in* "RDIPP", 1973, n.º 2, pp. 297-336.

O'BRIEN, Francis J. – *The history of products liability, in* "Tulane", 1988, vol. 62.

O'CALLAGHAN, Xavier – *Nuevo concepto de la compraventa quando el comprador es consumidor, in* AA. VV., La Ley 23/2003, de garantia de los bienes de consumo: planteamiento de presente y perspectivas de futuro, REYES LÓPEZ, Maria José (Coord.), Cizur Menor, 2005, pp. 129-153.

OLAVO, Carlos
– *Contrato de licença de exploração de marca, in* "ROA", Janeiro de 1999, pp. 87-122.
– Propriedade Industrial, vol. I, Coimbra, 2005.

480   *Marca do Distribuidor e Responsabilidade por Produtos*

OLIVEIRA ASCENSÃO, José
- Direito Comercial, vol. II, Lisboa, 1988.
- *Interpretação das Leis. Integração de lacunas. Aplicação do princípio da analogia, in* "ROA", Dezembro de 1997, pp. 913-941.

OLMOS PILDAIN, Asuncion – *La responsabilidad civil derivada de los daños ocasionados por el consumo de productos alimenticios, in* "La Ley", 1987, n.º 4, p. 1012-1032.

O'MAHONEY, Jim – *Insurance implications of the new product liability regime, in* AA. VV., The new product liability regime, papers from the ICEL Conference, June 1991 & Annotation of the Liability for defective Products Act, 1991, SCHUSTER, Alex (Ed.), Dublin, 1992, pp. 35-46.

ORGALIME – Product liability in Europe: a practical guide for industry, Bruxelas, Janeiro de 1993.

ORTÍ VALLEJO, Antonio de Padua – Los defectos de la cosa en la compraventa civil y mercantil. El nuevo régimen jurídico de las faltas de conformidad según la Directiva 1999/44/CE, Granada, 2000.

ORTIZ DE LA TORRE, J. A. Tomás – *Conferencia de la Haya de derecho internacional privado – Evolución histórica y Convenciones adoptadas*, Madrid, 1993.

OUBIÑA, Javier, RUBIO, Natália, YAGÜE, Maria Jesus – *Relationships of Retail Brand Manufacturers with Retailers, in* "RDCR", 2006, vol. 16, n.º. 2, pp. 257-275.

OUGHTON, David W. – Consumer Law. Text, cases & materials, Londres, 1991.

OUGHTON, David W., WILLETT, Chris – *Quality regulation in european private law, in* "JCP", 2002, vol. 25, pp. 299-328.

OUTIN-ADAM, Anne – *Les responsables, in* "PA", 28 de Dezembro de 1998, n.º 155-30 F, pp. 8-13.

PAGADOR LÓPEZ, Javier – *Las condiciones generales de la contratación: introducción y régimen jurídico de los contratos celebrados mediante ellas, in* AA. VV., Curso sobre protección jurídica de los consumidores, BOTANA GARCÍA, Gema, RUIZ MUÑOZ, Miguel (Coords.), Madrid, 1999, pp. 163-184.

PAIS DE VASCONCELOS, Pedro
- Contratos atípicos, Coimbra, 1995.
- Teoria geral do direito civil, Coimbra, 2007.

PALAZZO, Antonio – *Tutela del consumatore e responsabilità civile del produttore e del distributore di alimenti in Europa e negli Stati Uniti, in* "EuroDP", 2001, n.º 3, pp. 685-702.

PALMIERI, Alessandro, PARDOLESI, Roberto – *Corti di Giustizia delle Comunità Europee, sentenza 25 Aprile 2002, in* "ForoIt", 2002, pp. 294-316.

PARDOLESI, Roberto – *Contratti di distribuzione, in* AA. VV., Enciclopédia Giuridica TRECCANI, vol. IX, Roma, 1988.

PAREDES CASTAÑÓN, José Manuel, RODRIGUEZ MONTAÑES, Teresa – El caso de la colza: responsabilidad penal por productos adulterados o defectuosos, Valência, 1995.

PARGA CABRERA, Rafael Jiménez de – *La Ley reguladora de la responsabilidad civil por daños causados por productos defectuosos, en el marco del moderno derecho de la responsabilidad, de acuerdo con normas comunitarias europeas y de derecho comparado, in* AA. VV., Estudios jurídicos en homenaje al Profesor Aurélio Menéndez, vol. III, Madrid, 1996, pp. 2869-2912.

PARRA LUCÁN, Maria Á.
   – Daños por productos y protección del consumidor, Barcelona, 1990.
   – *La responsabilidad por los servicios defectuosos: hacia una armonización de las legislaciones de los países miembros de la CEE, in* "EC", Abril de 1990, n.º 17, p. 67-99.
   – *La propuesta de Directiva de 9 de Noviembre de 1990 sobre la responsabilidad del prestador de servicios, in* "EC", 1991, n.º 21.
   – *La responsabilidad civil por productos defectuosos al amparo de las reglas generales de responsabilidad. Estudio jurisprudencial, in* "AzC", 1995, Tomo I, vol. I, pp. 19-50.
   – *Notas a la Ley 22/1994, de 6 de Julio, de responsabilidad civil por los daños causados por productos defectuosos, in* "AC", 1995, Tomo 4, pp. 723-743.
   – *Ámbito de protección de los daños por productos (sistema y naturaleza de la responsabilidad civil previsto en la Ley 22/1994), in* "InIuria", Janeiro-Março de 1995, n.º 5, pp. 13-39.
   – *La responsabilidad civil por productos y servicios defectuosos. Responsabilidad civil del fabricante y de los profesionales, in* AA. VV., Lecciones de responsabilidad civil, REGLERO CAMPOS (Coord.), Navarra, 2002.
   – *La responsabilidad civil por productos y servicios defectuosos. Responsabilidad civil del fabricante y de los profesionales, in* AA. VV., Tratado de Responsabilidad Civil, REGLERO CAMPOS (Coord.), Navarra, 2006, pp. 1425-1517.

PARRAS ROSA, Manuel – *Marcas de distribuidor, concentración de la distribución y estrategias de orientación al mercado del sector oleícola español, in* AA. VV., Marca y publicidad comercial. Un enfoque interdisciplinar, MARTíNEZ GUTIÉRREZ, Ángel (Dir.), Madrid, 2009, pp. 307-343.

PASQUAU LIANO, Miguel – *La noción de defecto a efectos de la responsabilidad civil del fabricante por daños ocasionados por productos, in* "InIuria", Janeiro-Março de 1995, n.º 5, pp. 81-128.

PEGADO LIZ, Jorge – *Um código do consumidor, para os consumidores ou nem uma coisa nem outra?, in* "BOA", Novembro-Dezembro de 2006, pp. 31-34.

482 *Marca do Distribuidor e Responsabilidade por Produtos*

Pego, J. Mariano – A posição dominante relativa no Direito da Concorrência, Coimbra, 2001.

Pelet, Stéphanie – *Responsabilité du fait des produits défectueux: une nouvelle étape pour le droit français*, in "REDC", 2002, pp. 27-42.

Perales Viscasillas, Maria del Pilar – *Hacia un nuevo concepto del contrato de compraventa: desde la Convención de Viena de 1980 sobre compraventa internacional de mercancías hasta y después de la Directiva 1999/44/CE sobre garantías en la venta de bienes de consumo*, in "AC", 2003, n.º 4, pp. 1199-1224.

Perán Ortega, Juan – La responsabilidad civil y su seguro, Madrid, 1998.

Pereira de Almeida, António – Direito Privado II (Contrato de Empreitada), Lisboa, 1983.

Pérez García, Pedro Antonio – La información en la contratación privada. En torno al deber de información en la LGDCU, Madrid, 1990.

Pestana de Vasconcelos, Luís Miguel – O contrato de franquia (franchising), Coimbra, 2000.

Petit, Evelyne – La responsabilité civile du fait des produits: analyse economique et juridique, Université Catholique de Louvain, Janeiro de 1983.

Petitpierre, Gilles – La responsabilité du fait des produits: les bases d'une responsabilité spéciale en droit suisse, a la lumière de l'expérience des États-Unis, Genebra, 1974.

Petropoulos, Stavros – *La responsabilité du fait des produits défectueux dans la Communauté Européenne*, in "IUSletter", 1991/2, pp. 2-19.

Pfister, Bernhard – *Considerazioni di diritto comparato sulle leggi europee in tema di responsabilità da prodotto*, in AA. VV., Il danno da prodotti, Patti, Salvatore (Coord.), Pádova, 1990, pp. 219-239.

Phillips, Jerry J. – Products liability in a nutshell, St. Paul, 1988.

Pinheiro Marçal, Sérgio, Castilho Barbosa, Viviana de – *Product liability in Brazil*, in Liability for products in a global Economy, in "CLYIB", special issue 2004, Campbell, Dennis, Wooddely, Susan (Eds.), Haia, 2005, pp. 263-277.

Pinto Coelho, Luís – *O problema da admissibilidade da "licença" em matéria de marcas*, in "RLJ", ano 94, n.º 3208.

Pinto Duarte, Rui – *O direito de regresso do vendedor final na venda para consumo*, in "Themis", 2001, n.º 4, pp. 173-194.

Pinto Oliveira, Nuno Manuel
– *Cláusulas acessórias ao contrato: cláusulas de exclusão e de limitação da responsabilidade do devedor*, in "Scientia Iuridica", Janeiro-Abril de 2003, tomo LII, n.º 295, pp. 55-90.
– Contrato de compra e venda. Noções fundamentais, Coimbra, 2007.

PINTO MONTEIRO, António
– *Contratos de adesão: o regime jurídico das cláusulas contratuais gerais instituído pelo Decreto-Lei n.º 446/85, de 25 de Outubro* – Conferência proferida em 15 de Janeiro de 1986, no Conselho Distrital de Coimbra da Ordem dos Advogados, também disponível em edição policopiada, Coimbra, 2003.
– *Les clauses limitatives et exonératoires de responsabilité et la protection du consommateur, in* "BFD", 1993, vol. 69, pp. 161-176.
– *Discurso do Presidente da Comissão do Código do Consumidor, in* "BFD", 1996, vol. 72, pp. 403-410.
– *La responsabilité du fait des produits défectueux au Portugal, in* AA. VV., Directive 85/374/EEC on product liability: ten years after, GOYENS, Monique (Dir.), Louvain-la-Neuve, 1996, pp. 181-194.
– *Do Direito do consumo ao Código do Consumidor, in* "EDC", 1999, n.º 1, pp. 201-214.
– *Cláusulas limitativas do conteúdo contratual, in* AA. VV., Estudos dedicados ao Professor Doutor Mário Júlio de Almeida Costa, Lisboa, 2002, pp. 281-297.
– *Responsabilidade civil em debate, in* "BOA", Novembro/Dezembro de 2002, n.º 23, pp. 26-28.
– *Sobre o direito do consumidor em Portugal, in* "Sub Judice", Janeiro/ /Março de 2003, n.º 24, pp. 7-13.
– *Garanties dans la vente de biens de consommation. La transposition de la Directive 1999/44/CE dans de droit portugais, in* "BFD", 2003, vol. 79, pp. 47-61.
– Cláusulas limitativas e de exclusão da responsabilidade civil, Coimbra, 2003.
– Contratos de distribuição comercial, Coimbra, 2004.
– *La transposition de la directive 1999/44/CE dans le droit portugais, in* AA. VV., Garantías en la venta de bienes de consumo, Santiago de Compostela, 2004, pp. 247-260.
– *Sobre o direito do consumidor em Portugal e o Anteprojecto do Código do Consumidor, in* "EDC", 2005, n.º 7, pp. 245-262.
– *O Anteprojecto do Código do Consumidor, in* "RLJ", Março-Abril de 2006, ano 135.º, n.º 3937, pp. 190-196.
– *Sobre o direito do consumidor em Portugal e o Anteprojecto do Código do Consumidor, in* "EIDC", vol. III, Outubro de 2006, pp. 37-55.

PIRES DE LIMA, Fernando Andrade, ANTUNES VARELA, João de Matos – Código Civil anotado, vol. II, Coimbra, 1981.

POLETTI, Dianora – *Pluralità di responsabili, in* AA. VV., *La responsabilità per danno da prodotti difettosi*, "LNLeggi", 1989, pp. 597-609.

PONZANELLI, Giulio

– *Il caso Brown e il diritto italiano della responsabilità civile del produttore*, *in* "ForoIt", 1989, pp. 128-136.

– *Premessa generale*, *in* AA. VV., *La responsabilità per danno da prodotti difettosi*, "LNLeggi", 1989, pp. 497-506.

– *Clausole di esonero da responsabilità*, *in* AA. VV., *La responsabilità per danno da prodotti difettosi*, "LNLeggi", 1989, pp. 636-642.

– La responsabilità civile – profili di diritto comparato, Bolonha, 1992.

– *Responsabilità del produttore*, *in* "RDC", Março-Abril de 1995, pp. 215-222.

– *Corte di giustizia delle Comunità Europee, sentenza 29 maggio 1997*, *in* "ForoIt", 1997, pp. 387-394.

– *La responsabilità oggettiva. La responsabilità del produttore. La responsabilità assoluta*, *in* AA. VV., Casi e questioni di diritto privato, BESSONE, Mário (Dir.), Milão, 1998, pp. 451-457.

– *Responsabilità del produttore (1995-2000)*, *in* "RDC", Novembro-Dezembro de 2000, n.º 6, pp. 913-920.

– *Responsabilità oggettiva del produttore e difetto di informazione*, *in* "DannoR", 2003, n.º 10, pp. 1005-1006.

– *Difetto del manico portabottiglie e responsabilità del produttore*, *in* "DannoR", 2006, n.º 12, pp. 1256-1257.

POSCH, Willibald – *Comparative aspects of products liability in Europe and the United States*, *in* AA. VV., Product liability: prevention, practice and process in Europe and the United Status, HULSENBEK, Rudolph, CAMPBELL, Dennis (Eds.), Daventer, 1989, pp. 123-141.

POSNER, Richard A.

– Análisis económico del derecho, Cidade do México, 1998.

– *Strict liability: a comment*, *in* AA. VV., The economics of private law, vol. II, Northampton, 2001, pp. 236-252.

PRATA, Ana

– Cláusulas de exclusão e limitação da responsabilidade contratual, Coimbra, 1985.

– *Os contratos em volta (da compra e venda)*, *in* AA. VV., Estudos em homenagem ao Prof. Doutor Inocêncio Galvão Telles, vol. IV, Coimbra, 2003, pp. 355-381.

PRIETO MOLINERO, Ramiro José – El riesgo de desarollo: un suspuesto paradójico de la responsabilidad por productos, Madrid, 2005.

PRIEST, George L.

– *La controrivoluzione nel diritto della responsabilità da prodotti negli Stati Uniti d'America*, *in* "ForoIt", 1989, pp. 119-127.

– *The modern expansion of tort liability: its sources, its effects, and its reform*, *in* "JEP", 1991, vol. 5, pp. 31-50.

– The current insurance crisis and modern tort law, in AA. VV., Foundations of Tort Law, LEVMORE, Saul (Dir.), Oxford, 1994, pp. 289-300.

PROSSER, William L.
– The assault upon the citadel (strict liability to the consumer), in "YaleLJ", 1960, vol. 69, n.º 7, p. 1099-1148.
– The law of torts, St. Paul, 1971.

PUELLES PÉREZ, José Antonio
– El estado actual de las marcas de distribuidor, in "ARAL", Novembro de 1991, n.º 124, pp. 65-69.
– Análisis del fenómeno de las marcas de distribuidor en España y de su tratamiento estratégico, in "ICE", Março de 1995, n.º 739, pp. 117-129.

PUIG BRUTAU, José – Estudos de derecho comparado, la doctrina de los actos propios, Barcelona, 1951.

PUPO CORREIA, Miguel J. A
– Direito Comercial, Lisboa, 2002.
– Direito Comercial. Direito da empresa, Lisboa, 2005.

QUINTANA CARLO, Ignacio – *La implementación de la Directiva 1999/44/CE en el Derecho Español*, in "EuroDP", 2004, n.º 3, pp. 841-860.

RAMOS GONZÁLEZ, Sonia – Responsabilidad civil por medicamento. Defectos de fabricación, de diseño y en las advertencias o instrucciones, Madrid, 2004.

RAMOS GONZÁLEZ, Sonia, FERNÁNDEZ CRENDE, Antonio, FARNÓS AMORÓS, Esther, MILÀ RAFEL, Rosa, ALASCIO CARRASCO, Laura – *30 casos de Derecho de daños (2004-2006)*, in "InDret", Julho de 2007, n.º 3/2007, pp. 1-47.

RAPOSO, Mário – *Sobre a responsabilidade civil do produtor e a garantia do seguro*, in "BMJ", Fevereiro de 1992, n.º 413, pp. 5-28.

RAYMOND, Guy – *La responsabilité civile du fait des produits defectueux*, in AA. VV., Sécurité des consommateurs et Responsabilité du fait des produits, Jornées d'études, Poitiers, 14 e 15 de Maio de 1998, Paris, 1998, pp. 53-80.

RECIO MENÉNDEZ, Manuel, ROMÁN GONZÁLEZ, Maria Victoria – *Posibilidades de gestión estratégica de las marcas de distribuidor*, in "DC", Abril/Maio de 1999, pp. 13-29.

REGIS, Alberto – *Il dirito di rivalsa: responsabilità del produttore e rapporti fra coobbligati*, in AA. VV., Responsabilità del produttore e nuove forme di tutela del consumatore, Milão, 1993, pp. 77-87.

REGLERO CAMPOS, L. Fernando
– Una aproximación a la Ley 22/1994 de 6 de julio, de responsabilidad civil por los daños causados por productos defectuosos, in "Iniuria", Julho-Setembro de 1994, n.º 3, pp. 39-73.
– Prescripción de acciones y límite temporal de aplicación del sistema de la Ley 22/1994, de 6 de julio, de responsabilidad civil por los daños causados por productos defectuosos, in "Iniuria", Janeiro-Março de 1995, n.º 5, pp. 129-164.

486 Marca do Distribuidor e Responsabilidade por Produtos

– *Los sistemas de responsabilidad, in* AA. VV., Lecciones de responsabilidad civil, Navarra, 2002.

REICH, Norbert

– *Product safety and product liability – an analysis of the EEC Council Directive of 25 July 1985 on the approximation of the laws, regulations, and administrative provisions of the member states concerning liability for defective products, in* "JCP", 1986, n.º 9, pp. 133-154.

– *Consumer protection in countries of emerging markets: the example of Russia, in* "JCP", 1996, n.º 19, pp. 1-43.

REIMANN, Mathias

– *Products liability in a global context: the hollow victory of the european model, in* "ERPL", 2003, vol. 2, pp. 128-154.

– *Liability for defective products at the beginning of the twenty-first century: emergence of a worldwide standard?, in* "AJCL", 2003, vol. 51, pp. 751-838.

REPRESA POLO, Maria Patricia – *Los derechos del consumidor ante el incumplimiento de la obligación de conformidad, in* AA. VV., Garantía en la venta de bienes de consumo (Ley 23/2003, de 10 de Julio), DÍAZ ALABART, Silvia (Coord.), Madrid, 2006, pp. 133-176.

REYES LÓPEZ, María José

– *Algunas reflexiones sobre el Derecho del Consumo y la Directiva 374/85 sobre responsabilidad por productos defectuosos, in* "RGD", Janeiro/Fevereiro de 1991, pp. 15-57.

– *La Directiva 374/85 sobre responsabilidad por productos defectuosos y su incidencia en el ordenamiento jurídico español, in* "NUE", Março de 1994, n.º 110, pp. 91-99.

– Seguridad de productos y responsabilidad del fabricante. Otro supuesto de responsabilidad civil especial – la del fabricante por productos defectuosos. (Análisis de la Ley 22/1994, de 6 de Julio). Cuestiones materiales e procesales. Análisis doctrinal y jurisprudencial. Valência, 1998.

– *La responsabilidad civil del fabricante por productos defectuosos. Estudios de la Ley de 6 de Julio de 1994, in* AA. VV., Contratación y consumo, ORDUÑA MORENO (Dir.), CAMPUZANO LAGUILLO (Coord.), Valência, 1998.

– *El derecho de información, in* AA. VV., Derecho Privado de Consumo, REYES LÓPEZ, María José (Coord.), Valência, 2005, pp. 487-520.

– *Las garantías del consumidor ante el mercado de bienes de consumo, in* AA. VV., La ley 23/2003 de garantías de los bienes de consumo: planteamiento de presente y perspectivas de futuro, REYES LÓPEZ, María José (Coord.), Cizur Menor, 2005, pp. 155-209.

Bibliografía

– *Aproximación de legislaciones en materia de responsabilidad civil por productos defectuosos (Sentencia TJCE de 25 de Abril de 2002, Asuntos C-152/00, C-154/00 y C-183-00), in* "RFDUG", 2006, n.º 9, pp. 495-504.

RIBEIRO, Maria de Fátima – O contrato de franquia. Franchising. Noção, natureza jurídica e aspectos fundamentais de regime, Coimbra, 2001.

RIBEIRO DE FARIA, Jorge Leite Areias
– Direito das Obrigações, vol. I, Coimbra, 2001.
– Direito das Obrigações, vol. II, Coimbra, 2001.

RICO PÉREZ, Francisco – *La responsabilidad civil del productor en derecho español, in* "RDP", Abril de 1978, pp. 269-284.

RIVERO LAMAS, Juan – *Proyecciones de la descentralización productiva: instrumentación jurídico-laboral, in* AA. VV., Descentralización productiva y responsabilidades empresariales. El outsourcing, Cizur Menor, 2003, pp. 23-62.

RODRÍGUEZ BUJÁN, J. – *Problemática jurídica de los daños de productos, in* "RGLJ", Maio de 1972, pp. 593-621.

RODRÍGUEZ CARRIÓN, José Luis – La responsabilidad civil por los daños causados por productos defectuosos, Valência, 2000.

RODRÍGUEZ LLAMAS, Sonia – Régimen de responsabilidad civil por productos defectuosos, Pamplona, 2002.

RODRIGUEZ PLOSS, Beatriz – *Perspectivas jurídicas europeas en materia de responsabilidad civil de productos, in* "AC", 1989, n.º 36, tomo 3, pp. 2885-2896.

ROGEL VIDE, Carlos – *Aspectos de la responsabilidad civil extracontractual resultante de daños causados por productos defectuosos sin y con la jurisprudencia a la mano, in* AA. VV., Perfiles de la Responsabilidad civil en el nuevo milenio, MORENO MARTÍNEZ, Juan Antonio (Coord.), Madrid, 2000, pp. 565-583.

ROGERS, William Vaughan Horton – Winfield & Jolowicz on tort, Londres, 1991.

ROJO FERNÁNDEZ-RÍO, Ángel
– La responsabilidad civil del fabricante, Bolonha, 1974.
– *La responsabilidad del fabricante en la Ley General para da Defensa de Consumidores y Usuarios, in* "EC", Novembro de 1987, n.º extraordinário, pp. 31-47.

ROMANO MARTINEZ, Pedro
– Cumprimento defeituoso em especial na compra e venda e na empreitada, Coimbra, 1994.
– Contratos em especial, Lisboa, 1996.
– *Empreitada de Consumo, in* "Themis", Ano II, n.º 4, 2001, pp. 155-171.
– Direito das Obrigações, parte especial (Contratos), Coimbra, 2003.
– Contratos comerciais – apontamentos, S. João do Estoril, 2003.

488   *Marca do Distribuidor e Responsabilidade por Produtos*

– *Empreitada de bens de consumo. A transposição da Directiva n.º 1999/ /44/CE pelo Decreto-Lei n.º 67/2003, in* "EIDC", vol. II, Janeiro de 2005, pp. 11-35.

– *Anteprojecto do Código do Consumidor. Contratos em especial, in* "EIDC", vol. III, Outubro de 2006, pp. 57-64.

Roncero Sanchéz, Antonio – El contrato de licencia de marca, Madrid, 1999.

Roscioni, Ginevra – *Corte di Giustizia delle comunità Europee, in* "ForoIt", 1993, pp. 302-304.

Rott, Peter – *German sales law two years after the implementation of Directive 1994/44/CE, in* "German Law Journal", 2004, vol. 5, n.º 3, pp. 237-256.

Rowell, Roland – *Practical compliance: coping with the new product liability regime, in* AA. VV., The new product liability regime, papers from the ICEL Conference, June 1991 & Annotation of the Liability for defective Products Act, 1991, Schuster, Alex (Ed.), Dublin, 1992, p. 29-33.

Rubí Puig, Antoni, Piñeiro Salguero, José – *Muerte de um niño asfixiado com un caramelo. Comentário a la STS, 1ª, 10.6.2002, in* "InDret", 1/2002, Janeiro de 2002, pp. 1-5.

Rubio Benito, Natália, Yagüe Guillén, María Jesus – *Resultados económicos y relacionales del fabricante con la marca de distribuidor, in* "DC", Julho-Agosto de 2006, pp. 72-85.

Ruda González, Albert – *La responsabilidad por cuota de mercado a juicio, in* "InDret", Julho de 2003 (working paper n.º 147).

Ruiz García, Carlos Alberto, Marín García, Ignacio – *Producto inseguro y producto defectuoso, in* "InDret", Outubro de 2006.

Ruiz Muñoz, Miguel

– *Responsabilidad civil del empresario/fabricante (I), in* AA. VV. – Curso sobre protección jurídica de los consumidores, Botana García, Gema, Ruiz Muñoz, Miguel (Coords.), Madrid, 1999, pp. 507-531.

– *Responsabilidad civil del empresario/fabricante (II), in* AA. VV. – Curso sobre protección jurídica de los consumidores, Botana García, Gema, Ruiz Muñoz, Miguel (coords.), Madrid, 1999, pp. 533-549.

– *Sistema español de responsabilidad civil del fabricante, in* "AAFDL", Abril de 2001, n.º 24, pp. 357-401.

– Derecho europeo de responsabilidad civil del fabricante, Valência, 2004.

– *De empresarios o profesionales, de consumidores o personas jurídicas y de productores o vendedores (a propósito de la Ley de Garantías 23/2003), in* "DN", Dezembro de 2004, n.º 171, pp. 5-13.

Rutherford, Rebecca Tustin – *Changes in the landscape of products liability law: an analysis of the Restatement (Third) of torts, in* "JALC", Agosto-Setembro de 1997, vol. 63, pp. 209-247.

Sá, Almeno de – Cláusulas contratuais gerais e Directiva sobre cláusulas abusivas, Coimbra, 2001.

SALVADOR CODERCH, Pablo – *Causalidad y responsabilidad, in* "InDret", n.º 1/ /2000, p. 3.

SALVADOR CODERCH, Pablo, FERNÁNDEZ CRENDE, Antonio – *Causalidad y responsabilidad (Tercera edición), in* "InDret", Janeiro de 2006.

SALVADOR CODERCH, Pablo, GAROUPA, Nuno, GÓMEZ LIGÜERRE, Carlos – *El círculo de responsables, in* "InDret", Outubro de 2005.

SALVADOR CODERCH, Pablo, RAMOS GONZÁLEZ, Sonia – *Avance del Comentario InDret a la Ley 22/1994, de 6 de julio: el defecto en las instrucciones y advertencias en la responsabilidad de producto, in* "Indret", Outubro de 2006.

SALVADOR CODERCH, Pablo, SOLÉ FELIU, Josep – Brujos y aprendices. Los riesgos de desarrollo en la responsabilidad de producto, Madrid, 1999.

SÁNCHEZ CALERO, Francisco Javier – *Faltas de conformidad en los contratos de venta de bienes de consumo y derechos de los consumidores, in* AA. VV., Estudios de Derecho de Obligaciones, Homenaje al Profesor Mariano Alonso Pérez, tomo II, LLAMAS POMBO, Eugenio (Coord.), Madrid, 2006, pp. 697-718.

SANTINI, Gerardo – Il commercio, saggio di economia del diritto, Bolonha, 1972.

SANZ VALENTÍN, Luis Antonio – *La Directiva 1999/44 CE del Parlamento europeu y del Consejo sobre determinados aspectos de la venta y de las garantías de los bienes de consumo, in* "AC", 1999, n.º 3, pp. 1073-1094.

SARAZA JIMENA, Rafael – *La responsabilidad civil por daños causados por productos defectuosos. La ley 22/1994, de 6 de Julio, in* "Jueces para la democracia", Julho de 1996, n.º 26, pp. 30-38.

SAVELL, Lawrence – *Can marketing go too far?, in* "Marketing Management", Novembro-Dezembro de 2001, pp. 99-106.

SCHÄFER, Hans-Bernd, OTT, Claus – Manual de análisis económico del derecho civil, Madrid, 1991.

SCHÄFER, Hans-Bernd, SCHÖNENBERGER, Andreas – *Strict liability versus negligence: an economic analysis, in* AA. VV., The boundaries of strict liability in european tort law, WERRO, Franz, PALMER, Vernon Valentine (Eds.) Bruxelas, 2004, pp. 37-65.

SCHMIT, Joan T. – *Factors likely to influence tort litigation in the European Union, in* "The Geneva Papers", 2006, vol. 31, pp. 304-313.

SCHUTTE, Thomas F. – *The semantics of branding, in* "JM", 1969, vol. 33, pp. 5-11.

SCHUSTER, Alex
– *The new product liability regime, in* AA. VV., The new product liability regime, papers from the ICEL Conference, June 1991 & Annotation of the Liability for defective Products Act, 1991, SCHUSTER, Alex (Ed.), Dublin, 1992, pp. 1-15.

490 Marca do Distribuidor e Responsabilidade por Produtos

– *Annotated Text of the Liability for Defective Products Act, 1991*, in AA. VV., The new product liability regime, papers from the ICEL Conference, June 1991 & Annotation of the Liability for defective Products Act, 1991, SCHUSTER, Alex (Ed.), Dublin, 1992, pp. 73-88.

– *The new product liability regime in Ireland*, in AA. VV., Directive 85/ /374/EEC on product liability: ten years after, GOYENS, Monique (Dir.), Louvain-la-Neuve, 1996, pp. 147-162.

– *Review of case-law under Directive 85/374/EEC on liability for defective products*, in "CLJ", 1998, vol. 6, n.º 2, pp. 195-212.

SCHWARTZ, Gary T. – *Understanding products liability*, in "CaLR", vol. 67, n.º 3, Maio de 1979, pp. 435-496.

SCHWARTZ, Teresa Moran – *The impact of the new products liability restatement on prescription products*, in "Food and Drug Law Journal", 1995, vol. 50, pp. 399-413.

SCHWARTZ, Victor E., BEHRENS, Mark A.

– *Federal product liability reform in 1997: history and public policy support its enactment now*, in "TenneLR", Primavera de 1997, vol. 64, n.º 3, pp. 595-626.

– *A proposal for federal product liability reform in the new millennium*, in "TRLP", 2000, vol. 4, n.º 2, pp. 261-300.

SCHWENZER, Ingeborg – *L'adaptation de la Directive communautaire du 25 Juillet 1985 sur la responsabilité du fait des produits défectueux en Allemagne Fédérale*, in "RIDC", Janeiro-Março de 1991, pp. 57-74.

SCOTTON, Manola – *Directive 99/44/EC on certain aspects of the sale of consumer goods and associated guarantees*, in "ERPL", 2001, n.º 2 e 3, pp. 297-307.

SENGAYEN, Magdalena

– *Consumer sales law in Poland: changing the law, changing attitudes*, in "JCP", 2002, vol. 25, pp. 403-437.

– *Product liability law in Central Europe and the true impact of the Product Liability Directive*, in AA. VV., Product liability in comparative perspective, Fairgrieve, Duncan (Ed.), Cambridge, 2005, pp. 244-294.

SERRA RODRÍGUEZ, Adela

– *La responsabilidad del productor en la Ley de Garantías en la Venta de Bienes de Consumo*, in "Revista de Derecho Patrimonial", 2006, n.º 16, pp. 121-144.

– *El regimen de la acción de regreso de la Ley 23/2003, de 10 de Julio, de Garantías en la Venta de Bienes de Consumo*, in "NUE", 2006, n.º 263, pp. 47-57.

SEUBA TORREBLANCA, Joan Carles

– Sangre contaminada, responsabilidad civil y ayudas públicas. Respuestas jurídicas al contagio transfusional del SIDA y de la hepatitis, Madrid, 2002.

– *Comentario a la STS, 1ª, 22 mayo 2001, sobre responsabilidad por productos*, in "InDret", Abril de 2002, n.º 2/2002, pp. 1-5.
– *¿Quién ha sido? Comentario a la STS, 1ª, 26.11.2003*, in "InDret", Abril de 2004, n.º 2/2004, pp. 1-8.
– *Derecho de daños y Derecho Internacional Privado: algunas cuestiones sobre la legislación aplicable y la Propuesta de Reglamento "Roma II"*, in "InDret", Fevereiro de 2005, n.º 1/2005, pp. 1-30.
SEYTRE, Dominique – La responsabilité du fait des produits (panorama economique), Agence Européenne d'Informations, Bruxelas, 1978.
SHAPIRO, Carl – *Symposium on the economics of liability*, in "JEP", Verão de 1991, vol. 5, n.º 3, pp. 3-10.
SHEFFET, Mary Jane – *Market share liability: a new doctrine of causation in product liability*, in "JM", Inverno de 1983, vol. 47, n.º 1, pp. 35-43.
SIERRA PÉREZ, Isabel – Responsabilidad del empresario y relación de dependencia, Madrid, 1997.
SILVA CAMPOS, Carlos da – A responsabilidade do produtor pelos danos causados por produtos defeituosos, Lisboa, 1988.
SILVA CARVALHO, Américo da
– *Concepção jurídica de uma marca nova?*, in AA. VV., Estudos em homenagem ao Prof. Doutor Raul Ventura, vol. II, Lisboa, 2003, pp. 293-325.
– Direito de Marcas, Coimbra, 2004.
SILVA PEREIRA, Teresa – *proposta de reflexão sobre um código civil europeu*, in "ROA", Novembro de 2004, pp. 495-608.
SIMITIS, Spiros – *Products liability: the West-German approach*, in AA. VV., Comparative product liability, MILLER, C. J. (ed.), Londres, 1986, pp. 99-125.
SIMON, Joëlle – *Observations des professionnels sur l'introduction en droit français de la directive européenne sur la responsabilité du fait des produits défectueux*, in AA. VV., Sécurité des consommateurs et responsabilité du fait des produits défectueux – colloque des 6 et 7 Novembre 1986, Paris, 1987, pp. 197-209.
SINDE MONTEIRO, Jorge F.
– *Responsabilidade civil*, in "RDE", Separata do n.º 2, Julho/Dezembro 1978.
– Estudos sobre a responsabilidade civil, Coimbra, 1983.
– Responsabilidade por culpa, responsabilidade objectiva, seguro de acidentes, Coimbra, 1983.
– Responsabilidade por conselhos, recomendações ou informações, Coimbra, 1989.
– *Responsabilidade do prestador de serviços – a proposta de Directiva comunitária e o direito positivo português*, in "RDE", 1990 a 1993, n.º 16 a 19, pp. 767-785.

492   *Marca do Distribuidor e Responsabilidade por Produtos*

    – *Proposta de Directiva do Parlamento Europeu e do Conselho relativa à venda e às garantias dos bens de consumo, in* "Revista Jurídica da Universidade Moderna", 1998, n.º 1, pp. 461-479.

    – *Responsabilidade delitual. Da ilicitude, in* AA. VV., Comemorações dos 35 anos do Código Civil e dos 25 anos da reforma de 1977, vol. III Direito das Obrigações, Coimbra, 2007, pp. 453-481.

SMITH, Duncan G. – *The european community directive on product liability: a comparative study of its implementation in the UK, France and West Germany, in* "LIEI", 1990, vol. 2, pp. 101-142.

SOLÉ FELIU, Josep

    – *El concepte de defecte en la Llei de responsabilitat per productes defectuosos, in* "RJC", 1995, vol. 94, n.º 4, pp. 947-975.

    – *La concurrencia de culpa de la víctima en la jurisprudencia reciente del Tribunal Supremo, in* "ADC", Abril-Junho de 1997, tomo L, fascículo II, pp. 865-902.

    – El concepto de defecto del producto en la responsabilidad civil del fabricante, Valência, 1997.

SOMMERLAND, Klaus – *German product liability law, in* AA. VV., Consumer protection 2000: public interest and corporate priorities in the 1990's, Deventer/Cambridge, 1994, pp. 99-104.

SOUSA E SILVA, Pedro – *O princípio da especialidade das marcas. A regra e a excepção: as marcas de grande prestígio, in* "ROA", Janeiro de 1998, pp. 377-440.

SOUSA RIBEIRO, Joaquim de – Direito dos Contratos. Estudos, Coimbra, 2007.

SOUSA RIBEIRO, Joaquim, SINDE MONTEIRO, Jorge, SÁ, Almeno de, BRANDÃO PROENÇA, José Carlos – Direito das Obrigações. Apontamentos das lições do Prof. Dr. Rui de Alarcão ao 3.º ano jurídico, Coimbra, 1983.

SOTOMAYOR GIPPINI, José María – *La responsabilidad civil de la empresa como fabricante de productos. Notas características de la misma y su cobertura por el seguro, in* AA. VV., Estudios sobre el aseguramiento de la responsabilidad en la gran empresa, SANCHEZ CALERO, Fernando (Coord.), Madrid, 1994, pp. 387-445.

SPOLIDORO, Marco Saverio – *Responsabilità per danno da prodotti difettosi: la Direttiva CEE, in* "RSoc", 1985, pp. 1471-1474.

STAPLETON, Jane

    – *Products liability in the United Kingdom: the myths of reform, in* "TILJ", 1999, vol. 34, pp. 45-70.

    – *Restatement (third) of torts: products liability, an Anglo-Australian perspective, in* "WLJ", 2000, vol. 39, pp. 363-403.

STAUDENMAYER, Dirk

    – *Le droit à l'information du consommateur, in* "Observateur", 1 de Outubro de 1998, n.º 29, pp. 39-41.

- *The Directive on the Sale of Consumer Goods and Associated Garantees - a milestone in the European Consumer and private Law, in* "ERPL", 2000, vol. 4, pp. 547-564.

STIJNS, Sophie - *Les garanties commerciales et l'action récursoire du vendeur final dans la directive sur la vente au consommateur, in* AA. VV., Garantías en la venta de bienes de consumo, Santiago de Compostela, 2004, pp. 101-123.

STOLKER, Carel J. J. M. - *Objections to the development risk defence, in* "Medicine and Law", 1990, vol. 9, pp. 783-800.

STOPPA, Alessandro - *Responsabilità del produttore, in* AA. VV., Digesto delle discipline privatische, vol. XVII, Turim, 1998, pp. 119-137.

STRUYVEN, Diane - *Responsabilité du fait des produits: l'Europe dans la tourmente?, in* "RDIDC", 2001, n.º 3, pp. 256-275.

TAMAYO CARMONA, Juan A. - *Ley 23/2003, de 10 de Julio, de garantías en la venta de bienes de consumo: régimen de plazos y derechos del consumidor, in* AA. VV., La ley 23/2003 de garantías de los bienes de consumo: planteamiento de presente y perspectivas de futuro, REYES LÓPEZ, María José (Coord.), Cizur Menor, 2005, pp. 211-235.

TASCHNER, Hans Claudius
- *Product liability - actual legislation and law reform in Europe, in* AA. VV., Consumer law in the EEC, WOODROFFE, Geoffrey (Dir.), Londres, 1984, pp. 113-128.
- Produkthaftung-Richtlinie des rates vom 25. July 1985, Munique, 1986.
- *La future responsabilité du fait des produits défectueux dans la Communauté Européenne, in* "RMC", Maio de 1986, n.º 297, pp. 257-263.
- *La directive communautaire du 25 juillet 1985 sur la responsabilité du fait des produits défectueux, in* AA. VV., Sécurité des consommateurs et responsabilité du fait des produits défectueux, Colloque des 6 et 7 novembre 1986", Exposé Introductif, Paris, 1987, pp. 109-110.
- *Risque et sécurité - risque et responsabilité. Principes de la directive européenne du 25 Juillet 1985, in* "AFDL", 1987, pp. 290-297.
- *Harmonization of products liability law in the european community, in* "TILJ", 1999, vol. 34, n.º 21, pp. 22-43.

TAYLOR, Simon
- *The harmonisation of european product liability rules: French and English law, in* "ICLQ", vol. 48, Abril de 1999, pp. 419-430.
- L'harmonisation communautaire de la responsabilité du fait des produits défectueux - étude comparative du droit anglais et du droit français, Paris, 1999.

TEBBENS, Harry Duintjer - International product liability: a study of comparative and international legal aspects of product liability, Haia, 1979.

494 Marca do Distribuidor e Responsabilidade por Produtos

TEIXEIRA DE SOUSA, Miguel – Estudos sobre o novo processo civil, Lisboa, 1997.
TEMPLE, Henri – *Projet d'application de la Directive sur la responsabilité du fait des produits en France*, in AA. VV., EUI Working paper n.º 89/404, JOERGES (Dir.), European University Institute, Florença, 1989, pp. 40-47.
TEN KATE, Luisa, MARCH HUNNINGS, Neville, ELLIOTT, Kate (Dirs.) – Commercial Laws of Europe, part 1, Londres, 1986.
TENREIRO, Mário
 – *La proposition de Directive sur la vente et les garanties de biens de consommation*, in "REDC", 1996, pp. 187-225.
 – *Product liability and consumer guarantees in the European Union*, in "CLJ", 1997, vol. 5, issue 2, pp. 56-61.
TIRADO SUÁREZ, Francisco Javier
 – *Estado actual de la responsabilidad civil productos en el mercado común*, in AA. VV., Responsabilidad Civil de Productos, Comité de Gestión de AIDA (Association Internationale de Droit des Assurances), Sección Española, Madrid, 1983, pp. 28-60.
 – *La Directiva comunitaria de responsabilidad civil, productos y ordenamiento español*, in "RGD", Setembro de 1987, n.º 516, pp. 4967-4977.
TOBAJAS GÁLVEZ, Octavio – *La culpa en la Ley 22/1994 sobre responsabilidad civil por daños causados por productos defectuosos*, in "AC", 2002, n.º 23, tomo 2.
TORRALBA MENDIOLA, Elisa C. – La responsabilidad del fabricante. Aplicación de la ley extranjera y normativa comunitaria, Madrid, 1997.
TORRES MINGOT, Miguel – *Civil liability for defective products in Spain*, in AA. VV., Liability for products in a global Economy, in "CLYIB", special issue 2004, CAMPBELL, Dennis, WOODDELY, Susan (Eds.), Haia, 2005, pp. 279-310.
TOURNEAU, Philippe Le, CADIET, Loïc – Droit de la responsabilité et des contrats, Paris, 2003.
TRIGO GARCÍA, Belén
 – Contrato de servicios. Perspectiva jurídica actual, Granada, 1999.
 – *Pluralidad de deudores, evolución de la responsabilidad y régimen de solidariedad. La subsidiariedad como alternativa*, in AA. VV., La tercera parte de los principios de derecho contractual europeo, VAQUER, Antoni (Ed.), València, 2005, pp. 103-117.
 – *La responsabilidad del suministrador del producto*, in "Anuario Euro-Peruano de Derecho del Comercio", 2005/2006, n.ºs 2/3, pp. 575-613.
TRIMARCHI, Pietro – *La responsabilità del fabbricante nella direttiva comunitaria*, in "RSoc", 1986, pp. 593-603.
TROIANO, Onofrio – *Produttore*, in AA. VV., *La responsabilità per danno da prodotti difettosi*, in "LNLeggi", 1989, pp. 518-530.

TROIANO, Paolo – *La nuova legge tedesca sulla responsabilità per prodotti difettosi, in* "RDC", 1991, Parte II, pp. 271-278.

TROMBETTA, William L., MORGAN, Fred W. – *Market segmentation and product liability, in* "JMPP", 1982, vol. I, pp. 15-24.

TRONTI, Leonello – *Direttiva Cee relativa al riavvicinamento delle disposizioni legislative regolamentari ed administrative degli Stati membri in matéria di responsabilità per danno da prodotti difettosi, in* "Giurisprudenza di Merito", 1988, IV.

TWERSKY, Aaron D. – *Chasing the illusory pot of gold at the end of the rainbow: negligence and strict liability in design defect litigation, in* "Marquette Law Review", Novembro de 2006, vol. 90, n.º 1, pp. 7-20.

TWIGG-FLESNER, Christian – *The E.C. Directive on certain aspects of the sale of consumer goods and associated guarantees, in* "CLJ", 1999, vol. 7, n.º 1, pp. 177-192.

URBISTONDO TAMAYO, Sonia – *La ley 22/1994, de 6 de Julio, de responsabilidad civil por los daños causados por productos defectuosos y su armonización al derecho comunitario, in* "EC", 1994, n.º 30, pp. 45-60.

VADILLO ROBREDO, Goretti – *Notas a los «riesgos del desarrolo» o el «estado de la ciencia» en la responsabilidad civil por productos defectuosos, in* "Deusto", Janeiro-Junho de 1998, vol. 46, n.º 1, pp. 227-273.

VALSECCHI, Antonella

– *I presupposti della responsabilità del produttore e il quadro normativo nazionale, in* AA. VV., Responsabilità del produttore e nuove forme di tutela del consumatore, Milão, 1993, pp. 3-22.

– *Commentario D.P.R. 24 maggio 1988, n. 224, sulla disciplina del danno causato da prodotti difettosi, in* AA. VV., Responsabilità del produttore e nuove forme di tutela del consumatore, Milão, 1993, pp. 135-323.

VAN GERVEN, Valter, LEVER, Jeremy, LAROUCHE, Pierre – Tort law, Oxford, 2000.

VANZETTI, Adriano

– *Cessione del marchio, in* "RDCom", 1959, I.

– *Funzione e natura giuridica del marchio, in* "RDCom", 1961.

VAQUER ALOY, Antoni

– *El concepto de daño en el Derecho comunitário, in* AA. VV., Estudios de Derecho de Obligaciones, Homenaje al Profesor Mariano Alonso Pérez, tomo II, LLAMAS POMBO, Eugenio (Coord.), Madrid, 2006, pp. 869-895.

– *Hacia un concepto de daño en el Derecho comunitario, in* "NUE", Dezembro de 2006, n.º 263, pp. 81-92.

VATTIER FUENZALIDA, Carlos

– *La responsabilidad civil por alimentos defectuosos, in* "AC", 2002, n.º 8, pp. 281-291.

– *La responsabilidad civil por alimentos defectuosos, in* AA. VV., Régimen jurídico de la seguridad y calidad de la producción agraria. IX Congreso nacional de Derecho Agrario, Logroño, 2002, pp. 59-71.

– *Los daños por alimentos inseguros, in* "RRCS", Fevereiro de 2003, n.º 2, pp. 5-16.

– *Responsabilidad por alimentos defectuosos y seguridad alimentaria, in* AA. VV., Prodotti agricoli e sicurezza alimentare. Atti del VII Congresso mondiale di Diritto agrário dell'UMAU in memoria di Louis Lorvellec, Milão, 2003, pp. 511-527.

Vázquez Casielles, Rodolfo, Trespalacios Gutiérrez, Juan Antonio – Distribución comercial: estrategias de fabricantes y detallistas, Madrid, 1997.

Vega Garcia, Fernando Luis de la

– *Sistema de la Ley 22/94, de 6 de Julio, de responsabilidad civil por los daños causados por productos defectuosos, in* "Anales de Derecho" (Universidad de Múrcia), 1995, n.º 13, pp. 243-277.

– Responsabilidad civil derivada del producto defectuoso – un estudio de la Ley 22/1994 en el sistema de responsabilidad civil, Madrid, 1998.

Vela Sánchez, Antonio José – Criterios de aplicación del régimen de responsabilidad civil por productos defectuosos, Granada, 2004.

Veloso, Maria Manuel – *Danos não patrimoniais, in* AA. VV., Comemorações dos 35 anos do Código Civil e dos 25 anos da reforma de 1977, vol. III Direito das Obrigações, Coimbra, 2007, pp. 495-559.

Verardi, Carlo Maria – *L'introduction de la Directive communautaire du 25 juillet 1985 sur la responsabilité du fait des produits défectueux en droit italien, in* "ERPL", 1994, vol. 2, pp. 237-244.

Verda y Beamonte, José Ramón de

– *Algunas reflexiones sobre la incidencia de la Directiva 1999/44/CE, del Parlamento Europeo y del Consejo, de 25 de mayo de 1999, sobre determinados aspectos de la venta y las garantías de los bienes de consumo, en el Derecho Civil español, in* "NUE", 2002, n.º 211-212, pp. 135-148.

– *Algunas reflexiones a propósito de la transposición de la Directiva 1999/ /44/CE, del Parlamento Europeo y del Consejo, de 25 de mayo de 1999, sobre determinados aspectos de la venta y las garantías de los bienes de consumo, en el Derecho español, operada por la Ley 23/2003, de 20 de Julio, in* AA. VV., La ley 23/2003 de garantías de los bienes de consumo: planteamiento de presente y perspectivas de futuro, Reyes López, María José (Coord.), Cizur Menor, 2005, pp. 237-261.

Verdure, Christophe – *Le risque de développement dans le cadre de la responsabilité du fait des produits défectueux, in* "RGDC", 2007, pp. 131-138.

Vérgez, Mercedes – La protección del consumidor en la Ley de Garantías en la venta de bienes de consumo, Navarra, 2004.

Bibliografia 497

VETRI, Dominick – *Profili della responsabilità del produttore negli Stati Uniti, in* AA. VV., Danno da prodotti e responsabilitá dell'impresa. Diritto italiano ed esperienze straniere, ALPA e BESSONE (Coords.), Milão, 1980, pp. 63-87.

VIANELLO, Giuseppe P. – *La tutela del consumatore: osservazione a margine di un caso di responsabilità civile del venditore per danno da prodotto difettoso, in* "Diritto e Prattica nell'assicurazione", 1987.

VICENT CHULIÁ, Francisco – Introducción al derecho mercantil, Valência, 2002.

VICTORIA, María Adriana – *Productos agrícolas y la responsabilidad del productor: la trazabilidad como instituto del derecho agrario, in* AA. VV., Prodotti agricoli e sicurezza alimentare. Atti del VII Congresso mondiale di Diritto agrário dell'UMAU in memoria di Louis Lorvellec, Milão, 2003, pp. 555-578.

VIEIRA DE ANDRADE, José Carlos – *Os direitos dos consumidores como direitos fundamentais na Constituição portuguesa de 1976, in* "BFD", 2002, n.º 78, pp. 43-64.

VIGNY, Jacques – La distribution. Structures et pratiques, Paris, 1994.

VILALONGA, José Manuel – *Compra e venda e empreitada – contributo para a distinção entre os dois contratos, in* "ROA", 1997, pp. 183-228.

VILATA MENADAS, Salvador – *Perspectivas de futuro en la tutela de los negocios jurídicos de bienes de consumo, in* AA. VV., La ley 23/2003 de garantías de los bienes de consumo: planteamiento de presente y perspectivas de futuro, REYES LÓPEZ, María José (Coord.), Cizur Menor, 2005, pp. 262-272.

VINEY, Geneviève, JOURDAIN, Patrice – Traité de droit civil – les conditions de la responsabilité, Paris, 1998.

VIRASSAMY, Georges J. – Les contrats de dépendance. Essai sur les activités professionnelles exercées dan une dépendance économique, Paris, 1986.

VISCUSI, W. Kip
– *Economic aspects of product liability, in* "AER", Maio de 1988, vol. 78, n.º 2, pp. 300-304.
– *Product and occupational liability, in* "JEP", Verão de 1991, vol. 5, n.º 3, pp. 71-91.

VON BAR, Christian – The common european law of torts, vol. II, Oxford, 1998.

WADDAMS, Stephen M. – Products liability, Toronto, 2002.

WAGNER, Gerhard – *The project of harmonizing european tort law, in* "CMLR", 2005, n.º 42, pp. 1269-1312.

WANDT, Manfred – *German approaches to products liability, in* "TILJ", 1999, vol. 34, pp. 71-92.

WASSENAER VAN CATWIJCK, Otto Baron Van – *Products liability in europe, in* "AJCL", 1986, n.º 4, pp. 789-796.

WEISS, Edward Benjamin
– *When is a label a private label?, in* "Advertising Age", Janeiro de 1963.

498 *Marca do Distribuidor e Responsabilidade por Produtos*

– Management and the marketing revolution, merchandising strategies for the new era, Nova Iorque, 1964.

WENIGER, Catherine – La responsabilité du fait des produits pour les dommages causes à un tiers au sein de la Communauté Européenne. Etude de droit comparé, Genebra, 1994.

WESTERBEKE, William E. – *The sources of controversy in the new restatement of products liability: strict liability versus products liability, in* "The Kansas Journal of Law & Public Policy", 1998/1999, vol. 9, pp. 1-17.

WHINCUP, Michael – Product liability law – a guide for managers, Aldershot, 1985.

WHITTAKER, Simon
– *The EEC Directive on product liability, in* AA. VV., Yearbook of european law, n.º 5, 1985, Oxford, 1986, pp. 233-279.
– Liability for products – english law, french law and european harmonization, Oxford, 2005.

WIEGAND, Wolfgang – *The reception of American law in Europe, in* "AJCL", 1991, vol. 39, pp. 229-248.

WILHELMSSON, Thomas – *The abuse of the «confident consumer» as a justification for EC consumer law, in* "JCP", 2004, vol. 27, pp. 317-337.

WILL, Michael R. – *Responsabilità per difetto d'informazione nella Comunità Europea, in* AA. VV., Il danno da prodotti, PATTI, Salvatore (Coord.), Pádova, 1990, pp. 47-82.

WILMSHURST, Tim – *United Kingdom Product Liability insurance and the EEC Directive, in* AA. VV., Product liability, papers from the ICEL Conference, March 1989, SCHUSTER, Alex (Ed.), Dublin, 1989, pp. 41-49.

WILSON, Richard G. – *Products liability part II – The protection of the producing enterprise, in* "CaLR", 1955, vol. 43, pp. 809-840.

WRIGHT, Richard W.
– *The logic and fairness of joint and several liability, in* "MSULR", 1992, vol. 23, pp. 45-84.
– *The principles of product liability, in* "RL", Symposium 2007, vol. 26, n.º 4, pp. 1067-1123.

YZQUIERDO TOLSADA, Mariano
– Sistema de responsabilidad civil, contractual y extracontratual, Madrid, 2001.
– *Productos defectuosos, leyes defectuosas y sentencias defectuosas, in* AA. VV., Homenaje al profesor Lluis Puig i Ferriol, vol. II, ABRIL CAMPOY, Joan Manel, AMAT LLARI, Maria Eulalia (coords.), Valência, 2006, pp. 2539-2564.

ZEKOLL, Joachim – *The german products liability act, in* "AJCL", 1989, vol. 37, pp. 809-818.

ZIMMERMANN, Reinhard – *Principles of european contract law and principles of european tort law: comparison and points of contact, in* AA. VV., European tort law 2003, KOZIOL, Helmut, STEININGER, Barbara C. (Eds.), Viena/Nova Iorque, 2004, pp. 2-32.

DOCUMENTAÇÃO

COMITÉ ECONÓMICO E SOCIAL – Parecer sobre o «Livro Verde — A responsabilidade civil decorrente dos produtos defeituosos» (2000/C 117/01), de 1 de Março de 2000, *in* "JOCE" C 117, de 26 de Abril de 2000, pp. 1-5.
COMISSÃO EUROPEIA
- Deuxième avant-projet de directive sur le rapprochement des législations des États membres en matière de responsabilité du fait des produits, Document de Travail no. 6 pour le Groupe de Travail «Responsabilité du fait des produits», Document XI/335/75-F, Julho de 1975.
- Memorandum sobre a criação da marca comunitária, Supplément, 8/76, n.º 12, 1976.
- Mémorandum de la Commission, Bulletin des Communautés Européennes, Suppléments 11/76, Luxemburgo, 1976.
- Explanatory memorandum attached to the original commission draft of the directive of 5th September (com [76] 372 final), together with the commission's note attached to its revised draft of 26th September 1979 (com [79] 415 final), *in* Commercial laws of Europe, 1986.
- Proposta de Directiva sobre a responsabilidade do prestador de serviços, de 9 de Novembro de 1990 – COM (90) 482 final, *in* "JOCE" C 12, de 9 de Janeiro de 1991.
- Livro Verde sobre as garantias dos bens de consumo e os serviços pós-venda, COM (93) 509 final, de 15 de Novembro de 1993.
- Comunicação relativa a novas orientações em matéria de responsabilidade do prestador de serviços, COM (1994) 260 final, de 23 de Junho de 1994.
- Plano de acção sobre política dos consumidores 1999-2001, COM (1998) 696 final, de 1 de Dezembro de 1998.
- Primeiro Relatório sobre a aplicação da Directiva 85/374 em matéria de responsabilidade decorrente dos produtos defeituosos, COM (95) 617 final, de 3 de Dezembro de 1995.
- Livro Verde sobre as restrições verticais no âmbito da política comunitária da concorrência, COM (96) 721, de 22 de Janeiro de 1997.
- Livro Verde sobre princípios gerais da legislação alimentar da União Europeia, COM (97) 176.

502   *Marca do Distribuidor e Responsabilidade por Produtos*

- Livro Verde A responsabilidade civil decorrente dos produtos defeituosos, COM (1999) 396 final, de 28 de Julho de 1999.
- Livro Branco sobre a Segurança dos Alimentos, COM (1999) 719 final, de 12 de Janeiro de 2000.
- Segundo Relatório sobre a aplicação da Directiva 85/374 em matéria de responsabilidade decorrente dos produtos defeituosos, COM (2000) 893 final, de 31 de Janeiro de 2001.
- Comunicação relativa ao Direito europeu dos contratos, COM (2001) 398 final, de 11 de Julho de 2001.
- Comunicação da Comissão ao Parlamento Europeu e ao Conselho "maior coerência no direito europeu dos contratos", COM (2003) 68 final, de 12 de Dezembro de 2003.
- Terceiro relatório sobre a aplicação da Directiva 85/374 em matéria de responsabilidade decorrente dos produtos defeituosos, COM (2006) 496 final, de 14 de Setembro de 2006.
- Comunicação da Comissão ao Conselho e ao Parlamento Europeu sobre a aplicação da Directiva 1999/44/CE do Parlamento Europeu e do Conselho, de 25 de Maio de 1999, relativa a certos aspectos da venda de bens de consumo e das garantias a ela relativas, de 24 de Abril de 2007, COM (2007) 210 final.

COMMITTEE ON COMMERCE, SCIENCE AND TRANSPORTATION
- Report n.º 99-433, 99th Congress, 2d Session, 1986.
- Report n.º 104-69.
- Report n.º 105-32.

CONSELHO DA EUROPA – Rapport explicatif concernant la Convention européenne sur la responsabilité du fait des produits en cas de lésions corporelles ou de décès, Conselho da Europa, Estrasburgo, 1977.

CONSELHO DA COMUNIDADE ECONÓMICA EUROPEIA – Resolução 2003/C 26/02, de 19 de Dezembro de 2002, *in* "JOCE" C 26, de 4 de Fevereiro de 2003.

HOUSE OF LORDS, Select Committee on the European Communities – *Liability for defective products*, House of Lords, session 1979-80, 50th report, 1980.

JORNAL DE NOTÍCIAS – JN NEGÓCIOS – Quinta-feira, 6 de Dezembro de 2007, p. 5.

LAW COMMISSION AND THE SCOTTISH LAW COMMISSION (THE) – *Liability For Defective Products*, Law Com. n.º 82, Scot. Law Com. n.º 45, Junho de 1977.

LAW REFORM COMMISSION OF AUSTRALIA AND VICTORIA (THE) – Product liability, Camberra, 1989.

LAW REFORM COMMISSION OF HONG KONG – Report on civil liability for unsafe products, Fevereiro de 1998.

MARS, Amanda – *La marca blanca se impone en la guerra del super* – "El País", Sábado, 28 de Fevereiro de 2009, p. 30.

MINISTERIO DE JUSTICIA (Espanha) – Memoria que acompaña al proyecto de Ley sobre responsabilidad civil por los daños causados por productos defectuosos". Secretaría General Técnica del Congreso de los Diputados, Documentación preparada por el Congreso de los Diputados para la tramitación Del Proyecto de Ley, Documentación no. 112, Janeiro de 1994, pp. 195-212.

OCDE
- Product liability rules in OECD countries, Paris, 1995.
- *Buying power of multiproduct retailers directorate for financial, fiscal and enterprise affairs committee on competition law and policy*, 21 de Junho de 1999.

PARLAMENTO EUROPEU
- Resolução de 26 de Maio de 1989, *in* "JOCE" C 158, de 26 de Junho de 1989, p. 400.
- Resolução de 6 de Maio de 1994, *in* "JOCE" C 20, de 25 de Julho de 1994, p. 518.

PARLAMENTO EUROPEU E CONSELHO DA UNIÃO EUROPEIA
- Proposta de Directiva relativa à venda e às garantias dos bens de consumo, COM (95) 520 final, *in* "JOCE" C 307, de 16 de Outubro de 1996, p. 8.
- Proposta de Directiva do Parlamento Europeu e do Conselho relativa aos serviços no mercado interno, COM (2004) 2 final, de 13 de Janeiro de 2004, pp. 1-87.

SENADO DOS ESTADOS UNIDOS
- PRODUCT LIABILITY REFORM ACT – Senate Bill 1400, 101st Congress, 1st Session.
- COMMON SENSE PRODUCT LIABILITY AND LEGAL REFORM ACT OF 1995 – Senate Bill n.º 565, 104th Congress, 1st Session.
- PRODUCT LIABILITY REFORM ACT OF 1997 – Senate Bill 648, 105th Congress, 1st Session.
- PRODUCT LIABILITY REFORM ACT OF 1998 – Senate Bill 2236, 105th Congress, 2nd Session.

SERVICIO DE DEFENSA DE LA COMPETÊNCIA, MINISTÉRIO DE ECONOMIA Y HACIENDA (ESPANHA) – *Informe n.º 03029, Iberfruta/ /Iande*, 20 de Junho de 2003.

LEGISLAÇÃO

ALEMANHA
- LEI DE REFORMA DO DIREITO FARMACÊUTICO – Lei de 24 de Agosto de 1976, alterada pela Lei de 16 de Agosto de 1986 e pela Lei de 19 de Julho de 2002.
- LEI de 15 de Dezembro de 1989.

ARGENTINA
- LEY DE DEFENSA DEL CONSUMIDOR – Ley 24.240, de 1993.
- LEY 24.1999, de 1998.

AUSTRÁLIA
- TRADE PRACTICES ACT 1974.

ÁUSTRIA
- LEI de 1 de Julho de 1988.

BÉLGICA
- LEI de 25 de Fevereiro de 1991.

BRASIL
- CÓDIGO DE DEFESA DO CONSUMIDOR – Lei n.º 8.078, de 11 de Setembro de 1990.

COMUNIDADE EUROPEIA
- CONVENÇÃO SOBRE A LEI APLICÁVEL ÀS OBRIGAÇÕES CONTRATUAIS, aberta à assinatura em Roma em 19 de Junho de 1980, *in* "JOCE" C 27, de 26 de Janeiro de 1998.

CONFERÊNCIA DA HAIA DE DIREITO INTERNACIONAL PRIVADO
- CONVENÇÃO DE 2 DE OUTUBRO DE 1973 sobre a lei aplicável à responsabilidade por produtos.

506   *Marca do Distribuidor e Responsabilidade por Produtos*

CONSELHO DA EUROPA
- CONVENÇÃO DO CONSELHO DA EUROPA SOBRE RESPON-
SABILIDADE DO PRODUTOR POR PRODUTOS DEFEITUOSOS, de
27 de Janeiro de 1977. Série de Traités Européens, n.º 91, Publications
Section. Conseil de l'Europe, Estrasburgo, Dezembro de 1986.

CONSELHO DAS COMUNIDADES EUROPEIAS
- CONVENÇÃO DE BRUXELAS SOBRE A COMPETÊNCIA JUDI-
CIÁRIA E A EXECUÇÃO DE DECISÕES EM MATÉRIA CIVIL E
COMERCIAL, DE 27 DE SETEMBRO DE 1968, *in* "JOCE" C 27, de
26 de Janeiro de 1998, pp. 1-27 (versão consolidada).
- DIRECTIVA 79/112/CEE relativa à aproximação das legislações dos
Estados-membros respeitantes à rotulagem, apresentação e publicidade
dos géneros alimentícios destinados ao consumidor final, *in* "JOCE"
L 33, de 8 de Fevereiro de 1979, p. 1.
- DIRECTIVA 85/374/CEE DO CONSELHO, de 25 de Julho de 1985,
relativa à aproximação das disposições legislativas, regulamentares e
administrativas dos Estados-Membros em matéria de responsabilidade
decorrente dos produtos defeituosos, *in* "JOCE" L 210, de 7 de Agosto
de 1985, pp. 29-33.
- DIRECTIVA 86/653/CEE DO CONSELHO, DE 18 DE DEZEMBRO
DE 1986, relativa à coordenação do direito dos Estados-membros sobre
os agentes comerciais, *in* "JOCE" L 382, de 31 de Dezembro de 1986,
pp. 17-21.
- DIRECTIVA 87/357/CEE DO CONSELHO DE 25 DE JUNHO DE 1987
relativa à aproximação das legislações dos Estados-membros respeitantes
aos produtos que, não possuindo a aparência do que são, comprometem
a saúde ou a segurança dos consumidores, *in* "JOCE" L 192, de 11 de
Julho de 1987 pp. 49-50, rectificada no "JOCE" L 275, de 29 de Setembro de 1987, p. 43.
- DIRECTIVA 88/378/CEE DO CONSELHO DE 3 DE MAIO DE 1988
relativa à aproximação das legislações dos Estados-membros respeitantes
à segurança dos brinquedos, *in* "JOCE" L 187, de 16 de Julho de 1988,
pp. 1-13, rectificada *in* "JOCE" n.º 37, de 9 de Fevereiro de 1991.
- PRIMEIRA DIRECTIVA DO CONSELHO que harmoniza as legislações dos Estados Membros em matéria de marcas, de 21 de Dezembro
de 1988 (89/104/CEE), *in* "JOCE" L 40, de 11 de Fevereiro de 1989,
pp. 1-7.
- DIRECTIVA 1990/314/CEE DO CONSELHO, DE 13 DE JUNHO DE
1990, relativa às viagens organizadas, férias organizadas e circuitos
organizados, *in* "JOCE" L 158, de 23 de Junho de 1990, pp. 59-64.

– DIRECTIVA 92/59/CEE DO CONSELHO, DE 29 DE JUNHO DE 1992, relativa à segurança geral dos produtos, *in* "JOCE" L 228, de 11 de Agosto de 1992, pp. 24-32.

– DIRECTIVA 93/13/CEE DO CONSELHO, DE 5 DE ABRIL DE 1993, relativa às cláusulas abusivas nos contratos celebrados com os consumidores, *in* "JOCE" L 95, de 21 de Abril de 1993, pp. 29-24.

– DIRECTIVA 93/42/CEE DO CONSELHO, DE 14 DE JUNHO DE 1993, relativa aos dispositivos médicos, *in* "JOCE" L 169, de 12 de Julho de 1993 pp. 1-43, alterada pela DIRECTIVA 2000/70/CE DO PARLAMENTO EUROPEU E DO CONSELHO DE 16 DE NOVEMBRO DE 2000 (*in* "JOCE" L 313/22, de 12 de Dezembro de 2000) e pela DIRECTIVA N.º 2001/104/CE, DO PARLAMENTO EUROPEU E DO CONSELHO, de 7 de Dezembro (*in* "JOCE" L 6, de 10 de Janeiro de 2002).

– REGULAMENTO (CE) N.º 40/94 DO CONSELHO, de 20 de Dezembro de 1993, sobre Marca Comunitária, *in* "JOCE" L 11, de 14 de Janeiro de 1994, pp. 1-36.

– REGULAMENTO (CE) N.º 44/2001 DO CONSELHO, de 22 de Dezembro de 2000, relativo à competência judiciária, ao reconhecimento e à execução de decisões em matérias civil e comercial, *in* "JOCE" L 12, de 16 de Janeiro de 2001, pp. 1-23.

– REGULAMENTO (CE) N.º 207/2009 DO CONSELHO, de 26 de Fevereiro de 2009, sobre a marca comunitária, *in* "JOCE" L 78, de 24 de Março de 2009, pp. 1-42.

DINAMARCA

– LEI N.º 371 de 7 de Junho (*Produktansvarslov*), alterada pela Lei n.º 1041, de 28 de Novembro de 2000

EQUADOR

– LEY ORGÂNICA DE DEFENSA DEL CONSUMIDOR – Ley 21, de 10 de Dezembro de 2000.

ESPANHA

– CÓDIGO CIVIL.

– LGDCU – LEY 26/1984, de 19 de Julho, General para la Defensa de los Consumidores y Usuarios.

– LEY 22/1994, de 6 de Julho, de responsabilidad civil por daños causados por productos defectuosos, modificada pela Ley 14/2000, de 29 de Dezembro.

– LEY 17/2001, de 7 de Dezembro, de marcas.

508 *Marca do Distribuidor e Responsabilidade por Produtos*

- LEY 23/2003, de 10 de Julho, de Garantías en la Venta de Bienes de Consumo.
- REAL DECRETO LEGISLATIVO 1/2007, de 16 de Novembro, por el que se aprueba el texto refundido de la Ley General para la Defensa de los Consumidores y Usuarios y otras leyes complementarias.

ESTADOS UNIDOS DA AMÉRICA
- COLORADO REVISED STATUTES
- CONSUMER PRODUCT SAFETY ACT 1972
- DELAWARE INSURANCE CODE
- IDAHO JURY INSTRUCTIONS (CIVIL JURY INSTRUCTIONS COMMITTEE 2002-2003)
- IDAHO STATUTES
- ILLINOIS CODE OF CIVIL PROCEDURE
- INDIANA PATTERN JURY INSTRUCTIONS
- INDIANA STATE CODE
- KANSAS STATUTES
- MODEL UNIFORM PRODUCT LIABILITY ACT
- NEW JERSEY STATUTES
- NEW MEXICO STATUTES
- NORTH CAROLINA GENERAL STATUTES
- OHIO REVISED CODE
- TEXAS CIVIL PRACTICE & REMEDIES CODE
- UNITED STATES CODE
- WASHINGTON REVISED CODE

FILIPINAS
- THE CONSUMER ACT OF THE PHILIPPINES, Republic Act n.º 7394, de 13 de Abril de 1992.

FRANÇA
- CODE CIVIL.
- CODE DE LA CONSOMMATION.
- LOI N.º 98-389, de 19 de Maio de 1998.
- LOI n.º 2004-1343, de 9 de Dezembro de 2004.
- LOI n.º 2006-406, de 5 de Abril de 2005.

GRÉCIA
- LEI 2251/1994.

ÍNDIA
- THE CONSUMER PROTECTION ACT (Act 68/1986), de 24 de Dezembro.

ITÁLIA
- CODICE CIVILE
- DECRETO DO PRESIDENTE DA REPÚBLICA N.º 224, de 24 de Maio de 1988.
- CODICE DEL CONSUMO, aprovado pelo Decreto Legislativo n.º 206, de 6 de Setembro de 2005.

JAPÃO
- PRODUCT LIABILITY ACT 1994.

ORGANIZAÇÃO DAS NAÇÕES UNIDAS
- CONVENÇÃO DE VIENA DE 1980 – Convenção das Nações Unidas sobre os contratos de compra e venda internacional de mercadorias.

PARLAMENTO EUROPEU E CONSELHO DA UNIÃO EUROPEIA
- DIRECTIVA 98/79 CE, DO PARLAMENTO EUROPEU E DO CONSELHO DE 27 DE OUTUBRO DE 1998 relativa aos dispositivos médicos de diagnóstico *in vitro* – *in* "JOCE" L 331, de 7 de Dezembro de 1998, p. 1.
- DIRECTIVA 1999/34 CE, DO PARLAMENTO EUROPEU E DO CONSELHO DE 10 DE MAIO DE 1999, *in* "JOCE" L 141, de 4 de Junho de 1999, pp. 20-21.
- DIRECTIVA 1999/44/CE DO PARLAMENTO EUROPEU E DO CONSELHO DE 25 DE MAIO DE 1999, relativa à aproximação das disposições dos estados membros da União Europeia sobre certos aspectos da venda de bens de consumo e das garantias a ela relativas, *in* "JOCE" L 171, de 7 de Julho de 1999, pp. 12-16.
- DIRECTIVA 2000/13/CE DO PARLAMENTO EUROPEU E DO CONSELHO, de 20 de Março de 2000, relativa à aproximação das legislações dos Estados-Membros respeitantes à rotulagem, apresentação e publicidade dos géneros alimentícios, *in* "JOCE" L 109 de 6 de Maio de 2000, pp. 29-42.
- DIRECTIVA 2001/95/CE, DO PARLAMENTO EUROPEU E DO CONSELHO, de 3 de Dezembro de 2001, relativa à segurança geral dos produtos, *in* "JOCE" L 11, de 15 de Janeiro de 2002, pp. 4-17.
- DIRECTIVA 2006/123 do Parlamento Europeu e do Conselho, de 12 de Dezembro de 2006, relativa aos serviços no mercado interno, *in* "JOCE" L 376, de 27 de Dezembro de 2006, pp. 36-68.
- REGULAMENTO (CE) N.º 864/2007 DO PARLAMENTO EUROPEU E DO CONSELHO DE 11 DE JULHO DE 2007, relativo à lei aplicável às obrigações extracontratuais ("Roma II"), *in* "JOCE" L 199, de 31 de Julho de 2007, pp. 40-49.
- REGULAMENTO (CE) N.º 593/2008, DO PARLAMENTO EUROPEU E DO CONSELHO DE 17 DE JUNHO DE 2008 (ROMA I), sobre a lei

510 *Marca do Distribuidor e Responsabilidade por Produtos*

aplicável às obrigações contratuais, *in* "JOCE" L 177, de 4 de Julho de 2008, pp. 6-16.
- DIRECTIVA 2009/48/CE DO PARLAMENTO EUROPEU E DO CONSELHO, de 18 de Junho de 2009, relativa à segurança dos brinquedos, *in* "JOCE" L 170, de 30 de Junho de 2009, pp. 1-37.

PORTUGAL
- CÓDIGO CIVIL.
- CÓDIGO COMERCIAL.
- DL N.º 446/85, DE 25 DE OUTUBRO, alterado pelo DL n.º 220/95, de 31 de Agosto (rectificado pela Rectificação n.º 114-B/95, de 31 de Agosto), pelo DL n.º 249/99, de 07 de Julho e pelo DL n.º 323/2001, de 17 de Dezembro.
- DL N.º 178/86, de 3 de Julho.
- CÓDIGO DE PROCESSO CIVIL
- DL N.º 383/89, de 6 de Novembro, alterado pelo DL n.º 131/2001, de 24 de Abril.
- DL N.º 140/90, de 30 de Abril.
- DL N.º 150/90, de 10 de Maio.
- DL N.º 198/93, de 27 de Maio.
- CONSTITUIÇÃO DA REPÚBLICA PORTUGUESA – com a redacção que lhe foi dada pela sétima revisão constitucional (Lei Constitucional n.º 1/2005, de 12 de Agosto).
- DL N.º 311/95, de 20 de Novembro.
- DL N.º 560/99, de 18 de Dezembro.
- LEI DE DEFESA DO CONSUMIDOR – Lei n.º 24/96, de 31 de Julho, com a redacção que lhe foi dada pelo DL n.º 67/2003, de 8 de Abril.
- LEI N.º 18/2003, de 11 de Junho.
- CÓDIGO DA PROPRIEDADE INDUSTRIAL – aprovado pelo DL n.º 36/2003, de 5 de Março.
- DL N.º 67/2003, de 8 de Abril, alterado pelo DL n.º 84/2008, de 21 de Maio.
- DL N.º 69/2005, de 17 de Março.
- DL N.º 176/2006, de 30 de Agosto.
- CÓDIGO DOS CONTRATOS PÚBLICOS, aprovado pelo DL n.º 18//2008, de 29 de Janeiro.

REINO UNIDO
- CONSUMER PROTECTION ACT, de 15 de Maio de 1987.

VENEZUELA
- LEY DE PROTECCIÓN AL CONSUMIDOR Y AL USUARIO – Lei de 4 de Maio de 2004.

JURISPRUDÊNCIA

AUSTRÁLIA
- *Glendale Chemical Products Pty Ltd* vs. *Australian Competition and Consumer Commission* – FCR 40 (1999).
- *Grant* vs. *Australian Knitting Mills Ltd*, 1936, A.C. 85 (P.C.).

BÉLGICA
- Acórdão de 24 de Março de 1994 do *Court d'Appel* de Anvers (processo JB30772-1).

ESPANHA
Tribunal Supremo
- Acórdão de 23 de Maio de 1991, processo n.º 2639/1991, Sala de lo Civil. Acessível online em http://www.poderjudicial.es.
- Acórdão de 4 de Outubro de 1996, processo n.º 778/1996, Sala de lo Civil, (RJ 1996/7034).
- Acórdão de 19 de Abril de 2000 (RJ 2979).
- Acórdão de 10 de Junho de 2002, processo n.º 4222/2002, Sala de lo Civil. Acessível online em http://www.poderjudicial.es.
- Acórdão de 21 de Fevereiro de 2003, Sala de lo Civil, Sección 1 (RJ 2003/2133).
- Acórdão de 14 de Julho de 2003, processo n.º 753/2003, Sala de lo Civil, Sección única (RJ 2002/5837).
- Acórdão de 27 de Julho de 2005, processo n.º 659/2005, Sala de lo Civil, (RJ 2005/5101).
- Acórdão de 20 de Setembro de 2006, processo n.º 876/2006, Sala de lo Civil, Sección 1 (RJ 2006/8591).
- Acórdão de 19 de Fevereiro de 2007, sentença n.º 183/2007, Sala de lo Civil, Sección 1 (RJ 2007/1985).

Audiência Provincial de Almería
- Acórdão da Secção 1ª de 15 de Junho de 2001, processo n.º 187/2001 (JUR 2001/248258).

512 *Marca do Distribuidor e Responsabilidade por Produtos*

Audiência Provincial de Barcelona
– Acórdão da Secção 17ª de 17 de Dezembro de 2001, processo n.º 766/
/2001 (JUR 2002/84388).
– Acórdão da Secção 17ª de 30 de Maio de 2002, Recurso de Apelação
n.º 724/2001, (AC 2002/1211).

Audiência Provincial de Las Palmas
– Acórdão da Secção 4ª de 12 de Abril de 2004, processo n.º 229/2004,
(JUR 2004/153039).

Audiência Provincial de Múrcia
– Acórdão da Secção 4.º de 1 de Setembro de 2001, processo n.º 283/2001
(JUR 2001/312050).

Audiência Provincial de Saragoça
– Acórdão da Secção 2.º de 11 de Outubro de 2004, processo n.º 542/2004
(JUR 2004/298313).

Audiência Provincial de Valência
– Acórdão da Secção 9.º de 17 de Setembro de 2002, processo n.º 537/
/2002 (AC 2002/1658).
– Acórdão da Secção 7.º de 2 de Novembro de 2004, processo n.º 591/
/2004 (JUR 2005/31112).

Juzgado de 1ª Instância número trece de Barcelona
– Sentença de 11 de Junho de 2007, Juicio Ordinario número 467/06-5ª.

ESTADOS UNIDOS DA AMÉRICA
– *Ibbetson* vs. *Montgomery Ward & Company* – Illinois Appelation Court,
171 355 (1912).
– *Willson* vs. *Faxon* – New York 208, 108, 101, N. E. 799 (1913).
– *Thornhill* vs. *Carpenter-Morton Co.* – Massachusetts, 220 593, 108 N.E.
474 (1915).
– *MacPherson* vs. *Buick Motor Co.* – Court of Appeals of New York, 217
N.Y. 382, 389, 111 N. E. 1050, 1053 (1916).
– *Miller* vs. *Steinfeld* – Appelation Division 174, 337, 160 N. Y. Supp. 800
(1916).
– *Fleetwood* vs. *Swift & Co.* – Georgia Court of Appeal, 502, 108 S. E.
909 (1921).
– *Ultramares Corp.* vs. *Touche* – Court of Appeals of New York, 255, N.Y.
170, 180, 174 N.E. 441, 445 (1931).

– *Tiedje* vs. *Haney* – Minnesota, 184, 569, 239 N. W. 611 (1931).

– *Burkhardt vs. Armour & Co.* – Connecticut, 161 A. 385 (1932).

– *Better Beverages, Inc.* vs. *Mary Meschwitz* – Texas Appeal Court, 643 S.W.2d 502 (1932).

– *Slavin vs. Francis H. Leggett & Co.* – New Jersey, 121 A. 120 (1935).

– *Swift & Co.* vs. *Blackwell* – 4th Circuit, 84 F.2d 130 (1936).

– *Degouvia* vs. *H.D. Lee Mercantile Co.* – Missouri Court of Appeals, S.W.2d 336, 338 (1936).

– *Sears, Roebuck & Co.* vs. *Morris* – Alabama, 273 218, 136 So.2d 883 (1961).

– *Carney* vs. *Sears, Roebuck and Co.* – Virginia Court of Appeals, 309 F.2d 300 (1962).

– *Greenman vs. Yuba Power Products* – California Supreme Court, 59 Cal.2d 57, 27 Cal. Rptr. 697, 377 P.2d 897(1963).

– *Wagner* vs. *Larson* – Iowa 136 N.W.2d 312 (1965).

– *Schwartz* vs. *Macrose Lumber & Trim Co.* – Supreme Court Queens County, 50 Misc.2d 547, 270 N.Y.S.2d 875 (1966).

– *Penn* vs. *Inferno Mfg. Corp.* – Los Angeles Court of Appeals, 199 So.2d 210 (1967).

– *Smith* vs. *Regina manufacturing Corporation* – South Carolina Court of Appeals, 396 F.2d 826 (1968).

– *Forry* vs. *Gulf Oil Corp.* – Pennsylvania 428 334, 344 (1968).

– *Moody* VS. *Sears, Roebuck and Co.* – 324 F. Supp. 844 D.C. Ga. (1971).

– *Carter vs. Joseph Bancroft & Sons Co.* – 360 F Supp., 1107 E.D. Pa (1973).

– *Spillers* vs. *Montgomery Ward & Co.* – Los Angeles, 294 So.2d 803 (1974).

– *Chappius* vs. *Sears Roebuck & Co.* – Los Angeles Appeal Court 1st Circuit, 349 So. 2d 963 (1977).

– *Connelly* vs. *Uniroyal, Inc* – Illinois 2d Circuit, 389 N.E.2d 155 (1979).

– *Sindell* vs. *Abbott Laboratories Inc* – Supreme Court of California, 26 Cal. 3d. 588, 607 (1980).

– *Hebel* vs. *Sherman Equip.* – Illinois Supreme Court, 442, N.E.2d 199, 201 (1982).

– *Nelson* vs. *International Paint Co.* – 5th Circuit, 734 F.2d 1084 (1984).

– *Holman Motor Co.* v *Evans* – Georgia Court of Appeals, 314 S.E.2d 453, 454-55 (1984).

– *Brandimarti* vs. *Caterpillar Tractor Co.* – Pennsylvania Supreme Court, 527 A.2d 134, 139-40 (1987).

– *Morrison vs. Sears, Roebuck & Co.* – North Carolina Supreme Court, 298, 354 S.E.2d 495 (1987).

514 Marca do Distribuidor e Responsabilidade por Produtos

- *Warzynski vs. Empire Comfort Sys.* – North Carolina Court of Appeals, 401 S.E.2d 801 (1991).
- *Haymore* vs. *Thew Shovel, Co.* – North Carolina Court of Appeals, 446 S.E.2d 865 (1994).
- *Root* vs. *JH Industries, Inc.* – Illinois Appelation Court 3d Section, 277 502, 506, 660 N.E.2d 195 (1995).
- *Seasword* vs. *Hilti, Inc.* – Michigan, 537 N.W.2d 221 (1995).
- *Yoder* vs. *Honeywell* – 10th Circuit of Appeals, 104 F.3d 1215, 1223 (1997).
- *Long* vs. *United States Brass Corp.* – District Court of Colorado, 333 F. Supp. 2d 999 (2004).

HOLANDA
- *Hartman* vs. *Stichting Sanquin Bloedvoorziening,* Tribunal Distrital de Amesterdão (1999).

IRLANDA
- *High Court of Justice* – *Duffy* vs. *Rooney and Dunnes Stores* – 23 de Junho de 1997, não publicado.

ITÁLIA
- *Corti di Cassazioni* – 21 de Novembro de 1995, n.º 12023, *in* "DannoR", 1996, p. 363.

PORTUGAL
(todos os acórdãos citados sem qualquer outra referência estão disponíveis online em www.dgsi.pt)

Supremo Tribunal de Justiça
- Acórdão de 26 de Outubro de 1995, *in* "CJ/STJ", 1995, ano III, tomo III, pp. 84-86.
- Acórdão de 5 de Março de 1996
- Acórdão de 24 de Junho de 1999
- Acórdão de 29 de Março de 2001, *in* "CJ/STJ", 2001, ano IX, tomo I, pp. 192-184.
- Acórdão de 8 de Novembro de 2001, *in* "CJ/STJ", 2001, ano IX, tomo III, pp.
- Acórdão de 13 de Novembro de 2001
- Acórdão de 19 de Setembro de 2002
- Acórdão de 11 de Março de 2003
- Acórdão de 3 de Abril de 2003

Jurisprudência

- Acórdão de 16 de Outubro de 2003
- Acórdão de 19 de Fevereiro de 2004
- Acórdão de 13 de Janeiro de 2005
- Acórdão de 18 de Abril de 2007
- Acórdão de 9 de Outubro de 2007
- Acórdão de 27 de Maio de 2008

Tribunal da Relação de Coimbra
- Acórdão de 20 de Junho de 2000
- Acórdão de 2 de Outubro de 2001
- Acórdão de 27 de Abril de 2004
- Acórdão de 8 de Junho de 2004
- Acórdão de 11 de Julho de 2006

Tribunal da Relação de Évora
- Acórdão de 13 de Setembro de 2007

Tribunal da Relação de Guimarães
- Acórdão de 21 de Fevereiro de 2008

Tribunal da Relação de Lisboa
- Acórdão de 7 de Abril de 1992
- Acórdão de 23 de Maio de 1995, *in* "CJ", 1995, ano XX, tomo III, pp. 113-117.
- Acórdão de 9 de Dezembro de 1997
- Acórdão de 18 de Março de 1999
- Acórdão de 9 de Julho de 2003
- Acórdão de 1 de Março de 2007
- Acórdão de 19 de Abril de 2007
- Acórdão de 14 de Outubro de 2008

Tribunal da Relação do Porto
- Acórdão de 27 de Novembro de 1997
- Acórdão de 13 de Julho de 2000
- Acórdão de 6 de Março de 2001
- Acórdão de 27 de Março de 2003
- Acórdão de 7 de Junho de 2004
- Acórdão de 17 de Junho de 2004
- Acórdão de 7 de Março de 2005
- Acórdão de 20 de Novembro de 2007

516   *Marca do Distribuidor e Responsabilidade por Produtos*

REINO UNIDO
- *Thompson* vs. *Lohan* – 1 W.L.R., pp. 694 *ss* (1987).
- *A* vs. *National Blood Authority, English High Court*, 1999.
- *Sam Bogle and Others* vs. *McDonald's Restaurants Limited* – High Court of Justice, Queens Bench Division, EWHC 490 (2002). Acessível online em http://www.hmcourts-service.govs.uk/judgmentsfiles/j1118/Bogle_v_McDonalds.htm.
- *Pollard* vs. *Tesco Stores Ltd and Others* – EWCA Civ 393 (2006).

TRIBUNAL DE JUSTIÇA DAS COMUNIDADES EUROPEIAS
- Acórdão de 23 de Maio de 1978 – caso "Hoffmann-La Roche/Centrafarm", processo 102/77, *in* "CJTCE" 1978, pp. 1139 *ss*.
- Acórdão de 17 de Outubro de 1990 – caso "HAG-II", Processo C-10/89, *in* "CJTCE" 1990, p. 3758.
- Acórdão de 19 de Novembro de 1991 – caso "Francovich vs. Itália", Processos apensos C-6/90 e C-9/90, *in* "CJTCE" 1991, p. I-5357.
- Acórdão de 29 de Maio de 1997 – caso "Comissão / Reino Unido", Processo C-300/95, *in* "CJTCE" 1997 p. I-2649.
- Acórdão de 17 de Setembro de 1997 – caso "Provincia autonoma di Trento e Ufficio del medico provinciale di Trento/Dega di Depretto Gino Snc, processo C-83/96, *in* "CJTCE" 1996, p. 5001.
- Acórdão de 29 de Setembro de 1998 – Caso "Canon", Processo C-39/97, *in* "CJTCE", p. I-5507.
- Acórdão de 22 de Junho de 1994 – Caso "IHT Internationale Heiztechnik vs. Ideal Standard", Processo n.º C-9/93, *in* "CJTCE", 1994, p. I-2789.
- Acórdão de 10 de Maio de 2001 – Caso "Henning Veedfald vs. Arhus Amtskommune", Processo n.º C-203/99, *in* "CJTCE", 2001, p. I-3569.
- Acórdão de 25 de Abril de 2002 – "Comissão/França" (processo C-52/00, *in* "CJTCE", p. I-3827), "Comissão/Grécia" (processo C-154/00, *in* "CJTCE", p. I-3879) e "González Sánchez" (processo C-183/00, *in* "CJTCE", p. I-3901).
- Acórdão de 13 de Novembro de 2003 – caso "Granarolo SpA/Comune di Bologna", processo C-294/01, *in* "CJTCE", 2003, p. 13429.
- Acórdão da Primeira Secção de 9 de Fevereiro de 2006, Processo C-127/04 – pedido de decisão prejudicial apresentado pela High Court of Justice (England & Wales, Queen's Bench Division): Declan O'Byrne vs. Sanofi Pasteur MSD Ltd, Sanofi Pasteur SA, *in* "JOCE" C 86, de 8 de Abril de 2006, pp. 5-6.
- Pedido de decisão prejudicial Vestre Landsret: Skov Æg vs. Bilka Lavprisvarehus A/S e Bilka Lavprisvarehus A/S vs. Jette Mikkelsen,

Jurisprudência   517

Michael Due Nielsen – Processo C-402/03, *in* "JOCE" C 48, de 25 de Fevereiro de 2006, p. 4.
– Acórdão da Grande Secção de 14 de Março de 2006, Processo C-177/04, *in* "JOCE" C 131, de 3 de Junho de 2006, pp. 10-11.
– Acórdão de 23 de Novembro de 2006 – caso "Lidl Itália Srl/Comune di Arcole (VR)", processo C-315/05, *in* "CJTCE", 2006, pp. 11181.
– Acórdão de 5 de Julho de 2007 – caso "Comissão/Reino da Dinamarca", processo C-327/05, *in* "JOCE" C 199, de 25 de Agosto de 2007, p. 7.

WEBGRAFIA

AC NIELSEN – The power of private label 2005 – a review of growth trends around the world, Setembro de 2005
http://www.us.nielsen.com/reports/documents/2005_privatelabel.pdf

AMERICAN MARKETING ASSOCIATION – http://www.marketingpower.com

BERGÈS-SENNOU, Fabian, BONTEMPS, Philippe, RÉQUILLART, Vincent – *A survey on the economic impact of the development of private labels.* Université de Toulouse (INRA, IDEI), 2003 – http://www.idei.fr/doc/wp/2003/private_labels.pdf

BOUILLEZ, Ophélie, DEVOET, Claire – *Une machine à laver prend feu...,* Centre de Droit de la Consommation, Université de Louvain – http://www.drt.ucl.ac.be/cdc/data/consommateurs/machine_laver.pdf

CARREFOUR – http://www.carrefour.fr/

COMISSÃO DO CÓDIGO DO CONSUMIDOR – Anteprojecto do Código do Consumidor – www.portugal.gov.pt

COMISSÃO LANDO – Princípios de Direito Contratual Europeu (*European Principles of Contract Law*) –http://webh01.ua.ac.be/storme/PECL3en.html

CONSELHO DA COMUNIDADE ECONÓMICA EUROPEIA
– Draft Council report on the need to approximate Member States' legislation in civil matters, Novembro de 2001 –http://register.consilium.eu.int/pdf/en/01/st12/12735en1.pdf

FONDAZIONE ROSSELLI – Analysis of the economic impact of the development risk clause as provided by Directive 85/374/EEC on liability for defective products – http://ec.europa.eu/enterprise/regulation/goods/docs/liability/2004-06-dev-risk-clause-study_en.pdf

GUTIÉRREZ SANTIAGO, Pilar – La prueba del defecto del producto y la de su relación causal con el daño como piezas claves en los pleitos de responsabilidad civil derivada de productos defectuosos – http://www.geocities.com/pilargsh/publicaciones.html.

InDret – Revista para el Análisis del Derecho – www.indret.com

KPMG – Customer loyalty & private label products, Londres, 2004 – http://www.kpmg.ca/en/industries/cib/consumer/documents/CustomerLoyalty.pdf

520 *Marca do Distribuidor e Responsabilidade por Produtos*

LEE, Robert G. – Statutory liability for defective products, Dezembro de 2002 –http://www.fen.bris.ac.uk/engmgt/ps PS3%20L11%20Statutory%20Liability%20for%20Defective%20 Products%20RL.pdf

PARDO LEAL, Marta – ¿Es necesario modificar la Directiva 85/374/CEE relativa a la responsabilidad por los daños causados por productos defectuosos? – http://ceeudeco.googlepages.com/bibliotecavirtual

PRIVATE LABEL MANUFACTURERS ASSOCIATION
– http://www.plmainternational.com
– http://www.plmainternational.com/en/private_label_en3.htm

PUGNO, Stefano, La responsabilità dell'operatore della filiera agroalimentare, in AA. VV., Tutela del consumatore, sicurezza alimentare, qualitá e valorizzazione dei prodotti agroalimentari attraverso la tracciabilitá di filiera, ALONZO, Francesca, FALLETTI, Elena, PUGNO, Stefano (Coords.), Piemonte, 2006, pp. 80-158 – http://www.isaporidelmiosud.it/ Documenti/Tutela_consumatore_sicurezza_alimentare.pdf

STRAUB, Wolfgang – La responsabilité du fait des produits en pratique. Droit communautaire et Suisse, Berna, Janeiro de 2003 – http:// www.advobern.ch/files/vorlesungsunterlagen/ La_responsabilite_du_fait_des_produits.pdf

STUDY GROUP ON A EUROPEAN CIVIL CODE – http://www.sgecc.net.

UNCITRAL – Report of the Secretary-General: liability for damage caused by products intended for or involved in international trade, (A/CN.9/133), Yearbook of the UNCITRAL, 1977, vol. VIII – http://www.uncitral.org/ pdf/english/yearbooks/yb-1977-e/vol8-p235-269-e.pdf

UPRANORMANDE – www.upranormande.org

VON KUEGELGEN, Manuela – La loi du 25 Février 1991 sur la responsabilité du fait des produits dans ses rapports avec le droit commun de la vente, in AA. VV., Vente et cession de créance, FORIERS, Paul Alain (Coord.), Bruxelas, 1997, pp. 55-91 – http://www.droit.ulg.ac.be/CUP/doc/15.pdf

Todos os sites foram acedidos pela última vez no dia 26 de Março de 2008.

ÍNDICE

Página

APROXIMAÇÃO AO PROBLEMA 17

RAZÃO DE ORDEM 33

METODOLOGIA 37

CAPÍTULO I
A MARCA DO DISTRIBUIDOR FACE AO INSTITUTO DA RESPONSABILIDADE POR PRODUTOS 39
1 – Responsabilidade civil e processo produtivo 39
    1.1 A responsabilidade por produtos como resposta aos riscos da produção em massa 39
    1.2 Alterações introduzidas pela marca do distribuidor 50
    1.3 A experiência norte-americana 57
2 – A Directiva 85/374 79
    2.1 A criação de um regime especial de responsabilidade 79
    2.2 A transposição da Directiva. Desenvolvimentos posteriores.... 86
3 – O círculo de sujeitos responsáveis 91
    3.1 O produtor real 95
    3.2 O importador 96
    3.3 O fornecedor 97
    3.4 O produtor aparente 99
        3.4.1 O produtor aparente e a transposição da Directiva 107
        3.4.2 O produtor aparente noutros quadrantes jurídicos 126
    4 – A jurisprudência do Tribunal de Justiça das Comunidades Europeias 131
    5 – A jurisprudência dos tribunais nacionais 143

CAPÍTULO II
A MARCA DO DISTRIBUIDOR 157
    6 – Delimitação do conceito e distinção face a figuras afins 157

522   *Marca do Distribuidor e Responsabilidade por Produtos*

6.1 Origem e evolução da marca do distribuidor 157
6.2 Conceito jurídico de marca do distribuidor 165
     6.2.1 Marca do distribuidor e licença de marca 175
     6.2.2 Marca do distribuidor e merchandising de marca 176
     6.2.3 Marca do distribuidor e franquia 177
7 – A marca do distribuidor enquanto sinal distintivo 180
     7.1 A discussão sobre a função da marca 181
     7.2 A marca do distribuidor e a função distintiva 193

CAPÍTULO III
**O CONTRATO DE FORNECIMENTO DE PRODUTOS DA
MARCA DO DISTRIBUIDOR** 199
8 – Função económico-social do contrato 199
9 – Classificação jurídica: um contrato-quadro atípico de forneci-
mento 206
10 – Qualificação dos contratos subsequentes 224
     10.1 Compra e venda 225
     10.2 Empreitada 226
     10.3 Posição adoptada: a "produção ordinária" como critério
     decisivo 229

CAPÍTULO IV
A QUALIFICAÇÃO COMO RESPONSÁVEL 241
11 – A qualificação como produtor real 242
12 – A qualificação como importador 245
13 – A qualificação como fornecedor 247
14 – O titular da marca de distribuição como produtor aparente 249
15 – Análise da questão de lege lata 253
     15.1 A aparência de produção 253
     15.2 Âmbito de aplicação 259
16 – Inadequação do critério da "aparência de produção" 268
17 – Reflexões de lege ferenda 283
     17.1 Aparência de produção ou aparência de responsabilidade? 284
     17.2 A necessidade de facilitar o ressarcimento do lesado 303
     17.3 A obrigação de segurança 308
     17.4 A concordância entre o benefício e o risco 317
     17.5 A solidariedade dos responsáveis 326
     17.6 A proibição de cláusulas de exclusão de responsabilidade 333
     17.7 A referência ao produtor real como "cláusula-surpresa" .. 340
     17.8 O direito do consumidor à informação 344

CAPÍTULO V

A RESPONSABILIDADE 355

    18 – Regime geral 355

    19 – Garantias na venda de bens de consumo 372

    20 – Responsabilidade objectiva 385

        20.1 O defeito do produto 389

        20.2 Causas de exclusão ou redução da responsabilidade 407

        20.3 Prescrição e caducidade do direito à indemnização 420

        20.4 O direito de regresso 424

    21 – Consequências para a organização empresarial do distribuidor ... 432

BIBLIOGRAFIA 447

DOCUMENTAÇÃO 501

LEGISLAÇÃO 505

JURISPRUDÊNCIA 511

WEBGRAFIA 519